KB131438

세상을 바꾼 전쟁의 모든 것

UNE HISTOIRE DE LA GUERRE

세상을 바꾼 전쟁의 모든 것

2

브뤼노 카반 기획
토머스 도드먼·에르베 마쥐렐·진 템페스트 책임 편집
이정은 옮김 | 권성욱 감수

진그림책

UNE HISTOIRE DE LA GUERRE
DU XIXE SIÈCLE À NOS JOURS
COORDINATION THOMAS DODMAN, HERVÉ MAZUREL & GENE TEMPEST
A COLLECTIVE WORK UNDER THE DIRECTION OF BRUNO CABANES

이 책은 실로 꿰매어 제본하는 정통적인 사철 방식으로 만들어졌습니다.
사철 방식으로 제본된 책은 오랫동안 보관해도 손상되지 않습니다.

차례

1권

3부
전쟁 경험

소련 보병대의 공격, 소련 스몰렌스크, 1941년.
(© Dimitri Baltermants, Magnum Photos / Europhotos)

서론

스테판 오두앵루조[*]

    19세기에서 20세기에 이르는 동안 전쟁의 많은 것들이 발전했고, 동시에 전쟁의 강도가 매우 거세지게 된다. RMA(Revolution in Military Affairs, 군사 혁신)라는 약어로도 알 수 있듯, 새로운 세기의 첫 몇 해동안 이루어진 변화와 전쟁 체험의 다양성을 파헤치기란 분명 쉬운 일이 아니다. 그 양상은, 이 글이 주로 다루고 있는, 서구 공간에서 벌어진 전쟁만 살펴보아도 매우 다양하다. 뿐만 아니라, 공간적·시간적으로 위치가 정확하게 규정된 한 분쟁에서도, 유사한 경험을 한 서로 다른 두 사회 주체를 찾아보기란 힘들 것이다. 클라우제비츠의 유명한 말을 인용하자면, 전쟁은 멀리에서 전쟁을 분석하는 사람들에게만 〈카멜레온〉이 아니라, 같은 장소에 있으면서 똑같은 분쟁을 경험하는 각각의 주체에게도 카멜레온이다. 그만큼 전쟁 체험의

   • Stéphane Audoin-Rouzeau. 사회 과학 고등 연구원의 디렉터. 전쟁 폭력에 관한 책을 썼다. 대표작으로 『대단한 이야기: 혈육 관계 이야기*Quelle histoire. Un récit de filiation*』와 『입문: 르완다1994~2016*Une initiation. Rwanda 1994-2016*』이 있다.

객관적인 조건은 다양할 뿐 아니라, 전쟁을 겪는 사람에 의해 강한 주관화가 이루어진다. 따라서 다른 그 어떤 유형의 사회적 경험과 비견할 수 없을 만큼 특별히 강한 정서가 동원되는 것이 전쟁의 고유한 특성이다.

그럼에도 불구하고 일단 전쟁 경험에 대해 전반적인 틀을 규정하고, 적어도 유럽과 북미 공간에 위치한 나라들에 (18세기 말과 20세기 중반 사이에 이 나라들을 그토록 강렬하게 서로 대립하게 만든 분쟁에 대해서든, 아니면 특히 식민화를 통해 이들이 다른 사회 및 다른 전쟁 모델들에 직면한 것에 대해서든) 유효한 몇 가지 커다란 경향을 짚어 보겠다.

〈현대〉의 전쟁 경험 — 전투원의 체험과 전투원이 아닌 사람들의 경험 — 을 다루려면 하나의 원재료를 고려해야 한다. 19세기 초와 〈20세기 상반기〉의 끝 무렵 사이에 서구에서 전쟁 폭력이 상상을 초월하도록 늘어나고 가속화하는 특징이 나타났다는 사실이다. 이것은 모든 사회 주체의 경험을 결정한 핵심 요인으로, 점점 더 많은 사회 주체는 무기를 들었건 들지 않았건 간에 전쟁의 그물에 걸려들었다.

이렇게 전쟁의 폭력이 격렬해진 것은 기술 발전이 가속화한 결과임이 틀림없지만 그것 때문만은 아니다. 19세기 중반부터 전투의 폭력성이 점차 격화하여 1850년대와 1860년대에 벌어진 분쟁과 1870~1871년 전쟁에 큰 영향을 끼치면서, 이 살인적인 발달 과정 (유럽 국가 통일 전쟁들, 남북 전쟁, 프로이센·프랑스 전쟁)이 완료되었다. 이 기간에 군사 장비는 확실히 진화했다. 연속적인 단계를 거치면서 이루어진 기술 발전으로 전쟁터 체험은 그곳에서 싸우고 살아남으려는 사람들에게 완전히 변했을 뿐 아니라, 더욱 심층적으로, 엄밀한 의미에서의 전투 및 그것을 넘어선 전쟁 자체가 변화했다.

그 결과, 존 키건이 강조했듯 나폴레옹 전쟁과 제1차 세계 대전 사이에 포병의 위력은 열 배로 증가했다. 19세기 초에는 대포가 전체 부상의 10퍼센트를 차지한 반면, 1870~1871년 프로이센·프랑스 전쟁에서는 30퍼센트를, 제1차 세계 대전에서는 70~80퍼센트를 차지한다. 나폴레옹 군대의 탄알이 1백 미터 정도 거리에 있는 적군만 효율적으로 맞히고 — 그 너머로는 거의 맞힐 수 없었다 — 살갗 깊숙이까지는 파고들 수 없던 데 반해, 1914~1918년에 기관총 탄은 네 배 더 먼 거리에서 표적을 효율적으로 맞히고, 소총탄은 여섯 배 더 효율적으로 맞혔다. 그리고 탄알이 가하는 신체적 손상도 똑같지 않았다. 19세기 말에 이미 속도 빠른 원추형 회전 탄알이 등장하면서 한 세기 전과는 전혀 다른 방식으로 인체를 뚫고 들어가 전혀 새로운 유형의 신체 손상을 일으켰다. 마찬가지로 20세기 초 전쟁터에서 대포가 압도적으로 지배적인 무기로 자리 잡으면서, 포탄 파편은 그때까지 결코 볼 수 없던 수준으로 신체를 갈가리 찢을 수 있음이 증명되었다.

　사람을 다치게 하고 죽이는 수단이 그처럼 빠르게 진화하면서 군진 의학(軍陣醫學)은 (1915년부터 등장한 독가스 같은 급진적인 신기술에 대처하는 데 무력했음은 말할 것도 없이) 그 속도를 따라잡지 못한 채 크게 뒤처졌다. 제2차 세계 대전 끝 무렵이 되어서야, 특히 한국 전쟁(1950~1953)과 베트남 전쟁(1964~1975)부터 쇼크 및 출혈에 대한 처치가 가능해지고 환자를 헬리콥터로 빠르게 이송할 수 있게 되면서 의학 발달이 무기 발달을 능가했다. 이러한 추세는 계속 강해져서 양차 대전 때에는 사상자 한 명에 3~4명의 부상자가 생긴 데 반해, 현재 서방 군대들이 참전해 진행 중인 분쟁에서는 사상자 한 명에 부상자가 7~9명이라는 비율로 바뀌었다. 최근에 진행되는 분쟁은 매우 비대칭적인 충돌이며 군비 수준이 낮은 적군이 치르는 손실은 엄청나다. 하지만 이러한 경험은 거의 언급되지 않는다.

기술과 의료 측면을 이처럼 간단하게나마 살펴보는 것은, 병사의 전쟁 체험을 어떤 식으로든 살펴보려 할 때 반드시 필요한 전제 조건이다. 이러한 관점에서 앞선 시대의 군인들과 거의 다르지 않던 나폴레옹의 병사들은 하루 종일 전쟁터에서 벌어지는 극도의 공포에 맞섰다. 그들은 화력의 효율성과 기동력을 보장해 주는 〈밀집 대형〉을 이루어 전우들과 어깨를 맞대고 서로 매우 가까이에서, 현장에 있는 장교와 하사관들의 지휘를 받으며 공포에 맞섰다. 손실은 매우 컸지만 — 참전한 병력의 30퍼센트까지 이르기도 했다 — 증언을 읽다 보면, 전쟁터에 남은 시체들의 모습은 생존자에게 매우 비극적인 장면이긴 했어도 극복할 수 없는 감각 체험은 아니었음을 알 수 있다.

한 세기가 지난 후 상황은 달라졌다. 전례 없이 강해진 화력 때문에 군인들은 전보다 열 배 더 넓은 광활한 전쟁터에서 뿔뿔이 흩어져야 했다. 병사들은 각기 홀로 남겨졌다. 충돌이 절정에 이를 때면 대포가 밤낮을 가리지 않고 쉴 새 없이 포탄을 쏘아 댔다. 전투는 한 없이 지속되었다. 베르됭 전투(1916)부터 솜 전투(1916)나 스탈린그라드 전투(1942~1943)를 거쳐 디엔비엔푸 전투(1954)에 이르기까지 사람들이 여전히 〈전투〉라고 부른 것은 이제 몇 달에 걸쳐서 이어지기도 한다. 1854년부터 1856년까지 크림 전쟁에 대위로 참전한 아르당 뒤 피크 대령은 자신의 책 『전투에 관한 연구 Études sur le combat』(1978)에서 근대 전투가 격전지로 내던져질 운명에 놓인 사람들에게 미치는 영향을 고찰하면서 〈인간은 주어진 양의 공포는 견뎌 낼 수 있다〉고 보았다. 하지만 그 생각은 착각이었다. 20세기 들어 징점을 이룬 양차 세계 대전 중에 전투를 겪은 사람은 상상을 초월하는 전례 없던 엄청난 공포, 그 이후로 다시 그만큼 벌어진 적이 없는 공포를 감수해야 했다. 제1차 세계 대전으로 정신적 외상이 만연했다는 점, 그리고 정신적 외상이 베트남 전쟁 정신적 부상으로 온전히 인정받았다는 사실은,

근대 전쟁에서 전투 경험이 지닌 진정한 성질을 드러내는 수많은 사실 중에서 가장 확실한 표시다.

무기를 들지 않은 사람들을 끌어들인 것도 근대 전쟁의 고유한 특징이다. 과거에도 병사와 민간인의 경계가 완벽하게 구분되었고 서로 간에 이동이 있었지만, 현대의 또 다른 특징은 같은 연대기적 발달 과정 내에서 이 경계를 확고히 하려는 노력(1899년과 1907년 헤이그 평화 회의를 시작으로)과 함께 전쟁이 경계를 더 모호하게 만드는 방향으로 발전했다는 점이다. 무엇보다, 점점 더 견고하게 확립된 국가들이 온전히 전쟁에 가담하고 전쟁 활동이 사회 조직에 점점 더 깊고 폭넓게 뿌리를 내리면서, 분쟁이 국가 공동체의 생존 자체를 결정하는 쟁점으로 인식되어 적국의 모든 민간인은 전쟁의 정당한 표적 내지는 주요 표적이 되었기 때문이다.

적으로 변한 — 여자와 어린이를 포함한 — 이 민간인들은, 이러한 문화적 변화로 인해 오랫동안 여러 비극적 체험을 겪게 된다. 일단 수용소 체험이 있다. 최초의 〈집단 수용소〉는 1898년 쿠바 전쟁 중에 스페인 사람들이 만들었다. 그로부터 얼마 지나지 않아 보어 전쟁 (1899~1902) 중에 영국인이 스페인 사람들을 본떠 수용소를 만들었고, 1905년에 독일인도 헤레로족을 대상으로 똑같이 한다. 이 세 경우에 새로운 유형의 감금은 대규모 집단 사망을 야기한다. 뒤이어 집단 수용 현상은 1914년부터 전쟁 중인 유럽에 도입되고, 제2차 세계 대전 중에 — 대부분 조직적인 말살 수단으로 — 체계화된다. 이 연대기적 발달 과정 도중에 제1차 세계 대전 초기부터 공군이 적국의 도시에 전략적 폭격을 시작했다. 이러한 폭격은 제2차 세계 대전에서 절정을 이뤘다. 이는 전투원과 비전투원 사이를 구분하는 일이 완전히 끝났음을 알리는 신호였다. 공습 사이렌이 울려 퍼지고, 대피소 안에서 수동적으로 기다리고, 산 채로 꼼짝없이 갇힐지 모른다는 공포를 느끼는 등 새로운 체험이 야기된다.

그다음으로 배고픔의 경험이 있다. 전쟁으로 인해 보급 체계가 붕괴되어서라기보다는, 적국 전체에 대해 실시된 봉쇄 조치 때문이다. 이에 대응하여 점령된 국가에서는 자원이 대량으로 징수된다. 그래서 배고픔, 때로 집단 기아는 제1차 세계 대전 중에 동맹국 민간인들이 겪은 결정적인 체험이었으며, 독일 제3제국은 이를 교훈 삼아 훗날 점령된 유럽 국민들에게 앙갚음했다.

끝으로 잔혹함에 대한 경험이 있다. 남북 전쟁 말기에 북군이 남부 연합군의 영토를 분할하고 국민의 사기를 꺾을 목적으로 실시한 대습격Big Raid의 폭력성은 전쟁 활동이 총력화하는 과정을 나타내는 주요 지표를 이룬다. 독일 군대가 1914년 여름에 벨기에와 프랑스를 침공해 자행한 극단적인 폭력은 전쟁의 폭력성이 새로운 한계를 넘어섰음을 보여 준다. 마치 유럽이 그때까지 먼 곳에서 식민지인들에 대해서만 극단적인 방식으로 전개한 〈폭력에 대한 지식〉이 유럽 참전국들 사이에서 다시 시작된 것 같은 상황이었다. 이제 노골적인 살육, 기획된 기아, 학살, 수용소 감금 등을 결합하여 무방비 상태인 국민들을 절멸하는 논리가 실천될 길이 열린다. 이리하여 20세기 초반에 유럽에서 벌어진 전쟁에서 민간인은 극한의 온갖 경험을 한다.

위협의 새로운 심각성은, 역시 새로이 나타난 대규모 인구 이동의 이유가 되었다. 대규모 집단 이주는 제1차 세계 대전과 그 이후에 나타난 뚜렷한 특징이다. 이 현상은 뒤이은 제2차 세계 대전 중, 특히 1940년 여름에 프랑스(5~6월에 8백만~1천만 명이 피란을 떠남)에서 새로운 단계를 넘어섰다. 1944~1945년에는 더욱 광범위한 수준으로 벌어졌다. 전쟁이 종결된 후 서유럽 지역에서, 연합국들이 1944년에 규정한 용어를 빌리자면 〈실향민displaced persons〉(수용소 생존자를 포함)의 수는 1천1백만 명에 달했다. 강제 이동과 대규모 피란은 중유럽과 동유럽의 〈피의 땅bloodlands〉(티머시 스나이더)에서 전쟁이 끝날 때 나타난 주요 현상이다.

1950년대부터 서구 국민들은 극단적인 폭력이 대규모로 전개되는 상황에서 멀리 떨어져 있지만(양차 세계 대전에서 이미 실험된 거의 모든 유형의 잔혹함이 1992년과 1995년 사이에 이루어진 구 유고슬라비아를 제외하면), 다른 많은 곳에서 강제 이동은 오늘날까지도 무방비 상태의 국민들이 가장 많이 공유하는 전쟁 경험 중 하나다. 그래서 우리 눈앞에서 전례 없는 〈세계의 수용소화〉(미셸 아지에)가 이루어지고 있으며 이 현상은 계속해서 증가한다. 이 글을 쓰는 지금 이 순간, 한편으로는 시리아, 다른 한편으로는 콜롬비아가 도피와 실향, 난민 수용소 체험이 가장 많이 이루어지는 곳이다.

근대 전쟁 체험에 관한 또 다른 이야기, 전쟁 활동의 연대기적 순서와 진화 과정, 한계, 연속되는 양상을 덜 고려하는 이야기를 써볼 수도 있을 것이다. 한마디로 좀 더 인류학적인 이야기로서 너무도 다양한 체험을 서로 더 잘 연결해 줄 수 있을지 모른다. 전자의 이야기와 전혀 상충하지 않고 오히려 상호 보완적인 이야기 말이다. 잠시 이를 시도해 보자.

이미 앞서 말했듯, 전쟁 경험은 아무리 다양하다 해도, 신체·시간·장소가 그 세 면을 이루는 동일한 삼면체에 위치한다.

모든 전쟁 경험이 신체적 경험이라는 사실은 분명하다. 전쟁에서 폭력을 가하거나 감내하는 것은 신체이며, 부상당하고, 배고픔과 감금, 폭격, 강행군, 집단 강간으로 고통받는 것도 신체다. 더욱이 전쟁에서의 이 신체적 경험은 서방의 대규모 군대에 군인을 공급하기 위해 징집에 대한 압박이 점점 증가함에 따라 20세기 중반까지 점점 더 폭넓게 공유되었다. 앞서 말했듯이 민간인은, 그들을 해칠 수단이 점점 더 강력해지는 상황에서 분쟁의 가장 우선적인 피해자가 된다. 이러한 관점에서 양차 세계 대전은, 서구인에게는 확실히 그렇고 태평양 전쟁의 당사자들(중국인·한국인·일본인……)에게도 신체적인 고통을 대규모로 경험한 시기라고 볼 수 있을 것이다.

근대 전쟁 체험의 이러한 육체성은 시신의 처리 문제로도 확장된다. 여기에 최근 서구 문화의 커다란 역설이 있다. 한편으로는 대규모로 죽음이 닥치고 전쟁 활동의 과격함이 (전쟁터에서뿐 아니라 민간인에 대해서도) 전대미문의 절정에 달하는 가운데, 독일의 사회학자 노르베르트 엘리아스가 중시한 〈문명화 과정〉의 특징인 죽음의 개별화가 진행되고 심지어 강화된다. 19세기 초에 전투에서 죽은 사람들은 개별적인 고려 없이 집단 매장된 반면, 남북 전쟁 중에 죽은 사람은 모두 전쟁 초기에 마련된 커다란 공동묘지 안의 개인 무덤에 매장되었다. 전투 중 죽음에 대한 개별화는 조국을 위해 자기 생명을 바쳤다고 생각되는 사람들의 신체에 부여된 새로운 신성성을 나타내며, 그와 동시에 시신을 계급에 대한 구분 없이 매장하면서 무덤을 민주적으로 평등하게 조성한다. 이 과정은 제1차 세계 대전과 더불어 승승장구했다. 서구의 전쟁 경험은 엄청나게 넓은 공동묘지에 대한 경험이기도 하다. 이는 사후에(1920년대에 전쟁이 종결되면서) 또는 전쟁 중에 (미군이 한국 전쟁과 베트남 전쟁부터 이라크와 아프가니스탄 분쟁에 이르기까지 시체 운반용 포대, 즉 보디 백body bag들을 본국으로 송환한 사례) 시신을 강도 높게 다루었음을 뜻한다. 이에 따라 전투 중 사망한 이들에 대하여 이루어진 이런 새로운 숭배로 인해 후방에서는 전쟁 애도 경험이 완전히 바뀌었다. 과거에 위치를 정확히 지정하는 일이 전혀 이루어지지 않던 것과 달리, 전쟁터에서 시신이 유실된 경우를 제외하면 그 위치를 명확히 규명하여 그 흔적을 남겨 두었고 사람들은 무덤을 순례하게 되었다.

현대 전쟁은 장소에 대한 경험이기도 하다. 지상에서는(하지만 바다나 공중에서는 그렇지 않은 게 사실이다) 전쟁 폭력이 벌어진 위치가 항상 정확히 지정된다. 폭력에 대한 체험은 대상이 군인이든 민간인이든 파르티잔 병사든 지형과 분리될 수 없다. 그 지형은 대부분 폭력 체험에 특수한 색조를 부여한다. 장소는 전투 체험에 결정적인 고유한 특성을 부여한다. 즉 개방된 장소에서 벌이는 전투는 도시에서 벌이는 전투와 전혀 다르다(최근에 이라크와 시리아에서 그랬듯, 비대칭 상황에서 싸워야 하는 모든 무장 세력에게 도시권은 활용할 수 있는 유일한 전쟁터로 떠오른다). 산악 지대에서 벌어지는 전투에서는 종종 지형의 기복과 추위, 바람, 눈이 진정한 의미에서의 적보다 더 두려운 존재다. 숲 지대, 특히 밀림(인도차이나, 베트남)에서 벌어지는 전투는 전쟁을 효과적으로 〈비근대화〉하기 때문에, 시야와 무기가 멀리 닿는 개활지에서 벌이는 전투와 비교할 수 없다. 장소에 대한 체험은 기후에 대한 체험이기도 하다. 혹독한 추위, 극단적인 더위에 노출되는 일은 포로(군인 전쟁 포로든 민간인이든) 경험과 마찬가지로 그로 인한 잠재적인 사망 가능성 때문에 전투 경험에 강하게 영향을 미친다. 하나만 예를 들자면, 제2차 세계 대전 중에 벨라루스의 소련 파르티잔 병사들이 동부 전선에서 한 경험을, 겨울과 숲, 늪지대와 모기떼를 빼놓고 어떻게 이해할 수 있겠는가?

끝으로 모든 전쟁은 시간에 대한 경험이다. 전쟁의 시간 — 양차 세계 대전에서 그랬듯 사회를 총동원하는 근대 전쟁의 시간 — 은 일상적인 시간, 즉 평화기의 시간, 또는 현재 서방 국가에서 그렇듯 직업 군인들에 의해 먼 곳에서 수행되기 때문에 사회 대다수가 정서적으로 별 영향을 받지 않는 분쟁의 시간과 구별되는 어떤 다른 시간을 이룬다. 이 〈다른〉 시간은 사회생활의 모든 측면을 깊숙이 변화시킨다. 뿐만 아니라 이 시간 중에는 사회 주체들에게 특수한 상징체계Systèmes de représentation들이 생겨난다. 그것이 전쟁이 불러일으키는 서로 다른 형태의 〈전쟁 문화〉를 구성하는 핵심 요소 중 하나다. 감수성의 한계가 변하는 것, 적에 대한 증오, 자가 동원automobilisation의 다양한 형태들이 전쟁 문화의 주요 특징에 포함된다.

현대의 전쟁 활동에 깊숙이 개입된 사회 주체들 ── 자율성이 극단적으로 축소되거나 심지어 완전히 제거된 상황에서도 근대 전쟁의 소용돌이 속에서 행동하려는 시도를 결코 멈추지 않는 사회 주체들 ── 의 경험에서 볼 때, 〈전쟁의 통상적인 요소〉란 없다. 하물며 두려움이나 공포의 통상적인 요소, 모든 전쟁 체험에 공통된 그런 감정들을 상상할 수 있겠는가? 전쟁 경험은 평화기의 일상적인 활동들과 여러 가닥의 실로 연결되어 있다. 즉 최악의 체험조차 보편화하는 과정을 밟는 것이 분명하다. 하지만 근대 전쟁 활동의 온갖 체험을 제대로 이해하려면 먼저 그 예외적인 측면부터 살펴보아야 한다. 전쟁을 거칠 때면 항상 주체들에게 이전과 이후가 갈린다. 전쟁은 단연코 개인이 겪을 수 있는 가장 충격적인 집단 경험이기 때문이다. 여기에서 읽을 글들은 이러한 확신을 분명히 밝힌다.

군인 쪽에서

01
시련을 겪는몸

에르베 마쥐렐[•]

승승장구하는 대포의 시대, 전쟁터에서 대규모 살상이 벌어지는 시대에서 전쟁은 새로운 신체적 경험이다. 병사는 매일 겪는 전쟁터의 감각적 세계에서 견딜 수 없는 한계를 경험한다.

우리 옆에서 포탄 세발이 굉음을 내며 떨어졌다. …… 우리의 얼굴은 여느 때보다 더 파리하지도, 더 붉지도 않다. 또한 더 긴장해있거나 더 풀려 있지도 않지만 보통 때와 같지는 않다. 우리는 피 속에 전류가 흐르는 듯한 느낌을 받는다. 이는 그냥 하는 말이 아니라 사실이다. 전선이란 이처럼 전선을 의식하는 것이며, 이러한 의식이 전류를 발생시키는 것이다. 최초의 유탄이 지지직하고 터지면서 지축을 흔드는 순간, 불현듯 우리의 혈관, 손, 및 눈 속에서는 은밀한 기대감, 애타게 기다리는 마음, 더 강렬하게 깨어 있다는 의식, 왠지 이상야릇하게 오감이 나긋나긋해지는 느낌이 생긴다. 말하자면 온몸이 일시에 완전한 준비 태세를 갖추는 것이다.

• Hervé Mazurel. 부르고뉴 대학교의 부교수. 낭만주의 유럽의 전문가이며 상상계와 감각을 연구하는 역사가이다. 그의 저작 『전쟁의 도취: 바이런, 그리스 독립 지원자, 그리스의 신기루*Vertiges de la guerre. Byron, les philhellènes et le mirage grec*』는 2014년에 파리시가 수여하는 오귀스탱 티에리상을 받았다.

독일의 퇴역 군인 작가 에리히 마리아 레마르크의 소설『서부 전선 이상 없다』(1929)의 주인공 파울 바우머는 이렇게 말한다. 이는 캐나다의 생리학자 한스 셀리에가 당시에 막 발견한 적응 스트레스 현상을 묘사하는 것처럼 보인다. 이 현상은 극한의 위험 상황에서 군인이 주의를 기울이는 방식과 감각 능력, 신체적 능력이 별안간 심한 동요에 빠지는 것이다. 죽음의 위기를 인지했을 때 군인에게서 즉각적으로 모든 신체적 존재가 최대한 동원되는 이런 현상(아드레날린 방출, 심장 박동수 증가, 근육 긴장도 증가, 혈당 과잉 등)이 나타나기 때문이다.

전투 경험은 처음부터 끝까지 신체적이다. 이 경험은 인간이 경험할 수 있는 것 중에서 가장 견디기 힘든 시련일 것이다. 역사학자가 이러한 육체적 경험의 내용, 목격했거나 직접 당했거나 남에게 가한 폭력의 강도를 밝히는 것은 곧 땅에 밀착되어 피부로 예민하게 겪은 이 체험, 즉 충돌의 혼돈 자체를 포착하려고 하는 일이다. 그리고 이러한 시도는 전쟁 기록, 편지, 사진, 전쟁 물품 등 다양하고 은밀한 자료의 도움을 받아 이루어진다. 하지만 전쟁사를 연구하는 역사학자들이 오랫동안 전형적으로 보여 온 거짓된 조심성과 위에서 내려다보는 자세 또한 버려야 한다.

더욱이 이 점에서 신체적인 것과 정신적인 것의 경계는 확고하게 정의될 수 없을 것이다. 살과 피와 뼈로 이루어진 존재인 병사는 과도한 정서를 경험하는 개인이기 때문이다. 병사는 불타는 열정에 시달리는 동시에 극단적인 충동과 절정에 이른 감정들에 사로잡힌다. 그 때문에 싸우는 몸이 주변의 위험에 대해 생리학적 반응만을 보인다고 축소하는 것은 절대로 불가능하다. 이러한 점에서 젊은 중위 샤를 드골이 1914년 8월 디낭 성채를 공략한 일을 전하는 증언은 많은 것을 알려 준다. 〈나는 우리가 성공할 유일한 기회가 빠른 속도에 있다는 사실을 인식하고, 황급히 밀려드는 적에게 방향을 돌릴 틈을 주지 않도록 돌진한다. 그 순간 나 자신이 둘로 나뉘는 느낌을 받는다. 하나는 로봇처럼 달리고, 다른 하나는 그 모습을 불안하게 지켜본다.〉

정서로 가득 찬 군인의 몸에는 역사 또한 깊이 각인되어 있다. 군인의 마음에서 무의식적인 기억 전체가 드러나기 때문이다. 그 기억과 더불어 오래된, 어떤 것은 수 세기, 수천 년 된 유산도 드러난다. 전사들에게서 이 오랜 역사는 유산으로 물려받은 도발 또는 애원 행위, 조상 대대로 이어져 내려온 살인의 몸짓 내지는 오래된 애도의 표현으로 먼저 나타난다. 이 신체적 태도들은 모두 오래된 과거의 바르부르크적*인 잔재로서 이를 해독하는 것은 역사가의 몫이다. 이 점이 『일리아스』에 등장하는 아카이아나 트로이의 영웅들이 보인 전쟁 행태 중 일부가 2천여 년이라는 간극에도 불구하고 낯설기는커녕 전혀 그렇지 않은 이유다.

하지만 이와 대립하는 추론에 따라, 전사의 몸은 역사적 단절로도 관통된다. 이 단절은 어느 정도 은밀히 감추어져 있고, 또 갑작스럽기도 하다. 전쟁으로 점철된 1792~1815년부터 최근의 무장 충돌까지 기나긴 발전 단계를 관통하는 시기에 관심을 갖는 사람이라면, 병사의 경험 자체에 영향을 미친 심층적인 변화를 무시할 수 없다. 이 지난 두 세기 동안에 1945년까지 군대가 엄청나게 대량화하고, 새로운 무기가 끊임없이 등장하며, 살상력이 증가하고, 또 충돌 기간이 늘어난 사실이 서구에서 군인 양성과 전투의 육체적 시련에 지대한 영향을 미쳤기 때문이다. 그러므로 싸운다는 것이 사회적 경험의 측면에서 이곳과 저곳에서, 과거와 오늘날에 과연 무엇을 의미했는지를 딱 잘라 말하기란 불가능하다.

그 때문에 현존하는 전쟁 모델이 다양하며, 그 모델들이 야기하는

---

* 독일 미술사가인 아비 바르부르크가 미술사를 인류학적으로 접근한 방식을 의미한다.

신체적 문화와 군사적 가치도 다양함을 여기에서 살펴보는 일이 중요하다. 일선에서 오랜 신체 단련으로 만들어진 이러한 전쟁 습관들은 환경 조건과 적의 특성에 서로 다른 정도로 적용된 방식으로 표현된다. 군인은 매번 특수한 시련에 직면한다. 군사 훈련으로 군인을 항상 이러한 시련에 대비시킬 수 있는 것은 아니다. 게다가 이러한 감각적 공격과 그로 인한 고통은 군인들의 감각 문화 전체를, 정신 체계 전체를 지속적으로 혼란에 빠뜨릴 수 있다.

제2의 천성으로서 전투

여러 전쟁 모델 또는 전투 문화는 서로 분리되어 있지 않으며 순환하고 차용된 산물로서 세 가지 특징으로 식별될 수 있다. 이 세 가지 특징은 전투의 특정한 기술 또는 양식, 〈신체의 기술〉(마르셀 모스), 기초를 이루는 가치 체계다. 서로 멀리 떨어진 나라에서 온 군대 사이에 이루어지는 접촉 상황에서는 이러한 모델의 양상이 더없이 잘 드러난다.

이 점에서 일본 사무라이들이 서구의 군사 기법을 일본에 도입하는 데 오랫동안 저항한 사실은 참으로 놀랍다. 16세기 이후로 일본이 총기 도입을 거부한 근본적인 이유는, 조예 깊은 검도에 자기 삶을 바친 〈고귀한 기사들〉을 먼 거리에서 죽일 능력을 갖게 된 〈천박한 민족〉을 거부했기 때문이다. 19세기 중반에 강압에 의해 개국을 선택하면서 소총이 도입되었다. 곧바로 즉시 사무라이 문화가 쇠퇴했다. 1877년 사쓰마에서 일어난 마지막 반란 이후, 외부 세력의 침입으로 사무라이의 생활 양식과 전사 문화가 모두 크게 손상되었다. 전통적인 무사는 유럽 교관이 새로 구성한 군대의 신병에게 강요되는 맹목적인 규율과 단조로운 행진을 받아들이지 못했다. 사무라이는 그와 정반대로 복장과 갑옷, 무기를 다루는 자신만의 기술로써 자신의 신체적인 민첨함과 개인의 가치를 내세워야 했다. 한마디로 양식의 독특함이 중시된 것이다.

또 다른 유형의 거부가 있다. 1820년대에 튀르크족 점령자들에 맞선 그리스 독립 운동을 지원하러 외국에서 온 자원병들에게 그리스인이 보여 준 거부감이었다. 과거 오스만 군대에 불패의 명성을 안겨 준 기병대의 맹렬한 공격인 푸루시야furûsiyya 전투 기술에 맞서, 나폴레옹 전쟁에 참전했던 퇴역 군인이 대부분인 유럽의 장교와 병사들은 호플리테스의 유산과 아름다운 죽음에 대한 고대의 이상향을 완전히 잊은 〈헬라스의 후손들〉에게 밀집 대형과 능숙한 기동성, 결전을 도모하는 효율적인 유럽식 전술을 훈련시키려 했다. 하지만 산악 게릴라전의 오랜 전통을 고수하는 그리스인은 자신들의 전통적인 조직 — 군사 정치 세력에 종속된 비정규 집단들 — 그리고 책략과 매복, 기습 공격으로 이루어진 자신들의 전투 양식을 포기하려 하지 않았다. 그리스 사람들이 〈그토록 죽임 당하기를 원치 않는다〉는 사실에 절망한 마예 대위 같은 사람들에게, 그리스인들은 튀르크 사람들의 머스킷 총에 맨가슴을 내놓아 보았자 몰살당할 거라고 반박했다. 그러면서 그들은 기복이 적은 지형을 활용하되 자신을 거의 노출시키지 않고 항상 도망치면서, 수적으로 열세여도 불명예를 당하지 않는 치고 빠지기hit and run 전술을 고수했다. 문화 이전(移轉)을 이루려는 온갖 시도가 실패하는 모습을 보면서 프랑스 청년 프랑수아블레즈 샤크는 유럽식 규율이라는 멍에를 쓰면 〈그 용맹스러운 전사들은 본래의 땅에서 온실로 옮겨 심어 시들어 버리는 꽃과 비슷하게 아주 시답잖은 군인이 될 뿐〉이라고까지 말했다.

이러한 거부는 전쟁이 무엇보다 문화적 행위라는 사실을 상기시킨다. 19세기 유럽 전투 문화의 가장 두드러진 특징 중 하나는 매우 높은 수준의 규율과 복종, 희생을 요구한다는 점이다. 1798년부터 프랑스

식 징병제가 — 영국을 제외한 — 유럽에 차츰 전파되고, 이에 따라 모든 군대에서 씩씩하고 유연하고 고통에 단련된 신체를 일관되게 만들어 낼 목적으로 철저하게 조직된 〈훈련drill〉을 강화했다. 그리고 이를 위한 수단으로 (무거운 짐을 들고 실시하는) 끊임없는 강행군과 수영, 검술이 적극적으로 활용되었다. 오딜 루아네트가 전하는 바에 따르면, 1871년 이후로 프로이센에 패배한 프랑스에서는 이런 수단이 상처 입은 국가를 재생하려는 노력의 핵심이었다. 유별나게 엄격하고 굴욕적인 병영 체험의 목적은 가혹한 훈련을 받음으로써 조만간 치를 설욕전에서 겪을 엄청난 피로에 대비해 신체를 단련하고, 대부분이 농민인 민간인 병사를 살상하고 죽음을 감수할 각오가 된 군인으로 만드는 것이었다.

지배적인 군사-남성적 모델을 흡수시키는 것이야말로 군사 훈련의 첫 번째 목표였다. 군사 훈련은 이른바 〈수동적 복종〉이라 불린 강압적이고 공유된 윤리를 주입하는 것과 병행하여 이루어졌다. 7년 전쟁 때 이미 윤곽이 그려진 이 윤리는 뒤이어 군대의 대규모화와 더불어 널리 전파되어, 군대가 모태를 이루는 일반화된 규율 사회(미셸 푸코)가 출현하는 상황을 배경으로 군사적 신체 교육을 개정하는 자양분이 된다. 프로이센의 프리드리히 2세의 군대가 원형이 되는 모델이다. 그런 군대 내에서 신체적, 도덕적 반듯함은 함께 가는 것이다. 장교가 신호를 보내면 군인들은 행진하거나 뒤로 돌아 전진하고, 무기를 내보이거나 서열에 따라 경례하거나 군가를 합창해야 했다. 종대를 이루고, 총을 쏘기 위해 횡대를 구성하고 돌격을 지원하도록 방진을 이루는 일에는 실제로 명령에 대한 즉각적인 복종과 부대의 강한 결속력이 필요했다. 1854년 10월 25일 크림반도에서 벌어진 발라클라바 전투 중에는 강한 연대 의식과 집단적 조직에 대한 맹목적인 신뢰로 뒷받침된 연속 사격과 총검 공격을 이처럼 규율 잡힌 방식으로 활용한 덕분에, 널리 알려진 붉은 제복을 입은 스코틀랜드의 하이랜드 병사 5백 명이 엷은 방어선 — 유명한 〈신 레드 라인Thin Red Line〉 — 으로 러시아 기병대의 돌격에 맞설 수 있었다.

이러한 신체 문화를 주입하는 목적은 전역 중에 부대들의 기동을 유연하게 만드는 동시에 전쟁터에서 부대원이 느끼는 감정적 동요의 수준을 억제하기 위함이었다. 이러한 신체 작동 기제는 금욕적인 인내와 의무감으로 이루어진 공유된 감정적 규율 없이는 상상할 수 없었다. 알프레드 드 비니는 『위대한 군에서의 복무Servitude et Grandeur Militaires』(1835)에서 이러한 규율을 강조했다. 20세기에 동부 전선으로 파견된 독일 군대와, 베트남 전쟁을 준비한 미 해병대에서 전례 없는 수준으로 증명된 이러한 신체 단련의 관건은 결국 피에르 부르디외가 〈몸을 통한 습득〉이라고 부르는 것을 신병에게 불어넣는 일이었다. 즉 군대의 명령을 신체 자체에 새겨 넣음으로써 군인에게 제2의 천성인 전사 습관을 탄생시키는 것이다. 당시에는 군인의 생존 가능성뿐 아니라 승리 자체가 이러한 주입이 얼마나 깊숙이 이루어져 있느냐에 달렸다고 생각했기에 이 일은 더욱 중요했다. 병사 양성의 핵심이 여기에 있었다.

수그리고, 엎드리고, 공포에 휩싸인 몸

하지만 미리 치른 훈련이 어땠건 간에 무엇도 전투 경험과 최전선에서 얻은 지식을 대신하지는 못했다. 따라서 첫 포화의 세례는 극도의 흥분 상태 그리고 일단 기관총의 사격을 받았을 때 겪게 되는 방향 감각 상실 때문에 특히 신병에게 항상 위험했다. 미 해병대의 유진 B. 슬레지는 펠렐리우와 오키나와에서 경험한 〈야만적이고, 과격하고, 비인간적이고 지치는 고약한 일〉인 태평양 전쟁으로 혹독한 시련을 겪고 이렇게 증언한다.

그건 아마도 젊음 특유의 솔직한 낙관주의였을 거다. (……) 하지만 이미 수백만 명의 목숨을 앗아 간 세계 대전에서 우리가 인간 방패 노릇을 하기 위해 훈련하고 있다는 끔찍한 진실은 단 한 번도 마음속에 떠오르지 않은 것 같다. 우리가 끔찍한 죽음을 당할지도 모른다거나 젊은 나이에 팔다리가 절단된 채 살아갈지 모른다는 사실은 우리 머릿속에 없었다.

이것은 조금 앞서 프로이트가 발견한 유명한 불사의 느낌, 실제로 겪는 위험을 가리는 비현실의 장막으로 보아야 할지 모른다. 이는 최초로 전투를 치를 때 나타난다고 군대의 정신과 의사들이 지적한 〈전투의 최면〉을 특징짓는 현상이기도 하다. 먼 곳에서 머릿속으로 상상한 전쟁과 현장에서 경험하는 실제 전쟁 사이의 간극은 수많은 영화에서 그려진다. 올리버 스톤의 「플래툰」(1986)에서는 청년 자원병 크리스 테일러가 고통스럽게 환상에서 깨어나는 모습이 그려진다. 그는 부성적인 영웅주의를 맛보기 위해 열정에 차 베트남으로 떠났다. 하지만 극단적인 폭력이 노골적으로 자행되는 모습을 목격하고 급작스러운 죽음을 맞을 것이 확실하다는 전망에 금세 현실에 눈을 뜬다.

게다가 군사 장비가 근대화함에 따라 훈련에 따른 군사적 기량의 효율성은 계속 떨어졌다. 나폴레옹 군대의 젊은 신병들은 일제 사격을 받는 와중에 본능적으로 고개를 수그리지 말라고 배웠다. 군사적 에토스에 따르면, 자신의 두려움을 공공연히 부정해야 했기 때문이다. 하지만 1914~1918년에 이르러 적의 기관총 사격과 근대적인 대포의 강력한 화력에 직면한 군인들에게 이런 배움은 말 그대로 불가능해진다. 점점 더 커지는 무기의 살상력, 그리고 그와 함께 증가하는 전쟁터의 위험성은 1860년대 최초의 전환기부터 계속 단계적으로 밟아 온 발전의 결과다. 머스킷 대신 1백 미터가 아닌 6백 미터에서 죽일 수 있는 연발

식 라이플을 사용하고, 별로 빠르지 않고 관통력도 낮은 둥근 탄알 대신 극도로 날카롭고 살상력이 큰 회전하는 원뿔형 탄알을 사용하게 된 것이 결정적이었다. 폭발로 발생한 충격파의 효과, 새로운 유형의 탄알로 인한 신체 훼손으로 유럽 전쟁터에서 사상자가 크게 늘었다. 적십자사 창립자 앙리 뒤낭은 1859년에 솔페리노 전투에서 공포에 휩싸여 그 참상을 증언했다. 이 때문에 군진 의학은, 군사 장비가 한 세기 넘게 발전하는 가운데 의학적 진단과 실무 방식을 끊임없이 수정해야 했다. 식민지 전쟁터에서는 이렇게 연속하여 이루어진 기술적 발전으로 끔찍한 폐해가 야기됐다. 1879년에 영국의 마티니-헨리 소총의 45구경 탄알로 생긴 끔찍한 부상 — 찢겨 나간 볼과 얼굴, 관통된 가슴과 위장, 뜯겨 나간 팔이나 다리 — 을 생각하면 된다. 이 탄알은 1천5백 미터 거리에서 줄루족을 죽일 수 있었다. 줄루족은 이산들와나에서 그랬듯 수천 명의 전사를 전혀 들키지 않고 멀리 이동시킬 수 있는 숙련된 전사였다. 또는 처칠이 1898년 9월 2일 옴두르만 전투에 대해 들려준 이야기, 그리고 마디당의 이슬람교 수도승으로 이루어진 기병대가 분당 5백 발을 발사할 수 있는 맥심 중기관총, 나일강을 등지고 정박한 영국 함대에서 퍼붓는 포화에 전사 1만 명을 잃은 뒤 공포에 빠져 혼비백산한 일도 그 예로 들 수 있다.

이는 분명한 사실이다. 새로운 무기들은 살상력이 계속 커졌다. 여기에 유산탄, 지뢰, 화염 방사기, 독가스, 전차, 전투기와 다른 폭격기가 더해져 20세기 전투 활동을 완전히 바꿔 놓았다. 옛 전사 모델과 신체 기술, 거기에 연결된 관습은 거의 어디에서나 깊숙이 변화했다. 스테판 오두앵루조가 지적했듯이, 유럽에서는 군마(軍馬)와 1천 년 넘게 이어져 온 기병 돌격의 미학이 완전히 사라졌을 뿐 아니라, 나폴레옹 제1제정이 치른 전쟁으로 절정에 이른 군복의 화려함이 갑자기 시대에 뒤떨어진 것처럼 보였다. 예전에 화려한 빛깔의 의복과 높다란 모자는 전사의 용맹함을 과시하기 위해 반드시 갖추어야 했다. 하지만 20세기에 들어서면 유럽 군대는, 저항이 없던 것은 아니었으나(프랑스 군인의 자줏빛 바지나 삶아서 굳힌 가죽으로 된 정수리에 꼬챙이가 달린 독일군 투구는 1914년에도 여전히 사용되었다), 칙칙한 빛깔의 군복과 보호 기능이 강화된 군모를 채택해야 했다. 이제는 아름다움이나 혈기가 아니라, 위장술을 통해 얻는 보호 효과가 중요했다. 마찬가지로 적의 포화에 맞서 똑바로 서 있기가 불가능해졌다. 이제는 포화에 노출되는 신체 면적을 최소한으로 줄여야 했다. 이로써 〈바로 선 신체〉(조르주 비가렐로)의 시대, 그리고 이와 함께 아름답고 영광스러운 전쟁의 시대, 예전의 〈축제 같은 전쟁guerra festa〉의 시대는 사라진다. 강력하고 끔찍하게 효율적인 익명의 포화 앞에서 20세기 군인의 몸은 어쩔 수 없이 수그리고, 엎드리고, 공포에 휩싸인 몸이었다. 이리하여 제1차 세계 대전의 〈살육〉은 영웅적인 미학과 남성적인 전사의 신성한 모델을 뒤흔든다. 이내 전쟁은 많은 사람에게 잔인하고 부조리하고 추악하게 인식된다. 비록 조지 모스가 제대로 강조한 〈전쟁의 신화〉는 유럽에서 1945년까지 (특히 파시즘 정권에서) 지속되고, 식민지에서는 그 이후로도 (탈식민화에 실망한 장교들에게서) 지속되지만.

에른스트 윙어는 참호에서 태어난 이 새로운 유형의 전쟁을 『내적 체험으로서의 전쟁』(1922)에서 이렇게 묘사했다.

적이 우리에게 직접 모습을 드러내는 일은 매우 드물었다. (······) 그들과 우리를 가르는 것은 무수히 파헤쳐진 들판의 가느다란 띠 하나뿐이었는데도 말이다. 몇 주, 몇 달간 우리는 귀를 울리며 퍼붓는 포화 아래에서 폭발에 에워싸여 땅속에 빽빽이 몸을 누이고 있었다. 그래서 우리가 인간을 상대로 싸우고 있다는 사실을 거의 잊어버릴 지경이었다.

이는 비인격화된 익명의 전쟁으로, 누구를 죽이고 누가 당신을 죽이는지 모른다. 대규모 죽음의 시대, 먼 거리에서 가하는 신체 훼손의 시대다. 승승장구하는 대포의 시대로, 제1차 세계 대전에서 대포는 부상의 70퍼센트 이상을 초래했다. 그리고 직접 몸을 맞대고 가하는 폭력은 쇠퇴하며 전체 사망자의 1퍼센트만을 차지했다고 추정되었다. 군사 훈련에 연관된 군사적 지식의 영향력이 크게 줄었다. 그보다는 덜하지만 직접적인 체험으로 얻은 지식의 중요성도 줄어든다.

이러한 병사의 신체적 지식에 관해, 마르크 블로크가 『이상한 패배 *L'Étrange Défaite*』(1946)에서 1940년 6월 프랑스군의 패주 동안 이루어진 공습에 대한 자신의 반응을 전하는 고백은 더없이 많은 것을 알려 준다. 그는 제1차 세계 대전 때 포병의 포격에 대해 직접적으로 깊은 지식을 습득했고, 20년이 지난 후에도 〈소리로 포탄의 궤적과 가능한 낙하지점을 가늠하는 기술〉을 잊지 않았다. 하지만 제2차 세계 대전에서는 비행기에서 투하된 폭탄들을 접하며 그는 〈한결같은 평정심〉을 유지하지 못하고 〈상당히 추하게 전율〉했다.

그러한 공격 방향에 그런 강력함까지 더해지는 데에는 무언가 비인간적인 것이 있다고 그는 말을 잇는다. 병사는 자연의 대재앙을 마주한 것처럼 쏟아지는 포화 아래에서 머리를 수그린 채 자신이 완벽하게 무방비 상태라고 믿는 경향이 있다. (실제로 구덩이, 심지어 적절한 순간에 〈납작 엎드리기〉를 실행하면, 많은 파편들로부터 몸을 상당히 보호할 수 있다. 물론 직격탄에 대해서는 이런 견해를 신중하게 적용해야 할 것이다. 하지만 공습이든 포병의 포격이든 고참 군인들이 말하듯 〈그 옆에는 자리가 많다〉.)

20세기에 계속해서 이루어진 군사 장비의 진화에 맞서, 습득한 체험은 무력하다는 사실이 이 글에서 더없이 잘 묘사된다. 그리고 신체에 각인된 기억이 이전에 길들여진 위험에서 벗어날 수 있도록 해준다 해도, 전쟁에 단련된 고참 군인과 젊은 징집병은 새로운 무기로 야기된 공포에 대해서는 거의 동등하다.

이러한 변화를 감안하면 구식이 되어 버린 군사 훈련 형태가 이런 상황에도 불구하고 오래 유지되었다는 사실이 놀랍게 보일 수 있다. 프랑스 군대에서 제1차 세계 대전 이전에 대대적으로 실시한 총검술이 그 예다. 1904~1905년 러일 전쟁, 묵텐*에서 벌어진 끔찍한 대살육, 공업화된 전쟁이 불러온 부작용을 목격한 많은 군사 관찰자에게는 끝까지 벌이는 공격, 즉 백병전이 조만간 사라질 게 분명해 보였다. 하지만 사람들은 여전히 믿어야 할 필요가 있는 것, 즉 옛날의 영웅적 전쟁이 살아남을 것을 믿으려 했다. 2세기나 이어져 왔으며 일부는 근거가 없어진 오래된 여러 신체 단련법이 오늘날의 군대에도 이어져 내려오는 현상을 파악하고자 한다면, 잔 트불이 제시한 대로 현대 〈군인의 두 신체〉를 구분하면 이 같은 명백한 모순을 이해하는 데 도움이 될 것이다. 즉 한 신체는 행진을 위한 것이고, 다른 신체는 전투를 위한 것이다. 여기에서 오늘날 이 두 신체의 단일성이 해체되었음에도 불구하고 이 두 몸을 함께 만들어 낼 줄 알아야 할 필요가 생긴다.

쉼 없는 허기와 피로

일상의 짜임, 날짜 계산을 본질적으로 온통 뒤흔드는 것이 전투의 속성이다. 일단 식사 행위는 민간 생활에서 보이던 상대적인 규칙성을 잃는다. 그래서 허기는 끊임없이 군인을 괴롭힌다. 현재 알려진 최

* Mukden. 오늘날의 선양.

초의 전쟁 사진 중 하나인 크림반도에서 1855년에 찍은 사진에서 눈에 들어오는 사실이다. 이 사진에는 얼굴이 해쓱하고 야윈 모습에 많이 지쳐 보이는 영국 랭커셔 군인들의 어느 〈1차 집단〉이 혹독한 겨울에 간단한 요리를 둘러싸고 모여 있다. 거기에 부실한 영양 섭취나 취사부의 다양하지 못한 식단으로 인한 잦은 설사까지 더해진다. 그래서 1807년에 폴란드로 향하던 나폴레옹 군대의 라보 중사를 비롯한 많은 군인이 오랜 행군을 할 때 자신의 〈밀랍 다리〉를 불평한다.

게다가 전방에서는 낮과 밤에 수면 상태와 활동 상태의 전통적인 경계를 구분하지 않는다. 1914년 마른 전투에서 폰 클루크 장군이 이끄는 독일군은 어둠을 이용해 수십 킬로미터를 전진하여 새벽에 적을 기습했기 때문이다. 휴식 시간은 그날 반드시 해야 하는 일 때문에 줄어들기 일쑤였다. 이런 이유로 보초의 커다란 걱정거리인 졸음이 신체적 피로나 기다림에서 오는 불안으로 고통받는 군인에게 막무가내로 쏟아졌다. 에두아르 드타유의 회화 작품 「꿈」(1888)에는 1870년 전쟁 중 프랑스 군대가 패주에 지쳐 잠을 자는 모습이 그려져 있다. 설욕의 희망을 나타내는 구름 속에서는 이들이 꿈꾸는 나폴레옹 군대의 대공세가 펼쳐진다. 한참 뒤인 1944년 노르망디 상륙 직후에 찍은 여러 사진은 미군 병사들이 거의 불가능한 자세를 취한 채 불편한 은신처에서 거부할 수 없는 잠에 빠져든 모습을 포착했다.

그러다가 돌연사하는 경우도 있었다. 1954년 봄 디엔비엔푸 공격 때 벌어졌다. 베트민(월남 민주 동맹)의 포병이 에워싸고 두 달에 걸쳐 포격이 이루어졌을 때, 프랑스 군인들은 아무런 상처나 부상도 입지 않은 채 극단적인 피로와 오래 누적된 스트레스가 결합된 이유만으로 즉사하곤 했다. 이러한 현상은 20세기에 전투 기간이 길어지고 그에 따라 위험에 오랫동안 노출되면서 더 자주 나타나지만, 사실 오래전부터 존재했다. 프랑스 의사 장노엘 마르샹은 1823년에 이미 〈군인,

특히 징집병이 오랜 강행군 끝에 처음으로 휴식을 취하려고 멈추면서 숨을 거둔〉 경우가 드물지 않았다고 전했다. 중국에서 국민당 군대에 집요한 공격을 당한 마오쩌둥의 군대는 1934~1935년 〈장정〉 시기에 비슷한 고난을 겪었다. 1년이 넘는 기간에 〈11개 성을 가로지른 행군〉은 1만 킬로미터가 넘는 거리에 걸쳐 이루어졌고, 최소한 9만 명에 이르는 병사가 대부분 피로 때문에 목숨을 잃었다. 최초 병력의 4분의 3이 넘는 인원이었다. 덧붙여 아시아는 적군의 포로가 여러 차례 〈죽음의 행군〉을 벌인 무대였다. 가장 잘 알려진 예가 1942년 4월에 필리핀 바탄에서 일본군이 미국과 필리핀 국적의 전쟁 포로에게 강요한 죽음의 행군이다. 이 행군으로 최소한 6천 명, 아마도 2만 명에 이르는 사람이 죽었다.

충돌이 벌어진 계절과 장소도 군인에게 특수한 시련을 야기하는 원천이다. 산업화 시대의 전쟁에서 겨울 동안 전투를 중지하는 오랜 전통이 깨지면서 더욱 그랬다. 이제 적이 활동하지 않을 것을 확신하며 마음 놓고 무력을 재정비할 휴전은 전혀 없었다. 전쟁으로 인해 기후에 각별히 예민해진다는 사실도 덧붙인다. 참호에 있는 군인들에게 비와 진흙이 불러일으킨 불안감, 레닌그라드와 스탈린그라드에서 포위된 사람뿐 아니라 평원에 쌓인 눈 속에서 추위로 얼어붙은 히틀러의 군대에 혹독한 러시아의 겨울이 야기한 고통, 이집트에서 싸운 독일과 영국의 전차병들이 1942년에 겪은 사막 전쟁의 끔찍한 더위, 또는 2003년 이라크 전쟁 때 미군이 그토록 두려워한 모래 폭풍을 생각해 보자. 전쟁 지역의 자연 및 기후 환경은 이러한 신체적 경험의 성질을 파악하고자 하는 사람에게 매우 중요하다. 산악 전쟁 역시 적이 보이지 않는다는 사실과 매복의 위험, 바위에 맞고 튀는 총알로 인해 위험성이 증가하므로 특수한 고난을 야기한다. 19세기 중반에 캅카스 전역에서 러시아 군인들이 이맘* 샤밀이 차지한 고지대를 공략하려고 포화를 받으며 올라갔을 때

쏟은 신체적 노력이 얼마나 대단했을지 상상해 보라. 또는 1842년에 처참한 카불 후퇴 이후 영국의 제44 보병 연대의 마지막 방진(方陣)이 간다마크 고지대에서 산악 게릴라전 기법을 통달한 아프가니스탄 부대의 반복된 공격에 시달리며 당한 고통도 생각해 보자.

한편 숲과 밀림은 사냥과 전쟁이 인류학적으로 얼마나 비슷한지 보여 준다. 미국 플로리다주의 배후지에서 인디언 세미놀족은 미군에 맞서 싸우며 울창한 삼림을 방패 삼아 1810년대부터 사냥 기술을 발달시켰다. 크리스티앙 잉그라오가 연구한 디를레방어 여단의 밀렵꾼들은 벨라루스 숲에서 파르티잔 몰이를 여러 차례 벌였다. 하인리히 힘러의 명령으로 1942년에 교도소에서 풀려난 이 전문가들은 자신들의 사냥 노하우를 인간 사냥에 적용했다. 태평양의 섬들에서 미국인과 일본인이 벌인 싸움이 증명하듯, 밀림에서 울창한 식물과 위험한 동물들 한가운데에서 득실거리는 생물체 및 끔찍한 소리와 실랑이를 벌이며 불안스러운 무기력 상태에 빠져 싸우는 일은 군인에게 엄청난 시련이다. 아마도 이런 특별한 불안감과 탁 트인 야외에서 전투를 벌이고자 하는 욕망 때문에 미군이 베트남에서 〈에이전트 오렌지〉로 대규모 산림을 파괴했을 것이다. 초목으로 이루어진 벽이 베트콩이 저항할 소중한 도피처가 되었기 때문이다. 치아파스주의 사파티스타 민족 해방군이나 콜롬비아 무장 혁명군 그리고 그 이전에 피델 카스트로와 체 게바라의 쿠바 게릴라군 같은 중앙 및 라틴 아메리카의 게릴라 무장 세력들 역시 뚫고 들어갈 수 없는 숲이 제공하는 보호를 활용할 줄 알았다.

여기에 사막에서 활동하는 게릴라의 특수성도 덧붙이자. 토머스 에드워드 로런스가 1916년 아랍 반란 때 쌓은 경험에 따르면, 사막에

---

* imām. 이슬람 교단의 지도자.

서 〈전쟁은 무엇보다 지리적〉이고 〈싸우는 것은 실수다〉. 도시 지역에서 이루어지는 전투의 특수성도 지적해야 할 것이다. 이러한 전투는 기념물이 상징적으로 훼손될 가능성 — 2016년 시리아 팔미라의 경우처럼 — 으로 익숙한 공간이 전쟁 장소로 변모한다는 점, 그리고 2017년 봄과 여름에 모술 주민들에 대해 그랬듯 민간인에게 가해지는 위협이 크다는 점이 특징이다. 병사의 신체적 체험에 환경이 결정적인 영향을 미친다는 사실은 분명하다.

기관총의 집요한 딱따구리 소리

이제 전쟁의 시련이 개인의 감각 세계를 동요하는 방식을 파악하는 일이 남았다. 실제로 전투는 군인이 견딜 수 있는 것의 한계, 허용할 수 있고 말로 표현할 수 있는 것의 한계까지 계속 몰아붙인다. 전쟁터는 평소와 다르고, 규범에 어긋나는 감각 메시지로 가득 찬 공간이다. 예를 들어 바그람 전투(1809년 7월 5~6일)가 기병 자크 슈비예에게 남긴 강렬한 인상이 그랬다.

승자와 패자의 서로 다른 비명 소리, 연기, 불, 소리, 무기가 뿜어내는 광채, 거의 매 순간 폭발하는 수송 마차, 허공을 날아다니며 터지는 포탄들, 사방으로 튀는 엄청나게 큰 파편들. 하지만 이 모든 것 중에서 최악은 화염 속에서 구조받지 못하고 질식하며 불에 구워지는 불행한 부상병들이었다.

여기에서 보듯 청각은 자주 남다른 시련을 당한다. 그래서 감각 중에서 독보적인 위치를 차지할 정도다. 아마도 귀가 두려움을 느끼는 최초의 기관이기 때문일 것이다. 제1차 세계 대전 참전 병사들의 여러 증언에서는 청각적 풍경이 매우 주의 깊게 묘사된다. 〈죽음의 띠를 풀어

내는〉 기관총의 집요한 딱따구리 소리, 공격 중에 전우의 몸으로 파고 드는 총알의 둔탁한 소리, 또는 무인 지대no man's land 에서 들려오는 부상자의 울부짖음 등은 모두 제1차 세계 대전 참전 병사들의 기억에 강력하게 자리 잡은 소리들이다. 가끔은 며칠 동안 계속해서 들려오는 대포의 포격 소리도 마찬가지다. 이 소리를 들은 신병들은 괄약근을 통제하지 못한 채 공포에 떨었다. 전쟁에 단련된 병사들은 일종의 마비 상태, 전반적인 무감각 상태에 빠져들었다. 그러다 1918년부터, 그리고 후에 스페인 내전 중에 공습이 이루어졌다. 날카로운 소리가 허공을 가르고 폭발이 폭격당한 사람들의 신체로 침범해 들어왔다.

시각에서의 밤은 청각에서의 침묵과 같은 효과를 내었기에, 병사의 두려움은 하루 중 시간이 흐름에 따라 이동한다. 병사의 청각과 시각 균형이 움직임에 따라서 말이다. 오늘날과 마찬가지로 과거에도 전쟁터는 시각적 충격이 펼쳐지는 거대한 장이다. 유린당한 숲, 쪼개진 나무들, 파괴된 마을, 무너진 교회, 약탈당하거나 불탄 집들, 바깥에서 썩어 가는 인간과 동물의 사체, 심하게 상처 입거나 팔다리를 잃고 내버려진 시체들, 이런 것이 전쟁의 참화였다. 고야나 오토 딕스가 회화 작품으로 그린 이러한 장면은 생존자들의 머릿속을 떠나지 않고 계속 괴롭혔다. 그 가운데 제1차 세계 대전에서 참호가 유린당하고 파괴된 광경은 어떤 한계를 넘어서는 계기였던 듯하다. 기다란 창자 같은 참호들, 파인 고랑과 극단적으로 파헤쳐진 기복, 포탄 구멍 속에 또다시 생겨난 구멍들, 식물이 놀랍도록 부재한 그 풍경은 지구보다는 달의 풍경에 가까웠다. 황폐화된 땅, 구분이 없어진 계절, 모든 것이 근본적으로 자연의 순환이 걱정스레 뒤흔들린 사실을 드러내는 것처럼 보였다. 마리네티와 이탈리아의 미래파 화가들이 이러한 풍경이 만들어 낸 산업화된 종말의 아름다움에 민감한 몇몇 목소리를 냈다. 하지만 극소수일 뿐이었다.

근접한 감각인 후각도 병사의 생활에서 전쟁 때문에 생기는 정신적 충격으로 강력한 역할을 한다. 서구 사회에서 집단적 위생의 기준이 바뀌고 (특히 19세기에) 신체를 관리하는 방식이 발달하면서, 군인이 과거에 비해 자기 자신과 다른 사람들의 냄새를 견디기 더 어려워한다. 목욕을 거의 할 수 없고, 속옷이 더러워도 갈아입지 못하고, 몸의 악취를 제거할 수 없는 상황에서 매일 참호에서 다닥다닥 붙어 지내는 생활은 1914~1918년의 전투원들에게 그야말로 정신적인 시련, 추가적인 고통이었다. 하지만 이런 것은 부패하는 시신이 내뿜는 끔찍한 후각적 공격, 〈썩고, 검게 타고, 음산한 죽음의 춤을 추다가 굳어 버린 미라 같은 저 10여 구의 시신〉(에른스트 윙어)에 비하면 아무것도 아니었다.

미각 체험 역시 일상과 매우 달랐다. 라보 중사의 경험이 그랬다. 그는 호헨린덴 전투(1800년 12월 3일) 중에 포화의 열기로 너무 목이 말라 〈피가 섞인 물〉을 마실 수밖에 없었다. 독일의 젊은 석공 야코프 발터의 경험도 들 수 있다. 그는 러시아에서 한창 퇴각하는 중에 어느 날 너무 배가 고파서 돼지를 익히지 않은 채 날로 먹었다. 익혀 먹는 게 불가능했기 때문이었지만 곧바로 끔찍한 복통에 시달렸다. 군인이 경험하는 촉각의 세계에서도 온갖 수준의 혐오감을 찾아볼 수 있다. 이러한 반감은 사회적·역사적으로 순서를 매길 수 있다. 가장 낮은 수준에는 물론 군인의 생활에 항상 따라다니는 해충이 있다. 19세기 말에 적도 아프리카 정복을 위해 떠난 병사들과 더불어 바라티에 대위가 걱정한 〈검은 개미나 불개미, 흰개미, 지네, 거미, 온갖 색조와 온갖 크기의 해충〉일 수도 있고, 또는 1914~1918년 참호에서 군인들이 불평한 벼룩, 이, 쥐일 수도 있었다. 하지만 다른 방식으로 커다란 충격을 남긴 것은 역시 얼이 빠진 상태에서 부상당하거나 죽은 동료들을 밟고 걷는 일, 적의 사격으로부터 자신을 보호하기 위해 동료들의 시신에 몸을 붙여야 하는 일, 또는 찢겨 나간 시신 조각 ─ 발, 손, 얼굴이나 뇌수 ─

을 맞는 일이었다. 1944년 6월 6일에 전개된 넵튠 작전 중에 노르망디 해변에 상륙한 영국과 미국, 캐나다의 젊은 신병들이 겪은 이 모든 일은 매우 힘겨운 체험이었다.

이러한 실존적인 극도의 시련에 직면해 군인들은 술이나 담배, 환각제에서 위안과 도피를 구했다. 통 제조공 루이 바르타스의 이야기에 따르면, 제1차 세계 대전 중에 병사들은 〈졸림과 피로, 추위, 갈증, 허기에 대항하기〉 위해 〈독약을 마시는 일〉을 받아들였다. 폴 퍼셀이 전하는 바에 따르면, 제2차 세계 대전 중에는 음주 문화가 군 당국에 의해 상대적으로 관대하게 받아들여졌다. 제1차 세계 대전 중에 이루어진 금주 연맹들의 감시로부터 해방되어 일반화되었다. 담배를 피우고, 국적에 따라 슈납스*나 럼주, 위스키를 마심으로써 군인들은 두려움을 극복하거나 공격을 펼친 후에 〈신경을 가라앉힐〉 수 있었다. 미군들도 마약 덕분에 사이키델릭 록 가수인 지미 헨드릭스나 제퍼슨 에어플레인의 음악을 들으며 단 몇 시간만이라도 베트남에서 벌어진 불안하기 짝이 없는 전쟁에서 벗어날 수 있었다.

결론적으로 전투에서 겪은 신체적 경험은 감각을 너무도 심하게 공격한다. 그 수준은 민간 생활의 일상적인 허용 범위를 크게 넘어선다. 전투 경험과 그 과도함 때문에 군인의 감각 문화는 뒤흔들리고 심층적으로 와해될 수도 있다. 이 문화는 달리 말하면, 주어진 시대와 문화에 고유한 욕망하는 것과 거부되는 것의 체계, 매혹적인 것과 혐오감을 일으키는 것의 체계, 용납할 수 있는 것과 용납할 수 없는 것의 체계(알랭 코르뱅)다. 그런데 조지 모스가 포착한 1914~1918년에 참전한 군인들이 보인 행태의 〈과격화brutalisation〉 현상, 즉 1920년대와 1930년대의 유럽, 특히 파시스트 독일과 이탈리아에서 폭력과 고통

---

* Schnaps. 독일의 전통 증류주.

을 보는 것, 대량 살상에 대한 허용 한계치가 높아진 현상이 이러한 흔들림의 결과가 아니라면 대체 무엇이겠는가?

하지만 더 나아가 전투로 생긴 이런 감각적 침해가 견딜 수 있고 허용 가능한 일상적인 한계치를 넘어설 때, 대체로 군인에게 충격적인 감정과 강렬한 심적 고통의 원인이 된다. 정신적 상처로부터 오늘날 우리가 〈트라우마〉 또는 〈정신적 외상〉이라고 부르는 것이 생긴다. 군인에게서 그 증상은 잔류하여 지속되는 불안, 내향 성향, 병적인 공포, 강박적인 기억, 계속 되살아나는 악몽 등 매우 다양하게 나타난다. 그 결과 감각에서 정신 현상에 이르기까지 연속선이 그려진다. 심리학적 시대 오류를 저지르지 않으려면 물론 신중을 기해야 한다. 매번 이러한 외상적 충격의 고유한 내용을 다시 찾아내고, 이러한 충격이 왜 생겨났으며 허용 한계치가 역사적으로 서로 다른 침해의 원천을 감지해 내는 일은 역사학자의 몫이다. 한 가지 분명한 점은, 전투 경험에서 신체는 결국 〈생리적〉인 만큼 〈정신적〉이라는 사실이다.

참조

02

죽은 자는 어떻게 하나?

브뤼노 카반 •

전쟁터에서 죽은 군인의 시신을 어떻게 유지할까? 시체는 어디에 매장하나? 유해를 언제 본국으로 송환할까? 전쟁 도중에? 아니면 그 이후에? 근대의 모든 분쟁에서 죽은 병사를 둘러싸고 똑같은 쟁점들이 대두한다.

1807년 2월 8일, 동프로이센의 프로이시슈아일라우 마을(오늘날 러시아의 바그라티오놉스크)을 에워싼 얼어붙은 평원에서 두 군대가 대치한다. 레온티 레온티예비치 베니히센 장군이 이끄는 러시아군과 안톤 빌헬름 폰 레스토크 장군이 이끄는 프로이센군은 수적으로 열세인 나폴레옹 1세의 프랑스군에 맞선다. 승부가 모호한 대결이 벌어진후, 뮈라가 이끄는 기병 약 1만 2천 명이 전쟁사에서 가장 유명한 기병대 공격 중 하나로 남을 공세를 벌인다. 러시아와 프로이센이 초저녁에 퇴각하면서 프랑스 군대는 위기를 면한다. 그날 늦은 시각에 헤아린 죽은 자의 수는 수천 명에 이른다. 〈끔찍한 도륙〉(육군의 수석 외과 의사 페르시가 한 말) 다음 날 연민에 사로잡힌 황제를 묘사한 유명한 회화 작품에서 앙투안장 그로는 창백한 빛에 잠긴 풍광을 배경

• Bruno Cabanes. 오하이오 주립 대학교의 〈도널드 G. & 메리 A. 던 군사사 석좌 교수Donald G. & Mary A. Dunn Chair in Military History〉. 앞서 예일 대학교에서 9년간 가르쳤다. 제1차 세계 대전의 사회사, 문화사 및 전쟁에서 벗어나는 양상을 연구하는 전문가다.

으로 근처에 시신이 쌓여 있는 모습을 그렸다. 발자크는 이런 공동 묘지에 산 채로 묻힌 샤베르 대령이라는 가공의 등장인물을 상상하기도 했다. 그림은 가로 8미터에 세로 5미터에 이르는 엄청난 크기다. 사람의 얼굴은 실제보다 두 배 크게 그려졌다. 이 작품은 나폴레옹 전쟁 중 벌어진 전투의 끔찍한 현실을 생생히 드러냈다. 그 이전에 자크 칼로의 판화 작품들이 30년 전쟁(1618~1648) 중 벌어진 민간인 대학살을 포착한 것, 그리고 그 이후에 프란시스코 데 고야가 도스 데 마요 봉기(1808)와 스페인 독립 전쟁(1808~1814)에서 벌어진 현실을 증언한 것에 비견할 수 있었다.

전투는 병사들이 벌이는, 절정에 달한 충돌로 축소될 수 없다. 전투는 자연환경에 흔적을 새겨서 그곳을 물을 오염시키고 전염병을 일으킬 위험이 있는 야외 시체 안치소로 만든다. 산 자와 죽은 자가 가까이에서 뒤섞여 지내는 견딜 수 없는 상황을 제한하고, 감염을 방지하고, 끝내 전쟁터를 가득 채우는 시체로부터 스스로를 보호하기 위한 위생학적인 염려가 되풀이하여 생긴다. 시체 처리는 문화적인 문제이기도 하다. 대규모 죽음은 윤리적·종교적 문제를 제기하기 때문이다. 부패하는 시신이 넘쳐 나는 상황에서 여전히 죽은 자를 인간답게 처리할 수 있을까? 그리고 예를 들어 구약 성서까지 거슬러 올라가는 성서 전통에서는 신전 바깥에서 죽인 동물을 다루듯 병사들의 시체와 피를 뒤덮으라고 규정한다. 그렇다면 대량 학살로 더럽혀진 공간은 어떻게 정화할까? 〈큰 전투에서 죽은 자는 영원한 안식의 장엄함을 알지 못한다〉라고 마르크 블로크는 『전쟁 회고록(1914~1915)Souvenirs de guerre(1914-1915)』(1969)에서 지적한다. 러시아 원정(1812)이나 바르바로사 작전(1941), 한국 전쟁 같은 경우에는 땅이 얼어붙어 매장이 힘들었다. 일본에 점령된 팔라우 제도의 산호섬 펠렐리우에서 벌어진 전투(1944년 9~11월)에서 미군 병사들이 죽은 전우를 돌보는 유일한 방식은, 더위 때문에 빠르게 부패할 위험이 있는 시신을 서둘러 바다로 내보내는 것이었다. 끝으로 적군의 시신 — 쉽사리 패자의 선망이나 분노, 증오가 쏟아지는 대상이 될 수 있는 전리품 — 은 어떻게 할까? 헥토르가 죽어 가며 자신의 적인 아킬레우스에게 장례 치를 권리를 상기시키자, 아킬레우스는 이렇게 답했다. 〈네가 나에게 한 일을 보아서 그 무엇도 너의 머리에서 개들을 떼어 놓지 못할 것이다. (……) 너의 아버지 프리아모스가 너의 무게만큼 황금을 달아 내준다 해도 말이다. 아니, 그 무엇을 하든, 훌륭한 너의 어머니는 자신이 세상에 내놓은 사람을 애도하기 위해서 너를 장례 침대에 눕히지 못할 것이며, 개들과 새들은 너를 통째로 찢어발길 것이다〉(『일리아스』제22권 345~354행).

유골 안치소에서 군인 묘지까지

우리의 집단적 상상에서 전쟁터나 대량 학살 장소가 지닌 특징은 이미 크림 전쟁(1853~1856)이나 1870년 8월에 벌어진 전투에서 그랬듯 공업화된 전쟁이 양산한 시체 더미다. 신무기의 강한 화력, 거대한 군대, 더욱 길어진 충돌 기간을 감안하면 이 사실을 쉽게 이해할 수 있다. 예를 들어 남북 전쟁 중 군인들이 보낸 편지에는 방치된 시신들에 대한 음산한 묘사가 가득하다. 이 장면은 앤티텀 전투 다음 날인 1862년 9월에 사진가 매슈 브레이디의 조수 중 한 명인 알렉산더 가드너가 찍은 것이었다. 게티즈버그에서 참혹한 전투가 사흘간 벌어진 후(1863년 7월 1~3일), 사람의 시신은 여름의 더위에 악취를 풍기는 3천 마리 말의 사체와 뒤섞였다. 북부 연방군의 한 병사는 전쟁터를 성큼성큼 걸으며 부패하는 시신의 모습에 대해 〈짙은 검은색 때문에 그들은 검둥이처럼 보였다〉라며 조롱 섞인 관찰을 전했다. 냄새는 전쟁 이야기에서 자주 등장하는 소재로, 전투 중 사망한 일을 영웅시하는 공식적인 담론에서는 감추어진, 견디기 힘든 추한 모습을 엿보게 한다. 후각은 모든 감각 중에서 혐오에 연관된 감정을 가장 효율적으로 불러일으키는 감각이며 너무 깊은 흔적을 남겨 외상 후 스트레스 장애(PTSD) 증후를 일으킬 수 있다. 대량 죽음은 미국의 가족 전통에 깊이 뿌리박혀 있던 〈아르스 모리엔디〉*도 약화시킨다. 수천 명의 젊은이가 자기 집에서 멀리 떨어진 곳에서 정서적으로 빈곤한 상태로 죽어 간다. 이들은 정서적 빈곤을 일시적으로 완화하기 위해 전우들끼리 약조를 맺는다. 인디애나 제37 보병 연대의 윌리엄 D. 워드는 〈우리는 부상을 당한 경우에 서로 전장에서 내보내 주기로 약속했죠〉라고 증언했다. 〈그리고 전사했을 때에는 죽은 정황에 대해 가족에게 알려 주기로 했지요.〉

실제로는 지키기 어려운 약속이었다. 병사의 신원을 확인하는 일반화된 체계가 없어서 실종자를 살피지 않았기 때문이다. 남북 전쟁의 무덤 절반이 〈무명〉이라고 적혀 있다. 큰 전투가 벌어진 직후에 전사자의 가족은 시신을 찾으려고 사설탐정을 보냈다. 시신은 결국 통상적으로 사용되던 유골 안치소나 공동묘지로 보내졌다. 최초의 대형군인 묘지는 미국에서 1847년에 멕시코·미국 전쟁의 전사자를 위해켄터키주에, 그리고 프랑스에서는 1860년대에 크림 전쟁의 전사자를위해 조성되었다. 하지만 이 방면에서 전환점이 된 것은 1871년 5월10일에 체결된 프랑크푸르트 조약 제16조였다. 이 조항은 〈프랑스와독일 정부는 각각 자국 영토에 매몰된 군인의 무덤을 관리할 의무를진다〉라고 규정한다. 이에 따라 묘지가 줄지어 늘어서 있고 웅장한 건물이 세워진 군인 묘지는 전쟁 이후 풍경의 일부가 되었다. 뒤이어 양차 세계 대전으로 그 규모는 절정에 이른다.

* ars moriendi. 죽음의 기술, 좋은 죽음을 맞이하는 기술.

제1차 세계 대전은 19세기 후반과 20세기 초에 벌어진 거대한 충돌의 연장으로서 시신 훼손과 시체를 처리하는 보건 서비스의 무능함, 전우들이 느낀 무력감이 그 이전과 똑같이 나타났다. 1914년에 생긴 변화라면 군인-시민 모델이 서서히 발달했다는 점이었다. 이 때문에 군사 기구가 필요해졌다. 군인들이 국가와 일종의 계약으로 연결되어 있었으므로 국가는 전쟁에 동원된 개개인과 그의 권리, 그가 부상을 당했을 때 받을 치료, 그리고 전장에서 당한 죽음에 관련된 의식을 더욱더 책임져야 했다.

1914년 여름에 기동전이 벌어지고 인명 손실이 상당했으므로(가령 프랑스 군대는 알제리 전쟁 8년 동안 잃은 수만큼의 군인을 8월 22일 하루 만에 잃었다) 시체 처리 방식을 최대한 간소화해야 했다. 그래서 많은 시신이 공동묘지에 황급히 매장되었다. 프랑스 군대의 규정에 따르면, 공동묘지는 길이 10미터, 너비 2미터, 깊이 2미터였고, 시신은 서너 줄로 쌓고 그 위에 석회를 뿌렸다. 1914년 말에 서부 전선에서 진지전이 시작되면서 상황은 완전히 바뀐다. 〈땅에는 이제 더이상 예전처럼 시체와 온갖 잔해가 널려 있지 않다. 땅은 시체로 빼곡히 들어차 있다〉라고 당시 프랑스 구호 및 공중 보건 감독원의 조사관은 전한다.

보병들이 무리 지어 그 안에 있는 나란히 난 포탄 구멍들은 새로 날아오는 포탄이 터지면서 끊임없이 재구성되었다. 죽은 군인들은 파묻혔다가 이내 파헤쳐져 땅 위로 드러났고 뒤이어 천천히 갈기갈기 찢겼다. 살아 있는 자들은 금세 부스러질 것 같은 흙벽에 몸을 납작하게 붙인 채 머물러 있고, 이 흙벽에 포탄 파편과 버려진 유탄, 불발탄이 뒤섞이며 발이나 손, 군모, 옷자락, 소총, 삽, 나무뿌리 따위가 솟아났다.

전쟁터가 포화 상태가 되고 감염의 위험으로 제기된 문제 때문에 한동안 시신을 화장하는 방법이 논의되었으나 결국 실질적인 이유(연료 부족과 비용)로 이 계획은 포기되었다. 역사학자 안 라스무센은 이러한 문제 말고도 진지전으로 인해 〈죽음을 관리하는 데 있어 거의 2세기 전부터《문명화 과정》을 구축해 온 원칙과의 단절〉이 이루어진다고 상기시킨다. 〈즉 죽은 자와 산 자를 완전히 분리하게 되었다. 이는 무엇보다 묘지를 사람이 거주하는 중심지 밖으로 추방하는 것으로 나타난다. 신체적이면서 상징적인 이러한 근본적인 분리가 이루어져야만 무질서에 종지부를 찍을 수 있다. 그 유해가 방치되고 모독당할 수밖에 없는 운명인 죽은 자들에게 다시 인격을 부여할 수 있다.〉 1915년 12월부터 프랑스 군대는 개인 묘소를 사용하는 일을 공식화함으로써 18세기 말 또는 19세기 초부터 민간 사회에서 시작된 죽음의 개별화 과정 — 매장 장소에 관한 1804년 6월 12일[공화력 12년 목월(牧月) 23일] 황제의 칙령에서 드러난다 — 을 되찾는다.

하지만 시신 식별이라는 까다로운 문제가 남는다. 1915년에 인식표 두 개를 의무적으로 착용하는 규정을 도입해 인식표 하나는 시신을 매장할 때 거두어 호적 담당 부서에 전달하고 다른 하나는 훗날 유해를 발굴할 경우를 위해 시신에 남기도록 했는데 별 효용은 없었다. 그래서 지문으로 시신을 식별하는 방법을 검토했다. 그러나 범죄자 식별 방법을 연상시켜 사람들이 좋게 여기지 않았다. 프랑스에서는 검시관이 휴가 중인 군인으로 하여금 자기 주거지를 관할하는 시청이나 구청에 지문을 제공하도록 장려했으나, 예상할 수 있듯이 큰 성공을 거두지 못했다. 하지만 시신이 식별된 경우에도 시신은 전쟁이 끝나기 전에 가족에게 송환되지 않았다. 영국에서는 장교의 가족이 유해를 즉시 송환받지 못하는 대신, 고인의 개인 소지품을 받았다.

유품은 일종의 상징적인 몸이다. 베라 브리튼은 자신의 약혼자 롤런드 레이턴이 사망한 후, 1915년 12월 23일에 이를 인상 깊게 기술했다.

나는 아주 끔찍하긴 하지만 매우 적절한 순간에 도착했다. 전방에서 보낸 롤런드의 모든 유품이 바로 저기 마룻바닥에 흩어져 있었다. 그때까지 나는 장교가 죽은 직후가 어떤 모습일지, 또 신문에 실린 편지에서 말하는 유품이 지닌 의미를 한 번도 상상해 보지 않았다. 끔찍했다. 레이턴 부인과 클레어는 그이가 죽었다고 전해 들은 날처럼 펑펑 울었다⋯⋯. 그이의 옷 — 그이가 마지막으로 휴가를 나왔을 때 입었던 옷 — 덜 입었던 다른 옷들, 속옷, 여러 자질구레한 물건들이었다. 모두 축축하고 닳고 진흙투성이였다. 로마의 모든 묘지와 납골당도 지금 이 옷들이 내뿜는 냄새보다 나에게 더 강렬하게 죽음과 황폐함, 부패에 대한 인상을 전하지 못했을 것이다.

무인 지대no man's land에 매몰되거나 포탄으로 갈기갈기 찢기거나 휴전이 이루어지지 않아 수습되지 못하고 방치된 시체가 소실되는 일도 흔했다. 프랑스군에서는 시기가 정확하지는 않지만 1920년대의 통계에 따르면, 전사자 140만 명 중에서 약 25만 2천 명의 시신이 유실되었다. 많은 보병은 자신이 그런 비극적인 종말을 맞아 가족들이 상가에서 치르는 밤샘과 전통적인 매장 의식을 치르지 못할 것을 예상했다. 군인 로베르 트루바는 1916년 가을에 엔Aisne에서 싸울 때 맞춤법이 정확하지 않은 문장으로 전쟁 노트에 이런 내용을 적었다. 〈나의 운명은 날이 지나면서 내가 시체 가운데 남게 될지 알려 줄 것이다. 서광을 비추는 햇살에, 배가 고통으로 갈가리 찢긴 채, 나는 공동묘지에 들어 있을 테다. 산 채로 파묻혀 어찌할 수 없이 십자가도 없이 나는 굴복하리라.〉

베르됭에서 싸운 예수회 수도사 출신의 군인 폴 뒤브륄에게 시신이 해체될 수 있다는 생각은 그야말로 영적인 시련이다.

멀리서 바람을 가르는 소리가 들릴 때면 우리의 온몸은 엄청나게 강력한 폭발의 진동을 견디기 위해 한껏 긴장했다. 매번 새로운 공격, 새로운 피로, 새로운 고통이었다. 이렇게 가다가는 가장 억센 신경이라도 견뎌 내지 못할 지경이다. (……) 가장 적절한 비유는 아마도 결국 우리가 몸을 맡기게 되는 뱃멀미에 비유하는 것일 테다. 몸을 보호하기 위해 장비 더미 아래 몸을 숨길 힘조차 더 이상 없고, 간신히 신에게 기도할 힘만 있을 뿐이다. 총알을 맞아 죽는 건 아무것도 아니다. 우리 존재는 온전하니까. 하지만 팔다리가 떨어지고 곤죽이 되는 일은, 인간의 살이 견뎌 낼 수 없는 두려움이고, 포격이 만들어 내는 엄청난 고통의 핵심 그 자체다.

유실된 시신의 수가 많아지자 여러 나라(1920년에 프랑스와 영국, 1921년에 미국과 이탈리아……)에서 무명용사 매장 같은 새로운 의식이 탄생하지만, 독일과 러시아에서는 그러지 않았다. 한편 이름은 알파벳 순서나 연대기 순서로 정리된 목록이나 실종된 사람을 기념하여 세운 기념물에 새겨진 형태(티에발 기념비에 새겨진 〈솜에서 실종Missing of the Somme〉)로 점점 더 중요하게 간주된다. 죽은 사람들의 이름은 대규모 죽음이라는 상황에서도 축소될 수 없는 개별성을 보존해 준다. 그래서 대략 제1차 세계 대전을 기점으로 생겨났고, 추도와 애도의 언어에 있어 진정한 전환점인 제2차 세계 대전 직후에 먼저, 그리고 뒤이어 베트남 전쟁 때 강화된 여러 의식들을 통하여 이름은 존재하지 않는 신체를 대신한다. 이러한 의식들은 1918년 이후에 프랑스의 각 마을에서 죽은 자를 위한 기념비를 중심으로 했듯 죽은 자들의 이름을 읽고 낭송하거나, 워싱턴 D. C.에 있는 베트남 전쟁 퇴역 군인 기념비처럼 돌에 새겨진 이름을 손가락으로 만지고 이를 종이에 베껴 옮기는 행위로 이루어진다. 시신이 유실되었기 때문에 이름은 더욱 강하게 신성화된다. 다른 맥락에서 시신을 계획적으로 소멸시키는 일이 절정에 이른 공업화된 집단 학살 쇼아*로 희생된 사람들을 기념하는 의식에서도 확인된다.

식별된 시신의 본국 송환은 1920년대 초에 이르러서야 조직화되었다. 프랑스에서는 1921년부터 1923년까지 24만 구의 유해가 그들 출신 지역으로 보내졌다. 퇴역 군인의 동원 해제만큼 근본적인 진정한 〈전사자의 동원 해제〉로, 그 가족들이 〈전쟁에서 벗어나〉 새로운 단계로 들어설 수 있도록 해주었다. 미국에서 퍼싱 장군은 모든 미군 병사들이 함께 전쟁터 가까이에 매장되기를 바랐다고 한다. 1918년 7월 14일에 공중전 중 사망한 시어도어 루스벨트 전직 대통령의 작은 아들 퀜틴 루스벨트는 프랑스의 엔 지방에 매장되었다. 이후 노르망디 지방의 도시 콜빌쉬르메르의 공동묘지로 이장되어 1944년에 죽은 자신의 형 옆에 묻혔다. 매장 장소를 선택하는 것은 프랑스와 마찬가지로 결국 미국의 가족들이었다. 오스트레일리아의 경우에는, 갈리폴리에서 치명상을 입은 윌리엄 브리지스 장군과 아주 오랜 시간이 지나 1993년 11월 11일에 캔버라에 있는 오스트레일리아 전쟁 기념관 Australian War Memorial에 매장된 무명용사를 제외하면 그 어떤 시신도 송환되지 않았다.

양차 대전 사이에 국제법이 크게 발전해 전사자를 처리하는 방식을 단일화하려는 노력이 이루어진다. 이로써 시신은 법률의 대상이 된다. 1929년 7월에 채택된 제네바 협약 제4조가 이를 증언했다.

* Shoah. 히브리어로 〈절멸〉을 뜻하며, 나치가 유대인을 비롯한 특정 부류의 사람들에게 자행한 집단 학살.

교전 당사국들은 부상자와 병자, 사망자의 이름을 가능한 한 빠른 시일 내에 서로에게 알린다. (……) 교전 당사국들은 사망 확인서를 작성해 서로에게 전달한다. 전쟁터나 사망자의 몸에서 발견된 개인 소지품도 전부 모아 보낸다. 이때 인식표를 반으로 잘라 함께 보내고, 나머지 절반은 시체에 매달아 두어야 한다.

시신 식별에 관한 이런 규정과 함께 망자에 대한 의식들을 다룬 다른 규칙도 정했다 — 1929년의 협정문에 따르면, 〈매장 또는 화장〉이라고 규정되어 있다. 교전 당사국들은 〈(전사자들이) 명예롭게 매장되도록 신경 쓰며, 그들의 무덤이 존중되고 언제라도 다시 찾을 수 있도록 한다〉. 이러한 조치는 1949년에 채택된 제4차 제네바 협약에서 민간인에게로, 1977년 제네바 협약 추가 의정서에서 〈비국제적 무력 충돌〉의 희생자에게까지 확대된다.

죽은 자를 통해 산 자를 공격하기

종교적 의식과 묘소 참배에 주의를 기울이는 현상에서 두 가지 경향이 나타난다. 개인에게 부여되는 중요성이 증가하고, 적에게 타격을 입히기 위해 시신을 도구화한다는 의식이다. 이런 맥락에서 1936년 7월에 발발한 스페인 전쟁 중에는 시신과 공동묘지, 예술 유산, 한마디로 사람들을 과거와 혈연관계, 정체성에 뿌리박게 하는 모든 것을 침해하는 폭력 행위가 절정에 달했다. 1990년대에 유고슬라비아가 해체된 때나 1994년 르완다 집단 학살에서 그랬던 것처럼 부모나 친구, 이웃을 서로 대립시키는 분쟁에서 벌어지는 극단적인 폭력과 적을 하나의 정체성으로만 축소시키는 본질주의적인 태도로 인해 양 진영 사이에 좀처럼 좁힐 수 없는 새로운 간격이 생긴다. 그런데 이 모든 〈모독 범죄〉(베로니크 나움그라프) 중에서 시신 훼손은 가장 폭력적이다. 돌이킬 수 없기 때문이다. 역사적 기념물이나 묘지는 다시 지을 수 있다. 능욕당하고 묘소도 없이 버려지고 공동묘지에 내던져진 시신, 매장되기 전에 훼손되어 그로테스크한 의식으로 연출된 시신, 또는 무덤에서 파내어져 세상에 전시된 시신은 영원히 더럽혀진다.

스페인 내전 중에 각 진영의 관건은 폭력으로 스페인 사회를 재조직하는 일이었다. 공화파는 수 세기에 걸친 가톨릭교회의 영향력에서 스페인 사회를 해방시키려 했다. 프랑코파(派)는 스페인이 기독교적 뿌리를 되찾기 위한 십자군 전쟁에 나섰다. 이러한 십자군 전쟁에 대한 상상력은 적을 바라보는 관점에 영향을 미쳤다. 적(敵)은 국가라는 몸에 침투한 이물질로 간주되었다. 전쟁 중에 자행된 폭력 — 연령이나 성별에 상관없이 모두에게 가해진 폭력 — 의 유형, 그중에서도 특히 적의 시신을 취급하는 방식에 영향을 미쳤다. 달리 말하면 산 자든 죽은 자든 적에게 가해진 잔혹 행위는 단지 그 강도만 더 심해진 게 특징이 아니다. 이러한 잔혹함은 말 그대로 언어로서 기능하며, 그렇게 해석되어야 한다.

1936년 7월 24~25일에 바르셀로나에서는 공화주의자들이 무덤에서 파낸 살레지오회 수녀들의 시신들 앞에서 4만 명이 넘는 사람이 때로는 조용히, 또는 욕설과 야유를 던지며 행진했다. 적의 시신을 훼손하는 극악무도한 의식은 사육제의 레퍼토리에서 영감을 받아 세계의 질서를 뒤엎고 권력 기관과 신성한 것에 대해 의도적이고 반복된 공격을 가한다. 보통 이러한 의식과 더불어 조각상에 대한 모독이 이루어져 그 얼굴을 파손하거나 팔다리를 절단하거나 사형수에게 하듯 조각상을 끌어 내려 길거리로 끌고 다니며 때리고 채찍으로 내리쳤다. 과달라하라에서는 당나귀에 신성한 의례용 천을 걸치고 종교 행렬을 흉내 냈다. 안달루시아의 루카이네나 데 라스 토레스 또는 아라곤의 산 에스테반 데 리테라에서는 그리스도 조각상을 구유에 넣어 물통으로, 또는 〈포도주를 마시는 데 쓰고자〉 술집으로 끌고 갔다고 한다. 동시에 그리스도의 성체인 제병(際餅)을 감실에서 꺼내 교회 바닥에 내던지고 발로 밟았다.

한편 프랑코파는 공화주의자들의 시신을 공동묘지에 매장하기를 거부했다. 시인 페데리코 가르시아 로르카의 시신처럼 절차를 무시하고 집단 매장지에 은밀히 매장했다. 가족이 무덤에서 추도할 모든 가능성을 차단함으로써 죽은 자를 통해 산 자에게 공격을 가하는 이러한 방법은 스페인에서만 이루어진 것은 아니었다. 이런 행태는 1973년과 1990년 사이에 피노체트 장군 치하의 칠레나 군부 정권하의 아르헨티나 등 남아메리카의 여러 독재 정권에서 보였다. 상징적으로 보았을 때, 시신이 은밀히 매장되면 죽은 자는 기독교 공동체에서 배제된다. 가족 구성원이 모두 같은 묘지에 매장되는 경우에는 가족의 혈연관계가 단절된다. 오랜 침묵의 시간이 흐른 후, 2007년에 스페인 국회에서 〈역사적 기억〉에 관한 법이 표결에 부쳐져 실종자 시신 문제가 쟁점이 되었다. 2011년 스페인 정부는 — 스페인 전역에 총 2천 개소 가까이 있는 — 집단 매장지의 위치를 표시한 지도를 처음으로 발표했다. 지위를 규정하기가 불분명한 장소(정치적 억압의 장소? 범죄 현장?)에서 시체가 발굴되고, 가족들은 실종자의 사진과 그들의 소지품을 가져와 집단적 의례를 치른다. 식별이 어려운 유해들을 중심으로 지역 공동체가 재구성되었다. 이 때문에 가끔 양 진영의 후손들 사이의 긴장이 되살아나는 대가를 치르기도 한다.

두개골 또는 귀 수집품

제2차 세계 대전이 발발하면서 군대들은 제1차 세계 대전과 똑같은 쟁점, 즉 시신의 정체성을 유지하고, 시체를 매장하고, 유해를 전쟁 중이나 그 직후에 송환하는 문제에 부딪혔다. 더욱이 전투원의 수가 증가하고 전선이 전 세계로 분산되면서 그 규모는 더욱 커졌다. 가령 미군은 자국 전사자들의 흔적을 보존하기 위해 추가적인 노력을 기울였다. 그래서 군 당국은 미군들이 〈dog tag(개 목걸이)〉라고 부른 인식표 말고도 임시 무덤을 나타내는 모든 십자가 아래 땅속 약 30센티미터 깊이에 사망과 매장 상황이 상세히 적힌 글Report of temporary Burial을 밀봉한 병에 담아 묻도록 했다. 물론 죽은 자를 매장할 시간이 없는 매우 힘겨운 전투 조건에서나, 한 비행기나 전차를 탄 병사들이 동시에 죽는 경우에는 이러한 지침을 실천하기 어려웠다. 이들은 결국 합장되었다.

적의 시체를 대하는 태도는 충돌 형태의 다양함(관례적인 전쟁, 인종 간 전쟁, 섬멸전)과 전쟁 중에 벌어지는 폭력의 정도를 나타낸다. 서유럽에서 벌어지는 전쟁에서는 시신을 존중하는 규정들이 대체로 지켜진 데 반해, 동부 전선에서 벌어진 섬멸전Vernichtungskrieg에서는 집단 학살 계획과 천년왕국설, 패배할 경우 모든 것이 끝난다는 종말론적인 불안감이 한데 결합되어 전쟁의 폭력이 격화하고 적의 시체를 훼손하는 일이 벌어졌다. 러시아인은 가령 1943년 2월에 동부 우크라이나에서 벌어진 그리스치노 대학살 때 그랬듯, 시신에도 똑같은 잔혹 행위를 저질렀다. 소련군은 2월 10일에서 11일로 넘어가는 밤에 전선에 위치한 도시를 잠시 되찾았다. 이때 간호사와 독일 병사, 오스테어Ostheer(동부 전선의 독일군)에 편입된 이탈리아와 루마니아, 헝가리 전투원들이 포함된 596명의 전쟁 포로가 공격군에게 학살당한다. 제5 SS 기갑사단 비킹SS Panzerdivision Wiking이 18일에 역습하여 그리스치노를 되찾았을 때, 〈바지와 목에 인식표만 걸친〉 독일 군인의 시신 수십 구가 도로변에 놓여 있었다.

시체의 두개골들은 무거운 무기로 여러 차례 짓누른 듯 납작해져 있었다. 두개골은 보통 크기의 3분의 1밖에 되지 않았다. (……) 조금 더 지나 그리스치노에서 아넨스카자로 가는 길에 독일 군인의 시신 수백 구가 도로에 쌓여 있었다. 전부 벌거벗었다. 거의 모든 시신이 훼손되어 있었다. (……) 그들의 코와 귀가 잘려 있었다. 성기는 잘려 시신의 입에 들어 있었다.

일본인과 미국인이 1941년 12월부터 1945년 8월까지 태평양 지역에서 벌인 전쟁은 섬멸전이 아니어서 유럽 동부 전선에서 벌어진 전쟁과는 달랐다. 하지만 적어도 부분적으로 전쟁의 인종적인 요인 때문에 극단적인 폭력이 전개되었다. 민간인 대량 학살, 성폭력과 대규모 매춘, 고문당하거나 노예로 전락한 전쟁 포로들, 731부대에서 이루어진 인체 실험. 살아 있는 사람들을 상대로 이루어진 이러한 범죄에 덧붙여 양 진영에서 모두 죽은 자에게 범죄가 자행되었다. 묘소 훼손, 시신 절제, 두개골이나 신체의 다른 부위(코, 귀……) 수집 형태로 이루어졌다. 가끔은 적의 시신을 삶은 뒤 살을 발라내고 뼛조각, 특히 두개골을 채취해 장식하거나 조각해서 가족이 보관하도록 미국으로 보내기도 했다. 전쟁 일기(린드버그의 일기)와 이야기(미 해병대원 유진 B. 슬레지의 『태평양 전쟁: 펠렐리우·오키나와 전투 참전기』, 1981) 개인 소장품에서 발굴한 것이나 태평양 전쟁을 다룬 당시 미국 잡지에 실린 사진들을 통해 살펴볼 수 있는 것처럼 태평양 전쟁에서 시신 훼손은 드문 일이 아니었다. 미국인과 일본인 모두에 의해 자행되었다. 1944년 5월 22일 자 『라이프 매거진*Life Magazine*』에 실린 유명한 사진에서는 20세의 젊은 미국 여성 나탈리 니커슨이 자기 책상 앞에 앉아 미 해병대 소속으로 싸우는 약혼자가 보낸 어느 일본 병사의 두개골을 서글프게 바라보고 있다. 이는 고전주의 회화의 메멘토 모리*를 연상케 하는 소재다.

적의 해골을 가공하는 일이 너무 빈번히 이루어지자 미 태평양함대 총사령관은 1942년 9월에 다음과 같은 명령을 선언했다. 〈적의 신체의 어떤 부분도 기념품으로 사용해서는 안 된다. 부대장은 엄격한 징계 처분을 내릴 것이다, 등등.〉 적의 신체 일부를 적출하는 문제는, 이것이 단지 몇 사람의 독립된 행위가 아니라는 전제를 감안할 때 해석 면에서 중요한 문제를 제기한다. 가령 태평양 전쟁에서 벌어진 충돌의 유형, 즉 일본을 연구하는 역사학자 존 다우어의 표현을 빌리자면 〈가차 없는 인종 간 전쟁〉을 근거로 들어 시체 훼손 행위를 설명하려는 유혹이 들 수 있다. 결국 모든 전쟁은 문화적 행위로서, 전투원에게 동기를 부여하는 것은 그가 자기 자신과 적에 대해 갖게 되는 이미지다. 따라서 잔혹 행위는 후방에서 자행된 시각적인 선전으로 시작하여 젊은 신병의 군사 훈련으로 길러지고 전장 경험으로 확고해지는, 적을 비인간화하는 기나긴 과정의 종착점이다. 예를 들어 태평양 전쟁과 베트남 전쟁에서는, 밀림에서 끊임없이 들려오는 소리나 죽음의 악취 때문에 자신을 에워싼 세계에 대한 〈사회적 신뢰감〉(조너선 셰이)이 무너짐으로써, 포착할 수 없는 적은 인간이 아니며, 그 적은 추적해서 죽여야 하고, 경우에 따라서는 야생 동물처럼 그 신체를 훼손해야 한다는 느낌이 강해진다.

시신 훼손의 배경에는 사냥 문화가 자리 잡은 경우가 많았다. 사냥 문화는 국가에 따라 실천 방식과 의식이 매우 다양하다. 어떤 군인은 민간인 신분이었을 때 직접 사냥을 했을 수도 있다. 1944~1945년에 성인 남성 넷 중 한 명이 여전히 사냥을 하던 습성이 있던 미국 출신이었다. 태평양 지역에서 싸운 전투원들이 그랬을 것이다. 전투 지

* Memento mori. 〈죽음을 기억하라〉는 뜻의 라틴어 경구.

역은 사냥터를 닮았다. 오랜 기다림과 망을 보는 시간, 술책과 덫, 사 냥감 몰기 그리고 포획이라는 특성을 모두 가지고 있다. 잘라 내어 수 집하는 적의 신체 일부는 북아메리카에서 벌어진 인디언 전쟁의 머리 가죽 같은 전리품과 동일시되었다. 전리품(머리카락, 두개골, 군모, 무 기, 군복)은 곧 패배자를 가리킨다. 진정한 전선이 존재하지 않는 분쟁 에서 보디 카운트body count — 매일 죽임을 당한 적의 수를 정확히 장 부에 기입하는 일 — 행위가 각별한 중요성을 띠게 된 것은 놀랍지 않 다. 베트남 전쟁이 그 예였다. 이러한 전쟁에서 승리는 공간적으로 규 정되기 어려운 까닭에 적의 시신이 음산하게 축적되는 것으로 시각화 될 수밖에 없다. 금니 같은 신체의 일부를 전리품으로 삼는 것은 경제 적인 측면을 지닐 수도 있다. 1815년 워털루 전투 직후에 시신으로부 터 수많은 치아가 뽑혀 의치를 필요로 하는 치과 의사들에게 팔렸다.

하지만 시체를 훼손하는 일은 적의 정체성을 공격하고, 그 완전성 을 침해하고, 죽음 너머에서 적을 모독하는 일이다. 그래서 추출된 신 체 부위와 죽음의 형태가 상징적인 중요성을 띤다. 죽음의 형태는 소 나 양을 죽이듯 참수하거나 목 앞부분을 베어 죽이기, 얼굴을 파괴하 고, 우리의 감각 기관이자 개성을 나타내는 기관인 눈이나 코, 귀를 훼 손하기, 적의 남성적인 힘을 감퇴시키려고 거세하기 등이 있다. 콜롬 비아에서는 1946년과 1964년 사이 〈폭력 시대〉라고 불리는 시기에 20만 명 가까이 죽었다. 신체 절단 기법은 전부 살인자와 그 희생자의 가족이 알고 있는 의미를 가졌다. 최종적인 목적은 신체 분류의 질서 를 어지럽히는 것이었다. 예를 들어 턱 밑에 낸 구멍으로 혀를 내보이 는 것(이른바 〈넥타이 절단〉) 또는 희생자의 성기나 젖가슴을 잘라 그 입에 넣어 두는 것.

아무도 뒤에 남겨 두지 말라

따라서 전쟁 시기에 시신을 처리하는 데 관건이 되는 것은 확실히 사회 질서다. 시신을 욕보이고 절단하는 일은 전쟁의 혼란을 가중시킨다. 적의 시체를 존중하는 일, 또는 상황이 어떻든 자국 병사의 유해가 존중되는 방식으로 처리되게 하는 일은 곧 이러한 혼란을 억제하는 일이다. 전쟁 시기에 적에 대한 이미지가 시신 처리 문제를 중심으로 구축된다는 사실은 놀랍지 않다. 영국·줄루 전쟁(1879)에서 죽임을 당한 나폴레옹 3세의 황태자 루이 나폴레옹 보나파르트가 죽은 상세한 정황이 그 좋은 예로, 당시 언론에서 활발하게 논의되었다. 그는 1879년 6월 1일에 매복을 당해 용맹하게 저항했으나 결국 창에 17번 찔려 쓰러졌다. 이 장면은 폴 자맹의 유명한 1882년 회화 작품으로 후대에 남겨졌다. 하지만 줄루족 전사에게 창으로 여러 번 찌르는 행위의 목적은 망자의 영혼이 복수하려고 되돌아오지 않도록 하는 것으로서, 전투원 각자가 직접 죽은 자의 몸을 찔러야 했다.

군대의 조직과 관리 모델이 대륙 간에 점점 더 많이 전파·유통되는 산업화된 전쟁의 시대에, 죽은 자를 책임지는 일은 문화 모델들 간의 극단적인 차이에 부딪친다. 그 예를 하나 들어 보겠다. 1904~1905년의 러일 전쟁은 일본군 내에서 시신을 화장하는 일이 널리 전파되는 기회가 되었다. 화장은 전쟁터를 정화한다는 측면에서 이점이 있었다. 화장이 해당 부대 내에서 전우들에 의해 개인 화장대(火葬臺)에서 이루어졌으므로 일본의 종교적 의례에도 부합했다. 반면에 일본인은 러시아 군인의 시신을 적의 문화적 관습에 따라 매장하도록 배려했다. 어떤 사람들은 여기에서 장례 실천 방식을 국제적으로 조절하는 한 형태가 등장했다고 보기도 한다. 이러한 국제적 조절은 그로부터 수십 년 후에 죽은 전투원들이 출신국의 관습에 따라 적절히 처리하도록 공식화된다. 1915년 봄에 〈전쟁 시기에 화장〉을 의무화하는 법안이 프랑스 국회에 제출되었을 때, 러일 전쟁의 전례가 언급되었다. 하지만 매장의 적합성을 반박하는 여론이 들끓었다.

> 내무부에서, 그리고 구호 및 공중 보건부에서 우리 이슬람교도 병사들의 정서를 배려해 망자의 머리가 메카를 향하도록 무덤을 남서-북동쪽으로 파도록 신경 쓰는 정당하고 인간적인 처분을 하는 순간부터, (……) 우리 정치인들은 프랑스인의 선입관에 대해 조금의 조심성도 발휘하려 하지 않는다. 그들은 죽은 자를 매장하는 우리의 평소 방식을 존중할 것이다.

결국 이 법안은 1916년 1월에 상원 의회에서 거부되었다. 문화적인 이유만큼이나 실제적인 이유 때문이었다.

같은 군대 내에서 죽은 자를 처리하는 일을 살펴보면, 전우의 시신을 버리고 떠나는 일은 윤리적 상처가 되어 살아남은 자의 양심에 깊은 흔적을 남긴다. 자국 군인에 대한 이런 형태의 의무감은 외국 영토, 특히 적국에서 벌어지는 충돌의 경우에 강하게 나타난다. 그래서 20세기 후반에 대부분의 서방 국가에서는 시체를 무조건 본국으로 송환하는 정책을 실시하고 있다. 이는 〈Leave No Man Behind(아무도 뒤에 남겨 두지 말라)〉라는 말로 요약된다. 간략하게 보면, 전투원이 자국이나 동맹국의 영토에서 사살되는 상황을 구별해 볼 수 있을 것이다. 이 경우에 땅에 묻힌 시신은, 제1차 세계 대전의 애국적인 담론에서 충분히 강조했듯, 어떤 의미에서 전쟁터를 신성하게 만든다. 반대로 적의 영토에서 죽은 군인은 묘지나 훗날 가족이 방문할 것을 상징적으로 보장받지 못하고 방치될 위험이 있다.

구체적으로 보면 1950년 겨울부터 미군은 죽은 자국 병사들을 임시 묘지에 매장하지 않고 시신을 즉시 본국으로 송환했다. 뒤이은 전쟁들에서 시신은 외부의 헬리콥터 회사가 맡아 영안실로 후송되어 그곳에서 시신을 조사해 신원을 확인할 수 있는 자료와 가족에게 전할 개인 소지품을 찾았다. 1917년에 처음 창설된 영현 등록반Graves Registration Service 에 의해 입관된 후, 미국으로 보내졌다. 이라크와 아프가니스탄 전쟁 중에는 미군 병사가 죽은 순간부터 그 시신이 델라웨어주에 있는 도버 군사 기지로 송환되는 데 대개는 48시간도 걸리지 않았다.

이러한 관료적인 효율성 때문에 치른 대가는 혼란스러운 감정이 더욱 커진 것이다. 그것은 이미 베트남 전쟁 중에 전우들이 표현한 바 있다. 그들은 전우 중 하나가 죽은 것을 간신히 깨달았을 뿐인데 시신은 이미 후송되어 있었다. 그래서 군대는 이제 집단 예식을 보존하려고 노력한다. 가령 관(棺)이 미국으로 떠나는 비행기에 실리는 순간, 공항에는 거의 항상 군인 대표단이 와 있다. 뒤이어 시신이 송환되는 매 단계마다 경의를 표하는 의례가 수반된다. 1990~1991년 제1차 걸프 전쟁 그리고 이후에 이라크 자유Iraqi Freedom와 항구적 평화Enduring Freedom 작전과 더불어 배틀필드 크로스battlefield cross — 남북 전쟁 때부터 시신이나 임시 무덤의 위치를 표시할 목적으로 사용된 십자가 — 예식이 변했다. 부대들은 출신 지역으로 되돌아올 때, 이미 수개월 전에 송환된 자기 부대의 전사자를 기리려고 예식을 조직한다. 땅에 박힌 총검 달린 소총은 전사자를 나타낸다. 한 전우가 소총에 죽은 자의 군모를 씌우고, 그의 인식표를 달고, 바닥에 그의 군화를 놓는다. 이 새로운 버전의 배틀필드 크로스는 상징적인 신체를, 줄지어 꽂힌 소총은 전사자들의 공동체를 나타낸다.

1991년에 걸프 전쟁이 한창 벌어지는 중에 미국 국방부는 미국으로 송환되는 관을 찍은 사진을 보이는 것을 금지했다. 이 결정은 2009년 2월에 와서야 국방부 장관 로버트 게이츠에 의해 철회되었다.

1994년에 소말리아의 모가디슈 거리에서 윌리엄 클리블랜드 중사의 시신이 군중에게 질질 끌려가는 모습을 캐나다의 사진가 폴 왓슨이 찍은 사진에 미국은 경악했다. 몇 달 후 소말리아에서 미군은 철수했다. 군사 당국은 병사의 시신이나 시신 송환 장면이 여론에 미칠 영향을 자주 경계하지만, 그 이미지가 전파되는 것을 금지하는 데 항상 성공하지는 못한다. 사람들은 제1차 대전 중에 군대의 검열 때문에 민간인이 자국 군대의 전사자 이미지에 접근하지 못했다고 오랫동안 믿었다. 하지만 일부 병사들은 제1차 대전 아주 초기에, 그리고 제2차 세계 대전에는 더욱 널리 코닥의 개인 사진기를 소지했다. 그 사진기로 얼마간 은밀하게 자신들이 일상을 이루는 것들, 파괴된 풍경과 전우들의 초상, 시체들을 찍는다.

최종적으로 추모 기념물 건립뿐 아니라 죽은 자의 시신 처리를 동원하여 어떤 분쟁에 대한 해석을 내리는 것은 국가다. 기자 스베틀라나 알렉시예비치는 아프가니스탄 전쟁에 참전했던 군인들과의 면담을 담은 책 『아연 소년들』(1989)에서 소련 정부가 〈아연 관들〉을 모스크바의 공동묘지 여러 구역에 분산하여 매장함으로써 인명 손실의 규모를 감추려 했다고 고발했다. 국가는 가끔 전쟁과 맞서 싸우는 적에 대하여 내리는 정의에 관한 논쟁에 휘말리기도 한다. 2001년 뉴욕이나 2004년 마드리드, 2005년 런던, 2013년 보스턴, 2015년 파리에서 일어난 테러 행위의 장본인인 테러범은 스스로 전투원이라고 소개한다. 하지만 국제법의 관점에서는 〈전투원〉이 아닌데, 그들의 시신이나 유해는 어떻게 한단 말인가? 사회학자 리바 카스토리아노는 〈이슬람교 지하디스트들이 벌이는 활동은 전 세계적인 특성을 띠어 국가가 지닌 전쟁과 법 개념을 넘어선다〉라고 지적한다. 국가는 딜레마에 빠진다. 개인이 매장될 권리를 거부할 수 있을까? 하지만 그들이 알려진 묘지를 갖도록 허용하는 일은 곧 그들에게 어떤 형태의 합법성을 인정하고 그들을 〈재영역화reterritorialiser〉하는 일이 아닐까? 끝으로 다른 경우에 죽은 자는 교환 수단으로 사용될 수도 있다. 2017년 1월에 이스라엘 정부는 이슬람주의 운동 단체 하마스에 이스라엘 군인들의 유해를 돌려주지 않으면 자국 시민을 공격하다 죽은 팔레스타인 활동가들의 시신을 계속 가지고 있겠다고 협박했다. 스페인 내전 중에 베르나고스는 이렇게 예고했다. 〈진정한 평화 회복은 언제나 묘지에서 시작된다. 그러므로 묘지부터 평화롭게 만들어야 한다〉라고.

참조

1부 - 03 시민-군인의 시대 | 06 환경 파괴 ‖ 3부 - 15 이웃 사람을 죽이기 ‖ 4부 - 06 애도를 위한 시간

03
부상과 부상자

안 라스무센[•]

부상은 전투원의 용맹함을 드러내며 고통을 증명한다. 부상이 취하는 형태, 전쟁터 그리고 뒤이어 공동체에서 부상을 돌보는 형태는 근대 전쟁의 진화에 따라 만들어진다.

1954년 3월 말, 식민지 제6 공수 대대 소속인 열아홉 살의 프랑스 군인 시몽 마리는 디엔비엔푸의 방어 진지에서 베트민이 포화를 퍼붓는 가운데 수류탄의 안전핀을 뽑다가 포탄 파편을 맞았다. 그리고 그의 얼굴 바로 앞에서 터졌다. 그는 훗날 비자르 장군이 될 자신의 지휘관에게 나중에 보낸 〈회상 편지〉에서 부상을 입은 경험을 고백한다.

터지는 순간에는 전혀 고통을 느끼지 않았습니다. 나는 흙을 뒤집어쓴 채 피가 몸에서 빠져나가는 것을 느꼈습니다. 나는 고함을 질렀죠. 어머니를 부른 것 같습니다. 눈이 터졌고, 두 손도 엉망으로 짓이겨져 있었죠. (……) 나를 대대 의무실로 이송하라고 명령하는 르마레크 상사의 목소리가 생생하게 기억납니다. 의무실에서 의사

[•] Anne Rasmussen. 사회 과학 고등 연구원의 연구 디렉터. 1914~1918년의 지식인과 군의관에 관한 연구서를 썼다. 『1914~1918년 전쟁에서: 수긍하고, 감내하고, 거절하기*Dans la guerre 1914-1919. Accepter, endurer, refuser*』의 공동 편집자다.

리비에 선생님이 응급 처치를 해주었죠. 그 순간부터 머릿속에서 모든 게 흐릿합니다.

다섯 언덕 전투la bataille des Cinq Collines가 격렬하게 벌어지는 와중이라 부상자 후송이 불가능했기 때문에 그는 의무실에서 구급차로 프랑스군 기지의 구급 의료반 중 하나로 이송되었다.

항공 후송 간호사인 주느비에브 드 갈라르는 3월 13일에 자신의 비행기가 포격당해 비행할 수 없게 된 이후로 기지의 유일한 간호사가 되었다. 그녀는 시몽의 뒷이야기를 이렇게 전한다.

그는 수술을 받았다. 머리와 손가락을 붕대로 감아 미라처럼 보였다. 혼자 음료를 마시거나 담배를 피우거나 음식을 먹을 수 없어 내가 그를 도와 담뱃불을 붙여 주고 먹여 주었다. 일단 부상이 심한 병사를 위한 침대 40개와 수술 후 환자를 위한 침대 15개를 다급히 마련했다. 나는 부상이 가장 심한 병사들을 담당했다. 시몽 마리는 참으로 용감했다. 그는 하모니카를 불려고 애쓰고 소생실의 분위기를 쾌활하게 만들면서 분위기를 띄웠다. 〈내 친구들은 저 위에서 죽임을 당하고 있고, 나는 살아 있죠〉라고 그는 털어놓았다. (……) 아무리 전쟁에 단련되어 익숙해진 사람도 부상을 당하면 어린아이처럼 약해지고 돌봄을 받을 필요를 느낀다.

시몽 마리는 중상을 입은 병사 수백 명과 함께 포위된 진지의 지하 의료반에서 40일 동안 머물렀다. 주둔지에는 몸이 성한 전투원 5,864명에 부상자 4,436명이 있었다. 시몽은 의료반이 〈진정한 거지 소굴〉이었다고 강조한다. 끊임없이 내리는 비가 새어 들었고 필수적인 의약품들은 부족했다. 시몽은 5월 7일에 디엔비엔푸가 함락되면서 포로가 되었다가 결국 프랑스로 이송되었다. 프랑스에서 의사들은 시몽에게 눈과 얼굴, 손에 입은 손상 때문에 시각과 손을 예전처럼 회복되기란 영원히 불가능하다고 전했다.

유일하면서도 보편적인 경험

이 이야기는 우리에게 무엇을 알려 주는가? 부상당한 전투원의 경험은 가장 독특하고 가장 기본적인 경험이라는 사실이다. 가장 독특한 경험인 이유는, 부상이야말로 불가피하게 자신의 살과 근육에 상처를 입고, 신체적·정신적 완전성이 혼란에 빠지고, 유기적인 기능을 유지하는 데 타격을 받는 침해이기 때문이다. 또한 부상은 장기적으로 진화하는 과정이므로 당사자의 생명이 위협을 받지 않는다면 그의 존재 자체를 변모시킨다. 이 경험은 유일하며 남에게 전달하거나 심지어 말로 표현할 수도 없다. 하지만 시몽 마리가 부상을 당한 이야기는 보편적인 것과도 맞닿아 있다. 이 이야기는 특수하고 위치가 정해진 맥락 — 디엔비엔푸 진지의 극단적인 조건과 진지의 위생 장비 결핍이라는 맥락 — 에 자리하는 동시에, 전쟁 부상자에 대한 수백 년 된 이미지를 나타낸다. 이 이야기에는 그 표상을 이루는 구조적인 요소들이 담겨 있다. 그것은 부상의 우연성과 필연성, 전투원의 희생과 영웅주의, 개인의 고통과 용감함, 희생자의 무력함과 자격지심, 부상에 노출된 인간의 두려움과 정서들이다. 또 이 이야기로써 독특한 존재인 부상자는 자신의 경험에 인류 보편적인 의미를 부여하는 공동체의 온전한 일원이 된다. 이러한 공동체는 전우 — 싸우는 형제들, 부상 때문에 전투 현장에서 밀려나는 형제들 — 공동체, 전설적인 〈디엔비엔푸의 천사〉 주느비에브 드 갈라르를 비롯한 간호 인력, 상이군인이 되돌아가야 할 사회 공동체다.

부상은 우발적 상황이 낳은 열매 — 시몽 마리의 폭발 사고 — 인

동시에 전쟁 활동의 핵심에 자리한다. 19세기에 부상은, 〈피할 수 있는〉 위험(전염성 질병, 사고)에 대해 군 위생 담당관들이 예방 활동으로 막을 수 없는 〈피할 수 없는〉 위험으로 이론화되었다. 전쟁에서 불가피한 요소인 부상은 민간 사회에서 전투원을 눈에 띄게 만드는 대표적인 상징이다. 흉터, 신체 절단, 불구, 〈안면 부상〉은 병사가 평생 지니고 살아야 할 낙인이다. 그 흔적은 퇴역 군인 정체성의 상징으로서 몸에 전쟁의 기억을 새겨 넣는다. 그 흔적이 감추어졌든 보완되었든 일부러 드러냈든 모든 사람의 눈에 그 기억을 노출시킨다.

이 점에서 인도차이나 전쟁 부상병에 대한 이미지는 서구 전쟁의 오랜 역사에서 중요한 위치를 차지한다. 이때 이루어진 신체 침해는 호메로스가 묘사한 트로이 전쟁 영웅들에게 닥친 신체적 침해와 본질적으로 다르지 않다. 아카이아인 중에 가장 용맹한 디오메데스가 그 예다. 그에게 〈부상은 용기를 더욱 자극할 뿐〉이었다. 부상은 전사의 활약상을 드러내면서 그들의 고통도 증언한다. 아킬레우스가 파트로클로스의 상처를 붕대로 감싸는 상징적인 장면은 자주 그림으로 표현되었다. 이처럼 부상은 오랫동안 남성적 극기에 대한 표현이었다. 인류학자와 정신 현상을 연구하는 전문가들은 이러한 이미지의 지속성과 시간이 흐르며 부상당한 전사 인물상을 구성하는 불변의 요소들을 연구했다. 그렇지만 역사학자의 임무는 이 인물상에 영향을 미친 변화를 밝히는 것이다.

시몽 마리가 20세기 후반에 겪은 부상 이야기는 모순을 일으키지 않으면서 전혀 다른 이야기도 전한다. 군인은 자기 존재를 넘어선 폭력, 가끔은 부조리하거나 부당하거나 혼돈적이라고 해석되는 폭력을 당하고 뿔뿔이 흩어진 피해자가 되었다. 부상이 병사가 감내할 수밖에 없는 위험의 일부라면, 그들의 개인적인 희생을 사회적으로 받아들이는 것을 인정하느냐 마느냐를 결정하는 것은 그들의 임무에 부여되는 의미다. 병사가 조국애 때문에 싸우느냐, 피로 내는 세금을 내야 할 의무를 이행하는 것이냐, 또는 종말론적 희생이냐, 직업의식으로 싸우느냐에 따라 참전의 의미는 바뀐다. 그에 따라 부상당한 병사에게 부여되는 정체성도 달라진다.

부상자 인물상과 그 이미지는 근대 말기에 벌어진 전쟁 이후 사회가 전쟁에 부여한 의미와 가치가 변하면서 근본적으로 변했다. 지나치게 형식적으로 요약하는 것일 수도 있겠지만 부상자는 영웅에서 희생자로 조금씩 변화했다고 볼 수 있다. 일정한 수의 인류학적인 불변 요소를 넘어, 부상은 외부적인 결정 인자들을 통해 역사적으로 만들어졌다. 이 외부 결정 인자들의 변화는 부상자의 조건에 큰 영향을 미쳤다. 그 내용을 살펴보면, 한편으로는 무기의 기술적 진화와 전투원이 지닌 보호 수단으로 인해 신체의 훼손 형태가 변화했다. 또 한편으로는 19세기를 거치면서 보건 위생이 최전방과 후방에서 시행되는 물자 보급 및 치료적 직업 활동이 되면서 그 방식이 변화했다.

〈절단이 모두 성공하는 것은 아니다〉

프랑스 혁명의 옹호를 명분으로 내세워 유럽에서 벌어진, 전쟁으로 시작된 역사적 발달 과정은 자원병 참전을 불러일으켰다. 이는 징병제로 지속화되었다. 역사학자 조지 모스에 따르면 이런 맥락에서 〈전쟁 체험의 신화〉가 시작되었다. 이것은 개인들이 대량 죽음에 직면하는 일을 사회가 합리화하는 이념적 구축물이다. 이 체험은 전쟁이 생명에 부여하는 가치뿐 아니라, 반대되는 추론에 의해 전투 중에 맞는 죽음과 부상이 가지는 의미의 토대를 이룬다.

이 새로운 시대에 생긴 국가군의 첫 번째 특징은, 프랑스 대육군에 병사로 지원한 병사 250만 명의 병력이든, 전투에서 입은 인명 손실이든, 군대 경험이 대량으로 이루어진다는 점이다. 라이프치히에서 벌어진 〈국가들의 전투〉로 1813년 10월 16일부터 19일까지 전투 단나흘 만에, 그 자리에 모인 47만 명에 이르는 참전국 병력 중 10만 명이 부상 또는 죽임을 당했다. 그런데 병사들은 자신이 입은 부상보다는 부대가 지나는 길에 창궐한 전염병, 특히 티푸스 때문에 더 많이 죽었다. 19세기 중반 이전에는 그 어떤 통계로도 부상자의 수치를 집계할 수 없었다. 부상의 범위는 대포 포격부터 냉병기(군도, 검, 창, 총검)과 화기(머스킷, 소총, 권총)에 이르기까지 무기로 초래되는 신체손상 유형의 다양함으로 인해 폭이 넓어진다.

존 키건은 워털루에서 포병과 기병, 보병이 서로 다른 조합으로 대치하는 교전의 일곱 가지 유형을 지적했는데, 이들은 충돌이나 공격, 개별 전투에서 각기 고유한 성질과 범위의 부상을 일으킨다. 워털루 전투 중에 영국군 제13 경기병 연대 소속 장교 23명 가운데 10명이 부상을 당했다. 〈두 사람은 총알을 맞아 치명상을 입었다. 한 명은 포탄을 맞아 나중에 죽었고, 한 명은 둔부에 파편을 맞아 다쳤다. 두 사람은 총알에 머리가 다쳤다. 그중 한 명은 산탄도 맞았으며, 다른 한 명은 팔에 총알을, 다른 한 명은 손에 총알을 맞았다. 또 한 명은 자기 말 아래에 내동댕이쳐졌고, 마지막 한 명은 칼등에 맞아 기절했다.〉 키건은 이 마지막 사람이 전쟁터를 떠나지 않았다고 전한다. 나폴레옹 전쟁 중 전장에 대한 지배적인 이미지는 신에게 완전히 버림받은 상태다. 바닥에는 시체와 사지가 잘려 나가고 조각난 몸뚱이가 널려 있으며, 전투가 계속 진행되는 한 후송이 불가능한 부상자들의 신음 소리, 그리고 이 참담한 모습에 고통스럽게 죽어 가는 말들까지 더해진다. 1805~1806년, 뒤이어 1811~1812년에 아일라우 전투와 바그람 전투에서는 인명 손실의 한계 수위가 높아진다. 스페인 전쟁과 러시아 전역은 군인들이 살인적인 포격과 피로, 배고픔, 추위나 습도에 노출되어 신체의 인내력이 가혹한 시련에 놓임으로써 고통이 단계적으로 증가하는 상징이 된다.

이와 병행하여 이동식 야전 병원이 갖추어진 위생 보건 부서가 조직되었다. 사령부는 부상자에 대한 배려의 증거로 삼았다. 이러한 배려는 나폴레옹 시대를 상징하는 표현에 속한다. 또한 부상자에게 주어진 조촐한 관대함에서도 드러난다. 하지만 보건 부서가 담당할 수 없는, 병사를 일으켜 세우는 일이나 들것을 이용해 병사를 경상자 의무실로 나르는 일, 현장에서의 응급 치료는 전투를 지속하고 부대가 전진하는 데 방해가 되어서는 안 되며, 부상자를 보살필 때 사회적·군사적 계급 구별이 중시된다. 논평가들은 부상자를 전장에 계속 배치한 것을, 똑같은 병사가 쉬운 표적으로서 여러 차례 부상을 당한 사실과 시기적절하게 교체되었으면 목숨을 구할 수 있었을 사람이 많은 데 대한 이유로 들었다. 대육군의 수석 외과 의사 도미니크장 라레가 직접 심한 부상을 당한 후에 지적했듯, 〈최초 24시간이 자연이 평정을 유지하는 유일한 순간으로, 빨리 활용해야 한다. 절단이 모두 성공하는 것은 아니다. 부상자가 대부분 구조받지 못하고 36시간 동안 (방치되어) 있었기 때문이다.〉 응급 치료와 선별이 더 정교해진다. 군대의 외과 의사들은 연이어 대량으로 실시한 절단 시술로 중요성과 가치를 인정받는다. 회고록 저작자들은 이 특별한 기술을 가진 사람들이 시술하는 야전 병원 옆에 클로로포름으로 마취하지 않고 절단된 팔다리가 쌓여 있는 모습을 묘사함으로써 전쟁 때문에 흐른 엄청난 피, 전쟁으로 심해지는 고통뿐 아니라 전쟁 중에 생겨난 의연한 용기도 후세를 위해 남겼다.

그러나 부상당한 신체가 내버려진 광경이 19세기 초반의 국가 간 전쟁의 전부는 아니다. 이러한 광경과 부상당한 전사를 영웅화하는 현상을 분리할 수는 없을 것이다. 1815년 이후 집으로 돌아온 군인들 — 프랑스인 군인만 해도 최소 110만 명 — 의 말에 힘입어 고귀한 행위는 문학적으로 견고하게 구축되어, 용맹한 이들의 영광스러운 기억을 정교하게 다듬는 데 기여했는데, 부상은 이들의 미덕을 응축하여 보여 주었다. 에르베 드레비용은 개인이 전쟁에 통합되는 양상을 분석하면서 명예가 군대를 공화주의 원칙에 동화시키는 데 얼마나 핵심적인 도구였는지를 밝혔다. 이것은 장교뿐 아니라 단순한 사병에게도 적용되었다. 이처럼 명예가 군대에서 중요해지는 과정에서 부상은 달게 받아들여진다. 많은 경우에 귀족의 작위나 군대의 표창, 진급, 훈장으로 이어진다. 제1 집정관 보나파르트는 1802년에 군사적 용맹과 시민으로서의 미덕을 치하하는 국가 훈장을 제정했다. 작위가 더해진 고급 장교 복무 기록은 대부분 그가 무수한 부상을 입었음을 짐작하게 한다. 그 부상이 사실로 인정되면 위중함의 정도가 논의의 대상이 된다. 니콜라 튀로는 숱한 작전 현장에서 23년간 중단 없이 복무해 남작이자 대령이 되었다. 그 경력 중에 부상을 22차례 당했다. 총에 아홉 번 맞았다. 그중 한 발은 머리에 맞았고 또 한 발은 〈몸을 관통〉했으며, 비스카야 머스킷 소총을 두 번 맞았고, 검에 여덟 번 찔리면서 그중에서 머리를 다친 것은 세 차례였다. 총검으로 한 차례 찔렸고, 대포로 한 번 부상을 입었다. 장프랑수아 르메르가 강조하듯, 이것은 특별한 경우가 아니다. 부상의 극복을 높이 평가하는 것은 눈부신 활동을 치하하는 일이었다. 이는 19세기에 전사의 군사적 에토스를 구축하는 명예와 남성적 용맹함의 규범 일부였다.

고통의 영향이 새로 주목을 받다

부상자의 운명과 사회적 이미지는 19세기를 거치며 산업화가 전쟁터에 미친 영향으로 특징지어지는 〈근대 전쟁〉이 도래하게 만든 변화를 초래했다. 그 변화에 특히 크게 영향을 미친 것은 세 가지 차원의 정황이다. 부상당한 신체는 산업 혁명으로 생산되는 새로운 무기의 상처를 입히는 작용의 표적인 동시에, 국가군이 양산하는 대규모 병력의 관리를 위한 통계 및 의료 지식의 대상이었다. 또한 그 영향력이 국제 여론 무대에 울려 퍼진 인도주의적인 염려가 관심을 기울이는 대상이기도 했다.

1830년대에 군사 이론가들은, 산업의 틀에서 군사 장비 생산 능력이 무제한으로 증가하고 새로운 무기들의 화력이 늘어남에 따라 야기된 기술과 조직 면에서의 단절, 그리고 이에 따른 전술적 단절을 강조했다. 하지만 산업화된 전쟁이 신체에 미치는 치명적인 영향이 군사적·의료적 문제가 되는 것은 19세기 후반에 크림 전쟁, 뒤이어 남북 전쟁(1861~1865)의 전쟁터가 펼쳐 보인 끔찍한 광경을 접하고 나서였다. 크림반도에서 새로운 무기(미니에 소총, 강선식 대포, 장거리 로켓탄, 공성포)가 불러온 전례 없는 피해는 즉시 동시대인들에게 인식되었다. 벨기에 의사 앙리 스쿠트텐은 〈포탄에 조금이라도 스치면 끔찍한 부상이 야기되는 (……) 대포로 벌이는 엄청난 규모의 싸움〉을 묘사했다. 원통형 포탄은 뼈를 산산조각 내고, 원추형 탄알은 매우 고통스러운 골절을 일으키고 근육 조직을 손상시킨다. 부서진 뼛조각, 옷 조각, 흙, 납 조각이 상처를 오염시킨다. 사반세기 만에 전투에 영향을 미치는 기술 혁신의 총합 — 이는 발포의 파급력과 정확도 증가, 후장식 화기의 발포 속도 증가, 포신 내 강선 사용 일반화, 유산탄 개발, 영국군이 식민지에서 시험적으로 사용하기 시작한 기관총, 또는 무연 화약(1884)의 새로운 화력으로 나타난다 — 으로 군사 이론가 아르당 뒤 피크가 기술하듯, 〈살과 뼈로 이루어진 인간〉이라는 연약한 존재로 축소된 군인의 취약함이 분명해진다.

관찰자 장 드 블로흐는 아주 먼 거리에서 발포되어도 〈현재의 총알은 하나로 여섯 명까지 죽이거나 부상 입힐 수 있다〉라고 전한다. 그 이전에 샤스포 소총이나 베르단 소총의 총알, 프로이센 소총의 총알은 〈한 사람의 두개골도 관통하지 못했다〉. 19세기 말에 의사들은 포탄으로 야기되는 상해의 영향에 대해 집중적으로 연구했다. 이는 여러 저작과 1891년 로마에서 벌어진 학술회의를 비롯한 국제 학술회의 논쟁의 주제가 되었다. 이를 증언하는 사례로 유럽과 일본에서 〈인도주의적인 총알〉이라는 모순 어법적인 개념에 관해 활발한 의료 논쟁을 벌인 일을 들 수 있다. 이 개념은, 구경이 작은 새로운 탄환으로 인한 부상에서 지녔다고 추정된 무균 효과와 총에 맞은 상처의 〈자연적인〉 치유에 근거를 두었다. 부상의 수와 심각성을 줄이기 위해 병기를 개량함으로써 〈전쟁을 문명화〉한다는 의료적 희망은 이후에 벌어지는 전쟁에서 무참히 깨졌다.

크림 전쟁은 인명 손실의 중요성, 즉 군인을 보호하는 일이 전투의 승패가 지닌 전략적이면서 상징적인 역할을 인식하는 데에서도 전환점이었다. 국가 동원법의 효력으로 군대가 시민을 징집할 수 있게 되지만, 그 대신 국가가 시민에 대한 의무를 지게 되면서 19세기에 군인을 보호하는 일은 점점 더 중요해졌다. 군의관이 사용한 표현을 빌리면, 〈인적 자본〉 보호는 대규모 병력이 세력 관계의 중요한 요인이 되는 분쟁에서 전략적 자원일 뿐 아니라 국민 경제 회계를 위한 쟁점이 된다. 그래서 자유주의 경제학자들은 인력의 효율적 관리를 위해 부상자의 처지에 관심을 갖는다. 여기에서 가장 비용이 적게 드는 인력은 일단 건강이 회복되면 다시 복무할 수 있는 사람이다. 이러한 염려는, 유럽에서 처음으로 전쟁 중 인력 손실에 대한 신뢰할 만한 통계 자료를 보유하게 되면서 더욱더 공공의 문제로 중시된다. 군의관 장 샤를 슈뇌는 크림 전쟁에 참전한 프랑스 군대에서 사망자 1백 명 중 73명이 〈질병〉으로, 즉 전투에서 사망한 것이 아니라고 밝힌다. 영국에서도 상황은 더 낫지 않아 전쟁 중에 창설된 공공 조사 위원회는 위생 보건 참사를 사망의 가장 큰 이유로 들었다. 그리하여 슈뇌는 〈질병이 포화보다 더 많이 죽인다)라는 공통된 인식을 처음으로 통계적으로 객관화한다. 이 사실은 부상자가 중심적인 위치를 차지하던 군대의 관점을 완전히 뒤집는 당혹스러운 내용이었다. 이러한 관찰을 바탕으로 제1차 세계 대전까지 위생 보건 부서 활동이 이루어지고, 의료 체계에 대한 책임을 군대의 경리부 행정관보다는 의료 전문가에게 맡기기 시작한다. 전투원의 효율성은 이러한 보건 위생 노력에 근거하게 된다.

부상을 당했거나 병에 걸린 군인의 처지에 군사 당국이 관심을 갖게 된 것은 이 문제가 여론 무대에 갑자기 대두했기 때문이기도 하다. 이 문제는 국민 여론의 주목을 받는다. 크림 전쟁에서 영국의 경우가 그랬다. 이때 〈자비의 천사〉로 유명한 간호사 플로렌스 나이팅게일이 야전 병원의 위생 상태를 개혁한 선구자이자 부상당한 병사들 곁에서 헌신하는 국가적 영웅으로 떠오른다. 하지만 부상자의 처지는, 언론이 저버려진 부상자들의 모습을 크게 보도하자 여론이 분개하여 일어난 국제적 캠페인이 내건 기치, 인도주의적 대의도 된다. 앙리 뒤랑이 솔페리노의 전장을 묘사하여 일으킨 움직임은 1863년 8월에 전쟁 중 부상당한 군인들의 처지를 개선하기 위한 협약을 16개 국가가 비준하는 것으로 이어진다. 이는 적십자사의 기원이 되었다. 앙리 뒤낭은 이제 〈환자〉로 지칭되는 군인들을 바라보는 새로운 시선을 증언한다. 그는 이렇게 강조했다.

군인을 일으켜 세우자 대부분은 창백하고 파리하고 완전히 지쳐 있다. 어떤 이들, 특히 신체가 심하게 훼손된 사람은 얼빠진 시선을 하고 있고 남이 자신에게 하는 말을 이해하지 못하는 것처럼 보인다. 또 다른 이들은 신경이 받은 타격과 경련으로 불안해하며 동요하고 있다. 크게 벌어진 상처를 입고 그곳에 이미 염증이 생기기 시작한 이들은 고통으로 미친 것 같다. 그들은 자기를 죽여 달라고 부탁한다. 얼굴이 온통 일그러진 채 임종 직전의 고통으로 온몸이 뒤틀린다.

클로로포름 마취가 야전 의학에 도입되면서 고통이 새롭게 주목을 받는다. 부상자는 이제 감정을 불러일으키는 수사학의 대상으로, 전쟁의 온갖 끔찍함 중에서 피해자를 상징한다.

이러한 이미지의 변화가 서구 세계에서만 나타난 건 아니다. 역사학자 나오코 시마즈는 일본 사회가 전쟁과 맺은 관계를 연구하면서, 인도주의가 애국주의와 얼마나 아무런 모순 없이 결합하는지 보여 주었다. 유럽의 부상자 구호 단체를 본떠 1877년에 창립된 〈하쿠아이샤(博愛社)〉, 뒤이어 일본 적십자사는 대대적인 사회적 열광을 불러일으켰다. 간호사로 자원하여 참전하는 제국의 상류 계층 여성들부터 징병에서 빠진 불명예를 이러한 활동을 함으로써 보상하는 모든 계층의 남성들에 이르기까지 움직이게 만든다. 1904~1905년 러일 전쟁 중에 이 같은 〈인도적 민족주의〉는 국제적으로 일본에 대한 긍정적인 이미지가 구축되는 데 핵심적인 역할을 한다. 이러한 민족주의는 부상당한 러시아 포로에 대한 너그러운 처우로 나타났다. 언론의 사진과 우편엽서로 널리 전파되며, 〈문명화된 국가〉로서 전쟁을 수행하는 것이 일류 강대국의 대열에 진입함을 보증한다.

차츰 전쟁법이 제정됨에 따라 국적이 어떻든 부상자가 치료를 받을 원칙적인 권리와 의료진의 중립성이 확보됨으로써 부상자가 점점 더 많이 보호받게 된다. 이와 똑같은 인도주의적인 염려에서 신체에 최대한 치명타를 일으킬 목적으로 점점 더 정교해지는 군사 장비를 금지하려는 국제적인 시도가 이루어진다. 1868년에 상트페테르부르크 회담으로 폭발성 총알이 금지되었다. 1899년 헤이그 회담으로 목표물에 맞으면 산산조각 나거나 납작해지면서 장기와 근육 조직을 갈기갈기 찢는 덤덤탄 사용이 금지된다. 하지만 이때까지도 신체에 가해지는 폭력에 대한 이론적 규제는 부상자를 보살피는 현실과 거리가 멀다. 제1차 세계 대전은 실전에서 후자를 시험하는 계기가 된다.

〈안면 부상병〉과 신경 쇠약 환자가 겪는 수난

양차 세계 대전에서 부상자의 수는 전례 없이 증가한다. 제이 윈터의 추정에 따르면, 제1차 세계 대전에 동원된 7380만 군인 중 부상자는 2120만 명이고 사망자는 940만 명이다. 수치만 따졌을 때 동원된 인원의 거의 30퍼센트가 부상당했다고 보인다. 하지만 매우 부정확하다. 여러 군데 누적된 부상을 입은 현실을 가리기 때문이다. 여기서 중요한 것은 그 이전에 벌어진 분쟁에 비해 전쟁이 신체에 야기한 침해의 수와 유형이 극히 확장되었다는 사실이다. 또 다른 자료를 참조하면 부상자 수에 대한 사망자 수의 비율을 가늠할 수 있다. 양차 세계 대전에서는 부상자 3~4명에 사망자가 한 명이었다. 이로써 부상당한 병사를 구호하는 일을 보장하거나 그러지 못하는 의료 라인의 능력을 알 수 있다. 하지만 이 비율은 더 처참할 수도 있다. 그 예로 1941~1944년에 소련 군대의 경우, 이 비율은 부상자 두 명 미만에 대하여 사망자가 한 명으로 추정되어 부상자들이 감내한 끔찍한 사망률이 확연히 드러난다. 그 이후의 분쟁에서 부상자의 사망률이 현저히 감소한 것은 보건 서비스의 기술적·과학적 진보 덕분이다. 제2차 세계 대전에서 전투 중 부상당한 미국 군인의 30퍼센트가 사망했다. 베트남 전쟁에서는 그 비율이 24퍼센트였고, 이라크와 아프가니스탄 전쟁에서는 10퍼센트였다. 하지만 이러한 역사적인 독해가 역전이 불가능한 〈진보〉를 뜻하지는 않는다. 미국의 전쟁 외상 치료학에서 2000년대에 벌어진 분쟁에 대해 수집한 자료[합동 전구(戰

區) 외상 레지스트리[Joint Theater Trauma Registry]에 따르면, 보건 위생의 퇴보가 아니라 신체 손상의 성질로 인해 부상의 심각도가 증가했다. 현재 신체 손상의 4분의 3은 폭발물, 특히 걸프 전쟁 이후 급조 폭발물improvised explosive devices(IEDs) 때문에 생긴다. 그리고 피해자는 〈다중 총상polycriblage〉 — 간혹 머리부터 발끝까지 수백 군데에 이른다 — 또는 폭발, 화상, 흡입에 의한 상해를 보인다.

따라서 20세기 전반에 참전국들의 남성 사회 수준에서 보았을 때, 전쟁 부상 체험은 공통으로 공유되는 일상적인 시련이 되자, 대규모 공동체들이 연관되는 사회적 현상이 된다. 게다가 여기에 전시 강간부터 점령지 국민에 대한 가혹 행위에 이르는 폭력의 단계적 격화로 새로운 표적이 되는 민간인 부상자 그리고 전략 폭격이나 핵무기로 인한 대규모 희생자도 더해야 한다. 존 혼의 표현에 따르면, 민간인이 분쟁에 휩쓸리는 일은 비전투원의 지위를 침식해 들어가 이들은 이제 자주 군인의 운명을 공유할 처지에 놓인다. 이렇게 둘 사이의 경계가 지워지는 가운데, 부상자의 영웅적인 인물상은 모호해진다. 전쟁터에서 과잉 노출된 전투의 영웅들은 희생자가 되고, 무력한 민간인은 무의미한 폭력의 표적으로서 새로운 부상자 인물상을 상징한다. 예를 들면 국제 연합 아동 기구(UNICEF)는 현대 분쟁에서 대인 지뢰 희생자의 절반이 어린이라고 추정한다. 20세기 내내 무수한 증언, 영상, 영화에서 손상되거나 극심한 고통을 당하는 어린이의 신체가 조명된다. 그건 다름 아닌 영웅의 몸이다.

대규모 분쟁이 야기하는 인명 손실이 급격히 증가하면서 그와 동시에 군대 및 민간 영역에서 감내하는 시련과 그 시련에 부여하는 대가가 점점 더 중요해진다. 〈부상〉 개념을 확장하게 된 것이 그에 대한 하나의 단서다. 물론 부상이 신체에 대한 침해의 전부는 아니다. 양차 세계 대전 같은 소모전에서 느끼는 신체의 고통은 기나긴 전투로 인한 쇠퇴, 두려움, 피로, 불결함, 해충, 소음, 추위 등 신체를 약화시키는 너무 많은 〈견딜 수 없는〉 요인들로 인한 고통이기도 하다. 하지만 전쟁으로 인한 점점 더 많은 외상성 상해가 〈부상〉이라는 명칭에 포함된다. 그래서 가령 제1차 세계 대전에 참전한 유럽 군대들에서 그 수가 폭발적으로 증가한 결핵에 걸린 군인은 군사 당국에 의해 〈결핵 부상자〉로 지칭되었고, 전쟁이 끝난 후 정신 병원에 수용된 퇴역 군인들은 〈신경 부상자〉 또는 〈두뇌 손상자〉라는 명칭을 내걸고 단체를 조직한다. 이렇게 식별함으로써 전쟁이 그 원인인지 확신할 수 없는 질병으로 고통받는 사람들보다 전투로 인해 피해를 입은 사람들을 확실한 방식으로 지정하여 영예를 부여한다. 이렇게 식별함으로써 피로 내는 세금의 의무를 부담하느라 얻은 장애에서 기인한 권리도 주어지고, 이 권리는 행정 부서가 19세기부터 장애의 정도와 연금 수준의 상관관계를 규정한 계산표를 이용하여 측정된다.

이렇게 경계가 흐릿해지는 일은, 제1차 세계 대전 중 의사들이 부각시킨 새로운 질병의 범주인 〈전쟁 상처〉에서도 이루어진다. 이 〈전쟁 상처〉 개념으로 예전에 질병이 포화보다 더 많이 병사들을 죽인다고 단언하게 해주던 부상자와 병자 사이의 논리적 구분이 무너진다. 참호 전쟁의 맥락에서, 그리고 부상의 80퍼센트를 일으키는 포탄의 타격 — 유산탄의 탄알과 포탄의 파편은 온갖 종류의 오염된 파편과 함께 신체에 파고든다 — 으로 인해 〈전쟁 상처〉는 언제나 이미 감염된 상태라고 외과 의사 알렉시 카렐은 강조한다. 이로써 상처에서 패혈증, 가스 괴저, 파상풍이 발달하여 특히 1914년과 1915년 봄의 전투 중에 엄밀한 의미의 부상만으로는 주요 장기가 해를 입지 않을 상황이었음에도 불구하고 사망률이 엄청났다.

전쟁의 상처는 전투 기술(무기)과 보건 위생 공학(그 무능함이 자주 비판받는 후송 체계), 부상 사이에 이루어지는 상호 작용의 결실이다. 파스퇴르 이후의 시대에 백신 접종과 세균학 덕분에 감염병 예방이 가능해져서 그 전파에 효율적으로 맞섰다. 하지만 제2차 세계 대전 중에 미군에서 페니실린을 대규모로 실험한 뒤에야 부상이 치명적으로 감염되는 것을 방지할 수 있었다. 이러한 치료법과 더불어 공중 후송 체계로 빠르게 개입하여 부상자를 외과 시술과 예방 능력이 더 뛰어난 의료 시설로 이송하게 되면서 효과는 더욱 확실해진다. 그러나 이 같은 치료 규범은 자원이 갖추어진 군대에서 이런 조치가 허용되는 상황에서만 실시된다. 1940년대에 벌어진 아시아 태평양 전쟁 현장부터 20세기 말 아프리카의 전쟁 현장에 이르기까지, 가령 콩고에서는 전쟁 폭력이 지나치게 격해져서 수십만 명의 부상자가 치료받지 못하거나 위생 보건 시설의 태부족으로 근대 의료 서비스가 동원할 수 있는 기술적 발전에 접근하지 못했다.

20세기에는 이전의 분쟁에서와 마찬가지로 전쟁이 신체에 남긴 흔적이 모두의 눈에 노출된다. 신체 일부가 절단된 사람과 〈안면 부상병〉은 상징적인 인물상이다. 이런 부상자들은 전후 사회에 가득했다. 그들은 대규모로 눈에 띄게 존재함으로써 신체장애에 대한 사회적 표상을 변화시키고, 전쟁 활동에 애국적으로 기여했다는 프리즘을 통하여 그들이 입은 장애가 사회적으로 더 호의적으로 인식된다. 이 부상병들이 사람들에게 불러일으킨 반응을 모리스 바레스는 이렇게 전한다. 〈안면 부상자! 전쟁에서 얼굴을 정통으로 다친 부상! 아, 정말이지 그 사람은 자기 이야기를 평생 동안 전할 것이고, 모든 사람이 그에게 탄복하겠지!〉 그런데 이제는 부상의 범위가 눈에 보이지 않는 부상과 서서히 은밀하게 진행되는 잠행성 부상으로까지 확대된다. 이러한 부상을 일으키는 독성 작용 물질처럼, 새로운 부상은 관찰자의 육안으로 알아볼 수 없고 가끔은 임상 의사의 눈으로도 식별이 어렵다. 제1차 세계 대전의 독가스나 베트남 전쟁의 〈에이전트 오렌지〉는 화상처럼 눈에 드러나는 부상을 일으켰지만, 대부분 폐 후유증이나, 나중에 걸프 전쟁 증후군처럼 더 은밀한 부상을 일으켰다. 이런 유형의 부상은 이른 시기에 목숨을 잃지 않으면 한평생 영향이 지속된다. 〈에이전트 오렌지〉에 함유된 다이옥신은 미국 정부 당국에서 상이한 15가지 질병을 일으킨다는 평가가 내려졌다. 여기에는 몇 가지 암과 20여 가지 선천적 기형이 포함된다. 전쟁은 신체에 가해진 침해보다 더 지속적으로 신체에 타격을 가한다. 의사 히다 슌타로(肥田舜太郎)는 히로시마 피폭이 〈어떤 비극의 시작〉에 불과했다고 강조한다. 혜사카에 도피해 있던 원폭 생존자들에게서 최초의 증상이 나타난 것은 일주일도 더 지난 후였다. 오에 겐자부로의 『히로시마 노트』(1965)에서는 1960년대에 방사선으로 부상당한 히바쿠샤(被爆者)들의 모습이 그려지면서 이들이 겪는 피해가 비극의 서막일 뿐이며, 그 영향은 몇 세대에 걸쳐 지속될 것이라고 강조된다.

〈보이지 않는 부상〉 중에서 가장 상징적인 것은 정신에 가해지는 침해다. 러일 전쟁, 뒤이어 1911년에 이탈리아가 리비아에서 벌인 식민지 전쟁에서 군대 정신과 의사들이 식별해 낸 〈정신적 부상〉은 전쟁이 진행됨에 따라 질병 분류학의 주요한 챕터를 이룬다. 전생 신경증shell shock에 걸린 신경증 환자가 안면 부상병이나 독가스에 중독된 사람과 같이 전쟁 부상자 목록에 오른 것은 제1차 세계 대전 중이다. 몸이 벌벌 떨리고, 말하기를 거부하고, 간질 증세를 보이며, 극도로 기력이 없거나 마비된 전쟁 신경증 환자는 전쟁이 신체뿐 아니라 정신에 끼치는 돌이킬 수 없는 손상, 그리고 전쟁이 야기하는 진정한 고통을 나타내는 상징적 인물상이다. 은밀하게 진행되고, 가끔은 희생자를 꾀병 부리는 사람으로 착각할 만큼 탐지하기 어려운 정신적 손상은 개인을 깊숙이 파괴한다. 어떤 분쟁도 정신적 손상의 중요성을 더 이상 부인하지 않는다. 20세기 후반에는 정신적 트라우마의 희생자를 전투에 다시 내보낼 목적으로 회복시키는 것이 아니라, 전쟁이 끼친 영향이 모호하다고 하더라도 치료하려 한다. 1970년대에 베트남 전쟁 퇴역 군인들이 입은 정신적 외상을 인정하려고 오랫동안 캠페인을 벌인 결과, 1980년에 미국 정신 의학 협회가 외상 후 스트레스 장애 또는 외상 후 신경증이라는 새로운 범주를 규정함으로써 이러한 인정이 공식화된다. 단지 심리적 이상이나 행동 장애가 아니라, 임상적 진단으로 강조되는 〈부상〉이다. 군대와 보험 회사들은 전투에 참가한 것이, 연금 수령 여부를 결정하는 요건인 정신적 부상을 야기한 원인이라고 인정한다. 20세기 말에 오면 정신적 외상 개념은 보이지 않는 부상의 연장선상에서 인정받았다. 이와 더불어 그 누구도 결국 전쟁을 겪으며 아무런 피해도 입지 않을 수는 없다는 생각이 정착된다.

국가에 대해 지닌 채권

부상자를 희생자로 보는 관점이 널리 인정받는 가운데, 전쟁 부상자는 또한 권리의 관점에서 제기되는 사회 문제의 쟁점이 된다. 제1차 세계 대전 중에 군인과 그가 속한 국가 공동체 사이에 증여에 대한 보상 체계의 형태로 상징적인 계약이 맺어진다. 자신의 완전성이 침해당한 군인은 국가에 대해 채권을 가진다. 이 채권은 전쟁이 끝난 후에 존속되며 심지어 그 사람을 넘어서 그 권리 승계자에게로 이어질 수 있다. 그들은 권리 수혜자로서 모두가 진 빚에 대한 채권자다. 한편 그들 역시 강압적인 의무를 진다. 공동체로 복귀하는 것이다. 제1차 세계 대전에서 상해를 입고 퇴역한 6백만~7백만 명의 군인을 국제적인 수준에서 회복rehabilitation시키기 위해 쏟아부은 엄청난 노력이 이를 증언한다. 전후 독일에서는 15세에서 49세 사이의 남성 1천 명 중 94명이 영구적인 불구자였고, 영국에서는 1천 명 중 65명이 그랬다.

보철구(補綴具)로 신체를 재구성하는 것부터 직업 재교육에 이르기까지 상이군인들은 사회 공동체에 재통합하는 힘겨운 단계를 거친다. 안면 복원 수술과 이식 등의 분야에서 모든 유형의 보철구 ── 가죽과 나무, 뒤이어 강철과 알루미늄으로 된 장치부터 21세기 첨단 기술을 이용한 합성수지와 각종 합성물에 이르기까지 ── 에 대해 기술적·의료적으로 상당한 투자가 이루어진다. 〈회복〉은 단지 의료적 개념이 아니라 상징적 차원의 개념 ── 신체가 온전한 사람들의 공동체 내에서 갖는 지위와 가족 내에서 손상당한 권위를 되찾는 일 ── 이자 경제적 차원의 개념 ── 여러 직업용 도구와 마찬가지인 도구로서 노동용 보철구를 갖춘 신체 상해자의 직업적 재통합 ── 이기도 하다.

과거의 모든 참전국에서 신체 일부가 절단된 사람, 맹인, 불구가 된 사람들은 이념적으로 다양한 각종 단체로 결집한다. 이러한 상호 원조 조직망은 공권력의 강력한 교섭 상대이기도 하다. 영국에서는 양차 대전 사이에 연금청이 상이군인의 회복 노력을 자선 단체와 사기업에 크게 의존한 데 반해, 1943년에 톰린슨 국회 보고서가 발표되면서 전후에 장애인을 보살피는 데 더 우호적인 공공 정책이 제정된다. 반대로 1930년대 독일에서는 나치 정권이 실시한 전쟁 피해자 Kriegsopfer에 대한 배려가 연금에 할당된 국가 예산 비율의 증가로 나타난다. 신체 상해자의 불만을 바이마르 공화국에 맞서는 데 이용하기 위해서였다.

퇴역 군인의 움직임은 그 다양성에도 불구하고 요구 사항이 대체로 비슷하게 변화했다. 처음엔 상이군인에 대한 개인적 원조 체계를 요구했다. 나중에는 공공 및 민간 부문 고용자들이 상이자(傷痍者)를 고용할 의무 등 주거 또는 일자리에 관한 집단적 권리를 요구한다. 하지만 역사학자 알렉상드르 쉼프가 소련의 경우에서 보여 주었듯, 상이군인의 지위는 전 국민, 적어도 노동자에게 제공되는 권리에 녹아든다. 제1차 세계 대전이 종결되고 10년이 지난 후 전쟁 부상자가 당한 외상성 상해의 특수성이 흐려지고 만 것이다. 1945년 이후에는 〈인발리드노스트*라는 용어로 지칭되는 사람 중에 남자보다 여자가 더 많아진다. 이러한 시간적 척도에서 승전국에서와 마찬가지로 패전국에서 상이군인의 특수성이 없어지면서 동시에 그들의 지위가 차츰 낮아진다.

부상자 인물상은 법적 언어로 표현되었을 때조차 양면성을 가졌다. 국가에 영웅적인 모범을 보인 존재로서 사회 공동체가 스스로 인물상에 동일시하도록 권고받았지만(1915년 10월에 프랑스 보건부 장관 쥐스탱 고다르는 〈나는 직업 군인도, 공무원도, 의사도 아니다. 나는 부상자다〉라고 선포했다), 영웅도 패배자임에는 틀림없었다. 전후에 특히 패배를 겪은 국가에서는 많은 예술가가 부상당하고 팔다리가 잘리고 모욕당하고 남성다움을 잃고 멸시당해 인간 이하의 존재가 된 군인의 모습을 생생히 묘사했다. 20세기 말에 서방 국가의 군대가 전투원이 겪는 신체적 위험을 극단적으로 축소할 기술화된 전쟁을 벌일 수 있게 되면서, 부상자에 대한 상징적인 표상은 안면 부상자부터 정신적 외상을 입은 군인에 이르기까지 여전히 현대 사회를 사로잡고 있다. 그러니 현실감을 잃은 이 전쟁에서 부상은 억압된 것의 귀환을 확실히 보장한다.

참조

1부 - 03 시민-군인의 시대 | 05 법이 말하는 것 | 07 전략 없이는 기술은 소용없다 ‖ 3부 - 01 시련을 겪는 몸 | 05 〈온갖 엄청난 감정〉 ‖ 4부 - 02 병사의 귀향 | 08 신경과 신경증

---

* invalidnost. 러시아어 음역으로 〈장애〉라는 뜻.

04

증언하다

니콜라 보프레[*]

제1차 세계 대전 직후에 전투 체험을 이야기로 옮긴 저작물이 여럿 출간되었다. 그때 이미 이 같은 〈증언 문학〉이 지닌 의미에 대한 질문이 제기되었다.

사람들은 간혹 17세기와 18세기에 증언 이야기가 등장한 배경이 〈시대의 불행〉(전쟁, 전염병, 기근……)을 말하기 위해서 생각했다. 하지만 윤리적 차원에서 중립적인 자연재해에 대한 증인과, 철학자 아비샤이 마르갈리트의 표현을 빌리자면 〈악과 악으로서 겪은 고통 모두에 대한 증인〉 사이에는 근본적인 차이가 있다.

고통도 몸소 체험한 사람들은 증인이자 피해자로서 따로 분리된 집단을 이룬다. 이들은 〈다른 시대와 다른 장소에는 (그들의) 증언을 들어줄 도덕적인 공동체가 존재한다는 희망 또는 존재할 것이라는 희망〉을 품은 사람이다. 마르갈리트는 이들을 〈도덕적 증인〉이라고 부른다. 특히 나치 수용소나 소련의 집단 수용소 체계에서 살아남은 생존자를 가리킨다.

그렇다면 도덕적 증인은 1930년대나 1940년대에 처음으로 생겼

• Nicolas Beaupré. 클레르몽 오베르뉴 대학교 부교수. 제1차 세계 대전 문학의 전문가이며 주요 저작으로 『거대한 전쟁들 1914~1945 *Les Grandes Guerres 1914-1945*』이 있다.

을까? 그렇다고 확신할 수는 없다. 제1차 세계 대전을 연구하는 역사학자 제이 윈터는, 마르갈리트가 채택한 도덕적 증인에 대한 정의가 전쟁 문학 전문가인 장 노르통 크뤼가 1929년과 1930년에 제1차 세계 대전에 참전한 프랑스 전투원들의 이야기를 다룬 저작들에 나오는 정의와 매우 닮았다고 본다. 장 노르통 크뤼는 실증주의 역사가들이 많이 차용한 방법론을 사용했음에도 불구하고, 그의 『증인들*Témoins*』(1929)과 『증언에 대하여*Du témoinage*』(1930)는 이 글들의 자료적 가치를 차갑게 분석한 책이 아니라 증인을 규범적으로 이해하는 데 대한 옹호론이자 예시였고, 이는 결국 마르갈리트가 그로부터 50년 후에 제시한 이해 방식과 상당히 가깝다. 자신의 자료집을 여섯 개의 〈계층class〉으로 분류한 크뤼에 따르면, 〈좋은 증인〉은 매우 윤리적인 역할을 담당한다.

관찰력이 좋고, 정직하며, 자신이 관찰하고 느낀 것을 분명한 언어로 표현할 줄 아는 증인은 주변 환경에 활발히 반응하는 상태를 유지하면서 자신의 감각과 정신을 빠르게 적응시킨다. 그는 분명하게 보는 동시에 이의를 제기하고, 충실하게 기록하는 동시에 자신의 존재를 뚜렷이 드러내며, 예술적으로 묘사하는 동시에 자기 이성의 독립성을 옹호한다. 이러한 도덕적인 태도의 결과, 이렇게 일상을 기록하는 지적인 규율을 준수한 결과는 전염성이 더없이 강한 허황된 풍설도 방어 태세를 갖춘 이 증인을 오염시키지 못할 것이며, 그가 전쟁을 보는 불완전하지만 충실한 관점은 다른 구역과 다른 시기, 다른 전쟁에 속한 다른 군인들, 그 증인만큼 불완전하지만 그만큼 충실한 군인들의 관점과 놀랍도록 비슷할 것이다.

크뤼는 이러한 이해를 바탕으로 증인의 어떤 이상형을 주장했다.

그 이상적인 증인의 궁극적인 소명은 진실을 말함으로써 특정한 전쟁이 표상하는 도덕적인 해악이 반복되는 일을 방지하는 것이다.

만일 병사인 우리가, 우리가 치른 전쟁을 충분한 진실과 예술성을 담아 그려 낼 수 있다면, 그렇게 함으로써 미래의 사람들이 우리의 글을 읽으면서 우리가 실제로 겪은 고통과 충분히 비슷한 고통을 정신적으로 느낄 수 있다면, 항구적인 평화의 문제는 해결될 것이고 전쟁은 불가능할 것이다. 물질적인 방법이 아닌 그보다 더 나은 방법으로서, 전쟁을 고려하는 것이 아예 불가능해질 것이다.

이러한 규범적인 이해, 그리고 저명한 작가들을 비롯한 다른 작가들에 대해 크뤼가 내린 매우 엄격한 판단 때문에, 전쟁 이야기를 쓴 작가 중 한 사람인 폴 카쟁이 〈증인들의 전투〉라고 이름 붙인 격렬한 논쟁이 벌어졌다. 장 노르통 크뤼는 자신이 찬탄했고 자신을 찬탄한 몇몇 작가들의 지지를 받았지만, 다른 작가들은 그를 격렬하게 공격했다. 대표적인 인물이 전쟁 문학 작가 수십 명으로 이루어진 군인 작가 단체AEC 의장인 소설가 롤랑 도르줄레였다.

개인적인 삶이자 역사의 한순간

장 노르통 크뤼가 관심을 기울인 주제는 대규모로 벌어진 문화적 현상이었기에 그만큼 더 민감한 주제였음을 강조해야 한다. 모든 참전국에서 병사 체험을 이야기로 옮긴 수백 권의 저작이 출간됨으로써 증언 문학이 탄생했기 때문이다. 프랑스에서 〈증인들의 전투〉가 특히 격렬하게 벌어지긴 했지만, 영국에서도 1929~1930년에 시그프리드 서순이나 로버트 그레이브스가 소설화한 이야기가 출간되면서 논쟁이 격렬했다. 독일에서는 에리히 마리아 레마르크의 『서부 전선 이상 없다』가 엄청난 성공을 거둔 이후에 그랬다. 크뤼가 〈도덕적 증인〉에 대한 자신의 견해를 표명한 것은 때맞춰 많은 작가가 자신이 직접 경험한 전쟁 체험을 바탕으로 소설 작품을 쓴 시기였다. 그 목적은 윤리적이기보다는, 아니면 그와 비슷한 정도로 미학적이거나 정치적이었다.

1930년대에 이미, 증인을 희망의 어떤 형태를 지닌 존재로 보는 규범적 이해는 반박되었다. 발터 베냐민은 사람이 제1차 세계 대전에서 체험한 것에 의해 고양되어 돌아올 수 있다는 사실에 의구심을 제기하며 〈그로부터 10년 후에 쏟아진 책들에 담긴 것은 그 어떤 경험과도 아무런 상관이 없었다〉라고 주장했다. 제2차 세계 대전 이후에 역사학자 필리프 아리에스는 1948년에 쓴 〈근대인의 역사 참여〉라는 제목의 글에서 장 노르통 크뤼와는 매우 다른 개념을 전개한다. 아리에스가 보기에 20세기는 〈인간이 역사에 의해 극악무도하게 침략당한〉 시기이며, 그 결과로 〈증언〉이 등장하게 되었다. 어떤 증언은 도덕적일 수 있겠지만, 증언은 어쨌거나 항상 참여적이고 따라서 결코 객관적이지 않다. 제1차 세계 대전과 관련하여 아리에스는 장 노르통 크뤼가 선별한 작품 중에서는 어떤 예도 선택하지 않고, 독일인 에른스트 폰 살로몬의 자전적 이야기인 『무법자들Die Geächten』(1930)을 선택했다. 이 작품은 문학적 파시즘의 지침서 중 하나였다.

증언은 역사의 거대한 흐름에 내밀하게 연결된 개인적인 삶이면서 동시에 역사가 어떤 특수한 존재와 맺는 관계에서 포착된 역사의 한순간이다. 인간은 역사에 너무 깊이 참여하기 때문에 더 이상 자율성도, 자율성에 대한 생각도 없으며, 대신 자신의 개인적 운명과 자신이 사는 시대의 변화 사이의 일치 또는 거부에 대한 뚜렷한 느낌을 가질 뿐이다. 이 때문에 증언은 수를 헤아리는 어떤 관찰자나 분석하는 어떤 학자로부터 동떨어진 이야기가 아니라, 역사에 기여하는 다른 사람들에게 자신이 역사에 대해 직접 느낀 감정을 전달하기 위한 소통, 열정적인 노력이다.

〈도덕적인 증인〉의 위치는 아리에스가 언급한 이 〈거부〉의 경우일 것이다.

하지만 제이 윈터가 지적한 것처럼, 도덕적 증인은 〈현대에 기념이 폭발적으로 증가〉한 현상의 중심에 위치하며, 〈과거의 잔혹함을 기억하는 것은 선택이 아니라 필요〉라는 사실을 우리에게 상기시킨다. 1914년 이후로 전쟁 이야기가 대거 출간된 현상, 뒤이어 1918년 이후에 이 책들이 사회에서 불러일으킨 논쟁은 어쨌거나 도덕적 증인이 제2차 세계 대전과 더불어 탄생한 것은 아니라는 사실을 증명한다. 논쟁의 대립항은 이미 그 이전에 주어져 있었다.

참조

4부 - 02 병사의 귀향 | 09 살아남은 증인

05
〈온갖 엄청난 감정〉

토머스 도드먼●

남북 전쟁 이후 유명해진 어떤 말에 따르면, 〈군인이 된다는 것은 지루함이 99퍼센트고 영예가 1퍼센트다〉. 군인 체험은 감정에 관심을 두는 사람에게 훌륭한 실험실이다.

미소 짓고 자기들끼리 농담하는 사람들이 있는가 하면, 멀리 떨어져 침울해하는 사람이 있다. 어떤 이는 지인을 보듬어 인사하면서 자기감정을 숨기는가 하면, 다른 이들은 눈물을 펑펑 쏟는다. 어떤 이는 시선이 공허한 반면, 다른 이들은 확신에 차서 자기 의무를 다한다는 생각으로 앞을 똑바로 바라본다. 의기양양한 태도로 용기를 과장하는 사람과, 자신이 다가서려는 미지의 것을 두려워하는 듯 보이는 사람이 구분된다. 마지막 포옹과 앞으로 다시 만날 가능성을 생각했을 때 느껴지는 사랑과 이별의 고통, 그리고 벌써부터 서로 다시 보지 못할 거라는 사실을 깨닫는 이들이 느끼는 애도의 감정이 감지된다……. 파리 동역(東驛)의 로비를 드나들며 고개를 들어 앨버트 허터의 거대한 회화 작품 「병사의 출발」(1926)을 바라본 적이 있는 사람들은 잘

● Thomas Dodman. 컬럼비아 대학교 프랑스학과의 조교수. 19세기 프랑스와 감정의 역사, 전쟁사를 연구하는 역사학자로서, 『향수는 무엇이었나: 전쟁, 제국, 치명적인 감정의 시대What Nostalgia Was: War, Empire, and the Time of a Deadly Emotion』를 썼다.

알 것이다. 전쟁은 전략적 계획이나 기술 혁신, 육체를 초월한 전투담으로 요약될 수 없다는 사실을. 전쟁에서는 뼈와 살, 감정으로 이루어진 남녀의 생명이 좌지우지된다. 허터가 그린 이 동원(1918년 7월에 자신의 아들이 전사했기에 더 의미심장한 작품)은 감정적인 동원, 전쟁이 다른 그 어떤 인간 활동보다 더 많이 불러일으키는 더없이 다양한 정서가 몰아치는 물결이기도 하다.

전투 체험은 〈매혹적이고 어려운〉(뤼시앵 페브르) 대상인 예전의 정서적 삶을 탐구하려고 도전하는 감성을 연구하는 역사가에게 더없이 훌륭한 실험실이다. 전쟁 중에는 느낌과 감정이 어렴풋한 성질을 조금 잃고, 현대에 널리 퍼진 내면성 때문에 물러나 있던 〈무대 뒤〉에서 나와 그 모습을 숨김없이 드러낸다. 군대 생활이 강요하는 정서 상태에서, 사병 집단 내에 발달하는 공생 관계에서, 또는 병사들이 도피하는 개인적인 글에서 느낌과 감정이 움직이는 양상을 규범적이고 예측하지 못한 방식으로 감지할 수 있다. 물론 이런 깊숙한 이야기는 마음이 투명하게 비쳐 보이는 자료는 아니지만, 감정 자체에 접근하는 길을 열어 줄 것이다. 필자는 체험을 말로 묘사하기 어려울 때조차(그런 때에 특히), 다른 방식으로는 상상할 수 없는 체험에 가장 가까이 다가서기 위해 그 이야기들에 발언의 기회를 줄 것이다. 제2차 세계 대전의 어느 일본 군인은 자신의 일기장에 〈오후 4시 10분: 방금 소집 통지서를 받았다. 이 일에 준비되어 있다고 생각했었다. 막상 손에 이 빨간 편지를 들고 보니 감동되고 흥분되며, 온갖 엄청난 감정이 느껴진다〉라고 적는다. 〈지난 몇 시간 만에 삶은 매우 심각한 무언가가 되었다. 이건 전투 전날에만 느낄 수 있는 감정이다〉라고 그의 적인 미국 병사는 응답한다.

군인의 정서적 삶을 완벽하게 연구하다 보면, 감각적 인식과 (자발적이고 신체적인) 감정, (더 지속적이고 체계화된) 느낌으로 이루어진 기다란 목록만 얻을 위험이 있다. 그중 몇 개는 놓칠 것을 각오하고, 필자는 여기에서 과감하게 병사의 정서적 체험의 세 가지 순간에 집중한 이야기를 다루려 한다. 이 세 가지 순간은 병사가 느끼는 지루함 또는 소외, 군인이 느끼는 두려움과 공포 그리고 애정과 그 분신인 증오다. 그렇다고 모든 시대와 장소에서 똑같은 감정적 특색을 지닌 〈전형적인〉 군인이 존재할 거라는 인상을 주고 싶지는 않다. 반대로 전쟁 중 감정의 역사는 현대의 서로 다른 전투 체험에 존재하는 연속성과 불연속성을 날카롭게 포착할 수 있어야 한다.

단조로움, 예속, 혹사

전쟁은 무엇보다 일단 지루하다. 역설적으로 보일 수 있지만, 그것은 전투 체험에서 항상 나타나는 요소로서 남북 전쟁 이후 유명해진 〈군인이 된다는 것은 지루함이 99퍼센트고 영예가 1퍼센트다〉로 잘 요약된다. 병영에서 전쟁터로, 그리고 동원이 해제될 때까지 군인은 중세에 수도승이 정신적 나태함을 두려워하듯 지루함의 그림자의 동정을 살핀다. 그런데 군인이 느끼는 지루함에도 분명히 구분되는 여러 유형이 있다. 이는 전투의 유형과 의학적 지식의 발달로 만들어지고, 한가로움과 권태부터 피로와 지력 저하, 소외에 이르는 마음 상태의 색조로 변화된다.

지루함의 첫 번째 유형은 기다림과 단조로움이다. 군인 되기란 전쟁을 기다리고, 그 후에는 전쟁 중에 항상 똑같은 행동과 똑같은 일상을 반복하며 기다리는 일이다. 알프레드 드 비니는 왕정복고기에 보낸 음울한 병영 생활을 다음과 같이 요약했다. 〈삶은 슬프고 단조롭고 규칙적이다. 북소리로 알리는 시각은 북소리만큼이나 둔탁하고 어둡다. 걸음걸이와 모양새는 주거지만큼이나 획일적이다.〉 〈그곳에서 지루하지 않으세요, 대위님〉하고 디노 부차티의 걸작 『타타르인의 사막』(1940)에서 첫 배속지인 바스티아니 요새에서 복무하는 젊은 중위 조반니 드로고는 순진하게 묻는다. 그는 결국 그곳에서 북쪽에서 올 적을 헛되이 기다리며 남은 생을 보낸다. 시골(또는 20세기의 도시)의 권태에서 도망쳐 참전한 신병들은 행동에 나서기를 조급하게 기다리고, 그중 많은 이가 실망한다.

전쟁은 가끔 〈이상하며〉, 앞서 갖고 있던 전쟁에 대한 생각에 들어맞지 않는다. 즉 사람들은 전쟁에서 지루해한다. 〈주둔지에서의 생활은 세상에서 제일 단조롭다. 매일매일 똑같은 일상이 반복된다〉고 남북 전쟁 중에 한 미국인 병사는 탄식한다. 그로부터 반세기 후 제1차 세계 대전에 참전한 군인 페르낭 레제는 〈이 모든 게 어찌 그리 슬픈지! 얼마나 지루하기 짝이 없는지!〉라고 응답한다. 그에게 전방의 삶은 〈너무도 우중충하고 칙칙하며, 항상 똑같고 새로운 것이란 없다…… 트룬에 있는 사촌들 집에서 지겨워했던 때처럼 지겹다〉. 1940년 5월에 병사들은 됭케르크 바닷가에서 지겨워하지는 않았으나, 자신들을 구원해 줄 영국의 함대를 외롭고 침울하게 기다린다. 베트남에서 도시 교외의 따분함suburban boredom을 떠나도록 자극한 모험심은 〈모두 똑같이 이어지는 나날들〉 속에 금세 흐려진다. 그로부터 한 세대가 지난 후, 이라크에서는 미 해병대원들이 〈끝없이 반복되는 하루에 갇혀〉 있는 것 같다고 (빌 머리가 주연을 맡은 1993년 영화 「사랑의 블랙홀」의 상황처럼) 자신들을 묘사한다. 어디에서나 지루함이 전쟁 포로들을 갉아먹어 1919년에 적십자사가 〈가시철망 정신병〉이라고 규정한 상태로 이들을 몰아간다. 레옹 고틀랑 대위는 1941년 뉘른베르크 인근의 장교 수용소Oflag XIII-A에서 무위도식하는 자신의 삶을 〈날들이 날들에 더해져 포로 생활은 서서히 포로 생활은 우리를 우울한 단조로움으로 빠뜨린다〉라고 묘사했다. 〈우리는 여자랑 꽃들, 청명한 웃음, 기분 좋은 향기, 제약 없이 갈 수 있는 공간이 이 세상에 아직도 있다는 사실을 의심하기에 이르렀다.〉 이보다는 덜하지만 군함이나 잠수함, 또는 평화 유지 임무 중에도 똑같은 사실이 확인된다. 캐나다 소속 유엔군이 기꺼이 인정하듯 〈Peacekeeping is boring(평화 유지는 지루한 일)〉이기 때문이다.

이런 지루함을 피하기 위해 군대들은 19세기부터 군인들의 〈빈 시간을 채우려고〉 각종 소일거리, 즉 훈련과 운동 활동은 물론이고 사회화 장소들, 정기 간행물, 게임과 연극 공연(나중에는 음악과 영화, 인터넷) 등을 갖추고 있었다. 장교와 교육 수준이 높은 사람들에게는 사냥과 주둔지 도서관이 마련되었다. 모두에게 대체로 무료인 촘촘한 우편 조직망이 조직되었다. 대중에 대한 문자 교육이 이루어지기 훨씬 전인 나폴레옹 시대에 이미 우편이 군대의 정서적 관리를 위해 매우 중요했음을 발견하게 된다. 이러한 조치들은 고독을 일시적으로 완화하고 잠시나마 도피할 수 있도록 함으로써 환멸이 큰 만큼 더 필요했던 심적인 지지를 가져다주었다. 모험과 이국적인 것에 목말라하며 어떤 〈전쟁 취미〉(에르베 마쥐렐)를 지니고 네덜란드령 인도에 갓 도착한 어느 젊은 벨기에 장교가 말하듯 〈주둔지의 단조로움이 아닌 다른 곳에서 자신의 길을 찾으려고〉 19세기에 식민지로 떠난 유럽 군인들의 경우가 특히 그랬다. 하지만 이곳에서도 역시 많은 이가 결국 〈열병과 권태로 죽을 지경이 된다〉. 이렇게 고백한 사람은 드 몽타냐크 대위였다. 그는 결국 알제리 정복 중에 민간인을 학살하는 일에서 〈욕구를 발산할〉 길을 찾아낸다. 제1차 세계 대전 중에 서부 전선에서도 마찬가지로 군인들은 행동할 필요를 느꼈다. 따라서 침체와 기다림을 견디기 힘들어 한다. 〈신 덕분에 우리는 이제 쉬고 있다〉라고 영국 전선에 배치된 어느 파슈툰족 군인은 적는다. 〈하지만 우리는 이게 마음에 들지 않는다. 점점 더 걱정하게 되기 때문이다. 차라리 참호 속에 있는 게 더 낫다.〉 미군 당국이 갈증을 느끼고 〈무언가 결핍된〉 자국 군인들의 기분을 전환하려고 온갖 수단을 마련한 베트남에서도 필립 카푸토 중위는 위험한 급습 작전에 자원한다. 그가 시인하듯 〈내가 죽인 희생자들을 세는 것 말고는 아무런 할 일이 없었기〉 때문이다.

이 군인들은 다른 누군가를 죽이지 않을 때 찾아오는 치명적인 권태로 따분함을 느낀다. 어느 프랑스 장교는 1853년에 〈(알제리에서) 삶은 모든 것이 결여되어 있고 너무나 획일적이라 향수에 빠질 지경이다〉라고 불평했다. 그 당시 〈향수〉는 군의관들이 치명적이라고 간주한 심각한 우울 증세로서 고향을 그리워하는 마음의 한 형태다. 1880년대에 〈울적함〉이 거론되기 시작한 것은 식민지의 형장(刑場)과 아프리카의 형벌 부대에서다. 뒤이어 이 울적함은 참호 속의 제1차 세계 대전 병사들을 침식해 들어간다. 카푸토는 베트남 디엔비엔푸의 패주에서 살아남은 프랑스인들에게서 이를 재발견한다. 1877년에 오스만 제국에 맞서 싸우기 위해 동원된 러시아 군인들은 성질이 더 급했다. 이들은 단지 시간을 보내려고 매우 위험한 게임을 고안했다. 러시안룰렛이다. 병사들은 어디에서든 단 몇 시간 동안이나마 따분함과 울적함으로부터 도망치기 위해 상사들의 암묵적인 동의나 결탁으로 술과 마약에 기꺼이 의존했다. 사이공에서 미군 GI가 겪은 환멸이 가장 선명한 예다. 부대에서 담배를 공짜로 배포하는 것은 수 세기 동안 이어져 내려온 전통이며, 20세기 초에 중국에서는 군인들이 군부 정치 세력의 너그러운 시선 아래 도박과 아편을 했다. 이 모든 군인에게 권태는 성적 욕구 불만과 동의어였다. 일반적으로 (용인되거나 관리되는) 매춘을 통해 동의된 성관계로, 또한 강간(이는 대체로 은폐되었는데 나중에 다시 살펴볼 것이다)을 통해 해소되었다. 그렇지 않다면 군인은 혼자 해결할 수도 있었다. 미 해병대원 앤서니 스워포드는 2005년에 영화화된 자신의 자서전 『자헤드』에서 이 사실을 인정했다.

해병대원이 권태와 고독을 방지하기 위해 사용할 수 있는 방법들: 자위하기; 여자 친구/바람피우는 아내의 편지를 다시 읽기; 총을 손질하기; 다시 자위하기; 워크맨 수리하기; 종교와 삶의 의미에 대해 논쟁하기; 해병대원이 같이 잔 여자들을 전부 자세히 떠올려 보기; 쿠바 여자나 멕시코 여자, 할리나 혼다라는 이름의 여자, 오른손이나 왼손으로 자위하기…….

그런데 아무리 즐거운 소일거리로도 결코 해소되지 않을, 군인이 느끼는 권태의 다른 차원이 있다. 이 상황은 단순히 군대에서 빈 시간을 채우는 일이 아니기 때문이다. 가끔은 반대로 시간이 〈너무 꽉 찬〉 것 같고 숨이 막혀 산업 기계화에 직면한 공장 노동자처럼 멍해지면서 자기 자신에게 낯선 존재가 되는 것 같은 인상을 받는다. 비니는 다시 한번 〈군대의 예속〉 상태가 인간을 소외시키는 측면을 포착한다. 이는 〈자기 자신을 완벽하게 헌신하는 것〉이고 〈자신의 성격을 내던지는 틀〉로, 그 안에서 《인간》은 《군인》 아래에서 지워진다〉. 이러한 변신의 열쇠는, 오딜 루아네트가 19세기 병영 생활에서 그 체험을 되짚었듯이 훈련drill, 즉 자신의 근육과 감정의 완벽한 지배자로서 〈바로잡힌 신체〉를 만드는 훈련과 예속 상태다. 볼테르는 『캉디드 혹은 낙관주의』(1759)에서 프로이센군의 가혹한 규율을 조롱하지만, 이런 규율은 신병들에게 끔찍한 충격이다. 1791년에 애국적인 열정으로 자원한 이 젊은이의 경우가 그러하다. 그는 (푸코식의 용어를 빌리면) 군대의 에토스에 부딪힌다.

나는 기계처럼 훈련하지 않으려고 애쓰면서 내 움직임의 동기를 스스로 설명하려 한다. 움직임은 모두 무장한 병사들이 가능한 한 최소한의 공간을 차지하면서도 불편하지 않도록 만드는 것을 목적으로 한다. 훈련은 신체를 바로 세우고 기술을 습득하기 위해 좋은 것이다. 하지만 나는 평생 훈련을 하는 사람이 재치 있게 된다고는 믿지 않는다. 그건 우리 소위를 보면 알 수 있다. 그는 좋은 청년이다. 오랫동안 군인이었고 훈련을 아주 잘한다. 하지만 그는 세상에서 오직 훈련밖에 모른다. 무엇을 하든 무기를 들고 있는 것처럼 보인다.

이렇게 자기 소외에 놓인다는 인상에 행군과 매일 반복되는 업무의 피로가 더해진다. 이러한 〈혹사〉는 1850년대부터 이미 군의관들의 걱정거리였다. 제1차 세계 대전 중에 기계 군인은 오토 딕스나 크리스토퍼 R. W. 네빈슨, 마르셀 그로메르 또는 지노 세베리니의 회화 작품에서 무시무시한 도깨비의 모습으로 반복하여 표현된다. 페르낭 레제는 거기에 덧붙여 〈그건 모든 감정이 배제된 기계화다〉라고 강조한다. 1914~1918년에 이루어진 살육은 병사들에게 군사적인 남성성과 애국적인 희생의 이름으로 정서적 억압을 강요한 궁극적인 시험이었다. 그런데 그들의 자기 소외 자체가 하나의 감정적인 체험이다. 레제 같은 예술가가 참호 속에서 권태로워한 것은 그가 〈이 온통 쪼그라든 세계에서 삶에 대한 것들을 이야기할 사람이라고는 아무도 없이 홀로〉 있다고 느끼기 때문이기도 하다. 이것은 대규모 인원이 동원된 산업 전쟁의 역설이다. 서로 다른 사회 계층에서 온 병사들이 뒤섞인 채 포탄으로 인해 비인간화한 죽음에 직면한다. 개인은 익명의 대중 속에서 사라진다. 근대 사회에서 고유하게 나타나며 군대가 그 실험실로 이용되는 이 아노미적인 고독의 희생자가 된다. 때로는 사회적 신분 격하나 인종 혼합에 대한 두려움에 굴복한다. 이러한 두려움은 20세기 중반까지 여전히 인종 분리 정책과 계급이 사회적으로 서열화된 군대에서 특히 심하게 나타난다. 군인이 느끼는 고독은 집 안에 남아 있던 사람들, 〈우리가 견뎌 내야 했던 것이 무엇인지 전혀 모르는〉 사람들과 군인 사이에 넘어설 수 없는 간극이 생기면서 완벽해진다. 1960년대 이후로 흔히 그랬던 것처럼 참전했다는 이유로 군인들은 비난받기까지 한다. 자기 자신과 타인이 소외되는 이 최종 단계에서는 도피 — 정신병과 트라우마의 의료화된 세계로 도피 — 또는 평범한 민간인 생활과 대체로 위기에 처하는 애정 관계에 (재)적응하지 못하고 결국 절망적으로 찾아 헤매며 다시 참전하러 떠나는 과거로의 회귀밖에 남지 않는다.

무기력taedium과 환멸에도 불구하고 전쟁은 모험의 장이요, 위험하기 때문에 흥분되는 대상이라는 생각이 끈질기게 지속된다. 공격을 준비하는 사람들은 심장 박동이 빨라지고 손바닥에 땀이 차는 것에 인생 전체의 의미를 부여할 수 있기 때문이다. 철학과 학생 제시 글렌 그레이는 1944년 1월에 포화의 세례를 받기 전날, 자신의 일기장에 〈나는 행복하고 충만하다고 느낀다〉라고 적는다. 〈나를 기다리는 것이 아무리 음산하고 끔찍하다 해도, 나는 후방의 다른 곳보다 살육이 벌어지는 한가운데에서 더욱 휴식을 구할 것이다. 전쟁의 현실에 나 자신을 내맡겼으므로, 나는 그 대가를 치르고 최악의 현실에서 전쟁을 알고자 한다.〉

팔다리가 찢겨 나갈 거라는 불안

〈모든 사람이 죽음을 두려워한다.〉 전투에서 입은 군복 때문에 〈백색 장군〉이라 불린 미하일 스코벨레프 장군은 러시아·튀르크 전쟁 중에 자기 병사들에게 이렇게 말했다. 〈만일 그 반대라고 주장하는 사람을 만나면, 그 사람은 거짓말하는 것이니 그의 눈에 침을 뱉어라. 나역시 다른 사람 못지않게 죽음이 두렵다. (하지만) 내게는 그 두려움을 드러내보이지 않을 만한 정신력이 있다.〉 여기에는 전쟁 중 정서 체계의 두 가지 기본 원칙이 요약되어 있다. 그 어떤 군인도 전투의 공포에서 벗어나지 못할 거라는 사실, 그리고 무엇보다 중요한 것은 바로 자신의 두려움을 제어하는 법을 배움으로써 두려움이 일으킬 수 있는 반응과 충동을 분별 있게 유도하는 일이라는 점이다. 왜냐하면 두려움은 병사들의 사기와 규율에 무서운 영향을 미치는 만큼, 생존 본능을 날카롭게 만들고 적에 대한 분노와 증오를 키우며, 무엇보다 전투로 인해 주어지는 기이한 기쁨을 불러일으키기 때문이다. 이것은 그레이가 〈파괴의 쾌감〉이라고 부른 살인의 〈기쁨〉으로, 에른스트 윙어 같은 사람이 자기 자신의 죽음을 〈내가 진정으로 행복하다고 일컬을 수 있는 드문 순간 중 하나〉라고 고찰하게 만든다.

전쟁은 항상 그것에 가담하는 사람들을 두렵게 만든다. 고대 그리스 문학 작품에서 두려움의 신 포보스와 그의 쌍둥이 형제인 공포의 신 데이모스가 아버지인 전쟁의 신 아레스를 전쟁터에 따라다니는 것, 그리고 목축의 신 판Pan이 유명한 마라톤 전투에서 페르시아 군대에 〈혼란〉을 흩뿌리며 아테네인을 도우러 온 것에는 근거가 있는 것이다. 오랫동안 유럽의 기사도나 일본의 부시도(武士道)의 규범에 따르면, 전사는 용기와 영예를 내세우며 자신의 두려움을 감추어야 했다. 이는 지속적인 감정적 체제를 형성해 군인 길들이기와 정력적인 남성성의 규범으로 현대까지 이어진다. 〈The few, the proud(자부심에 찬 소수)〉라는 미 해병대의 좌우명은 장제스가 그로부터 이미 한 세기 전에 자기 병사들에게 두려워해서는 안 되는 것 열 가지(죽음, 위험, 배고픔, 추위 등) 목록을 제시하며 주입한 정신 상태를 완벽하게 요약한다. 이러한 이상향이 집요하게 남아 있다는 사실은 팀 오브라이언이 베트남에서 자신의 전우들에 대하여 한 쏠쓸한 관찰에서 가늠해 볼 수 있다. 〈그들은 군인에게 가장 큰 두려움, 바로 얼굴을 붉힐 거라는 두려움을 간직하고 있다. (……) 그들은 죽을 정도로 수치스러워하느니 차라리 죽어 버릴 것이다.〉하지만 이렇게 감정을 드러내지 않도록 조심하는데도 군인의 두려움은 드러난다. 이를 증언하는 사실로, 남북 전쟁이 한창 진행되던 중에 군인들이 적의 포화를 담담한 자세로 받아 내기를 포기하고, 총알을 피하기 위해 바닥에 납작 엎드리면서도 그 때문에 얼굴을 붉힐 필요가 없었다는 사실을 들 수 있다. 그로부터 한 세기 후에, 미군은 일본군의 대포로부터 〈(자신을) 보호하려고 타조처럼 땅에 코를 박았다〉고 거리낌 없이 고백하기에 이른다. 〈똑바로 선〉 몸이 〈엎드린〉 몸이 된 것이다. 이제는 1914년에 영국의 지식 청년 몇몇이 여전히 그랬듯 무인 지대no man's land로 축구공을 차며 공격에 나서던 시대는 끝났다. 오늘날 전쟁에 더없이 단련된 특수 부대들은 신경 과학과 감정 지능 전문가들에게 뇌의 편도체와 스트레스의 메커니즘을 더욱 잘 이해하게 해줄 호흡 감지기와 디지털 응용 프로그램을 개발해 줄 것을 의뢰한다.

전쟁은 변한다. 싸우는 사람들이 용인하는 한계와 행동 규범도 변하기 때문이다. 19세기 사람들이 무엇보다 두려워한 것은 목숨을 완전히 끊지 않으면서 〈죽기만을 기다리는 장소〉라고 불린 병원에 수용되게 만드는 부상이다(질병으로 사망한 병사와 부상으로 사망한 병사의 비율이 역전된 것은 20세기에 들어서였다. 〈트라우마〉는 정신 현상을 일컫는 용어이기 이전에 신체적 부상이나 특히 고통스러운 외과 수술을 받을 때 환자가 느낄 수 있는 충격을 일컫는 말이었음을 상기하자). 시대가 바뀌면서 다른 기술이 등장하고 새로운 공포의 대상이 등장한다. 그러한 예로는 공습(피카소의 「게르니카」에서 표현된 공포), 또는 적의 전선을 향해 전속력으로 전진하는 전차tank fright를 들 수 있다. 붉은 군대의 어느 장교가 1941년 여름에 자기 병사들을 향해 엄청난 소리를 내며 급강하하는 폭격기 슈투카와 돌진하는 기갑 사단에 대한 군인들의 반응을 어떻게 묘사했는지 살펴보자. 〈첫 번째 폭격에 병사들은 자기 자리를 떠나 숲에 몸을 숨기러 달려갔다……. 많은 병사가 무기를 버리고 자기 집으로 되돌아간다……. 퇴각을 하자 혼란에 빠지기 시작했다……. 병사들은 지쳐서 죽었다.〉한국에서 소련제 전차에 맞선 미군이나 시나이에서 1967년에 이스라엘의 슈퍼셔먼Super-Sherman 전차들에 공격당한 이집트군에서는 무질서하게 달아나는 장면이 똑같이 펼쳐진다. 전격전Blitzkring에 직면하면 두려움은 엄청나게 전염성 강한 바이러스가 된다.

제1차 세계 대전을 연구하는 역사가들은 1914~1918년에 참전한 군인들이 공업화된 전쟁과 대포의 장벽 앞에서 느낀 공포와 무력감을 탐색했다. 여기에서 포탄이 날아드는 소리와 폭발의 굉음, 부상자의 울부짖음 등 청각적 공격은 끊임없이 존재한다. 군인들은 이를 묘사하기 위해 세상의 종말 장면을 자주 언급한다. 어느 힌두교도 군인은 지인에게 이렇게 적었다. 〈이것은 전쟁이 아니다. 세상의 종말이다. 『마하바라타』에서 우리 선조들이 겪은 그대로의 전쟁이다.〉인간 신체의 어쩔 수 없는 연약함에 직면한 인간은 팔다리가 찢겨 나가는 것, 내장이 몸 밖으로 나오는 것, 또는 육체의 외피가 완전히 터지는 것을 규범에 대한 침해와 끔찍한 일로 여겨 특히 두려워한다. 영국의 정신 분석 학자이자 제1차 세계 대전의 퇴역 군인 윌프레드 비온은 이 견딜 수 없는 두려움을 신생아가 더 이상 어머니의 품 안에 〈담겨 있지〉않고 보호받지 못한다고 생각할 때 느끼는 〈말로 형용할 수 없는 공포〉에 비견한다.

전쟁터에서 참호 또는 단순히 바닥에 난 구멍은, 진흙과 시신 썩는 역한 냄새, 가까운 곳에서 폭발이 일어나면 산 채로 매장될 위험이 있음에도 불구하고, 사람이 태아의 자세로 웅크려 몸을 피할 수 있는 피란처가 된다 —〈피란처에는 항상 따뜻하고 호의적인 무언가가 있습니다〉라고 어느 군인은 부모에게 보내는 편지에 적는다. 그러니 독가스 공격이 불러일으킨 공포를 이해할 수 있다. 독가스는 소리 없이 참호에 스며들어, 그로 인해 질식한 최초의 병사들이 죽어 가며 내는 신음 소리와 〈독가스다! 독가스!〉라는 미친 듯한 외침과 경보 벨 소리만으로 그 존재를 알 수 있다. 각 분쟁마다 고유한 방향 감각의 상실이 따른다. 열대 지방에서는 밀림에서 들려오는 끊임없는 미미한 소리와 몹시 견디기 힘든 열기, 울창한 식물과의 계속되는 신체적 접촉, 그리고 이런 환경에 낯선 외국 군인들을 괴롭히는 식물이 감추고 있는 미지의 모든 것들이다. 마누엘 노리에가 장군은 1989년 12월 파나마 침공 직전 양키들을 가리켜 〈그들은 야자나무도 무서워하죠〉라고 빈정댄다.

권태와는 반대로, 그리고 나폴레옹 전쟁과 크림반도에서 벌어진 전투들에 대한 심리학적 초상을 그린 스탕달과 톨스토이를 비롯한 몇몇 선구자가 있었음에도 불구하고, 전투원이 느끼는 공포를 진정으로 직면한 것은 20세기로 넘어가는 시기다. 러시아 군대의 정신과 의사들은 이 문제를 다룬 선구자였다. 러일 전쟁 때 이미, 전투에 앞서 생기는 명백한 대상이 없는 잠재적인 〈불안〉과 전쟁터에서 어떤 특정한 위험에 집중되는 〈두려움〉을 구분한다. 그들은 러시아가 패한 이후로 몇달 동안 연속으로 일어난 군대 내 반란 — 가장 유명한 예는 포톰킨 전함 반란 — 을 겪고 나서 이런 불안과 두려움이 부대의 사기에 해로운 영향을 미친다는 사실을 금방 깨닫는다. 1943년에 출간된 개론서 『전투원의 심리학 *Psychology for the Fighting Man*』은 2년 만에 40만 부 이상이 팔려 국제적인 베스트셀러가 된다. 미군 심리학자들은 이 책에서 인간의 두려움을 축으로 하는 전쟁의 〈심리적 전선〉을 정의 내린다. 〈(군인이) 스스로에게 완벽할 정도로 정직하다면, 그는 자신이 두려워할 거라는 사실을, 공포에 사로잡힐 거라는 사실을 안다〉라고 쓰여 있고, 뒤이어 자신의 두려움을 이겨 내기 위한 실천 방법과 블랙 유머를 이용한 예방적 조건화를 하나하나 검토한다. 같은 시대에 소련 전차 조종사들은 자신이 모는 전차를 〈성냥갑〉이라고 불렀다. 그만큼 쉽게 불이 붙었기 때문이다. 이 책에는 또한 이 같은 놀라운 관찰도 담겨 있다.

두려움은 군인을 더 효율적으로 만들어 줌으로써 군인에게 유용할 수 있다. 두려움은 신체를 행동에 대비시키기 때문이다. 심장은 더 빠르게 뛰면서 혈중 산소를 필요로 하는 팔과 두뇌에 더 많은 피를 보낸다. 뒤이어 폐는 더 빠르게 호흡한다. 혈압은 오른다. 몸을 위한 자연의 마약인 아드레날린이 혈관으로 다량 분비되면서 전투를 위한 인간 기계에 연료로 쓰이는 당을 배출한다.

두려움이 마약처럼 자신의 감정을 부정하지 않고 오히려 자신의 열정을 마음껏 발산하게 만드는 전사의 원동력이라고? 스트레스에 대한 적응력을 다루는 심리학 연구는 그때까지 나직하게만 속삭이던 사실을 확인해 주는 것처럼 보인다.

이 점에서도 러시아 사람들은 19세기 중반에 이미 자신의 두려움을 살인적인 공격으로 승화시켜 〈우라Ura!〉를 외치며 공격에 나서는 군인의 〈제어된 광기〉를 이론화함으로써 혁신적인 면모를 보였다. 제1차 세계 대전 중에는 〈공격 정신〉 또는 미국인이 배틀 이노큘레이션 battle inoculation(전투 스트레스를 군인들에게 접종시키는 실전 훈련)이라고 부른 것을 인간의 태곳적 충동에서 찾아내기 위해 (귀스타브 르봉이 제1차 세계 대전에 곧바로 적용한) 군중 심리학에 관심을 쏟는다. 그래서 영국 보병의 규범서에는 총검 훈련이 불러일으키는 〈피에 대한 갈망〉과 관련된 언급이 나온다. 오늘날까지도 많은 군대가 시대에 뒤떨어진 이 훈련의 〈용기를 주는〉 효과 때문에 계속 실시하고 있다. 프랑스 장교들은 (뒤르켐과 더불어) 〈이타적인 자살〉에 대해 감히 말하지는 못해도, 일본 병사들이 할 수 있다는 〈자기희생의 분노〉를 원용하며 〈사람들을 죽음으로 이끄는 수단〉을 발견해 냈다고 생각한다. 하지만 제2차 세계 대전 중에 〈특공〉을 벌이며 목표물을 향해 돌진하는 일본 조종사들의 글이 증언하듯, 자기 자신에 대한 오랜 훈련을 거친 다음에야 궁극적인 희생을 감행하도록 두려움을 통제할 수 있다. 일본의 경우에는 이를 위해 민족주의적 선전과 도교 및 불교의 영적 전통이 혼합된 자기 통제 훈련이 이루어졌다. 누구나 다음 글에서 보듯 침착하게 자신의 일기를 마치지는 못할 것이다. 〈나는 드디어 이륙하려 합니다, 사랑하는 어머니와 아버지. 건강하세요, 네? 저는 저녁 7시 30분에 집으로 돌아갈 겁니다. 우리는 5시에 출발하고 제 목표는 두 시간에서 두 시간 반을 비행하는 겁니다. 선박을 하나 침몰시킬 것을 약속드립니다.〉

얼핏 생각하기에 술이나 마약, 적에 대한 증오로 자신의 두려움을 감추고 그로써 호모 사피엔스를 호모 푸렌스furens로 변모(그레이의 표현)시키는 〈야만적인〉 분노를 치솟게 하는 편이 훨씬 더 쉽다. 조애나 버크가 보여 주었듯 전쟁은 즐거운 일이기도 하고, 죽이는 행위는 기쁨을 주기 때문이다. 어느 영국군 신병은 1914년 10월에 포화 세례를 받은 후 감격한 나머지 〈믿을 수 없을 만큼 기뻐요〉라고 말한다(그는 몇 주 뒤 죽는다). 어느 중국 병사는 1937년에 상하이에서 일본군 진지 공격 이후에 〈나의 기쁨을 어떻게 주체해야 할지 모르겠다〉라고 말했다. 심지어 1937년 난징 대학살 같은 민간인에 대한 학살도, 중국 민족주의자 주즈신(朱執信)이 20세기 초에 어렴풋이 암시한 표현을 빌리자면 전쟁에 얼마간 〈가혹하게 다루어진〉 군인에게는 〈재미있는〉 일이 될 수 있다. 베트남에서 정신과 의사 로버트 제이 리프턴은 미군이 떳떳하게 벌인 잔혹 행위를 설명하기 위해 심리적 마비psychic numbing를 언급한다. 〈나는 짐승 같았습니다. 그 빌어먹을 대가리들을 꼬챙이에 줄줄이 꽂았죠.〉, 〈나는 마치 신이라고 느꼈습니다〉…….

윙어 같은 군인들을 용서하자는 것이 아니다. 윙어에게 사람을 죽이는 일은 〈발에 날개를 다는 억누를 수 없는 욕망〉이다. 확실한 사실은, 근대의 군대가 기사나 사냥꾼, 프로 운동선수처럼 전투에서 자신의 역량을 발휘하는 전사의 신화를 지속시킴으로써 전투에 기여한다는 것이다. 필요하다면 군대는 타자의 인간성을 말살하기 위해 주저하지 않고 인종주의적인 고정 관념을 동원하여 식민지에서나 태평양 전쟁 중에 〈야만적인〉 잔혹 행위(신체 훼손, 고문, 학살……)가 일반화되는 길을 연다. 특히 군대는 노골적으로 병사들이 지닐 수 있는 파괴적인 성적충동을 자극한다. 「풀 메탈 재킷」(1987)의 해병대원들은 한 손에는 소총을, 다른 손으로 사타구니를 붙든 채 〈This is my rifle, this is my gun; this is for fighting, this is for fun(이것은 나의 소총, 이것은 나의 총, 싸우기 위한 것, 즐기기 위한 것)〉이라고 노래한다. 제임스 존스는 소설 『신 레드 라인』(1962)에서 자신이 과달카날에서 처음으로 죽인 사람 — 〈어느 조막만 한 더러운 황인종 새끼〉 — 에 대하여 〈마치 처음으로 섹스한 것 같았다〉라고 고백한다. 그래서 19세기에 로버트 리 장군은 자제력 있는 군인을 신사라고 정의 내리면서도 다음과 같이 인정했다. 〈전쟁이 그토록 끔찍한 건 천만다행이다. 그렇지 않다면 우리는 전쟁을 너무도 사랑하게 될 것이다.〉

에로틱한 욕망과 가족적인 애정

전쟁을 사랑한다는 것. 오늘날 전쟁에서 사랑을 이야기하는 것은 이치에 맞지 않는 일로 보인다. 그만큼 1960년대에 일어난 반항 정신이 이 둘 사이에 강한 모순을 정립해 놓았다. 베트남 전쟁에 반대하는 사람들과 이후의 젊은 세대는 〈Make love, not war(전쟁 말고 사랑을 하자)〉라고 노래했다. 부인할 수 없는 점은, 고대 그리스에서 포보스와 데이모스 형제의 어머니이자 아레스가 간통한 여인이 다름 아닌 아프로디테라는 사실이다. 전쟁터는 한편으로 온갖 종류의 사랑이 이루어지는 공간이다. 에로틱한 욕망이 있으면서도 가족적인 애정과 가끔 놀라운 공감의 표현, 병사들 사이의 전우애도 생긴다. 전방에서 감정적인 생존은 반드시 이런 감정을 통해 이루어지고, 그것은 우리를 전투원의 내면 가장 가까운 곳으로 이끈다. 나폴레옹 1세가 즐겨 말했듯, 〈사랑에서와 마찬가지로 전쟁에서 결말을 보려면 서로 가까이에서 만나야〉 하기 때문이다.

군인이 감정적으로 생존하는 일은 동의나 체념, 강압과 마찬가지로 그들의 동기와 인내력에 있어 근본적인 요소다. 마이클 로퍼는 1914~1918년의 영국 병사들이 서신을 교환하고 참호 내에서 가족 관계를 재현한 덕분에 어떻게 감정적 도피처를 찾아내고 자기 가족들과 필수적인 관계를 유지할 수 있었는지 보여주면서 전쟁이 시민을 소외시키는 측면을 다소 해소할 수 있었다. 제1차 세계 대전이 진행되는 내내 전방과 후방을 오가며 언젠가는 집으로 돌아가리라는 희망을 갖게 해준 아리아드네의 기다란 실이 된 것은 수백만 건의 편지와 소포다. 어느 라지푸트족 창기병은 아내에게 보내는 편지에 이렇게 적는다. 〈당신의 편지는 수요일마다 나에게 도착하오. 당신 편지를 받으면 나는 그다음 주 화요일까지 행복하오. 편지를 못 받으면 일주일 동안 절망에 빠져 있고.〉 그보다 한 세기 전에도 상황은 마찬가지였다. (이 분야의 전문가인) 포병 장교 쇼데를로 드 라클로는 이탈리아에서 자신의 연인에게 속내를 털어놓으며 증언한다. 〈그러니 나는 우리가 주고받는 편지로만 존재한다는 사실을 생각하세요. 과거의 편지, 미래의 편지, 이게 나의 삶이죠. 나머지는 그저 식물의 삶일 뿐이오.〉 젊은 군인들은 특히 어머니에게 편지를 쓰며, 어머니로부터 다정한 말과 작은 즐거움(초콜릿, 담배, 손이 시리지 않게 털실로 짠 장갑……)으로 가득 찬 소포를 기대한다. 〈그 포장을 뜯는 일이 얼마나 좋은지〉라고 영국의 어느 젊은 신병은 적는다. 〈그건 마치 성탄절 아침에 선물이 담긴 양말을 발견한 것과 같지요.〉

병사의 정서적 퇴행으로 인해 전방에서 가정 환경을 재현하는 일도 더욱 쉽게 이루어진다. 병사와 부사관들 사이에 애정 어리면서도 위계적인 가족 관계가 맺어진다. 포격 중에 부사관은 자신을 기꺼이 〈폭풍우가 치는 밤에 자녀들의 방을 확인하는 어머니〉에 비유한다. 남성 우위론에 찌든 군대에서 병사들은 서로를 간호하며 성별화된 규범을 어지럽히고 모성애에서 동성애적인 애착 사이를 자유롭게 오간다. 어느 군인은 자기 눈앞에서 오발탄을 맞고 죽은 동료의 어머니에게 이렇게 조심스레 적는다. 〈나는 끝까지 그를 품에 안고 있었습니다. 그리고 영혼이 그를 떠났을 때 그의 이마에, 어머니께서 그에게 키스하길 원했을 그곳에 두 번 키스했습니다. 한 번은 그의 어머니를 위해서, 한 번은 나 자신을 위해서.〉 제1차 세계 대전은 이런 의미에서 동성애에 대한 태도가 진화하는 조용한 전환점을 이룬다. 많은 군대에서 이 〈변태 행위〉를 범죄시했기에 동성애를 승인하기란 어림없는 일이었다. 하지만 참호 속에서 형성된 남성 간의 은밀한 관계는 군인들 사이에서 침묵의 첫 번째 장막을 걷으며 부대원을 결속하는 정서적 관계bonding의 중요성을 드러낸다. 사실대로 말하자면, 나폴레옹 전쟁 시기에 이미 끼니(솥을 둘러싸고 함께 먹는 집단)와 내무반 동료, 〈고향〉 친구의 중요성은 널리 알려져 있었다. 하지만 제2차 세계 대전 직후에 〈전우〉 개념은 여러 중요한 연구가 이루어지면서 군사 심리학에서 그야말로 성배가 된다. 이러한 연구로는 1945년에 극단적인 태도를 보여 준 독일군 병사들의 집요함을 설명하기 위해 〈1차 집단〉 개념을 강조한 에드워드 실스와 모리스 재너위츠의 연구가 있다. 새뮤얼 스투퍼가 책임 편집을 맡은 연구는 유럽과 (심지어) 태평양으로 떠난 미군 병사들의 동기 중에서 집단과의 유대 관계와 결말을 보고자 하는 욕구가 애국심과 적에 대한 증오보다 더 중요했음을 보여 주었다. 그 이후로 소설화된 『밴드 오브 브라더스』는 베트남이나 이라크 전쟁과 같은 〈더러운 전쟁〉에서 〈나쁜 미군〉에 의해 자행된 집단적 폭력(학살, 고문, 강간)과 반대되는 의기양양하고 아름다운 이미지를 가진 〈좋은 전쟁〉에 대한 환유의 소재가 되었다.

전쟁은 〈정당〉하든 아니든 자주 〈Boys will be boys(사내애들이 다 그렇지)〉라는 숙명론적인 생각을 강화했다. 군인들이 육체적으로 고통받는다는 사실은 부인할 수 없다. 특히 병영 내 거주와 군대의 남성화(18세기부터)로 젊은 남성들을 사회로부터 분리시킨 이후 심하게 나타난 현상이다. 은밀한 서신 교환과 편지에서 전해지는 꿈들은 참전 중에 그들이 느끼는 애정에 대한 욕구와 더불어, 가정으로 되돌아갔을 때 더 이상 〈기대치에 이르지〉 못할 것에 대한 두려움을 증언한다 — 제1차 세계 대전에 참전한 어느 군인은 자기 아내에게 그녀를 만족시키려면 〈나무로 된 그것을 하나〉 구해야 할지도 모른다고 고백한다…… 열대 지방으로 떠난 유럽인이 품었던 동양적인 성적 환상은 잘 알려져 있다. 더욱 놀라운 것은 1915년에 프랑스에 배치된 인도 식민지 부대원들이 전하는 관능적인 만남이다. 〈여자들은 아주 상냥하고 우리에게 서슴없이 애정 표현을 한다. 우리 관습과는 반대로, 여자들은 남자와 함께할 때 어깨 위로 다리를 들어 올리지 않는다〉라고 어느 시크족 군인은 전한다. 그의 편지는, 지나치게 노골적이고 전복적이라고 판단된 다른 많은 사진이나 편지와 마찬가지로 프랑스 검열관의 정숙한 시선 아래 발송이 금지된다. 군대는 필요에 따라 장려된 점잖 빼기와 음란 사이를 오갔으며, 어떤 참전은 거의 섹스 관광처럼 〈팔아넘기기〉까지 한다. 메리 루이즈 로버츠는 최근에 펴낸 책에서 그녀가 〈남성적 욕망의 쓰나미〉라고 부른 것을 만천하에 드러냄으로써 1944년에 프랑스를 해방한 〈좋은 미군〉에 대한 신화를 깬다. 이 욕망은 군 당국에 의해 의도적으로 키워져 민간 주민을 덮쳤다. (이중으로 〈정복된〉) 독일 여성들의 처지는 더욱 가혹했다. 일단 독일이 패배하자 미국과 소련, 영국, 프랑스 점령군은 아무런 처벌도 받지 않고 (이론의 여지가 있는 일부 추정에 따르면, 2백만 명의 피해자에게) 집단 강간을 마음껏 자행했다. 프랑스 군대는 자국 병사들의 성적 충동을 관리하기 위해 알제리 정복 때부터 종군 위안소를 운영했다. 위안소는 20세기 초반에 프랑스 본국과 해외 영토에서 그 수가 늘었다. 한편 1930년대 일본의 영토 확장주의로 약 20만 명의 한국, 중국, 인도네시아 여성 〈위안부〉로 이루어진 성 노예 제도가 실시되었다. 군인들은 다른 곳에서 성욕을 해결하지 못하면 그들 사이에서 해결했다. 프랑스 군대의 식민지 형장으로 활용된 섬들에서는 두목들이 지배하며 집단의 나머지 사람들을 〈여자〉와 〈매춘부〉로 나누어 자신들에게 봉사하게 했다. 슬픈 이유로 유명한 이라크의 아부 그라이브 교도소에서 여론에 충격을 준 것은 고문(이것도 끔찍했지만)이라기보다는 교도관들 — 군복을 입은 남자뿐 아니라 여자들 — 이 그로테스크한 방식으로 〈즐긴〉 성적인 폭력과 모욕이다.

21세기에는 전쟁이 오로지 남성적이고 이성애를 규범으로 하는 세계라고 볼 수 없기 때문이다(이 세계가 이제껏 그래 왔다고 간주할 수 있다면. 하지만 실제는 그렇지 않았다). 오늘날 대부분의 대규모 군대에서는 전투 부대까지 포함해 여성이 군대 인력의 10~15퍼센트를 차지한다. 양성이 모두 군 복무를 의무적으로 수행하는 네팔과 남아프리카공화국, 이스라엘에서 이 비율은 30퍼센트까지 올라간다. 같은 방식으로 군대는 점점 더 LGBT* 군인에게 문을 열어 놓음으로써 가

* 레즈비언, 게이, 양성애자, 트랜스젠더.

끔은 민간 사회에서 생길 진화를 예견하기도 한다. 그 예로 2010년에 미국에서 〈Don't ask, don't tell(묻지도 말하지도 말라)〉 원칙이 폐지된 것이나, 성에 대하여 대체로 보수적인 이스라엘의 방위군 차할이 부대원들의 성에 대해 자유주의적인 태도를 보이는 것을 들 수 있다. 이러한 변화는 (적어도 18세기 말부터) 남성적 정력의 요람이기를 원하는 군대 세계로부터 피할 수 없는 반발을 불러일으킨다. 그래서 남녀를 혼합하면 이른바 〈사내〉들의 원초적 본능을 일깨우고 서로 반목하게 되어 형제애에 균열이 생길 위험이 있다고 주장한다. 여성 군인이 깨야 할 마지막 유리 천장은 최전선으로 출정하는 것이 아니라 핵잠수함에서 복무하는 일이라는 사실은 우연이 아니다. 그럼에도 균열이 생긴다면, 대체로 병영에서 창궐하는 제도화된 여성 혐오와 일반화된 성희롱 때문이다.

〈대조국 전쟁〉 중에 소련 붉은 군대 소속의 여성 군인 약 80만 명의 사례에서 알 수 있듯, 여성 전투원이 여성성을 내세우는 방식은 전우애나 로맨틱한 관계로써 부대의 남성들과 완벽히 공존할 수 있다. 마찬가지로 최근에 실시한 남녀 혼성 이스라엘 부대에 대한 민족지학 연구에서는, 군인들이 곁에 있는 사람의 성적 정체성이나 성별이 무엇이든 그의 전문성과 능력을 무엇보다 중시한다는 사실이 강조된다. 물론 그 속도는 느리지만 감정적 체제도 변하며, 금욕적인 전사(신사 또는 마초/약탈자) 이전에, 지금 우리의 눈에는 과도해 보이지만 미래에는 어쩌면 과도해 보이지 않을 방식으로 자기감정을 표현하며 전쟁터에서 눈물 흘리기를 주저하지 않은 〈예민한 군인들〉이 있었다는 사실을 너무 빨리 잊는 일일 것이다.

군인의 정서는 권태나 공포와 마찬가지로 사랑에 있어 마음속 은밀한 곳에서, 그리고 전투 중에 만들어지는 친밀한 관계 속에서 보이지 않게 서서히 변한다. 그리하여 군인의 정서는 전사 세계의 특수하면서도 그 세계에서 불가피하게 죽음에 직면한다는 사실로 인해 지속적인 정서 체계를 굴절시킨다.

참조

1부 - 07 전략 없이는 기술은 소용없다 ‖ 2부 - 04 자원병 | 05 전쟁은 남자만의 일인가 | 10 수백만 명의 포로 | 11 버틸 힘 | 12 〈편지를 자주 보내 줘〉 ‖ 3부 - 01 시련을 겪는 몸 | 03 부상과 부상자 | 17 강간, 전쟁의 무기? ‖ 4부 - 02 병사의 귀향 | 08 신경과 신경증

06
식민지에서: 야만이 된 전쟁

라파엘 브랑슈*

영토 정복, 식민지 권력 유지, 해방 투쟁 억압이라는 모습으로 전쟁은 식민화에 포함되어 있다. 제국주의 강대국들은 식민지에서 싸우는 적은 미개하고 문명화시켜야 한다고 여기기 때문에 전쟁은 특수한 형태를 띤다.

전쟁은 식민화된 영토에서 일상적으로 벌어지며 제국주의 역사에서 반복되는 현실이다. 식민지 개척자와 토착민이 접촉하는 최초의 시기에는 침략자에 저항하는 사람들과 타인의 부와 영토를 자기 것으로 만들려는 사람들 사이에서 무장 폭력이 벌어지기도 한다. 더 평화적인 접촉 방식도 존재하지만, 이런 방식도 무력을 동원하는 것을 아예 배제하지는 않는다. 조약을 맺는다 해도 영원하지는 않다. 조약으로 한동안 상호 이해관계를 중심으로 관계를 안정화할 수 있지만, 세력 관계는 균형을 잃고 다시 폭력이 벌어질 수 있다. 그러므로 19세기 말에 서서히 식민화된 영토로부터 전쟁은 결코 멀리 떨어져 있지 않다. 전쟁은 또한 조직화된 토착민 군대에 맞서 싸우거나 다른 식민국들에 맞서 제국의 세력권을 확장하게 19세기 말 수십 년간 유럽 강대

* Raphaëlle Branche. 루앙 대학교 교수. 식민지에서의 폭력과 사회적 성별의 역사 전문가로, 알제리 전쟁에서 벌어진 고문에 관한 연구서 『알제리 전쟁 중 고문과 군대, 1954~1962년La Torture et l'armée pendant la guerre d'Algérie, 1954-1962』를 비롯한 여러 책을 펴냈다.

국 사이의 경쟁은 매우 심해졌다.

식민화의 도구인 전쟁은 식민 지배를 끝내기 위해서도 사용될 수 있다. 식민화된 몇몇 영토에서는 국민들이 무기를 들고 반발했다. 이제 〈반란〉이나 〈항거〉라는 용어로 지칭되는 일부 봉기(1857년 인도, 1878년 누벨칼레도니섬, 1947년 마다가스카르섬에서……)는 빠르게 진압되었다. 다른 봉기는 영토의 독립으로 이어졌다. 대표적인 예가 4년간의 분쟁 끝에 1949년에 독립한 네덜란드령 인도네시아, 8년간의 전쟁 끝에 1954년에 독립한 프랑스령 인도차이나, 7년이 넘는 분쟁을 치르고 1962년에 독립한 알제리이고, 아프리카의 포르투갈 식민지의 민족주의자들은 12년 넘게 싸운 끝에 1970년대 초에 독립을 얻어 냈다.

우리가 관심을 갖는 시기인 19세기와 20세기에도 여전히 식민지 영토는 전쟁이 결정되는 본국에서 멀리 떨어져 있다. 이 시공간적 거리는 지휘 방식에 영향을 미친다. 현장에서 취해지는 주도적 행동은 누가 최종적으로 결정하느냐 하는 문제가 핵심적인 질문으로서 자주 제기된다. 그 작전들은 본국에서 지휘한 것이 맞는가? 정치 당국이 지나치게 적극적인 군인들에게 끌려다니는 것은 아닌가? 정치 당국이 현지에서 결정된 정복이나 전술적 선택, 동맹을 사후에 승인할 수밖에 없는 것은 아닐까? 이렇게 기정사실화된 일을 사후 승인한 정책에 대한 여러 사례가 존재한다. 반대로 지리적인 거리가, 식민지에서 벌어지는 전쟁이 만들어 낼 수 있는 부정적인 이미지로부터 스스로를 보호하려는 정부들에 유리하게 사용될 수도 있다. 한편 19세기 말부터 대규모로 배포된 싸구려 언론 매체들이 먼 곳에서 벌어지는 그림이 될 만한 전쟁을 자주 기삿거리로 활용하거나 식민지에서 일부 군인들이 저지르는 폭력을 규탄한다. 식민지에서 벌어지는 분쟁은 식민지 국가 본토에서 대중적 또는 민주주의적 감정을 더욱 강하게 불러일으킨다. 20세기 내내 본국 및 국제 여론의 존재는 교전국들이 식민지 영토에서도 고려해야 할 요소였다.

이 글에서는 유럽 강대국들이 세운 제국만 한정해서 다룬다. 이 모든 이야기에 공통된 서사를 정립하는 것은 불가능하더라도, 국가들이 수십 년 동안 아프리카와 아시아, 오세아니아에서 그 국민들을 예속시키고 자신의 이득을 위해 그들을 활용하려는 욕망으로 광대한 영토를 점령한 움직임에서 일치하는 지점들에 대해 고찰해 볼 수는 있다. 전쟁 폭력을 분석하면서 한 세기가 넘는 식민 지배 기간 중에 그 영토의 국민, 즉 본래의 뜻에서 원주민인 그 공간 태생의 사람들이 전개한 폭력도 배제하지 않을 것이다. 식민지에서 벌어진 전쟁을 고찰하는 일은 사실상 유럽의 이득과 주체뿐 아니라, 그들의 활동이 유럽 바깥 사회들에 적용된 정확한 방식을 감안하는 일이다. 그런데 이 사회들은 수동적이지 않으며, 해외 식민지 영토에서 벌어진 전쟁에 고유한 특수성을 부여하는 데 기여한다.

공포에 떨게 만드는 권력을 과시하다

서로 대립하는 진영들은 현지에서 벌어지는 사안에 대해 똑같은 해석을 공유하는 일이 거의 없다. 그 사안을 지칭할 때 서로 다른 단어를 선택한다. 〈지하드〉와 〈전쟁〉, 국민 혁명national revolt과 군사 반란military mutiny, 〈혁명〉과 〈평정〉, 〈독립 전쟁〉과 〈경찰 작전〉이라는 용어가 서로 대치한다. 권력 획득은 언어 사용으로 시작되며, 승리와 패배는 모두 단어로 표현된다. 자신의 용어를 강요하는 것, 그것은 곧 자신의 해석을 강요하고 그 순간을 넘어 더 장기간에 걸쳐 어떤 정치적 질서를 정당화하면서 권력을 취하는 일이다. 식민지화 내내 국제 법학자들은 이러한 절대적 필요에 순응했다. 그들 대부분은 20세기를 거치며 비국제적인 분쟁을 포괄하고 민간인의 역할을 더 많이 고려하는 〈무력 충돌)이라는 용어를 사용했다. 이 글에서 필자는 이 책 전체를 위해 선택된 〈전쟁〉이라는 용어를 사용하는 쪽을 택했지만, 전쟁의 다양한 형태 그리고 식민주의라는 정치적 계획에 연결된 조직적인 무장 폭력들이 발생한 서로 다른 맥락을 간과하지 않았다.

갈리에니가 마다가스카르를 정복할 때 주창한 전술의 이름처럼 유럽 군대들은 해안을 근거지로 삼아 식민화와 더불어 기름 얼룩처럼, 강이나 그 시기에 건설한 철도를 따라 내륙으로 나아갔다. 유럽 군대는 영토를 정복하고 자신의 권력을 공고히 하려 한다. 그들에 맞선 군대들은 정복에 저항하거나 식민 지배를 종식시키려 한다. 이 전쟁들은 비대칭적이다. 서로 대치하는 진영이 군사 기술이나 경제적 자원, 동원 가능한 인력 면에서 모두 똑같은 힘을 보유하지 않기 때문이다. 하지만 비대칭성이 항상 한 방향으로 나타나는 건 아니다. 종교 조직망이 식민 군대를 기습 공격해서 적에 대해 얼마간 유리한 입지를 누릴 수도 있다. 가령 알제리에서 엘모크라니가 지휘한 반란에 라흐마니아 형제단이 가담하면서 1871년 봄에 프랑스와 벌인 충돌은 알제리 중부 지방에서 격화된다. 마찬가지로 므와리를 숭배하는 쇼나족 신자들이 성소와 선지자 조직망을 동원한 것은 1896~1898년 남(南)로디지아에서 영국에 대항하여 벌어진 무장 반란의 동력이 되었다. 이러한 움직임은 1903년까지 반복되어 나타났다.

유럽의 기술적 우월함이 원주민을 압도하게 된 것은 이 시기, 19세기 말에 이르러서다. 그때까지 양 진영의 교전 당사자들은 1839년과 1842년 사이에 아프간족에 맞서 영국이 벌인 최초의 전쟁에서 그랬듯, 똑같은 무기로 무장했다. 19세기 말까지 유럽의 우월성은 확고하지 않았다. 식민화는, 1830년에 프랑스가 알제를 점령하고 나서 정착하는 데 수십 년이 걸린 알제리에서처럼 많은 인명이 손실되는 기나긴 전쟁을 거쳐 이루어졌다. 식민화 과정에서 전투가 벌어져 큰 반향을 일으키는 패배를 겪기도 했다. 1879년 1월 22일에 2천 명이 채 안 되는 영국군이 수적으로 그들보다 열 배가 넘는 줄루족에게 패한 이 산들와나 전투나, 이탈리아 군대가 1896년 3월 1일에 메넬리크 2세 의 부대에 패한 아도와 전투의 경우가 그랬다. 유럽의 식민화 야망에 맞서 원주민들은 동맹과 조직망을 동원하고 무기 밀매와 징집을 통 해 저항한다. 어떤 이들은 무력이나 신념으로 충성을 얻어 내 상당히 넓은 영토를 지배했다. 압델카데르가 그 예였다. 그는 자신의 기치 아 래 오스만령 알제리 서부의 부족들부터 알제리 중부의 부족들까지 대 부분을 결집하여 프랑스 군대를 20년 가까이 궁지에 몰아넣었다. 압 델카데르와 마찬가지로 서아프리카의 사모리 투레는 종교와 정치 영 역에서 지배력을 확보함으로써, 프랑스와 화해를 하거나 충돌을 재개 하는 일을 적절히 결합할 줄 알았다. 그는 오늘날의 세네갈과 말리, 코 트디부아르 주민들을 포괄하는 방대한 와술루 제국을 이루고, 유럽식 군대를 본떠 보병은 소대와 중대, 기병은 대대로 조직하고 장비를 제 대로 갖춘 군대를 구성하는 데 성공했다. 그는 10년간 계속 충돌하다 가 1898년에 이르러서야 패배한다.

아도와에서 에티오피아인을 제외하면 19세기 말에는 유럽인이 각 지에서 승리를 거두어 그들의 지배가 아프리카 대륙 거의 전역과 아 시아 대륙의 대부분으로 확대된다. 제1차 세계 대전에서 오스만 제국 이 군사적으로 패배하면서 중동에 있는 〈숭고한 문Sublime Porte〉, 즉 오 스만 제국의 옛 영토도 유럽 식민지에 포함된다. 이 전쟁들과 동시에, 또는 그 이후에 현지 민간인을 표적으로 한 폭력이 이루어지기도 했 는데, 그 목적은 토착민의 저항 능력을 완전히 뿌리 뽑는 것이었다. 제 국은 자기 권력의 폭을 확장해야 했다. 유럽 군대에 대항하는 사람들 은 자신이 가진 복수할 역량 수준을 깨닫는다. 하셈 가라바 부족의 경 우가 그랬는데, 프랑스 군인들은 이 부족을 오라니와 카빌리 지방의 다른 몇몇 부족들처럼 지도에서 아예 지워 버리겠다고 맹세한다. 이런 경우에는 무조건 초토화 전략이 사용된다. 프랑스인들은 가옥과 수확물만 불태운 것이 아니라, 주민들을 경제적으로 궁지로 몰고 그들이 다시 수확을 하지 못하도록 가축을 죽이고 과일나무를 베었다. 19세기 초에 오스트레일리아의 태즈메이니아주와 퀸즐랜드주에서 영국은 본국인을 정착시키기 전에 대륙을 깨끗이 정리하기 위해 원주민을 몰살하기까지 한다. 수십 년 후에 영국은 수단 동부에서 마디당 부대를 무너뜨리기 위해 1889년부터 해상 봉쇄를 실시함으로써 곡물 공급을 차단하여 기아를 주민에 대한 무기로 활용한다.

식민주의는 본래 절멸시키는 성질을 띠지는 않는다. 하지만 19세기에 발달한 제국들은 그에 앞선 제국들과 마찬가지로, 평화 유지를 위해 활용 가능한 군사력이 약했기 때문에 토착민이 반란을 일으키지 못하도록 해야 했다. 그래서 충성을 끌어내고, 식민화된 사회의 일부 부문과 협력하도록 조직하고, 필요한 경우에는 공포에 떨게 만드는 권력을 과시하는 일이 반드시 필요했다. 이것이 집단적 보복의 의미이고, 그 원칙은 항상 같다. 몇몇 사람의 행동에 대한 책임을 모두에게 지움으로써 그 몇몇 개인이 집단의 지지를 받지 못하게 한다. 누구든 반란 세력에 합류하는 일을 단념하게 만드는 것이다. 이렇게 의도적으로 집단적인 폭력을 활용해 신체를 통제하는 메커니즘의 목표는 객관적으로 보았을 때 경제적·정치적으로 지배받는 사람들을 결합시킬 수 있는 연결 고리를 깨는 것이다. 분리하는 것은 언제나 권력의 도구다. 영국 당국이 1952년에 대대적인 토지 몰수에 맞서 특히 리프트 밸리Rift Valley 지방에서 무기를 들고 일어선 케냐 사람들을 〈재교육〉시키려 했을 때 중시된 것도 바로 이러한 논리다. 마우마우단 죄수들은 〈파이프라인pipeline〉이라고 불린 수용소 체계에 통합되었다. 이들은 이 체계 안에서 식민 지배 세력이 강요하는 담론에 적응하는 정도에 따라 조금씩 더 많은 자유를 얻었다. 그들은 한 명씩 표적이 되어, 반란 집단에서 탈퇴한 뒤 케냐에 거주하는 영국인과 그들의 토착민 협력자들의 이해관계를 공유하는 케냐 사회에 통합되도록 재교육 받았다. 다른 곳에서와 마찬가지로 케냐에서는 유럽 식민자들이 현지 협력자들을 거느렸다. 이 중개인들은 이곳에서는 충성파로, 다른 곳에서는 지역 명사로 불렸으며, 모로코에서처럼 옛 지배 권력자 출신이거나, 반대로 르완다에서처럼 옛 반체제 세력에서 선별된 인물들이었다. 이들은 식민지에서 벌어지는 전쟁에 반드시 필요한 도구가 된다.

현지 중개인들

아프리카나 아시아, 오세아니아에서 태어난 현지 전투원들은 본국 출신에 비용이 훨씬 덜 들고, 질병과 기후 및 음식 차이에 민감한 유럽인과 달리 보건 위생상의 적응 문제가 제기되지 않으므로 식민지화 초기부터 정복 전쟁을 수행하는 보조 근무자나 토착민 지휘관의 지휘를 직접 받는 병사로 징집된다. 그러다가 서서히 프랑스령 서아프리카의 세네갈 저격병단tirailleur sénégalais이나 영국령 동아프리카의 아프리카 왕립 소총 대대King's African Rifles, 독일령 동아프리카 보안군Schutztruppe의 원주민 병사 아스카리askari처럼 토착민으로 이루어진 정규 부대도 창설된다. 아시아에서는 통킹 저격병단tirailleur tonkinois이나 안남 저격병단tirailleur annamite, 그리고 규모가 더 큰 영국 인도군Indian Army이 창설된다. 제국을 만드는 것은 이 군대들이다. 이들은 이따금 식민지의 먼 곳에서 활용되었다. 마다가스카르는 서아프리카에서 온 부대들에 의해 정복된다. 그곳에서 1947년에 벌어진 반란을 모로코 부대들이 진압했기 때문이다. 1900년대 말부터 시작된 모로코 정복에 가담한 것은 알제리 부대들이다. 식민지 부대는 주둔지 가까운 곳에서 활용될 수도 있다. 이때 식민지 국가는 토착민들 사이의 오래된 경쟁 관계를 활용한다. 토착민은 식민지 군대에 복무하면서 이득을 취한다. 이런 방식으로 사헬 지역의 노예들은 식민지 보병으로 복무하며 노예 신분에서 장기적으로 해방될 길을 찾아낸다. 1891년부터 3년간 탕가니카 호수 근처에 사는 헤헤족과 싸운 아스카리들, 또는 독일의 보호령이 된 나마콰랜드의 거주민들은 독일인이 헤레로족과 맞서 싸우는 데 보조 인력을 제공한다. 이러한 지리적 근접성은 이들 원주민 병사들을 보복에 노출시키기도 한다. 바울레족 반란이 벌어졌을 때 디울라족은 식민지 지배자들과 너무 가깝다고 간주되어 죽임을 당했다. 이에 대한 보복으로 식민지 보병들은 바울레족이 사는 지역을 정복할 때 반발하는 사람들을 참수했다.

현지 지형과 지역 주민을 잘 아는 것은 식민 지배자에게 필수적인 일이었다. 이들은 적대적인 영토에서 현지 중개인들의 도움 없이는 그 일을 해낼 수 없었다. 이 때문에 중개인들은 중요한 권한을 쥐게 된다. 이들은 유럽인이 여론을 걱정하여 직접 사용하기를 꺼리는 폭력을 동원한다. 유럽 군대보다는 토착민 부대의 야만성을 들어 여론을 설득하는 게 더 쉬웠기 때문이다. 누벨칼레도니섬에서는 야자나무 파괴나 여성 유괴, 식인 풍습 같은 카낙 민족의 전쟁 관습이 식민지 국가가 벌이는 전쟁에서 지배자의 편에서 싸우는 사람들에 의해 활용된다. 인류학자 미셸 네플스는 1878년과 1917년에 우아일루 지역에서 전개된 두 차례의 군사 작전에서 잘린 머리나 귀에 대하여 금전적인 보상이 이루어졌다고 전한다. 이렇게 보상받은 사람들은 동맹자가 아닌 〈보조자〉로 일하는데, 이들은 따로 자신들을 관리하는 우두머리의 지휘를 받는다.

식민지 주민들이 병사로 복무함으로써 참여가 더 공식적으로 이루어지기도 한다. 이러한 징병은 전쟁을 수행하는 능력이 더 뛰어나다고 알려진 편자브 지방의 시크족이나 구르카족 같은 〈호전적인 인종〉

이 존재한다는 생각을 근거로 이루어진다. 일반적으로, 망쟁 장군은 1910년에 프랑스가 사하라 사막 이남의 아프리카 군인들을 〈검은 군대Force noire〉로 삼아 유럽의 전쟁터를 비롯한 여러 곳에서 활용하는 것을 마다하면 안 된다고 생각한다. 훗날 이 병사들은 양차 세계 대전 중에 유럽에서 대규모로 활동된다. 특수한 역량을 지닌 부대도 동원되었다. 그 예로 소말리 프랑스 해안령la Côte française des Somalis 출신 보병은 백병전에 뛰어나다고 여겨 베르됭 전투에서 참호 청소부로 활용되었다. 때로는 식민지 병사들이 지녔다고 간주한 병사로서의 장점과 그들을 비난한 단점은 크게 다르지 않았다. 예를 들면 〈자유 프랑스〉가 징집하여 1943년에 주앵 장군과 함께 이탈리아에 상륙한 모로코 부대의 경우가 그랬다. 그들은 전투에서 거칠고 용맹하다고 칭송받았으나, 이탈리아에서 민간인을 대상으로 대량 강간을 벌이는 잘못을 저지른다. 이 때문에 그들의 난폭함이 일제히 도마에 오르면서 통제가 불가능해질 수 있는 성질을 잘 이해해서 다루어야 한다는 점이 강조된다.

식민지 군대 복무가 문명을 학습하는 장이었다고 할 수 있을까? 킬링그레이와 클레이턴에 따르면, 많은 이에게 군대는 식민지 최초의 틀이었다고 볼 수 있다. 항상 백인 장교들이 지휘한 이 병사들은 식민 지배를 받는 자와 식민지 지배자 사이의 차별을 특징으로 하는 군대 내에서 싸우는 동시에, 그 누구에게도 인정사정없는 죽음에 노출된 군인들 간의 평등을 체험한다. 이 군대라는 틀은 또한 교육의 틀도 되어 토착민 주체들이 해방되는 데 유리한 조건을 조성하지만, 이 교육의 틀이 전반적인 식민 체계 내부에 위치했다는 사실도 잊어서는 안 될 것이다.

제국이 구축되는 과정에서 식민지 군대들은 이곳에서 시험하고 저곳에서 개선된 전술들을 기반으로 각 영토마다 서로 다른 특수한 전쟁 문화를 발달시킨다. 갈리에니가 마다가스카르에서 만들어 내고 그의 부하 리요테가 모로코에서 다시 활용한 기름 전술을 그 예로 들 수 있다. 리요테는 제라르 소령이 마다가스카르의 메나베에서 시험했으며, 그로부터 50년도 넘은 뒤에 출간된 에메 세제르의 『식민주의에 대한 담론』에서 여전히 그 기억이 생생한, 극도로 폭력적인 전술 중 일부도 차용한 건 아니었을까? 어쨌거나 병사와 경험, 기억은 유통된다. 데이비드 킬링그레이는 이를 연구하면서 알제리와 인도차이나에서 사용된 전략을 서아프리카에서 다시 찾아냈다. 같은 구역에서 영국인은 인도와 이집트, 남아프리카에서 자신들이 실행한 선례에서 영감을 받은 전략을 사용한다. 제국 전체가 이런 식으로 한 영토에서 다른 영토로 군대들을 유통함으로써 구축되며, 식민화의 이해관계와 자신을 동일시하는 그 병사들은 식민지 국가의 힘을 관찰하는 특권을 누린다.

하지만 식민지 국가의 힘은 불안정하다. 영국은 1857~1858년에 큰 대가를 치르고 이러한 사실을 배운다. 영국 동인도 회사가 고용한 힌두교와 이슬람교 군인들이 지급받은 실탄을 감싼 종이를 치아로 찢기를 거부하며 반란을 일으켰다. 실탄에 돼지기름과 소기름이 칠해져 있었기 때문이다. 이를 입에 대는 것은 그들의 종교적 금기에 어긋나는 일이었다. 반란을 일으킨 군인들은 유럽인을 학살했다. 식민 지배자들을 몰아내려던 벵골의 농촌 주민들이 이 움직임에 동참한다. 영국 왕실 정부는 단순히 군대 내부의 〈폭동〉으로 간주하고 진압한다. 다른 경우에는 이름만 자원병인 식민지 군대의 병사를 징집하는 대대적인 캠페인에 이어 혼란이 벌어지기도 한다. 1916년에 유럽에서 전쟁이 지지부진하며 제자리걸음을 치는 와중에 제국의 주민 전체에 징병 압박이 가해지자, 알제리와 프랑스령 서아프리카에서 징집에 반대하는 반란이 벌어진다. 이 반란 역시 진압된다. 하지만 위험은 항상 도사리고 있었고, 식민지 토착민 부대의 충성심은 끝까지 걱정거리로 남았다.

이는 충분히 납득할 만한 일이었다.

그래서 식민지 부대 병사들을 식민 지배자의 편으로 완전히 끌어들이려 한다. 영국이 케냐에서 이른바 충성파 민병대들을 활용한 것이 그 예다. 그들은 마우마우단의 반란 진압에 투입되었을 뿐 아니라, 그들이 당시 정권에 결합하는 대가로 토지 및 정치적 보상도 제공받았다. 프랑스는 알제리 독립 전쟁 중에 대거 징집한 원주민 보충병 아르키에게 그만큼 후한 보상을 하지는 않았으나 기본 생각은 똑같았다. 충성파들을 전쟁에 끌어들여 식민 지배자들이 내건 대의가 정당했음을 과시하는 한편, 토착민을 분열시킴으로써 반란 세력에 합류지 못하도록 하는 것이 목적이었다. 현지 부대 징집은 문명이 혜택을 베푼다는 담론을 뒷받침하기도 하지만, 식민 전쟁 중에 자행된 폭력 행위는 이런 담론과 어긋났다.

기술의 상징적인 위력

유럽인은 해외 영토에 군인을 들여놓기 전부터 이미 여행자와 선교사들이 전한 이야기를 통해 그들이 만날 민족들에 대해 확고한 견해를 가지고 있었다. 또 지중해나 중국해 해적들의 명성처럼 역사도 그 나름의 이미지를 물려주었다. 그래서 그곳 해안에 도착했을 때 유럽 군대들은 잔인하고 살생을 즐기며 무자비한 전사들을 만날 거라 예상했다. 윌리엄 갈루아는 프랑스인이 북아프리카, 특히 카빌리의 적들을 사냥해야 할 야생 동물로 간주했다는 사실을 밝혔다. 뒤이어 식민 기간 중에 토착민들의 폭력성에 대한 이미지의 엄청난 저장고가 만들어진다. 이러한 이미지들은 〈타인〉을 생물학적 또는 문화적으로 구축하는 과정과 결합하여 식민화를 정당화하는 데 기여한다.

유럽인은 적에 맞서 두 가지 담론을 발달시킨다. 첫 번째는 야만적이라고 묘사된 폭력에 대하여, 필요한 경우에는 이런 폭력이 이루어질 것을 미리 예상하고 같은 유형의 폭력으로 대응할 필요성을 옹호하는 담론이다. 토착민은 이런 유형의 언어만 이해할 수 있다고 간주되었으므로 현지 조건에 적응해야 한다는 것이다. 두 번째 담론은 맞서 싸우는 야만인들보다 우월함을 증명해야 한다는 생각을 강조했다. 이 담론은 첫 번째 담론과 대립하지 않고 오히려 (그 수단이야 어떻든 간에) 전쟁이 빨리 끝날수록 문명이 더 빨리 승리할 거라고 간주함으로써 첫 번째 담론과 결합할 수 있다.

알제리 정복 초기에 부아예 장군은 오랑에서 13명의 부족장을 약식 처형한다. 사람들은 부아예 장군이 그들을 법정에 세우지 않고 문명화된 국가의 대표에게 적용했어야 마땅한 법을 적용하지 않았다고 비난했지만, 그는 아무런 처벌도 받지 않았다. 예방책으로서 미리 현지 민간인에게 공포 정치를 펼치는 관행은 널리 받아들여진다. 전쟁이 점점 더 많이 일어나고 19세기 말과 20세기 초반에 인도주의적인 국제법이 성문화되면서, 전투원과 비전투원은 새로운 보호의 혜택을 받게 되었다. 하지만 이러한 보호는 비문명화된 국가에는 적용되지 않았다. 식민지에서 폭력 행위가 벌어지는 것은 여전히 가능했다. 이를 가장 잘 보여 주는 사례가 덤덤탄이다. 인도에서 제조된 덤덤탄은 탄피에 십자로 홈을 내어 피부 속으로 파고들면서 매우 넓은 파열상을 일으킨다. 1899년 제1차 헤이그 협약에서 사용이 금지되었지만…… 이 법은 〈문명화된 국가들 간〉 충돌에만 적용되었다. 역사학자 데이비드 킬링 그레이는 지적한다. 〈덤덤탄 사용, 민간인을 표적 삼아 발사, 전쟁터에서 부상자 살상, 포로를 향해 발사, 약탈, 노예화 등 이 모든 관행은 19세기 말 서아프리카에서 벌어진 식민 전쟁의 범주 내에서 나타났다〉라고. 그의 관찰은 제국 전체로 확대할 수 있을 것이다.

적을 야만적이어서 문명화시켜야 할 인물상으로 간주했다는 사실을 통해, 사용된 폭력의 범주가 더없이 투박한 방식부터 고대로부터 사용된 기법, 가장 근대적인 군사 기술에 이르기까지 광범위한 이유를 이해할 수 있다. 충돌의 고전적 형태 중에는 가령 밤바라족과 투쿨로르족 사이에서 벌어진 포위전이 있다. 포위 공격은 식민 지배자에 맞선 반란에서 이루어지기도 한다. 델리는 1857년에 세포이에게 포위되었다. 러크나우는 1858년에 영국군에 재정복되기에 앞서 두 차례 포위 공격을 당했다. 1874년에 아체 술탄국이 몰락한 후 네덜란드가 해당 지역을 완전히 병합한 것은 포위 공격이 승리를 거둔 경우다. 반대로 1885년에 마디당의 군대가 하르툼으로 후퇴한 고든 장군을 포위해 살육한 사건은 유럽에 큰 충격을 안겨 준 패배였다. 〈고든에 대한 복수〉라는 욕망이 뒤이어 그 지역으로 파견된 영국의 여러 장교를 자극했으나, 그들을 기다린 것은 또 다른 포위 공격이었다. 예를 들어 영국군은 1888년에 수아킨 항구의 포위 공격에 대비하여 도시 주위에 참호를 구축하고 대비했다. 제마이제 전투에서 영국군은 결국 승리하고 포위가 해제된다. 바로 이 전투가 특히 아프리카에서 수행된 고전적인 전쟁의 또 다른 측면이다. 1896년 3월 1일에 40여 문의 대포를 갖춘 이탈리아 병사 1만 5천 명이 병력이 5~6배 더 우세한 아프리카 병사에 맞선 아도와 전투는 그중에서 가장 유명한 전투일 것이다. 그러나 다른 전투들도 있었다. 특히 보어 전쟁 중에 꽤 많은 전투가 벌어졌고 참호가 동원된 경우도 있었다.

하지만 멀리서 벌어진 이 전쟁들에 대하여 유럽인이 대체로 갖고 있는 이미지는, 유럽의 적이 투박한 전술과 폭력의 잔혹성을 특징적으로 동원하는 미개한 존재이며 기술적으로 전혀 다른 전쟁이라는 이미지였다. 이런 미개한 측면은 분명 존재했다. 이것은 유럽인이 식민 영토에서 수행한 전쟁의 특징이기도 했다. 1808년부터 프랑스에 대항한 스페인이 그랬듯 기습 효과를 노리고 소규모 부대를 동원했다. 어떤 식민지 군대는 여기서 영감을 얻어 유격대를 창설했다. 더 코크 장군이 1830년에 자바섬에서 승리한 것은, 1827년부터 디포느고로 왕자에 맞서 싸우려고 현지 부대를 동원한 덕분이다. 그는 작은 요새들을 거점으로 삼고 이 부대들을 매우 기동성 있게 활용한다. 뷔조 장군과 그의 장교들도 적을 제압하려고 알제리에서 발견한 현지의 전투 관행을 노골적으로 모방하여 수확물을 약탈하고, 가축을 죽이고, 심지어 그들이 〈라지아razzia〉라고 불렀던, 포로와 민간인을 학살하는 행위를 한다.

과시적인 측면은 이런 유형의 활동에서 무시할 수 없는 위치를 차지한다. 어떤 행위는 명예가 걸린 규범과 연관된다. 이를 유럽인이 항상 이해하거나 존중한 것은 아니다. 그 예로 1892년에 영국군에 맞서 똑바로 선 채 총을 쏜 나이지리아 이제부 왕국의 전사들을 들 수 있다. 유럽인은 상징이 가진 역할에 민감하고 상징을 활용할 줄 알았기에 일부 관행을 빌리기도 한다. 포르투갈 사람들은 동티모르에서 포로의 목을 자르는 관행을 받아들였다. 뷔조의 군대는 알제리에서 패배한 적의 목을 베어 꼬챙이에 꽂아 전시하는 방법을 받아들였다. 적의 상징체계를 받아들이는 것은 적을 모멸하는 방식이 되기도 했다. 제임스 닐 대령은 1857년에 벵골에서 유럽인들을 학살한 자들을 잡았을 때, 교수형에 처하기에 앞서 유럽인들의 피가 묻은 곳을 혀로 핥게 했다. 이는 인도의 카스트 제도 특권층인 그들을 모멸하기 위한 것이었다.

식민 지배자들은 자신들만의 기술적 혁신을 해외 영토에 가져오기도 한다. 전쟁은, 식민화가 식민지 사회와 영토에 근대화의 산물을 가져온다고 보는 지배적인 담론을 벗어나지 못한다. 더 나아가, 해외 식민지는 일부 무기를 시험하는 기회가 되기도 한다. 식민지가 앞으로 유럽에서 벌어질 전쟁을 대비하는 데 큰 가치가 있지 않더라도 말이다. 총알이 자동으로 장전되는 최초의 기관총으로서 1분에 6백 발을 발사할 수 있는 맥심 기관총은 발명된 지 얼마 지나지 않은 1893년 10월 25일에 짐바브웨에서 은데벨레족에 맞서 싸워 승리한 샹가니강 전투, 또는 1898년 9월 2일에 수적으로 두 배나 많은 최후의 마디당 부대들에 맞서 싸운 옴두르만 전투에서 시험되었다.

제1차 세계 대전 중에 유럽에서 사용된 항공기도 같은 시기에 수단에서 영국인이, 또는 1936년에 에티오피아에서 이탈리아인이 시험한다. 아프리카를 유럽인이 지배하는 대륙으로 바꾼 정복 전쟁 중에, 이탈리아는 1925년 제네바 협약 추가 의정서에서 금지되었음에도 불구하고 화학 무기를 사용한다. 그래서 대포로 아르신 독가스를 발사했고, 하일레 셀라시에 1세 황제의 군대에 비행기로 겨자 가스를 뿌린다. 이러한 기술들은 식민 정복에 크게 기여한다. 이는 기술적 측면을 넘어 상징적인 중요성을 띤다. 기술력이야말로 식민 지배자의 위력이 우월함을 증명하고, 그들이 지배권을 요구하는 것이 정당함을 뒷받침한다고 생각되기 때문이다.

식민지에서 독립 전쟁이 벌어질 때, 기술을 이념적으로 활용하는 양상이 다시 그대로 나타난다. 알제리에서 프랑스인은 고문을 많이 활용했다. 이때 가장 근대적인 형태의 고문을 가했다. 발전기를 이용한 전기 고문이었다. 포로의 태도에 따라 발전기로 몸에 전해지는 전기의 양을 조절할 수 있었다. 몸싸움에서 사용되는 차가운 무기인 날이 선 칼과 달리, 소형 발전기 〈마그네토magneto〉는 포로의 몸을 원격 장치로 태우고 신체적 폭력 말고도 마음에만 흔적이 남는 정신적 고통까지 가한다. 폭력이 가해지는 그 순간을 넘어서 식민 지배를 받는 국민 전체에게 식민 지배 권력에 도전했을 때 어떤 대가를 치르는지 상기시키는 일이다.

식민지 현지 주민은 가끔은 적대적으로, 가끔은 식민 권력의 동조자로, 또는 경제적 쟁점으로 인식되어 핵심적인 위치를 차지하고, 이 때문에 유럽인은 현지 민간인이 전투에 개입하지 못하도록 가둘 수용소를 상상해 낸다. 수용소는 동물을 대상으로 시험된 신기술인 가시철사를 활용해 울타리로 둘러싼 방대한 공간이다. 최초의 수용소는 스페인이 1895년과 1898년 사이에 독립 투쟁을 벌인 쿠바인을 수용하려고 설치했다. 뒤이어 1899년과 1902년 사이에 봉기한 보어인을 대상으로 영국은 이른바 〈집단 수용소〉를 사용했다. 독일인은 1904년에 나미비아에서 헤레로족, 뒤이어 나마족을 상대로 똑같이 했다. 이탈리아도 키레나이카에서 오마르 무크타르가 반란을 일으켰을 때, 수용소를 만들어 주민을 강제로 정착시킨다. 미국은 해외 영토 원정 중에 수용소를 활용한다. 미국은 스페인에 맞서 쿠바 전쟁에 개입한 후, 필리핀에 정착한다. 외부에서 온 이 새로운 권력에 대항해 현지 저항 세력은 게릴라군을 조직했다. 이에 미국 육군 원수 더글러스 맥아더는 1863년에 제정된 리버 규칙으로 알려진 보편 명열 제100호 General Order no.100*를 영토 전체에 적용하도록 허가한다. 필리핀의 바탕가스주와 사마르주에서 전쟁을 담당한 장교들은 쿠바에서 곧바로 도착한 인물들이다. 그들은 민간인을 보호한다는 핑계로 수용소에 강제 이주시킨다. 그리고 수상한 사람에게 물고문을 실시하면서 완곡하게 〈물 치료watercure〉라고 불렀다. 반란은 1902년에 진압되었다. 그 폭력적인 방법에 미국 여론은 동요했다. 결국 스미스 장군은 사마르주에서 취한 행동 때문에 군사 법원에 기소된다.

20세기에 눈에 띄게 증가하는 민간인에 대한 침해는 여론에 의해 점점 더 규탄받는다. 이것은 제2차 세계 대전 중에 한계를 넘어선다. 식민지에서 벌어지는 전쟁에서는 계속 수용소 체계가 사용되지만, 억압적이기보다는 정치적인 도구로 소개된다. 말레이시아와 케냐, 알제

* Lieber code. 독일인 법학자 프랜시스 리버에 의해 만들어진 법이다. 계엄령 등을 통해 남군 및 기타 전쟁 범죄에 대한 현장 지휘관의 처벌 권한을 명시한 법이다.

리에서 이 수용소들은 더 이상 처벌하기 위한 것이 아니라, 지역 주민이 전투원에게 제공하는 물적 지원을 차단할 목적을 띠며, 민간인은 제재보다는 재교육시켜 독립주의자들에 맞선 투쟁의 지지 세력으로 활용된다. 알제리에서 이른바 〈통합〉 수용소들에는 국민의 4분의 1이 수용되기에 이른다. 자기 토지를 잃은 농민들의 새로운 삶의 공간으로서, 이들과 전투 부대들 사이의 교류가 완벽하게 차단되었음이 확실해지면 새로운 사회의 주춧돌이 된다.

식민지에서 벌어지는 전쟁은, 정치적 프로젝트(심지어 생명 관리 정치biopolitique)와 군사 작전을 결합하는 방식에 대해서든, 아니면 게릴라전과 테러리즘을 활용하는 적에 맞선 싸움의 특수한 기법에 대해서든, 오늘날까지도 영감의 원천이다. 그렇다고 이러한 폭력적인 활동을 식민화로부터 분리하는 일이 가능할까? 식민화가 폭력 활동의 궁극적인 이유를 이루는 상황에서?

교훈과 영향

앞서 말했듯, 전쟁은 제국 내에서 순환·유통되고, 한 공간에서 다른 공간으로, 한 제국이나 같은 지역 내에서도 실질적인 영향을 미친다. 예를 들어 프랑스가 알제리에서 전개한 작전들은 1850년대에 누벨칼레도니와 서아프리카에서 활동한 군인들의 행동에 모태와 영감이 되었다. 반면에 모로코에서는 알제리의 선례가 반(反)모델로 언급되었다. 알제리에서의 폭력이 도를 넘어섰고 민간인을 너무 폭력적으로 대했다고 생각한 것이다. 벨기에 정부는 국왕 레오폴드 2세가 콩고에서 벌인 반복된 폭력으로 국내외 여론에 큰 충격을 준 이후 왕으로부터 1908년에 콩고 식민지를 되찾으면서 이와 같은 담론을 내세워 과거의 잘못을 반복하는 일을 피해야 한다고 설명한다. 그 당시 이루어진 잔혹 행위에 대한 동의어인 〈잘린 손〉은, 1914년 여름에 벨기에로 쳐들어온 독일군이 저지른 만행으로 묘사된다. 벨기에는 이러한 유형의 비난이 적의 이미지에 끼칠 수 있는 영향을 너무도 잘 알았다. 1914~1918년에 영국이 독일과 맞선 이념 전쟁에서, 영국은 선전을 할 때 그로부터 얼마 전에 벌어진 보어 전쟁으로부터 끌어낸 몇 가지 교훈을 끌어다가 자신의 적을 야만적이라고 묘사된 행태와 동일시한 방식을 활용한다.

식민 지배를 받는 민족들도 폭력의 영향에 민감하다. 프랑스 군대 소속으로 참전했다가 베트민의 포로가 된 마그레브* 사람들은 자주적으로 결정할 수 있는 민족의 권리에 대하여 정치적으로 교육받았다. 또한 현장에서 군사적 경험과 정치적 선전을 배워 자신감을 얻고 고국으로 돌아왔다. 이들이 베트남에서 얻은 교훈을 자기 나라에 이식하려 했는지는 아직 알 수 없다. 가장 잘 알려진 사례는 알제리의 경우다. 알제리의 민족 해방 전선(FLN) 민족주의자들은 군사적 측면에서 우위를 차지하지 못하자 언론을 통해 자신들의 투쟁을 알리려 했다. 결국 국제 연합에서 결정적인 지원을 확보하는 데 성공했다. 그들은 독립을 얻기 위해 펼친 정치 활동의 일환으로 프랑스가 사용한 전쟁 기법을 규탄했다. 맹목적인 테러리즘을 벌였다는 비판에 대해 그들은, 약자가 강자에 맞서 벌이는 전쟁의 성질 때문에 규범에 어긋나는 폭력을 사용할 수밖에 없는 피지배 민족이라는 자신들의 지위를 그 이유로 내세운다. 1962년에 이루어진 알제리 독립은, 다른 민족들, 특히 포르투갈의 식민지에서 역할 모델이 된다.

하지만 사상과 관행의 유통은 단순한 일대일 교체가 아니다. 이러한 유통이 발달하는 맥락에 주의를 기울임으로써 사용된 폭력, 더 넓게는 수행된 전쟁의 식민지적인 특수한 측면을 파헤칠 수 있다. 두 가지 사

* Maghreb. 알제리, 모로코를 포함하는 아프리카 서북부 지역.

례를 살펴보면 이 문제의 복잡성을 이해할 수 있다. 집단 학살(제노사이드)과 테러리즘에 맞선 현대 전쟁war on terror이다.

나치가 벌인 집단 학살이 식민지에 그 기원을 두고 있는지에 대한 문제는 독일령 남서 아프리카의 사례부터 제기되었다. 헤레로족이 식민자의 야영지를 공격한 후, 그에 대한 반격은 중국에서 의화단을 진압하는 임무를 성공적으로 마치고 막 돌아온 식민 전쟁의 영웅 폰 트로타 장군에게 맡겨진다. 그가 지닌 말살 의지는 자기 부대에 내린 명령과 상관에게 보낸 편지에서 확인된다. 그는 현지 주민들이 사막으로 도망치도록 압박하는 동시에 군인들을 시켜 식수원을 통제한다. 생존자들은 수용소에 갇혔다. 폰 트로타는 독일 식민지를 확장하고자 그 지역의 주민들을 〈해충〉과 〈쥐〉로 묘사하며 영토에서 몰아내려 한다. 결국 1904년부터 1908년까지 헤레로족의 70~80퍼센트와 나마족의 50퍼센트가 목숨을 잃는다. 현대의 민족 말살 사상에 대한 일종의 고고학 연구를 실행한 위르겐 치머러에 의하면 이러한 행동은 국가 최상층에서 나온 명령은 아니지만, 민족 전체를 말살시킬 수 있는 마음가짐을 가지게끔 한다. 이저벨 헐은 이러한 폭력이 독일 식민주의의 민족 말살 논리를 증언하기보다는 프로이센의 군사 문화에서 기원한다는 점을 강조한다. 하지만 19세기에 다른 민족들도 (가령 알제리나 태즈메이니아에서) 다른 식민 지배자들의 말살 의도로 고통받았음을 떠올려보면 한 국가의 특수한 사례를 상대화할 수 있을 것이다. 식민지에서 집단 학살의 성질을 띤 행위가 엄연히 존재하지만, 본질적으로 식민주의와 연관된 것은 아니다. 식민화 맥락에서만 존재하는 것도 아니다.

식민지에서 벌이는 전쟁은 유동적인 현실이다. 그 안에는 다양한 실천 방식이 포함된다. 하지만 19세기 말에 인기를 끈 사고가 있는데 영토마다 서로 다른 기질이 엄연히 존재한다는 것이다. 특히 영국인들이 이에 기반한 기록을 남겼다. 1896년에 콜웰 대령은 『작은 전쟁: 원칙과 실제*Small Wars: Their Principles and Practice*』에서 〈작은 전쟁〉으로 묘사하는 이 전쟁은 정규군(유럽군)이 비정규군에 맞서 싸우는 것이며 식민지 군대에 맞서는 정규군은 전쟁 방식과 무관한 방식으로 싸운다. 1907년에 캐나다인 윌리엄 C. G. 헤네커는 서아프리카에서 영국군 소속으로 복무했다. 그해 자신의 책 『덤불숲 전쟁*Bush Warfare*』에서 이런 유형의 전투에서 승리를 거두기 위해 변형한 전술을 영국 군대에 제시한다. 제2차 세계 대전 후에 영국인은 자국 식민지(말레이시아, 버마, 키프로스)에서 쌓아온 전문적인 능력을 지속적으로 발전시켰다. 반란 억제counter-insurgency(COIN) 학설은 여기에서 비롯되었다. 이 시기에 프랑스인도 아시아에서 겪은 경험에서 끌어낸 학설을 정립하고 〈혁명전쟁론〉이라고 부른다. 프랑스인은 이 학설을 알제리에서 시험하고, 마찬가지로 모델화하여 자국의 국경 바깥으로 전파한다. 남아메리카와 북아메리카 대륙은 이 두 사조 학파 출신의 교육자들을 받아들이고 이미 만들어진 식민지라는 토대로부터 분리된 군사-정치 모델들을 확산시켰다. 미국이 아프가니스탄과 이라크에서 개입한 전쟁 이후 시류에 따라 수정·보충된 것도 이 이론들이다.

이 이론들이 진행 중인 분쟁에 맞추어 수정되었더라도, 서구에서 만들어진 새로운 학설들은 실수와 교훈을 고찰하기 위해 과거의 식민 전쟁을 활용한다. 잊힌 몇몇 글도 다시 출간한다. 캐나다 국방부가 2009년에 〈전술 사상의 캐나다 학파〉를 대표하는 글로 소개한 윌리엄 C. G. 헤네커의 글, 또는 2008년에 프랑스어로 출간된 프랑스인 다비드 갈륄라의 『반란 억제 *Contre-insurrection*』가 예다. 후자는 알제리 전쟁이 종결된 후 초판이 영어로 출간되었으나 프랑스에서는 아무런 반응도 없었다. 갈륄라는 미국으로 망명해 일부 군사 및 정치 모임에서 자신의 분석을 소개했다. 프랑스 군인들이 그를 재발견한 것은 2000년대에 들어서다. 2010년에 〈반란 억제〉에 관한 프랑스의 새로운 학설이 출간된다(리비아와 말리에서 벌어진 군사 작전 이후 2013년에 개정된다). 〈자국 영토에서 반란에 맞서 싸우는 우방 정권을 지원〉하기 위해 만들어진 이 학설에 따르면 군대는 정치적인 역할을 수행해야 한다. 또한 〈반란 억제는 다른 그 어떤 형태의 안정화보다 더욱 정치적인 충돌로서 그 모습을 드러낸다〉고, 또는 〈정치적 행위는 (……) 전쟁 내내 중요한 역할을 한다〉고 단언한다. 이 말을 맨 처음 한 사람은 바로…… 다비드 갈륄라다.

참조

시민 쪽에서

07

밑에서 본 폭격

리처드 오버리●

적의 사기를 꺾고 경제를 파괴하는 일은 제1차 세계 대전부터 도시를 폭격하는 주된 목적이다. 그러나 공습은 여자와 어린이를 비롯해 수백만 명의 사상자를 냈지만 결코 국민의 저항 의지를 흔들지는 못했다.

20세기에 벌어진 공습으로 전후방 전선의 구별이 사라지면서 근대 전쟁에 큰 변화가 생긴다. 공습으로 1899년과 1907년에 채택된 지상전 법규 및 관습에 관한 헤이그 협약에 명시되고 19세기 말에 마련된 민간인의 면제권을 무효화시켰다. 1914~1918년에 벌어진 대규모 전쟁으로 적의 국내 전선을 공습하는 일이 사실상 합법화되었다. 국내 전선이 육지와 해상 전투에 투입된 군사력만큼이나 전쟁 활동에 기여한다고 간주되기 때문이다. 그래서 제1차 세계 대전부터 베트남 전쟁이 종결될 때까지 (주로 도시에서 벌어진) 민간인을 표적으로 한 폭격은 모든 주요 분쟁의 공통적인 특징이 되었다. 1960년대부터 더욱 정교한 〈지능적인 무기〉가 만들어지면서 군사 및 전략 목표물을 정확히 표적으로 한정할 수 있게 되었다. 하지만 이러한 발전으로도 1991년과 2003년의 걸프 전쟁과 2014년부터 벌어진 시리아 내전에

● Richard Overy. 엑세터 대학교 교수. 제2차 세계 대전과 나치 독일을 연구하는 전문가이며 『폭격 전쟁: 1939~1945년 유럽*The Bombing War: Europe 1939-1945*』을 비롯한 여러 권의 전쟁서를 썼다.

서 보듯, 민간인에 대한 공격을 끝내지는 못한다. 베트남 전쟁 이후로 폭격의 강도와 규모, 기간은 변했으나, 민간인과 그 삶은 계속해서 공습의 피해를 당한다. 폭격은 분쟁이 〈민간으로 전이〉하는 하나의 형태다. 이러한 형태의 분쟁에서 민간인은 점점 더 많이 표적이 되어 비전투원으로서 자신의 공동체가 해체되고 도시가 파괴되는 상황에서 생존하는 방법을 배워야 한다.

위협받는 민간인

공습이 민간인에게 직접 군사적 위협을 가하게 되면서 20세기 초에 수립된 원칙, 즉 적대하는 군대들 사이에서 이루어진 협약이 전쟁의 규칙을 정한다는 원칙이 의문시된다. 공상 과학 소설의 저자 허버트 조지 웰스는 『공중전』(1908)에서 비행선과 비행기로 이루어진 함대가 단 몇 시간 만에 도시 전체를 파괴하고 문명의 진행을 종식시키는 미래의 분쟁을 보여 준다. 역사상 최초의 근대적인 폭격은 1912년에 터키인이 점령한 에디르네에서 불가리아 비행기에 의해 실시되었다. 이로써 한 세기가 넘도록 벌어질 민간인에 대한 면제권 침해가 시작되었다. 얼마 지나지 않아, 적의 국내 전선을 약화시키고 국내 전선에서 평화를 요구하게 만들 목적으로 공군력을 사용하는 것을 포함한 새로운 원칙에 따라 전쟁이 수행될 수 있음을 인정하게 된다. 이 원칙들은 독일의 에리히 루덴도르프 장군이 제1차 세계 대전 중에 집필해 1935년에 출간한 책에서 사회 전체가 전쟁터뿐 아니라 국내 전선에서도 서로 대립하는 미래의 전쟁을 묘사하기 위해 제시한 〈총력전〉 개념으로 더욱 강화되었다. 노동자나 기차 운전수, 농부는 전쟁 활동에 직접 기여하므로 이들은 공격의 정당한 표적이 되는 것이다. 국내 전선에 대한 공격 전략은 줄리오 두에가 『제공권Il dominio dellária』(1921)에서 처음 기술했다. 이 이탈리아 장군은 폭탄과 독가스를 결합한 공중 습격으로 분쟁이 빠르게 종결될 거라고 단언했다. 절망에 빠진 주민들이 폭격을 더 감내하느니 차라리 자국 군대의 항복을 요구할 거라고 보았기 때문이다. 양차 대전 사이 기간에 대중 문학은 미래에 벌어질 모든 전쟁에서 적의 〈사기moral〉(이 용어는 정확히 정의된 경우가 거의 없다)를 꺾고 적의 경제를 훼손하기 위해 적의 도시에 대한 대규모 공중 습격이 이루어질 거라고 예상했다.

　적의 민간인에 대한 의도적인 폭격은 제1차 세계 대전 중에 시작되었다. 1915년에 독일이 체펠린 비행선으로 무차별 공격을 가했다. 뒤이어 1917년에 런던과 잉글랜드 남부의 다른 도심 표적에 장거리 폭격기로 공습이 시도되었다. 영국과 프랑스 공군도 1916~1917년에 독일의 서쪽 국경 인근 도시들을 폭격했다. 이듬해에 영국 정부는 런던 공습에 대한 보복으로, 한 독립 무장 세력이 독일의 루르와 자를란트 지방에 있는 도시들에 위치한 산업 표적물을 폭격하도록 허가했다. 이 원정으로 입힌 피해는 크지 않았다. 독일의 비행선과 비행기는 폭탄 272톤을 투하해 1,394명을 죽인 반면, 1917~1918년에 벌어진 영국군의 전역으로는 독일인 746명이 사망했다. 하지만 이 공습이 미친 정치적·사회적 파장은 엄청났다. 체펠린 비행선 공격은 일간지 『더 타임스』가 〈무자비하고 비인간적인 파괴〉라고 부른 것에 대하여 시민들의 분노를 불러일으켰다. 파리와 런던, 베를린에서 각국 정부는 전쟁을 3~4년 치르고 나면 민간인이 전쟁을 끝내라고 요구할까 두려워했다. 런던의 포플러 구역에 있는 유치원에 폭탄이 떨어지면서 어린이 18명이 희생되자, 적국인 독일과 영국군의 비효율적 방공 능력에 대한 대중의 분노가 자칫 악화될 뻔했다. 그러자 소극 방어 조치가 도입된다. 도심 지역에서 등화관제를 실시하고 방공호를 마련하는 한편, 매일 밤 민간인 약 12만 명이 런던의 지하철역으로 피신하도록 하는 조치다. 또한 정부 당국은 사회 복지 및 응급 의료 조치도 마련했다. 위협받는 민간인에게 이제 전쟁은 더 이상 먼 곳에서 벌어지는 구경거리가 아니라 그들의 일상생활을 혼란케 하는 사안이고, 그들 역시 제일선에 놓여있다는 사실로 다가오게 되었다. 1917년 말에 한 여성은 다음과 같은 논평을 들었다고 일기장에 적었다. 〈더 이상 민간인은 없다. 이제 우리는 모두 군인이다.〉독일 역시 도심 폭격을 처음으로 당한 이후 보호 조치를 도입한다. 하지만 어느 나라에서도 공습 초기의 공포가 폭동으로 이어지지는 않았다. 당시 독일 도시 주민의 사기에 관한 보고에 따르면, 그들은 확실히 〈동요하고 공포에 질린〉 것 같았다. 그리고 전쟁이 끝난 후 이에 대해 질문을 받은 도시의 시장들은 폭격이 점차 많아지면서 〈공포가 퍼져 나갔다〉고 인정했다. 하지만 공습은 사회에 진정한 영향을 미칠 만큼 정도가 심하거나 빈번하게 이루어지지는 않았다. 그럼에도 불구하고, 당국은 아무런 증거도 없이 이러한 폭격에 의한 심리적 영향이 물질적 손해보다 더 크다고 단언하며 민간인에 대한 폭격을 정당화했다.

1914~1918년에 치른 경험으로 사람들은 끔찍한 미래를 상상하게 되었다. 양차 대전 사이 기간 중에, 선진국에서는 전문가와 군대 및 정치 지도자들뿐 아니라 국민 대다수가 공중전에 대한 환상에 사로잡힌다. 기술적 한계 때문에 분쟁이 아비규환의 폭격으로 이어질 가능성은 거의 없는 것처럼 보였지만, 이런 상상만으로도 웰스의 예언에 자극받은 불안한 분위기가 조성되었다. 할스베리 경은『1944년』(1926)에서 번화가인 피커딜리에 독가스 폭탄을 투하하면 런던 중심가의 모든 사람이 몰살될 거라고 확언했다. 1935년에 톰 윈트링햄은 미래에 벌어질 전쟁에서 사용 가능한 폭격기로 런던이나 파리, 베를린에서 5백만~6백만 명의 주민을 죽일 수 있을 거라고 상상했다. 중일 전쟁 초기인 1932년, 뒤이어 1937년에 일본의 비행기들이 중국의 도시를 폭격했을 때나, 스페인 도시들이 내전 중에 이탈리아와 독

일 공군에 공습당했을 때, 허구는 현실이 되는 것처럼 보였다. 1937년 4월에 바스크 지방의 도시 게르니카에서 벌어진 파괴는 전투가 이제 군인뿐 아니라 민간인도 표적으로 삼는다는 사실을 여실히 보여 주는 듯했다. 영국의 영화관에서 상영된 어느 영화에서는 〈그건 여러분의 집과 다름 없었습니다〉라고 논평했다. 3개월 후에 열린 파리 만국 박람회에서 파블로 피카소는 자신의 기념비적인 회화 작품 「게르니카」를 선보였다. 이 작품은 주택 폭격과 민간인 대학살의 끔찍함을 추상적으로 표현했다. 그러나 서구 세계에서는 유럽 강대국에 의해 이루어진 마을과 도시에 대한 무자비한 폭격에는 주의를 덜 기울였다. 모로코에서 이루어진 프랑스군의 폭격, 인도 북부와 중동, 남아프리카에서 이루어진 영국군의 폭격, 동아프리카에서 자행된 이탈리아군의 폭격은 지역 공동체에 심한 타격을 주고, 가옥을 파괴하고, 가축을 내몰아 주민을 제국 권력의 요구에 따르도록 만들기 위함이 명백했다. 부족 공동체들은 무력해졌다. 이는 폭격이 사기 저하와 정치적 강압의 효율적인 도구라는 인상을 강화시켰다.

공군의 위력 앞에서 사람들은 민간인의 면제권 개념을 되살리려고 한다. 1922~1923년에 국제 법학자 위원회에서 만든 〈헤이그 규칙〉은 민간인과 그 재화, 군사적이라고 정의된 목표물이 아니거나 전쟁터에서 떨어져 있는 구역에 위치한 목표물을 의도적으로 폭격하는 행위는 금지되어야 한다고 규정했다. 비록 비준되지는 않았으나 민간인 존중이라는 관점에서 용인되는 것이 무엇인지에 대한 윤곽을 정했다. 이 규칙은 1930년대에 일본군이 중국에서 실시한 폭격이나 이탈리아군이 스페인과 에티오피아에서 실시한 폭격의 위법성을 규탄하기 위해 자주 인용되었다. 하지만 세계 대전에서 이러한 금지 조항은 언제든 무력화될 수 있었다. 1930년대 중반부터 국제 무대에서 위협이 명백해짐에 따라 선진국들은 폭넓은 소극 방어 태세에 돌입했다. 이는 민간인이 앞으로 자원봉사자나 보수를 받는 노동자로서 공동체 방어에 중요한 역할을 맡을 것임을 알리는 신호탄이었다.

1939년에 전쟁이 발발하자 3천만 명이 넘는 유럽인이 이런저런 형태로 소극 방어 조직이나 대공 방호 연맹에 징집되었다. 전쟁으로 인해 전후방 사이의 모호하던 경계가 사라진다. 국민들은 이러한 현실에 물질적·심리적으로 대비하기 시작했다. 이러한 대비는 최초의 폭탄이 투하되기 훨씬 전에 이루어졌다.

두려움을 더 이상 두려워하지 않는 법을 배우기

민간인에 대한 폭력이 절정에 이른 것은 제2차 세계 대전 때다. 유럽에서 전쟁이 시작된 초기 몇 달 동안의 상황은 1930년대에 부풀려진 끔찍한 환상과는 전혀 달랐다. 양 진영 어느 쪽에서도 적의 도시에 대한 기습 공격은 실시하지 않았다. 그러나 영국 왕립 공군Royal Air Force이 독일의 산업 도시들을 폭격하기 시작한 1940년 5월부터 유럽과 아시아에서 전쟁이 완전히 종결될 때까지, 나라에 따라 미묘한 차이는 있었지만 국내 전선에 대한 폭격은 이 전쟁의 특징이 되었다. 영국과 일본에서는 대규모 폭격이 1년이 조금 안 되는 기간 동안 지속된 반면, 독일과 유럽 내 독일 점령지에 대한 폭격은 5년 이상 지속되었다. 이탈리아의 도시와 교통로에 대한 폭격 역시 5년 넘게 이어졌다. 처음에는 추축국의 일원인 이탈리아에 대해 뒤이어 이탈리아가 독일에 점령된 기간에는 이탈리아의 독일군 표적에 대해 이루어졌다. 독일에 점령된 프랑스와 벨기에, 네덜란드와 다른 스칸디나비아 국가들에 대한 공격은 전쟁 기간 내내 간헐적으로 이루어졌다. 1943~1944년에 그 강도가 몇 배로 높아졌다. 중국 도시들에 대한 일본군의 폭격은 불규칙적으로 이루어졌다. 1937~1939년에는 더할 나위 없이 살인적이었다. 한편으로 폭격은 공간적 제약으로 한정

운용되었다. 경제적·군사적 표적물이나 교통로가 있는 도시를 조준했기 때문이다. 심하게 폭격당한 모든 나라에서도 국민 대다수는 직접 타격을 입지 않았다. 폭격 피해자인 도시 주민들도 항상 폭격을 당한 것은 아니었다. 여러 표적이 단 한 차례 폭격당했다. 이런 경우에, 1944년 9월 르아브르 또는 1945년 1월 루아양에서처럼 공습이 극도로 파괴적이지 않는 한, 재건은 빠르고 효율적으로 이루어졌다. 에센이나 함부르크, 쾰른처럼 250차례가 넘는 공습을 당한 독일의 일부 도시에서 관건은 도시에서 살아남는 것이었다. 도시 지역 절반이 1945년 3월부터 8월까지 미국의 폭격으로 잿더미가 되어 버린 일본에서도 마찬가지였다.

서로 다른 폭격 전역이 다양한 목표를 추구했음에도 불구하고(영국 왕립 공군만이 1941년부터 독일에 대항해 주거 지역 파괴와 민간인 살상을 명백하게 목표로 내걸었다), 효과는 어디에서나 마찬가지였다. 제2차 세계 대전에서 이루어진 폭격은 너무도 부정확해서 규모가 큰 군사적 또는 산업적 표적물조차 제대로 타격하지 못했다. 그래서 폭격이 이루어질 때마다 애초의 표적보다 훨씬 더 넓은 구역이 파괴되었고 민간인의 인명 손실이 컸다.

영국에서 런던 대공습이 이루어진 9개월 동안 4만 3천 명이 사망했다. 독일에 대한 연합군의 공격으로 민간인이 약 35만 명 희생되었다. 미군의 폭격에 희생된 사람의 수는 불분명하지만 이탈리아에서 민간인 6만 명 이상이 죽임을 당했다. 이 중 대부분은 지중해 지역에서 전술 및 전략 폭격을 수행한 전역에서 사망했다. 점령된 유럽에 있는 표적에 대한 연합군의 폭격은 독일에 대한 폭격보다 더 정확하게 목표물을 파괴하도록 계획되었음에도 불구하고 역시 큰 손실을 야기했다. 프랑스에서 6만 명, 벨기에에서 1만 명, 네덜란드에서 8천 명이 사망했다. 일본의 경우에는 추정치들 간의 차이가 상당히 크지만, 대체로

10만 명 가까운 민간인이 1945년 3월 9일에서 10일로 넘어가는 하룻밤 사이에 도쿄에서 죽었다. 1945년 8월 6일에 히로시마 그리고 8월 9일에 나가사키에서 이루어진 두 차례 핵 공격으로 약 12만 9백 명이 죽은 사실이 밝혀졌다. 전쟁의 무대 전체에서 폭격으로 희생된 사람의 전체 수를 정확히 알아내는 것은 불가능하다. 현재까지 집계 가능한 추정치에 따르면, 그 수는 약 1백만 명에 이른다. 정확한 조사 수치가 존재하는 장소에서는 심한 부상자의 수가 사망자 수와 비슷하다. 거기에 더해 수백만 명의 민간인이 가벼운 부상이나 정신적 외상으로 고통받았다. 대피 후송 계획은 별 도움이 못 되었다. 남성이 대부분 군대에 동원되었기에 도시에 남아 있던 여성과 어린이가 사망자와 부상자의 대다수를 차지한다.

많은 사망자와 부상자의 수 말고도, 민간인의 폭격 경험에는 나라마다 공통된 특징이 여럿 있다. 첫째, 민간인은 공습의 즉각적인 영향에 맞선 투쟁과 구호 재건에서 중요한 역할을 했다. 소극 방어를 맡은 민간인은 최일선에 나서게 되었다. 폭격에 노출된 모든 나라에서 신병들은 대피소와 방공호를 만들고, 응급 처치와 소이탄으로 유발된 재해 방지에 참여하는 임무를 맡았다. 총력전에서 민간인은 그 어떤 면제권도 누릴 거라 기대할 수 없었다. 민간인은 공동체를 방어하는 데 자신에게 주어진 역할을 해야 했다. 여기에는 여성도 포함되어 여성이 자원봉사자의 다수를 차지했다.

소극 방어는 영국과 독일, 소련에서 특히 잘 이루어졌다. 영국에서는 1백만 명에 가까운 남녀가 자원하여 전일제 또는 비상근으로 일했다. 다른 약 20만 명은 소방 보조 부서에서 소방대원으로 가담했다. 그들은 훈련을 받았고, 군복을 입었으며, 군대식 규율을 따랐기 때문에 전투원과 비전투원의 격차가 계속 좁아졌다. 크든 작든 각 도시에는 소극 방어 네트워크가 마련되었다. 1941년에 화재 감시가 의무화되자 민간인은 거리마다 소이탄 투하를 알릴 대대를 조직했다. 전면적인 등화관제를 실시하는 결정은 국민 전체가 공습에 대비하도록 관리하는 기회였다. 소극 방어와 폭격은 민간인의 일상생활을 변모시켰고 도시 환경을 파괴했다. 런던 대공습을 목격한 어떤 사람은 이렇게 말했다. 〈나는 그때까지 두꺼운 알갱이 같은 먼지 상태가 되어 버린 집들을 한 번도 본 적이 없었습니다.〉

독일에서는 모든 국민이 자기 자신을 보호하는 일에 가담할 수밖에 없었다. 수백만 명의 민간인이 이른바 〈공동체 방어〉 체계 내에서 소극 방어와 응급 처치에 관한 기초 훈련을 받았다. 1942년에 국가 방공 동맹Reichsluftschutzbund에는 150만 명의 지도자와 2천2백만 명의 회원이 있었다. 이들은 나머지 국민을 관리하고 모든 가정이 법적인 의무 사항을 지키는지 확인했다. 모든 집과 건물에는 폭격에 대비하여 필수 장비를 갖춘 방 하나를 마련해 두어야 했다. 거리마다 사람들이 규정을 지키는지 단속하는 방공 책임자를 두었다. 이들은 보통 주민들이 공식적인 정치적 지침에서 벗어나지 않도록 단속하는 임무를 맡은 도시의 소구역 관리인인 블록 감시원Blockwarte 중에서 징집했다. 소극 방어는 국민을 감시하는 수단이기도 했다. 영국의 왕립 공군 폭격 사령부Bomber Command가 지휘한 야간 공습은 정확도가 너무나 떨어졌기에 독일의 농촌 지역에서도 소극 방어 조치가 도입되었다. 영국과 달리 독일은 자국의 방공 기술이 효율적이어서 전국적인 방공 체계를 마련할 필요가 없다고 판단했다. 그러다 공습의 강도가 배가된 1942년에 이르러서야 독일은 벙커를 구축하는 계획을 대대적으로 펼친다. 하지만 독일인 대부분은 여전히 자신이 직접 마련한 저장고와 지하실에 몸을 숨겼다. 그들은 그곳에서 머리 위를 격렬히 휩쓸고 지나가는 화마의 폭풍 아래로 수만 명씩 질식하거나 검게 타서 죽어 갔다. 실제로 1943년 7월에 함부르크에서, 1945년 2월에 드레스덴에서 벌어진 화재에 대하여 소극 방어 조치는 무력했다. 함부르크의 경찰서장은 공습이 일어난 다음 날 거리의 광경을 이렇게 묘사했다. 〈화상 입고, 시커멓게 타고, 아무런 상처 없고, 벌거벗은 자녀를 안은 어머니, 젊은이, 노인들. 진열창 안의 마네킹처럼 벌거벗고 밀랍처럼 창백한 그들이 가능한 모든 자세로 쓰러져 있었다.〉 드레스덴에서 빅터 클렘퍼러는 화재가 도시를 휩쓸고 간 다음 날 똑같은 현상을 목격했다. 〈땅에 창백한 손이 달린 팔 하나가 있었다. 그 손에는 미용실의 진열창 안에 밀랍으로 만든 손에서 볼 수 있는 아름다움이 있었다.〉*

소련의 소극 방어 체계는 국가적인 방공 조직에 의존했다. 이 조직을 통해 수백만 명의 주민에게 공습에 대비한 기초적인 예방 교육이 이루어졌다. 하지만 훈련은 제대로 이루어지지 않았다. 화재에 맞서거나 희생자를 구조할 장비도 충분하지 않았다. 1943~1944년에 소련 도시에 대한 공습 위협이 거의 없었기 때문에 소극 방어 인력은 군대의 전쟁 수행에 투입되었다. 독일과 마찬가지로 소극 방어에 참여하는 것은 시민의 의무였다. 이 참여도로 공산주의 전쟁 수행에 민간인이 얼마나 개입했는지 평가할 수 있었다. 일본에서 소극 방어는 국민을 통제하는 역할을 했다. 도쿄가 폭격을 당한 후, 어느 아버지는 딸에게 이렇게 썼다. 〈이건 전쟁이란다. 나약한 모습을 보여서는 절대로 안 된다. 우리는 전쟁에서 승리할 것이다. 그건 확실하다. 하지만 그러려면 우리 모두가 한마음으로 뭉쳐야 한다.〉 1945년까지 일본에서는 극심한 폭격이 계속해서 실시되었다. 게다가 불이 쉽게 붙는 자재로 건축된 도시가 거침없이 불타는 상황에서 소극 방어는 거의 도움이 되지 못했다. 히로시마와 나가사키에 투하된 핵폭탄에 대해서는 어떤 방어 수단도 존재하지 않았다. 핵폭발의 타격을 입은 구역은 잿

* Victor Klemperer, *Je veux témoigner jusqu'au bout. Journal (1942-1945)*, trad. Ghislain Riccardi, Paris, Seuil, 2000, p. 623 ─ 원주.

더미가 되었다. 생존자들은 비틀거리며 도시를 벗어나려 했다. 그 모습을 한 젊은 학생은 이렇게 전했다. 〈그들은 얼굴이 완전히 불타 있었다. 얼굴에 살점이 대롱대롱 매달려 있었고 림프액이 온몸에서 흘러나왔다.〉 생존자 48만여 명이 대부분 수십 년간 핵 방사능으로 인한 신체적 후유증으로 고통받았다.

전쟁 이전에, 폭격 때문에 도시의 삶이 빠르게 붕괴하고, 이런 수준의 폭력과 파괴에 익숙지 않은 민간인 대다수가 정신 장애를 일으킬 거라고 세운 가설은 과장이었음이 밝혀진다. 영국과 독일에서 폭격을 직접적인 원인으로 삼는 심각한 우울증 사례는 매우 드물었다. 폭격은 폭넓고 다양한 감정적 반응을 야기했다. 하지만 심적 훼손의 대부분은 문서화되지 않았다. 희생자가 자신의 정신적 외상을 가정 내에서 조용히 다스렸기 때문이다. 영국의 도시 헐에 이루어진 폭격의 정신적 영향에 대한 연구에서, 피해자 표본 706명 가운데 374명이 어떤 후유증도 겪지 않는다고 답했고, 다른 이들은 다양한 형태의 불안과 우울, 과민성, 정신 신체상의 장애를 보였다. 여러 다른 군사 전역 중에 수집한 증언에 따르면, 두려움이 지배적인 반응이었지만, 많은 사람이 초기의 충격이 가신 이후에 두려움을 순순히 받아들였다. 유럽에서 폭격을 경험한 어느 미국 기자는 〈두려움 그 자체는 여러분이 두려움을 두려워하지 않는 법을 배우기만 하면 여러분의 신경 체계를 아주 많이 교란하지 않습니다〉라고 적었다. 정기적으로 폭격을 당한 주민들은 숙명론적인 태도 또는 일종의 초연한 태도를 갖는다는 사실이 관찰되었다. 공습이 벌어졌을 때 수천 명이 자기 침대에 머물러 있다가 죽었다. 런던에서 이루어진 설문 조사에 따르면, 질문을 받은 사람들의 절반이 위험 경보가 울렸을 때 대피하려고 하지 않았다.

공습을 처음으로 겪으면 대부분은 발작과 패닉 상태를 경험했다. 영국의 도시들이 폭격당하기 시작했을 때, 도시 주민 수천 명은 농촌과 이웃 마을로 도피했다가 얼마 지나지 않아 다시 자기 집으로 돌아 갔다. 도시 헐에서는 밤이 되면 교외로 걸어서 피신하는 것이 몇 년간 주민들의 일상이었다. 하지만 노동자들은 아침이면 일터로 되돌아갔다. 영국 정부가 폭격당한 도시에서 이루어진 생산 재개에 관해 실시한 조사에 따르면, 대부분의 경우 생산 수준은 3주도 채 안 되는 기간에 회복되었다. 독일에서 폭격으로 인한 결근율은 대규모 공습이 벌어졌을 때에도 총 노동력의 5퍼센트를 넘는 경우가 드물었다. 주민의 공포가 가장 컸던 것은 함부르크 폭격 때였다. 1백만 명이 불길에 휩싸인 도시를 빠져나가 인근 지역과 그 너머로 흩어졌다. 그들은 절망하기보다는 매우 당황하고 놀라서 화재에 관한 끔찍한 이야기를 널리 전파했다.

공습을 목격한 한스 노사크는 이렇게 썼다. 〈사람들은 기이한 침묵 속을 함께했다. (……) 그들은 웅크린 채 서로 멀찍이 떨어져 있었다. 아무런 불평도, 눈물도 없었다.〉 하지만 그로부터 3개월이 지나자 함부르크는 폭격 이전 생산 수준의 80퍼센트를 회복했다. 주민 대부분은 임시로 지은 거처로 돌아왔다. 도시들은 폭격의 시련에도 놀라운 저항력을 발휘했다. 독일이 영국 런던에 대공습을 펼치는 동안 실시한 여론 조사에서는 폭격이 민간인의 사기에 미치는 영향이 그다지 심하지 않다는 결과가 나왔다. 전후에 미국 전략 폭격 조사United States Strategic Bombing Survey의 일환으로 독일에서 실시한 연구에서 질문을 받은 사람들은 공습을 식량 부족, 패배, 독재의 혹독함 등 그 시대적 고통의 맥락 속에서 그 일부로 인식했다. 일반 견해에 따르면, 폭격은 주민에게 큰 부담이긴 했지만 그로 인해 사회가 붕괴되지는 않았다. 반대로 민간인은 긴급한 상황에 처하자 새로운 연대 관계를 맺으려 노력했다. 이탈리아에서 가톨릭교회는 폭격을 당했을 때 국가 제도가 약화된 상황에서 사회 결속을 유지하는 데 결정적인 역할을 했다. 두려움을 몰아내고 신자들의 용기를 북돋워 주기 위하여 특별히 기도문을 작성하기도 했다. 그중 한 내용은 이랬다. 〈자비로 가득한 성모 마리아여, 찬미받으소서. 경보가 울리지 않고 비행기가 오지 않도록 해주소서……〉

민간인이 폭격을 받으면서 저항할 수 있었던 데에는 몇 가지 이유가 있다. 영국과 독일, 프랑스에서 국민들은 분명한 정보와 적절한 긴급 사회 복지를 제공받고, 파괴된 주거지를 빠르게 재건해 주기를 원했다. 국민은 국가가 그렇게 해주기를 기대했다. 전략가들이 야기하고자 했던 사회 및 정치적 위기가 찾아오는 대신 지방 정부와의 상호 유대가 강화되었다. 폭격을 당한 모든 나라에서 국민을 위한 긴급 자원이 마련되었다. 프랑스에서는 특수 열차를 운행해 폭격을 당한 도시에 식량과 가사용품, 수리 자재와 사회 복지사들을 실어 왔다. 영국과 독일에서는 처참하게 파괴된 도시로 이동 식당과 구조대를 보냈다. 최우선 과제는 집을 다시 지어 사람이 살 수 있도록 만들고 공공 서비스와 도로를 재구축하는 것이었다. 건설 노동자나 직공들이 공습 직후에 재건 작업에 착수해 기와와 들보를 교체하고 대체 자재로 깨진 창문을 막았다. 1941년 여름에 영국에서 런던 대공습이 완전히 끝났을 때에는 이미 160만 채의 건물이 다시 거주할 수 있게 되었다. 수리 중인 집은 27만 1천 채에 불과했다. 독일에서는 1943년 말에 주민 약 310만 명이 다시 거처를 마련할 수 있었다. 그 대부분은 자기가 예전에 살던 집으로 돌아갔다. 화재로 인한 피해 때문에 복구가 불가능한 함부르크나 도쿄, 히로시마에서조차 주민들은 건물 잔해로 되돌아가 임시 거처를 만들어 지냈다. 자기가 살던 거처를 되찾는 일이 무엇보다 중요했다. 영국의 도시 코번트리가 폭격을 당한 후, 어느 여성은 자신에게 주어진 거처를 놔두고 어린 딸과 함께 폭격을 당한 자기 집으로 되돌아가 유일하게 지닐 만한 방 한 칸에서 살았다. 삶의 장소에 대한 애착은 도시 주민의 사회 결속에서 중요한 역할을 담당했다.

하지만 더 평범한 다른 이유 때문에 사람들은 파괴된 도시에 남는 쪽을 택했다. 노동자들은 생계를 이어 나가기 위해 임금이 필요했다. 그래서 그들은 어려운 상황에도 불구하고 계속 일했다. 재건을 위해 추가 근무를 하면서 특별 수당이나 더 많은 보수를 요구했다. 독일에서는 정부가 수십억 마르크에 달하는 배상을 약속했다. 유럽 전역에서 유대인의 동산 및 부동산 소유물이 징발되어 폭격 피해를 당한 독일인들에게 재분배되었다. 가장 큰 피해를 입은 도시 주민들에게는 자발적이건 국가가 주도했건 도시를 떠날 수 있게 대피 조직이 만들어져 어린이와 여성, 노인을 안전한 곳으로 이동시켰다. 하지만 영국에서 대피는 인기가 없었다. 1939년 가을에 최초의 피란 물결이 인 다음에 많은 주민이 도시로 되돌아와 살았다. 가족과의 이별이 공습보다 더 견딜 수 없었기 때문이다. 독일과 일본에서는 폭격이 가장 심할 때 8백만에서 9백만 명이 도시권을 피해 농촌이나 더 작은 도시로 떠났다. 하지만 음식과 주거가 불충분했고, 농촌 주민들은 피란민이 몰려오는 것을 달갑게 여기지 않았다. 농촌 지역으로 대피했던 어느 독일 여성은 이렇게 불평했다. 〈그런 촌구석으로 되돌아가느니 차라리 건물 잔해 한가운데로 가서 살겠어요.〉 이 두 나라에서는 대규모로 대피를 시키면서 사회 위기가 야기되지만, 반항은 경찰력으로 강제 진압되었다. 그리고 독일과 일본 정권은 피란민에게 최소한의 식량을 배급하려고 애썼다.

일단 전쟁이 끝나자 가장 심하게 폭격의 피해를 입은 도시조차 빠르게 복구되었다. 자연재해가 생긴 직후처럼 공동체들은 어마어마한 피해에 대응하기 위해 빠르게 적응하며, 물질적 재건 작업에 착수했다. 파괴된 잔해에서 멀리 떨어져 재건된 이탈리아의 카시노를 제외하면 폭격 이후로 완전히 포기된 장소는 거의 없었다. 당국은 재건을 더 좋은 삶의 틀, 더 넓은 도로, 더 근대적인 시설을 구축하는 기회로 소개하려 애썼다. 하지만 대부분 예전의 설계도를 바탕으로 예전과 똑같은 모습으로 도시를 재건하려 했다. 드레스덴의 유명한 성모 교회Frauenkirche는 포화로 초토화된 지 60년이 지난 2005년에 와서야 재건되었다.

베트남에 투하된 폭탄 8백만 톤

대규모 폭격으로 얻는 전략적 이득은 제한적일 뿐이다. 국민이 전쟁을 치르려는 결단을 무너뜨리지도, 경제를 불안정하게 만들지도 못하기 때문이다. 이것이 제2차 세계 대전에서 얻은 교훈이다. 이 전쟁의 또 다른 영향은, 민간인과 그 삶의 터전이 또다시 합법적인 표적으로 간주되는 것을 여론이 거부하게 된 것이다. 1949년에 채택된 새로운 제네바 협약 덕분에 민간인은 처음으로 확실히 폭격으로부터 보호받을 수 있게 되었고, 1977년에 작성된 추가 의정서로 다른 제약들이 도입되었다. 하지만 핵무기가 발달하면서 이러한 규제의 영향력은 크게 줄었다. 1950년대 말에 영국의 전략가들은 제2차 세계 대전에서 〈도시 하나를 말살하기〉 위해 필요한 수단을 측정할 수 있는 사례를 찾으려 했다. 1960년대 초에 미국은 소련의 도시들을 한번에 공격해서 8천만 명을 죽일 가능성을 연구했다. 일반 전쟁에서 보이던 조심성은 사라졌다. 1945년 이후에 벌어진 두 차례의 주요 분쟁인 한국 전쟁과 1960~1970년대 베트남 전쟁의 특징은 미군이 실시한 대규모 전략 폭격이다. 미군은 한국에서 39만 톤의 폭탄을, 베트남에서는 8백만 톤의 폭탄을 투하했다. 후자는 제2차 세계 대전 중 유럽에 투하된 폭탄의 네 배에 이르는 어마어마한 양이다. 도시 지역을 무차별적으로 폭격하기를 주저하던 미국은 일단 산업 및 군사 시설을 표적물로 선별했다. 뒤이어 공군은 이 두 전쟁 때에 구역별 폭격을 실시하기로 했다. 이 때문에 도시 및 농촌 환경 대부분과 수백 개의 마을이 파괴되었다.

폭격과 함께 살포된 고엽제 화학 물질의 하나인 〈에이전트 오렌지〉로 인해 베트남의 숲과 농경지 2천만 제곱킬로미터가 초토화되었다. 4백만 명이 이 독성 물질에 노출되었다. 그중 4분의 1은 전쟁이 끝난 후에도 심각한 신체적 후유증으로 고통받았다고 추정된다. 이 두 전쟁에서 대규모 폭격은 기대한 결과를 낳지 않았다. 북한은 독립을 계속 유지했다. 북베트남은 남베트남을 정복했다. 반면에 폭격이 민간인에게 미친 정확한 영향은 제대로 측정하기 힘들다. 추정에 따르면 2백만~3백만 명의 한국인과 2백만~4백만 명의 베트남인이 폭탄 때문에 죽었다고 보이지만, 이 수치는 확실히 과장된 것 같다. 미 공군US Air Force이 1972년 말에 북베트남의 수도 하노이에 위치한 표적에 대해 실시한 라인배커2 Linebacker II 작전으로 1,318명이 희생되었다. 이 정도가 제2차 세계 대전으로 입은 손실에 더 부합한다.

폭격이 일으킨 누적 효과는 끔찍했다. 한국에서는 폭격으로 인해 마을들에 대혼란이 닥쳤다. 미군이 벼가 한창 자라는 계절 초기에 북한의 제방을 폭격하기로 결정하면서 전국에 기근이 닥쳤다. 마을 사람들은 폭격을 피해 자기 집을 버리고 동굴이나 터널, 임시로 마련한 지하 벙커에서 숨어 지내야 했다. 잘 대비되어 있던 베트남에서 현지 정권은 최초의 폭격이 이루어지자 민간인을 위한 대피소 조직망을 조성해 대응했다. 주민 수백만 명이 농촌으로 피란을 떠났고, 산업 시설과 비축유는 전국으로 분산되었다. 대부분 공산주의 중국에서 온 1백만여 명의 노동자가 통신 수단 복구와 공공 서비스를 위해 일했다. 이후 수백만 명이 〈에이전트 오렌지〉의 유독한 영향을 피해 도심 지역으로 피란을 떠나 1958년에 280만 명이던 도시 인구는 1970년에 8백만 명으로 늘었다. 공중 습격이 주요 기간 시설을 표적으로 삼아 폭격할 때조차 폭격당한 곳의 주민은 생산 활동을 이어 갔다. 한국에서는 발전 시설의 90퍼센트가 파괴되었음에도 불구하고 북한의 저항은 계속되었다. 한국 전쟁과 베트남 전쟁에 대하여 전후에 이루어진 연구에서는, 폭격을 받아 생활이 힘들어졌지만 그래도 사기 저하로 인해 사회가 붕괴되지는 않았음을 알 수 있다. 제2차 세계 대전 때와 마찬가지로 사회는 다른 방도가 없었기 때문에 충격을 흡수했다.

베트남 전쟁 이후 폭격은 서구 공군에서 여러 차례 사용되었지만, 국지적 폭격이나 대규모 전략 폭격은 이득이 없다고 간주되어 더는 사용하지 않았다. 순항 미사일과 로켓탄으로 민간인에게 계속 엄청난 인명 피해를 입히지만, 이라크나 시리아, 리비아, 가자 지구에서 현지 주민들은 다른 여러 시련에 대처해야 했다. 이러한 공격의 목적은 민간인의 사기 저하와 민간인의 삶의 틀을 파괴하는 것이라기보다는 즉각적인 정치적 효과를 보는 것이다. 최근에 벌어진 분쟁에서 폭격에 희생된 사람의 수가 많아 〈스마트 무기〉가 실질적인 정확도를 확보하게 되었다는 단언과는 모순된다. 그리고 이러한 단언은 정부와 군대 지휘자들이 21세기 초 현재 여론의 비판과 국제법을 침해한다는 비난에 점점 더 민감해진다는 사실도 보여주고 있다.

폭격은 총력전의 도구였다. 총력전은 최대한 동원된 사회들이 벌이는 충돌로서 시민 개개인은 모두 국가가 치르는 전쟁 활동에 기여하도록 부름을 받는다. 하지만 도시 주민들은 줄리오 두헤가 주장한 것처럼 공포로 인해 저항하는 능력에 타격을 받는 대신, 버티기 위해 다양한 해결책을 만들어 냈다. 도시 주민들은 국내 전선의 면제권을 의도적으로 침해하는 행위에 맞서 예상치 못한 적응력과 집요함을 발휘했다.

참조

08
히로시마에 대한 침묵

켄 다이마루•

1945년 8월 6일, 히로시마에서는 전투가 없었다.

원폭 직후에 이루어진 검열로 핵 공격에서 살아남은 자들은 침묵해야 했다. 게다가 그들이 겪는 고통은 전후 일본에서 사람들에게 별로 주목받지 못했다.

피폭자들은 침묵한다. 그들의 증언은 몇 마디에 불과하며, 이것은 하루만 생각하는 사람들, 8월 6일에만 히로시마에 오는 사람들은 당연히 이해할 수 없다. (오에 겐자부로, 『히로시마 노트』, 마츠사카 요시타카의 편지 중에서)

히로시마에서는 전투가 없었다. 1945년 8월 6일 오전 8시 15분, 히로시마는 활기찬 도심이자 역사적으로 일본의 산업 및 군수 중심지였다. 부채꼴의 삼각주 위에 건설된 도시 히로시마의 날씨는 청명하다. 1분 후, 거의 모든 것이 완전히 파괴된다. 사흘 후, 가파른 언덕의 움푹 들어간 곳에 위치한 도시 나가사키도 똑같은 운명을 맞는다. 원폭의 진원 가까이에 있던 사람들은 거의 예외 없이 폭격으로 인한 기류와 고열, 화재, 방사선이 결합된 이유로 즉사했다. 살아남은 사람들에게는 말로 표현하지 못할 상황이 일상이 되었다. 그들은 핵폭발로

• Ken Daimaru. 사회 과학 고등 원구원에서 박사 학위를 취득한 연구원. 일본의 의료 서비스와 러일 전쟁의 국제 관찰자들에 관한 논문을 썼다.

깊은 상처를 입었다. 건강에 파괴적인 영향을 미칠 수 있는 이온화 방사선에 높은 수위로 노출되어 신체적으로 부상을 당했으며, 소중한 사람을 잃고 끔찍한 광경을 목격해야 했기에, 또 그토록 많은 사람이 죽은 상황에서 살아남았다는 사실 자체로 인해 심리적인 고통을 감내해야 했다. 히로시마 원폭 생존 작가인 오타 요코는 〈나는 너무도 끔찍한 침묵에 압도되어 마치 모든 생명이 즉사했다고 생각했습니다〉라고 설명한다.

오타의 이야기 『시체의 거리』(1983)는 매우 특별한 상황에서 작성되었다. 그녀는 화장실의 휴지를 비롯해 자신이 모은 종잇조각들에 깨알 같은 글씨로 휘갈기듯 썼다. 당시에 종이가 소중한 물자였음을 상기시켜 감동을 준다. 그녀는 8월 6일 이후 3개월간 히로시마와 그 인근에서 생긴 일들을 직접 체험하거나 전해 들은 대로 전한다. 1945년부터 1952년까지 일본은 사회 정치적으로 국가의 이해와 반대되는 생각과 정보가 자유롭게 소통되지 못하는 환경이었다. 연합군의 점령 아래 검열이 실시되었고, 원폭으로 야기된 신체적·인간적 손실에 관한 정보는 공개될 수 없었다. 피폭자(희생자, 말 그대로 〈폭격을 당한 사람〉이라는 뜻)들은 공식적으로 자유롭게 자기 생각을 표현할 권한이 없었다.

히로시마에서 12만 명, 나가사키에서 7만 명 사망

아시아 태평양 전쟁(1937~1945) 중에 일본 과학자들은 직접 핵무기를 개발할 가능성을 연구했다. 그 일이 기술적으로는 실현 가능하지만 수십 년이 지나기 전에는 불가능하다고 결론을 내렸다. 핵분열을 군사적으로 적용하는 연구를 감독한 바 있는 물리학자 니시나 요시오는 폭격 이틀 후에 히로시마로 파견되었다. 니시나의 보고서를 기초로 하여 1945년 8월 10일에 육군과 해군 공동 위원회는 새

로운 무기를 〈핵폭탄이라고 인정했다〉. 신문에서는 처음에 핵무기를
〈새로운 유형의 무기〉라고 불렀으나 그 무기가 어떤 점에서 새로운지
는 설명하지 않았다. 덴노는 포츠담 회담 결과를 인정한다고 몸소 선
포한 담화문에서 이렇게 말했다. 〈적이 극도로 잔인한 새로운 폭탄을
개발했다. 그 파괴 능력은 헤아릴 수 없어서 무고한 인명을 무수히 죽
었다〉.

　일반인들은 〈원자 폭탄〉이 무엇인지 거의 또는 전혀 몰랐다. 신체
가 방사선에 노출되면 생기는 영향, 히로시마와 나가사키가 실제로
파괴된 정도는 더욱 몰랐다. 8월 6일과 9일에 폭탄 두 개가 투하되
었을 때부터 9월 17일에 연합군 사령부의 검열이 실시될 때까지 피폭
자들이 새로운 무기에 대해 보인 반응은 다양하고 복합적이었다. 히
로시마에서 폭격이 이루어진 직후에 미국인 전쟁 포로에 대한 폭력
행위가 이루어졌다. 이는 대상은 명확했지만 적이 가한 극도의 폭력
과는 크게 어긋나는 반응이었다. 온갖 소문이 떠돌았다. 가령 어떤 소
문에서는 일본이 미국 대륙에 비슷한 위력의 무기를 발사해 이제 막
반격했다고 단언했다. 히로시마의 한 의사는 〈드디어 일본이 반격한
겁니다! 우리 병실 분위기는 완전히 바뀌었고, 폭격이 벌어진 후 처음
으로 모두가 즐거운 기분이었죠. 가장 고통받은 사람이 가장 행복해
했습니다〉라고 외쳤다.

　원자 폭탄이 뿜어 낸 방사능 때문에 히로시마와 나가사키의 많은
주민이 죽었다. 하지만 일본 의사들을 당황하게 한 것은 생존자가 보
이는 병리 현상이었다. 피폭자들은 단순한 군사 작전이 생체에 야기
하는 영향보다 훨씬 더 심한 영향을 일으키는 에너지 형태에 노출되
었다. 발표된 사진들로 인해 대중은 많은 화상 피해자가 겪는 고통스
러운 켈로이드 흉터에 익숙해졌다. 겉으로 아무런 피해를 입지 않은
것처럼 보이는 다른 많은 생존자도 몇 시간 또는 며칠 후에 급성 방사

선 증후군을 보이기 시작했다. 제일 먼저 심한 구토와 설사가 나타났다. 뒤이어 출혈과 면역 기능 장애, 탈모, 피부에 붉은 반점, 발열, 갈증, 죽음이 차례로 이어졌다. 이런 식으로 사람들은 8월 6일과 9일이 가져온 영향을 서서히 깨닫게 되었다. 많은 생존자들이 오스트레일리아의 기자 윌프레드 버체트가 〈원자병〉이라고 부른 것 때문에 폭격 이후 며칠 내지는 몇 주 뒤에 죽었다. 4개월 후 히로시마의 사망자는 12만 명, 나가사키의 사망자는 7만 명이었다.

피폭자, 1957년에 인정받다

1945년 9월 3일, 히로시마에 도착한 버체트는 국제 언론에 이러한 상황을 알린 최초의 인물이다. 처음에 미국 당국은 그 정보를 〈일본의 선전〉이라고 비방하며 부인했다. 이러한 부인은 단순히 정치적인 것만은 아니었다. 미국 과학자들조차 피폭 진원지 가까이 있던 피해자가 생존할 가능성에 대해 비관적이었기 때문이다. 이내 여러 관찰자가 임신한 여성 피폭자들이 출산한 아이들의 사산율과 사망률이 비정상적으로 높다는 사실에 주목했다. 자궁 내에서 방사선에 노출된 아이들은 방사선 작은머리증과 성장 발육 지연, 심한 지적 장애를 보였다. 그리고 특히 열 살까지 방사선의 영향에 매우 민감한 어린이에게서 빈번히 백혈병이 생겼다.

원자 폭탄과 이온화 방사선이 장기적으로 생체에 생물학적 변화를 일으킨다는 사실은 알려져 있다. 하지만 그것이 미치는 무형적인 영향은 역학적 연구와 통계 분석을 실시한 이후에야 밝혀졌다. 1945년 8월에 히로시마와 나가사키 원폭 생존자들은 즉시 일본 과학자들의 의학적 연구 대상이 되었다. 몇 주 후에는 이 연구에 연합국 조사 팀들이 합류했다. 약 2년 후에 방사선이 미치는 장기적인 영향을 조사하기 위해 〈원폭 상해 조사 위원회Atomic Bomb Casualty Commission〉라고 불리는 미국의 상설 부서가 히로시마와 나가사키에 설치되었다. 공동 연구자들은 수십 년 동안 히로시마와 나가사키의 모든 신생아를 면밀히 검사하려 했다.

하지만 처음에는 아시아 태평양 전쟁 중에 일본인이 겪은 고통 이야기에서 히로시마도 나가사키도 중요한 위치를 차지하지 않았다. 일본이 항복했을 때 — 히로시마와 나가사키를 포함하여 — 일본의 도시 70곳이 폭격의 표적이 되었다. 그로 인해 부상자와 이재민 사망자가 생겼으며 두 차례의 원폭으로 폐허가 된 모습과 거의 비슷한 모습이 펼쳐졌다. 원폭 이야기는 다른 폭격에 대한 이야기와 거의 구별되지 않았다. 폭격 일반, 특히 원폭과 연관된 이미지와 증언은 제한적으로만 전파되어 당시 벌어진 다른 주요한 사안들 — 연합국이 일본을 점령하고, 냉전이 시작되고, 한국 전쟁이 발발한 — 보다 주목을 덜 받았다.

따라서 원폭 생존자들의 모습을 그나마 간신히 폭격으로 파괴되지 않은 히로시마와 나가사키의 병원이 아닌 다른 곳에서 보기란 불가능했다. 일본 정부는 피폭자들을 거의 원조하지 않았다. 이들은 나머지 국민에게 두려움을 불러일으키면서 사회적으로 소외되었다. 많은 사람의 얼굴과 신체 기관이 원폭 방사선으로 기괴하게 손상되었다. 피폭자들은 원폭이라는 전염성 〈독〉에 오염되었다고 간주되었다. 1950년에 일본 국회는 도쿄의 폭격 피해자들이 히로시마와 나가사키 생존자들과 다르게 취급받지 않을 것을 요구했다. 도쿄의 인명 손실이 후자의 두 도시보다 〈세 배 더 컸기〉 때문이다.

피폭자라는 용어에 대한 공식적인 정의(定義)도 일본 정부가 뒤늦게 이들 생존자에게 무상 의료 서비스를 제공하겠다고 동의한 1957년에 와서야 규정되었다. 일본의 법에 따르면, 여러 범주의 피해자가 이러한 치료의 혜택을 받을 수 있었다. 그 범주는 원폭 중심지에서 가까운 일부 구역에 있던 사람, 원폭 이후 2주 동안 피폭당한 도시에 들어온 사람, 당시 임신한 어머니에게서 태어난 사람이었다. 방사능이 야기하는 유전적인 영향이 명확히 규명되지 않았으므로, 일본 정부는 생존자가 출산한 자녀에게까지 의료 서비스를 확대 실시했다. 생존자의 수를 집계하는 일은 거의 전적으로 자발적인 자가 신원 확인에 달려 있었다. 그런데 많은 생존자가 자신의 경험을 감추려 했다. 충분히 이해할 만한 반응이었다. 원폭 생존자가 건강한 자녀를 갖는 게 불가능하다고 사람들이 믿었기 때문에, 그들에 대한 낙인이 계속 존재했던 것이다. 결혼이 대체로 가족 간의 중매로 이루어지던 사회적 분위기에서 어떤 가족들은 자녀에게 나은 미래를 보장해 주려고 피폭 사실을 숨겼다. 피폭자로 확인된 사람의 수는 1957년 이후에야 차츰 증가했다. 1945년 이후로 집계된 현재 추정에 따르면, 피폭 생존자의 수는 약 37만 명이다.

두 차례 원폭 피해자들은 누구였나? 오랫동안 그 답은 당연해 보였다. 즉 그들은 일본인이었다. 이는 국민 사이에서 집단적인 피해자 감정을 키우는 데 크게 기여했다. 수십 년이 지난 뒤에야 피해자 중에는 중국과 일본, 다른 아시아 국가들과 유럽에서 온 사람들, 그리고 일본에서 태어난 미국 시민 3천 명도 있었다는 사실이 인정된다. 1945년 이후로 원폭 생존자의 개인적인 증언록이 수백 권 출간되었다. 이 이야기들은 미국의 역사학자 요네야마 리사가 핵 시대의 〈메모리스케이프memoryscape〉— 기억의 풍경 — 라고 부른 것을 형성하는 데 기여했다. 어떤 글에서는 외상의 결과를 자료로 뒷받침하고, 다른 글에서는 전쟁의 비극적인 측면을 강조한다. 원자 폭탄은 끔찍한 기술적 미래를 엿보게 했다. 그 미래는 너무도 끔찍해서 원폭은 수정되고 통제되어야 했다. 어떤 의미에서는 원폭의 죄를 없애야 했다. 그 결과, 많은 사람에게 원자력은 풍요의 원천으로서 〈속죄의 대리물〉이 되었다. 다른 사람들은 국제 관계에서 이처럼 파괴력이 강한 무기의 억제 역할을 강조했다. 1945년 이후 일본은 이러한 논쟁들의 중심에 있다. 하지만 두 차례의 원폭을 기념하는 가운데, 전쟁 중에 강제 징용되어 일본 대륙으로 끌려와 히로시마와 나가사키에서 죽은 한국인과 중국인 수만 명의 운명은 그늘에 남겨졌다. 일본인 피폭자의 경우, 그들은 국제적인 평화의 상징이 되었으나, 일본의 지역 정치권에서는 잊힌 채로 남아 있었다. 히로시마가 폐허를 딛고 재건되었을 때, 많은 피폭자들이 원폭 수십 년 후에도 여전히 새로 조성된 평화의 공원 바로 맞은편에 있는 겐바쿠 수라무(원폭 빈민촌)에서 살았다.

참조

1부 - 11 애국 전선 ‖ 3부 - 07 밑에서 본 폭격 | 12 일본: 남의 전쟁? ‖ 4부 - 09 살아남은 증인

09

점령

알리아 아글랑,[*] 요안 샤푸토[**]

어떤 경우, 점령은 전쟁이 끝나면서 한시적으로 이루어진다. 한편 다른 점령은 정복하고 병합할 목적으로 유지된다. 가끔은 식민화 현상과 비슷해질 정도로.

정복 전쟁이 종결되면서 어떤 영토를 외국의 군대가 군사적 또는 민사적으로 점령하는 것은 원칙상 법으로 금지되어 있다. 하지만 제국과 국가를 확장하는 주요 수단 중 하나를 이룬다. 점령은 보통 해당 영토에 대한 〈평화 회복pacification〉을 명분으로 정당화된다. 이는 『아그리콜라』에 담긴 타키투스의 유명한 연설에서 신랄하게 지적하듯 로마 제국 때부터 그랬다. 〈Ubi solitudinem faciunt, pacem appellant(그들이 비탄을 흩뿌리는 바로 그곳에서 그들은 그것을 평화라 부른다).〉

교묘하게 피해 가는 일이 잦은 1899년에 채택된 지상전 법규 및 관습에 관한 헤이그 협약은 적이 접근할 때 국민이 무기를 들고 자신을 방어할 권리를 인정한다. 그리고 일단 정복이 이루어지면, 이 헤이

• Alya Aglan. 파리 제1대학교 교수. 프랑스 저항군과 제2차 세계 대전의 역사를 연구하고 있다.

•• Johann Chapoutot. 파리 제4대학교 교수. 독일을 연구하는 역사학자로서 나치의 남성성, 파시스트 정권이 고대를 활용한 양상, 나치의 법률에 관한 연구서를 냈다. 최근 저작으로 『피의 법: 나치로서 생각하고 행동하기 La Loi du sang. Penser et agir en nazi』와 『나치의 문화 혁명 La Révolution culturelle nazie』이 있다.

그 협약에 따라 점령 당국은 〈그 나라에서 시행되는 법〉과 사유 재산, 종교적 신념을 존중할 의무를 지닌다. 모든 점령은 각기 양상이 다르지만, 점령 현상 자체는 일정한 공통점을 보인다. 애초에 존재하던 어떤 세력 관계, 약자가 강자와 맺는 관계의 결과와 그 영향으로 점령은 승자와 패자 사이의 관계 불균형을 내포하고, 이 불균형이 외국의 존재가 얼마나 오래가고 지속될 수 있을지를 직접 결정한다. 수적으로 보았을 때, 주요 거점에 결집해 있는 점령자의 수는 언제나 정복당한 국민의 수보다 적다. 따라서 소수가 다수의 타인을 계속 지배하려면 설득부터 더없이 가혹한 억압에 이르는 다양한 점령 형태를 취해야 한다.

점령자는 어떻게 정복 상태를 유지하는가? 패자가 점령 당국에 대해 지닌 의무를 규정하는 법을 강요함으로써, 군사력과 위협을 결합하고 저항 움직임과 의용병 활동을 일으킬 위험을 감수하더라도 점령된 국민을 매수하여 자신들을 대신할 사람을 적극적으로 탐색하며 유지한다. 오늘날에도 여전히 활용되는 반란 억제 기법은 이제 그 유명한 미국식 〈마음과 영혼을 얻어 내기〉에 근거를 두고 있다. 이 기법은 점령된 영토에서 민간 및 군사 인력을 유지하기 위해 큰 비용을 들이지 않으면서 질서를 유지할 필요 때문에 사용된다. 달리 말하면, 체제 전체를 약화시킬 충돌을 벌이기보다는 물질적인 안락이나 위생 시설의 진보를 가져와 점령지에서 신뢰를 얻는 것이다. 현지의 반응 강도는 점령 조건이 얼마나 가혹한지에 달려 있다. 피정복민들이 생존에 위협을 받는다고 느끼면 저항은 세력 관계의 전복을 목표로 집요한 투쟁 형태를 취할 수 있다. 이때 약자는 잡을 수 없는 다수 세력으로서 강도는 낮지만 끝나지 않는 전쟁을 벌인다.

그러므로 사례를 통해, 전쟁에 의한 전쟁을 위한 점령과, 고대 팍스 로마나pax romana의 경우처럼 제국의 틀 안에서 이루어진 전쟁에 의

한 평화를 위한 점령을 구분해야 한다. 전자는 영토를 집약적으로 활용하기 위해 이루어지고, 후자는 중장기적으로 식민화의 첫 중개자인 전통적인 엘리트와 신엘리트층을 통합하고 그들이 예전의 직위를 강화하고 정치적·종교적 유력자로서 새로운 지위를 창출하는 쿠르수스 호노룸cursus honorum(라틴어로 〈명예로운 길〉이라는 뜻. 고대 로마에서 관직 승진 코스를 일컬음)에 접근할 가능성을 제공하는 것을 목적으로 한다.

다른 말로 하면 다음과 같은 질문을 제기하는 일이다. 즉 무엇을 위한 점령인가? 1870~1871년 프로이센·프랑스 전쟁이 종결되며 체결된 프랑크푸르트 조약 이후에 이루어진 것과 같은 일시적인 점령의 목적은 패자가 조세나 벌금을 지불하도록 하는 것이다. 따라서 지불이 이루어지면 프랑스에서 점령군은 철수한다. 마찬가지 방식으로 점령군 유지와 자원 활용은 시간적으로 제한될 수 있다. 제2차 세계 대전이 종결되면서 역시 일시적으로 형성된 독일 내 점령 구역은 모든 연합국에 똑같은 목적을 뜻하지는 않았으나, 점령 상태가 오래 지속될 거라고 여기지는 않았다. 최근 들어 이라크의 경우 점령은 인권을 명분으로, 법치 국가 수립을 위해, 전쟁이 끝난 후 민주주의를 향한 길을 제시할 목적으로 이루어진다고 주장되었다.

그 반대편에는 시간적으로 무제한 이루어지는 점령이 있다. 최종적이라고 간주되는 패배가 이루어지면서 정착되고, 이로써 식민화나 병합과 비슷한 형태의 지배가 시작된다. 동기 — 경제적·정치적·종교적·민족적 — 는 다양할 수 있고, 학살이나 원주민 말살에 이르는 민간인에 대한 폭력의 수준도 마찬가지로 다양하다. 점령이 이루어지면 사회 내의 유대 관계는 약화된다. 따라서 점령국에 저항할지 협력할지, 또는 사회적으로나 내밀한 관계에서 후퇴하는 입장을 취하는 게 가능한 경우라면 아무런 반응도 취하지 않을지 결정하는 것은 가족이나 집단, 정당, 헌법으로 정해진 단체나 기구가 아닌 개인 수준에서 이루어진다. 따라서 단기적 또는 장기적인 시간성을 통해 애초에 점령자가 많든 적든 명시한 목적에 따라 점령은 두 개의 커다란 범주로 나뉘며, 이 목적으로 점령당하는 국민의 반응이 결정된다.

너그러운 보호자인 러시아 황제

진행 중이거나 끝나 가는 분쟁의 틀 안에서 점령은 사실상의 상황에서 법으로 인정된 상황, 즉 법적인 틀 안에 등록되고, 어떤 합의나 휴전, 조약에 순응하는 상황으로 바뀔 수 있다. 이때 점령 정권은 병합이나 정복이라는 목적 없이 단지 평화로 향하는 과도기로 마련된다. 시간적으로 제한된 점령 정권은 패자가 승자에게 합의된 조항을 수행하는 담보나 보증 역할을 한다. 이처럼 점령된 영토가 점진적으로 해방될 분명한 일정이 정해져 있으므로 점령국과 피점령국 사이에서 불화가 생길 이유는 적다. 이 경우에 군사적 또는 정치적·경제적 압박 수단인 점령은 주로 행정에 의한 일시적인 예속의 한 형태로서 피점령국의 국가적·문화적 정체성이 근본적으로 침해당하지 않고, 민간인과 그들의 재산은 평화 시기와 비슷하게 보호받는다.

1814년 3월 31일에 프랑스의 군대와 민간인이 항복한 후에 러시아 황제와 프로이센의 왕을 필두로 대프랑스 동맹군이 파리에 진입하자 민심은 동요한다. 하지만 샤토브리앙이 『나폴레옹의 생애』에서 전하는 이상적인 묘사를 믿는다면, 점령군은 보호자이자 재건자이며, 피점령국 국민에게 너그러워지려 한다.

동맹군의 이 최초 침공은 세계 역사에 전례가 없다. 어디에서나 질서와 평화, 절제가 유지되었다. 가게는 다시 문을 열었고, 6척 장신의 러시아 수비대 병사들은 자신을 조롱하는 프랑스의 작달막한 개구쟁이들에게 꼭두각시나 사육제의 가면처럼 이 거리 저 거리로 이끌려 다녔다. 패자는 승자처럼 보였다. 승자는 자신이 거둔 성공에 벌벌 떨며 용서를 구하는 듯했다. 외국의 왕과 황태자들이 머무는 저택을 제외하면 국가 수비대가 홀로 파리를 책임졌다. 1814년 3월 31일 수많은 군대가 프랑스를 점령했다. 하지만 몇 개월 후 모든 군대는 부르봉 왕가가 복귀한 이후로 총 한 번 쏘지 않고, 피 한 방울 흘리지 않고 우리 국경을 다시 넘어 떠났다.

백일천하가 끝나고 나폴레옹이 엘바섬으로 다시 돌아간 후, 1815년의 평화 조건은 프랑스에 덜 호의적이 되지만, 승전국들은 1814년 6월 4일에 루이 18세가 헌장을 〈수여〉함으로써 정치적 전환이 이루어지도록 압박을 가한다.

1870년 9월 2일에 스당에서 패배한 후, 프로이센이 실시한 점령은 시간적으로 더 오래 지속되었다. 점령이 신생 프랑스 공화국을 가로막지는 못했으나, 정권 초기 몇 년 동안 정치적 방향에 영향을 미쳤다. 1871년 1월에 프로이센 군대는 프랑스 30여 개 도(데파르트망)를 점령했다. 징발과 수탈, 납치, 약식 처형으로 공포에 빠진 국민은 대규모로 달아났다. 파리 코뮌이 진압된 후, 프랑스 대통령 아돌프 티에르는 프랑크푸르트 조약으로 정해진 막대한 배상금을 선납하기 위해 여러 차례 공채를 발급했다. 덕분에 예정보다 앞선 1873년 여름에 프랑스 영토에서 점령군이 퇴거했다.

그로부터 50년이 지난 후에 프랑스-벨기에 군대가 1923년 1월부터 1925년 8월까지 루르 지방을 점령하는데, 이는 바이마르 공화국 치하의 독일이 〈보상금〉을 갚도록 강제하기 위한 경제적 압박 수단인 〈생산 담보〉 정책의 일환으로 실시된 것이다. 이 사안은 독일 정부의 항의를 불러일으키고 시민들은 〈수동적인 저항〉을 지지한다. 파업과 태업이 증가하고 뒤이어 여러 사람이 추방되는 가운데, 라인란트 분리주의 운동이 거세게 일고 독일 여론은 프랑스가 독일에 가한 〈검은 치욕〉*에 분노했다. 독일은 프랑스가 패자를 모멸하기 위해 식민지 군대를 점령군으로 활용했다고 여겼다.

점령은 군사적이고 정치적인 동기에만 국한되지 않고 경제적인 동기에서 이루어지기도 한다. 1842년과 1858년 사이에 중국에서 서로 다른 여러 조약들로 규제된 외국에 대한 조계concession 또는 〈불평등 조약〉은 경제적인 점령의 한 특수한 형태다. 도시와 항구 지역으로 제한된 조계는 임대 계약서로 규정되며, 영토에 따라 99년에서부터 영구히 이루어진다. 계약에 의한 다양한 점령 형태의 시간적 범위에 따라 점령국과 피점령국의 관계는 크게 달라진다. 이로 인해 때로는 저항이 일거나 엘리트층에서의 무언의 협력이 이루어진다.

20세기 후반에 탈식민화는 냉전의 고유한 쟁점과 뒤섞여 영토의 논리를 변화시켰다. 또한 인도차이나와 알제리, 베트남에서 보듯 점령에 반대하는 움직임에 반란 억제의 성격을 부여했다. 1957년 5월 31일에 공식적으로 선포된 말라야 연방의 독립은 공산주의 게릴라군에 맞선 투쟁으로 복잡해졌다. 1948년 7월에 처음으로 비상사태가 선포되어 영국군 — 4만 명에 이르는 병력 — 은 영국 식민 정부를 지원하기 위해 말레이시아 영토에 몇 년 더 연장하여 주둔하게 되었다. 말레이시아에서 이루어진 반란 억제의 이론가이자 실무가였고, 뒤이어 베트남 전쟁 중에 미국 대통령들의 조언자였던 로버트 톰슨은 정치적 전복에 맞서는 투쟁의 필요성에 더해 국민을 심리적으로 정복하는 데 몰두한다. 민간인에게 사회, 식량, 보건 면에서 특혜를 줌으로써 마을 사람들이 정보를 제공하고 뒤이어 반란의 발원지를 고립시키고

* 프랑스가 독일 라인란트 점령 당시 식민지 흑인 용병을 대거 활용했기에 붙은 비유.

근절하는 역할을 맡기려 한다.

느린 변화를 거친 끝에 반란 억제 원칙은 인도주의적이고 민주적인 목표를 더하여 갖추게 된다. 이 목표는 2006년 『군사 리뷰*Military Review*』에 오스트레일리아의 데이비드 킬컬른이 게재한 글에서 28가지 기본 사항으로 요약된다. 그는 당시에 미국 국무부에서 수석 전략가chief strategist로 있다가 이라크에서 퍼트레이어스 장군의 고문이 되었다. 국제 동맹군에 의한 점령은 이제 현지 지형과 문화에 대한 폭넓은 지식을 바탕으로 현지인을 보호하고 욕구를 감안해야 한다. 따라서 군대의 존재는 반란자로부터 현지를 되찾도록 현지인 군대를 양성하고 지원하면서도 〈무장 사회사업〉이라 할 만한 면모를 띠게 된다.

21세기로 들어서는 전환기에 유엔 안전 보장 이사회의 결의로 허가된 군사적 개입의 대부분이 그렇듯, 점령은 보통 다국적 성격을 띤다. 그 목적은 평화 유지와 이른바 민주주의 정착이다. 1995년 12월 14일에 데이턴 협정이 결의된 이후로 북대서양 조약 기구의 권한하에서 평화 정착 유지군Stabilization Force(SFOR, 1996~2004) 같은 다국적 군대가 보스니아 헤르체고비나에 배치되었고, 병력은 점차 축소되었다. 이 군대의 목적은 분쟁의 재발을 방지하고, 무장 해제와 국민 보호를 확보해 구 유고슬라비아에서 전쟁을 종식하는 것이었다.

패권 공간 정복

미셸 네 원수 진영의 조력자로 스페인에서 나폴레옹 점령을 경험한 앙투안앙리 조미니 남작에 따르면, 국민 국가의 시대가 펼쳐지면서 정규전이 파르티잔 전쟁과 결합하여 충돌은 더없이 끔찍해진다.

특히 적국의 국민이 규율을 갖춘 군대의 핵심부로부터 지원을 받을 때, 전쟁은 엄청나게 어려워진다. 당신은 군대밖에 없는데, 적

(敵)은 군대와 대규모로 징병된 국민 전체 또는 적어도 국민 대다수를 가지고 있다. 국민은 무엇이든 무기로 삼아 모두가 당신의 파멸을 초래하려 애쓴다. 심지어 비전투원조차 당신을 파괴하려 하면서 온갖 수단을 동원한다. 당신은 주둔하고 있는 땅만 간신히 점유하는 데 반해, 그 주둔지의 경계 바깥에서는 모든 게 당신에게 적대적이다. 한 걸음 내디딜 때마다 당신은 무수한 방식으로 등장하는 어려움을 만난다(『전쟁술 *Précis de l'art de la guerre*』, 1838).

같은 상황의 주체이자 증인인 카를 폰 클라우제비츠가 『전쟁론』에서 말하는 바도 다르지 않다. 그는 이 책에서 스페인의 사례를 들어 스페인에서 벌어진 〈작은 전쟁Kleinkrieg〉(또는 〈게릴라전〉)을 모든 지속적인 점령에 대항하기 위해 수행해야 할 투쟁, 특히 독일에서 프랑스에 대항해 벌어진 투쟁(1806~1813)의 원형으로 삼는다. 프랑스군이 예나와 아우어슈테트에서 승리한(1806년 10월) 후 호엔촐레른 가문의 영토를 점령한 목적은 독일 군주들, 특히 프로이센 왕이 프랑스제국에 적극적으로 협력하도록 압박하고, 영국 제도(諸島)와의 교역을 막기 위해 선포한 봉쇄가 잘 이루어지도록 하며, 앞으로 러시아 제국과 벌일 군사 작전의 후방 기지인 독일 영토의 평화를 확보하는 것이었다. 프랑스는 스페인에서처럼 게릴라군과 맞닥뜨렸다. 그 예로 1809년에 바이에른주와 티롤주에서 안드레아스 호퍼가 이끈 게릴라군이 있다. 하지만 프랑스의 점령이 종결되는 것은 라이프치히에서 벌어진 〈국가들의 전투〉(1813년 10월) 때 나폴레옹에 맞서 동맹군이 승리를 거두고, 프리드리히 빌헬름 3세가 프로이센군의 전통을 완전히 거스르며 유명한 호소 〈나의 국민에게 고함〉(1813년 3월)으로 프랑스 혁명의 모델을 본떠 국민개병을 선포하여 1792년에 징병제를 실시한다는 두 요소가 결합한 결과에 의해서다. 클라우제비츠의 영향을 받은 그나이제나우를 비롯한 프로이센 장군들은 프랑스의 사례에서 교훈을 얻었다. 이제 시인 테오도어 쾨르너는 유명한 이행시에서 이렇게 노래한다. 〈민중이여, 일어나라! 곧 태풍이 몰아칠 것이니.〉

프랑스가 이때 점령한 것과 이 점령을 종식시킨 국민적 서사(나폴레옹에 맞선 투쟁은 독일 국민감정의 촉매제였다. 뒤이어 1815년 빈회의 때 군주제와 왕조 원칙을 내세우느라 메테르니히에 의해 은폐된다)에 대한 기억은 뒤이어 독일에 의해 이루어진 점령에 커다란 압박이 된다. 항상 지나치게 나아가지 않는 미덕을 지닌 비스마르크라는 인물의 전략적 지성 덕분에(그는 1866년에 빈으로 진격해 들어가기를 거부했다. 오스트리아 제국이 모멸당한 국가가 아닌 동맹국이기를 바랐기 때문이다), 1871년부터 1873년까지 이루어진 프랑스 점령은 엄격하게 통제되었다가, 1890년에 비스마르크가 물러나자 〈철혈 재상〉의 자제심을 갖지 못한 과격한 주전론자와 범(凡)게르만주의자들이 판을 친다.

독일은 사회 진화론의 〈생존권〉 개념에 집착하여 1914년부터 전략가, 기자, 산업 및 정치 책임자들은 극단적인 전쟁의 목표를 말하기 시작한다. 그리고 1916년부터는 군사적 범게르만주의 강경파가 주도권을 쥔다. 1918년 3월에 브레스트리토프스크 조약으로 평화가 정착되면서 동부 전선에서 독일군이 거둔 승리는 러시아령 폴란드부터 캅카스 지방에 이르는 방대한 영토를 병합하고 벨라루스와 우크라이나를 보호령으로 삼는 것으로 이어진다. 독일에 의한 점령은 독일 제국에 대한 식량 공급과 경제적·군사적으로 전략적인 원료에 대한 접근을 확보하기 위해 지속될 운명이었다. 기존 조치를 모두 무효화한 베르사유 평화 조약이 맺어진 뒤에야 비로소 독일의 점령은 막을 내렸다.

이러한 점령들은 애초의 계획은 그렇지 않았지만 짧게 이루어졌다. 현지 국민들에게 긍정적으로 받아들여졌다. 러시아의 착취 및 지배 체제에 비하면 독일 정권은 부드럽고 온화하지는 않더라도 최소한 사람과 재화를 존중하고 러시아 차르 정권보다 더 인간적으로 보였다. 긍정적인 기억은 그로부터 25년이 채 지나지 않아 새로운 독일군이 같은 공간을 침공했을 때 중요한 역할을 했다. 1930년대에 상당히 폭력적이었던 스탈린주의에 비해 나치는 역설적으로 반가운 해방을 상징했다. 유대인에 대해서도 마찬가지였다. 포그롬*이 존재한 러시아에 비해, 독일 영토와 독일 군대는 전통적으로 피란처이자 원군이었다.

〈생존권〉 정복

하지만 1939년 9월에 폴란드를 침공하고 1941년 6월에 바르바로사 작전이 실시되었을 때, 나치 입장에서 유럽 동부는 종의 생물학적 환경과 그 생존에 필수 불가결한 공간이라는 이중적인 의미에서 게르만족의 생존권이었다. 나치 이론가들은 게르만족이 질적·양적 확장 단계를 거친 이후 퇴화하고 있으며, 영토 부족과 적대적인 외부 세계라는 요인과 결합해 다산하는 종족인 슬라브족과 유대인 사이에서 멸종하게 될 거라고 확신했다. 나치는 이렇게 동유럽을 국제법의 테라 눌리우스terrae nullius, 즉 무주지(無主地)로 간주했다. 누구에게도 속하지 않는 땅으로서 그 땅을 경작할 줄 아는 사람, 즉 게르만인의 정당한 소유물이 된다는 논리였다. 게르만족의 영역으로 간주된 곳, 따라서 간단히 병합되어야 한 영역(북폴란드의 대관구Gaue) 너머로 다른 동유럽 땅은 식민화 방식으로 지속적인 점령을 받아야 했다.

이 공간을 정복하고 점령하는 것은 두 가지 논리가 결합하여 정당화되었다. 생물학적 용어로 정의된 사회 진화론적 논리(가장 좋은 공

---

* pogrom. 제정 러시아에서 실시된 유대인에 대한 조직적인 탄압과 학살.

간은 가장 훌륭한 종에게 가야 한다)와 가장 고전적인 식민주의 논리 (땅은 그것을 경작할 줄 아는 사람에게 합법적으로 속한다)다. 나치는 동부 지역에 대한 점령의 근거로 나치가 보기에 서구의 고유한 권리 인 ─ 따라서 외국 강대국이 좀처럼 이의를 제기할 수 없는 ─ 식민지 일반법을 내세웠다. 에메 세제르는 『식민주의에 대한 담론』(1955)에 서 히틀러를 결코 용서할 수 없는 이유를 신랄하게 적었다.

그것은 그 자체로는 범죄, 인류에 반하는 범죄가 아니다. 그것은 그 자체로 인간에 대한 모멸이 아니다. 그것은 백인에 대한 범죄요, 백인에 대한 모멸이며, 이제껏 알제리의 아랍인과 인도의 쿨리, 아 프리카의 검둥이에게만 적용된 식민주의 방식을 유럽에 적용했다 는 것이다.

해나 아렌트는 『전체주의의 기원』(1951)의 유명한 단락에서 식민 주의 체험이 나치가 인간적인 것과 비인간적인 것, 영토를 이해하는 방식의 모태였다고 주장한다. 이러한 생각은 나치의 논거 자체에 의 해 뒷받침되며, 나치 독일은 〈보헤미아 모라바 보호령〉과 폴란드의 〈총독부〉, 바르샤바로 급파된 열대 의학 전문의들, 〈아스카리〉 ─ 독 일령 동아프리카에 주둔한 보안군Schutztruppe의 아프리카 보충대를 부 른 이름 ─ 라고 부른 우크라이나 보조 근무자를 대거 동원하여 식민 지화를 재현하려고 각별히 정성을 기울였다.

하지만 동유럽에서의 나치 점령이나 아시아 남동부에서 이루어진 일본의 지배는 아프리카와 인도를 강탈했던 고전적인 식민주의 행태 와는 거리가 아주 멀었다. 이주에 의한 식민화나 경제적 식민화는 그 목적이 영토를 최적으로 활용하고 현지 토착 〈인력 자원〉을 최소한으 로 보전하는 것이다. 벨기에가 콩고에서 자행한 폭력이나, 프랑스가 알제리에서 〈평정〉을 할 때 자행한 폭력, 독일이 나미비아에서 자행한 폭력, 영국이 인도에서 진압하며 보여 준 폭력성이 극단적이긴 했어도, 그 어떤 식민 강대국도 2천만~3천만에 이르는 식민지 국민을 냉정하고 빠르게 말살시킬 계획은 세우지 않았다.

　나치 정책 수립자들이 보기에 동부 지역에 현존하는 생물학적 물질substance biologique은 그 수를 줄여 노예화하거나(슬라브족, 아시아 인종), 진화론적 결정 과정에 따라 멀리 떨어뜨려 놓거나 아예 제거해야(유대인) 했다. 이러한 새로운 유형의 점령의 실험실이 된 것은 1939년 9월의 폴란드였다. 나치 친위대 경찰 소속 기동대인 아인자츠그루펜* 4개 대대는 슬라브족 중에서 육체노동에 적합한 구성원만 살리고 폴란드의 지식 및 문화 엘리트를 파괴하라는 임무를 부여받았다. 폴란드에서 교육은 기초 지식과 독일인 〈영주〉(독일어로 Herr, Herrenmensch)에 대한 복종만을 가르쳐야 한다고 보았다. 이 영주 모델은 정복자들이 튜턴 기사단이나 〈검의 형제 기사단〉 같은 봉건 제도의 구시대적 모델을 본떠 식민지의 〈지배자〉 내지는 〈통치자〉라는 매우 근대적인 모습으로 상상해 낸 것이었다.

　독일의 문건에 따르면, 이제 더 이상 소련이 아닌 〈구소련〉을 침공할 때 나치의 계획은 발트해에서 흑해까지, 전쟁 이전의 폴란드에서 우랄산맥까지 펼쳐지는 영토를 포함하여 엄청난 규모로 발전한다. 하인리히 힘러가 대표하고 콘라트 마이어헤틀링 교수가 지휘한 〈게르만족을 강화하기 위한 국가 판무관부Reichskommissariat〉가 개발한 게네랄플란 오스트Generalplan Ost의 여러 다른 버전의 윤곽이 잡힌 것은 바로 이 수백만 제곱킬로미터에 대해서다. 궁극적인 목표인 〈게르만성(性)의 강화〉를 이루기 위해, 정복과 〈구소련〉 영토의 개발, 그리고 슬라브

＊ Einsatzgruppen. 친위대와 경찰 병력을 차출하여 편성한 점령지 내에서 유대인과 슬라브족을 학살하는 임무를 맡은 부대.

족 1억 명을 노예화하고 그중 3천만 명을 (주로 굶주리게 하여) 소멸시키며, 유대인을 어떤 방식으로든 말살하여 공간을 지리-종족적, 지리-인구 통계학적으로 재편성하는 것이었다. 일단 이러한 숙청이 이루어지고 나면, 나치 독일이 경제적 필요에 따라 예속된 인구에 대한 — 나치의 표현에 따르면 — 신속한 관리를 실시하도록 기획했다. 독일인은, 헤르베르트 바케가 장관으로 있던 농업부가 〈과잉 구역〉, 즉 인구를 늘려야 할 구역으로 규정한 우크라이나의 흑토를 비롯한 동부에 정착해야 했다. 이와 반대되는 곳은 늪이나 숲 지대인 북부의 〈결핍 구역〉으로, 이곳에서는 인구를 감소시켜야 했다(여기에는 레닌그라드도 포함되었다. 이 도시를 포위해 주민을 굶주리게 만든 것은 이러한 정책의 일환이었다). 독일 국방군의 한 사단은 〈우리가 살려면 러시아가 죽어야 한다〉는 표어를 내걸어 동부에서 벌어진 이 〈인종 전쟁〉의 핵심을 노골적으로 요약했다. 하지만 민간 부서도 다르지 않았다. 1941년 5월 23일에 농업부 사무국의 한 위원회가 전시 경제 책임자인 헤르만 괴링에게 보고서를 전했다. 거기에서 위원회는 러시아에 주둔한 독일 군대는 〈러시아에서 식량을 공급받아야〉 하며, 〈독일 국민에게 필요한 것을 징수하는 일〉은 〈수백만 러시아인을 굶주려 죽게 만들 것〉이라고 설명했다.

동부 지방에 대한 나치 점령은 극도로 폭력이었지만 나치는 생물학적, 역사적 필요라는 명분을 내세워 당당하게 주장했다. 이런 폭력으로 정복과 말살, 이주를 이룬 다음에는 지속적인 식민화를 정착시켜야 한다고 보았다. 동부에서의 나치 점령은 서부에서 실시된 점령 정책과 확실히 다르다. 서부 지역의 점령은 매우 폭력적인 정복 단계를 거쳐 이루어졌다. 가령 로테르담 폭격은 바르샤바 폭격보다 덜하지 않았다. 프랑스에서의 군사 작전 동안 6주 만에 독일 병사 4만 명과 프랑스 병사 10만 명이 죽은 것을 보면 전투가 얼마나 격렬했는지 쉽게 짐작할 수 있다. 하지만 일단 정복이 이루어진 이후에 점령은 가장 고전적이고 비용이 최대한 적게 들어야 했다. 나치가 동부에 대해 엄청난 야망을 지닌 데다 영국을 여전히 패배시켜야 했기 때문에, 서부에서 패배시킨 민주주의 국가들, 특히 프랑스를 점령하는 데 돈과 물자, 인력과 시간을 최소한으로 들였다.

이런 관점에서 프랑스에서 독일의 〈정치 혁명〉에 매료된 사람들이 관리하는 정부와 〈자유〉 구역을 유지한 것은 더없이 수지 맞는 일이었다. 독일은 안전을 확보하는 것이 전략적으로 중요한 해안 지역과, 게르만화를 위해 중요할 수 있는 동부와 북부의 영토를 포함한 〈금지 구역〉에 대한 통제만 담당했다. 알자스와 로렌 지방이 게르만 문화를 지닌 영토라는 이유로 나치 독일에 병합되고 통합되었다면, 프랑스 북부나 부르고뉴, 프랑슈콩테 같은 지역은 나치 독일의 게르만 동맹국을 이루고 나치에 의해 관리될 것이었다. 이러한 장기적인 계획에서 〈나머지 프랑스 지역〉은 유럽 동부의 레스트체차이* 지역처럼 보호령으로 건립될 것이었다. 이를 그때까지 비시 정권이 착수한 〈국가 간 협력〉 정책은 프랑스의 주권이 유지된다는 환상을 품게 만든 눈속임이었다. 독일은 이 정책에 만족할 수밖에 없었다.

장기적인 취약함

독일 점령이 강경해지면서 재물 약탈과 인력 징발, 점령 인력의 안전을 확보하려는 집착이 심해졌다. 뒤이어 프랑스 저항군 움직임과 연합군의 상륙에 대항하기 위해 동부 전선에서 불려 온 군대가 프랑스에 도착하자, 게릴라 활동이 증가했다. 독일 점령군이 규탄한 소위 〈테러리스트〉인 〈자유 프랑스〉에 추종하는 사람들에게 찬미받은 〈프

* Rest-Tschechei. 나치 정권에서 독일로 흡수되고 남은 체코 지역을 이르는 말.

랑스 저항군 운동가〉가 늘어난다. 동부에서는 처음에 스탈린에게서 벗어났다며 안도했던 현지 주민들이 독일의 잔혹성에 눈을 뜬다. 약탈과 초토화, 학살과 유대인 말살로 이루어진 독일의 잔혹한 억압 정권의 희생자인 민간인과 붉은 군대 병사들로 이루어진 〈파르티잔〉이 벌이는 전쟁이 빠르게 확산되었다. 독일군은 이들을 〈단독 행동자〉, 〈강도〉, 〈테러리스트〉로 간주했다.

동부에서 일상적으로 자행되던 폭력 행태가 수입되어 서부 지역에 대한 점령도 프랑스 민간인에 대한 진정한 전쟁으로 변모했다. 독일은 프랑스 민간인을 포착할 수 없고 어디에나 만연해 있으며 모호한 적(敵)인 〈테러리스트〉와 동일시했다. 결국 나머지 영토 전체가 독일 점령자들에 대한 저항 행위에 책임이 있다고 간주했다. 1944년 2월에 점령군 총사령관이 내린 지침은 분명했다. 독일군의 완전성을 침해하는 행위가 조금이라도 발생하면 그곳에서 가장 가까운 마을이나 도시를 파괴했다. 이러한 명령 때문에 튈 학살(1944년 6월 9일)이나 오라두르쉬르글란 학살(6월 10일), 쥐라의 도르탕 학살(7월 12일부터 22일까지) 같은 학살이 자행됐다.

독일의 이러한 폭력 행태는 일본 제국이 〈대동아 공영권〉에서 자행한 폭력에 비견할 만하다. 이곳에서 일본은 현지 주민을 인종적으로 경멸함으로써 비슷한 폭력을 정당화했다. 심층적으로 살펴보면, 일본도 독일과 똑같이 장기적으로 취약하다고 느꼈음을 확인하게 된다. 일본인은 독일인처럼 시간이 그들 편이 아니며 이미 시간을 지나치게 허비했다고 확신했다. 따라서 전투를 장기간 이어 가려는 의도를 완전히 무너뜨리기 위해 빠르고 강하게 공격해야 했다. 이 같은 시간에 대한 불안감에, 부족하고 취약한 공간에 대한 불안이 더해졌다. 독일은 30년 전쟁, 프랑스 혁명군과 나폴레옹군의 침공, 제1차 세계 대전 중 봉쇄에 대한 고통스러운 기억 때문에 식량 보급을 〈안정화〉하고 공간을 충분히 확장하여 자연적인 국경이 존재하지 않는 점을 로마식 식민도시colonia들에서 농민-군인과 독일계 퇴역 군인들이 사는 광대한 방위권을 구성하는 것으로 보상하려 했다. 일본은, 페리 제독에 의해 국가의 문호를 강제로 개방한 데 대한 모멸감 때문에 만주를 침공하고 뒤이어 중국을 정복함으로써 대륙 식민 제국을 건설하고자 했다. 일본 제국주의자들은 중국을 서구 강대국들 앞에서 굽실거리는 농노들이 사는 나라로 보았다. 일본은 1905년에 이 서구 강대국들에 쓰라린 패배를 안겼다. 점령된 공간과 국민을 대하는 방식은 이러한 기본 전제와 불안감, 계획으로 — 경멸감과 두려움으로 — 알 수 있다.

이러한 점령-식민화 계획들은 또한 가담이나 열광을 유도하고 대규모 행동의 촉매가 되는 거대한 사회 현상이기도 했다. 독일의 경우에는 동방 정복과 식민화에 6백만 명의 군인과 2백만 명 이상의 민간인이 동원되었다. 한편 일본 제국 확장은 동남아시아 전역에서 〈떠오르는 태양〉의 식민 지배를 수립하고자 애쓴 민간인 3백만 명의 참여에 의존했다.

이러한 흐름을 살펴보면서 현대 점령 방식과 행태에 식민지 체험이 강하게 배어 있다는 사실을 확인하고 놀라게 된다. 본질적으로 서구의 식민지 개발은 군사 정복과 〈평정〉, 현지인 협력자들, 경제적 착취와 억압을 동반하면서 19세기부터 이미 방대한 체험의 실험실을 이루었다. 이로써 소수의 군인과 민간인으로 광대한 영토를 관리하기에 이르렀다. 이때 피점령국 국민은 타협이나 협력 이외에도 게릴라전 형태 또는 더욱 드물게 공식적인 전쟁 형태로 반란을 일으키는 선택을 할 수 있었다. 서구와 전 세계에서 이루어진 군사 점령은 이러한 논리를 절정으로 밀어붙인 나머지(나치와 일본 그리고 에티오피아에서 파시스트 이탈리아의 사례가 대표적이다) 결과적으로 저항으로 돌아왔다. 이에 대응하기 위해 끈질긴 첩보 작업이나 저항 조직망 해체 또는 1944년 바르샤바처럼 반항한 도시를 단순히 파괴해 버림으로써 〈반란 억제〉가 실시되었다.

착취하고 예속하려는 의지, 〈평정〉의 필요, 〈민심을 얻는다〉는 계획, 반란 억제 기법 사이에 위치한 식민화와 점령의 원형들이 제기하는 문제들은, 2001년 이후로 특히 아프가니스탄과 이라크에 대한 군사 개입과 점령을 야기한 〈테러리즘에 맞선 전쟁〉이 벌어지고 있는 지금 이 시기에 전 세계에서 여전히 유효하다.

참조

1부 - 13 대영 제국주의의 신화 | 14 게릴라와 반란 억제 ∥ 2부 - 06 파르티잔의 세계 ∥ 3부 - 06 식민지에서: 야만이 된 전쟁 | 17 강간, 전쟁의 무기?

10

고야: 대학살의 해부학

로랑스 베르트랑 도를레아크•

총격, 화재, 강간. 고야는 「전쟁의 참상」 판화 시리즈를 통해 처음으로 민간인이 겪는 수난을 가까이에서 재현했다. 동시에 전쟁으로 인한 대학살을 표현하려는 후세의 모든 예술가들이 참고할 작품을 만들었다.

1800년대로 넘어가는 전환기, 샤토브리앙이 『무덤 너머 회상록 *Mémoires d'outre-tombe*』(1849)에서 쓴 표현을 빌리자면 〈전쟁을 과장해서 전쟁을 죽이는〉 나폴레옹의 전쟁에 유럽이 휩쓸려 가는 시기에 고야와 제리코는 처음으로 영웅적인 전쟁의 이면을 표현했다. 고야는 역사적 혼란 속에 놀라고 당황하는 민간인의 모습을 처음으로 강렬하게 그렸고, 제리코는 무리에서 멀리 떨어져 있는 무명의 군인이 느끼는 두려움과 불안감을 그렸다. 모든 점에서 이 두 예술가는 평화에 큰 가치를 부여하는 현대인의 선구자이다. 그들이 이렇게 할 수 있던 것은 그들만이 갖고 있는 예지 덕분이라기보다는, 전쟁이 가져오는 참담한 영향을 면밀히 살펴낸 덕분이다.

• Laurence Bertrand Dorléac. 파리 정치 대학의 미술사 교수. 19세기와 20세기 전쟁의 폭력을 나타낸 표현에 관해 여러 저작을 펴냈다. 책임 편집한 대표작으로 『전쟁의 참사 *Les Désastres de la guerre*』가 있다.

신체만큼 얼굴

계몽주의를 신봉한 고야는 계몽주의의 그림자도 이미 상상했다. 그는 군인에 관심을 두었지만, 그와 더불어 무엇보다 나폴레옹 군대의 침공 때 도처에, 심지어 가정이라는 깊숙한 공간까지 전달된 폭력으로 고통받는 여자와 아이들, 노인, 남녀들에도 관심을 보였다. 1808년 5월 2일과 3일에 마드리드에서 벌어진 사건을 그린, 현재 프라도 미술관에 보존되어 있는 고야의 대형 작품 두 점이 이를 증명한다. 고야는 후대를 위해 침략자 나폴레옹의 군대에 맞서 봉기했다가 뮈라 원수에 의해 무자비하게 진압된 사람들을 두 작품에 나누어 그렸다. 그들의 반항은 스페인 전체가 봉기하는 서막이었다. 〈독립 전쟁〉은 1814년까지 지속된다. 나폴레옹 제국의 패배를 예고한 것으로 간주되는 이 사건은 유럽에서 프랑스의 악명을 키우는 데 기여했다.

고야는 〈보나파르트에 대항하여 스페인에서 벌어진 피로 물든 전쟁의 비극적인 영향Fatales consecuencias de la sangrienta guerra de España contra Bonaparte〉으로부터 판화 82점을 제작한다. 판화는 렘브란트가 그랬듯, 고야가 몹시 좋아한 기법이었다. 고야는 1810년부터 음영 대조와 선영 기법을 활발히 사용해 풍자화로 보일 정도로 형태를 단순화하고 대상을 가까이에서 묘사해 희생자가 느끼는 두려움이나 학대자의 잔학성을 보여 준다. 고야는 1781년 8월 29일에 쓴 편지에서 자신이 〈새로운 세상〉에서 태어난 것 같다고 전한다. 하지만 이내 그는 왕실 화가이자 계몽주의와 프랑스의 친구라는 자신의 지위, 침략의 잔학한 현실을 증언해야 한다는 의무 사이에서 갈등한다. 1808년 가을에 팔라폭스 장군의 명에 따라 현지 보도를 위해 여름부터 봉기한 도시 사라고사로 파견된 고야는 12월에 시작된 두 번째 포위전을 목격한다. 그가 어디에서 무엇을 보았는지는 정확히 알 수 없지만, 그는 전면에 크게 그려진 어느 여인이 겁에 질린 아이의 손을 잡아끄는 장면

을 묘사한 제44번 판화에 이렇게 적어 넣었다. 〈Yo lo vi(나는 그것을 보았다).〉

고야는 군사적인 활약을 재현하기보다는 게릴라전의 현실에 천착한다. 하지만 그가 전하는 전쟁 이야기의 진정한 가치는, 전투를 재현해 낸 방식보다는 민중이 겪은 수난에 부여한 형태에 있다. 현지 보도는 오로지 학살과 포식, 징벌, 잔혹함, 유린, 약탈, 목매달기, 총격, 파괴, 화재, 붕괴, 기아, 질병, 구걸, 애원, 강간으로만 이루어져 있었다. 훗날 낭만주의자들은 1830년대 파리에 있던 조르주 상드를 필두로 고야의 대담함을 찬미한다.

고야는 당대의 목격자들이 기록한 지옥의 현장을 표현할 적합한 형태를 찾느라 애썼다. 이런 기록의 예로 라몬 메소네로 로마노스의 『어느 70대 노인의 회상』(1880)에 나온 묘사를 들 수 있다.

온갖 상태의 남자와 여자, 어린이는 자신의 초라한 거처를 버리고 빈사 상태로 길거리로 뛰쳐나와 사람들의 자비를 애원했다. (……) 그 절망과 불안에 찬 광경, 대낮에 길 한가운데서 죽기 전에 마지막 숨을 내쉬는 수많은 사람들의 모습. 거리에 널브러진 아버지와 형제의 시체 곁에서 여자와 아이들이 내뿜는 탄식, 그리고 하루에 두 번씩 그 시신들을 성당의 수레로 모아서 실어 나르는 광경 (……) 공기조차 악취를 풍기는 가스가 잔뜩 배어들어 도시 전체에 죽음의 음산한 외투를 펼치는 것 같았다.

고야가 작업실에서 은밀히 제작한 자신의 판화 연작에 강한 애착을 가졌다는 사실은 잘 알려져 있다. 고야는 죽기 전인 1828년에 친구 후안 아우구스틴 세안 베르무데스에게 작품을 계속 해줄 것을 부탁했다. 그는 이 위험한 작품을 다른 사람들에게 보여주는 것을 꺼렸다. 이 걸작은 그로부터 한참 뒤인 1863년에 와서야 출간되고 구매되었다. 그때 붙여진 제목은 단순하고도 매우 적절한 〈전쟁의 참상Los desastres de la guerra〉이다. 고야의 그림은 판화인 만큼 널리 전파되기에 안성맞춤이었다. 그의 작품은 모든 나라의 예술가들이 전쟁의 참상과 전쟁이 인간과 환경에 미치는 영향에 외형을 부여하고자 할 때 영감을 준다. 고야가 대학살의 장면을 신체와 자세뿐 아니라 얼굴을 통해 표현하는 데 성공해 냈기 때문이다. 동족의 편을 들지도, 그렇다고 프랑스인의 편을 들지도 않으면서, 무엇보다 전쟁의 폭력에 반대함으로써 고야는 상징적인 혁명을 이루어 낸다. 보슈, 그리고 항상 종교적인 이야기와 연관하여 지옥의 장면을 그린 화가들 이후로 고야가 전하는 이야기만큼 더 잔혹한 것은 없었다. 전쟁의 불행을 표현한 자크 칼로가 있었지만, 그가 살던 17세기에 칼로는 완전히 고립되어 있었다. 그 시대에 전투는 여전히 필요하고 영광스러운 것으로 인식되었기 때문이다. 게다가 칼로는 고야와 달리 과감하게 근접 묘사를 시도하지 않았으며, 인간이 저지를 수 있는 잔혹함을 정확하게 정의 내리지도 않았다.

여자, 어린이, 「게르니카」의 말

1784년에 고야는 마녀도, 영혼도, 유령도, 허세를 부리는 거인도, 겁쟁이도, 강도도, 아무도 두렵지 않다고, 오직 인간만이 두렵다고 고백했다. 고야에게 진실은 내면의 풍경을 통해 드러난다. 그는 서로 내재적으로 연결된 현실과 환상의 경계를 규정하기 위해 괴물과 맞서 싸워야 했다. 자신이 가진 한없는 자유를 의식한 그는 다른 전쟁과 다른 학살을 표현하고자 하는 후대의 예술가들을 위한 도구를 만들어 낸다. 쥘 쿠피에는 1859년 이탈리아 전쟁 때 최초로 시체 더미를 사진으로 찍었다. 뒤이어 펠리체 베아토 역시 1860년에 중국에서 벌어진 제2차 아편 전쟁 때 공터에 물건처럼 버려진 채 거꾸러져 있는 시체들을 보여 준다. 훗날 영화도 예술가들이 대학살 앞에서 느낀 충격을 그보다 더 잘 표현하지 못한다.

고야는 5월의 총살을 다룬 작품이나 「전쟁의 참사」 판화 작품들을 통해 자주 소환된다. 그로부터 한 세기 후에 오토 딕스의 판화 연작 「전쟁Der Krieg」 중 하나인 「폭격으로 파괴된 집, 투르네」(1924)는 고야의 작품과 너무 비슷해 두 작품의 일부를 혼동할 정도다. 독일 화가 오토 딕스는 퇴역 군인으로 자신이 겪은 악몽에 맞서 싸우면서 프랑스에서 겪은 전투의 충격적인 경험을 돌이켜 보며 스페인 사람 고야와 똑같은 장면을 판화로 새긴다. 여기에는 근대 전쟁의 슬픈 유산들, 특히 독가스를 더한다. 딕스 역시 일개 사건을 넘어 시대가 거쳐 가는 잔혹한 현실에 형태를 부여하고자 한다. 모든 것이 뒤집혀 뒤죽박죽인 그 집에서는 여자들이 벌거벗겨지고 열리고 강간당하며, 거꾸로 된 세계에서 신체와 사물의 혼돈은 정신적 혼돈을 표현한다.

여러 면에서 보았을 때, 고야보다 한 세기 이후에 피카소는 세계의 폭력을 목격하며 똑같이 공포에 찬 매력을 고백할 수 있었을 것이다. 1937년에 도시 게르니카가 폭격당한 사건은 피카소에게 「전쟁의 참사」에 경의를 표하도록 영감을 주었다. 그는 작전이 벌어진 폐쇄된 현장을 표현했다. 피카소 역시 전투가 아니라, 그것이 몸과 정신, 사물에 미치는 영향에 관심을 가졌다. 오늘날까지도 민간인에게 강요된 부당한 전쟁을 상징하는 걸작을 만들어 낸 것은 신문에서처럼 흑백으로, 시대에 매우 뒤떨어진 기법을 사용해 여성과 어린이, 말, 황소의 예스러운 모습을 빌려 대학살의 맹목적인 힘을 표현해 냈기 때문이다. 앙스 아르퉁이나 채프먼 형제, 로버트 모리스, 얀 페이밍처럼 1945년 이후로 고야를 명시적으로 참조한 모든 예술가는 전쟁의 광기에 대한 똑같은 울림을 표현한다. 하지만 중국인 화가 얀 페이밍이 나폴레옹 전쟁의 총살 장면을 톈안먼 광장의 기념비적인 크기로 그려 붉은색으로 뒤덮어 표현하면, 우리는 1989년에 중국 학생들이 학살당한 사건을 떠올리게 된다. 이 예술가들 각자는 모두 거장의 교훈을 자기 것으로 삼아 자신의 전쟁을 이야기한다.

장크리스티앙 부르카르는 사진 연작 「콜래트럴Collateral」(2005)에서 특정한 역사적 사건에 집중하지 않는다. 작품의 제목으로 베트남전쟁 중에 연합군의 포화로 생긴 민간인 시설 파괴와 희생자를 일컫기 위해 군대가 만들어 낸 이 완곡한 용어*를 활용한다. 폭력이 가정으로 침범해 들어온 것을 나타내기 위해 냉장고에 투사된 학살 장면을 찍은 그의 사진 작품들에서, 손상되고 거꾸러진 몸들은 두 세기가 지난 현재 고야의 작품과 똑같은 모습을 보여 준다. 즉 전쟁은 항상 세계를 뒤죽박죽으로 만들고, 폐쇄되고 깊숙한 공간까지 파고들어 사물과 일상생활의 질서에서 혼돈을 불러일으킨다는 사실을.

후대를 위한 이미지들

고야는 사람들 대다수가 그토록 고통을 불러일으킬 〈연민〉을 계속 느끼려 하지 않던 때에, 전쟁에서 자신의 〈감정〉이 지닌 형태를 상상해야 했다. 그는 계몽주의가 드리운 그림자를 포착하며 낭만주의의 자기장 내에서 활동했다. 고야는 희생자들을 보면서 얻는 진실을 믿었을까? 그는 아마도 여전히 전투의 흉악함에 침묵하며 전투를 영광스러운 것으로 여기려는 듯 보이는 동시대 사람들에게만큼 후대에게 작품을 통해 말을 걸었을 것이다. 끔찍한 세상을 고발한 고야를 좋아하는 것은 단지 낭만주의자와 평화주의자들만이 아니다. 그리고 전쟁 중 이루어진 대학살의 모습은 그것을 표현하기 위해 사용된 기법이 무엇이든, 그 모습을 맨 처음 그림으로 일관성 있고 힘 있게 표현해 낸

---

* 영어로 〈콜래트럴 대미지collateral damage〉는 〈표적 외 손상〉을 뜻함.

인물에게 빚을 지고 있는 것처럼 보인다.

　고야 이후로, 어떤 의미에서는 고야 덕분에, 우리는 현대 전쟁으로 고통받는 이름 모를 얼굴과 신체를 기억으로 간직한다. 나치의 강제 수용소가 열렸을 때, 시체 더미와 생존자의 고통스러워하는 모습, 조지 로저가 1945년 4월에 찍은 베르겐벨젠에서 시체들에 둘러싸인 채 햇살을 받으며 앞으로 걸어가는 어린이의 사진, 마거릿 버크화이트가 1945년 5월 1일에 부헨발트에서 사진으로 남긴 어느 시신 곁에서 눈물을 쏟는 젊은 남자의 모습. 히로시마 폭격 이후 크리스터 스트뢰홀름이 찍은 얼굴이 흉하게 상한 어느 어린이의 얼굴, 알제리 전쟁 중에 무명의 사람들이 찍었고 프랑스 국방부의 문서 보관소에 잠들어 있는 시체 더미 사진들, 베트남에서 닉 우트가 포착한 네이팜탄으로 폭격당한 길에서 공포에 질려 도망치는 소녀(1972), 또는 1968년 3월에 미라이에서 자행된 민간인 대학살 이후 로널드 L. 해벌이 찍은 시체 더미. 이 사진은 예술가 집단인 〈예술 노동자 연합Art Workers' Coalition〉이 자신들의 포스터 「문: 아기들도? 답: 아기들도Q. And Babies? A. And babies」(1969)에서 다시 사용했다. 미술사가 나탕 레라 덕분에 우리는 르완다에서 벌어진 투치족 말살이 사람들이 말한 것과 달리 〈이미지 없는 사건〉이 아니었음을 알고 있다. 뤼크 들라예나 파트리크 로베르 같은 사진작가의 용감한 작업에도 불구하고, 이 집단 학살의 일부 이미지는 조작되어 학살이 아니라 콜레라로 인한 사망자를 나타내는 사진들 속에 가해자와 피해자가 의도적으로 뒤섞였다.

　몰래 엿보는 사람의 입장과 정면으로 사건을 바라보지 못하는 비겁한 사람의 입장 사이에서, 감수성뿐 아니라 역사적 진실에 내줄 자리를 찾는 일이 남는다. 이 점에서 만일 고야가 한쪽을 편들지 않은 것처럼 보인다면, 그것은 한 진영에서 다른 진영으로 순환하는 폭력을 충실히 표현하기 위해서다. 고야는 자신의 시대에 앞서감으로써 우리 시대와 일치한다. 오늘날 사람들은 쏟아지는 전쟁의 이미지 앞에서 무감각해졌다고 믿지만, 그래도 그 이미지들 중 하나가 무심결에 우리를 사로잡는다. 가령 모든 사람이 시리아에서 벌어지는 충돌 이미지가 없는 것에 놀라던 2013년 8월, 신문 1면에 별안간 독가스에 희생된 아주 어린 시리아 어린이의 얼굴이 실렸고, 전쟁은 갑자기 더욱 명백한 현실이 되었다. 고야 이후로 학살을 표현한 이미지는 더 이상 특정한 어떤 충돌에만 연관되지 않는다. 그 이미지는 화가가 후대를 위하여 그린 장면처럼 불변의 요소가 된다. 예술가들이 대학살에 형태를 부여하고 우리가 느끼는 〈충격〉에 길을 찾아 준 이후로 우리는 대학살에 대한 혐오를 더욱 잘 느끼게 되었다. 예술가들은 미래를 예견한 것이 아니라, 끊임없이 되풀이되는 인류의 재앙, 고야의 통찰력에 대해 보들레르가 적었듯 모든 〈가능한 부조리〉에 형태를 부여했다.

참조

1부 - 14 게릴라와 반란 억제 ‖ 3부-07 밑에서 본 폭력 | 14 극단적 폭력 ‖ 4부-07 미라이의 혼령들

11
1914~1915년, 온 사회가 동원되다

로버트 거워스[●]

총력전의 시대만큼 국민들이 많이 동원된 적은 없었다. 국가의 선전만으로는 국내 전선의 이러한 강력함을 설명할 수 없다. 민간 사회도 공동의 이상을 중심으로 스스로 결집했다.

국가 간 전쟁, 혁명, 반혁명, 내전. 1914~1945년에 벌어진 분쟁들은 그 폭력성뿐 아니라, 후방에서 여성과 어린이, 노인을 비롯한 수백만 명의 비전투원이 동원되었다는 점에서 다른 전쟁과 구분되는 점이 있다. 동원 규모나 전 세계적으로 유래가 없는 대규모 동원은 전쟁 선전이 집중적으로 사용되었다는 사실을 고려하지 않으면 설명하기 어렵다. 여기에서 전쟁 선전은 교전국들이 다양한 형태로 자국 국민과 동맹국, 중립국, 또 적을 대상으로 메시지를 조율해서 전파하는 것을 뜻한다. 제1차 세계 대전이 발발했을 때, 세계는 이미 범지구적인 언론 혁명을 거친 이후였다. 따라서 선전은 대량으로 보급되는 신문과 무성 영화, 포스터, 팸플릿 등 근대적인 경로로 전파될 수 있었다. 정부가 사용한 또 다른 도구는 검열이었다. 이를 활용해 대중이 접근할 수 있는 정보를 선별할 수 있었다.

하지만 국민을 동원하는 데 핵심적인 국가의 선전은 총력전에서 작

● Robert Gerwarth. 더블린 대학교의 전쟁 연구 센터Centrefor War Studies 디렉터. 주요 저작으로 『왜 제1차 세계대전은 끝나지 않았는가』가 있다.

용한 역동의 여러 측면 중 하나일 뿐이다. 제1차 세계 대전의 문화사를 연구하는 전문가들은 선전의 대부분이 사실은 비정부 민간 조직에 의해 만들어졌음을 지적했다. 적절한 지적이다. 유럽 사회, 특히 영국과 프랑스, 독일, 이탈리아, 오스트리아-헝가리에서 이루어진 동원에 대한 최근의 연구들은 참전국들이 이상과 공통된 가치를 명분으로 내세워 〈자가 동원automobilisation〉이라고 할 수 있는 방식을 보여 주려 했다. 이 연구들은 국가의 선전에만 관심을 두지 않고, 많은 사례를 탐구했다. 자가 동원의 위력은 전쟁 시기에 국가가 주도하는 암시하고 억압하는 힘보다 확실히 더 강했다. 그런 까닭에 제1차 세계 대전의 첫 두 해 동안 참전국 대부분은 민간 사회가 자가 동원된 덕분에 강제력보다는 설득에 의존했다. 그 예로 분쟁을 몰락해 가는 서구 〈문명civilisation〉(〈문명〉은 당시 독일에서 경멸적인 의미를 띠었다)에 맞서 〈문화Kultur〉를 수호하는 행위로 소개한 독일 지식인 93인의 성명서(1914년 10월 4일), 또는 그와 반대로 전쟁을 〈전제적인〉 중앙 동맹국들의 위협에 맞서 민주주의를 수호하는 투쟁으로 소개한 미국이나 영국, 프랑스의 시도를 들 수 있다.

  자가 동원은 제1차 세계 대전 이후에 벌어진 분쟁들, 1919~1921년 소련·폴란드 전쟁과 1919~1922년 그리스·터키 전쟁부터 러시아와 핀란드, 헝가리와 독일의 일부 지역에서 격렬하게 벌어진 내전에 이르는 분쟁에서 더욱 강하게 이루어진 것으로 보인다. 이 〈전후〉 분쟁들에서 국가의 선전은 자가 동원보다 영향력이 훨씬 약했다. 그 이유는 아주 단순하다. 제1차 세계 대전 말에 로마노프 가문과 합스부르크 가문, 오스만 제국들이 몰락한 이후 중유럽과 동유럽 대부분에서 기능적인 국가가 더 이상 존재하지 않았기 때문이다. 그 대신 수십만 명의 개인이 정치적 이상향을 만들어 간다는 이념적인 야망이나 모험 및 부에 대한 욕망, 이웃 국가를 희생해서라도 영토를 확장하겠다는 희망, 또는 단순히 폭력이 지배하고 식량이 희소한 세계에서 생존하겠다는 집착에 이끌려 움직였다. 국가의 선전은 서로 경쟁하는 정치적 계획과 제국주의 야망이 충돌하는 1930년대와 1940년대에 다시 제일선에서 중요한 역할을 담당했다. 그리고 결국 제2차 세계 대전이 발발하기에 이른다.

두 차례의 세계 대전이 정점을 이루는 1914~1945년의 발달 과정에서 1917~1919년은 두 가지 추세의 연결점을 이룬다. 하나는 여러 참전국이 제1차 세계 대전이 종결되면서 문화적으로 동원 해제하는데 실패한 것이다. 다른 하나는 1917년 볼셰비키 혁명에 이어 많은 유럽인이 다시 동원된 추세다. 이 두 경향은 장기적으로 유럽 사회들을 더욱 파괴적인 새로운 전쟁으로 몰아간다.

1914년, 문화 간 전쟁이 시작되다

유럽 국민들은 1914년 여름에 열광하면서 전쟁에 뛰어들었다는 생각은 오랜 시간동안 지배적인 인식이었다. 이는 동원 상황을 찍은 사진들에 등장하는 기차역 앞에 운집하여 동원된 군인들을 전송하는 남녀와 어린이들의 모습으로 확인되는 것처럼 보였다. 하지만 이러한 운집은 무엇보다 중상류 계층의 젊은 사람들로 이루어져 있었다. 예를 들어 베를린에서는 학생이 많아서 이러한 운집 광경이 사육제를 연상케 했다. 노동자 지역과 농촌, 국경 지역에서는 열기가 훨씬 약했다. 그들은 전쟁이 자기 생명에 직접 영향을 미칠 거라는 생각을 기본적으로 가지고 있었다. 평화를 위한 시위 또는 식량을 다급하게 비축해 두는 일은 언론에서는 언급되지 않았지만 일상적으로 이루어졌다. 반대로 독일에서는, 독일이 초기에 승리를 거두며 분쟁이 빠르게 종결될 가능성이 감지되자 온 국민이 열광했다가 1914년 늦여름과 가을에 환상에서 깨어났다……. 어찌 되었든 모든 참전국에서 의심의 여지 없이 전쟁에 대한 애국적인 지지가 이루어졌다. 오랫동안 사람들이 믿어 왔던 것보다는 그 정도가 덜 강하고 공유도 덜 되었지만.

국민의 지지는 부분적으로 분쟁을 국가 정체성 자체가 달려 있는 실존적인 전쟁으로 인식한 데에서 기인했다. 독일의 예술가와 지식인들은 그 전쟁을 〈문화 간 전쟁〉으로 정의 내리는 데 기여했다. 프랑스의 초등학교 교사들은 동원 초기에 전쟁 준비에 기여하는 움직임의 강력한 연결 고리 역할을 했다. 하지만 전쟁 초, 유럽 대륙에 징집병이 아닌 자원병으로 이루어진 군대를 보낸 영국의 경우가 특히 흥미롭다. 군대에 자원하는 일은 애국적인 열정으로만 설명할 수 없으며 다양한 요인이 작용한다. 주된 요인으로는 동료들의 압력이나 원정군에 아직 〈지원〉하지 않은 사람들에 대한 공공연한 경멸이 있다. 〈하얀 깃털 캠페인White Feather Campaign〉을 벌인 여자들은 영국 도시의 길거리에서 마주치는 젊은 남자들에게 전통적으로 비겁함을 상징하는 흰색 깃털을 건네주었다. 대영 제국에서 전쟁은 특히 1세대 식민지 거주 영국인 공동체에서 〈제국 민족주의〉의 물결을 일으켰다. 아일랜드에서도 지원병이 왔다. 서로 상반된 동기를 가지고 지원한 이들이다. 아일랜드 민족주의자들은 자기 생명을 희생함으로써 전쟁이 끝났을 때 아일랜드에 약속된 〈자치법〉*이 시행될 거라는 희망에서 지원했다. 아일랜드 연합주의자들은 자신들이 참전함으로써 런던 정부가 아일랜드를 포기하는 일을 막을 수 있을 거라고 믿었다.

독일이 벨기에의 중립성을 침해하고 벨기에와 프랑스 민간인에게 잔혹 행위를 저지른 것은 연합국이 독일을 규탄할 명분을 제공했다. 독일은 평화를 우롱하는 것으로 만족하지 않았다. 적의 민간인을 예속하기 위해 아무 거리낌 없이 야만적인 수단을 사용했다. 모든 참전

* Home Rule. 아일랜드가 영국 왕실의 품에서 벗어나지는 않되 아일랜드에 정치적 자치권을 어느 정도 부여할 목적의 법안이었다.

국의 전쟁 선전은 주로 네 가지 표적을 대상으로 삼았다. 전방에서 싸우기 위해 동원해야 하는 남자들, 전쟁을 위해 전면적인 경제 동원의 여파를 감내하는 국내 전선, 아직 어느 편을 들지 선포하지 않은 중립국들, 그리고 그 결의를 약화시키고 민간인의 무질서와 군인의 탈영을 일으키도록 부추겨야 하는 적국이 그 대상이었다.

적을 비인간화함으로써 타자로 환원시키는 것은 전투원을 대상으로 한 선전의 중요한 측면을 이룬다. 연합군은 독일 카이저를 악마, 〈베를린의 야수〉로 묘사했고 그 군대는 여자와 어린이를 강간하는 원숭이를 닮은 난폭한 사람들로 소개했다. 독일과 오스트리아의 선전 활동가들은 적을 열등한 문명의 대표자들로 일컫곤 했지만 결코 이와 같은 극단으로 빠지지는 않았다. 독일에서는 포스터에서든 영향력 있는 지식인들의 연구에서든 영국을 비겁한 〈상점 주인들〉의 국가라고 비웃었다. 독일 사회학자 베르너 좀바르트는 『상인과 영웅*Händler und Helden*』(1915)에서 독일인을 고상한 이상을 수호하기 위해 위대한 업적을 남길 수 있는 영웅의 모습으로 그리면서, 영국인은 자신의 물질적 이윤에만 관심을 갖는 인물로 표현한다. 제1차 세계 대전으로 19세기부터 이어져 내려온 각국 국민에 대한 온갖 편견이 판을 친다.

영화, 희곡 작품, 어린이를 위한 장난감과 책, 포스터, 갓 제작되기 시작한 영화, 순회 전람회를 비롯한 당대의 문화 산물 전체가 잔혹 행위에 대한 소문의 영향을 받았다. 신문들은 전쟁시와 군사 무훈담을 실었고, 애국적인 엽서와 달력 — 가령 매달 잔혹 행위를 하나씩 수록한 〈독일의 범죄 달력〉 — 은 불티나게 팔렸다……. 국민 대다수가 기독교도인 모든 나라에서는 성직자들이 국가가 벌이는 전투에서 신이 몸소 도울 거라고 설교했다. 오스만 제국에서는 일부 종교 수장들이 그 전쟁이 러시아와 서방 국가의 이교도들에 맞서 싸우는 〈성전〉이라는 사실을 강조했다. 독일 정권이 이슬람교인들을 동원해 프랑스와 대영 제국에 맞서면 유리하다는 사실을 이내 간파했기 때문이다. 독일은 중동이나 동남아시아에서 선전을 통해, 그리고 프랑스나 영국인 이슬람교도 전쟁 포로들을 교화시킴으로써 지하드를 부르짖는 오스만 제국의 호소를 지지했다. 이러한 시도는 큰 성공을 거두지는 못했으나, 1915년 2월에 싱가포르에서 이슬람교도 인도인으로 이루어진 부대의 반란을 촉발하는 데 기여했다. 그 반란으로 수십 명이 사망했다.

전쟁 초기에 특징적으로 보인 결의와 체념이 섞인 애초의 열광은, 전쟁이 쉽게 끝나지 않을 거라는 사실이 분명해지면서 차츰 사라졌다. 국내 전선의 많은 민간인이 신체가 건강한 남자들이 모두 징집되어 야기된 경제적 압박을 느끼기 시작했다. 여자들은 하루 종일 일해야 했다. 식량은 특히 연합군의 봉쇄를 받은 나라에서 끔찍하게 부족했다. 1916년부터 긴장이 고조되어 1917년에는 전선뿐 아니라 국내에서도 파업이나 군인들의 항의 움직임이 벌어진다. 러시아에서는 1917년 초에 식량과 평화를 요구하던 평화적인 시위가 혁명으로 변모하여 광대한 러시아 제국의 영토를 수 세기 동안 지배해 온 로마노프 황가의 차르 정권을 몰아낸다. 임시 정부가 러시아 국민을 재동원하고 점점 더 압박을 가해 오는 국민의 요구를 만족시키는 데 실패해 생긴 빈틈을 레닌과 볼셰비키들이 파고들어 인기가 떨어지고 고립되어 가던 케렌스키 정부를 무너뜨린다. 이탈리아에서는 1917년 11월에 카포레토 전투에서 처참하게 패한 후 정치 및 군사 당국이 군대의 사기를 높이려는 목적으로 실시한 일련의 정책 덕분에 국민을 〈재동원〉하는 데 성공한다. 한편, 오스트리아-헝가리에서는 정반대의 상황이 벌어졌다. 제국에 대한 충성이 전쟁 초기 몇 년 동안은 잘 유지되다가 1917년부터 군사적 실패와 물질적 결핍이 누적되면서 점점 더 많은 사람이 자기가 속한 민족 집단의 정치적 미래를 고작 1867년부터 존재했을 뿐인 오스트리아-헝가리 제국이라는 상부 구조에서 벗어나 새로운 가능성을 모색한다.

1917년과 1918년에 거의 모든 참전국을 강타한 사기 저하 및 군대의 위기는 나라마다 서로 다른 반응을 불러일으켰다. 독일을 비롯한 강압적인 정권은 힌덴부르크와 루덴도르프가 지휘하는 최고 사령부(OHL)가 전쟁의 마지막 두 해 동안 군사 독재와 매우 유사한 정권을 수립하여 영국과 프랑스의 자유 민주주의 정권과 전혀 다른 길을 따랐다. 영국과 프랑스에서는 국가적인 선전 캠페인이 광범위하게 펼쳐져 전쟁으로 야기된 피로와 평화주의에 저항했다. 이는 민주적으로 선출된 정부의 정당성으로 국민 단결이 순조로이 이루어지면서 현실적인 성공을 거두었다. 반면 독일에서는 민간 당국과 군사 당국이 헌법 개정부터 전쟁의 목적에 이르기까지 서로 갈라선 탓에 재동원이 합의에 의하여 이루어질 수 없었고, 이는 1918년 가을에 연합군이 승리를 거두는 데 유리하게 작용했다.

평화 조약들에 맞선 연합 전선

1918년 11월에 콩피에뉴에서 독일이 휴전 협정에 서명함으로써 서부 전선에서의 충돌은 공식적으로 종결되었다. 하지만 문화적인 동원 해제는 또 다른 문제로서 더 어려웠다. 승자 측에서는 많은 퇴역 군인과 전투 중에 사망한 군인의 가족들이 매우 엄격한 평화 조약이 체결되기를 원했다. 패자는 패배의 결과로 재동원의 물결을 겪어야 했다. 유럽의 모든 패전국에서는 좌파든 우파든 파리 강화 회담에서 체결된 평화 조약의 주요 조항을 거부하지 않은 정당이 없었다. 〈수정주의〉 — 즉 평화 협정 일부를 개정하려는 욕구 — 는 제1차 세계 대전에서 패배한 모든 국가의 강력한 정치적 동기이자 정치적·문화적으로 그들이 재동원한 주요 원동력의 하나였다.

독일의 수정주의가 가장 잘 알려진 사례지만, 수정주의는 단지 독일에서만 나타난 현상이 아니었다. 합스부르크 가문과 호엔촐레른 가문의 제국들을 계승한 국가들은 민족적으로 전혀 같지 않았다. 그렇지만 일부 국민은 극우 정당을 지지하여 조국 바깥으로 망명한 소수 민족을 재결집하도록 했다. 히틀러와 나치의 입장에서는 이 소수 민족들이 반드시 되돌아와 독일의 관리를 받아야 했다. 이는 나치 독일이 제2차 세계 대전 중에 완수하려 한 제국주의 계획의 배경이 되었다. 하지만 독일이 그 유일한 나라는 아니었다. 헝가리 ─ 그 이전과 그 이후에 벌어진 전쟁에서 독일의 동맹국 ─ 는 트리아농 조약에 서명한 이후 국토의 75퍼센트를 잃었다. 거의 3백만 명에 이르는 헝가리인이 루마니아나 체코슬로바키아, 유고슬라비아의 지배를 받아야 했다. 제1차 세계 대전 중에 독일 편에서 싸운 불가리아도 비슷한 운명이었다. 민족적으로 불가리아인 1백만 명이 1919년 이후 불가리아가 아닌 다른 나라에서 살았다. 과거에 합스부르크가 제국 권력의 중심지였던 오스트리아는 자투리 국가로 전락했다. 제국 영토는 연합국에 의하여 신생 국가인 폴란드와 체코슬로바키아, 유고슬라비아에 분배되었다. 오직 오스만 제국만이 1920년에 체결된 세브르 조약으로 영토가 완전히 해체될 위기에 놓였다가, 강화 조약의 모든 조항을 무력을 동원해 개정하는 데 성공했다. 무스타파 케말이 이끄는 터키인 자원병 수만 명이 조약의 조항에 반대해 싸웠다. 이들은 해안 도시 스미르나*에 상륙해 내륙으로 진격한 그리스 군대의 침공을 저지했다. (영국의 지원을 받은) 그리스가 1922년에 쓰라린 패배를 당함으로써 1923년의 로잔 조약으로 강화 조건을 완전히 개정할 수 있었다.

　새로운 세계 질서에 불만을 가진 것은 패배한 중앙 동맹국들만이

---

*　Smyrna. 오늘날의 이즈미르.

아니었다. 오스만 제국과 독일, 오스트리아-헝가리와 달리, 이탈리아와 일본은 전쟁이 종결되었을 때 승전국이었다. 하지만 일본의 민족주의자들도, 이탈리아의 민족주의자들도 파리 강화 회담 결과에 만족하지 않았다. 결론적으로 일본은 거의 전투에 참여하지 않았으나 과거에 독일이 지배하던 산둥성과 적도 지대 북쪽에 위치한 태평양의 독일령 섬들에 대한 통제권을 차지했다. 반면에 일본은 자국이 인종적 차별의 피해자라고 느껴 국제 연맹의 규약에 〈인종적 평등〉에 관한 조항을 포함시키자고 제안했지만 실패했다. 미국 정부와 영국 연방의 자치령들(특히 〈백인〉 자치령으로 남아야 한다는 생각에 집착한 오스트레일리아)은 그 제안에 격렬히 반대하여 일본이 깊은 모멸감의 쓰라림을 느끼게 했다.

이와 마찬가지로 이탈리아 국민 대다수는 속았다는 인상을 크게 받았다. 이탈리아는 1915년에 독일과 오스트리아-헝가리에 맞서 전쟁에 돌입했다. 이들은 전투에서 자국 군인 60만 명을 잃음으로써 그 대가를 톡톡히 치렀다. 이탈리아는 중앙 동맹국들이 패배한 이후에 상당한 보상을 받을 것이라고 기대했다. 남부 티롤/아디제강 상류의 독일어권 지역을 포함한 합스부르크 가문 영토의 극히 일부를 얻기는 했으나, 이탈리아 민족주의자들은 전쟁 시인 가브리엘레 단눈치오가 〈훼손된 승리〉라고 부른 것처럼 분개했다. 이 반쪽짜리 승리로 이탈리아는 〈역사적으로 이탈리아의〉 영토에 대한 통제권을 갖지 못한 채 그 영토를 세르비아인과 크로아티아인, 슬로베니아인으로 이루어진 신생 왕국에 내주어야 했다. 이 모든 요인들 중 그 어떤 것도 지속적인 평화에 유리하지 않았다. 아니 오히려 그 반대였다.

게다가 제1차 세계 대전은 사회 혁명과 내전의 수문을 활짝 열어, 특히 러시아에서는 극도로 격렬한 내전이 벌어져 3백만 명 이상이 죽었다. 독일과 오스트리아, 헝가리에서도 군주제가 전복되면서 약한 민주 정권이 들어섰다. 러시아 혁명은 중요한 사건이었다. 이 혁명으로 국제 정치가 크게 흔들려 전 세계는 자본주의와 서구의 자유 민주주의를 공개적으로 반대하는 볼셰비키 정권에 처음으로 직면했다. 볼셰비키가 드리운 엄청난 그림자 때문에 볼셰비즘이 승리할 가능성이 있는 나라들 말고 다른 나라에서도 반혁명 군대가 동원되었다.

독일과 이탈리아에서는 곧 벌어질 혁명에 대한 두려움이 정치계에 새로운 활력을 불어넣어 결의에 찬 반혁명 세력이 출현했다. 이들에게는 혁명, 정확히 말하면 혁명가들을 폭력적으로 진압하는 것이 최고의 목표였다. 공포에 빠진 유럽의 엘리트층이 〈세상 종말의〉 급진파 전쟁을 그 무엇보다 두려워한 18세기 말에 그랬듯, 1917년 이후에 많은 유럽인은 볼셰비즘이 전파되어 구세계의 나머지 지역을 〈감염〉시킬 것을 두려워했다. 이에 우파가 결집하여 무솔리니나 히틀러 같은 카리스마 있는 지도자가 세력을 키웠다. 물론 히틀러는 대공황이 벌어지지 않았다면 권력을 쥐지 못했을 테지만.

경제적인 어려움에 대한 반발로 정치가 과격화하고, 지나치게 나약하다고 인식된 민주 국가에 대항한 결집이 이루어진 것은 추축국만이 아닌 전 세계적인 현상이었다. 대공황으로 로카르노 조약과 켈로그·브리앙 조약으로 대표되는 국제적 협력이 이루어진 짧은 시기가 끝났다. 경제 위기가 불러온 경제적·사회적 여파로 자유 자본주의와 의회 민주주의에 대한 신뢰가 무너지면서 여러 국가의 국민이 반민주적인 정당으로 돌아섰다. 이 정당들은 민중의 감정 덕분에 세력을 키워 국가 및 국제 수준에서 새로운 질서를 도래하게 만들었다.

선전 영화의 영향

일본에서는 포퓰리즘 정치가와 군대 지휘관들이 식민지 개발이나 경제적 착취를 위해 만주에서 새로운 영토를 정복하자고 부르짖기 시작했다. 무솔리니는 에티오피아 침공 이후만큼, 히틀러는 안슐루스 Anschluss, 즉 오스트리아 병합 그리고 주데텐란트 정복 이후만큼 인기가 높은 적이 없었다. 나치의 선전에 따르면 오스트리아와 주데텐란트 병합은 〈수치스러운〉 베르사유 조약을 〈평화적〉으로 수정한 것에 불과했다. 이러한 유형의 메시지는 영화화된 뉴스로 전파되었다. 이는 당시에 모든 독일 가정에 파고들어 있던 〈민중의 수신기〉인 라디오만큼이나 중요한 도구였다. 1930년대는 선전 영화의 황금기가 시작된 시기였다. 이 영화 장르는 음향이 도입되면서, 그리고 어느 정도는 색채가 영화에 도입되면서 새로운 가치를 띠게 된다. 영화를 선전 목적으로 사용하는 것은 세르게이 예이젠시테인의 웅장한 무성 영화 「전함 포템킨」(1925)과 「10월」(1928)에서 처음 기념비적으로 표현되었다. 후자는 볼셰비키가 페트로그라드에서 겨울 궁전을 탈취한 기념일을 축하하기 위해 제작된 영화였다.

예이젠시테인의 무성 영화들은 인상적이었으나, 그 파급력은 나치의 몇몇 유성 영화, 특히 배우이자 영화감독인 젊은 여성 레니 리펜슈탈이 제작한 영화의 파급력에 비하면 보잘 것 없었다. 리펜슈탈은 히틀러에게 1934년에 개최된 나치당(NSDAP)의 뉘른베르크 전당 대회에 관한 영화를 제작하는 임무를 부여받아 그 계획을 시행할 자금을 거의 무제한으로 지원받았다. 광각 렌즈와 망원 렌즈처럼 당대에 가장 앞서가는 기술을 사용한 그 화려한 영화는 1935년에 〈의지의 승리〉라는 제목 — 히틀러가 직접 선택한 제목 — 으로 개봉되어 관객을 사로잡았다. 아마도 20세기 선전 영화의 가장 위대한 고전이라 할 수 있는 이 영화는 1935년 베네치아 국제 영화제에서 외국어 다큐멘터리상을 받았고 1937년 파리 영화 축제에서 최우수상을 받았다. 이 영화에 등장하는 규율이 잘 잡힌 엄청난 규모의 군중이 군대식으로 완벽하게 일치하여 전진하는 모습, 그리고 바이마르 정권의 혼돈 이후에 독일을 쇄신한 인물로서 히틀러를 강조한 것은 정확하게 나치가 전 세계에 전파하고자 한 메시지였다. 독재자 히틀러는 리펜슈탈이 전해야 할 모든 메시지를 전했다고 판단했기에 나치 독일에서 히틀러에 대한 더 이상 어떤 영화도 제작되지 않았다.

나치의 정치적인 적들조차 리펜슈탈의 영화로부터 영감을 받았다. 특히 미국에서는 근대적인 영화인들이 반(反)나치주의 선전 영화를 제작했다. 독일의 정치 망명자 프리츠 랑이 감독하고 또 다른 유명한 이민자인 베르톨트 브레히트가 쓴 「사형 집행인도 죽는다Hangmen Also Die」(1943), 그리고 7부작으로 이루어진 다큐멘터리 영화 「우리는 왜 싸우는가Why We Fight」(1942~1945)가 있다. 「우리는 왜 싸우는가」는 대부분 프랭크 캐프라가 감독했다. 그는 이 영화 프로젝트를 리펜슈탈의 영화에 대한 직접적인 응답으로 여겼다.

1930년대 중반에 서구 민주주의-자본주의 정권 국가들과 극우 및 극좌 전체주의 정권들의 충돌이 임박했다. 스페인 전쟁으로 양 진영에서 국제 자원병이 자동 소집된 일이나, 나치 독일과 파시스트 이탈리아가 1936년 10월 25일에 우호 조약을 서명한 것은 모두 전쟁이 임박했다는 인식을 강하게 만들었다. 이 조약은 제2차 세계 대전 때 반공적이면서 반민주적인 〈추축〉을 이루는 공식적인 기반으로 활용된다.

서방 국가의 영화감독들과 언론이 1938년부터 전반적으로 파시스트 이탈리아와 나치 독일, 일본을 민주주의적 가치에 대한 가장 큰 위협으로 일컬은 한편, 추축국은 소련과 서구 민주 정권을 악마로 표현함으로써 전쟁에 대비해 자국 국민을 동원하고자 했다. 일본에서 이러한 노력은 물질문화에서도 드러났다. 만주 위기 때부터 주로 기모노 형태로 〈영미적인〉 가치에 적대적인 반면에 일본 전통을 찬양하는 선전 그림이 그려진 옷감이 판매되었다. 하지만 그보다 더 중요한 사

실은 이 세 국가의 선전이 자유주의적인 정치 질서와 소련식 볼셰비
즘을 모두 거부하며 권위주의적인 〈제3의 길〉을 옹호했다는 사실일
것이다. 추축국은 자국 국경 너머에 제국주의 영향권을 수립해 경제
적인 자급자족에 성공함으로써 1918~1919년의 〈굴욕〉을 바로잡겠
다고 약속했다. 일본이 중국과 동남아시아에 폭력적으로 침입한 것,
1919년 독일 동부 국경과 우랄산맥을 분리하는 광활한 영토에 레벤
스라움Lebensraum(생존권)을 실현하려는 히틀러의 야심, 무솔리니가
북아프리카와 지중해 지역을 지배하겠다는 야심 찬 계획은 모두 일맥
상통한다. 새로운 활력을 지닌 국가에 걸맞은 제국을 수립하려는 파
시즘 정권의 꿈, 그리고 〈스파치오 비탈레〉* 정복은 히틀러가 동부에
〈생존권〉을 창출하려는 원대한 계획의 이탈리아식 버전이었다. 이 두
요소는 전쟁 중에 매우 살인적인 결과를 야기했다.

〈대조국 전쟁〉

확실한 사실은 인종적인 성격을 띤 전쟁이 벌어질 거라는 전망은
사실상 극소수의 강경한 파시스트와 나치를 동원했을 뿐이라는 점이
다. 1939~1940년에 잠깐 거둔 초기의 승리로 독일 전체의 사기가 올
라갔지만, 독일인 대다수는 그 이전에 벌어진 전쟁에서 치러야 했던
대가를 잊지 않았다. 1941년 6월 22일에 바르바로사 작전이 개시되
었을 때, 그 소식에 열광한 독일인은 거의 없었다. 바르바로사 작전의
표적 — 소련 — 은 기습 공격에 대항하여 애국적 수사학과 강압이 뒤
섞인 태도로 대응했다. 군인들은 관자놀이에 권총이 겨누어진 채 전
장에 보내졌고, 후퇴하는 사람들은 정치 지도원들에게 사살되었다.
하지만 1812년에 나폴레옹에 대항해 싸운 〈대전〉에 빗대어 〈대조국

---

* spazio vitale. 〈생존권〉의 이탈리아어 버전.

전쟁)이라 불린 전쟁에서 소련이 동원되는 데에는 다른 수단들도 활용되었다. 경제는 전시 태세에 돌입했다. 공장 1천 개소가 동부 지역으로 재배치되었다. 탱크와 탄약 생산은 엄청나게 증가했다. 동방 정교회의 지지를 받아 러시아인의 애국심을 되살림으로써 군대의 사기를 북돋았다. 1937년과 1938년의 대숙청에서 살아남은 음악가와 화가, 작가들은 조국을 수호하는 일을 찬양하는 작품을 수없이 제작함으로써 전쟁 활동에 협력했다.

보리스 파스테르나크와 유명한 여성 시인 안나 아흐마토바를 비롯한 많은 예술가들이 진심 어린 애국적 열정에 사로잡힌 것처럼 보였다. 비록 소련 당국은 그들의 전쟁시가 너무 형식주의적이어서 선전에 유용하게 사용할 수 없다고 간주했지만. 관변 단체인 소련 작가 연맹에 의해 조직된 문학은 더욱 분명한 공산주의적인 메시지 또는 1943년 레닌그라드 포위전 중에 발표된 베라 인베르의 「풀코보의 자오선」 같은 열정적인 시 작품을 내세웠다. 일리야 예렌부르크는 스탈린 정권이 문학을 활용한 선전 활동에 더욱 깊이 관여했다. 붉은 군대의 간행물 『붉은 별Krasnaya Zvezda』에 실린 인기 있는 글들로 그는 당시 최고 훈장인 〈레닌 훈장〉을 받았다. 전쟁 중에 이러한 작가들과 화가, 가요 작가들은 노동자 계급의 국제적인 연대를 대신하는 조국을 위하여 영웅적인 투쟁과 이타주의적인 희생의 필요성을 강조했다. 1944년에 스탈린그라드에서 거둔 소련의 승리 직후에는 충분히 애국적이지 않다고 판단된 「인터내셔널가(歌)」를 새로운 국가로 대체했다. 새로운 국가는 국제주의적인 수사법을 포기하고 이렇게 선포했다. 〈파괴할 수 없는 자유로운 공화국들의 연방이 / 위대한 러시아에 의하여 영원히 결합했으니. / 민중의 의지로 맺은 열매여, 만세, / 단결되고 강력한 소비에트 연방!〉

독일과 일본에서는 국민이 마지막까지 전쟁 수행을 공공연히 지지했다. 반면에 이탈리아는 그렇지 못했다. 1943년에 연합군의 침공을 받아 무솔리니가 전복되자 이탈리아 국민은 안도했다. 반대로 히틀러는 숨을 거둘 때까지 독일인을 동원했다. 독일 국민이 군사적인 성공을 거둘 거라는 희망을 완전히 잃은 후에도 말이다. 폭력적인 억압과 선전을 결합한 덕분에 나치당은 소련이 복수할 거라는 두려움과 병든 정권을 향한 충성심을 증폭시켰다. 일본에서는 히로시마와 나가사키에 핵폭탄이 투하되고 히로히토 덴노가 전쟁 패배가 불가피하다는 것을 납득하고 나서야 국가의 사기가 완전히 무너졌다.

어떤 관점에서 보면, 수십 년 동안 이루어진 자동 소집을 종식시킨 것은 1945년에 추축국이 완전히 패배했다는 명백한 사실이었다. 1918년에 연합국의 승리가 모호했기 때문에 〈훔친 승리〉에 대한 강력한 음모론이 활개를 쳤다. 이런 음모론 덕분에 재동원이 이루어질 공간이 마련되었던 것과 달리, 제2차 세계 대전의 전례 없는 폭력성, 그리고 1945년에 나치 독일과 일본 제국이 완벽하게 패배한 일은 패전국과 승전국 모두에 평화를 가져오는 효과를 낳았다. 이로써 30년에 걸쳐 끊임없이 전쟁을 위한 동원이 이루어지던 상황이 끝났다.

참조

1부 - 09 전쟁 국가의 출현 | 11 애국 전선 ‖ 2부 - 04 자원병 ‖ 3부 - 07 밑에서 본 폭격 | 12 일본: 남의 전쟁? | 13 굶주림, 또 다른 무기 ‖ 4부 - 01 빈, 파리, 얄타: 화해하다 | 04 스탈린그라드의 불꽃이 꺼졌다

12
일본: 남의 전쟁?

셸던 개런*

제2차 세계 대전 중에 연합국의 선전에서는 일본 국민이 동원된 현상을 자주 〈광신〉의 사례로 소개했다. 하지만 일본 국민이 동원된 양상은 평화기와 전쟁 중에 모두 서방 국가의 모델을 본뜬 것이다.

제2차 세계 대전 중에 연합국은 비할 데 없이 유일무이한 상대였다. 일본 군인들은 절대로 항복하면 안 된다는 명령에 복종하여 죽을 때까지 싸웠다. 일본인은 민간인도 사무라이의 〈광신〉을 따르는 것으로 유명했다. 미국이 일본령인 사이판섬을 차지하기 위해 1944년에 벌인 피로 물든 전투 중에 미국인은 일본인 여자와 어린이 수백 명이 항복을 거부하고 절벽 위에서 스스로 몸을 던지는 모습을 보았다. 연합군 지휘부는 이런 끔찍한 모습을 보고, 일본의 본토를 침공하면 일본의 민간인들이 군인만큼 집요하게 저항하리라고 확신했다. 1945년에 미국 전쟁부가 의뢰하여 제작된 영화 「너의 적 일본을 알라」에서는 국내 전선의 일본인을 〈온 국민을 단련하고 빚어내고 가공하여 단 하나의 정신을 지닌 순종하는 대중으로 만드는 사악한 정치·종교 체계〉

• Sheldon Garon. 프린스턴 대학교의 닛산 일본학 연구소 교수. 『국내 전선이 전쟁터가 될 때: 제2차 세계 대전 중 일본, 독일, 영국의 초국가적 역사*When Home Fronts Became Battlegrounds: A Transnational History of Japan, Germany and Britain in World War II*』를 썼다.

에 〈자진하여 포로가 된 사람들〉로 묘사했다. 〈너무도 완벽해서 히틀러가 부러워하는 체계〉라고 말이다.

이러한 오리엔탈리즘적인 해석은 일본의 민간인과 서구의 민간인 사이의 문화적 차이를 과장했다. 또한 이러한 해석은 제2차 세계 대전에 대한 총체적인 역사를 쓰려는 시도에서 일본이 어째서 거의 등장하지 않는지에 대한 이유이기도 하다. 국내 전선을 조직하는 방식에 무언가 광기 어린 점이 있다 해도, 일본 정권의 광기는 전혀 특별하지 않다. 모든 주요 참전국은 자국 민간인을 전례 없는 방식으로 동원했다. 1942년에 민주 국가인 영국부터 일본 제국까지, 나치 독일부터 소련까지 둘러본 사람이라면 누구나 전쟁 중인 이 나라들의 일상생활에서 수많은 공통점을 찾아냈을 것이다. 국민을 대상으로 한 물자 절약 캠페인, 배급표, 공습을 알리는 임무를 맡은 감시인, 등화관제, 대피. 이러한 공통점은 우연의 결과가 아니었다. 이 국가들은 서로를 연구하고 경쟁하는 가운데 〈총력전〉이라 부르는 것을 예견하고 있었다. 세계 어디에서나 전쟁에 대비하던 이들은 앞으로 닥칠 분쟁이 전쟁터뿐만 아니라 국내 전선에서도 펼쳐져 승리(또는 패배)로 이어질 거라고 확신했다. 여기저기에서 민간인들은 전쟁 공채 모집과 식량 배급, 공습에 대응하는 소극 방어에 동참했다. 장기전이 되어 가는 전쟁에서 〈사기〉를 유지하도록 독려받았다. 일본이 이 같은 국내 전선을 구축한 방식, 그리고 전쟁 이전과 전쟁 중에 다른 국가들의 경험에서 배워 적용한 것이 무엇인지가 이 글의 주제다. 이 글에서는 서로 다른 국가들의 〈국내 전선〉이 진화하며 이루어진 초국가적 관계의 주요 특징에도 주목한다.

전쟁과 평화: 양용 전선

일본과 다른 강대국들에서 〈국내 전선〉 개념은 제1차 세계 대전 중에 생긴다. 일본은 삼국 협상의 동맹국이었으나 전투에서 미미한 역할을 담당했고 자국의 민간인을 동원할 필요가 거의 없었다. 하지만 일본은 다른 어느 참전국보다 훨씬 더 체계적으로 유럽의 국내 전선들을 연구했다. 여러 민간 또는 군사 부서에서는 젊고 유능한 공무원들을 영국과 프랑스, 이탈리아, 미국, 독일(독일에 대한 연구는 이웃한 스위스에서 이루어졌다)에 파견해 동원 계획을 관찰하게 했다. 그들이 작성한 두꺼운 보고서들은 일본이 전쟁 이후와 앞으로 치를 분쟁에 모두 대비하도록 특별히 구성된 여러 정부 위원회의 자료로 활용되었다. 일본 당국이 수집한 내용은 다른 국가들이 제1차 세계 대전에서 얻은 교훈과 매우 유사했다.

일본 군대의 장교들은 유럽에서 돌아왔을 때, 훗날 〈총력전〉으로 불리지만 당시에는 〈국가 총동원〉이라고 부른 것의 중요성을 확신했다. 1917년에 임시 군대 조사 위원회는 〈우리 시대의 전쟁은 말 그대로 국가의 모든 힘을 동원할 것을 요구한다〉라고 지적했다. 국가의 모든 힘이란 다시 말해 국가의 모든 물질적·인적·재정적 자원을 뜻한다. 하지만 1920년대에는 군대의 권한이 쇠퇴하고 의회 민주주의가 부상했다. 군대 내에서 총력전을 옹호한 과격파는 자신의 계획을 완수하기 위해 1930년대에 군국주의적이고 강압적인 세력이 도래할 때를 기다려야 했다.

1920년대에 국가를 관리한 것은 공무원으로 이루어진 민간 엘리트다. 이들은 평화기에 일본 국민을 동원하면서 유럽의 전쟁 경험에서 얻은 교훈을 적용함으로써 〈양용(兩用)〉 국내 전선이라고 부를 수 있는 것을 마련했다. 달리 말하면, 평화 시기뿐 아니라 전쟁 시기에도 사회를 동원하고 관리하는 데 적합한 형태의 국내 전선이다. 공무원이 국민의 일상생활에 개입하는 일은 먼저 양차 대전 사이에 경제 발전과 사회 안정화라는 목표로 이루어졌다가, 뒤이어 빠르게 군사적 필요를 위해 활용됐다. 그래서 양차 대전 사이에 이루어진 저축과 절약을 독려하는 국가 캠페인은, 유럽과 미국에서 제1차 세계 대전 중에 소비를 줄이고 전쟁에 자금을 대기 위해 이루어진 캠페인을 모델로 삼았다. 일본 공무원들은 영국 정부가 실시한 전시 국민 저축 운동National War Savings Movement에 영향을 받아, 국가 및 도 단위의 캠페인 위원회를, 마을과 도심에서는 지역 저축 단체들을 전국적으로 조직했다. 이때 보통 앞서 겪은 전쟁에서 사용된 수사법을 근거로 내세웠다. 1922년에 국민은 앞으로 다가올 〈평화기의 경제 전쟁〉에서 일본의 상업적 입지를 강화하기 위해 절약하도록 권유받는다. 1929년에는 이른바 〈동원을 위한 정신적 설득〉이라는 또 다른 캠페인을 실시한다.

일본 정부는 제1차 세계 대전의 교훈에 따라 이 프로그램에 여성을 포함시키려 애쓴다. 1914년 이전에 성인 여성은 일본 정부와 직접적인 관계를 거의 맺지 않았다. 동원 캠페인이 지역의 가장이나 퇴역 군인, 청년 모임을 통해 이루어졌기 때문이었다. 가정의 저축과 소비를 책임지는 것은 아내가 아닌 가장, 즉 남편이었다. 이러한 관리 방식은 1918년 이후로 급변했다. 공무원과 장교, 정치인들은 유럽의 국내 전선이 어떻게 〈여성의 힘〉을 저축이나 식량 배급 캠페인, 부상자 치료, 탄환 생산에 활용했는지를 강조했다. 1920년에 권한이 강력했던 일본 내무성은 전국의 마을과 도시 자치 단체에서 〈여성 단체〉를 조직할 것을 지방 관청에 요구했다. 이 여성 단체들은 다른 비정부 여성 단체들과 함께 국민 저축 캠페인, 그리고 국가가 새로 벌인 〈일상생활 개선 캠페인〉의 핵심을 이루었다. 이 캠페인의 목표는 일본인의 소비와 식생활, 위생, 의복, 주거를 〈합리화〉하면서 〈낭비〉를 제거하는 것이었다.

이 양용 국내 전선의 또 다른 두 측면을 살펴보면 1920년대에 민간인과 군대의 필요가 긴밀한 관계를 맺고 있었음이 드러난다. 첫 번째 측면은 1914~1918년에 일본이 유럽에서 실시한 식량 안보와 민간 사기에 관한 연구에서 나온다. 영국과 독일은 상호 봉쇄를 실시해 적의 국내 전선을 굶겨 죽이려 했다. 일본인과 여러 서구 관찰자는 독일이 전쟁에서 진 이유로, 기아 때문에 불만의 움직임이 점점 심해지는 가운데 제국 정부가 몰락하고 독일이 항복하면서 불만이 절정에 달했기 때문이라는 결론에 이르렀다. 그와 달리 영국인들의 사기가 유지된 이유를 일본 공무원들은 배급과 식량 생산 체계에 있다고 보았다. 일본도 1918년 여름에 식량 위기를 겪었다. 쌀값이 폭등하자 1백만 ~2백만 명의 도시민이 〈쌀 폭동〉에 가담했다. 일본 엘리트들은 일본이 러시아와 독일, 오스트리아-헝가리에서 퍼진 것과 비슷한 혁명 운동에 굴복하게 될까 두려워했다. 일본은 유럽에서 전쟁 중에 식량 자급자족 능력을 확보하려고 실시한 정책을 본떠 이중 전략을 실시했다. 한편으로는 〈일상생활 개선〉 프로그램의 일환으로 당국이 국민 식습관을 다양화하기 위해 공격적인 캠페인을 벌였다. 영양 전문가들과 지역 여성 단체들은 가정에서 비타민이 풍부한 보리와 채소, 강낭콩을 쌀에 섞어 먹도록 권장했다. 여기에 더해, 정부는 식민 지배를 받던 타이완과 한국의 쌀 생산량과 점령한 만주의 콩과 곡물 재배를 늘렸다. 1936년에 전문가들은 일본 제국이 식량 자급 경제를 달성했다고 자랑스럽게 선포했다.

소극 방어는 평화기에 국내 전선을 구축하는 마지막 요소를 이루었다. 일본군 전문가들은 독일이 체펠린 비행선과 폭격기로 런던과 파리의 민간인에게 가한 공격을 관찰했다. 1919년에 군 임시 조사 위원회는 앞으로 치를 전쟁에서 나무로 지어진 일본의 도시들이 적의 폭격을 받으면 〈민간인의 사기가 끝장날 것〉이 틀림없다고 관측했다. 1923년에 간토 대지진이 일어났을 때 이러한 시나리오가 현실이 될 게 확실해 보였다. 지진으로 인한 화재로 도쿄와 요코하마 주민 수만 명이 죽었다. 주민은 엄청난 공포에 사로잡혔다. 자경단들이 구성되어 수천 명의 한국인과 중국인을 학살하는 상황으로 이어졌다. 육군 장관을 비롯한 정부 책임자들은 적국이 도쿄에 소이탄을 투하하면 도시가 똑같은 혼돈에 빠질 거라고 예견했다. 당국은 극좌파의 소요에 맞서 싸울 수 있는 구역 단체들을 조직하고, 지진과 폭격 상황에 대비해 소극 방어 체계를 마련하는 데 더욱 노력을 기울인다. 1928년에 군대와 민간 지도자들은 청소년이나 여성, 퇴역 군인 단체 회원 2백만 명을 동원해 오사카에서 세계 최초로 대규모 방공 훈련을 실시했다. 1930년대 내내 일본 도시들에서는 공습에 대비한 다른 비상 훈련이 연이어 이루어졌다.

전선을 이룬 단체들

1930년에 일본 정부는 자국의 전시 국내 전선의 기본적인 골격을 이미 구축해 놓은 상태였다. 구역으로 조직되고 정신 동원 캠페인으로 강화된 이 체계는 제2차 세계 대전에서 나타날 총력 동원의 특성은 아직 띠지 않았다. 양차 대전 사이에 실시한 캠페인은 주민들이 물질적 희생을 감내하도록 제약하지 않았다. 그보다 캠페인은 〈효율성〉과 〈과학〉을 명분으로 내세워 가정이 조금 더 절약하거나 음식을 더욱 잘 섭취하게 만들려 했다. 사회동원 프로그램은, 아시아 대륙에서 벌어지던 전쟁에도 불구하고 1930년대를 거치며 큰 변화를 겪지 않았다.

역사가들은 1931년과 1945년 사이에 일본이 벌인 〈15년 전쟁〉을 자주 거론한다. 하지만 이 명칭은 이 시기에 생긴 국내 전선의 변화에 대해 별다른 사실을 알려 주지 않는다. 이 〈15년 전쟁〉은 서로 어렴풋이 연결된 세 개의 충돌로 나뉜다. 만주 점령(1931~1932), 1937년부터 시작된 중화민국에 맞선 전쟁, 미국과 서방 연합국에 맞선 태평양 전쟁이다. 〈만주 사변〉은 저강도 전쟁으로 한정되어 많아야 3천 명의 일본 군인만 사망했다. 1933년 5월 이후로는 전투가 거의 벌어지지 않았다. 일본 경제는 긴축 시기를 전혀 겪지 않고 1936년 전쟁 이전에 번영의 절정기를 맞는다. 1931년에 일본 여론은 〈전쟁의 열기〉에 사로잡혀 만주로 파견된 군대를 지지하는 캠페인에 가담한다. 하지만 제2차 세계 대전 중에 일본이 경험하게 될 국내 전선이 형성되는 상황과는 아직 거리가 멀었다.

중화민국과의 전쟁이 시작된 1937년 7월부터 전쟁으로 인해 일본인의 삶이 변화하기 시작했다. 장군들은 장제스 정부를 상대로 빠른 승리를 거둘 거라 예상했지만, 일본 군대는 상하이와 난징을 공략하면서 중국 국민당 군대의 완강한 저항에 부딪히고, 중일 전쟁은 이내 수렁으로 변한다. 중국 국민당 군대는 패배하지 않고 내륙으로 후퇴하는 가운데, 사태에 끌려가던 일본 군대는 자신이 점령한 방대한 공간을 되는대로 통제하려 애쓴다. 1938년 봄, 일본 정부는 〈중국 사태〉가 〈장기전〉이 되었다는 사실을 인정했다. 처음으로 일본 당국은 〈국내 전선〉을 조직하려 한다. 그러면서 오랫동안 잊었던 쥬고jūgo라는 용어가 사용되었다. 이는 〈무기 뒤에서(銃後)〉라는 뜻으로 프랑스어의 〈후방〉을 그대로 번역한 것으로 보인다. 국내 전선을 구축하라는 호소는 다른 새로운 단어 소료쿠센, 즉 〈총력전〉과 연결되었다. 일본군은 1938년 4월에 에리히 루덴도르프의 『총력전Der totale Krieg』(1935)의 번역본을 출간했다. 선전 전단에서는 제1차 세계 대전의 교훈, 즉 이제 더 이상 군인과 민간인의 구분이 존재하지 않으며, 젊은이와 늙은이, 남자와 여자의 구분도 없다는 메시지가 배포되었다. 〈중국 사태〉에 관해서는, 전쟁에서 승리하려면 모든 일본인이 국내 전선에서 〈군인〉처럼 행동해야 한다고 촉구했다.

중국에 맞선 전쟁 3년 동안, 국내 전선은 양차 대전 사이 기간에 지역 단체들이 실시한 정신적 또는 물질적인 온갖 동원 캠페인과 비슷한 분위기를 유지했다. 일본 정부는 〈국민정신 총동원〉이라는 의미심장한 이름의 운동을 벌여 국민이 전쟁 활동에 지지를 보내도록 했다. 지역 여성 단체들은 징집병을 떠나보내거나 부상당한 퇴역 군인과 상을 당한 가족을 위로하는 많은 의식에 참여했다. 하지만 일상생활에서 물질적인 동원이 차지하는 비중은 미미했다. 중일 전쟁은 총력전이 아닌 데다, 일본 민간인은 식량을 넉넉히 보유하고 있었다. 1939년에는 124만 명의 군인만 동원되었으므로 산업 부문은 계속 건강한 남성 인력에 의존할 수 있었다. 그러나 국민은 전쟁 자금을 대기 위해 소비를 줄이고 저축을 더 많이 하도록 점점 강권받았다. 이러한 노력을 조율하고자 1938년에 국민 저축 장려국이 창설되었는데, 이 역시 영국 재무부가 1914~1918년에 창설한 전시 국민 저축 위원회National War Savings Committee를 본뜬 것이었다.

1941년 12월에 미국과 연합국에 맞선 태평양 전쟁이 발발하기 직전 일본에서는 국내 전선에 대한 요구가 점점 심해졌다. 그 전해에 국제 상황 변화에 대한 대응으로 일본 당국은 중국에 맞선 끝없는 전쟁을 지원하기 위한 민간인 동원 기제를 더욱 강화하는 동시에, 강력한 적들을 상대로 한 다른 분쟁에도 대비한다. 소련은 여전히 위협이었다. 히틀러가 1940년 5월과 6월에 네덜란드와 프랑스에서 거둔 승리는 — 그리고 영국을 침공할 거라는 예상은 말할 것도 없이 — 일본이 동남아시아의 유럽 식민지를 정복할 유일무이한 기회를 조성했다. 일본 군대가 프랑스령 인도차이나를 침공하자 1940년 9월에 미국은 일본으로 향하는 해상 철강 운송에 대하여 금수 조치를 선포했다. 같은 주에 일본은 독일, 이탈리아와 삼국 동맹 조약을 체결했다. 진정한 총력전에 자국을 대비시키던 일본 당국은 국내 전선을 구축하기 위해 유럽에서 벌어진 전쟁을 관찰하며 새로운 초국가적인 교훈을 얻었다. 일본이 1944년 12월 이전에는 영국에 맞선 전쟁에 돌입하지 않았으므로, 일본의 외교관과 대사관 무관들은 영국, 또한 독일과 이탈리아도 식량 부족과 공습에 대처하기 위해서, 그리고 노동력을 동원하기 위해서 들인 노력을 관찰하여 직접 작성한 보고서를 본국에 보낼 수 있었다.

이에 따라 일본 정부는 지역 단체들을 재조직하여 전쟁을 위한 동원의 단위로 삼았다. 일본인 관찰자들이 어디로 눈길을 돌리건 참전국들은 자국 국민들을 구역 단위로 조직해 동원하고 있었다. 그 형태는 나치 독일이나 파시스트 이탈리아, 소련의 경우처럼 소극 방어 연맹일 수도 있었고, 아니면 영국 도시들처럼 지붕에 배치되어 소이탄으로 발생한 화재가 시작되는 곳을 감시하고 알리는 화재 감시원fire watchers을 징집하는 것일 수도 있었다. 중국과 전쟁을 벌인 시기에 일본 당국은 청소년, 여성, 퇴역 군인, 예금자 조직을 재편성하여 마을별로 하나씩, 도시에서는 구역별로 하나씩[조나이카이(町內會)] 배치했다. 1940년에 정부는 이러한 노력을 계속하면서 전국적으로 근린 조직[도나리구미(隣組)]을 편성했다. 이들은 열 세대씩 구성되었다. 국내 전선에서 구역 조직과 근린 조직은 전선의 역할을 담당했다. 소극 방어와 식량 배급, 국민 저축을 위한 자금 모금을 책임졌으며 개개인을 모두 감시했다. 가장 눈에 띄는 제약은 경찰이 아닌 이웃이 가하는 제약이었다. 예를 들어 공무원들은 전시 저축을 증대하려고 각 조직에 할당액을 배분해, 책임자들에게 돈을 최대한 모으기 위해 이웃을 조사하라고 명령했다. 구역 조직들은 할당된 금액을 내지 못하거나 소극 방어 의무를 담당하는 일을 주저하는 가족은 식량 배급을 못 받게 할 권한을 가지고 있었다.

태평양 전쟁 초기에 동원을 담당할 목적으로 만들어진 조직들은 이제 전쟁에서 핵심적인 역할을 맡게 되었다. 그러나 이 조직들이 〈성공〉하면서 민간인은 심한 식량난과 필수 재화 부족을 감내하는 무거운 대가를 치러야 했다. 일본의 지도자들은 1941년에 국가를 전쟁으로 급격히 몰아간다. 하지만 이 시기에 일본 제국이 그토록 자랑한 자급자족 능력은 1939년 한국과 타이완, 일본의 쌀 흉작으로 위기에 처했다. 국민의 불만을 가라앉히고자 일본 정부는 1940년에 쌀 수입량의 65퍼센트를 동남아시아에서 들여오기로 결정했다. 이 필사적인 조치는 전쟁 중에 연합국 공군과 함대가 일본 상업 상선들을 격침하면서 끔찍한 재앙으로 이어졌다. 1944년에 연합국의 봉쇄로 타이완과 동남아시아로부터 수입되는 쌀과 설탕이 거의 차단된 것이다.

일본 정부는 점점 더 심해지는 식량 부족 상황에서 유럽의 참전국들과 똑같은 식량 정책을 채택한다. 일본 당국은 중국과의 전쟁 초기 4년 동안 그 어떤 식량 배급 제도도 실시하지 않았으나, 1941년 4월에 일본의 가장 큰 6개 도시에 쌀 배급표를 유통시켰다. 태평양 전쟁 초기인 1942년 2월에 일본은 쌀 배급을 전국으로 확대한다. 같은 시기에 영국과 독일에서 실시된 프로그램을 본떠 일본은 농림성을 모든 식량의 생산과 징수, 분배, 가격을 책임지는 부서로 전환했다. 간장과 된장, 설탕, 다른 식품도 중앙화한 방식으로 할당해 분배한다. 가정에 식료품 배급량을 분배한 주체는 영국과 독일처럼 일반 상점이 아닌 구역 조직이었다. 전쟁이 지지부진하자 더 낮은 단위까지 동원되어 근린 조직의 대표들이 회원에게 식량을 분배하기 시작했다. 이때 회원들을 개인 소비자가 아닌 동일한 경제 단위의 구성 요소로 간주했다. 게다가 근린 조직은 조직 전체를 위해 요리함으로써 식량과 연료를 절약하도록 국가에 의해 독려되었다.

하지만 배분과 생산을 위한 국가 계획으로는 식량 수입의 급격한 감소를 보충할 수 없었다. 1943년에 대부분의 가정은, 서방 국가들의 소비 수준보다 이미 매우 낮았던 전쟁 이전의 소비 수준을 유지하려고 부단히 애썼다. 일반 국민에게 할당된 일일 쌀 배급량 330그램으로는 1,158칼로리밖에 얻을 수 없었다(일본에서 1인당 필요한 평균 열량은 2,160칼로리였다고 추정된다). 국민들은 공무원들이 배급되는 쌀에 보리와 밀, 콩, 고구마, 만주에서 수입해 온 거친 잡곡을 섞자 불만을 드러냈다. 각 가정은 암시장에서 구입한 채소와 과일, 생선으로 배급받은 빈약한 식량을 보충해야 했다. 중산층들은 정기적으로 농촌으로 가서 — 그 이전에는 멸시받던 — 농부에게 목돈을 주고 직접 식량을 구입했다. 1944년 말에 이르면 일본인들은 잡풀을 먹는 일도 — 그것도 정부의 장려하에 — 잦았다. 최종적인 전쟁 활동에 자금을 대기 위해 국민의 더 많은 저축을 바라는 국가의 끝없는 요구로 민간인은 계속 더 가난해졌다. 전시 저축 캠페인으로 국가는 1944년에 가정에서 사용 가능한 수입의 40퍼센트까지 끌어모으는 데 성공했다. 이 엄청난 비율에는 세금이나 지방에서 더 많이 거둬 가던 금액은 포함되어 있지 않다. 민간인에게는 의복도 크게 부족했다. 태평양 전쟁 초기에 군대가 거의 모든 양모와 면, 가죽을 소비했기 때문이다. 많은 공장이 탄약을 생산하기 위해 의복 생산을 중단했다. 민간인 대부분은 전쟁 마지막 3년 동안 옷을 갈아입을 수 없었다. 1945년에 일본 국민은 누더기를 걸친 채 기진맥진한 상태로 끊임없는 기아와 추위로 고통받았다.

국내 전선에서 일상생활을 통제하고 군사화한 것은 식량 배급보다는 소극 방어의 절대적인 필요성 때문이다. 일본 도시들은 1945년 이전에는 대규모 폭격을 당하지 않았지만, 유럽을 초토화한 소이탄 폭격을 일본이 겪지 않으리라고 누가 과연 믿을 수 있었겠는가? 일본의 모든 근린 조직 회원들은 태평양 전쟁 기간 내내 넓은 도심 지역을 불태울 위험이 있는, 작지만 치명적인 소이탄을 무력화하는 훈련에 가담했다. 1940년에 구역 및 근린 조직들로 지역 생활을 철저하게 재편성한 주요 이유는, 초국가적인 모델의 영향을 받아 소극 방어를 체계화할 필요 때문이었다. 근린 조직은 독일에서 공습에 맞서 조직된 건물별 단위 조직과 매우 흡사했고, 구역 조직은 소극 방어 담당자가 통솔한 〈거리 단체〉나 나치당의 블록 감시원을 연상케 했다. 독일의 방공법을 모델로 삼아 제정한 일본의 방공법(1937년에 공포되었다가 1941년에 개정) 역시 민간인이 소극 방어 업무에 가담하도록, 특히 공습 중에 소방 보조원으로 활동하도록 강요했다. 1943년에는 함부르크 폭격과 베를린에 가해진 대규모 공습에 대해 직접 보고서를 작성하여 일본군과 내무성이 미국의 공습에 미리 대비하는 체계를 개선해야 한다고 확신하게 되었다. 1944년부터 젊은이와 여성, 노인은 방화 지구를 조성하기 위해 나무로 된 가옥 수만 채를 파괴하라는 명령을 받았다. 화재에 일일이 대처하기에는 직업 소방관의 수가 부족하다는 사실을 의식한 정부는 기껏해야 양동이와 수동 펌프만 갖춘 근린 조직들을 제일선에 배치했다.

일본의 국내 전선 조직은 다른 참전국들을 본떠, 가족과 공동체 내에서 여성의 역할을 변모시켰다. 6백만 명의 남성이 군대에서 복무하고 다른 남성 수백만 명이 군수 공장에서 일했기 때문에 여성은 가정 내에서 국가의 주요한 중개인이 되었다. 대부분의 여성에게 동원은 권위를 획득하는 기회였다. 국가는 저축 계획을 책임지고, 절약을 실천하고, 공장에서 일하고, 어린이의 건강이나 영양 섭취, 식료품 보존을 담당할 전문가나 책임자로서 처음으로 여성을 대거 모집했다. 사치와 매춘에 반대하며 오랫동안 캠페인을 벌여 온 중산층 여성들은 1940년에 〈사치는 적이다〉라는 국가의 메시지를 열렬히 환영했다. 이 여성들은 파마하는 여자를 질책하고 유곽을 없애려는 국가의 노력에 동참했다. 그들은 점점 더 많이 근린 조직의 통솔자가 되는 한편, 소극 방어를 위해 일하거나 국민 저축을 위한 단체를 이끌었다. 당시 이루어진 인터뷰에서 일부 여성들은 이웃들에게 저축을 독려하면서 새로이 행사하게 된 권한을 얻은 데 만족해했다.

제2차 세계 대전은 일본 젊은이의 삶도 완전히 바꾸었다. 일본 정부는 의식적으로 영국의 정책을 모방하면서 아주 어린 세대를 공습으로부터 보호하려고 애썼다. 1944~1945년에 대도시에서 지방 정부는 초등학생 수십만 명을 대피시키는 체계를 조직했다. 하지만 1944년에는 점점 더 심각해지는 노동력 부족에 대처하기 위해 남녀 청소년이 징집되어 몹시 피로하고 위험한 작업을 수행했다. 14세 이상의 〈동원된 학생들〉은 영양 불량 상태로 공장에서 일하거나, 방화 지구를 조성하기 위해 가옥을 부수거나, 미군의 침공에 대비하여 방공 시설물을 구축했다. 1945년 8월 6일에 히로시마에서는 청소년들로 구정된 방화조들이 나무로 된 도시의 건물들을 부수는 중이었다. 역사상 최초의 핵 폭격이 벌어졌을 때 그들 중 7천 명이 죽었다.

기아와 공포에 질린 국민

국민의 기억에서 전쟁을 종식시킨 것은 핵폭탄 — 그리고 3일 후 나가사키에 투하된 핵폭탄 — 이었다. 그 정도 위력의 무기만이 끝까지 싸우겠다는 결의에 찬 — 필요하면 죽창을 들고서라도 — 〈광신자〉 민족에 맞서 승리할 수 있었다고 미국인 대부분은 설명한다. 하지만 1945년 8월에 일본의 국내 전선은 무너지기 일보 직전이었다. 일본 국민들은 자신들보다 훨씬 강한 적에 맞서 싸우느라 4년 가까이 군대에 인력과 노동, 저축, 세금을 바치고 있었다. 그들은 자신에게 주어진 지침을 대체로 잘 따르면서 효율적인 동원 조직에 통합되어 있었고, 이 조직은 그들이 (물론 매우 적은 양이었지만) 음식을 먹고 자기가 사는 동네를 공습으로부터 스스로 방어하도록 해주었다. 이런 관점에서 일본의 국내 전선은 총력전을 한창 치르면서 적의 봉쇄와 끊임없는 공격에 대처하기 위해 자국 민간인의 동기(動機)와 조직력에 의존한 강대국들 — 독일과 소련, 영국 — 의 국내 전선과 흡사했다.

하지만 일본의 국내 전선이 견뎌 내는 능력에는 한계가 있었다. 일본이 상대하던 적은 측량할 수 없는 부(富)를 가진 데다, 승리를 위해서는 일본의 국내 전선까지 파괴할 결의에 차 있었다. 핵폭탄 두 개가 투하되기 전의 5개월 동안, 미국의 공습으로 엄청난 수의 일본 민간인이 죽었다. 미국이 1944년 7월에 사이판섬과 티니언섬에 대한 통제권을 빼앗으면서 일본은 미 육군 항공대US Army Air Force (USAAF) B-29 폭격기의 사정거리 내에 있었다. 1945년 3월에 USAAF는 일본의 가장 큰 도시들의 인구 밀집 지역에 연달아 소이탄 공격을 퍼부었다. 3월 9일과 10일에 B-29 폭격기 279대가 도쿄의 대규모 노동자 지역에 소이탄을 투하했다. 추정에 따르면 민간인 10만 명이 죽었고 최소한 4만 명이 부상당했으며, 주민 1백만 명이 집을 잃었다. USAAF는 그해 봄에 일본의 다른 주요 도시들에도 공습을 가한 후, 6월과 8월 중순 사이에 58개 중소 도시 권역도 표적으로 삼았다. 결국 미국 폭격기들은 히로시마와 나가사키에 이루어진 공격을 포함해 일본의 66개 도시 구조물의 43퍼센트를 부수는 엄청난 파괴율을 달성했다.

일본 민간인들이 이런 끔찍한 폭격에 얼이 빠져 있던 시기에 미국은 그들의 식량 보급에도 공격을 가했다. 태평양 전쟁 이전에 일본은 식량 수입에 국민의 총열량 섭취의 20퍼센트를 의존했다. 연합군이 동남아시아에서 오는 일본 선박을 공격함으로써 식량 공급원이 크게 감소했다. 1945년 3월에 USAAF는 봉쇄의 최종 단계를 실시해 한국과 만주, 중국에서 오는 식량 및 연료 해상 운송의 도착지인 시모노세키 해협과 일본의 주요 항구들에 자국의 B-29 폭격기로 기뢰를 투하했다. 8월에 〈기아 작전Operation Starvation〉 — 이 작전에 붙은 이름 — 은 일본을 거의 완벽하게 봉쇄한다. 1945년에 민간인의 평균 열량 소비가 하루에 1,680칼로리라는 심각한 수준 아래로 떨어지면서 많은 일본인이 극심한 영양실조로 고통받았다. 7월 2일에 일본 정부는 쌀 배급량을 또다시 10퍼센트 줄였다. 전략 폭격에 관한 미국의 사후 연구에서는 〈전쟁이 한 해 더 지속되었으면〉 일본인 7백만 명이 〈기아로 죽었을 것〉이라고 보았다.

일본 국민은 이러한 대재앙에 놀랍도록 광신적이지 않은 방식으로 대응했다. 군 수뇌부는 최후의 〈결전〉을 벌여 침략자들에게 저항하라고 부르짖었으나, 귀를 기울이는 민간인은 거의 없었다. 3월에 벌어진 소이탄 공습으로 대거 이주가 시작되었다. 약 850만 명이 피란처와 식량을 찾아 대도시를 빠져나갔다. 도쿄의 인구는 63퍼센트 감소했다. 3월에 벌어진 공습 이후 나고야의 인구 29퍼센트가 도시를 떠났다. 미군의 폭격으로 지방 도시가 하나씩 파괴되자 많은 이들이 도시를 떠났다. 민간 및 군사 경찰의 간부들은 사기를 잃고 공포에 빠져 대규모로 피란을 떠나는 민간인 앞에서 무력했음을 인정했다. 피란을 떠난 사람 중에는 군수 공장 노동자가 많았다. 1918년에 일본뿐 아니라 유럽을 뒤흔든 혼란을 인식한 전 내각총리대신 고노에 후미마로와 다른 영향력 있는 정치가들은 전쟁이 계속되면 국민이 봉기하고, 심지어 〈공산주의 혁명〉이 일어날 위험이 있다고 경고했다.

하지만 일본은 공산주의 혁명도, 심각한 혼란도 겪지 않았다. 그 대신 미국이 — 이미 지고 있는 전쟁을 끝까지 계속하려는 일본 지도자들의 고집스러운 의지와 연결된 — 일본의 국내 전선을 상대로 공격을 벌인 결과, 일본 국민은 굶주리고 공포에 사로잡혀 더 이상 싸우거나 계속 일하려는 의지를 잃은 상태였다. 8월 8일에 소련이 갑자기 일본에 맞서 전쟁에 가담하고, 핵폭탄 두 개가 투하되면서 일본 정부는 황급히 항복하겠다는 결정을 내린다. 하지만 국내 전선이 붕괴한 것이 항복의 결정적인 원인이었음은 분명하다. 그럼에도 일본 지도자들은 항복한 이유가 식량 위기와 점점 더 파괴적이던 소이탄 폭격, 대규모 피란민 행렬이라고 끈질기게 주장했다.

놀라운 사실은, 1945년에 굶주림으로 반쯤 죽어 가던 피란민들이 이내 결집하여 도시를 재건하고 전후 일본의 그 유명한 〈기적적인 경제 발전〉에 기여한다는 점이다. 이들은 그 이전에 전쟁 활동을 지원했던 주요 동원 계획의 적극적인 구성원으로서 이 일을 이루어 냈다. 전쟁 중에 국가가 실시한 강압적인 저축 캠페인은 1945년 이후에도 이전만큼 강력하게 지속되었다. 그 목표는 바뀌었으나 방법은 바뀌지 않은 것이다. 군사적인 승리를 위해 저축하라고 국민에게 권고했던 일본 정부는 이제 국민에게 〈국가를 구제〉하기 위해 저축하라고 독려했다. 연합국의 도움을 받지 못하고 외국의 자본을 들여오지 못한 상태에서 일본 당국은 국가를 재건하고 다시 산업화할 자금을 충당하기 위해 가정이 계속 검소하게 생활하도록 압박했다. 양차 대전 사이 20년 동안 그랬듯, 이러한 근검절약 캠페인은 〈일상생활 개선〉(또는 전후에 사용된 용어를 인용하자면 〈신생활〉)을 명분으로 내세워 과소비를 줄이고 가족 예산을 관리하는 방식에 대한 긍정적인 메시지를 동반했다. 이렇게 지속된 캠페인이 일본 가정의 저축이 증대하는 데 결정적으로 기여했다. 이 저축은 1950년대와 1960년대에 급속한 경제 발전을 이루는 자금이 되었다.

전후에 이루어진 동원 캠페인은 계속해서 민간단체 조직망에 의존했다. 국가를 민주화한다는 명분을 내세워 일본에 주둔해 있던 미국 점령 당국(1945~1952)은 지역 조직들을 제거하려 애썼다. 가족들이 그 조직에 강제로 동원되었기 때문이다. 미국 당국은 근린 조직으로 대표된 하위 조직(도나리구미)을 없애는 데 성공했지만, 구역 조직과 지역 여성 단체, 청소년과 저축 단체를 해체하려는 노력은 일본 정부 및 민중의 저항에 부딪혔다. 여성 단체들은 또한 정부 정책과 가정

사이에서 중개자 역할을 했다. 그 기여는 1945년 이전보다 더 크게 기여했던 것으로 보인다. 남자들이 처음에는 전쟁 때문에, 뒤이어 국가의 급속한 산업화를 위해 가정을 떠나면서 아내가 그 자리를 메우면서 지역 참여를 책임졌다. 〈대일본 부인회〉가 점령 당국에 의하여 해체되었음에도 불구하고 단체 간부 일부는 일본 행정부의 지원을 받아 이내 〈지역 부인회 전국 연합〉을 창설했다. 이 전국 연합은 수백만 명의 회원을 보유한 지역 여성 단체들을 통괄했다. 이 여성 조직들은 저축을 장려하고, 식품의 질을 개선하고, 범죄를 방지하고, 청소년을 사회화하기 위한 각종 캠페인을 벌이면서 일본 정부를 활발히 지원했다. 다시 한번 〈양용〉 국내 전선이 전시 상태에서 평화 상태로 이동했다.

참조

1부 - 09 전쟁 국가의 출현 | 11 애국 전선 ‖ 3부 - 07 밑에서 본 폭격 | 08 히로시마에 대한 침묵 | 11 1914~1945년: 온 사회가 동원되다 | 13 굶주림, 또 다른 무기

13

굶주림, 또 다른 무기

헤더 존스[•]

2천만 명이 제2차 세계 대전 중에 기아로 죽은 것으로 추정된다. 부분적으로는 봉쇄 조치 때문이다. 식량을 포함한 적의 자원을 표적으로 삼는 군사·경제 전략이 발달한 것은 19세기다.

중세의 포위 공성전부터 군대가 수확물을 약탈하고 불태우는 일까지, 민간인을 굶주리게 만드는 것은 교전국들이 사용하는 군사 전략의 하나다. 굶주림이라는 무기는 적이 항복할 수밖에 없게 만들고, 적국의 국민을 응징하고, 적들을 약화시켜 복종하게 만들고, 심지어 한 민족 집단을 말살하는 데 사용될 수 있다. 16세기 말에 먼스터 지방에서 이루어진 아일랜드 반란군 진압부터 17세기 말에 남아시아에서 마라타족과 무굴 제국 사이에서 벌어진 전쟁에 이르기까지, 초토화 정책은 근대와 그 이후까지 군사 전술로 일상적으로 사용되었다 — 가장 잘 알려진 사례가 1812년 나폴레옹의 침공에 맞선 러시아의 방어다. 초토화 정책은 19세기 말에 알제리에서 식민지의 지배를 유지하고 반란군을 진압하기 위해, 혹은 같은 시기에 쿠바에서 스페인에 의

• Heather Jones. 유니버시티 칼리지 런던의 교수. 저서로 『제1차 세계 대전 중 전쟁 포로에 대한 폭력: 영국, 프랑스, 독일 1914~1920*Violence against Prisoners of War in the First World War: Britain, France and Germany 1914-1920*』이 있다. 현재 전쟁 중 식품 섭취에 관한 문제와 봉쇄의 활용에 대해 연구하고 있다.

해, 제2차 남아프리카 전쟁(보어 전쟁) 때 영국인에 의해 사용된 사례가 유명하다. 제1차 세계 대전 중에 독일군은 1917년에 힌덴부르크선Hindenburg Line까지 후퇴할 때 이 전술의 변형된 방식으로 지나가는 길목에 프랑스의 농작물을 파괴했다.

하지만 초토화 정책은 대개 군사·경제 전술의 상대적으로 원시적인 형태로 유지되었다. 19세기를 거치면서 적의 자원을 표적으로 삼는 더 조직적이고 계획적인 형태, 더 정교한 방식이 발달한다. 바로 해상 봉쇄다. 해상 봉쇄는 새로운 전략이 아니었지만, 19세기에 규모가 빠르게 확대된다. 여기에는 두 가지 구조적인 발전이 결정적이었다. 우선 근대 국가와 관료 체계의 출현으로, 국가는 전쟁이 계획되고 재정적으로 지원되고 수행되는 방식에 대한 통제권을 더 많이 갖게 되었다. 이로써 봉쇄 정책은 더욱 광범위하고 잘 조율된 방식으로 실시될 수 있었다. 그 다음은 신기술의 발달이다. 식품을 비롯한 상품의 교류와 적의 군사력에 의해 교란되는 방식을 변화시켰다. 증기선과 철도 등 더 빠른 운송 수단, 새로운 식품 보존 방식 덕분에 장거리 수입과 수출이 가능해졌다. 19세기 후반에 전 세계적인 상업 조직망과 시장이 수립되면서 독일 등 일부 국가의 국민은 식량 수입에 더 많이 의존하게 되었다. 달리 말하면 상업과 기술의 변화로 국민 전체가 육지나 해상 봉쇄에 취약해지게 되었다. 당시에는 해상 봉쇄가 더욱 잦았다. 선박을 통한 상업이 발달했기 때문이다. 이로써 19세기에 근대적인 경제 전쟁이 탄생했다.

브레스트에서 동부까지, 오스탕드에서 센강 하구까지

이 과정은 나폴레옹 전쟁 중에 처음 등장했다. 이 전쟁에서 양 진영은 적의 상업에 서로 공격을 가했다. 영국이 먼저 프랑스나 중립국이 프랑스의 해외 영토와 교역하는 것을 전부 차단하려 했다. 1806년에 영국 왕립 해군Royal Navy은 유럽 해안 대부분에 대해, 즉 브레스트부터 엘베섬까지, 오스탕드부터 센강 하구까지 두 차례 봉쇄를 실시해 다른 국가들이 나폴레옹 치하의 프랑스와 교역하는 것을 방해했다. 이에 대한 보복으로 나폴레옹은 1806년 베를린 칙령을 내려 영국의 상품이 프랑스와 프랑스 점령 지역 전역으로 수출되는 것을 금지해 영국을 파산시키려 했다. 이 조치는 〈대륙 체제Continental System〉라는 이름으로 알려졌다. 실제적인 해상 봉쇄라기보다는 상업적 금수 조치에 가까웠다.

1807년에 영국은 봉쇄 조치를 확대해 적국들과 영국 및 영국 식민지 사이의 모든 해상 무역을 금지했다. 여기에는 중립국 선단이 운송하는 상품도 포함되었다. 영국과 프랑스의 이러한 조치로 유럽 대륙의 경제 생산이 크게 교란되었다. 특히 영국의 봉쇄로 수출도 수입도 못 하게 된 섬유 산업이 큰 타격을 입은 반면, 영국의 재화는 비효율적으로 판명된 〈대륙 체제〉를 뚫고 계속 이동했다. 미국은 프랑스 식민지로부터 프랑스 본국까지 자신들의 항구를 경유하여 재화를 운송함으로써 프랑스와 교역을 하려 했으나, 영국 법정은 〈연속 항해주의doctrine of continuous voyage〉를 내세웠다. 그렇게 이송된 상품 역시 중립적인 화물로 간주할 수 없으며 봉쇄 조치를 위반했음을 뜻했다.

19세기 내내 경제 전쟁 형태로 발달한 봉쇄 조치는 육상보다는 주로 해상 무역에서 이루어졌다. 그 이유는 부분적으로 19세기를 거치며 정립된 해상 봉쇄 관행이 상대적으로 잘 인정받았기 때문이었다. 특정 항구를 선단이 막아 버리는 해상 봉쇄의 전통적인 전술을 사용하는 일에는 오래전부터 경제적인 측면이 포함되어 있었다. 근대에는 이 방법으로 항구 도시를 포위하고 그곳에 적의 함대를 가둠으로써 전투에 출정하거나 교역하지 못하게 했다. 실전에서 이러한 봉쇄는 두 가지 방법으로 이루어졌다. 줄지어 늘어선 선박을 항구에서 아주 가까운 거리에 배치하는 근거리 봉쇄, 그리고 선박들이 수평선 너머 보이지 않는 곳에 배치된 원거리 봉쇄다. 나폴레옹 전쟁 중에 넬슨 제독은 두 변이형을 프랑스의 툴롱(1803~1804)과 카디스(1797~1802, 1805)를 봉쇄하는 데 활용했다. 19세기 초 범선 해군의 시대에 이 두 가지 형태의 봉쇄, 즉 근거리와 원거리 봉쇄로는 국가에 접근하는 것을 제한적으로만 차단할 수 있었다. 이런 방법은 그 효율성이 유동적이었다. 하지만 1800년까지 기본적으로 해군 봉쇄의 지배적인 형태를 이루었고 봉쇄 기법의 주요한 역사 모델을 제공했다.

해상 봉쇄를 전시에 특정한 항구에 대해 사용하는 것은 오랜 전통이었다. 이런 관행은 19세기 전반에 일부 연안 전체로 빠르게 확대되어 큰 인기를 누렸다. 영국 왕립 해군이 미국 동부 해안에 대하여 봉쇄를 실시한 나폴레옹 전쟁 및 1812년 영미 전쟁과 더불어, 해상 봉쇄는 규모와 야심에서 변화했다. 1820년대에 브라질 제국은 간헐적으로 봉쇄 조치를 활용했다. 아르헨티나와 맞선 아르헨티나·브라질 전쟁(시스플라티나 전쟁)에서 부에노스아이레스에 심한 경제적 타격을 주어 큰 효과를 보았다. 1848년 제1차 슐레스비히 전쟁에서 덴마크는 북해와 발트해를 경유하는 독일의 상거래에 대해 해상 봉쇄를 실시했다. 1840년대에 벌어진 멕시코·미국 전쟁 중에 미국은 태평양 해안과 멕시코만 해안을 봉쇄했다. 영국, 프랑스의 제2제정, 오스만 제국은 크림 전쟁 중에 러시아 제국에 대해 봉쇄를 실시했다. 봉쇄 전술은 이 기간 중에 진화했는데, 전쟁 때문만은 아니었다. 1807년과 1866년 사이에 영국은 대서양 횡단 노예 무역을 종식시키려는 노력의 일환으로 해군을 활용해 아프리카 대륙 근해에서 선박들을 조사했다. 동원된 자원과 그 결과가 제한적이긴 했지만, 해군은 이 방법으로 상품의 유통을 감시하는 경험을 쌓을 수 있었다.

19세기 전반에 전쟁 전략으로서 활용된 봉쇄는 식량 자원에 국한하지 않고 상거래 전반에 대해 이루어졌다. 국제법으로 상당한 규제가 실시되었다. 해상 봉쇄를 법전화하려는 최초의 시도인 1856년 파리 선언은 중립국이 교전국과 상거래할 권리를 보호했다. 전시 밀수입을 제외하면, 적의 수송 선단으로 운송되는 상품을 포함하여 중립국의 상품을 압수하는 것은 금지되어 있었다. 파리 선언은 중립국의 식량 거래를 보호함으로써 민간인을 대상으로 굶주림을 무기로 사용하는 것을 제한하고, 통상적으로 이루어지던 봉쇄의 제한적 사용을 공식화했다. 이러한 국제법 개념은 영국이 옹호했다. 영국은 상업 및 제국 강대국으로서 미래에 유럽 대륙에서 벌어질 모든 대규모 전쟁에서 자신의 중립성을 보존하고 가능한 한 상거래를 많이 할 수 있도록 해상에서 자유를 유지하고자 했다.

1918년, 연합국의 승리에 결정적으로 기여하다

하지만 19세기 마지막 수십 년간 국제 규범이 변화하기 시작했다. 국가와 군대 수장들은 도시화와 더불어 민간인이 더 이상 스스로 자신의 식량 자원을 생산할 수단을 갖추지 못하면서 국민이 취약해졌다는 사실을 깨달았다. 이에 따라 군사 전략은 점점 더 식량 재화 운송을 표적으로 삼기 시작했다. 남북 전쟁 중에 북부는 남부의 주들을 상대로 전략적 해상 봉쇄 및 초토화 전술을 실시했다. 남부의 경제를 파괴하고 기아의 위기를 초래함으로써, 근대 분쟁에서 경제 전쟁이 뱃길로 운송되는 식량 자원을 표적으로 삼아 거둘 수 있는 강력한 효과를 보여 주었다. 많은 밀수입자가 북부의 봉쇄를 뚫고 통과하는 데 성공했으나 — 역사가들은 계속해서 봉쇄의 효율성에 대해 논박 중이다 — 봉쇄는 상당한 영향을 미쳤다. 남부의 주들을 말 그대로 숨 막혀 죽게 만들려 한 〈아나콘다 계획〉은 새로 등장한 비정한 사고방식을 잘 보여준다. 봉쇄는 남부가 자신의 상품, 특히 면화를 외국에 수출하는 능력도 크게 축소시켜 재정 소득도 그만큼 줄였다.

극동 아시아에서는 프랑스 정부가 1880년대 중반에 청나라와 맞서 싸운 청프 전쟁 중에 양쯔강에 대하여 〈쌀 봉쇄〉를 실시했다. 일본은 1894~1895년 청일 전쟁과 1904~1905년 러일 전쟁 때 적의 주요 함선 기지에 대한 봉쇄 전술로 이 두 전쟁에서 승리했다. 1904~1905년 분쟁 중에 일본은 참호를 팠다. 뤼순 항 포위에는 중포(重砲)와 기뢰, 해상 봉쇄를 사용했다. 이는 공업화가 전쟁의 성질을 바꾼 방식을 나타내며 제1차 세계 대전을 예고했다.

19세기 말에 이루어진 해전 기술의 발달도 봉쇄가 새로운 형태로 변모하는 데 기여했다. 중포가 등장하면서 해군 함대는 더 이상 연안 가까이에서 안전하게 봉쇄를 실시할 수 없었다. 증기 시대에 품질이 뛰어나고 속도가 빠른 선박이 발달하면서 함대는 바다에 더 오래 머물 수 있었다. 상업로를 차단하기 위해 공해(公海)에서 실시한 초계 활동 및 기뢰밭 설치와 더불어 〈원거리〉 봉쇄가 표준이 되었다. 이런 유형의 봉쇄를 활용하여 표적 국가를 더 효율적으로 통제하면서, 이를 실시하는 임무를 담당한 함대를 더 잘 보호하고 함대에 물자를 보급할 수 있었다. 이리하여 20세기로 넘어가는 전환기에는 〈전면적인〉 봉쇄가 가능해진다.

세계에서 가장 강력한 해군과 가장 큰 규모의 상선단을 보유한 영국은 이러한 혁신적인 방법을 활용할 최적의 위치에 있었다. 독일에 대한 긴장이 고조되자, 영국에서는 해상 봉쇄가 1910년부터 1913년까지 식량 물자의 38퍼센트를 수입해 왔다고 추정되는 적국 독일에 끼칠 영향을 깨달았다. 같은 시기에 영국은 자국 식품 물자의 78퍼센트를 수입했으므로, 독일의 해상 접근을 차단하는 일은 자기방어 조치이기도 했다. 제1차 세계 대전에 앞선 10년간, 영국 해군의 전략가들은 영국과 독일이 격돌했을 때 독일에 영향을 미칠 만한 경제 전쟁 방법을 심각하게 검토하기 시작했다. 제국 국방 위원회의 해군 담당 부총장인 모리스 행키를 비롯한 인물들은 앞으로 벌어질 전쟁에서 독일을 대규모 해상 봉쇄하면 독일 경제와 국민을 파괴할 거라 생각했다. 그래서 행키는 〈뮌헨의 거리에 잡풀이 돋을 것이다〉라고 단언했다.

이러한 변화는 전 세계적인 수준에서 학습한 전훈을 반영한 것이다. 영국과 독일, 이탈리아 해군은 베네수엘라가 내전에서 진 부채를 갚도록 압박하기 위해 1902년과 1903년에 베네수엘라 해안을 봉쇄했다. 미국은 1898년 미국·스페인 전쟁 중에 봉쇄를 성공적으로 활용한 바 있다. 평화기에 경제 봉쇄를 활용하는 것도 외교적인 압박을 가하는 데 효율적임이 밝혀졌다. 1890년대에 강대국들은 그리스와 오스만 제국에 양국 간 분쟁의 대상인 크레타섬의 미래에 대하여 자국의 의지를 강요하고자 — 교전국이 아닌 하나 또는 여러 국가들이 실시하는 — 〈평화적 봉쇄〉를 사용했다.

20세기로 넘어가면서 봉쇄에 대한 태도가 바뀌었다. 특히 1914년에 제1차 세계 대전이 발발하기 전 10여 년간 국제법에서 이 문제에 각별한 관심을 기울이는 것으로 나타났다. 10년 동안에는 전쟁을 보다 인도적으로 만들기 위해 19세기 말부터 시작된 진보가 절정에 이르렀다. 이는 1864년 제네바 협약이나 1899년 헤이그 협약 같은 국제 협약들을 통해 이루어졌다. 특히 헤이그 협약은 1864년에 마련된 육전에서 부상자를 인도적으로 처우하는 것에 관한 조항들을 해전에도 적용하도록 했다. 1907년 헤이그 협약은 1906년 제네바 협약의 조항을 해전에 관한 법에 통합하여 적의 선박 포획과 기뢰 설치, 주요 중립국들의 역할에 관한 새로운 규정 일체를 제정했다. 이렇게 규제가 강화되는 것은 점점 증가하는 해상 봉쇄의 중요성과 그 엄청난 잠재력에 주목했음을 뜻한다.

1908년에 전시 해상 봉쇄 실시에 관한 새로운 규제를 합의하고 결정하기 위해 런던에서 중요한 국제 회담이 열렸다. 그 결과 1909년 해전에 관한 국제법인 런던 선언이 채택되었다. 하지만 1914년에 세계 대전이 발발했을 때, 어떤 서명국도 이 선언을 비준하지 않았다. 런던 선언에 따르면, 봉쇄는 더 이상 적국의 전쟁물자에 대한 접근을 막는 것만이 전부가 아니었다. 〈절대적 금지품〉으로 언제나 쉽게 압류되던 탄약부터 〈조건부 금지품〉이라는 용어로 지칭된 다른 상품에 이르기까지 다양한 종류의 상품이 규제 대상이 될 수 있었다. 런던 선언은 교전국들에 대한 몇몇 제약과 중립국 교역에 대한 보호를 도입하려 했다. 질산염이 들어간 비료 같은 일부 상품은 금지 품목 목록에서 제외되었다. 만일 이 조치가 준수되었다면, 제1차 세계 대전 중에 독일에 대한 연합국의 봉쇄가 미친 영향은 매우 제한적이었을 것이다. 하지만 실제로는 라틴아메리카에서 온 비료가 압류되면서 독일의 농업 생산이 큰 피해를 입었다. 영국은 비료 성분이 폭탄 제조에 사용될 수 있다고 간주하여 일방적으로 비료를 금지품이라고 선포했다.

해상 봉쇄가 20세기 초에 국제법의 각별한 주목을 받은 한편, 육상 봉쇄는 그때까지 대체로 규제되지 않았다 ─ 이는 제1차 세계 대전 중에 중앙 동맹국들이 러시아에 대해 육상 봉쇄를 실시했을 때 영향을 미쳤다. 당시에는 독일이 발트해를, 오스만 제국이 흑해를 통제했기 때문에 러시아는 이미 부분적인 해상 봉쇄를 당하고 있었다. 이때 런던 선언에서 〈조건부 금지품〉으로 규정된 식료품의 지위에 대하여 문제가 제기되었다. 영국은 그 기회를 활용해 독일이 해상으로 식량을 수입하는 것을 즉시 제한했다. 분쟁이 계속되자 유럽 중립국들의 항구로 도착하는 식량도 추후 독일에 판매될 것이 두려워 제한했다. 독일은 식량 봉쇄를 불법이라고 비난하며, 윤리적 어조를 동원해 〈기아 봉쇄〉를 규탄하고 국제 여론의 지지를 얻으려 했다.

그러나 런던 선언이 아직 비준되지 않은 상태였으므로, 상태였으므로 식량, 특히 중립국의 식료품 인도를 압류할 법적 기준이 모호했다. 연합국이 실시한 봉쇄가역사가들 사이에서 논쟁 중인 다른 요인들과 결합하여 실제로 독일과 오스트리아-헝가리 민간인의 심각한 영양 불량에 기여했다는 사실, 그리고 봉쇄가 1919년에 독일 제국 의회Reichstag가 베르사유 조약을 비준한 뒤에야 해제되었다는 사실 때문에 전쟁이 종결되었을 때 미국에서 독일을 동정하는 분위기가 조성되었다. 독일 정부는 봉쇄로 인해 민간인 76만 3천 명이 사망했다고 주장했다. 역사가들의 추정에 따르면, 실제 수치는 50만 명에 가까울 것으로 보인다. 전시에 겪은 기아 체험은 어쨌거나 국민의 사기에 처참한 영향을 미쳤다. 어느 독일 군인은 독일에서 포로 생활을 하던 영국 작가 알렉 위에게 이렇게 고백했다. 〈내가 4년 전부터 계속하고 있는 정말 보기 끔찍한 것 중 하나는 바로, 내 어린 아들이 갈수록 약해지고 점점 더 창백해지는 모습을 보는 일이죠. 그 애를 볼 때면 정말이지, 오로지 이 전쟁이 끝나기만 바랄 뿐이에요. 전쟁은 별로 중요하지 않아요.〉

　　제1차 세계 대전 때 이루어진 봉쇄 중에서는 독일에 대한 봉쇄가 가장 유명하지만, 유일한 봉쇄는 아니었다. 프랑스 해군 그리고 1915년부터는 이탈리아 해군이 지중해에서 오스트리아-헝가리와 오스만 제국에 대하여 봉쇄를 실시했다. 독일 해군은 이미 1915년부터 무제한 잠수함전을 벌이며 영국에 맞서 대(對)봉쇄 전략을 시도하는 동시에 영국으로 향하는 민간 상선도 표적으로 삼았다. 제1차 세계 대전 중에 일시적으로 정지되기도 한 독일의 무제한 잠수함전은 새로운 봉쇄 기법의 출현을 알렸다. 경제 전쟁에서 최초로 잠수함이 활용된 것이다. 오스만 제국은 동지중해에서 봉쇄 작전을 개시했다. 여기에는 당시 제국에 속해 있던 레바논 영토의 일부에 대한 육상 봉쇄도 포함되었다. 특히 현재의 시리아와 레바논에 있는 오스만 제국의 해안 지대에서 이루어진 봉쇄는, 메뚜기 떼와 오스만 군대의 징발이 결합되어 1915~1918년에 대기근을 불러일으키면서 사망자가 50만 명 가까이 생겼다. 레바논산맥에서만 현지 총인구 약 40만 명 중 10만~20만 명이 굶주려 죽은 것으로 추정된다. 1916년 12월에 연합군은 그리스에 대한 봉쇄를 실시했다. 그리스는 전쟁으로 야기된 분열로 심각한 정치적 위기를 겪고 있었지만 여전히 중립국이었다. 이 봉쇄로 그리스 민간인은 극심한 고통을 받았고, 상업은 큰 손실을 보았다. 독일이 벨기에를 점령했을 때, 식량 자원은 전략적 무기가 되었다. 공식적으로 독일은 어떤 봉쇄도 실시하지 않았으나, 벨기에의 노동력과 산업, 농업을 착취하고, 헤이그 협정에 따라 점령국이 피점령국 민간인에게 충분한 식량을 제공해야 하는 의무를 준수하지 않았다. 전쟁 기간 내내 미국은 벨기에 민간인에 대한 인도주의적인 식량 원조 계획을 실시해야 했다. 또한 미국은 동지중해에서 벌어지던 전쟁과 봉쇄의 심각한 영향을 완화하기 위해 구호 단체 〈니어 이스트 릴리프Near East Relief〉를 창설했다.

결국 제1차 세계 대전을 치르면서 더 심각한 봉쇄 형태가 발달함으로써 기근을 전쟁의 무기로 활용하는 방식이 빠르게 과격화했음을 알 수 있다. 이는 총력전이 사람들의 정신 상태에 영향을 끼쳤다는 징후였다. 전쟁 이전의 국제법은 이러한 형태의 봉쇄를 민간인을 대상으로 사용하는 경우에 대해 엄격한 규제를 마련해 두지 않았다는 점에서 이를 허용한 것으로 보인다. 금지품에 관한 런던 선언에서 현실적으로 인도적인 유일한 요소는, 해상 봉쇄를 통과할 수 있는 붕대 같은 의약품에 관한 것이었다. 전후 영국에서 연합군의 독일과 오스트리아 봉쇄에 관한 논쟁에서는 제1차 세계 대전이 〈기아 봉쇄〉를 정당화한 방식에 대해 윤리적 문제가 제기되었다. 구호 기구 세이브 더 칠드런

Save the Children의 창립자 에글렌타인 젭 같은 인물과 노동 운동가들은 맹목적으로 봉쇄를 사용하는 일이 임산부나 갓난아이를 키우는 어머니, 어린이와 노인처럼 취약한 범주의 국민에게 지나치게 큰 피해를 주기 때문에 부도덕하다고 강조했다. 식량 배급에서 언제나 우선시된 군인이 아니라 민간인, 특히 농촌에서 이루어지던 가족 간 식량 분배에 접근할 수 없는 도시 주민들이 큰 피해를 입은 것은 분명했다.

하지만 군사 전략가들이 제1차 대전에서 얻은 교훈이 하나 있었다. 봉쇄가 효과를 발휘했다는 사실이었다. 봉쇄 때문에 1918년에 독일군은 크게 약화되었다. 독일군은 필수 물자가 부족했다. 여기에는 바퀴를 수리하는 데 반드시 필요한 고무와 말 사료 등이 포함되었다. 이 때문에 군대의 기동성이 크게 떨어졌고, 군인을 먹일 활용 가능한 식량 배급량이 줄었다. 봉쇄는 더 효율적인 군사 전술 기법과 결합되어 연합국의 승리에 결정적인 요인이 되었다. 중유럽에서 한창 전쟁 중에 태어난 아기들이 젖먹이용 우유병 꼭지를 만들 고무가 부족해 영양실조로 죽었다. 승리를 거두기 위해 전면적인 봉쇄라는 새로운 파우스트적인 계약을 맺음으로써 지불해야 했던 대가였다.

거대한 봉쇄 구역인 태평양

제1차 세계 대전은 민간인을 직접 표적으로 삼기 위해 봉쇄를 활용한 과격한 전례가 되었다. 양차 대전 사이에 군사 전략가들은 제1차 세계 대전에서 교훈을 얻고, 그 교훈이 미래에 벌어질 전쟁에서 어떻게 적용될지 연구했다. 영국이 독일에 맞서 새로운 전쟁을 벌인다면, 적의 산업에 맞선 경제 전쟁을 더 효율적으로 수행하기 위해 또다시 해상 봉쇄를 실시하고, 표적을 세심하게 선별한 대규모 공습을 결합할 것이었다. 스페인 내전 중에 공화파 해군은 극우파 쿠데타를 지지한 아프리카 스페인 군대의 수송을 방해하고자 지브롤터 해협을 전술적으로 봉쇄했다. 극우파 진영은 스페인 북부와 남동부에서 공화파들이 통제하는 지역을 봉쇄하여 민간인 전체가 빈곤에 빠지게 만들었다. 1937년에 중일 전쟁이 발발하면서 일본은 중국에 대해 봉쇄를 실시했다. 이에 대한 대응으로 미국이 일본에 경제 제재를 실시하여 결국 진주만 공격으로 이어졌고, 미국이 제2차 세계 대전에 참전하게 만들었다.

1914~1918년과 마찬가지로 봉쇄는 제2차 세계 대전의 핵심을 차지다. 이번에는 전략적 영향력이 서유럽보다 태평양 지역에서 특히 강했다. 연합군이 1939년에 개시한 해상 봉쇄는 규모가 빠르게 커졌다. 1940년 8월 20일에 처칠은 독일과 동맹국들, 또 그 나라들이 점령한 영토에 대한 전면적인 봉쇄를 선포했다. 적군이 활용할 것을 우려해 식량 자원도 차단 대상에 포함했다. 하지만 이 해상 봉쇄는 제1차 세계 대전 때보다 훨씬 덜 효율적이었다. 독일이 네덜란드와 프랑스, 노르웨이를 점령하고 있었기 때문에 수심이 깊은 항구와 대서양으로 접근할 수 있었고 영국 해군이 도버 해협과 북해에 설치해 놓은 기뢰밭을 피할 수 있었기 때문이다. 독일은 광대한 점령 지역에서 강력한 식량 징발을 실시함으로써 봉쇄의 영향을 완화할 수 있었다. 연합군의 봉쇄가 식량 수입을 차단했기 때문에 가장 심하게 피해를 입은 것은 독일의 점령하에서 지낸, 특히 도시 민간인들이었다.

독일과 동맹국들의 점령 아래 있던 그리스 민간인은 처참한 기아를 겪었다. 영국의 해상 봉쇄와 혹독한 점령, 비효율적인 행정이 결합한 결과였다. 1942년 1월에 아테네의 영아 사망률은 50퍼센트에 이르렀다. 가족들은 어린 희생자에게 할당된 식량 배급표를 잃지 않으려고 자녀의 시체를 길거리에 몰래 버렸다. 영국의 내부 문건에서는 그리스에서 벌어진 기아에 대해 〈우리 정책이 부분적으로라도 책임이 있다〉는 사실이 알려졌을 때 여론이 어떻게 반응할지를 걱정했다. 결국 처칠은 결정을 되돌려, 추축국이 통제하는 구역 중에서 유일하게 그리스에 대한 식량 봉쇄를 완화하여 1942년에 식량 구호를 실시하도록 허가했다. 중국에서도 전쟁의 폐해와 점령, 봉쇄 때문에 수백만 명이 굶어 죽었다. 2백만~3백만 명이 굶주려 죽은 허난성의 기아 상황을 취재하던 미국의 『타임』지 기자 시어도어 화이트는 배고픔을 달래려고 흙을 먹을 수밖에 없는 피란민들과 영양실조로 죽은 어머니 품속에서 아기가 어머니의 젖을 계속 빠는 장면을 포착했다. 역사학자 리지 콜링엄은 제2차 세계 대전 중에 2천만 명이 굶주려 죽었을 것이며, 그중에서 모두가 봉쇄로 인해 직접 피해를 입은 것은 아니어도 봉쇄가 중요한 역할을 했을 것으로 추정한다.

제2차 세계 대전 내내 독일은 자국이 점령한 유럽의 식량이나 다른 자원을 가차 없이 착취해 자국민 내에서 기아가 퍼지는 것을 방지했다. 나치의 정책은 제1차 세계 대전에 대한 국민적인 기억과 직접 연결되었다. 독일이 1914~1918년에 연합국의 봉쇄 때문에 겪은 일을 다시 겪지 않기 위해서라면 피점령국 국민은 굶주려도 상관없었다. 나치의 사회 공학 계획에서는 인종적인 위계가 식량에 접근하는 순위를 결정했다. 굶주림은 나치의 팽창 정책과 민족 말살의 무기인 동시에 전쟁의 전략이 되었다. 이 둘을 항상 분명히 구분할 수 있는 것은 아니었다. 예를 들어 추축국의 군대가 레닌그라드를 육상과 해상에서 봉쇄했을 때, 주민 1백만 명이 기아로 죽었다. 나치 독일은 독일이 농업 경영을 하도록 영토를 비우기 위해 토착 민족 전체를 말살하려는 계획을 세움으로써 경제 전쟁을 정점으로 끌어올렸고, 특히 폴란드와 벨라루스에서 그랬다. 이곳에서 나치 전략가들은 이 민족들이 어떤 비율로 굶어 죽어야 하는지를 계산했다. 소련인 전쟁 포로나 유대인 같은 다른 집단은 격리된 거류지와 수용소에서 의도적으로 굶겼다가 독가스로 죽이거나 총살했다. 나치 점령하에서 살아남은 폴란드의 유대인을 위한 평균 식량 배급량은 하루에 184칼로리였다. 나치 정부의 생존권Lebensraum 개념, 즉 독일 국민이 발전하려면 추가의 농지가 필요하다는 생각은 전쟁 중인 독일을 경제 봉쇄 위험으로부터 보호하는 것, 그리고 점령한 영토를 비운 뒤 독일인을 그곳에 정착시키기 위해 피점령국의 민족들을 굶겨 죽이는 일로 연결되었다.

1914~1918년과 마찬가지로 독일은 해상로를 표적으로 영국에 대한 봉쇄도 실시했다. 독일은 적은 수의 유보트U-Boot를 가지고 전쟁을 시작했지만, 1939년과 1940년에 잠수함과 수상함을 활용해 영국 함대에 큰 피해를 입혔다. 〈늑대 떼〉 전술 — 독일 잠수함이 야간에 무리를 지어 공격한 전술 — 은 매우 효율적이었다. 영국군이 사용한 초기 형태의 수중 음파 탐지기를 대부분 피해 갈 수 있었다. 영국은 독일의 해상 봉쇄에 전례 없이 노출되었다. 독립 아일랜드의 세 군데 주요 항구인 베레하벤, 코브, 러프 스윌리를 포기해야 했고, 대서양 전투 중에 북아일랜드의 항구들에만 의존했다. 영국은 지중해 몰타섬을 북아프리카 전역에 물자를 보급하는 독일 원정군을 공격하는 거점으로 활용했다. 독일은 몰타섬을 1940년부터 1942년까지 봉쇄했다. 그 때문에 몰타 주민은 영국 해군이 봉쇄를 통과하는 데 성공하여 원조 수송단을 보낼 때까지 엄청난 물자 부족을 겪었다. 민간인이 너무 고통받았기 때문에 영국 왕실은 몰타섬에 조지 십자 훈장을 수여했다. 전해지는 말에 따르면, 몰타 주민들은 〈훈장은 먹을 수 없다〉며 응수했다고 한다. 어린이들은 맨발로 길가에 서서 총독의 자동차가 지나갈 때면 배를 문질렀다. 1942년 6월에 몰타의 성인은 하루에 1천5백 칼로리에 해당하는 식량을 받으면 운이 좋다고 생각했다. 그다음 달에는 살균 우유가 병원과 만 2~9세 어린이에게만 제한적으로 지급되었다. 1942년 말에 와서야 식량과 연료가 몰타섬까지 보급될 수 있었다.

미국은 영국을 독일의 봉쇄로부터 구해 내는 데 결정적인 역할을 했다. 전쟁에 가담하기 전에 미국은 호위함이 절대적으로 부족한 영국 해군에 구식 구축함을 제공했고, 대서양에서 직접 호위 임무를 수행하기까지 했다. 미국이 전쟁에 개입한 후, 미국의 조선소가 침몰된 선박들을 빠르게 교체했다. 거기에 덧붙여 호송 체계를 활용하고 독일의 에니그마 암호를 해독함으로써 연합군이 봉쇄를 뚫을 수 있었다. 독일 해군 총사령관 카를 되니츠는 1943년에 대서양에서 실시하기로 계획한 전역을 취소해야 했다. 1944년에 연합군은 자국 잠수함을 잃고 전투력을 상실한 독일에 맞서 도버 해협을 장악했다. 봉쇄의 대가는 컸다. 독일 유보트의 승무원 75퍼센트가 희생되었고, 영국은 해군과 상선 그리고 선원 8만 1천 명을 잃었다.

결론적으로 봉쇄를 군사 전략으로서 가장 효율적으로 활용한 나라는 미국이었다. 미국은 일본을 봉쇄해 석유 자원에 접근하는 것을 차단했다. 미국은 진주만 공격 직후 태평양 전체를 거대한 봉쇄 구역으로 설정해 항공대를 활용하여 일본 항구의 수로와 적군이 다니는 주요 해상로에 기뢰를 투하했다. 이 봉쇄 작전은 태평양 전쟁에서 미국이 승리를 거두는 데 중요한 전략적 역할을 했다.

제2차 세계 대전이 종결될 무렵에 이루어진 해상 또는 육상에 대한 봉쇄는 분쟁이 전면화하면서 군사적 표적과 적의 점령하에서 지내는 민간인을 더 이상 구분하지 않게 되는 과정을 명백히 보여 준다. 전쟁 말기에 이루어진 봉쇄의 가장 흔한 형태는 참전국 중 하나가 〈봉쇄 구역〉을 지명하는 것이었다. 그러면 그곳에 들어서는 모든 선박은 중립국의 선박일지라도 무조건 침몰시켰다. 봉쇄는 모두에게 정당하다고 인정되는 무자비하고 전면적이고 효율적인 전쟁의 한 형태가 되었다. 하지만 공중에서 그에 대응하는 기법, 제2차 세계 대전 중에 이루어진 도시에 대한 무차별 폭격에 비해 역사가들에게 주목을 훨씬 덜 받았다.

비아프라 식량 봉쇄

1945년 이후 봉쇄는 형태가 더욱 제한되어 경제 제재라는 새로운 용어로 표현된다. 이 용어는 무엇보다 총력전에 대한 태도가 바뀌고 1939~1945년의 참혹함에 대한 대응으로 새로운 국제기구가 수립된 결과, 냉전과 탈식민 전쟁 기간 중에 만들어졌다. 1945년 이후 봉쇄의 지위를 결정하는 것은 유엔 안전 보장 이사회다. 봉쇄에는 항공 봉쇄도 포함된다. 하지만 군사 전략으로서의 해상 봉쇄는, 1956년 수에즈 위기와 1967년 6일 전쟁에 앞서 이집트가 티란 해협을 봉쇄한 것이나, 1982년에 영국이 포클랜드 제도(말비나스 제도)를 봉쇄한 사실이 증명하듯 사라지지 않았다. 그러나 포클랜드 제도의 사례에서 알 수 있듯 제2차 세계 대전 이후로 제한적 봉쇄가 표준이 되고, 봉쇄는 매우 신중하게 사용된다. 가장 중요한 예외는 1960년대 비아프라 전쟁이었다. 이 전쟁에서 나이지리아 연방 정부는 전면적인 식량 봉쇄를 시도해 분리 독립을 요구하는 비아프라 지역을 고립시켜 전반적인 기아를 일으켰다. 그로 인해 민간인 1백만~2백만 명이 사망했다.

1945년 이후, 전쟁의 세 번째 측면인 공중전으로 육상 및 해상 봉쇄의 성질과 효율성이 근본적으로 변했다. 제2차 세계 대전 직후에 실시된 가장 잘 알려진 봉쇄는 1948~1949년에 소련이 베를린의 서쪽 구역을 육상 봉쇄한 것이다. 이는 하늘길로 도시에 물자를 공급함으로써 실패했다. 소련은 미국과 영국이 공수에 사용한 비행기를 한 대도 추락시키려 하지 않았다. 1950년대와 1960년대에 들어서면 한국 전쟁 중에 북한에 대한 봉쇄나 1966년과 1975년 사이에 영국이 로디지아*에 대해 실시한 봉쇄가 실패한 사례에서 보듯 효율적이지 않은 방법임이 밝혀진다. 미국과 동맹국들은 베트남 전쟁 중에 베트남의

---

* Rhodesia. 현재는 짐바브웨가 된 영국의 옛 아프리카 식민지. 1965년, 〈흑인의 정치적 권리〉를 요구한 영국 노동당 정부에 반발하여 일방적으로 독립을 선언했다.

항구 입로에 기뢰를 설치해 봉쇄를 무기로 활용했다. 그래도 전쟁에서 패했다. 1970년대에 봉쇄는 인도·파키스탄 전쟁에서 사용되었다. 그때 인도 해군은 동파키스탄 — 현재의 방글라데시 — 해안을 봉쇄했다. 1973년에 욤 키푸르 전쟁 중에 이집트와 이스라엘은 각각 봉쇄를 실시했으나, 봉쇄는 전투 그 자체에 비하면 매우 부차적인 영향을 미쳤을 뿐이다. 1990년대 초에 유고슬라비아 해군은 크로아티아 독립 전쟁 중에 크로아티아 연안을 봉쇄했다. 북대서양 조약 기구는 유고슬라비아 연방 공화국에 대해 제한적인 봉쇄를 실시했다.

제한적인 봉쇄는 쿠바 미사일 위기 때 다시 한번 활용되었다. 미국은 미사일을 수송하는 소련의 원정대가 접근하지 못하도록 쿠바섬 주위에 해군 경계선을 구축했다. 평화기였다면 이른바 〈평화적〉 봉쇄의 전형적인 예였을 것이다. 〈봉쇄〉라는 용어 자체도 점차 쓰이지 않고 온건한 개념으로 대체되었다. 미국에서는 1962년 10월에 쿠바에 대해 벌인 자국의 활동을 〈격리 조치〉라 불렀고, 영국은 포클랜드 전쟁 때 〈해양 금지 구역〉이라는 말을 썼다. 1990년대에는 〈경제 제재〉라는 용어가 널리 채택되었다. 이러한 용어상의 변화는, 민간인 전체를 무차별적으로 굶주리게 만들기 위한 전면적인 육상 또는 해상 봉쇄를 국제 여론이 부당하고 부도덕하다고 간주하면서 경제 전쟁의 실행 방식이 변화했음을 나타낸다. 그 결과, 대부분의 국가는 민간인을 대상으로 하는 기본적인 인도적 원조가 봉쇄를 통과할 수 있는 체계를 채택했다. 그에 대한 예로 이스라엘이 가자 지구에 대하여 2000년부터 지금까지 실시하는 육상 및 해상 봉쇄를 들 수 있다. 이는 계속해서 숱한 논란을 불러일으키고 있다. 경제 제재를 지칭하는 용어가 변화하는 것은 봉쇄가 실제 전쟁 상황과 점점 덜 연결되며, 명확히 규정된 국가나 영토에 압력을 가하기 위해 평화기에 점점 더 많이 활용되고 있음을 뜻하기도 한다.

일부 지역은 장기적인 봉쇄로 인해 심각한 타격을 입었다. 그 예로 중국 국민당과 중화인민공화국 사이에서 벌어진 충돌, 또는 레바논 내전과 이스라엘·레바논 전쟁, 남레바논에서 벌어진 충돌 또는 나고르노카라바흐 전쟁의 일환으로 1980년대 말부터 터키와 아제르바이잔이 공동으로 벌인 아르메니아 봉쇄를 포괄하는 시기인 1975년부터 2000년까지 레바논의 여러 지역을 이스라엘이 빈번히 봉쇄한 것을 들 수 있다. 하지만 20세기의 마지막 20년 동안을 보았을 때, 대체로 봉쇄를 활용하는 것은 더 많은 제약과 통제를 받는 단기적인 경제 제재 형태로 이루어졌다. 자주 국제기구의 감독을 받은 까닭에 양차 세계 대전 중에 보인 비극적인 과도함과는 거리가 멀었다. 이라크에 대한 제재의 일환으로 국제 연합이 실시한 해군 작전이나 1996년에 중국이 타이완에 맞서 탄도 미사일을 활용한 봉쇄 전략은 이러한 경향을 완벽하게 보여 준다.

봉쇄는 19세기 말에 과격화하여 20세기 초에 민간인을 표적으로 삼아 대량 학살하는 극단적인 형태를 취했다가 20세기 후반에 완화된 전쟁 실천 방식의 흥미로운 사례다. 전쟁 시기에 이루어진 다른 극단적인 형태의 행태와 달리, 점진적인 완화가 이루어진 것은 국제법 때문이라기보다는 기술 영역에서 생긴 변화의 결과로 보인다. 운송 및 정찰 수단, 공습 기술이 혁신적으로 발달하면서 전통적인 해상 및 육상 봉쇄는 효율성이 떨어지고 실시하기가 더욱 어려워졌다. 경제 제재를 실시하며 이루어지는 국제 협력, 특정 경제 부문을 효율적으로 표적으로 삼을 수 있게 된 점, 그리고 국제 여론이 민간인을 공격하는 전략을 점점 더 거부하게 된 것도 봉쇄를 더욱 제한적으로 사용하는 데 영향을 미쳤다. 국민 전체를 무차별적으로 굶주리게 만들려고 식품 전부를 봉쇄하는 일은 이제 거의 벌어지지 않는다. 봉쇄가 국가나 지역 전체에 대해 이루어지는 경우에는 금기시되기까지 한다. 반면에 국지적 수준에서는 가령 도시에서 이루어지는 포위전의 일환으로 계속 봉쇄가 이루어진다. 그 예로 최근에 시리아와 다른 곳에서 벌어진 내전을 들 수 있다. 오늘날에도 전쟁의 전술 및 전략으로서의 봉쇄는 계속 변화하고 있다.

참조

1부 - 05 법이 말하는 것 | 07 전략 없이는 기술은 소용없다 | 09 전쟁 국가의 출현 | 11 애국 전선 ‖ 3부 - 09 점령 | 12 일본: 남의 전쟁?

14

극단적 폭력

크리스티앙 잉그라오[*]

19세기 이후의 분쟁은 전 세계적인 수준에서 극단적인 폭력 행태가 확산되고 유통되고 일반화하는 것이 특징이다. 1944년 봄과 여름에 절정을 이룬 르완다에 이르기까지. 르완다에서는 여자와 어린이를 포함한 총인구의 20퍼센트가 칼 따위 도검류 무기를 들고 집단 학살에 가담한다.

2000년 3월, 체첸의 콤소몰스코예에서 벌어진 장면이다. 해쓱하고 지저분한 몰골의 한 러시아 장교가 무장한 남자들에게 둘러싸여 무전 수신기에서 지지직거리며 나오는 목소리를 주의 깊게 듣고 있다. 체첸 반란군이 전쟁을 중지하고 목숨을 살려 주면 항복하겠다고 제안한 것이다. 〈안 돼. 놈들한테 포탄을 좀 더 퍼부어 주어야 해. 놈들이 우리 편을 너무 많이 죽였으니까〉라고 장교는 대답한다. 뒤이은 장면에서 러시아 연방군은 폐허가 된 도시를 샅샅이 뒤진다. 이 장면을 안나 폴리트코브스카야는 〈불에 탄 집들과 파손된 건물, 묘지 안에 또 다른 무덤들이 엄청나게 쌓인 것〉으로 묘사했다. 기진맥진해 보이고 가끔은 부상을 당한 반란군들은 생포되어 가혹하게 다루어진다. 마침내 화면에 남녀 포로들이 등장한다. 그들은 머리에 양손을 올린 채 이송

---

[*] Christian Ingrao. 프랑스 국립 과학 연구원 현대사 연구소의 디렉터. 나치즘과 20세기의 폭력을 연구한다. 주요 저작으로 『동부의 약속: 나치의 희망과 제노사이드 1939~1943*La Promesse de l'Est. Espérance nazie et genocide 1939-1943*』이 있다.

을 기다린다. 그들 중 극소수만 살아남으며 일부는 삽에 맞아 팔다리가 절단되고 귀가 잘리고 결국 머리에 총을 맞아 죽는다고 벨라루스의 영화감독 유리 카슈체야트스키는 전한다.

2002년에 라이프치히 영화제에서 상을 받은 다큐멘터리 영화 「캅카스의 포로들」은 러시아군이 체첸에서 수행한 〈헌정 질서 회복 작전〉의 극도로 충격적인 장면들을 폭로한다. 양쪽 진영의 아마추어 비디오 예술가들이 사람의 눈높이로 그 모습을 더없이 강렬하게 촬영한 최초의 분쟁인 제2차 체첸 전쟁(1999~2009)은, 우리가 여전히 벗어나지 못했으며 이라크 정부군이 펼친 모술 탈환 작전을 라이브트위팅 live-tweeting함으로써 정점에 이른 새로운 시대를 열었다. 콤소몰스코예 마을 파괴는 전쟁터의 현실에 가장 가까이 다가서게 하는 강렬한 사건으로, 극도의 폭력이 지닌 변화무쌍한 측면과 더불어 20세기 말과 21세기 초에 이러한 폭력이 어떤 변화를 겪는지 보여 준다.

가축 수준으로 전락한 피해자

전쟁의 폭력을 연구하는 역사가에게 〈극단의〉라는 파생어는 편리한 도구이면서 동시에 문젯거리다. 이를 이해하기 위해서는 예를 하나만 살펴보면 된다. 적의 목을 그어 숨을 끊는 행위와 목을 베는 참수 행위로, 이는 제1차 체첸 전쟁에서 처음으로 찾아볼 수 있지만 제2차 체첸 전쟁에서 더 많이 나타난다. 유리 카슈체야트스키는 자신의 끔찍한 영화에 참수 영상을 넣었다. 미국의 기자 대니얼 펄 역시 2002년 2월에 파키스탄에서 참수를 당했다. 이라크 레반트 이슬람국가(ISIL)가 제작해 배포하는 동영상들 덕분에 우리는 타크피르* 지하드주의자들이 서구 여론을 공포로 몰아넣는 이 방법을 본능적으로 선호한다는

---

* takfir. 이슬람교에서 어떤 사람을 불신자(카피르)로 선언하는 것.

사실을 알게 되었다.

　서구인은 이 행태를 〈미개〉하거나 〈야만〉적인 〈낡아 빠진〉 방식이라고 여기지만, 조금만 살펴보면 전혀 새로운 행태가 아님을 알 수 있다. 예를 들어 태평양 전쟁에서 일본인들은 자주 검이나 총검으로 포로들을 참수했다(존 다우어). 반면에 오늘날 새로운 점은 이러한 행태가 언론을 통해 방송된다는 사실과 그것이 여론에 영향을 미친다는 것이다. 제2차 세계 대전 또는 탈식민 전쟁 때부터 이미 머리를 베는 행위가 이야기로 전해졌고 가끔은 사진으로 찍혔다. 하지만 적의 목을 긋는 행위와 머리를 자르는 행위가 동영상 이미지로 희생자의 가족에게 보내지거나, 체첸 전쟁 이후로 그랬듯이 시장에서 판매하기 위해 전시되거나, 텔레비전 또는 디지털 경로로 배포된 적은 결코 없었다.

　그러므로 폭력이 극단적인지 여부는 폭력 행위의 몸짓에 달린 게 아니다. 목을 긋는 행위와 머리를 자르는 행위는 고대와 중세 유럽에서, 그리고 아즈텍족의 인신 공양 전통에서, 또는 일본의 할복 자살 의식처럼 누군가를 빠르고 상대적으로 덜 고통스럽게 죽이는 방법으로 간주됐다. 전쟁 중에는 고통스러워하는 부상자의 목숨을 완전히 끊기 위해 이런 방법이 사용되기도 했다. 비록 앞으로 보다시피 이런 죽음을 당하는 사람은 인간성이 부정되는 경향이 있으므로 굴욕적인 죽음이기는 하지만 말이다. 고통을 끝내려는 최후의 일격이 〈극단의 폭력〉일 수 있을까? 참수의 경우, 20세기 말과 21세기 초에 사헬 지역에서 파키스탄 부족 지역까지, 그리고 캅카스에서 이라크에 이르는 이 위기의 초승달 지역에서 시행되는 양상만 감안해서는 최종적인 결론을 내리기 힘들다. 카슈체야트스키가 영화에 사용했고 라이브리크Liveleak 사이트에서 여전히 볼 수 있는 체첸의 참수 동영상들에서는 매우 다양한 사례를 볼 수 있다. 가령 어떤 참수 동영상은 피해자가 지르는 비명 때문에 시각 및 음향을 극한으로 밀어붙이면서 긴 처형 장면을 보여 준다. 또 다른 참수 장면은 고문 전문가가 찍은 게 틀림없다. 그리고 앞서 말한 동영상들이 보는 사람에게 최대한 큰 충격을 주도록 만들어졌다는 가정을 해볼 수 있다. 여기에서 폭력이 지닌 〈극단적인〉 측면은 사회적으로 구축된 것이다. 이는 대중의 감수성, 적어도 폭력 생산자들이 상상한 대중적 감수성을 자극한다. 이라크 레반트 이슬람 국가(ISIL)의 동영상은 그것이 목을 그어 자르거나 참수하는 장면을 연출한 것이든 아니든 이런 관점에서 보아야 한다. 그리고 극도의 폭력에서 자주 작용하는 설명적인 측면(드니 크루제)은 이런 식으로 분석해야 한다.

하지만 목을 자르는 행위의 기호학을 더 복잡하게 만드는 배경도 존재한다. 아브라함 계통의 종교에서 대부분의 동물이 그런 방식으로 희생된다. 이는 도살장에서 동물을 죽이는 방식이기도 하다. 그래서 희생 제의의 상상계와 피해자가 가축 수준으로 전락하는 양상이 뒤섞여 인간을 죽이는 행위에 상징성을 더한다. 이런 끔찍한 행위에 대한 표상과 인식이 지닌 역설이 여기에 있다. 제1차 체첸 전쟁(1995~1996) 이후로 반란군에 의해 실행되고 연출된 바 있다. 타크피르 지하드주의 과격파가 실행하는 참수 행위는 훗날 극도의 폭력으로 간주되지만, 도살장의 동물을 죽일 때에는 똑같은 행위가 가장 덜 고통스러운 방법이라는 이유로 자연스럽게 이루어진 것이다. 더욱이 서구 사회에서는 유럽의 동물 보호 단체 L214의 운동에서 살펴볼 수 있듯, 그 의미가 변하고 있는 중이다. 이 단체는 종 차별주의에 관련한 대의를 위해 동물을 도살하는 끔찍한 환경을 언론에 부각시킨다. 극도의 폭력은 사회적인 산물인 만큼, 폭력을 저지르는 사람과 폭력을 당하는 사람, 또 목격자가 이 폭력에 대해 의견이 일치하도록 최소한의 상징적 의미와 감수성을 공유하도록 강요한다.

그러지 않으면 무슨 일이 벌어질까? 이 점을 알아보려면 또 다른 사례를 살펴보는 게 도움이 될 수 있다. 줄루 전쟁은 19세기 영국 식민지 확장을 연구하는 역사가나, 반투족과 줄루족 세계를 연구하는 역사가, 또는 더 일반적으로 전쟁 현상을 연구하는 역사가들이 가장 많이 연구한 시기 중 하나다. 풍부한 자료를 통해 나탈Natal을 식민지화한 과정뿐 아니라, 당시에 여론이 그 과정을 인식한 방식을 따라가 볼 수 있다. 최근에 역사학자 빅터 데이비스 핸슨 덕분에 이 전쟁에 대한 사실은 잘 알려져 있다.

1879년 1월 22일에 첼름스퍼드 경이 지휘하는 1천7백 명에 이르는 영국군이 이산들와나에서 줄루족 2만 명에게 패배하고 학살당했다. 참호를 잘 구축해 요새화한 어느 한 중대는 다음 날 밤 줄루족 4천 명이 로크스 드리프트Rorke's Drift로 공격해 왔으나 살아남는 데 성공했다. 핸슨은 이산들와나 전투의 마지막 순간과 줄루족의 상비군 〈임피 Impi〉의 무자비함을 길게 묘사한다. 줄루족 전사들은 주저함 없이 군인들의 내장을 들어내고, 거세하고, 주로 다갈색 수염을 지닌 군인의 아래턱을 잡아 뽑았다. 이런 행위는 영국 언론을 통해 무수히 전해졌다. 극단적인 폭력으로 여겨진 이런 행위는 여론의 분노를 불러일으켰다. 이를 처벌하기 위한 원정군이 파견되어 줄루 왕국의 나탈 지방을 파괴한다. 핸슨은 이러한 줄루족의 신체 훼손 행위를, 몸과 얼굴을 파괴해 수백 명을 불구자로 만든 마티니-헨리 소총의 45구경 탄알로 생긴 끔찍한 상처와 비교하면서 무엇이 극도의 폭력인지 질문을 던진다. 줄루족 전사들이 사후에 가한 신체 훼손 행위는 의례적인 폭력인가, 아니면 (유럽 사회의 관점에서는 완벽하게 정당한) 살아 있는 존재에게 서구의 산업 혁명으로 만들어진 무기로 가해진 폭력인가? 그는 여기에서 식민 강대국이 보여 주는 근본적인 가식을 지적한다. 유럽인들이 정복하고 식민화할 영토에서 극단적인 폭력을 휘두르던 그 순간에, 그들은 자기 나라에서 사회적·정치적 폭력을 억제하고 그 현실 감을 지우는 느린 작업을 진행하고 있었다.

알랭 코르뱅이 훌륭하게 기술한 이 근본적인 메커니즘은 아마도 식민지 전쟁의 핵심일 것이다. 유럽 사회는 유럽 대륙에서 구속받지 않는 폭력에 대한 금기를 얼마간 내면화했다. 그 때문에 식민 강대국들의 여론이 제대로 준비되지 않고 지휘도 형편없는 일부 전위 부대가 학살당한 데 분노하고 복수하는 동시에 상인과 선교사, 본국인들을 맞아들인 땅을 정복하도록 원정군을 파견한 것이 아닌가? 예를 들어 수단의 마디당 반란군에 맞서 키치너가 지휘한 영국 원정은 1885년 1월 하르툼 포위전 때 고든 장군과 그 부대가 학살당한 데 대한 복수로 간주되었다. 유럽에서 극단적인 폭력 행위에 대한 금기를 내면화한 것은 노르베르트 엘리아스가 강조한 문명화 과정과 연관된 현상이었다. 〈원주민의 폭력〉이라고 부른 것에 대한 인식과 결합하여 식민 정복을 정당화하는 심리의 핵심을 이룬 것처럼 보인다.

이것이 우리가 다루는 극단적 폭력이라는 문제의 관건이다. 극단적 폭력이 이러이러하다고 규정하는 것은 정치적 행위다. 일부 폭력 행위, 특히 서구인이 저지른 폭력 행위의 극단적인 특성을 부인하는 것은 이런 행위를 완화하고 견딜 만하게 해주고 정당화하는 일이다. 역사학자로서 극단적 폭력을 파악하려면 일단 사용된 범주를 해체하고, 그 폭력에 가능한 한 가까이 다가가 전쟁 체험의 핵심에 접근해야 한다.

침공 단계에서

19세기부터 오늘날까지 극단적 폭력은 그 특징을 너무도 크게 바꾸었기 때문에 관찰자가 그 보편적인 양상을 파악하기란 참으로 힘들다. 가령 유럽 지식인들이 규탄하고, 외젠 들라크루아가 그 장면을

1824년에 「키오스섬의 학살: 죽음이 아니면 노예가 되기를 기다리는 그리스인 가족들」에서 후대에 길이 남긴 폭력과, 1945년 2월에 드레스덴에서 소이탄의 불길에 휩싸인 독일 민간인 사이에 과연 무슨 공통점이 있단 말인가? 하지만 이 두 행위는 모두 반박의 여지 없이 〈극단적〉이고, 전자에서 후자로 이어지는 이야기는 우리가 지금 그려 보고자 하는 역사를 구성한다.

19세기부터 제1차 세계 대전이 발발할 때까지 전쟁 행태는 급격히 변화했다. 글래드스턴이 규탄한 1876년 불가리아 사람들에게 가해진 잔혹 행위와 남북 전쟁 중에 특히 분쟁의 마지막 단계에서 민간인에게 가해진 침해 같은 중요한 예외가 있기는 하지만, 극도의 폭력 행위는 애초에 주로 전투원의 영역에 국한되었다. 이제는 점진적인 단계를 거치면서 거기에 민간인이 차츰 개입되었다. 유럽에서 1912년부터 1948년까지 약 35년간 민간인이 폭력에 휘말리는 상황은 점점 더 격렬해졌다. 1912~1913년에 발칸반도에서 벌어진 국지적 충돌이 후로 독일과 러시아가 동프로이센과 벨기에, 프랑스 북부의 민간인을 공격한 것이 첫 단계였다. 이러한 변화는 1944년과 1948년 사이에 동유럽에서 광범위하게 벌어진 내전 중 절정에 이르렀다. 여기에는 나치 점령이 주요 발단이 되었다. 유고슬라비아 분쟁은 말할 것도 없이 이미 잘 알려진 볼린이나 자모시치의 사례가 증언한다. 유고슬라비아 분쟁도 민간인을 특별히 표적으로 한 공격 및 폭력의 한계를 질적으로 하나하나 넘어선 것이 특징이다. 크로아티아인은 톱을 사용해 사람들을 가로세로로 쪼갰다. 학살자의 손이 감각을 잃지 않도록 〈특별한 장갑〉을 끼고 연속으로 사람들의 목을 그어 죽였으며, 수천 명의 남녀를 강간하고 때려죽였다. 한편 우크라이나 사람들은 어린이를 십자가에 못 박아 죽였고, 폴란드인 수천 명을 산 채로 불태웠다. 독일인은 오라두르쉬르글란에서 자행했던 학살을 벨라루스의 6백 곳이 넘는 마을에서 재현했다. 소련의 붉은 군대는 여성 수만 명을 강간했다. 제2차 세계 대전 중에 민간인이 겪은 고통은 유럽에서 폭력이 극한에 이르렀음을 분명히 보여 준다. 그 뒤로 폭력의 모습은 또 다른 단계들에 이르고, 일부 지역, 특히 서유럽에서는 완전히 멈춘다. 하지만 전 세계적인 수준에서 보면, 19세기부터 20세기 분쟁의 특징은 행위 자체가 격렬해진 것이 아니라, 극단적 폭력 행위가 전파되고 유통되고 일상화되는 현상이다.

극단적 폭력의 특징을 완전히 드러내려면, 그런 행위가 등장한 조건을 이해하고, 주어진 어느 전투나 분쟁에서 그런 행위들이 지닌 고유한 시간성을 탐색해야 한다. 후자를 다른 말로 하면, 차례로 배열(프랑스어 séquençage, 영어 sequencing)하는 작업을 하는 것이다. 그러면 극단적 폭력이 감각을 일으키는 경계에 위치한다는 가정을 해볼 수 있다. 극도의 폭력은 어떤 전쟁 폭력 발달 과정의 처음 또는 끝부분에서 자행되어 전쟁이 휩쓸고 가는 사회들의 사회적·정치적 일상을 대혼란에 빠뜨린다. 예를 들어 일본군이 자행한 난징 대학살(1937년 12월~1938년 2월)은 강도 높은 폭력성을 특징으로 하는 점령을 시작하여 중국의 민족주의 혁명가나 공산주의자들 모두에게 근본적인 단절을 이룬다. 그들에게 근대화의 모델이던 일본인은 절대적인 적으로 돌변한다. 한편 일본군 병사들이 보여 준 잔혹 행위는 그들이 정치적·인종적·문화적으로 지배하게 되었음을 만천하에 완벽하게 선포하는 동시에, 중국과 일본의 주역들 모두에게 일본인이 신체에 가할 수 있는 폭력의 범위에는 실제로 그 어떤 한도도 없다는 사실을 증명해 보였다.

사진이 풍부한 난징 대학살의 문헌 자료는 극동에서 20세기 전반기에 벌어진 극단적 폭력에 대한 연구로 들어서는 입구다. 하지만 그 시기에 벌어진 극단적 폭력은 대부분 무엇보다 서구 세계와 연관된다.

난징 대학살은 어떤 측면에서 바빈야르 학살을 예고한다. 바빈야르 학살은 1941년 9월 29~30일에 존더코만도* 4a가 독일 국방군(베어마흐트)의 여러 부대를 활용해 유대인 3만 3,771명을 사살한 사건이다. 이 두 경우에 폭력은 침략자가 한 도시를 차지해 그 지역 주민에게 자신의 지배를 강요하는 시기에 활용된 것이다. 바빈야르에서는 수만 명이 전 재산을 내려 놓은 다음, 〈할머니 협곡Babyn Yar〉로 가서 옷을 벗고 협곡의 가장 깊은 곳으로 좁은 산길을 따라간 뒤, 총살되는 과정에서 폭력이 사용되었다. 이는 그 잔혹함으로 현대인에게 큰 충격을 주었다. 이 폭력 행위는 러시아와 우크라이나의 주역들에게 새로운 유형의 점령자인 나치의 통치권imperium에 대적하면 엄청난 대가를 치를 거라는 메시지였다. 나치는 태업으로 9월 27일에 건물이 무너져 내려 한 사단 참모부가 몰살당한 것에 대한 보복으로 이런 식으로 잔인한 학살을 결정했다. 절멸시키는 것을 목표로 삼는 베를린의 소련 점령 정책을 문자 그대로 따르기로 했다. 침공 단계에서의 도시 공격, 가령 1995년 스레브레니차 또는 1999~2000년 그로즈니에서 자행된 폭력, 그리고 초기 내전 발발. 극도의 폭력이 각 단계를 여는 것이 이 현상의 기본적인 특징처럼 보인다. 비록 반례가 많아서 이것을 정의를 내리는 하나의 구성 요소로 삼지는 못할지라도.

그러므로 우리는 이를 탐색하는 과정에서 더 앞으로 거슬러 올라가 극단적 폭력 현상의 출현 여부를 지배하는 가능한 구조적인 결정 요인들에 접근해야 한다. 가령 19세기부터 서구 세계에 영향을 미치고 있고, 주로 개발이 덜 이루어진 농촌 사회를 산업화된 조밀한 세계, 정치 체계와 이전보다 훨씬 강력한 감정의 기대 지평으로 서로 연결되고 가공되는 세계로 변모시키는 변화의 규모를 검토해 보자. 이러한

---

* Sonderkommando. 나치 독일이 게토나 수용소를 관리하기 위해 징집한 유대인 부역자 부대.

변화는 우선 인구의 폭발적 증가와 함께 생긴다. 가스통 부툴이나 콘라트 로렌츠 같은 일부 저자들은 인구 과잉과 공격성 사이의 연관성을 다룬 이론을 만들어 냈다. 물론 이러한 연관성은 존재하지 않는다. 하지만 1914~1918년에 대규모 군대가 탄생하면서 생긴 중요한 변화는 인정해야 할 것이다. 7천만 명의 군인이 제1차 세계 대전에 참전하면서 군대의 엄청난 규모로 말미암아 극단적 폭력 형태가 출현하고 자행되는 일이 더욱 가능해졌기 때문이다. 인구학적 요인을 넘어서 기술 및 산업 혁신도 작용했다. 산업화가 없었다면, 또 화학과 물리학에서의 혁신이 없었다면 생물체에 상해를 입히는 인(燐)이 함유된 물질도 없었을 것이다. 고속으로 발사되는 무기도, 운동 에너지가 큰 원추형 탄알, 광대한 산업 도시를 폭격하여 주민이 끔찍한 화염을 체험하고 건물의 잔해 속에 갇히게 만드는 비행기들도 없었을 것이다. 산업 및 과학 혁명으로 인해 다른 국민들이 점점 더 크게 신체를 손상시키는 폭력을 겪게 만들어 줄 더 강력한 수단이 생겨난다.

그래도 극한의 폭력이 상황과 선택에 달렸다는 사실에는 변함이 없다. 이러한 선택은 어떤 경우에 권력 상층부에서 결정된다. 달리 말하면 극단적 폭력은 문화와 정치의 문제이고, 우리는 여기서 바로 이 마지막 측면에 주목해야 한다. 민주주의와 전체주의 체제의 충돌은 먼저 서구 사회에서, 그리고 뒤이어 20세기 초 이후로 아시아와 아프리카 사회에서 폭력이 전개되는 핵심적인 요인 중 하나였다. 투표나 노동, 세금, 징병제로 국민이 공동체의 삶에 점점 더 많이 관여함에 따라 적에 대한 증오에 찬 이미지가 확산되었다. 과학 혁명은 이러한 이미지를 객관성이라는 허울을 둘러쓰고 민족적 특징을 규정하는 데 기여했다. 이는 뒤이어 적의 사회 전체에 맞서 폭력을 점점 더 대량으로 사용하는 일을 정당화하여 사회에서 극단적인 폭력에 대한 지식과 기법이 확산되도록 한다. 폭력의 집단적 역동은 다양하다. 대량 살상이 이루어지는 목적은 실제 존재하거나 상상의 산물인 죽음의 위협에 처한 어떤 공동체나 국가, 집단을 보호하기 위해서, 또는 윤리나 사회 정의, 민족이나 국가라는 명분을 내세워서, 그것도 아니면 평화와 물질적 행복의 시대, 보편적인 민주주의 또는 어떤 인종적 균질성을 이루는 것이다.

쇼아를 저지르는 데 수십만 명이 동원되다

방금 지적한 사회 변화가 야기한 최초의 영향은, 극단적 폭력에 개입하는 사람의 수가 현저히 늘어난 것이다. 이런 관점에서 근대 전쟁이 산업화했다는 분명한 사실은 착각을 불러일으킬 수 있다. 제1차 세계 대전의 사망자 중 1퍼센트가 냉병기로 죽었다. 이는 전쟁터에서 개인 간에 이루어진 폭력이 상당한 위치를 차지한다는 뜻이다. 이 수치는 아르메니아인 집단 학살 중에 근거리에서 이루어진 살해는 포함하지 않은 것이다. 이와 마찬가지로 역사학자들은 쇼아Shoah를 자행한 사람들의 집단이 주로 우크라이나나 폴란드, 세르비아에서 총으로 집단 학살을 충실하게 실시한 수십만 명으로 이루어져 있음을 인정한다.

또 다른 결정적인 과정은 극단적 폭력을 실행하는 주체가 정규군에 소속되지 않으면서 제도적인 특성을 잃었다는 점이다. 쿠르드족 민병대, 중동으로 피신한 유럽의 이슬람교도들, 시리아 지방의 수니파 베두인 부족들은 예를 들면 1915년에 이루어진 강제 이주된 아르메니아인 집단 학살에 폭넓게 참여했다. 20세기를 거치며 남녀노소를 가리지 않고 그 이전에는 군인들에 의해서만 이루어진 잔혹 행위를 자신들의 손으로 저지를 수 있게 되었다. 2003년 이후로 다르푸르에서 벌어진 남수단 국민 학살은 그에 대한 훌륭한 사례다. 하지만 이 방면에서 극단적 폭력이 정점에 이른 것은 1994년 봄과 여름의 르완다에서다. 그 이유는 우선 르완다 대통령 쥐베날 하브자리마나가 탄 비행기가 격추되면서 시작된 폭력이 즉각적이며 맹목적이었기 때문이었다. 그다음으로는 이곳에서 극단적 폭력이 제도적인 특성을 잃는 과정을 정확히 관찰할 수 있기 때문이다. 폭력의 주체는 정부군인 르완다 방위군(FAR)으로부터 후투족 과격파 사상운동인 후투 파워Hutu Power의 민병대 인터아함웨Interahamwe로, 그리고 뒤이어 민간인에게로 확산되었다. 실제로 르완다에서 여성과 어린이를 포함한 전 국민의 20퍼센트가 냉병기를 사용해 대규모로 자행된 집단 학살에 가담했을 것으로 추정된다. 하지만 개인들을 분류해 등급을 매기고 그들에게 신분증을 부여하는 식민 후기 국가 공학이 없었다면, 민병대를 만들어 내는 근대 정치의 군사적 관행이 없었다면, 〈식민지 과학〉에 의해 온전히 제조되고 밀 콜린스Mille Collines 라디오 채널로 널리 전파된 민족적 증오가 없었다면 이런 상황이 벌어지리라고는 상상할 수도 없었다.

르완다 집단 학살 4개월 동안 맹위를 떨친 극도의 폭력에 직면하여 얼마간 무력감을 느꼈을 역사학자들은 그 시기에 분출한 폭력의 역동을 기술하면서 〈집단 학살의 창조성〉을 거론한다. 실제로 르완다 집단 학살 때 신체를 침해한 방식에는 폭력을 다루는 기발한 측면이 분명히 존재한다. 이는 적어도 부분적으로는 문화사로 설명할 수 있다. 도검류와 못이 달려 있거나 달리지 않은 몽둥이, 농사일에 쓰는 큰 칼을 사용하는 것, 피해자의 길이를 줄이고 피해자를 비인간화하려고 얼굴과 팔다리를 훼손하는 것, 강간하고 으스러뜨리고 똥오줌 구덩이에 매장하는 것, 이 모든 행위가 시간과 공간의 한 단위를 이루어 프랑스의 브르타뉴 지방만 한 크기의 나라인 르완다에서 극도의 폭력이 마음껏 이루어져 약 80만 명의 희생자를 냈다. 인(燐)을 사용해 통째로 굽는 행위를 제외하면, 20세기부터 21세기까지 관찰된 다른 극도의 폭력 행태는 전부 르완다에서 찾아볼 수 있다. 게다가 이미 말했듯, 르완다의 경우는 한 사회에서 폭력 행위가 확산되는 것이 정점에 이른 사례다. 민간인과 민병대원, 군인, 남녀와 어린이가 모두 학살에 가담했다. 끝으로 대중 매체와 노래, 특히 라디오를 통해 국민을 강도 높게 준비시킴으로써 학살로 무수히 죽임을 당한 소수 민족 투치족에 대하여 민족화한 매우 폭력적인 이미지를 퍼뜨릴 수 있었다.

극단적 폭력을 개괄하는 이 글을 마무리하기 위해 이제는 조금 더 과거로 거슬러 올라가 지난 두 세기 동안 이루어진 커다란 변화를 살펴보자. 극도의 폭력은 1815년부터 군대의 틀 안에 내포되어 있던 것 같다. 이는 빈 회의로 규제되는 유럽에 의해 먼 곳으로 전파되었다. 이것은 노르베르트 엘리아스의 주요 계승자 가운데 한 사람인 아브람 더 스반이 〈구획화〉(compartimenalization)라고 부른 것의 한 예다. 구획화란, 검토되는 사회에서 진행 중인 과정에 일치하도록 특수한 공간과 사회적 범주에 문명의 규범 수준을 낮추어 부여하는 것이다. 그리하여 유럽에서는 극단적 폭력이 금지되어 있지만, 멀리서 벌어지는 전쟁들에서는 그런 행태가 사용되는 것이다.

1866~1870년 기간에 어느 정도 제한적으로, 그 이후 1912년부터 대규모로 전쟁이 유럽 대륙에 되돌아옴으로써 이런 움직임은 돌연 멈추었다. 발칸 전쟁(1912~1913)부터 점점 더 규모가 크고 치명적인 무기를 갖춘 군대들이 거대하고 끝없는 전투를 벌이면서 충돌한다. 19세기까지 전쟁은 이와 달리 연속되는 기동 작전과 전투로 이루어져 있었다. 그 이전까지 전투의 정확한 순간들 — 공격, 백병전, 도주 — 에서 제한적으로 이루어지던 극단적 폭력은, 물론 이러한 발달 과정에 계속 연결되어 있기는 하지만 이제 어느 순간에든 벌어질 수 있게 된다. 두 번째로는, 침략하는 군대가 차츰 민간인을 공격하는 일이 정당하다고 여기게 된다. 이러한 작동 원리 없이는 1915년에 데이르에즈조르의 동굴에서 산 채로 불타 죽은 아르메니아인도 없었을 것이고,

파시스트 정권의 공군이 살포한 독가스에 질식해 죽은 에티오피아인
도, 1932년에 일본의 폭탄에 죽은 상하이 시민들도 없었을 것이다. 제
2차 세계 대전은 이러한 관점에서 나치 군대 그리고 그보다는 덜한 수
준으로 소련 군대가 조직적으로 민간인을 공격한 것, 유럽과 아시아
에서 도심에 이루어진 가차 없는 폭격, 벨라루스와 러시아 농촌 주민
들에 대한 일반화된 학살, 유대인과 집시 말살로 드러나는 절정에 이
른 폭력의 한 형태를 이룬다.

일본이 정복한 지역에서 민간인은 지속적인 공격 대상이 되었다.
이 점에서 중국은 전쟁의 폭력과 정치적 폭력, 민간인에 대한 공격이
서로 연결되어 있는 실험실로 간주할 수 있을 것이다. 1937년에 시작
된 중국의 〈세계 대전〉에 앞서 1927년에 발발한 무자비한 내전과 뒤
이어 1945년과 1949년 사이에 일어난 또 다른 내전, 그리고 끔찍한
재산 공유화 캠페인이 벌어져 실제로든 상상으로든 중국 공산주의 권
력 수립에 방해되는 사람은 모두 죽는 일이 생기지 않았던가? 중국의
사례가 보여 주는 것은 바로 오래 지속된 이 전쟁 발달 단계 중에 전쟁
폭력이 전파되는 역동이 변했다는 사실이다. 식민지 정복과 먼 곳에
서 벌어진 전쟁에서 먼저, 그 다음에는 1911년부터 1946년에 이르는
절정에 달한 발달 단계에서 극단적 폭력을 실천한 주인공이 유럽이었
다면, 극단적 폭력은 이제 점점 탈서구화하고 있다.

1945년부터 1975년까지 계속 유럽인은 탈식민 전쟁 중에 폭력을
만들어 가는 주역이었다. 알제리 전쟁 때 고문이 대규모로 활용된 것
이나 미라이 학살처럼 베트남에서 민간인을 학살한 것이 이를 증명
한다. 하지만 유고슬라비아 전쟁과 체첸 전쟁을 제외하면 극단적 폭
력은 19세기와 마찬가지로 이제 유럽 바깥에서 널리 떠돌고 있다.
2001년 9월 11일 이후 일부 주체들이 서구 세계를 정기적으로 강타
한 끔찍한 참수 영상이나 테러 행위로라도 서구의 기대 지평과 공간

으로 극도의 폭력을 다시 들여오기를 꿈꾸고 있기는 하지만 말이다. 극단적인 폭력의 미래는 시암Siam과 이라크의 고대 영토에서 폭력의 현재를 거쳐 이루어진다. 조만간 줄어들지 않을 것 같은 증오와 종교적 희망을 거쳐.

참조

1부 – 05 법이 말하는 것 | 07 전략 없이는 기술은 소용없다 | 11 애국 전선 | 13 대영 제국주의의 신화 ‖ 2부 – 06 파르티잔의 세계 ‖ 3부 – 06 식민지에서: 야만에 된 전쟁 | 07 밑에서 본 폭격 | 10 고야: 대학살의 해부학 | 17 강간, 전쟁의 무기? ‖ 4부 – 07 미라이의 혼령들 | 09 살아남은 증인 | 10 재판하기, 진실을 말하기, 화해하기 | 11 집단 학살 이후: 가차차 재판

15

이웃 사람을 죽이기

호세 루이스 레데스마●

방데 지방의 〈지옥 부대〉부터 러시아의 백군이 저지른 학살을 거쳐, 현재 시리아의 동(東)알레포 파괴까지……. 내전에 그토록 과도한 폭력이 수반되는 현상, 또는 폭력이 바로 전날까지 무기를 한 번도 들어 본 적이 없는 사람들에 의해 자행되는 사실을 어떻게 이해해야 할까?

1918년 겨울, 루간스크(우크라이나). 훗날 소설가가 될 로만 굴은 코르닐로프가 이끄는 백군에 의해 총살당한 농민 5백 명이 피로 붉게 물든 풀 위에 거꾸러진 채 쌓여 있는 모습을 바라본다. 〈이것이야말로 내전이다〉라고 굴은 적는다. 러시아 내전이 시작되는 시기에, 1백 년 전이나 오늘날이나, 민간인 학살은 항상 이런 유형의 무장 충돌이 드러내 보이는 가장 흔한 이미지였다. 스타시스stasis, 즉 그리스인 간에 벌이는 전쟁의 속죄받을 수 없는 성격을 통탄한 투키디데스부터 오늘날 시리아 전쟁에 대한 논평까지, 내전은 역사적으로 대표적인 폭력의 왕국, 끔찍함과 부당함의 절정(키케로, 그로티우스), 〈가장 큰 악〉(파스칼), 또는 인간이 인간에 대하여 늑대인 〈자연 상태〉(홉스)로 이해되었다.

● José Luis Ledesma. 마드리드 콤플루텐세 국립 대학교 역사학과 교수. 스페인 내전과 전후에 행해진 폭력 행태에 관한 논문들을 썼다.

내부로부터 폭파된 공동체

　내전을 이와 같은 말로 묘사하는 합당한 이유를 적어도 두 가지로 식별해 낼 수 있다. 첫 번째 이유는 아주 단순하게 내전이 과도한 폭력을 많이 보이고 그로 인해 끝없는 일련의 고통을 초래한다는 사실이다. 근대 국가가 발달하기 전에는 내전과 다른 무력 충돌을 구분하기 어려운 데다가 그에 대한 신뢰할 만한 자료도 여전히 존재하지 않는다. 하지만 고대의 연보나 중세 및 근대의 기록에서는 같은 공간과 같은 자원을 공유하며 원칙적으로는 같은 정치 세력/권한의 지배를 받는 인간 집단들 사이에서 벌어지는 무장 충돌이 매우 잦고 파괴적이라는 사실이 드러난다. 현대의 경우는 자료가 잘 갖추어진 무수한 사례가 존재한다. 방데 지방의 〈지옥 부대〉부터 현재 시리아의 동(東)알레포 파괴에 이르기까지, 또 남북 전쟁 때 북군 장군 셔먼의 행군이나 1918년 가을 러시아의 정치 경찰 체카가 처형한 1만~1만 5천 건, 또는 콜차크의 백군이 자행한 학살과 포그롬, 레바논의 사브라와 샤틸라 수용소에서 이루어진 팔레스타인인 대학살, 과테말라에서 벌어진 마야인 학살을 거치면서 내전은 인간이 지닌 파렴치함에 대한 역사의 장을 빼곡히 채워 간다. 시간이 흐르면서 이 현상은 점점 더 규모가 커진 것처럼 보인다. 스레브레니차에서 벌어진 이슬람교도 보스니아인 학살, 1999년에 시에라리온 프리타운에서 실시된 〈생물 절멸No Living Thing〉작전, 또는 모잠비크에서 시행된 〈간디라gandira〉라고 불린 경제적·성적 착취 체계는 몇몇 사례에 불과하다.

　중국처럼 광대한 나라에서 벌어진 지속적인 분쟁(1927~1950)이든, 또는 핀란드처럼 인구 밀도가 낮은 나라에서 벌어진 단기 전쟁(1918년 1~5월)이든 모든 내전에서는 끔찍하고 잔혹한 행위가 수도 없이 벌어진다. 내전에서는 공개 교수형과 익사, 신체 절단(방데나 러시아)부터 칼과 도끼로 이루어지는 처형, 그리고 온갖 가학적인 고문

(모잠비크, 콩고) 등 각종 폭력 행태를 찾아볼 수 있다. 일부 극단적인 경우에는 국민 전체(수단)가 노예화되고, 비아프라 공화국에 큰 피해를 입힌 기아 같은 상황이 의도적으로 유발되기도 한다. 과도한 이 모든 행태는 끔찍한 전략적 기능, 적의 국민을 공포에 떨게 만들고 마비시키는 것, 이외에도 표현적인 기능을 지닌다. 이런 행태로 적을 비인간화하고 상징적으로 제거함으로써 신체적으로 소멸시키는 행위가 완수되기 때문이다.

폭력은 살인의 형태만을 취하지 않는다는 점을 덧붙이자. 내전에는 하나같이 특수한 논리들에 부합하는 매우 폭넓은 폭력 행태가 수반된다. 특별 법정의 지나치게 엄한 판결, 교도소나 수용소에 가두고 강제 노동을 시키는 것, 직업적·행정적 숙청, 강간과 또 다른 형태의 성폭력, 경제 제재, 강탈 및 다른 물질적 박탈 메커니즘, 패전국에 대한 사회적·문화적 소외……. 이 모든 억압 방법은 일반적으로 국가들이 서로 대치하는 분쟁에서보다 내전 중에 더욱 철저하고 지속적으로 이루어진다. 양 진영의 병사들은 사실상 같은 정치 공동체 내에서 공존하고, 똑같은 물질 자원을 얻으려고 싸우며, 전쟁이 끝나도 승자와 패자로 계속 살아갈 것이다. 그러므로 폭력은 내전의 핵심, 개인 및 공동체가 이 분쟁을 경험하고 이를 정치적·사회적·문화적으로 〈구축〉해 가는 일의 핵심이다. 어떤 면에서 보면, 투쟁에 의미를 부여하는 것은 폭력이다. 양차 세계 대전을 비롯해 20세기에 일어난 가장 살인적인 분쟁들이 서로 다른 정치적 단위들 사이에서 벌어져 심한 민간인 학살과 집단 학살, 무엇보다 나치의 유대인 학살인 쇼아, 그리고 더없이 무차별적인 폭력(대규모 폭격)을 일으킨 것이 사실이다. 하지만 이런 국가 간 전쟁은 집단적 상상력에서 내전만큼 유전적이고 비이성적인 폭력과 밀접하게 연결되지 않는다.

내전이 그처럼 처참한 명성으로 고통받는 두 번째 이유가 있다. 그

불투명한 성질이다. 국가들이 대치하는 전쟁의 경우에는 대체로 갈등을 빚는 진영들과 분쟁의 발단을 식별하기 쉽다. 게다가 훗날 전쟁 서사는 전쟁에 긍정적 또는 영웅적인 차원을 부여하고, 공통된 외부의 적에 대항해 싸운 것에 기초한, 부분적이되 공유되는 기억을 구축하는 데 기여할 수 있다. 그러나 내전의 경우에는 이 일이 훨씬 어렵다. 국가를 관통하고 지역 및 가족 수준에서 재생산되는 분열 때문이다. 한편으로 내전은 억압으로 내부에서 터진 정치 공동체 전체에 부정적인 영향을 주는 사건이다. 다른 한편, 내전의 정의 자체도 문제시되며 더욱이 교전 당사자들은 내전이라는 용어를 허용하는 일이 거의 없다. 이런 명칭을 인정하면 곧 적이 정치적·법적으로 자신들과 동등하다는 뜻이다. 이는 주권과 합법성이 주요 관건인 분쟁에서 미묘한 일이다.

그로 인해 나쁜 전쟁이라는 이미지가 내전을 제대로 이해하는 데 오랫동안 장애가 되었다. 일부 내전은 독립 전쟁과 저항 운동, 근대의 혁명 등 다른 전쟁 현상에 가려지기도 했다. 결론적으로 내전은 다른 정치 개념보다 훨씬 덜 이론화되었다. 가장 통상적인 관점에 따르면, 내전에서는 혼란스럽고 사적인 동기로 인한 〈무분별한〉 폭력이 전개된다. 다른 관점에서는 오리엔탈리즘 유형의 민족 심리학적 추론이 전개되어 어떤 내전이나 그것이 벌어지는 맥락이 어떻든 폭력은 늘 똑같다는 듯 폭력에 대한 본질주의적인 해석에 이른다.

교차하는 보복 역동에서

이제 내전에 대한 다른 해석들을 살펴보자. 하지만 이때 앙리 드 몽테를랑이 자신의 희곡에서 말하듯 〈좋은 전쟁은 왜 죽이는지, 그리고 누구를 죽이는지 아는 전쟁이다〉라고 내전을 보는 정반대되는 과도함에는 빠지지 말아야 한다. 내전 중에는 항상 폭력에서 벗어나는 공간들과 폭력을 한 방향으로 유도하려는 사람들이 있었다. 내전의 과도한 폭력은 그 심각함에도 불구하고 특수한 시간과 공간 내에서 맹위를 떨칠 뿐, 예측 불가능하고 지속적인 방식으로 벌어지지 않는다. 그러므로 내전에서 폭력은 맹목적인 경우가 거의 없다. 폭력은 확실히 불균형하고 비열한 기준에서 생겨나지만, 기준은 대부분 선택적이고 전략적이어서 과거에 낙인(민족적·종교적·정치적·사회적 측면에서)이 찍힌 대상이었던 집단을 표적으로 삼는다. 게다가 폭력은 지독하고 파괴적인 기능만 하는 게 아니다. 폭력은 전쟁을 통해 공공장소와 개인적·집단적 체험의 중심에 놓여 공동체의 정체성과 관계를 재구축해야 하는 시기가 왔을 때 가장 중요한 역할을 담당하고, 분쟁으로 갈가리 찢긴 일상에 일관성과 의미를 가져올 수 있다.

내전이 단일한 정치적 단위 내에서 벌어진다는 사실로써 폭력의 성격이 결정된다. 핵심은 단지 영토가 아니라, 사회와 그 정치 체계를 떠받치는 가치와 정체성이다. 이 때문에 투쟁에 극단적인 측면이 부여되고 어떤 수단을 동원하는 것도 정당화된다. 그다음으로, 모든 내전에서는 전투원과 민간인의 구별이 모호해져 적은 어디에나 숨어 있을 수 있다. 러시아에서 이런 유형의 분쟁을 직접 경험한 벨기에의 무정부주의 활동가인 빅토르 세르주가 한 말을 인용하면, 내전은 비전투원의 존재를 인정하지 않는다. 스페인에서 전쟁을 취재한 생텍쥐페리는 내전에서는 경계가 보이지 않는다고 했다. 〈그리고 아마도 그 이유 때문에 이 전쟁이 그토록 끔찍한 형태를 취할 수 있다. 사람들은 싸우기보다는 처형한다.〉

전투원과 비전투원, 적과 자기 자신의 경계가 이렇게 지워지는 것은 두려움과 증오, 졸속 사법 움직임, 그리고 온갖 종류의 물질적·상징적·신체적 박탈을 불러일으킨다. 보복은 정치 및 군사 당국에 의해 높은 곳에서 이루어지는 동시에 아래쪽에서도 불쑥 생겨난다. 제도적인 사법 절차가 중단된 상황에서 복수심 같은 감정은 단지 격정에 따른 분노의 폭발이 아니라, 이러한 감정을 잘 유도하고 조절해 내는 사람에게는 도구적 기능도 띤다. 더욱이 이런 감정들은 새로운 집단 관계 내지는 정당한 것과 정당하지 않은 것에 대한 대안적인 기준도 제시한다. 더 구체적으로 이런 유형의 분쟁은 교차하는 보복이라는 매우 특별한 역동을 만들어 낸다. 이 역동은 군부대가 전진하고 후퇴할 때, 영토가 지배자를 바꿀 때, 또는 군사적 승리나 폭력, 반대 진영에 가한 학살에 대한 반응으로 각각의 공포는 다른 공포를 유지하기 위해 생겨난다.

여기에 덧붙여, 내전은 언제나 그 뿌리가 서로 대립하는 사람들이 여전히 함께 지내던 가깝거나 먼 과거에 있다. 그것이 중요한 대립이든, 아니면 일상적인 단순한 이해관계의 차이든, 전쟁은 증오심을 자유롭게 표현하는 또 다른 틀을 제공한다. 정치적·사회적 재조정이라는 내전의 맥락에서 무장한 주체 대다수, 그리고 이들이 상대적으로 처벌받지 않는 상황은, 신속한 방식으로 갈등을 해결하고 사회를 〈청소〉해야 한다는 명령에 응하려는 유혹을 불러일으킨다. 과거에 뿌리를 내리고 있는 내전의 폭력성은 미래도 얽어맨다. 즉 나라가 서로 구별되는 여러 영토로 완전히 분열되지 않는 한, 전투가 끝난 후에도 생존자들이 함께 계속 살아가야 하는 것이다. 이런 점에서 전쟁 중에 벌어지는 폭력과 전후의 억압은, 훗날 사회에서 누릴 물질적 자원과 정치권력, 사회적 지위를 두고 경쟁이 이루어져 더욱 심해진다.

내전의 또 다른 특징인 통치권의 분열도 감안해야 한다. 무력을 사용할 합법성을 독점하던 세력이 사라지면 대립하는 주체들은 자신의 합법성을 옹호하거나 새로운 합법성을 만들어 대적하는 집단에 강요할 수밖에 없다. 그래서 적대하는 진영들은 주도적으로 움직여 자신이 삶과 죽음에 대해 절대권을 가지고 있다는 사실을 증명하려 한다.

그들이 자신의 새로운 권위를 수립하고, 적을 억압하여 적으로부터 정치적 자산을 일부 제거함으로써 자신의 강압적 권한을 신빙성 있게 만들기 위해 동원하는 수단이 폭력이다. 이에 더해 정치적 공간이 분할됨으로써 개입하는 주체와 대의, 활동 부문의 수가 늘어난다. 이런 이유 때문에 국가 내부의 전쟁은 국가 간 전쟁보다 더 복잡하고 다중적이다. 내전을 단 하나의 정치적·계층적·민족적 단절로부터 기술하는 건 어려운 일이다. 반대로 내전은 중첩된 여러 분열과 대립으로 이루어져 있고, 그 결과 각 진영의 단일성이 약화된다. 실제로 모든 내전 안에는 여러 내전이 공존한다. 그리고 이 모든 정황은 폭력의 형태에 매우 분명한 방식으로 반영된다. 폭력을 정의 내리고 키우는 요소가 있다면, 그것은 바로 폭력의 원천과 논리, 기제, 주체들, 시간성과 공간의 불균질성이다.

결국 폭력은 커다란 국가 및 국제 정치가 국소적인 것, 사적인 것과 교차해 뒤섞이는 공간이 된다. 더욱이 이 주제에 관해서는 정치가 사적인 영역으로 침범하는 현상, 또는 반대로 정치가 사유화되는 현상을 두고 연구자들 사이에 논쟁이 벌어지고 있다. 이 문제에 관해 어떤 입장을 취하든, 논쟁을 위해서는 상호 작용과 두 공간 사이에 존재하는 긴장을 분석해야 한다. 이를 달리 말하면, 사적인 동기는 그 자체만으로 내전에서 벌어지는 폭력을 설명할 수 없고, 마찬가지로 〈내밀한〉 동기와 논리를 감안하지 않으면 해석하고자 하는 모든 시도는 불완전할 것이다. 어쨌거나 일반적인 것과 개별적인 것의 상호 작용은 대부분 국지적 수준에서 이루어진다. 정치 및 군사 당국은 억압을 승인하고 이를 적으로 향하게 만드는 동시에 이 억압을 제도화한다. 그런 다음에 집단들, 특히 군대 및 국가 기관과 연관된 집단들이 이 억압을 수행한다. 여기에 더해 지역 민간인도 그들과 협력한다. 그 결과, 권력이 표명한 숙청 정책은 현장에서 이루어지는 협력 형태로 이루어지고,

그곳에서 사회적 분열이나 공동체 내의 균형, 외부 압력에 대한 저항 능력 같은 국지적 요인도 영향을 미친다. 이 지점에서 개인적 동기가 작용한다. 내전 폭력에 관한 커다란 수수께끼 중 하나, 즉 지역에 따라, 또는 서로 비슷하고 이웃한 촌락들 간에 내전의 강도가 제각각 다른 이유는 국지적인 것이 띠는 중요성으로 설명할 수 있다.

정치학자 스타시스 칼리바스에 따르면, 내전 중에 이루어지는 〈폭력 생산〉은 두 범주의 주체가 개입하는 음산한 협상의 장이다. 주체 중 한 범주는 보통 외부에서 온 집단으로, 이들은 무장 폭력을 행사하는 데 전문화되어 있다. 또 다른 범주는 이들과 협력하는 지역 주민들로, 이들은 공동체 내부에서 기원한 동기와 이해관계를 바탕으로 희생자를 고발하고 그에 대한 정보를 제공한다. 이런 정보가 없다면 폭력이 없거나, 폭력이 생기더라도 맹목적일 것이다. 따라서 폭력의 강도와 성질을 결정하는 것은 각 지역에 대한 무력 통제의 정도와 지역민의 협력이 얼마나 강한지 여부다. 또 다른 연구들에서는 내부 조직의 유형과 무장 집단 동원 같은 다른 성질의 변수들을 강조했다. 이 연구들에 따르면, 사회 정치적으로 적극적인 집단, 그리고 잘 조직된 집단의 규율이 더 잘 잡혀 있으며, 선택적이지만 그렇다고 반드시 덜 파괴적이지는 않은 폭력을 행사하는 경향이 있다. 반면에 허술하게 조직되고 구성원 모집이 불분명한 방식으로 이루어지거나 강제로 이루어진 집단은 더 무차별적인 폭력을 행사한다.

억압 행사는 내전이 벌어지기 전에 갈등과 양극화가 더 강했고, 서로 다른 진영에 속해 있거나 같은 진영에 속해 있는 집단과 세력들 간의 경쟁 관계가 존재했던 구역에서 더 심하게 나타난다. 고려해야 할 다른 요인들로는 자원을 차지하기 위한 경쟁, 폭력 행위를 모방하는 역동, 적이 지닌 능력과 존재와 지지 세력을 축소하려는 단순한 논리, 또는 공동체로서 적을 추방하고 파괴하려는 논리 등이 있다.

내전과 총력전

이 모든 요인들은 똑같은 방식으로 개입하지 않으며, 내전의 각 유형은 특수한 폭력 메커니즘에 의존한다. 그래서 칼리바스를 비롯한 일부 연구자들은 존재하는 진영들의 군사력에 따라 서로 다른 유형의 전쟁 교리warfare, 즉 전쟁을 수행하는 방식에 근거한 분류를 제시했다. 이들에 따르면, 내전은 세 범주로 나눌 수 있다 — 일반적인 내전은 존재하는 진영들 모두에 대하여 전선이 명확하고, 전투가 공공연히 이루어지고, 자원이 많이 투입되고, 군사적으로 고도화되고, 영토에 대한 통제 수준이 높다. 비정규 내전은 진영들 간의 비대칭성 때문에 한 진영이 게릴라전을 펼친다. 대칭적이되 비(非)관례적인 내전에서 대립하는 진영들은 국가가 내적으로 파열한 결과로서, 모두 공통적으로 자원이 적고 군사력이 제한되어 있다(레바논, 라이베리아).

이들 각 유형의 분쟁이 국민에게 미치는 영향을 평가해 보면, 일반적인 내전은 정치적 또는 민족적으로 양극화가 심한 경우가 아니라면 민간인을 적게 죽이는 경향이 있다. 반대로 다른 두 범주의 내전에서는 민간인에 대한 폭력과 극도의 잔혹 행위가 더 많이 벌어지고, 보통 전투는 그 기간이 짧고 제한적으로 이루어진다. 비정규 내전의 경우에는 영토가 분열되어 있으므로 국민에 대한 통제가 더욱 급박한 쟁점이다. 비관례적인 대칭적 내전은, 무장 집단들의 작전 능력이 떨어지기 때문에 살상 수준은 더 낮지만, 성폭력 같은 다른 폭력 행태가 적극적으로 활용된다.

그렇다면 시간의 흐름에 따라 폭력이 어떻게 진화하는지 검토해 보자. 일단 폭력은 분쟁의 리듬에 따라 발달하는 것이 분명하다. 이따금 교전 세력 간에 상호 과격화가 이루어지기도 한다. 한편 폭력 행태는 전쟁 초기에 더 강렬할 수도 있다. 1936~1939년의 스페인 내전이 그랬다. 이 전쟁에서 학살 대부분은 안정적인 전선과 조직된 군대가 형성되기 전에 벌어졌다. 하지만 내전의 폭력은 무엇보다 중장기적으로 진화한다. 보편적으로 내전은 점점 더 민간인에 맞서 벌이는 전쟁이 되어 가는 경향이 있다.

지난 두 세기라는 긴 척도에서 보았을 때, 최초의 단절은 내전과 총력전이 공존하는 20세기 초반에 나타난다. 총력전의 예고라고 볼 수 있는 방데 전쟁과 남북 전쟁이 증언하듯, 과거에 벌어진 내전에 잔혹함이 결여된 것은 아니다. 하지만 20세기에 질적인 도약이 이루어졌음을 부인할 수 없다. 멕시코 내전부터 그리스와 중국에서 1949~1959년에 종결된 내전에 이르기까지, 그 중간에 벌어진 러시아와 스페인의 〈고전적인〉 내전, 또는 제2차 세계 대전에 수반된 내전들, 이 모든 분쟁은 민간인에게 엄청난 영향을 미쳤다. 〈뜨거운〉 폭력과 〈차가운〉 폭력, 원시적 폭력과 근대적 폭력이 공존하면서 폭력을 정치적 도구로 정당화했다. 이전 사람들은 결코 그처럼 멀리 나아가지 않았으며, 대규모 폭력과 사회 질서 및 집단 정체성의 정의 사이에 그토록 명백한 상관관계를 보인 적도 없었다.

이에 대한 설명은 커다란 두 가지 요인이 합류하는 지점에서 찾아야 한다. 일반적으로 19세기 말 이후에 대중 사회가 대두하면서 사회를 통제하는 작동 원리가 어려운 문제로 대두했다. 이 문제는 양차 대전 사이에 경제적·사회적·정치적 위기와 더불어 심화됐다. 이러한 상황 때문에 사회는 폭발 직전 상태가 되었고, 전쟁이 발발했을 때 보다 광범위한 부문의 국민이 개입된 내부적 분열이 늘어났다. 그래서 1914~1945년의 기간은 자주 〈유럽 내전〉으로 간주된다. 이 전쟁 중에 양차 세계 대전을 비롯한 모든 무장 충돌에서 특별한 맥락에서 현대가 제시하는 도전에 대한 급진적인 대응으로서 일종의 〈전면적인 폭력〉이 전개됐으리라는 것이다.

그럼에도 불구하고 내전과 국가 간 충돌 사이의 상호적인 영향은 양방향으로 이루어진 과정의 결과다. 이것이 바로 두 번째로 감안해야 할 요인이다. 그러므로 핀란드 내전과 러시아 내전은 제1차 세계 대전의 〈전쟁에서 벗어나기〉 순환 과정의 일환으로 볼 수 있다. 유고슬라비아와 프랑스, 이탈리아에서 벌어진 동족상잔의 분쟁은 제1차 세계 대전 중에 일어났고, 그리스와 중국의 내전은 그 결말을 이룬다. 아일랜드나 멕시코 등에서 벌어진 내전, 또는 스페인이나 중국 내전의 첫 번째 국면(1927~1937)은 싸우고 폭력을 활용하는 방식에서 〈총력전〉의 급진적인 신기술들을 사용했다. 제1차 세계 대전은 전쟁을 위해 대규모로 자원을 동원한 점, 그리고 사람들이 근대적 폭력, 즉 전쟁터와 민간인에게 자행된 학살에서 모두 죽음이 개인적인 특성을 잃은 폭력과 급작스레 대면한 것이 특징이다. 제2차 세계 대전은 이 현상을 정점으로 끌어올려, 강화된 국가와 그 강압적인 작동 원리로 사회 전체를 군사적 목표물로 만들고 야만적인 사회 공학적 프로젝트를 만들어 냈다.

물론 양적으로 그 정도를 측정할 수는 없지만, 분쟁의 총력화 움직임은 내전에 영향을 미쳤다. 그 어떤 내전도 쇼아나 대규모 폭격처럼 맹목적인 대학살을 야기하지는 않았으나, 내전은 폭력의 다른 한계들을 모두 넘어섰다. 동족상잔의 분쟁에서 벌어진 폭력이 고유하게 보이는 역동들이 총력전의 특징적인 요소들로 인해 강화되었다. 대중적 이념은 절대 윤리 측면에서 정당성을 제공했고, 정체성이 객체화하면서 한 사회는 친구 또는 적이라는 이분법적인 범주로 축소되었다. 정의와 폭력의 윤곽, 그리고 폭력과 정치, 법률 사이의 관계를 다루는 정치적·철학적 논쟁까지 등장했다. 사실상 집단 주체들의 논리를 살펴보면, 폭력 행태가 준(準)제도적 합법성과 폭력을 통합하는 감정 체계, 예외적인 윤리라는 기준에 좌우된다는 사실을 알 수 있다. 통치권의 분열이 가장 심한 곳에서 점점 더 많은 정치 주체와 견제 세력이 등장하기 때문에 폭력에 의존하는 경향이 더욱 심하다. 견제 세력은 권위와 정의에 대한 대안적이고 급진적인 기준을 수립할 공간을 더 많이 갖고 있었다. 끝으로 내전은 더없이 다양하다. 종교 전쟁, 계급 전쟁, 독립 전쟁, 민족 간 분쟁, 혁명파와 반혁명파가 대치하는 전쟁, 파시즘과 공산주의, 민주주의를 대립시키는 전쟁 등. 하지만 모든 것이 정치로 요약되지는 않고, 폭력이 생산되는 데에는 다른 분야와 다른 요인들이 계속 결정적인 역할을 한다.

옛 내전과 새로운 내전

1990년대 이후로 또 다른 변화가 생겼다. 20세기와 21세기에 벌어진 내전의 역사에서 두 번째 시대를 여는 변화다. 최근 내전은 대부분 아시아와 아프리카에서 일어나고 있다. 이 내전들은 전쟁과 조직 범죄, 대규모로 벌어지는 인권 침해와 혼합되어 있고, 범죄화한 경제의 지원을 받으며, 자원 약탈이 그 자체로 하나의 목적인 새로운 유형의 내부 충돌로 간주된다. 사람들은 이 전쟁에서 이념적이지 않은 개별적인 목적을 위해 야만적인 테러 기법들을 동원하여 싸우며, 폭력은 특히 사적인 이해에서 비롯된다. 이런 내전에서는 고문과 가학 취미, 노예화와 성폭력이 대규모로 이루어지는데, 이는 국가가 내부적으로 파열하고, 조직화된 정도가 낮고 규율이 갖추어지지 않은 무장 집단들이 존재하는 상황에서 어떤 잔혹한 결과를 낳는지 완벽하게 보여 준다.

하지만 이러한 새로운 유형의 내전은 현실을 반영한 것이라기보다는 불완전한 관찰과 언론의 열광, 오리엔탈리즘적인 고정 관념, 전통적인 내전이 지닌 합리성과는 다른 합리성을 알아보지 못하는 무능력에 근거한 부분적인 인식일 가능성이 크다. 어떤 연구자들은 옛 내전과 새로운 내전이 구별된다는 주장에 문제가 있다고 본다. 전자가 단지 정치적이거나 이념적인 전쟁이 아니었던 것처럼, 후자가 오로지 범죄적인 전쟁인 것은 아니기 때문이다.

그러므로 다음과 같은 결론을 내릴 수 있을 것이다. 최근에 벌어진 내전들은 새로운 전략 지정학적·기술적 맥락과 현재 지배적인 비관례적인 전쟁 유형에 적응하긴 했으나, 이 장에서 다룬 폭력의 여러 혼합된 논리에도 부합한다. 그 논리는 항상 불투명하고 논란의 대상이 될 것이다. 사람들은 가끔 이 문제를 다루는 전문가들이 전쟁의 포화에서 멀리 떨어져 있으면서 너무 쉽게 이런 작동 원리를 분석한다고 비난한다. 그리스 신화 속의 시시포스처럼 끊임없이 검토하면서도 결코 그 전쟁을 이해하지 못하는 것이, 전문가라면 마땅히 치러야 할 대가일지 모른다. 하지만 그런 시도를 해보면, 내전이 도시 외부에서 오는 것이 아니라 내부로부터 발생하고, 그 폭력은 소수 집단의 병적인 행태가 아니며 〈이방인들〉이 저지르는 일도 아니라는 사실을 발견할 것이다. 폭력에 개인적·집단적으로 대거 가담하는 양상이 가장 분명히 드러나는 것은 이러한 유형의 충돌 와중이다. 그리고 거기에는 바로 전날까지 무기를 한 번도 들어 본 적조차 없는 사람들도 가담한다. 첫걸음을 떼는 게 어려울 뿐이다.

참조

1부 - 14 게릴라와 반란 억제 | 15 중국: 전쟁으로 수행하는 혁명 ‖ 3부 - 14 극단적 폭력 | 16 방데 내전 ‖ 4부 - 05 남북 전쟁에서 이긴 자는 누구일까? | 10 재판하기, 진실을 말하기, 화해하기 | 11 집단 학살 이후: 가차차 재판

16

방데 내전

안 롤랑불레스트로●

방데 전쟁은 엄청난 폭력성으로 인해 19세기로 넘어가는 전환기에 내전이 어떤 것이었는지를 잘 보여 준다. 다른 사람에 대한 증오는 한 나라의 국민이 대립한 분쟁인 만큼 더욱 강하게 나타난다.

1793년 3월과 1796년 3월 사이에 3년간 벌어진 내전으로 말미암아 일부 장소에서는 주택의 95퍼센트까지 완전히 파괴되었다. 전투 구역 바깥에서는 2만~4만 5천 명에 이르는 피란민이 생겼다. 서부군l'armée de l'Ouest에서 공화파 병사 6만~10만 명이 동원되었으며, 총 14만 명에서 22만 명이 죽었다. 몇몇 의원이 사용한 표현을 빌리자면 이 〈지옥 전쟁〉은 그 이름에 더없이 걸맞다. 이 전쟁은 역사에 〈방데 전쟁〉이라는 이름으로 남는다. 전혀 예상치 못한 데다 폭력적이고 과격했던 이 전쟁은 프랑스 서부에서 루아르아틀랑티크 남부, 멘에루아르, 되세브르 북부, 방데 이렇게 네 개의 도(데파르트망)에 걸친 총 1만 제곱킬로미터의 지대에서 전개된다.

전쟁 중인 방데에서 폭력이 절정에 이른 것은 프랑스 공화국 정부가 1794년 1월부터 튀로 총사령관에게 12개 군단의 지휘를 맡겼을

● Anne Rolland-Boulestreau. 앙제 서부 가톨릭 대학교(UCO)의 부교수. 주요 저서로 『지옥 부대: 전쟁 중인 방데의 폭력과 내전 1794~1795*Les Colonnes infernales. Violences et guerre civile en Vendée militaire 1794-1795*』가 있다.

때다. 이 군단들의 목적은 반란 지대를 동쪽부터 서쪽으로 소구역으로 구획하여 감시하고, 곡물과 가축을 압수하고, 국민을 복종시키는 것이었다. 공화파〈청색군〉은 반란군을 빠르게 진압할 거라고 기대했다. 반란군이 1793년 말 이후로 연속된 전투, 그리고 노르망디에 있는 그랑빌의 시문(市門)까지 헛되이 진군한〈갈레른 원정virée de Galerne〉으로 약해져 있었기 때문이다. 반란군의 지휘관 대부분은 심한 타격으로 죽었다. 하지만 현지 주민들은 공화파 군대로부터 스스로를 보호할 능력이 없어 보였음에도 불구하고 끈질기게 저항했다. 공화군은 금세 반란군의 저항에 부딪혔다. 반란군은 스토플레와 샤레트를 비롯한 몇몇 지휘관을 중심으로 진열을 재정비했다. 전쟁에 단련된 청색군의 장교들마저도〈불행스럽고〉,〈끔찍하고 처참하고〉,〈저주받은〉,〈이제껏 존재한 가장 고약한〉전쟁이라고 간주한 내전이 시작됐다. 이 충돌은 18세기 말에 내전이 어떤 것이었는지를 잘 보여 준다.

반(反)혁명파 군대인〈백색군〉은 그 지역 지세를 잘 알고 그곳 주민의 지지를 받으면서 깎아지른 길이 나고 장애물과 나무가 빽빽한 작은 숲을 활용했다.〈작은 전쟁〉에 익숙지 않은 정규군에게는 매우 불리한 환경이었다. 지휘부의 상충하는 명령들과 적의 결의, 전투의 폭력성, 전쟁터에서 전우를 저버리는 일 등이 부대의 사기에 끔찍한 영향을 미쳤다. 현장에서 어느 의원이 한 말에 따르면, 군인들은〈어린이가 미친개를 두려워하듯〉적에 대한 두려움을 표현했다. 많은 장교와 공화군 자원병은 서부에서 벌어지는 전쟁에 사기가 꺾이고 공포에 질려 다른 전선으로 배치해 달라고 요구했다.

이 비대칭 전쟁에서 폭력이 분출한 이유는 대체로 다른 사람에 대한 증오였다. 동일한 체제를 공유하는 게 불가능한 동일한 국민이 대립하는 상황인 만큼 이러한 증오는 더욱 강했다. 1792년부터 방데 주민들은 공화국의 법률, 특히 성직자를 선출하고〈공무원화〉하는 종교적인 개혁에 따르기를 거부했다. 많은 사제들이 새로 들어선 정권에 충성하기를 거부하고 새 법률을 따르지 않았다. 반란자들은 과거의 왕실 민병대를 연상시키는 제비뽑기로 수행하는 징병제에도 항의했다. 게다가 그 시기는 갓 탄생한 프랑스 공화국이 똘똘 뭉친 유럽 국가들을 적으로 두고 혁명의 위업이 파괴될지도 모를 전쟁을 치러야 할 위험한 순간이었다. 방데 주민들은 그런 시국에 국가를 배신했다고 규탄받았다.

〈유해 동물〉 사냥

따라서 백색군이 맹신에 빠졌다고 간주되고 〈폭도〉와 〈불한당〉, 〈거지 떼〉로 매도되어 문명의 가장자리로 밀려난 것은 전혀 놀랍지 않다. 공화파는 이러한 수식어들을 사용해 자신들이 방데의 민간인에게 저지를 모든 도를 넘는 행동을 미리 정당화했다. 방데 원정은 차츰 군사적인 특성을 잃고 〈유해 동물〉 사냥 내지는 〈작은 사냥감〉 추격으로 변질된다. 공화국 정부는 방데 문제로 너무도 골머리를 앓았기에 방데 사람들을 광견병과 흑사병, 괴저와 동일시한다. 공화국은 국가 단결에 대한 위협으로서 부당한 반혁명 세력은 근절해야 한다고 간주한다.

이 동족상잔의 전쟁은 국민 의회Convention nationale를 둘러싸고 권한을 차지하려는 공화파 장군들 사이, 방데 지방과 파리에 있는 민간인과 군인 사이에 존재한 대립 관계를 만천하에 드러낸다. 공화파 군대는 제대로 무장하거나 장비를 갖추지 못하고 식량도 제대로 보급받지 못해 물자 부족 문제를 겪었다. 이는 공화국이 지닌 전쟁 수행 능력의 결함을 잘 드러낸다. 공화파 부대들은 전역 중인 모든 군대처럼 약탈을 저지른다. 공화국의 통치 기구인 공안 위원회Comité de salut public는, 방데군이 대체로 일시적이고 지엽적 승리를 거두는 상황을 보면서 한 지역 전체가 똘똘 뭉쳐 공화파 정규군에 저항하고 있다는 사실을 인식하지 못한다. 공안 위원회는 몇 달 동안 청색군 장군들에게 자율성과 주도권, 독립성을 넘겨주며 알아서 전쟁을 수행하도록 놔두었다. 전쟁터에서는 장군들도 고위 장교들에게 그렇게 했다. 그러자 방데에서는 군인의 파벌 의식이 심화되어 각 사령관의 권한과 권위가 더욱 강해졌다. 이 권위는 정치적 통제와 위계질서를 완전히 벗어난다. 사령관들은 자신의 병사들과 자신이 맡은 구역에서 절대 권력을 행사하게 된다.

　1794년 봄, 즉 반란이 시작되고 15개월이 지난 후부터 공화국 정부는 반란군에게 무기를 내려놓으면 사면해 줄 것을 제안함으로써 내전의 단계적 긴장 완화를 시도한다. 그리고 비뫼, 뒤마, 캉클로를 새로운 총사령관으로 임명한다. 또 종대를 지어 기동하기보다는 반란지대를 구역별로 제한하기 위해 부대를 주둔시키는 쪽을 선호한다. 1794년 여름에 튀로는 재판을 받고 투옥되며, 뒤이어 다른 군인들도 수감된다. 1795년에 샤레트와 스토플레는 잠정적으로 굴복한다. 평화 회복 절차가 시작되지만, 금세 양 진영에서 벌이는 폭력과 살해로 변질된다. 방데에 새로 임명된 오슈 사령관이 다시 1년을 공들인 끝에 〈용맹한 자들의 평화paix des braves〉를 협상하는 데 성공한다. 공화국은 프랑스 서부 지역에서 주민들이 고유한 종교 관행을 실천하는 것을 인정하고, 선서하기를 거부하는 사제를 더 이상 고발하지 않는다. 공화국은 또 징병을 위한 제비뽑기에서 젊은이를 제외한다. 어떤 측면에서 보면, 공화국은 내전에서 벗어나기 위해 치러야 할 대가로 지역이 특수성을 유지하는 것을 인정하고, 패자에게 〈승리〉를 인정한 것이다.

　방데 전쟁은, 프랑스인이 16세기에 국가를 분열시킨 종교 전쟁 이후 사라졌다고 믿었던 동족상잔의 전쟁, 전형적인 〈더러운 전쟁〉이다.

영웅도 없고, 승리도, 축하도, 기념식도 없는 이 전쟁은 수천 명의 사람을 삼켜 버렸다. 19세기와 20세기에 국가적 불화와 분열의 주제로 남는다.

참조

1부 - 03 시민-군인의 시대 | 14 게릴라와 반란 억제 ‖ 2부 - 06 파르티잔의 세계 ‖ 3부 - 15 이웃 사람을 죽이기

17

강간, 전쟁의 무기?

라파엘 브랑슈[●]

강간은 전쟁의 불변 요소가 아니다. 다른 폭력 행위들처럼 전투의 구체적인 측면과 추구하는 목적, 동원되는 상상력과 결합한다. 강간은 전쟁이 어느 정도로 성별 정체성을 불문한 시련에 처하게 만드는 경험인지를 상기 시켜준다.

전쟁은 신체적 경험이다. 기술 혁신으로도 이러한 사실이 진실임은 반박할 수 없다. 전투원의 신체뿐 아니라 무장하지 않거나 무장 해제된 피해자들의 신체 역시 분쟁에서 무엇이 관건인지 이해하기 위해 필수적이다. 전쟁은 또한 성이 구분된 경험이기도 하다. 남자와 여자가 전쟁에 동원되고, 개입되고, 성별을 지닌 개인으로서 공격을 받는다. 이들이 분쟁에 가담함으로써 남성 지배 원칙으로 구조화된 사회적 세력 관계의 성별화된 측면 또한 드러난다.

이 세 가지 요소 — 신체, 성, 권력 — 는 전쟁 중에 벌어지는 성폭력에서 결합된다. 빠르게 검토하면 생리학적 불변 요소처럼 보일 수 있는 신체와 성 구별이라는 객관적 특성에도 불구하고, 이 세 요소는 사회적이고 문화적인 구축물이다. 자연에 새겨진 불변하는 요소란 없으

● Raphaëlle Branche. 루앙 대학교 교수. 식민지에서의 폭력과 사회적 성별의 역사 전문가로, 알제리 전쟁에서 벌어진 고문에 관한 연구서 『알제리 전쟁 중 고문과 군대, 1954~19623*La Torture et l'armée pendant la guerre d'Algérie, 1954-1962*』를 비롯한 여러 책을 펴냈다.

며, 모든 전쟁에서 성폭력이 벌어진다는 범할 수 없는 역사적 법칙이 있는 것도 아니다. 남자는 남자라는 이유로 모두 잠재적인 강간범은 아니다. 마찬가지로 모든 군인이 무기를 든 남자라는 이유로 강간범인 것도 아니다. 모든 군인이 적인 여성들 또는 적의 여성들에게 성폭력을 자행하지는 않는다. 현대 전쟁의 역사에서 이러한 폭력이 존재하는 것은 분명한 사실로, 관찰자는 그 상황이 너무도 다양한 데 놀라면서 성폭력과 군사적 맥락뿐 아니라 정치적·사회적·문화적 맥락을 견고히 결합하는 분석을 제시할 수밖에 없다.

성폭력은 진화하는 법률적 대상이기도 하다. 강간은 오랫동안 명예를 훼손하는 범죄로 간주되었다. 피해자보다는 피해자가 소속된 공동체와 피해자를 보호할 책임을 진 남자와 연관되었다. 이제는 국제 법정뿐 아니라 여러 국가 법정에서 개인에게 개별적으로 가해진 폭력 행위로 간주된다. 그 폭력의 성질은 다양하게 평가되어 윤리적 방식(성적 수치심에 대한 침해, 존엄에 대한 침해) 또는 그보다 훨씬 더 기술적인 방식(강제 삽입)으로 기술되었다. 1998년에 르완다 국제 형사 재판소(ICTR)는 전 타바 시장 아카예수에 대한 소송에서 여전히 강압에 의한 〈성적인 성격의 신체적 침해〉 개념을 강조했다. 현재는 남성에게 자행되는 강간이 점점 더 주목을 받으면서 이러한 폭력의 강제성, 그리고 신체적으로는 거의 보이지 않지만 심리적으로 침해를 가하는 성질에 초점이 맞추어진다.

이러한 용어의 정의와 언어에 연관된 문제는 지엽적이지 않다. 이 글에서 검토되는 폭력은 사실상 신체에 지속적인 흔적을 남기는 일이 거의 없다. 옷을 벗도록 강제하는 일, 성기에 이루어진 폭행 상해, 강요된 매춘, 삭발, 강요된 사람과 성행위를 하도록 제약하고 때로는 이런 일을 가족 앞에서 하도록 강요하는 일 등은 모두 신체와 정신의 깊숙한 곳에 자리 잡은 은밀한 세계에 대한 침해다. 이런 침해를 겉으로 드러나게 만들려면 그것을 말해야 한다. 이런 폭력 행위가 현대 전쟁에서 차지하는 위치를 분석하려면, 그것의 가시성과 그것을 말하기 위한 단어들에 대한 고찰도 함께 이루어져야 한다. 보스니아에서 1992년과 1995년 사이에 세르비아 군대가 자행한 강간 피해자를 〈피해자〉나 〈여자〉, 〈보스니아 사람〉, 〈민간인 남성〉, 〈민간인 여성〉으로 기술하는 것은 각각 그들의 존재를 똑같은 방식으로 설명하지 않는다. 어떤 경우에 단어는 그들의 민족적 소속을 강조하는 한편, 다른 경우에는 그들이 남성과 공유하거나, 반대로 성이 구별된 어떤 특수성을 나타내는 피해자로서의 지위를 강조한다.

전쟁 중에 무장한 개인들이 저지르는 성폭력은 실제로 개인 간의 관계로만 축소될 수 없다. 성폭력을 자행하는 사람이나 피해자 쪽에서 모두 그들을 넘어서는 측면이 개입한다. 성폭력으로 노리는 것은 단지 여성만이 아니다. 그 여성들이 소속된 공동체 전체가 표적이다. 이 여성들을 통해, 그들의 신체와 생식기를 통해 주변 사람들 또한 표적이 된다. 이 주변 사람들은 어느 수용소나 민족 집단, 종교 또는 전혀 다른 어떤 집단에 소속된다고 정의될 수 있다. 중요한 점은 이들이 적이라는 사실이다. 어느 공동체의 구성원을 강간하는 것은, 그 공동체 깊숙하게 내재된 작동 방식을 침해하고 집단의 핵심에 타격을 주는 일이다. 성폭력은 공격자가 속한 집단의 위력과 공격을 당하는 사람의 나약함을 동시에 드러낸다. 이러한 논리는 국가 간 전쟁뿐 아니라 내전에도 적용된다. 1960년대부터 2000년대까지 콜롬비아를 분열시킨 전쟁이 가장 분명한 예다. 이 전쟁에서는 진영을 가리지 않고 무장 집단의 지배를 공고히 다지기 위해 필요로 했으며 무력화시키려한 민간인을 대상으로 강간이 활용되었다.

평화 시기에 행해져 자주 무시되거나 상대적인 가치만 인정된 성폭력과 달리, 전쟁 시기에 이루어진 성폭력은 그 집단적인 측면에서 나오는 또 다른 영향을 끼칠 수 있다. 전시 성폭력이 더 많은 개인들에게 행해져서가 아니다. 그것을 떠받치는 논리가 성폭력을 단지 가부장적 지배만이 아닌 전쟁에 결부시키기 때문이다. 전시에 성폭력이 이루어지는 이유는 무장한 남자가 자신과 대립하는 집단에 소속된 개인들을 성적으로 공격하기 위해 자신의 힘을 사용하기 때문이다. 그렇다고 그것이 전쟁의 무기일까? 현실은 훨씬 더 다양하다. 어떤 조건에서 성폭력이 사실상 의도적으로 전쟁을 수행하고 적을 공격하기 위해 사용될 수 있는지를 알아보기 전에, 전쟁으로 가능해지는 것이 무엇인지 살펴보아야 하며, 그에 앞서 이러한 폭력의 비가시성, 폭력이 눈에 보이지 않는다는 문제를 언급해야 한다. 비가시성은 성폭력이 오랫동안 알려지지 않은 부분적인 이유다. 이 세 지점을 살펴본 다음에, 필자는 성폭력이 전쟁 시기를 훨씬 넘어서는 시간성 속에서 피해를 당한 사회에 미치는 영향을 살펴볼 것이다.

눈에 보이게 만들기

1993년에 국제 연합 특사 타데우시 마조비에츠키는 구 유고슬라비아에서 벌어진 성폭력과 민족 청소를 조사하는 임무를 맡았다. 그가 1995년 8월까지 작성한 17건의 보고서 중 하나에서 이렇게 설명한다. 〈신뢰할 만한 정보에 따르면, 국민을 공포에 빠뜨리고 민족 집단들이 도망치게 하려고 공개적인 강간, 예를 들어 온 마을 사람들 앞에서 강간이 이루어졌다고 한다.〉이때 전쟁은 고작 초기 단계였다. 세르비아 군대가 저지른 집단 강간에 대한 소문이 나라 바깥으로 전파되기 시작한다. 당시만 해도 집단 강간은 모든 측면이 온전히 인식되지 못한 채 전쟁 중에 예측할 수 없이 우연히 생기는 요소 중 하나로 여겨졌다. 하지만 이 전쟁 중에 벌어진 범죄의 책임자들을 재판하기 위해 1993년에 국제 연합이 제정한 국제 형사 재판소는 성폭력에 자리를 할애한다. 여성들이 헤이그로 와서 자신이 겪은 일을 증언한다. 2001년에 세르비아 군인 세 명은 포차 시의 여성들을 성 노예로 삼은 죄로 형을 선고받았다. 재판은 이 분쟁에서 성폭력이 대거 사용되었다는 하나의 상징으로 간주된다. 이후 1994년에 세워진 르완다 국제 사법 재판소 역시 자신이 관할권을 발휘하는 범죄 목록에 성폭력을 포함시켰다. 이로써 강간을 집단 학살 범죄의 한 요소로 규정한다. 2007년과 2009년에 시에라리온 특별 재판소는 군 혁명 위원회Armed Forces Revolutionary Council와 혁명 연합 전선Revolutionary United Front의 구성원들에게 강간과 성 노예화, 강제 혼인에 대해 유죄 판결을 내렸다. 국제 형사 재판소는 성범죄에 대한 이러한 관심을 영속화하여 전쟁 범죄 및 반인도적 범죄로 규정할 뿐 아니라, 성폭력이 어떤 국가나 민족, 인종, 종교 집단의 전부나 일부를 파괴할 의도로 자행될 때 제노사이드 범죄로도 규정한다. 똑같은 폭력은 여러 가지 방식으로 규정될 수 있다. 그래서 과거 콩고 군대의 사령관인 보스코 은타간다는 2007년과 2012년에 다른 여러 혐의와 함께 전쟁 범죄와 반인도적 범죄로 강간과 성 노예 문제로 저지른 죄목으로 재판을 받았다.

보스코 은타간다에 대한 기소가 준비되던 때에, 드니 무퀘게는 유럽 의회로부터 사하로프 사상 자유상을 받았다. 이미 여러 국제적인 상을 받은 그는 2013년 노벨 평화상 후보에도 이름이 거론됐다. 이 산부인과 의사는 1990년대 말부터 콩고민주공화국에서 강간 피해자를 돌보는 활동을 벌이며 피해자들의 신체적·심리적 회복과 사회 복귀를 위해 일했다. 그는 스스로 지칭하듯 〈여자를 회복시키는 남자〉로서 피해자 여성이 겪는 고통을 온 세상에 알리고 국제 사회가 성폭력에 지속적인 관심을 기울이는 데 기여한다. 성폭력은 이제 분쟁의 일부를 이룬다. 하지만 과거에는 성폭력이 존재하지 않았을까? 그것들은 모두 똑같은 폭력인가? 성폭력은 항상 똑같은 의도로 이루어지는

가? 현실은 복합적이지만, 확실히 바뀐 점은 성폭력의 가시성이다. 이제는 전쟁에 대규모 성폭력이 수반될 수 있다는 사실을 무시하기란 불가능하다. 피해자들은 용기를 내어 증언하고, 그 증언은 이제 사람들의 이목을 끌었다. 사람들은 피해자들의 목소리를 들을 수 있다. 수십 년 전에는 불가능한 일이었다. 그때는 피해자 여성이 거의 목소리를 내지 않았다. 그들이 여성이라서, 그리고 전쟁 중에 벌어진 다른 폭력들과 뒤섞인 하나의 범죄, 병사들의 죽음에 비하면 훨씬 덜 중요하다고 여겨진 범죄의 피해자였기 때문이다.

피해자들의 목소리를 쉽게 들을 수 있는 것은 아니지만, 그렇다고 성폭력의 존재를 몰랐던 건 아니다. 강간은 전쟁에 관한 법전 전체에서 분명히 금지되어 있다. 가령 미국에서 1863년에 제정된 리버 규칙에서는 강간이 사형으로 처벌된다. 1929년 제네바 협약에서는 포로가 된 여성들은 〈그들의 성에 걸맞은 존엄으로〉 보호받아야 한다고 명시되어 있다. 1949년에 제네바 제4협약은 이 구문을 다시 반복하되, 여성의 〈명예 훼손〉을 언급하는 데 그친다. 법률 구문에서 용어 사용에 주저함이 있고 대부분 완곡어법이 사용되긴 하지만, 이런 구문들을 보면 성폭력이 부적절한 행위로서 전쟁을 수행하기 위해 정당한 수단으로 사용될 수 없다는 오래된 인식이 존재함을 알 수 있다.

자기 진영의 여성이 당한 폭력을 언급하는 것은 여론과 병사들을 동원하기 위한 논거가 될 수 있다. 하지만 이는 피해자의 말에 귀 기울이거나 그들의 증언을 듣는 것이 아니라, 적을 규탄하는 것이 목적이다. 그래서 1792~1795년 프랑스 혁명전쟁 중에 국회나 정치계, 신문과 담화문, 보고서에서는 민간인이나 포로에게 자행된 다른 범죄와 함께 적의 잔혹성의 증거로 강간 사례를 언급한다. 강간을 했다는 비난은 진영을 가리지 않고 적의 이미지를 손상시키는 데 사용된다. 똑같은 현상이 여러 분쟁에서 특징적으로 보인다. 강간은 제1차 세계 대전 초기에 특히 많이 나타난다. 1914년 독일의 침공 때 벌어진 벨기에 여성에 대한 강간 이야기는 벨기에의 중립성을 모독한 사실을 더욱 강조하고, 야만인과 동일시된 적에 맞서 싸우는 일을 정당화한다. 제1차 세계 대전 초기에 이미 조사 위원회가 결성되어 이른바 〈독일의 잔혹 행위〉에 대한 자료를 수집하여 연합국의 선전을 뒷받침하고 전후에 이루어질 재판을 준비한다. 그러면서 성폭력이 언급되고, 성폭력은 더 높은 어떤 목적과 결합되었기 때문에 가시화된다. 1945년 6월에 또다시 잔혹 행위가 가시화되는데, 이번에는 16세 미만에게 관람이 금지된 〈히틀러의 범죄〉에 관한 파리의 한 전시에서였다. 이때 집단 강간을 찍은 사진 네 점이 전시되었다. 소개 글에는 〈어느 독일 군인이 소지했던 사진〉이라고 적혀 있다. 여기서 사진은 고발하는 역할을 한다. 범죄를 드러내 보이는 행위는, 프랑스가 특히 외국에 의한 기나긴 점령기에 프랑스인이 보인 태도에 높은 가치를 부여하는 새로운 국가적 담론을 구축해야 하는 시기에 전쟁을 규정짓게 해준다.

새로 독립한 방글라데시에서 강간당한 여성을 앞세운 이유 역시 국가주의다. 1971년 12월, 동파키스탄과 서파키스탄이 대립한 전쟁 중에 최소한 20만 명의 여성이 동부 군인들에게 강간당했다. 이들은 서부 지역민을 정화하려는 욕망을 내세워 자신의 범죄를 정당화했다. 이 수치는 1972년에 방글라데시 정부가 발표한 것으로, 정부는 이 성범죄에 관한 정보를 수집하려고 노력했다. 강간당한 여성 20만 명은 공식적으로 〈비랑고나Birangona〉, 즉 〈여성 전쟁 영웅〉으로 선포된다. 알제리에서도 독립 전쟁에 관한 공식 담론에서 강간이 거론된다. 하지만 그 내용은 막연하고 일반적이다. 강간이 공론화된 유일한 사례는 자밀라 부파샤의 경우다. 민족 해방 전선(FLN) 활동가인 스물한 살의 이 여성은 1959년에 알제의 한 음식점에 폭탄을 설치했다. 그녀는 체포되어 프랑스 군인들에게 고문과 강간을 당한다. 그녀의 변호사 지젤 알리미는 부파샤를 설득해 고소하게 한다. 부파샤는 페미니스트 철학자 시몬 드 보부아르의 지지를 받는데 보부아르는 유리병으로 자행한 강간의 야만성을 공적으로 규탄한다. 하지만 학대자들이 기소된 소송은 결실을 맺지 못하고, 자밀라 부파샤에 대한 소송은 그녀가 사형 선고를 받는 것으로 이어진다(부파샤는 에비앙 협정의 일환으로 사면을 받고 1962년 4월에 석방된다). 파블로 피카소가 그린 부파샤의 초상화는 전 세계에 그녀의 사례를 알리는 데 크게 공헌했다. 자밀라 부파샤는 알제리 해방 전쟁의 아이콘으로 떠올랐다. 신생 국가 알제리는 이러한 영웅화를 이어 가는 데 만족한다. 하지만 전쟁 중에 강간당한 다른 여성들의 경우는 달랐다. 2000년에 또 다른 알제리 여성 투사 루이제트 이길라리즈가 프랑스 군대에 잡혀 성폭행당한 일을 폭로했을 때, 그녀는 과거의 남녀 동지들에게 비난을 받았다. 게다가 그녀는 아버지가 작고하기를 기다렸다가 자신의 경험을 비로소 알릴 수 있었다. 전쟁 중에 당한 성폭력은 간접적으로만 언급된다.

성폭력의 가시성 문제는 사회가 성폭력을 볼 수 있는 능력을 드러낸다. 사람들 대다수는 평화 시기와 마찬가지로 다른 곳을 쳐다보며 피해 여성을 홀로 두는 쪽을 택한다. 비가시성은 또한 성폭력을 말하기 위해 완곡어법을 사용하는 것, 그리고 폭력과 영웅적 행위에 서열을 부여함으로써 이루어지기도 한다. 따라서 정확한 수량화가 불가능하다. 잘 알다시피 평화 시기에도 성폭력을 드러내 말하는 일이 드물게 이루어진다. 하물며 강간하는 사람들이 대부분 경찰 및 법률 기구를 장악한 권력을 지닌 전쟁 시기에는 어떻겠는가?

끝으로 가시성은 범죄를 저지르는 사람들이 자신의 행동을 알리려는 욕구와도 연관된다. 성폭력은 행해지기 전에 이미 표적에게 예고되기도 한다. 여론으로 정신을 지배함으로써 신체적 지배를 미리 준비하는 것이다. 스페인 내전 중에 프랑코 장군파 부대들이 도달하기에 앞서 그들을 지원하는 모로코 군인들이 공화파 진영의 여성들에게 가할 폭력 행위에 대한 이야기가 떠돌았다. 강간이 이루어질 거라는 위협은 소문과 신문을 통해 전파되어 북아프리카 군인이 남달리 잔혹하다는 식민지적 상상력이 형성되었다. 가령 젖가슴을 잘라 낸다는 소문 따위로 신체 훼손에 대한 두려움이 성폭력에 결합된다. 세기가 흐르면서 새로운 기법이 등장해 이런 위협적인 측면을 강화한다. 강간자는 범죄 현장을 사진으로 찍거나 동영상으로 촬영해 자신의 범죄가 담긴 이미지를 인터넷에 올릴 수 있다. 장면을 촬영하는 기기를 사용함으로써 자행된 폭력은 배가된다. 그 폭력에는 지배당하고 실추된 이미지를 무한히 퍼뜨리고 재생산할 거라는 위협이 담겨 있기 때문이다. 2003년에 이라크에 주둔한 미군은 아부그라이브 교도소에 구류된 사람들을 성적으로 모멸하는 장면을 사진으로 상세히 촬영했다. 일부 사진이 지닌 시각 언어적 메시지는 분명하다. 군인들이 사진사를 바라보는 시선은 비현실적인 대상물 수준으로 전락한 피해자들의 처지를 전혀 감안하지 않은 채 동조를 구하고 있다.

게다가 아부그라이브의 사진들은 여성 군인도 수감자들을 벌거벗기고 두렵게 만들고 고문하고 강간할 수 있으며, 남자도 성폭력을 비롯한 이런 폭력의 피해자일 수 있음을 온 세상에 드러내 보였다. 일부 옹호 담론에서 여자가 〈torture chicks(고문하는 새끼 고양이)〉에 불과하다는 사실을 강조하는 것과는 반대로, 오히려 그들의 여성성은 폭력의 가해를 한층 증폭시킨다. 이 여성 군인들은 만지는 행위나 자극적인 자세, 외설적인 몸짓을 동원하고 자신의 생리혈을 이른바 종교적인 불순한 무기로 사용하는 등 위로하는 여성부터 포르노 배우에 이르는 매우 폭넓은 종류의 제스처를 사용한다. 이들은 여성으로서 적의 진영에 속한다는 혐의를 받는 남성들을 고문하고 폭행한다. 그들은 여성이라는 이유로, 가해지는 폭력에 특수하게 고안된 모멸감을 더할 목적으로 앞에 내세워진다.

집단 폭력

아부그라이브와 같은 장면 연출은 피해자들이 완전히 학대자의 처분에 맡겨져 있는 만큼 실행하기가 더욱 쉽다. 성폭력은 19세기 말부터 존재하는 전쟁의 중요한 혁신인 수용소 때문에 매우 쉬워졌다. 강제 수용소, 집단 수용소, 포로 수용소, 난민 수용소를 가리지 않고 약해진 국민들은 집결되어 자신들을 함부로 대하는 무장한 개인들 앞에 다양한 수준에서 무방비 상태로 노출된다. 강자의 승리는 담장으로 둘러싸여 감시되는 수용소 건축에서도 드러난다. 이 가로막힌 공간에서 자행되는 폭력은 전쟁으로 야기된 세력 관계를 그대로 유지한다.

수용소 내에서 성폭력은 두 가지 특성을 보인다. 성폭력은 반복될 수 있으며, 여성뿐 아니라 남성에게도 이루어질 수 있다는 점이다. 또한 수용소는 더 넓은 의미에서 구류 및 심문의 문제와 연관된다. 이 공간에서 남자와 여자는 자주 고문당한다. 그런데 고문은 본질적으로 섹슈얼리티와 연관된다. 고문하려는 사람을 벌거벗기는 일이든, 아니면 가장 민감한 신체 부위를 공격해 신체적으로 고통을 주는 일이든, 피해자의 은밀한 부분이, 특히 성적인 측면에서 공격의 표적이 된다.

더 넓게 보면, 전쟁은 무기를 든 자에게 명백한 우월성을 부여한다. 정복당한 영토를 점령하는 일이나 수용소를 감시하는 일만으로도 개별적인 성적 범죄 행위가 발달할 수 있다. 폭력이 허용되지 않아도 군인들은 자신이 처벌받지 않거나 관대한 처분을 받는 혜택을 누릴 거라 생각하고, 전쟁으로 취약해진 민간인들을 먹잇감으로 간주할 수 있다. 이러한 맥락에서 발달하는 일상적인 범죄 행위에는 여러 형태가 있으며, 이것이 유엔군이 자신이 보호해야 할 국민들을 대상으로 그런 범죄를 저지르는 이유일 수 있다. 예를 들어 2016년 봄에 유엔의 위임을 받아 중앙아프리카에 파병한 상가리 부대의 프랑스 군인들은 성폭력을 저질렀다고 고발당했다.

무엇보다 성폭력은 예외적인 경우를 제외하면 집단으로 자행되는 폭력이라는 점을 기억해야 한다. 전투원으로 이루어진 1차 집단이 그대로 범죄 집단이 되는 경우가 많다. 이때 집단 내부의 서열도 재생산된다. 좀 더 엄밀히 말하면, 성폭력은 그것이 동료들의 존경심을 얻기 위해 집단 내부에서 자행되는 폭력이든, 아니면 더 많은 경우에 다른 사람들에게 자행되는 폭력이든, 전투원 집단을 결속시키는 통과 의례일 수 있다. 이런 이유로 1990년대에 시에라리온 혁명 연합 전선 Revolutionary United Front에서 그랬듯, 여성 군인들도 강간을 저지른다. 그들은 막대기나 병 같은 도구를 사용해 집단 강간에 가담하고, 이런 식으로 자신들이 전투원 집단에 온전히 소속되어 있음을 드러낸다.

무장 집단 내부의 역동은 성폭력이 지속되기 쉽게 만들 수도, 성폭력을 피하게 만들 수도 있는 요소로서 군대 내 규율이라는 더 넓은 맥락에서 검토되어야 한다. 이런 관점에서 연합군은 1943~1945년에 유럽을 해방하면서 통과한 여러 영토에서 동일한 방식으로 행동하지 않았다. 프랑스에서는 상륙에 성공한 후 부대를 배치할 때 일시적으로 강간이 이루어졌다. 미국은 프랑스의 민간인 및 새로운 정권과 좋은 관계를 맺어야 한다는 생각이 다른 동기들보다 강했다. 그래서 미국 군사 법원은 150건이 넘는 강간 사건을 재판에 회부했다. 법원은 성폭력을 저지른 자들을 사형할 때, 누구도 미군이 이러한 범죄를 단죄한다는 사실을 모르지 않도록 공개 교수형을 선호했다. 처벌이 군대의 규율을 유지하는 데 기여한 반면, 판결에서는 여전히 인종 차별이 이루어졌다. 흑인 군인은 백인 군인보다 더 많이 추궁을 당하고 형을 언도받아 사형되었으며, 다른 모든 범죄보다 강간에 대해 훨씬 더 빈번히 사형을 선고받았다.

하지만 군대는 분위기에도 민감하게 반응한다. 이 부대들은 일단 독일에 도착하자 지휘부로부터 어느 정도 관대한 처분을 받는 혜택을 누린다. 독일 여성에게 가하는 성폭력은 더 용서할 만하다고 판단되었다. 피해자가 적국 소속이라는 사실이 어떤 의미에서 그들을 폭력적으로 대하는 것을 허용했기 때문이다. 이탈리아에 상륙한 프랑스 군대도 상황은 비슷하다. 프랑스군은 1944년 5월에 구스타브 방어선 배후에 조직된 독일군의 저항을 엄청난 손실을 겪으며 패배시킨 후 이탈리아 여성들을 대규모로 강간했다. 프랑스에 도착한 다음에는 성폭력을 거의 저지르지 않았다. 여성들은 군인들 — 더욱이 이들은 대부분 식민지 전투원이었다 — 과 같은 프랑스인이었기 때문이다. 핵심은 프랑스를 해방시키는 것이지 제압하는 것이 아니었다. 하지만 군대가 라인강을 넘어서자 다시 성범죄를 저지른다. 군인이 민간인에 대해 지닌 서로 다른 인식이, 군인을 통제하려는 지휘권의 가변적인 의지와 역량에 결합되는 것이다.

지휘관의 문제는 군이 저지르는 성폭력을 이해하는 데 핵심적인 요소다. 군인의 행동은 그들이 자신의 지휘부에 무엇을 기대하는지에 달려 있다. 지휘부는 성폭력을 명령하거나 금지하고, 처벌하거나 눈감아 주는 식으로 반응하고, 군인의 행동은 그들이 지휘부에 기대하는 것에 따라 달라진다. 지휘부는 군인의 섹슈얼리티를 여러 방식으로, 즉 사기를 좌우하는 요소, 건강에 대한 위험, 군사적 목적에 유용한 도구로 간주한다. 그래서 섹슈얼리티와 폭력이 뒤섞이고 지휘권에 의해 조직될 수 있다. 이러한 전반적인 맥락이, 일부 군대가 전방의 배후에 위안소를 만들어 두는 이유다. 그리고 위안소에서 일할 위안부들을 모집한다. 군대 기관은 이렇게 위안부와 그들을 만나는 병사들을 엄격히 감시함으로써 병사들이 성병에 걸리지 않도록 그들의 성활동을 통제하려 한다. 하지만 전쟁 중에는 전쟁이라는 맥락으로만 설명할 수 있는 강요된 형태의 매춘이 발달하기도 했다.

가장 대규모적인 사례는 일본 군대가 제2차 세계 대전 중에 실시한 매춘 체계다. 일본이 점령한 모든 영토에서 여성들은 군대가 통제하는 위안소에서 일하도록 강요받았다. 중국 여성, 인도네시아 여성, 특히 한국 여성들이 몇 년 동안 성 노예로 활용되었다. 일본 군대 지휘부는 군인이 이들을 찾아가도록 장려하고 자기 가족과 멀리 떨어져 있는 병사들이 누릴 수 있는 유일한 휴식처로서 위안소를 관리했다. 그 절차는 매우 명확히 정해져 있었다. 여성의 이름이 적힌 판이 벽에 붙어 있고, 여성 중 한 명과 함께 방으로 가는 군인은 그 판을 가져갔다가 방에서 나오면 다시 벽에 걸어 두었다. 그러면 다른 군인이 그 여성을 사용할 수 있었다. 하지만 장교와 병사는 같은 여성을 공유하지 않았다. 처녀는 특별한 취급을 받았다. 이 성폭력에 예속된 여성의 수는 약 20만 명으로 추정된다. 그들은 〈위안부〉라는 이름으로 불렸는데, 군인들의 성 충동을 조절하는 동시에, 여가로 소개되는 활동에서도 군 기관의 압박을 유지할 목적을 띤 성 노예였다. 점령당한 국가의 열등하다고 간주된 여성들에게 가해진 이 성폭력은 그 자체로 전쟁 행위였다. 즉 일본 군대에는 군인의 육체적 능력과 사기를 유지하게 했으며, 정복된 국가에는 이런 방식으로써 지배당하고있다는 상황을 상기시켰다. 다른 경우에 성폭력은 진행 중인 전쟁과 더욱 내밀하게 연결되어 있어서, 전역 중인 군대의 활동과 동시에 성폭력이 벌어져 적으로 간주된 민간인을 의도적인 표적으로 삼는다.

상황의 압박

점령 상황은 성범죄가 일어나기 쉽게 만들기도 하지만, 반대로 점령당한 국민과 좋은 관계를 유지하려는 욕망을 보이기도 한다. 그래서 성범죄에 대해 실제적인 처벌이 이루어지기도 한다. 1940년 여름부터 점령된 프랑스의 경우가 그랬다. 따라서 점령과 대규모 성폭력 사이에는 어떤 인과 관계도 없다. 이와 마찬가지로 점령은 인종적인 사고를 바탕으로 수립될 수 있으며, 이 경우에는 성 노예화를 포함해 민간인을 노예화하는 일이 수반될 수 있지만 — 제2차 세계 대전 중에 일본이 그랬다 — 이러한 이념은 성폭력을 자행하는 데 걸림돌이 될 수도 있다. 열등하거나 불순한 존재와 밀접하게 접촉하는 것이 군인을 위험에 빠뜨릴 수 있다고 생각한다면 말이다. 이미지 자체가 상상력에 제동을 걸어 성폭력을 생각하는 것조차 불가능할 수 있다. 점령된 팔레스타인 영토에 주둔한 이스라엘 군대의 경우가 그렇다.

반면에 성폭력이 이루어지는 데 각별히 유리한 상황이 있다. 침공 그리고 그와 반대되는 움직임인 패주다. 패배한 영토를 침공하는 일에는 자주 민간인에 대한 폭력이 수반된다. 공성전이 존재한 이후로 포위전의 경우는 잘 알려져 있다. 19세기와 20세기에 그 사례는 풍부하다. 1813년 여름에 스페인에서 프랑스군이 후퇴할 때, 푸아 장군이 이끄는 군대는 작은 항구 도시 카스트로 우르디알레스를 포위 공격했다. 방어하던 항구의 주둔 부대가 바다로 달아나 항구는 빠르게 공략된다. 스페인의 게릴라 무리를 상대로 몇 달 동안 헛되이 싸운 프랑스 군인들은 도시 절반을 파괴하고 주민을 절반 넘게 죽인다. 150건 이상의 강간 사례가 보고됐지만, 어떤 법적인 후속 조치도 이루어지지 않았다. 또 다른 사례로, 1937년 12월에 국민당 정부가 후퇴한 후 일본 군인이 중국의 수도 난징을 침공한 사례를 들 수 있다. 이 침공에 이어 8주 동안 살인과 성폭력이 자행됐다. 민간인은 적으로 간주되었기 때문에 그들을 관대하게 대하는 어떤 특별한 조치도 없었다.

1941년 여름에 혹독한 전투가 벌어진 이후 소련의 붉은 군대는 독일군을 밀어내고 유럽을 통과한다. 붉은 군대가 도착하기 전에, 이 군대가 지나가는 길에 있는 사람들을 어떻게 가혹하게 대하는지에 대한 소문이 돈다. 붉은 군대가 동프로이센에 도착하자마자 여성에 대한 강간 소문이 떠돌았다. 이는 나치의 선전으로 널리 유포되었다. 1945년 2월에 부다페스트에서 여성 5만 명이 붉은 군대가 자행하는 성폭력의 피해자가 되었다. 베를린에서는 그 여성의 수가 12만 5천 명이 넘는다. 붉은 군대 수뇌부는 병사들에게 어떤 제한도 두지 않았다. 오히려 이제껏 감수한 고난을 되갚기 위해 독일에 복수하라고 부추겼다. 수뇌부의 이러한 의도는 널리 전달되어 여성에 대한 성폭력과 함께 가옥 약탈과 민간인 살해가 벌어졌다. 전쟁은 무자비하다. 점령된 도시에서는 점령의 폭력이 정복의 폭력에 더해지기 때문이다.

시간이 흐르면서, 일부 피해자 여성은 점령자를 대상으로 술책을 부려 자신의 몸을 이용해 이득을 취하고 얼마간 자율성을 얻으려 한다. 문헌화된 일이 거의 없는 이러한 측면을 밝히는 예외적인 증언이 하나 있다. 1945년 4월 20일부터 6월 22일까지 어느 베를린 여성이 쓴 일기다. 1954년에 〈베를린의 여인〉이라는 제목으로 익명 출간되었고, 처음에는 독일의 독자로부터 특별한 주목을 받지 못했다. 저자인 여성은 그 글에서 해방자로서뿐 아니라 약탈자로 도착한 군부대에 점령된 도시에서의 일상을 묘사하는 동시에, 여성들이 당하는 폭력을 줄이기 위해 사용한 전략도 밝힌다. 여자들은 한 남자에게 성적으로 예속됨으로써 그 사람의 보호를 받아 다른 남자들과 거리를 두고자 했다. 이 글의 화자는 러시아어를 할 수 있었기에 자신의 행동반경을 더 쉽게 협상하고, 무엇보다 자신을 더 잘 보호하기 위해 자신이 관찰한 강간자의 관점을 파악할 수 있었다. 그녀는 나치의 세계가 무너지면서 강한 남성의 영광도 허물어지는 모습 또한 증언한다. 〈이 전쟁이 끝날 때면, 숱한 패배와 더불어 성으로서의 남성도 패배할 것이다.〉 이 증언은 문학적으로 빼어날 뿐 아니라, 저자가 자신이 당하는 일을 관찰하고 주체들의 행동 전략을 간파하는 능력에서 참으로 특별하다. 이러한 전략은 비록 식별해 내기가 더 복잡하긴 하지만 다른 맥락에서도 존재한다. 프랑스 퇴역 군인과 알제리 여성들은 알제리 독립 전쟁 이야기를 전하면서, 군인이 도착하면 여자들이 얼굴에 진흙을 묻혔다고 회상한다. 이렇게 함으로써, 소문으로 예고되고 간혹 마을 가까이에 군부대가 지속적으로 주둔함으로써 허용된 성폭력으로부터 자신을 보호하려 한 것이다.

이 모든 경우에, 성폭력은 전투 가까이에서 이루어지거나 전투와 직접 뒤섞인다. 무기가 주는 지배력을 이용해 군인이 지휘관 모르게 저지르는 기회주의적인 강간이든, 지휘부의 승인 또는 독려나 참여로 자행되는 성폭력이든, 성폭력을 자행하는 사람은 자신이 저지르는 행동의 결과와 피해자의 훗날을 전혀 고려하지 않는다. 1990년대 초에 유고슬라비아가 해체된 이후 벌어진 전쟁 중에 그랬던 것처럼 강간이 군사 전략의 일환으로 수행되는 경우는 상황이 매우 다르다.

이 분쟁은 민족 청소 정책의 일환으로 강간을 대규모로 활용한 점이 특징이다. 베로니크 나훔그라프가 제시했듯, 이 전략은 집단이 오로지 남성 혈통 관계에 의해 구축된다고 간주함을 전제로 한다. 따라서 적 집단의 여성을 강간함으로써 그 지역의 민족 균형을 변화시키는 것이다. 그 당시에 특히 세르비아 군대가 펼친 전략적 사고에 따르면, 강간자의 정액을 통해 피해자에게 침투할 수 있다. 그럼으로써 보스니아 여성은 세르비아 자녀를 낳는 것이다. 그리하여 이 범죄는 가하고자 하는 다른 폭력들, 그리고 피해자가 후손에 대한 가해자의 개념을 공유하는 경우에는 더럽혀짐이라는 측면을 다른 트라우마에 더한다. 피해자 여성 개개인을 통해 공동체의 재생산 능력이 표적이 되어 결국 그녀가 속한 공동체가 현재와 미래에 타격을 입는 것이다. 그래서 보스니아 여성들은 수용소에 갇혀 임신할 때까지 세르비아 군인에게 강간을 당했고 달을 채워 출산하도록 강요받았다. 태어날 아이들은 세르비아인으로 간주되고, 정치 조직을 구성하기 위해 지역적으로 감안되는 인구의 세력 관계에서 큰 비중을 차지할 것이다. 강간과 민족 청소는 함께 이루어진다. 이 경우에 강간은 반론의 여지 없이 전쟁의 무기다. 강간은 명백히 전쟁의 목적 일부(영토 차지하기, 그 영토에서 일부 국민을 몰아내기)를 달성하기 위해 사용된다.

강간자가 느끼는 무소불위의 감정

정치적·군사적으로 성폭력이 어떤 영토나 집단을 모멸하고 지배하고 그에 대한 권력을 차지한다는 즉각적인 목적을 달성할 수 있는 한편, 사회와 개인에게 더 장기적으로 영향을 미칠 수도 있다. 전쟁이라는 상황에도 불구하고 성폭력을 당한 피해자는 여성이든 남성이든 공동체 구성원의 집단적 반감 현상에 영향을 받아 수치심을 느끼는 경우가 많다. 최근에 비정부 기구들이 남성에 대한 성폭력을 감안하고 있지만 그렇다고 상황은 달라지지 않는다. 여기에는 어떤 새로운 점도 없다. 이미 말했듯이 고문은 자주 강한 성적인 측면을 지니며, 과거의 분쟁에서 남자는 여자보다 고문을 더 많이 당했다. 남성에 대한 강간이 점점 더 자주 언급되는 것은 무엇보다 1990년대 이후 전쟁 중에 이루어지는 다른 폭력들에 대해 강간을 구분하여 특별히 인식하게 되었음을 보여 준다. 이렇게 증가한 가시성에는 참담한 회귀 효과가 수반된다. 현대 분쟁에서 강간과 강간 위협이 점점 더 많이 활용된다고 추정되기 때문이다. 하지만 성폭력 피해자 거의 대다수는 여전히 여성이다. 콩고민주공화국에서 이루어진 조사에 따르면, 강간은 사회 및 가족 관계를 파괴해 피해자에게 낙인을 찍고 그들을 고립시킨다. 〈현재 나는 더 이상 이 세상에 있지 않습니다〉는 옥스팜 인터내셔널 Oxfam International이 2010년에 출간한 조사 연구 제목으로, 이 연구에서는 강간 피해자가 버림받는 측면, 그리고 가끔 여기에 더해지는 성병에 걸리거나 임신하는 상황을 보고한다.

어떤 집단은 피해자에게 자신이 당한 성폭력을 끊임없이 상기시키는 임신에 맞서기 위해 낙태를 용이하게 만들거나 강간으로 태어난 아이를 포기할 수 있는 시스템을 조직한다. 방글라데시에서는 1971년 전쟁 이후에 남자들이 파키스탄 군인이나 그를 도운 방글라데시인 협조자에게 강간당한 여성들과 혼인하도록 장려한다. 이들을 공식적으로 〈여성 전쟁 영웅〉으로 지칭한 것은 이들이 겪을 수도 있는 사회적 치욕으로부터 보호하기 위해서다. 무엇보다 임신한 여성에게는 낙태를 허용했다. 이 폭력으로 태어난 많은 아이들을 해외로 입양시킨다. 이런 전반적인 정책에도 불구하고 일부 피해자는 사회적 낙인에서 벗어날 수 없고, 다른 나라 역시 상황은 마찬가지다. 전쟁 상황이라 해도 피해자의 성별이 무엇이든 성폭력의 특수성은 사라지지 않으며, 이 폭력은 피해자의 수치심과 죄의식, 성폭력과 사회적으로 깊숙이 결합된 범죄자가 갖는 무소불위의 감정을 특징으로 한다. 그 때문에 평화를 되찾았을 때, 어느 집단의 남성이 자기 집단의 여성들을 보호하는 능력의 허를 찌른 성폭력을 잊는 일이 더욱 시급한 것이다.

하지만 어떤 나라에서는 대규모 성폭력에 대한 생생한 기억과 더불어 범죄를 저지른 과거의 적이 대가를 치러야 한다는 느낌이 유지된다. 제2차 세계 대전이 종결된 후, 국제법은 처음으로 강간을 전쟁 범죄 중 하나로 인정했다. 일본 장교 다섯 명은 두 달도 채 안 되는 기간에 중국인 민간인과 전쟁 포로 20만~30만 명이 희생된 〈난징 대학살〉 또는 〈난징 강간〉이라는 표현으로 지칭되는 범죄 일체에 가담했다는, 또는 이를 중지시키지 않았다는 이유로 사형을 당했다. 이 사안은 중국과 일본의 외교 관계 현안에서 정기적으로 다시 등장한다. 과거의 〈위안부〉에 대해서도 마찬가지다. 위안부들은 직접 압력 단체를 구성하여 일본 정부의 사죄와 보상을 받기 위해 대한민국 정부의 지지를 받았다.

2015년 12월 말에 드디어 두 국가 간에 협약이 체결되어 일본은 피해자들에게 10억 엔을 지급하고, 대규모 성 노예화 실시에 대한 책임을 인정하고 〈사죄와 뉘우침〉을 표명할 것을 받아들였다.*

오늘날 현대 분쟁에서 성폭력이 가시성을 띠는 현상은 부인할 수 없다. 부인할 수 없는 새로운 점은 강간 건수가 많은 게 아니라, 강간이 적어도 국제적인 수준에서 전시에 자행되는 다른 범죄와 동등한 폭력으로 식별된다는 점이다. 그러므로 강간을 저지른 사람은 법정에서 전쟁 범죄나 반인도적 범죄, 집단 학살 범죄로 추궁당할 가능성이 크다. 하지만 예외적인 경우를 제외하면 형법 기관은 개인만을 재판하기 때문에 집단적인 논리를 처단하기는 어렵다. 그러나 이 집단적인 논리야말로 유일하게 성폭력이 대규모로 벌어지는 특징을 설명하고 전쟁의 무기로 간주하게 할 수 있다. 정의의 시간은 전쟁의 시간보다 훨씬 느리다. 군대는 자기 부대가 저지른 성폭력에서 이득을 취할 수도 있으므로 반드시 처벌하려 하지는 않는다.

참조

1부 - 05 법이 말하는 것 | 11 애국 전선 ‖ 2부 - 01 군인 양성 | 05 전쟁은 남자만의 일인가 | 11 버틸 힘 ‖ 3부 - 06 식민지에서: 야만이 된 전쟁 | 14 극단적 폭력 ‖ 4부 - 10 재판하기, 진실을 말하기, 화해하기

* 책의 서술과 달리 2015년 위안부 협상 결과는 피해자를 배제한 일방적 합의라는 비판을 받았다. 한편 2016년 일본 정부는 위안부의 존재를 UN에 제출한 보고서를 통해 부정하였고, 2017년에 출범한 문재인 정부에서 일본 정부에 10억 엔을 반환하면서 사실상 폐기되었다.

18

탈주: 난민과 실향민

대니얼 코언•

현재 유엔 난민 고등 판무관 사무소의 통계에 따르면, 113명 중 한 사람은 〈망명 신청자〉이거나 〈국내 실향민〉, 〈난민〉이다. 전쟁은 항상 집단 이주와 이동을 야기했다. 하지만 전쟁 난민은 19세기 말에야 인도주의적인 담화에 등장한다.

성서 이야기에서, 고대와 중세 사회에서, 그리고 근대와 현대에는 더 많이, 군대의 충돌은 병사를 죽이거나 부상 입힐 뿐 아니라, 그와 동시에 전투를 피해 도망치거나 정복자에게 추방당하는 민간인 희생자를 더 많이 만들어 낸다. 이 현상은 오래되었지만, 전쟁 난민이 인도주의적 담화에 등장한 것은 상당히 늦다. 19세기 대부분의 기간에 프랑스와 영어 사전에서는 주로 낭트 칙령이 폐기된 이후 프랑스에서 위그노들이 추방된 것을 그 사례로 든다. 게르만 세계에서는 〈플뤼히틀링Flüchtling〉이라는 단어가 18세기 이후로 유랑자와 도망자를 모두 정의 내리기 위해 사용된다. 1870년부터 〈에마틀로heimatlos(조국 없는)〉라는 용어가 생겨난 지 얼마 지나지 않아 〈스테이트리스stateless〉 또는 〈무국적자〉로 번역되었다. 이것은 난민 현대사의 기초를 놓는 중요한 분기점을 이룬다. 한쪽 편에는 본래 국적을 상실하거나 박탈당

• Daniel Cohen. 미국 휴스턴의 라이스 대학교 부교수. 1940~1950년대 난민 역사의 전문가다. 주요 저서로 『전쟁의 흔적: 전후 질서에서 유럽의 실향민In War's Wake: Europe's Displaced Persons in the Postwar Order』이 있다.

한, 즉 근대 국민 국가에서 제자리를 잃은 개인이 있다. 반대 편에는 전쟁을 피해 달아나는 민간인이 있다. 이들은 제2차 세계 대전 이후에야 국제 인도법에서 등장한다.

앙리 뒤낭이 적십자회를 창립하다

19세기 후반에 전쟁을 인간화하려고 한 최초의 시도는 근대 난민의 역사에서 중요한 시작점을 이룬다. 1863년은 이 점에서 결정적인 해로, 제네바 출신의 박애주의자 앙리 뒤낭의 주창으로 국제 전시 부상자 상설 구호 위원회(훗날 적십자 위원회가 된다)가 창립되고, 미국에서 리버 규칙이 공포된다. 뒤낭은 자신의 유명한 증언록『솔페리노의 회상』(1862)에서 교전국들이 인정하고 전투 장소에서 인간의 고통을 줄이는 것을 목적으로 삼는 중립적인 국제 조직의 지표를 세운다. 이제 막 탄생하는 적십자회와 더불어 1864년 제1차 제네바 협약은 아직 〈전역 중인 군대에 의해 부상당한 군인들의 처우 개선〉을 목적으로 할 뿐, 민간인의 처우에는 관심을 두지 않는다. 마찬가지로 리버 규칙은 무엇보다 남북 전쟁의 북군이 생포되거나 부상당한 남군을 대하는 행동을 규제하려 한다. 하지만 이 조문들에는 민간인에 대한 측면이 적지 않게 담겨 있다. 남북 전쟁에서는 실제로 20만 명이 넘는 것으로 추정되는 많은 실향민이 생겼다. 여기에는 북부 연방군의 전진을 피해 달아난 남부 주민들, 보복으로 강제 추방된 민간인, 그리고 특히 북군의 전선 뒤로 도피하려던 남부 연합의 노예와 해방 노예들freedmen이 있었다. 리버 규칙은 비전투원, 〈특히 여성〉을 보호하도록 보장하고, 사유 재산을 존중하도록 하고, 무엇보다 흑인 난민의 해방을 인정한다.

유럽에서 총력전을 예고하는 전쟁의 중심에 민간인을 내던진 것은 1870~1871년 프로이센·프랑스 전쟁이다. 민간인 수십만 명이

1870년 여름에 이루어진 침공을 피해 말이나 수레를 타고, 또는 걸어서 피란을 떠났다. 갓 공포된 1864년 제네바 협약에 금지 조항이 존재했지만 프로이센 군대는 이를 철저히 무시했다. 스트라스부르에 포위당한 주민들은 도시가 1870년 9월 27일 항복할 때까지 6주 동안 대규모 포격을 당했다. 스트라스부르의 난민들은 스위스 정부가 책임졌으며 자국이 중립국임을 근거로 내세워 부상자와 병자들에게 통행증을 발급해 주었다. 거의 3분의 1이 점령당한 프랑스 영토를 벗어나려는 이주민의 대규모 이동에 프랑스 임시 국민방위 정부는 군사적 패배에 더해 민간인의 혼돈을 처리할 능력이 없어 크게 당황한다. 프랑스가 엄청난 배상금을 낸 후 독일군이 철수한 지방에서는 새로운 분쟁에 대비한 구호 운동이 대대적으로 벌어져 민간인 구호를 개선함으로써 복수를 준비한다.

1914년에 세계적인 분쟁이 발발하기 전에 유럽에서 전쟁 난민 현상의 중심지는 반론의 여지 없이 발칸반도였다. 1877~1878년 러시아·튀르크 전쟁으로 2백만 명이 넘는 동방 정교회 교도와 이슬람교도 민간인이 이동했다. 그들은 전투만 피해 떠난 것이 아니었다. 오스만 제국 정부인 〈숭고한 문Sublime Porte〉이나 러시아, 슬라브족 동맹국들에 의해 체계적으로 추방되었다. 그리하여 이 분쟁은 전쟁 난민의 역사에 새로운 측면을 도입했다. 이는 뒤이은 수십 년간 확대되어 제국 권력들이 해체하면서 계획적 또는 자발적인 국민의 대규모 이동이 일어난다. 러시아·튀르크 전쟁에서는 경우에 따라 보스니아 헤르체고비나와 세르비아, 불가리아에 있는 동방 정교회 교도나 이슬람교도를 표적으로 여러 민족 동질화 전역이 벌어진다. 1912~1913년 발칸 전쟁 중에 오스만 정권의 마지막 유물을 제거하면서 수만 명의 난민이 콘스탄티노폴리스로 이동함으로써 이 현상은 심화되었다. 이들은 18세기 말 이후로 적대적 지역인 발칸반도와 캅카스를 저버린 마지막 난민 물결이었다.

식민 세계에서는 1899~1902년 제2차 보어 전쟁이 비전투원들의 취약함, 그리고 그들을 상대로 새로운 유형의 전쟁 범죄가 아무런 처벌도 없이 자행되는 양상을 극단적으로 보여 준다. 트란스발에서 키치너 경이 이끄는 군인 50만 명은 보어인들에게 초토화 정책을 실시했다. 이 때문에 보어인들은 화재로 불탄 집과 마을을 버리고 떠날 수밖에 없게 된다. 바로 이곳에서 그때 막 발명된 가시철조망(1874)이 전쟁의 민간인 피해자의 역사와 만난다. 절대다수가 여성과 어린이인 보어인 15만 명이 수용된 집단 수용소는 아프리카 대륙에서 탄생한 최초의 대규모 난민 수용소이기도 하다. 1914년에 영국의 군법 지침서에는 〈국제법의 규정은 문명화된 국가 간의 전쟁에만 적용된다. 이 법은 미개한uncivilized 국가나 부족과 치르는 전쟁에는 적용되지 않는다〉라고 명시되어 있다. 〈미개〉와 〈문명〉을 구분하는 것은 제1차 세계 대전의 전쟁 문화에서도 핵심적인 위치를 차지한다. 특히 전쟁 당사국인 프랑스와 독일이 보기에는 민간인도 군인과 마찬가지로 적의 상상적인 인물상이 된다. 1914년에 〈유럽 각지에서 등불이 꺼졌을〉 때, 애초에 일련의 군사적 충돌로 계획된 전쟁은 즉각 대대적인 난민 움직임을 불러일으킨다. 훗날 제1차 세계 대전의 퇴역 군인 세대가 전파한 참호 생활에 대한 회상에서는 집단적 기억 때문에 그 전쟁의 역사에서 중요한 또 다른 유형의 고통이 지워지는 경향이 보인다. 바로 4년 넘게 이어진 전쟁으로 고향을 잃은 민간인 수백만 명이 겪은 고통이다.

러시아 무국적자를 위한 〈난센 여권〉

1914년 8월 4일, 독일 군대가 벨기에를 침공하자 중립국인 네덜란드로 1백만 명의 난민이 몰려든다. 이 가운데에는 안트베르펜 지역을 떠난 민간인이 많았다. 비전투원 20만 명도 프랑스로 떠나거나 비슷한 수의 사람들이 도버 해협을 건너 영국으로 갔다. 1918년까지 독일의 점령을 피해 국경을 넘은 벨기에인은 총 150만 명에 달했다. 동시에 적군이 전진함에 따라 떠날 수밖에 없었거나 조금 더 나중에 점령된 지역에서 추방된 프랑스 북부의 난민들은 먼저 파리를 향했다가, 프랑스의 더 남쪽이나 서쪽으로 방향을 바꾸어 피란을 가면서 독일의 잔혹 행위와 양손이 잘린 벨기에 어린이에 대한 소문 따위를 전했다. 농촌과 도시에서 이들을 맞이하는 태도는 미온적이었다. 난민은 보통 모리배나 첩자로 인식되었고, 〈북쪽의 독일 놈들Boches du Nord〉이라는 낙인이 찍혔다.

　　동부 전선에서도 엄청난 규모의 집단 이동이 일어났다. 동프로이센에서 러시아군의 전진은 1914년 8월 말에 타넨베르크에서 저지되었으나, 그래도 〈슬라브족〉 또는 〈카자크인〉이 침공해 온다는 생각에 공포에 질린 독일인 90만 명이 서쪽으로 도피했다. 오스트리아-헝가리에서 러시아 황제의 군대가 점령한 갈리치아와 부코비나 지방의 유대인 난민 20만 명은 떠날 수밖에 없었다. 이들은 주로 빈으로 향했다. 세르비아에서는 1915년에 오스트리아와 불가리아 군대가 체트니크 유격대를 상대로 펼친 공격이 국민에게 처참한 영향을 미쳤다. 수십만 명의 세르비아인이 아드리아해 쪽으로 도피하거나 몬테네그로로 갔고, 다른 이들은 더 멀리 테살로니키 또는 코르시카를 향해 간다. 전부 합해서 세르비아 국민의 3분의 1이 전쟁으로 실향민이 된다. 하지만 동부 전선에서 그보다 더 큰 규모의 인구 이동을 야기한 계기는, 그때까지 러시아가 통제하던 폴란드 영토를 1915년에 독일군이 돌파했기 때문이었다. 이번에는 침략자 독일군에 대한 두려움으로 공포심이 조성되었다. 도망친 이들이 러시아 제국 서부에 있는 대도시들의 철도역과 교회, 학교로 피신해 그곳들의 거주민 수가 갑자기 불어났다.

이 민간인의 대대적인 이동에 더하여 과격한 강제 이주 정책이 실시되었다. 수적으로 보았을 때 주요 피해자는 유대인이었다. 카이저 빌헬름 2세의 부대가 요새 도시 프셰미실[남(南)갈리치아]을 포위 공격하기 직전에 한 목격자는 1915년 5월에 〈카자크인들은 자비를 구하는 말에 귀를 막〉고 〈유대인의 모든 재산을 빼앗으려 그들을 몰아낸다〉라고 전한다. 볼가강 연안에 사는 독일인 20만 명 역시 내륙으로 강제 이주되며, 폴란드와 발트족 농민이나, 조금 더 남쪽의 러시아·오스만 국경 인근에 사는 이슬람교도들도 마찬가지다. 1918년 3월에 전쟁에서 벗어난 볼셰비키 정권하의 러시아에는 무너진 러시아 제국 출신의 난민이 6백만~7백만 명 존재한다.

유럽에서 벌어진 대재앙의 희생자인 난민들은 제1차 세계 대전의 종결을 열렬히 고대했으나, 전쟁이 끝났어도 본국으로 귀향할 수 없었다. 북부 프랑스의 〈이재민〉과 벨기에 난민은 대부분 평화가 되돌아오자 고향으로 향했고, 많은 경우 휴전이 이루어지기도 전에 돌아갔다. 하지만 그들이 고향에서 되찾은 것은 무엇인가? 전쟁으로 90퍼센트 가까이 파괴된 엔 지방 출신 역사학자 가브리엘 아노토는 다음과 같이 쓸쓸하게 증언한다. 〈고향으로는 갈 수 없다. 도로는 막혔고, 다리는 끊어졌고, 길은 바뀌었다.〉 자기 가족이 살던 집에 대해서는 또 이렇게 말했다. 〈오직 뼈대만 남았다. 뻥 뚫린 채……. 아무것도 남지 않았다. 화재가 나기 전에 모든 게 약탈당했다. 나는 도기 타일 하나를 집어 들고 집 안으로 들어서며 가족들에게 말했다. 이게 바로 당신들의 집이라고.〉 한편 이탈리아가 카포레토에서 크게 패하자 동원 해제된 군인과 민간인 150만 명이 밀라노와 피렌체로 후퇴했다. 중앙 동맹국이 패하면서 이곳에도 역시 귀향의 시기가 온다. 반면에 유럽 동부에서는 유럽의 분쟁이 종식되면서 폭력이 더욱 격해진다. 적백 내전(1917~1922)과 1921~1924년의 기근으로 80만 명이 이주했다.

이들 대부분은 폴란드와 독일, 프랑스에 정착한다. 동시에 소련·폴란드 전쟁(1919~1921)에서는 우크라이나의 유대인에 대한 조직적 탄압인 포그롬이 자행되었다.

중유럽과 발칸반도의 새로운 지리적 분할로 상황은 더욱 악화된다. 소수 민족의 권리를 보장하는 조약이 뒤따르기는 했지만 러시아 제국과 오스트리아 제국, 독일 제국이 민족적으로 보다 균질한 국가로 분할됨으로써 대규모 민족 이동이 일어난다. 1920년대 초에 갓 탄생한 폴란드는 많은 난민을 흡수하여 민족적으로 폴란드인인 구러시아 제국 국민 130만 명과 우크라이나의 유대인 50만 명이 폴란드에 재정착한다. 하지만 나중에 이들이 폴란드 국적을 획득하는 일은 훨씬 어려웠다. 1939년에 영국인 존 호프 심슨은 양차 대전 사이 기간의 난민을 다룬 연구에서 〈국민 국가에 기초한〉 체계에서 〈국적 없는 개인은 제자리를 갖지 못한다〉고 지적한다.

내전을 피해 떠났다가 소련 정권에 의해 1921년에 국적을 박탈당한 러시아인 이주자들은 양차 대전 사이 기간에 가장 큰 무국적자 집단을 이룬다. 국제 연맹이 1922년에 러시아 난민 고등 판무관으로 임명한 노르웨이의 탐험가이자 외교관인 프리드쇼프 난센은 사용할 수단이 절대적으로 부족했음에도 불구하고 소련과 인접 국가들뿐 아니라 콘스탄티노폴리스나 상하이, 봄베이에서 실향민 구호를 조직한다. 난센은 무엇보다 자신의 이름이 쓰인 증명서 덕분에 20세기 난민의 역사에 기록된다. 1922년에 만들어진 이 문서로 당시 일부 법학자가 사용한 용어를 빌리면 이른바 〈국제 유랑민〉이 쉽게 국경을 통과할 수 있었다. 마르크 샤갈이나 세르게이 라흐마니노프, 이고르 스트라빈스키가 훗날 이 증명서를 소지한 유명 인사 목록에 이름을 올린다. 하지만 1915년 집단 학살에서 살아남은 아르메니아인과 이라크의 아시리아인에게도 부여된 〈난센 여권〉은 체류하거나 노동할 권리를 전혀 보장하지 않았다. 난센 체계는 무엇보다 난민 문제에 대한 법적 관리를 확고히 만들었다. 이것은 이후에 1933년 제네바 협약이 이 문제를 무국적과 이에 대한 가능한 해결책이라는 각도에서만 다룬 것과 같다. 같은 시기에 인도적 원조는 야심 찬 선전 계획으로 뒷받침되어 새로이 크게 확대된다. 이러한 선전은 주로 영화 형태로 이루어지면서 적십자회와 세이브 더 칠드런, 퀘이커파, 국제 근동 협회International Near East Association의 지원을 받는다. 미국의 박애주의자들이 주최한 〈황금률 만찬golden rule dinner〉이 열렸다. 여기에서 손님들은 난민 수용소 음식인 필래프를 먹었다. 그곳에서 거둔 기부금은 자선 단체에 전달된다.

오스만 제국이 사라지면서 추방 위험에 놓인 소수 민족 문제를 해결할 또 다른 방법이 제시된다. 국제법에 따른 주민 강제 이주다. 1919년과 1922년 사이에 터키와 그리스가 대치해 양 진영에 의해 여러 잔혹 행위가 벌어진 격렬한 전쟁 직후에 이 방법이 사용되었다. 1923년에 로잔 조약으로 국제 연맹의 감독하에 오스만 제국의 그리스인 120만 명과 그리스의 이슬람교도 40만 명을 교환하는 일이 성사된다. 당시 종군 기자였던 어니스트 헤밍웨이는 그리스인들이 소아시아를 떠나 아테네 근교나, 난센이 그리스 대륙에 다급히 설치한 난민 수용소로 대이동하는 모습을 〈고요한 긴 행렬〉이라고 묘사한다. 여기에서 인도적 원조는 조지 커즌 경이 소중하게 여긴 〈국민들을 분리〉하는 계획과 완벽한 공조하에 이루어져 1945년에 중유럽과 동유럽에서 독일인을 집단 추방한 것과 1947년에 인도와 파키스탄 사이에 국민을 교환한 것에 대한 전례로 활용된다.

1933년부터 나치 독일을 떠나 프랑스와 네덜란드, 영국, 미국에서 피란처를 찾으려는 최초의 난민의 물결이 일어나 유럽에서 전쟁 실향민 문제를 더 복잡하게 만든다. 아돌프 히틀러가 정권을 잡으면

서 독일을 떠날 수밖에 없던 반(反)나치나 유대인 지식인과 운동가들,
1933년의 독일 난민, 또 〈수정의 밤〉(1938년 11월 9일부터 10일까
지) 이후에 독일을 떠난 이들은 전쟁이 아닌 전체주의 국가 때문에 망
명길에 오를 수밖에 없는 정치적, 〈인종적〉 난민의 출현을 상징한다.
이미 크게 약화된 국제 연맹은 경제 위기로 타격을 입은 보호주의적
인 유럽에서 난민들이 망명국을 찾도록 원조할 능력이 없었다. 난센
의 뒤를 이어 난민 고등 판무관으로 임명된 미국인 제임스 맥도널드
는 낙담하여 1935년에 사임했다. 이로써 양차 대전 사이 기간에 국제
연맹이 난민을 위해서 해오던 활동이 거의 멈춘다.

독일 난민과 1938년 3월에 독일 제국에 의하여 합병된 오스트리
아의 난민 문제 이외에도, 스페인 전쟁 중에 공화주의자들과 파시스
트들이 벌인 충돌로 1936년과 1939년 사이에 3백만 명 가까운 〈피
란민〉이 다시 등장한다. 전쟁과 마찬가지로 인도적 원조도 국제화한
다. 개신교의 퀘이커파와 메노파 신도들뿐 아니라 구호 단체 세이브
더 칠드런과 국제 구호 위원회International Rescue Committee에서도 많은 사
람이 공화파의 대의에 동조하여 자원병으로 지원한 것이다. 1939년
초에 프랑코의 파시스트 군대가 승리하자 거의 50만 명에 이르는 민
간인과 패잔병들이 후퇴하여 피레네산맥을 넘어 루시용 해변과 프랑
스 남서부에 황급히 설치한 수용소에 2월부터 집결한다. 이 수용소는
〈달갑지 않은 외국인〉으로부터 프랑스 영토를 보호하기 위해 1938년
명령에 따라 마련된 것이었다. 달라디에 행정부가 스페인 공화주의자
들을 처리한 방식은 긴급 원조와 투옥을 오갔다. 이는 제2차 세계 대
전 직전 프랑스의 망명 정책이 강경해졌음을 보여 준다. 1939년 9월,
이 수용소들은 유대인이 대부분인 프랑스에 있는 독일 난민을 위한
수용 시설로 사용된다.

유랑민의 대물결

1939년 9월에 나치 독일이 폴란드를 침공한 사건이 유럽에서 인구 이동이 시작되는 지점이었다. 그 규모에 현대 관찰자들은 크게 충격을 받는다. 1943년에 인구 통계학자 유진 쿨리셔는 이미 〈전쟁 발발 이후 3천만 명이 넘는 유럽 대륙의 주민이 이주당하거나 자신의 집을 떠나야 했다〉고 계산했다. 하지만 아시아 태평양 지역을 포함하여 더 폭넓게 연보를 살펴보면 이 최초의 추정치는 몇 배로 늘어난다. 1937년에 발발한 중일 전쟁으로 인한 이주를 수치화하기는 어렵다. 중국 영토에서만 최소한 3천만에서 5천만 명에 이르는 난민이 생겼을 것으로 추정된다. 여기에 덧붙여 한국부터 필리핀에 이르기까지 일본 군대를 피하려고 이주한 민간인의 수는 헤아릴 수조차 없다. 유럽에서는 1939년 9월에 독일의 침공을 피해 소련이 점령한 폴란드 동부를 향해 떠난 폴란드인 30만 명(그중 20만 명이 유대인)이 전쟁 발발 직후에 대대적으로 나타난 최초의 움직임이다. 스칸디나비아와 네덜란드, 벨기에, 룩셈부르크에서, 그리고 프랑스에서는 더 많이, 6백만에서 8백만 명의 민간인이 피란길에 올랐다. 1940년 독일군이 펼친 전격전으로 엄청난 난민의 물결이 일어난다. 1941년 봄에 독일이 유고슬라비아와 그리스를 침공하자 비슷한 공포가 발칸반도에 퍼진다. 1941년 6월에 바르바로사 작전이 시작된 지 3개월 만에 독일 국방군이 모스크바 문턱까지 빠르게 진격하자 수십만 명이 소련 내륙으로 도피한다. 독일의 영토 확장주의가 허덕이며 정체될 무렵에 연합군이 독일의 대도시를, 또는 1944년 6월 6일의 상륙 이전이나 직후에 노르망디의 대도시를 폭격했을 때도 민간인에게 혼돈을 퍼뜨린다. 같은 시기에 중유럽과 포메라니아의 독일인 7백만 명은 붉은 군대가 침공해 오자 걸어서 베를린을 향해 필사적으로 도피한다. 이 엄청난 규모의 이동에 더해 수백만 명의 민간인이 히틀러와 위성국들이 실시한 말살 정책과 강제 노동, 민족 숙청을 피해 이주했다. 스탈린이 일부 민족 집단(1939년부터 1941년까지 유대인, 폴란드인, 발트족, 뒤이어 타타르족과 칼무크족, 인구시인과 체첸인)에 대해 명령한 집단 이주도 제2차 세계 대전의 난민 수를 증가시킨다.

1945년 5월에 7백만에서 8백만 명의 〈실향민〉 — 본국 송환을 기다리는 전쟁 포로, 강제 이주 노동자, 강제 수용소의 생존자 — 이 생기면서 패전국 독일은 미국 정보국의 어느 공무원이 지적하듯, 〈유럽의 국적 절반, 유랑민의 대물결〉을 비롯한 난민이 교차하는 어마어마한 중심지가 된다. 1945년 말에 독일의 서부 점령 구역에는 1백만 명이 조금 넘는 실향민displaced persons(DPs)이 남아 있었을 뿐이다. 이 용어는 미국의 병참에서 유래한 이름으로, 여기에는 스탈린 정권의 공산주의보다 신세계를 선호한 폴란드인·우크라이나인·발트족 그리고 1948년에는 25만 명에 이른 대규모 유대인 난민 집단이 포함되어 있었다. 홀로코스트 생존자들은 대다수가 폴란드 출신이었다. 강제 이주되거나 소련 영토 내부로 도피해 끔찍한 고통을 겪는 대가를 치르면서 〈최종 해결책〉을 피했다. 1946년 초에 소련에서 폴란드로 송환된 약 13만 명의 폴란드 출신 유대인은 집단 학살의 어마어마한 규모를 알게 되고 폴란드 본국에서 반유대주의가 다시 살아나는 모습을 보며 엄청난 공포를 느낀다. 1946년 7월에 키엘체 유대인 대박해가 벌어지자 팔레스타인으로 이주하기 위한 경유지인 미국 통제하의 바이에른주 유대인 수용소를 향해 난민이 대규모로 이동한다.

이리하여 1945년부터 1951년까지 점령된 독일에서 출신 국적에 따라 철저히 구분된 실향민 수용소의 세계가 조직된다. 이 실향민 수용소는 먼저 국제 연합 구호 및 재건 기구United Nations Relief and Rehabilitation Administration(UNRRA), 뒤이어 국제 난민 기구International Refugee Organization(IRO)에 의해 관리되었다. 여기에 더해 미국과 영국의 여러 인도주의 단체가 참여했다. 이 단체들의 직원은 대부분 군인 출신이었다. 미국에서 실시된 뉴딜 복지welfare 정책, 그리고 영국에서 런던 대공습 중에 동원된 민간인 구호 조직으로 영어를 사용하는 많은 사회 복지 인력과 간호사, 심리학 전공 상담원이다. 이들은 수용소로 재정비된 군대의 병영이나 공장, 학교 등 현장에서 활동했다. 점령국의 군대가 긴밀히 관리한 이 조직들은 그곳에서 지내는 사람들에게 모멸감을 주는 교도소와 비슷한 양상을 띠었다. 그래서 전쟁 중에 독일에서 강제 노동에 동원되었던 폴란드 난민과 같은 일부 실향민은, 자신들의 삶의 조건이 부차적으로만 바뀌었다고 씁쓸하게 지적한다. 〈지금과 예전 사이에 사실상 다른 점이 있나요? 나는 숫자들 중 하나number였지요. 나는 지금도 숫자들 중 하나입니다. 예전에 나는《폴란드 개》취급을 받았고, 지금은 비참한 폴란드인입니다.〉

게다가 1945년에 유럽에 찾아온 〈폭력적인 평화paix violente〉로 새로운 난민의 물결이 생긴다. 1945년 8월 2일에 연합국과 체결한 포츠담 협정에 따라 독일인 약 5백만 명이 갑자기 체코슬로바키아와 폴란드, 헝가리, 유고슬라비아, 루마니아에서 추방되어, 1천2백만에서 1천3백만 명의 〈추방당한 사람들Vertriebenen〉이 여러 차례 물결을 이루어 도착해 미래의 독일 연방 공화국 인구에 추가된다. 이 국민 동질화 과정으로 인해 이스트라반도와 달마티아에 사는 이탈리아 민족 25만 명도 이제 유고슬라비아의 통제하에 들어간 그 지역을 떠날 수밖에 없게 된다. 그리스에서는 1946년부터 1949년까지 국가를 초토화한 내전으로 어린이 수만 명을 비롯한 1백만 명이 왕당파 군대와 공산주의 게릴라에 의해 추방된다.

1975년, 보트피플 2백만 명
전쟁 직후의 폭력성은 전 세계적인 수준에서 더 확실히 드러난다.

1947년 인도 분할, (이스라엘 쪽에서는 〈독립 전쟁〉이고, 팔레스타인 사람들에게는 〈대재앙Nakba〉인) 1948년 이스라엘·아랍 전쟁, 1949년 중국 혁명, 1950년 6월에 발발한 한국 전쟁으로 수천만 명의 새로운 난민이 발생한다. 문제의 중심지는 빠르게 제3세계로 이동한다. 국제법은 이러한 변화를 감안하여 〈정치적〉 난민과 〈인도적〉 난민에 대해 질적인 차이를 두기 시작한다. 처음부터 유럽 망명 신청자에게만 적용된 1951년 제네바 협약에서는 난민 지위를 부여하기 위한 선행 조건을 정치적 또는 인종적 박해로 정한다. 1950년에 창설되어 유럽에서 활발히 활동하던 난민 고등 판무관 사무소(HCR)는 1960년대 초까지 유럽 대륙에서 나치즘과 공산주의 희생자만 원조했다. 1969년에 아프리카 통일 기구(OAU)가 〈아프리카 난민 문제의 고유한 측면을 다루는〉 회의를 연 뒤에야 국제 인도법에서 전쟁이 정치적 박해와 동일한 수준에 놓인다. 아프리카 국가들은 다음과 같이 선포한다.

〈난민〉이라는 용어는 적의 침공이나 외부의 점령, 외국의 지배, 공공질서를 심하게 훼손하는 사건 때문에 (……) 자신의 본국 바깥의 다른 장소에서 피란처를 구하기 위해 불가피하게 자신의 일상적인 거주지를 떠나는 모든 사람에게도 적용된다.

탈식민화 때문에 아프리카 대륙에서 수많은 이주가 이루어진다. 케냐와 알제리, 앙골라에서 영국과 프랑스, 포르투갈이 실시한 대(對)반란 활동으로 난민의 이동이 야기된 이후에 벌어진 내전들, 즉 르완다(1959), 에티오피아와 에리트레아가 이룬 불안정한 연방(1961), 차드(1965), 비아프라(1967)에서 벌어진 내전으로 비전투원 수백만 명이 민족 청소 전쟁의 어쩔 수 없는 표적이 되었다. 동남아시아에서는 베트남 전쟁 때문에 인구 통계학적으로 심층적인 변동이 생긴다.

1975년에 공산주의자들이 정권을 잡은 후, 2백만 명에 이르는 보트 피플이 베트남에서 도망친다. 캄보디아인 30만 명은 크메르 루주가 자행하는 집단 학살을 피해 베트남으로 들어온다. 라오스에서는 민간인 35만 명이 메콩강을 건너 타이로 피란을 갔다가, 인도차이나반도에서 온 난민과 보트피플로서 유럽과 미국에 받아들여졌다. 르완다에서는 탈식민화 시기부터 1994년 집단 학살까지 여러 차례에 걸쳐 밀려 들어온 후투족과 투치족 난민이 우간다나 콩고, 부룬디, 탄자니아와 인접한 영토의 국경 부근에 민족별로 결집한다. 1990년대부터 새로운 변화가 생긴다. 이는 인도주의 용어에서 〈국내 실향민internally displaced persons(IDP)〉이라는 표현이 점점 더 많이 사용되는 것으로 확인된다. 그러자 난민 고등 판무관 사무소는 〈무장 충돌이나 인도적·환경적 재앙〉을 피해 이주할 수밖에 없는 사람들로 정의되는 국내 실향민이 전 세계에서 난민 대다수를 이룬다는 사실을 깨닫는다.

인도적 전쟁과 개입의 권리

냉전 종결과 그 뒤를 이은 분쟁들로 말미암아 〈국내 실향민〉의 시대가 열린다. 하지만 이는 인도주의 역사에서 오래된 현실로, 현장에서 활동하는 새로운 비정부 기구들에 의해 재발견된다. 구 유고슬라비아에서는 세르비아와 크로아티아가 벌인 전쟁, 뒤이어 이슬람교도들과 보스니아의 세르비아인 간에 벌어진 전쟁으로 3백만 명의 민간인이 1991년과 1995년 사이에 자신이 살던 곳을 떠나 자국 내에서 이동한다. 제2차 세계 대전이 종결된 지 반세기가 지나 유럽 한복판에 전쟁 난민이 재등장한 상황에 대해 국제 사회는 무력했다. 보스니아 헤르체고비나에서 유엔이 지닌 약한 개입력으로는 세르비아의 민족주의를 억제할 수 없었고, 결국 1995년 7월에 스레브레니차에서 이슬람교도 8천 명이 학살된다. 그런데 이곳은 국제기구가 관리하고 있던 영역이었다. 이 무력함에 앞서 1994년 봄에 르완다에서 유엔군은 투치족 80만 명과 많은 온건한 후투족이 후투족 무장 세력에 의해 학살되는 모습을 수동적으로 바라볼 수밖에 없었다. 이로써 무능력함이 명백히 드러났다. 르완다와 유고슬라비아, 또 1993년에 소말리아 내전으로 인한 난민을 구호하기 위해 벌인 〈희망 회복Restore Hope〉 작전이 미군의 쓰라린 패배로 끝나면서 〈국제 사회〉가 실패를 거듭하자 1990년대 말에는 〈인도적 전쟁〉을 사용하게 된다.

그러나 이런 개입 방식의 목적이 단지 위험에 처한 난민을 구하는 것만은 아니다. 1999년 6월에 미국 대통령 빌 클린턴은 〈우리의 가치와 이해가 달렸을 때, 그때가 상황을 바꿀 수 있는 시기입니다. 우리는 그 일을 할 준비가 되어 있어야 합니다〉라고 선포한다. 이 〈자유주의적 인도주의〉의 전환점에서 핵심적인 역할을 한 또 다른 인물인 토니 블레어가 보기에, 깡패 국가들에 맞선 전쟁은 〈인권과 개방된 사회의 가치들을 확립하고 전파하며, 우리의 국가적 이해관계 또한 수호한다〉. 따라서 북대서양 조약 기구의 결정으로 세르비아에 대해 1999년 3월 23일에 이루어져 78일 동안 이어진 공중 타격은 두 가지 열망, 즉 슬로보단 밀로세비치 정권이 코소보의 알바니아인을 추방하는 것을 방지하고 무력을 사용해 인권을 보호하려는 열망으로 정당화된다. 하지만 이 경우에는 〈인도적 전쟁〉이 민족 숙청의 촉매 역할을 했다. 세르비아 군인과 준군사 조직원들을 피해 몬테네그로와 알바니아로 도피했던 코소보 난민 86만 명 대다수가 떠날 수밖에 없게 된 것은 북대서양 조약 기구가 군사 전역을 개시한 이후였다. 1999년 6월 12일에 국제 개입군이 코소보에 투입되면서 전쟁 난민을 빠르게 본국으로 송환할 조건이 조성된다. 이러한 개입 권리를 옹호하는 사람들이 성공적이라고 간주한 이 선례는 즉시 아시아와 아프리카에서 벌어진 다른 위기를 관리하는 데 선례가 되었다. 1999년 9월에 친인도네시아 민병대가 자행하는 폭력으로부터 주민을 보호하기 위해 오스트레일리아가 지휘하는 다국적 파견 부대가 동티모르에 배치된다. 한편 2000년 5월에는 시에라리온 내전에 영국군이 개입한다.

2003년 3월에 미군이 실시한 이라크 침공은 이러한 인도적 전쟁을 옹호하는 역동에 영향을 받기는 했으나, 무엇보다 2001년 9월 11일 뉴욕에서 벌어진 테러 행위에 대한 대응으로 인식된다. 또 조지 W. 부시와 토니 블레어는 〈이라크 자유Iraqi Freedom〉 작전을 사담 후세인 정권의 군사 장비에 화학 무기가 존재한다는 가정으로 정당화했다. 대량 살상 무기가 존재한다는 신뢰할 만한 흔적이 전혀 발견되지 않은 가운데, 이라크 점령은 엄청난 규모의 난민 이동을 야기한다. 2007년에 난민 고등 판무관 사무소는 이라크인 2백만 명이 교파 간 폭력으로 폐허가 된 이라크를 떠나 시리아와 요르단으로 피란을 갔다고 추정했다. 국내 실향민도 170만 명에 이를 것으로 집계했다. 반면 2001년에 미국이 아프가니스탄에 개입한 것은 정반대의 효과를 낳았다. 탈레반 정권이 붕괴함에 따라 그에 앞서 두 세기 동안 파키스탄과 이란으로 떠난 사람들이 최소한 2백만 명 본국으로 돌아올 수 있게 된다. 그러나 끝나지 않은 이 기나긴 전쟁 때문에, 지금도 탈레반이 통제하고 있는 지역 출신의 민간인 중에서 불가피하게 많은 국내 실향민이 생긴다.* 수단에서는 2003년과 2006년 사이에 가장 많은 희생자를 낸 다르푸르 전쟁으로 2백만 명의 난민이 생겼다. 이들은 오마르 알바시르의 정부군과 연합한 범죄 집단 〈잔자위드〉가 자행하는 학살을 피해 도피했다.

21세기 초는 이렇게 전 세계적으로 강제 이주가 극적으로 다시 증

---

  * 아프가니스탄 난민들, 아프간 주둔 다국적군의 협력자들은 2021년 탈레반 재집권과 함께 다시금 난민이 되었다.

가하는 시기로 시작되고, 이 때문에 국제 연합은 2005년 〈집단 학살과 전쟁 범죄, 민족 청소, 반인도적 범죄〉가 벌어진 경우에 군사적 개입을 합법화하는 〈보호할 책임〉 원칙을 채택했다. 이는 심한 논란의 대상이 된다. 2011년 3월에 북대서양 조약 기구가 리비아 혁명 중에 무아마르 카다피 정권에 맞서 실시한 타격은 이러한 논리에서 이루어졌다. 하지만 이 작전은 리비아를 무정부 상태와 폭력으로 몰아넣는 끔찍한 결과를 야기하면서 개입주의를 강력하게 옹호하는 움직임을 크게 둔화시켰다.

실제로 2011년 3월에 시작된 시리아 내전의 피해자들을 보호하려는 그 어떤 〈인도적 전쟁〉도 개시되지 않는다. 그로부터 6년 후, 유엔에 따르면 5백만 명이 넘는 시리아인, 즉 시리아 총인구의 약 4분의 1이 분쟁의 여러 교전 주체들에 의해 파괴되고 부분적으로 이슬람국가(IS)의 공포 정치 체제하에 놓인 자기 나라를 저버렸다. 중동의 기나긴 인도주의 전통에 따라 터키(2017년에 시리아 난민 3백만 명, 그중 이스탄불에 50만 명), 레바논(1백만 명 이상), 요르단(65만 명과 130만 명 사이)이 자국 영토에 많은 난민을 받아들였다. 하지만 2014년 여름부터는 이제 유럽이 위기의 심각성을 발견하고 있다. 수십만 명의 난민이 독일과 북유럽을 향한 힘겨운 여정의 첫 단계로 이탈리아 그리고 그리스에 망명을 요청하기 위해 리비아와 터키로부터 배를 타고 도착하기 때문이다. 이런 식으로 시리아 난민뿐 아니라 아프가니스탄과 이라크, 에리트레아 난민이 대량 유입되는 상황은 제2차 세계 대전 중에 발생한 강제 이주와 그 즉각적인 영향에 대한 기억을 되살린다. 2014년부터 언론과 인도적 단체의 대변인들은 이 위기를 〈1945년 이후 유럽 대륙이 겪은 가장 심각한 위기〉라고 규정하는 데 동의한다.

하지만 유럽의 난민은 난민 고등 판무관 사무소(HCR)가 2015년에 집계한 전 세계 난민 6천만 명의 일부일 뿐이다. 19세기 이후 인도주의 운동의 세계사가 진보의 궤적을 그려 왔다는 신중한 짐작을 할 수 있는 반면, 난민의 세계사는 그렇다고 확신할 수 없다. 난민의 수는 계속 증가하고 있다. HCR의 통계에 따르면, 현재 113명 중 한 사람은 〈망명 신청자〉이거나 〈국내 실향민〉 또는 단순히 〈난민〉으로 규정 된다. 이들은 자신들에게 도피처를 제공하는 공식 또는 임시 수용소인 〈세계의 가장자리〉에서 여러 해 동안 고통스럽게 기다린다. 현대의 인도적 지배 정책의 주요 대상인 이 개인들의 무리는 현재 망명자와 정치적 반대자라는 단순한 틀을 훌쩍 넘어선다. 모든 대륙에서 〈난민〉이라는 조건은 과거와 마찬가지로 전쟁으로부터 도피하는 것이 생존을 위한 모험인 모든 사람을 포함한다.

참조

1부 - 05 법이 말하는 것 | 11 애국 전선 ‖ 3부 - 07 밑에서 본 폭격 | 09 점령

4부

전쟁에서 벗어나기

시드니에서 열린 앤잭 뷔페Anzac Buffet에서 가까운 이들의 귀향을 기다리는 여자들.
1919년 6월 18일 자 『시드니 메일Sydney Mail』에 실린 사진.
〔Australian War Memorial, Canberra/Sydney Mail/ⓒ Bridgemann Images〕

서론

앙리 루소[•]

나는 보스턴에 착륙했고 행복했다. 살아남았기 때문에, 나의 조국을 위해 싸웠고, 조국으로 되돌아왔기 때문에 행복했다. 나는 보스턴 로건 공항에 도착했고, 군복을 입고 있었다. 택시를 잡으려고 밖으로 나갔지만 한 대도 서지 않았다. 택시는 전부 내 앞을 그냥 지나쳐 갔다. 거기에 경찰관 한 명이 있었다. 나는 무슨 일이 벌어지는지 이해하지 못했다. 경찰관이 택시를 한 대 세우더니 기사한테 말했다. 〈이 사람을 태우십시오. 군인입니다.〉 기사는 나를 쳐다보더니 이렇게 말했다. 〈록스버리까지 간다니 어림없는 일이죠.〉 그 사람은 나를 군인이 아니라 록스버리에 사는 검둥이로 보고 있었다. 나는 마음속 깊이 생각했다. 나는 미 해병이다. 아주 오랫동안 조국을 위해 싸웠는데, 나를 집으로 데려다주려는 택시 한 대 없구나.

• Henry Rousso. 프랑스 국립 과학 연구원의 디렉터. 제2차 세계 대전과 프랑스 비시 정권, 그리고 집단적 기억과 과거 활용의 역사를 연구한다. 주요 저작으로 『최후의 재앙: 역사, 현재, 동시대인La Dernière Catastrophe. L'histoire, le présent, le contemporain』이 있다.

켄 번스와 린 노빅이 제작한 다큐멘터리 연작 「베트남 전쟁Vietnam War」(2017)에서 로저 해리스는 구정 공세Tet Offensive 이후 1968년에 자신이 조국으로 귀환한 상황을 이렇게 증언한다. 해리스의 경우는 분쟁이 아직 종결되지 않은 상황에서 개인적으로 전쟁에서 벗어나는 경우다. 수많은 경험 중 하나의 경험, 즉 인종 차별이 한창 심해지던 미국에서 베트남 전쟁 중에 큰 희생을 치르고 돌아온 흑인 참전 군인의 씁쓸한 경험이다. 게다가 당시 미국 사회는 이른바 〈더러운 전쟁〉을 점점 더 거부하는 분위기였다.

오늘날에는 보통 모든 전쟁 시퀀스를 분명히 구분되는 세 단계, 즉 전쟁 전, 전쟁, 전쟁 후가 연속되는 것으로 간주한다. 이렇게 셋으로 구분된 시간성은 전쟁이 진행되는 도중에 이미 드러난다. 전쟁 전은 온갖 후회나 놓친 기회들, 비겁함, 죄책감 어린 실수에 대한 기억을 포괄한다. 〈우리는 전쟁 전의 우리 정권에 모든 죄를 덮어씌운다. 나로서도 과거의 정권을 칭찬할 마음은 조금도 없다〉라고 마르크 블로크는 1940년 9월에 『이상한 패배』에서 고백한다. 뒤이어 그는 〈오늘 우리를 통치하는 사람은 대부분 그 수렁에서 나온 인물들이다〉라고 덧붙이며 새로 들어서서 패배의 모든 책임을 이전 정권 책임자들에게 씌운 비시 정권을 동시에 비난한다. 그와 반대로 전쟁 후는 현재의 고통을 정당화하는 기대에 찬 지평이자 미래에 대한 희망이고, 더없이 이상적인 세계를 포함한 모든 가능성을 향해 열려 있다. 그 예로 연합국들은 제2차 세계 대전이 한창 진행 중이어서 승리 여부가 매우 불분명하던 시기에 이미 평화가 회복된 국제 질서를 상상했다. 전쟁 후라는 시간성은 일단 전쟁이 끝난 뒤에는 경험에 비추어 더욱 중요해진다. 그때 과거에 벌어진 일을 이해하려는 시간, 벌어진 재앙에 의미를 부여하려는 시간이 온다. 분쟁의 원인이 무엇이었는지 스스로에게 물으며 분쟁을 기술하고, 분쟁에 대해 분명히 식별 가능하고 안심이 되는 용어를 사용한다. 왜냐하면 분쟁은 거의 매번 다른 새로운 시대, 〈그런 일은 절대 다시〉 생기지 않을 거라고 다짐하는 시대의 시작점을 이루기 때문이다. 전쟁의 끝은 거의 일반적으로 중요한 역사적 시기의 경계를 이룬다. 현대에 전쟁 종결은 주요한 정치적 단절을 야기했다. 몇몇 사례만 들자면 1918년과 1945년에 독일, 1815년, 1870년, 1945년 그리고 1958~1962년에 프랑스의 경우가 그랬다.

그런데 시간을 연속하는 세 단계로 구분하는 이런 방식은 전쟁과 평화 사이에 지나치게 분명한 단절을 설정함으로써 거의 모든 분쟁에서 보이는 중간 상황을 무시하게 된다. 베트남에서 미군의 〈tour of duty(복무 기간)〉로 그랬듯, 전투원이 복무 기간을 마치고 동원 해제될 때 교대는 해리스 같은 참전 군인 일부가 전쟁이 끝나기 전에 일찍 귀향하는 것을 뜻한다. 하지만 각각의 분쟁에는 또 다른 여러 특수성이 있다. 전쟁 포로의 경우, 자신의 고향에서 멀리 떨어져 고립된 채 전우들과 전혀 다른 시공간에 갇혀 지낸다. 부상자는 전쟁이 진행 중일 때 전쟁 바깥에 놓이며, 전사자의 가족은 애도의 고통과 기억할 필요를 직면하게 된다. 이 두 문제는 보통 전쟁 이후에 다루어지지만 전쟁 초기에 이미 최초의 사망자가 생기면서 제기된다.

또한 〈전쟁 후〉라는 개념은 한편으로는 군사적 행위(패배한 군대들의 항복) 또는 정치적 결정(교전국 정부들이 서명할 휴전이나 평화 조약), 다른 한편으로는 여기에 연루된 개인과 민족, 사회들의 구체적인 상황 사이에 인위적인 유사성을 부여한다. 종전 협정서에 서명하는 일이 신체적·정신적 폭력이나 질서 붕괴, 물적 혼란, 적들 사이의 상호적인 증오가 마법처럼 중단됨을 뜻하지는 않는다. 또한 즉시 정상으로 되돌아가지도 않는다. 그러려면 오랜 시간, 가끔은 몇 년이 걸릴 수 있다. 동원 해제가 완료되고 포로들이 돌아오고 규제가 풀리고 나면, 전쟁이 남긴 여파의 규모와 상처의 정도, 온갖 차원의 영향을 평가하는 일이 남는다. 전쟁의 흔적과 기억이 얼마간 지속적으로 유지되거나, 분쟁을 낳은 조건들이 유지되어 또 다른 분쟁을 일으킬 수 있다. 전쟁이 끝난 후의 시기란 많은 경우에 어떤 다른 전쟁의 이전 시기다. 이러한 상황은 1918년 이후에 모든 유럽인, 그리고 1945년 이후에 식민 강대국들이 경험했다. 사실, 이전의 상태로 되돌아가는 일은 결코 없다. 모든 전쟁은 개인의 운명과 민족들의 운명을 심층적으로 변모시킨다. 전쟁은 국경을 바꾸고, 사회관계를 뒤흔들고, 풍경을 난도질한다. 이러한 관점에서, 모든 전쟁 후는 엄밀한 의미에서 본 분쟁의 역사에 포함되며, 어떤 새로운 시대를 여는 장으로만 축소될 수 없다.

오랫동안 역사학자와 그 동시대인들이 주목한 것은 19세기 중반 이후 전례 없는 강도로 벌어진 전쟁의 원인, 그중에서도 특히 큰 손실을 일으켜 일종의 집단적 충격을 안겨 준 제1차 세계 대전에 관한 것이다. 장자크 베케르는 〈전쟁을 겪은 세대와 전쟁 직후 세대를 사로잡은 문제는 바로 그 비극에 책임 있는 사람들이 누구인지 결정하고 그들을 고발하는 일이었다〉라고 썼다. 그와 똑같은 현상이 1945년 이후에 다시 벌어진다. 나치즘이 일으킨 끔찍한 손실로 분쟁의 원인과 책임자 고발은 전쟁 종결의 또 다른 중요한 요소가 된다. 이러한 사안이 전쟁 범죄와 대독일 협력 범죄를 처단한 뉘른베르크나 도쿄 법정 또는 다른 다양한 법정에서 1950년대 초까지 검토된 만큼 더욱 그랬다. 양차 세계 대전에 대한 역사 서술처럼 상당히 이른 시기에 이루어지는 전쟁 역사 서술에서 가장 자발적으로 이루어지는 최초의 접근법은 외교·정치적 접근이다. 역사학자나 기자, 증인들은 위로부터 내려오는 역사, 즉 지도자와 군사 전략가, 이념의 역사를 생산하기 시작한다. 양차 세계 대전에서 군대의 병사나 후방의 민간인은 벌어진 일들을 감내할 수밖에 없었다는 느낌을 받았다. 1918년 이후와 1945년 이후에는 더욱 그랬다.

1980년대 이후로 학술적인 역사 서술, 그리고 문학이나 영화 같은 다른 형태의 역사적인 서술, 또 대중의 기대가 심층적으로 바뀌었다. 현장의 주체들, 전투원과 부상자, 포로, 여성과 어린이, 집단 학살과 다른 대규모 범죄 피해자들의 구체적인 체험이 훨씬 더 많이 다루어졌다. 이렇게 분쟁의 인간적인 측면에 대한 관심이 증가하면서 관점이 크게 바뀌었다. 이러한 고찰의 연장선상에서 2000년대 무렵에 〈전쟁에서 벗어나기〉 개념이 등장했다. 이 개념은 먼저, 제2차 세계 대전의 최종적인 결말로 흔히 간주되는 단절인 1989~1991년의 베를린 장벽 붕괴 및 소련 체계 붕괴 이후로 역사를 재검토하는 맥락에서 이루어진다. 공산주의 체제와 1945년에 탄생한 양극화한 세계가 영원히 지속될 거라고 믿었던 세대들은 갑자기 그 역사가 끝날 수도 있다는 사실을 깨달았다. 그러자 그들은 냉전을 제2차 세계 대전의 단순한 부속물 수준으로 강등시켰다. 역사학자 토니 주트는 2005년에 1945년 이후의 유럽 역사를 하나의 전후 시대로 다룬 어느 단편집에서 〈유럽에서 전쟁 후 기간은 매우 오래 지속되지만, 결국 그 끝이 다가온다〉라고 썼다. 지적인 자극을 주지만 논란의 여지가 있는 이러한 재해석은 어떤 전쟁의 연대기가 얼마나 유연하며 분쟁의 결말에 대한 인식이 가변적인지 잘 보여 준다. 이 영국 역사가의 관점은 〈대조국 전쟁〉이 1945년에 소련의 압도적인 승리로 확실히 종결되었다고 보는 러시아 지도자들의 관점과는 분명히 다를 것이다.

　　〈전쟁에서 벗어나기〉 개념은 무엇보다 전쟁의 폭력이 신체적 또는 정신적 부상 같은 다른 형태로 지속된다는 점을 강조하는데, 이 개념은 기억이라는 문제가 현대 사회에서 상당한 중요성을 띠게 된 맥락에서 생겨난다. 이 현상은 1970년대에 서유럽에서 시작되었다. 이때 독일과 프랑스, 이탈리아와 네덜란드, 벨기에의 새로운 세대는 이전 세대가 나치즘에 대해 보인 태도에 스스로 의문을 제기했다. 이러한 의문 제기는 뒤이은 10년 동안 유대인 집단 학살의 문제, 그 성질과 규모, 예외성을 중심으로 서서히 구체화되었다. 아우슈비츠 재판(1963~1965) 이후 프랑스에서 바르비(1987), 투비에(1994), 파퐁(1997~1998)에 대한 재판으로 시작된 여러 재판들은 탈나치화와 청산이 완결되지 않은 채 남아 있다는 느낌을 주었기에 전쟁이 끝나고 반세기가 지나 기록을 다시 끄집어내야 했다. 〈쇼아Shoah〉(1985년 이후로 널리 쓰이게 된 용어)가 이렇게 재해석되고, 이에 따라 제2차 세계 대전이 전체적으로 다시 해석되자, 1990년대에 유럽 각지에서 인정과 배상에 대한 요구가 커지면서 그와 관련된 정책이 만들어진다. 구소련 국가들에서도 이런 움직임이 나타났다. 이 나라들은 저항이 없지는 않았으나 민주 사회의 표식이 된 이러한 기억을 위한 노력 움직임을 따를 수밖에 없었다. 그러면서 기억에 관련한 정책에 담긴 의도가 아무리 좋았다 할지라도 이 때문에 이미 길고 힘겨웠던 전쟁에서 벗어나는 시간이 나름의 방식으로 연장되었다.

마지막으로 〈전쟁에서 벗어나기〉에 대한 역사 서술 문제는, 세계 여러 지역이 공식적이거나 잠재적인 새로운 유형의 권위주의 정권 또는 내전에서 벗어나던 시기에 탄생했다. 아르헨티나에서의 군사 독재 종결(1983), 칠레에서의 피노체트 군사 독재 종결(1990), 남아프리카공화국에서의 인종 격리 정책인 아파르트헤이트 폐지(1991), 그리고 유럽에서의 공산주의 정권 몰락으로 독재에서 민주주의로, 내전에서 화해로 옮겨 가야 하는 어려운 문제가 제기되었다. 인권 존중 문제가 중심에 놓이게 된 국제 문화적인 상황에서 이러한 전환은, 유럽에서 그 흔적이 여전히 생생하던 제2차 세계 대전이 그랬듯, 미래에 벌어질 분쟁의 씨앗을 품거나, 또는 죄인을 사면하거나 죄를 망각하는 핑계가 되어서는 안 되었다. 1990년대에는 현장에서 활동하는 주체들뿐 아니라 사회 과학 분야에서 분쟁의 종결이나 내전, 집단 학살,

독재를 관리하고 이해하기 위한 새로운 개념이 전면에 등장한다. 즉, 〈과도기적 정의transitional justice〉다.

단지 법률적 또는 사법적인 문제에만 국한되지 않는 이 개념은, 평화적이고 지속적인 방식, 한마디로 〈정당한〉 방식으로 분쟁 상황에서 벗어나게 해줄 모든 정치적·사회적·문화적 또는 다른 절차들과 차츰 연관된다. 이러한 절차 중 가장 새롭고 눈부신 것은 〈진실과 화해 위원회〉로, 볼리비아에서 첫 시도가 무산되고 아르헨티나에서 처음으로 시행된 1983년부터 그 수가 늘어났다. 이 위원회의 목적은 실종자들이 처한 상황의 진상을 밝히는 것이었다. 분쟁을 바라보는 이런 현대적 관점에서는 전쟁과 평화 사이에 긴 과도기, 단지 군사 및 정치권이 아닌 사회의 모든 부문에 걸쳐 협상되고 동반되는 과도기가 필요하다는 점을 강조한다. 이러한 관점은 일단 무력 충돌이 잠잠해지면 서로에게 가해진 행위에 대해 침묵하고 망각하는 대가를 치르더라도 평화가 되돌아오기를 바라던 전통적인 관점과 단절된다. 결론적으로, 전쟁에서 벗어난다는 개념은 마르크 블로크가 역진적(逆進的)인 방법이라고 부른 것을 따른다. 즉 과거가 현재를 설명하는 데 그치지 않고, 현재도 과거를 다른 방식으로 질문하도록 해준다.

그러므로 전쟁에서 〈벗어난다〉는 생각은 사건을 새로운 시선으로 바라보게 한다. 전쟁과 평화의 전통적인 단절 대신 어떤 고유한 역동, 과정, 과도기의 움직임을 부각하기 때문이다. 전쟁이 평화 시기와 단절되어 있는 단순한 어떤 삽입된 시간, 비정상적인 순간이 결코 아님을 강조하는 하나의 방식이다. 평화 시기를 살아가는 사람들은 평화가 사회의 자연스러운 상태라고 생각하기를 원하지만 말이다. 더욱이 거대한 충돌에 뒤이은 교전이 벌어지지 않는 시기에는 다른 분쟁이 눈에 잘 띄지 않는다. 그래서 프랑스 본토가 평화와 번영의 시기로 들어선 그때, 멀리에서는 인도차이나 전쟁이 벌어졌다.

전쟁의 끝이 점진적인 벗어남이라고 보는 시각은 〈총력전〉 또는 일부 분쟁의 〈총력화〉가 끼친 여파를 이해하는 데 특히 유용했다. 조지 모스가 제1차 세계 대전과 그 영향에 대하여 만들어 낸 개념에 따르면, 총력전 또는 총력화는 교전국들이 전례 없이 〈과격화brutalisation〉하는 양상을 불러오면서 사회들 전체를 방대한 파괴 계획으로 변모시켰다. 수십 년 또는 한 세기가 지나서 이러한 분쟁들의 기억이 옛 교전국들 사이에 생생하게 남아 있다는 사실은 전혀 놀라운 일이 아니다. 〈전쟁과 평화 사이의 명백한 다공성〉(스테판 오두앵루조와 크리스토프 프로샤송)을 가정하고 나니 제1차 세계 대전에 대한 역사 서술에서 한 가지 핵심적인 문제가 제기되었다. 수년 동안 전례 없던 수준으로 죽음을 가까이에서 접했으며 생명과 타인의 신체의 완전성을 더 이상 존중하지 않도록 강요받거나 동의한 사람들 수백만 명이 대체 어떻게 〈문명화 과정〉을 되찾을 수 있었을까, 라는 질문이다. 한편 1918년 이후 사회들이 과격해졌다는 사실이 무수한 논쟁을 불러일으킨 반면, 똑같은 질문이 1945년 이후에 대해서는 아예 또는 거의 제기되지 않았다는 사실도 확인할 수 있다. 이와 같은 차원의 생각에서, 남녀뿐 아니라 경제적·행정적·지적 자원에 대한 동원이 많이 이루어져 있을수록, 신체와 정신의 동원 해제, 정상으로 되돌아가기, 전쟁의 단기적 또는 장기적 영향을 동화하는 일이 겉으로 보이게 또는 보이지 않게 길고 힘겹고 고통스러웠다.

그러므로 일단 교전국 사이에서 물리적인 충돌이 멈춘 뒤에는, 분쟁에서 남아 존속하는 것이 무엇인지 이해할 필요가 있다. 역사가들은 물론 계속해서 과거와 마찬가지로 외교적인 문제에 관심을 갖는다. 그 예를 들면, 최근의 연구들에서는 제1차 세계 대전이 발발한 책임이 오로지 독일 제국에만 있다거나 베르사유 조약의 부정적인 영향을 무시하기란 불가능하다고 결론을 내린다. 마찬가지로 국제 연맹과 인도주의적인 정책, 국제 연맹이 충돌을 해소하는 방식으로 전쟁을 피하려고 한 사실을 오늘날에는 전보다 덜 엄격한 시선으로 본다. 하지만 이러한 역사 서술은 무엇보다 전쟁의 구체적인 경험의 영향을 장기적으로 이해하려 한다.

역사가들은 또한 애도의 문제, 전쟁이 한창 진행되는 와중에 먼저 나타나지만, 전쟁이 끝났을 때 대규모로 전개되는 애도의 문제에도 오랫동안 관심을 보여 왔다. 남북 전쟁부터 제1차 세계 대전에 이르는 근대 분쟁으로 인해 적어도 서구 사회에서는 죽은 자의 지위와 죽음에 대한 인식이 완전히 바뀌었다. 물론 대규모의 인명 손실로 벌어지며 전쟁에 연루된 사회들의 구조가 붕괴된 결과였다. 이와 더불어 애도가 대규모 경험이 되면서 역설적으로 자기 육친의 죽음에 더욱 민감해진 결과이기도 하다. 그러자 국가는 시체를 식별하는 데 점점 더 신경을 쓰기 시작하여 시체를 파내고 다시 매장하고, 목록을 작성하고, 가능한 경우라면 희생자의 이름을 묘비나 기념물에 써넣기 시작했다. 그 결과 〈무명용사〉의 중요성이 강조되었다. 모든 이름 없는 실종자들을 위해 집단적인 정체성을 만들어 내도록 한 혁신이었다. 애도의 문제는 집단 학살의 희생자들을 식별하는 어려움 때문에 비극적인 중요성을 띠게 되었다. 아르메니아인, 유럽의 유대인, 르완다 투치족의 경우가 그랬다. 또한 애도의 문제는 예루살렘에 있는 유대인 대학살 기념관 야드바솀Yad Vashem, 파리에 있는 쇼아 기념관, 워싱턴 D. C.에 있는 베트남 전쟁 참전 군인 기념비Vietnam Veterans Memorial 또는 뉴욕에 있는 9·11 테러 기념관 같은 전 세계의 거대한 기념비 대부분에서 반복되는 요소가 되었다.

국가와 시민 사회는 대규모 공동묘지를 새로 만들고 유지하는 일도 담당했다. 이런 점에서 제1차 세계 대전은 중요한 전환점을 이룬다. 대립이나 반발이 없던 것은 아니었지만, 개인 또는 가족 단위의 애도가 집단적·국가적인 계획으로 변모하는 전례 없던 움직임이 생겼기 때문이다. 전쟁터에 있는 유해 수십만 구는 어떻게 해야 할까? 어떤 경우에는 전투현장에 남겨져 그곳에 조성된 대규모 군인 묘지에 전우들과 함께, 또는 1932년에 공식 개관하며 프랑스와 독일 군인 13만 명의 유골을 안치한 두오몽 봉안당에서 그랬듯이 적들과 함께 묻혔다. 다른 경우에는 유해가 전사자의 고향으로 보내져 가족과의 관계를 회복하거나, 사망자가 종교 의례에 따라 매장될 수 있도록 했다. 1920년 대에 프랑스 군인의 시신 약 30만 구가 이런 식으로 고향으로 돌아갔고, 미국 병사의 유해 4만 5천 구가 미국으로 송환되었다. 영국인 전사자의 경우, 그들의 유해는 유럽, 발칸반도, 중동에 있는 여러 작전 현장에 분산되어 남았다. 독일군의 유해는 프랑스나 벨기에의 전장에 남겨져 승전국이 무덤을 관리했다.

전쟁에서 벗어나는 것은 또한 수백만 명의 남녀와 어린이에게 고향으로 되돌아가고자 하는 열렬한 욕망을 뜻한다. 근대 전쟁에서는 실제로 온갖 종류의 민족 이동이 전례 없는 규모로 이루어졌다. 이러한 점에서 제2차 세계 대전의 종결은 아비규환의 양상을 띠었다. 소련에서는 3천만 명에 이르는 사람이 이주했다. 대부분 강제적이었다. 이들은 서부 전선 밖으로 이주당한 민간인이 1천7백만 명, 동원 해제된 군인이 1천2백만 명, 나치의 대규모 학살에서 살아남아 스탈린의 의심과 억압을 감내해야 하는 전쟁 포로가 160만 명이었다. 독일 제3제국이 몰락하기에 앞선 몇 개월 동안, 그리고 몰락한 이듬해에는 4천만 명에 이르는 사람(당시 프랑스 총인구에 해당)이 어느 시기에 자신의 고향 밖, 대부분 독일 영토로 도피하거나 강제 이주를 당하거나 수용당하거나 추방당한 상태였다. 이러한 현상은 동남아시아에서도 대규모로 나타난다. 이 대규모 인구에 일시적으로 포함된 사람들로는 나치에 사로잡혔다가 해방된 전쟁 포로, 소련의 붉은 군대와 서방 연합국에 포로로 붙잡힌 독일인, 집단 수용소에 수용되어 있던 사람들과 말살 수용소에서 살아남은 극소수의 생존자, 폴란드와 헝가리, 루마니아에서 공산주의 정권의 억압을 피해 몰려든 난민이 있었다.

이 중에는 집단 학살 이후 등장한 반유대주의를 피해 달아난 유대인 생존자 25만 명도 포함된다. 이러한 반유대주의는 유대인들이 고향으로 돌아가 강탈당한 자신의 재산을 되찾으려 했을 때 다시 나타났다. 동유럽에서 온 많은 난민이 점령당한 독일의 서부와 이탈리아에 주로 마련된 여러 실향민 수용소에 수용되었다. 이 〈실향민(DPs)〉은 미국인이 다양한 난민 상황에서 갈피를 잡고 고통받는 이들을 원조하기 위해 만든 새로운 개념이다. 난민 무리 가운데에는 동유럽에서 추방된 독일계 사람들인 민족 독일인Volksdeutsche도 있었다. 5백만 명에 이르는 이들 역시 폐허가 된 독일로 몰려들었다. 이 역사는 정치적인 이유로 오랫동안 은폐되거나 무시되었다.

하나로 축약될 수 없는 다양한 운명에 처한 난민이 이렇게 대규모로 이동하자 연합국들은 난민의 흐름을 통제하고 인구를 선별해 재배치해야 했다. 1945년 8월, 집단 학살의 생존자인 유대인을 수용한 미국 구역의 생활 조건을 규탄한 해리슨 보고서가 발표된 후 트루먼 대통령은 그들을 위한 수용소를 새로 만들기로 했다. 유대인이 팔레스타인, 그리고 유럽보다 그들에게 더 호의적인 다른 곳으로 이주하는 첫 단계이자, 유대 민족의 존재를 암묵적으로 인정한 것이었다. 대부분 민간인 무리에 섞여 있던 나치나 대독 협력자를 체포하기 위해 검문 위원회가 설치된다. 이러한 이주에는 몇 개월 만에 고향으로 돌아갈 수 있게 된 프랑스인 전쟁 포로 1백만 명의 방대한 본국 송환 작업, 그리고 그와는 반대 방향으로, 프랑스로 보내진 독일인 전쟁 포로 1백만 명을 이송한 것과 같은 새로운 작업도 필요했다.

역사학자 캐럴 글룩은 이런 맥락에서 〈잘못 배치된 사람들misplaced

persons〉을 언급했는데, 이 말은 분쟁 때문에 자신의 가정을 떠날 수밖에 없었던 모든 사람을 특별히 구분하지 않고 일컫는 새로운 표현이다. 그것은 양차 세계 대전을 벗어나면서 나타난 가장 중요한 현상 중 하나이지만 역사학자들의 주목을 받은 지는 얼마 안 되었으며, 이를 증언하는 연구로는 아네트 베케르나 파비앵 테오필라키스가 전쟁 포로에 대해 실시한 연구, 또는 아니타 그로스만이 1945년 독일에서 난민 수용소에 대해 실시한 선구적인 연구가 있다. 이주는 최근에 벌어진 전쟁의 주요 특징 중 하나이기도 하다. 그 예로 1948년에 이스라엘 국가가 세워지고 제1차 이스라엘·아랍 전쟁 이후로 추방되거나 망명을 떠날 수밖에 없던 팔레스타인 사람(약 75만 명), 1962년에 독립한 알제리를 떠난 〈피에누아르〉*와 다른 범주의 사람들이 있다. 우리와 더 가까운 시기를 살펴보면 시리아에서 벌어진 전쟁의 여파로 7백만 명에 이르는 사람이 시리아 내부에서 이주했다. 560만 명에 이르는 사람은 끝내 시리아를 떠났다.

전쟁에서 벗어나는 것은 모든 전투원을 점진적으로 동원 해제함을 뜻한다. 이는 대체로 길고 힘겨운 과정이다. 특히 내전과 게릴라, 지하 조직의 경우가 그렇다. 전쟁터의 폭력과 무질서에 익숙해진 수십만, 때로는 수백만 명에 이르는 병사를 본국으로 송환하거나 무장 해제시켜야 하고, 이들을 직업, 사회, 가족의 품으로 복귀시켜야 한다. 흔히 떠올리는 낙관적인 이미지와 달리 이러한 귀향은 대부분 갈등을 일으킨다. 사회 조직이 한창 재구성되는 맥락에서 경험의 차이는 더욱 극명하게 드러난다. 그러면서 사람들은 모두가 전쟁을 비슷한 조건에서 경험하지 않았다는 사실을 깨닫는다. 그렇다고 연대나 재회의 기쁨이 사라지지는 않지만 특수한 원망의 감정이 생겨날 수도 있다. 그 예로

---

* pieds-noirs. 알제리 태생의 프랑스 이주민 후손.

제1차 세계 대전의 참전 군인들이 후방에 있던 민간인들에게 느낀 분노, 또는 학살 수용소에서 살아남은 일부 유대인 생존자가 강제 이주를 당한 프랑스 저항군 운동가들에게 느낀 감정이 있다. 극소수인 전자는 1945년에 본국으로 돌아왔을 때 상대적으로 거의 관심을 받지 못한 데 반해, 후자는 영웅과 순교자로 환대를 받았다.

이러한 괴리는 거부 현상을 만들어 낼 수 있으며, 더욱이 재향 군인은 1918년에 프랑스나 영국에서 그랬던 것처럼 그들이 승리에 기여했는지, 아니면 베트남 전쟁에 참전해 사랑받지 못한 재향 군인을 다룬 사실감 넘치는 영화의 유명한 등장인물 람보처럼 그들의 존재가 패배를 상기시키는지에 따라 서로 다른 취급을 받았다. 동원 해제는 또한 신체적·정신적 폐해의 규모를 가늠하는 시기이기도 하다. 전쟁에서 살아남았다는 사실은 나중에 전투원과 그 주변 사람들에게 불구자, 〈안면 부상병〉, 〈전쟁 신경증〉, 외상 후 스트레스 장애post-traumatic stress disorder 등으로 불린 정신적 외상의 피해자들처럼 지속적이고 심지어 돌이킬 수 없는 끔찍한 고통을 의미할 수도 있다. 하지만 그 대신 부상의 심각성, 새로운 무기 — 참호용 포, 베트남이나 시리아에서 사용된 화학 무기 — 를 사용한 직접적인 결과인 전례 없던 부상으로 중대한 의학적인 진보가 이루어졌다. 그 예로 역사학자 소피 들라포르트가 연구한 안면 성형술 또는 응급 의학이 대두한 사실을 들 수 있다.

끝으로 전쟁에서 벗어나는 일은 적의 이미지를 서서히 복구하는 일로 특징지어진다. 존 혼은 〈정신의 동원 해제〉라고 부른다. 자기편이 살아남아야 한다는 명분으로 적을 비하하고 희화화하고 동물에 비유했다는 사실을 이제는 잊어야 한다. 일단 분쟁이 끝나면, 이러한 극단적인 차별의 상상력은 어떻게 해야 할까? 그에 대한 대답은 물론 상황에 따라 달라진다. 적이 전멸되었고 복수를 원하는 자연스러운 충동이 어느 정도 표출되었다면, 이제는 적과 더불어 살아가야 한다. 1945년 이후 중국과 남북한, 일본이 그랬듯이 적어도 얼마간 평화로운 방식으로 공존해야 하는 것이다. 따라서 우호적이거나 적대적인 화해의 절차가 마련된다. 이 절차는 도덕뿐 아니라 현실의 원칙도 따르기 때문에 국가나 인도주의 단체들의 태도와 현지 국민들의 태도 사이에, 글과 직접 체험한 현실 사이에 상당한 차이가 나타난다. 1918년 이후로 〈보슈Boche(독일 놈)〉 또는 프랑스인에 대한 증오는 1940년까지 모호한 방식으로 지속되었다. 수십 년에 걸친 유럽 구축 과정을 거치고 나서야 이러한 증오가 약해지고 사라졌다. 미국에서 1941년 이후로 미국 전쟁 문화의 중요한 요소를 이룬 반(反)일 인종주의는 한국 전쟁과 베트남 전쟁에서 간접적으로 지속되었다. 국가 간 분쟁의 틀에서 〈외부의〉 적과 화해하는 일은, 전쟁이 끝난 후에 적이 그 장소에 남아 있으므로 일상에서 적과 더불어 살아가야 함을 뜻하는 내전이나 국가 하부 분쟁의 경우보다 더 쉽다. 집단 학살의 경우는 보스니아나 1994년 이후 르완다에서 그랬듯 미래에 더 큰 위협이 되며, 재판과 고발에도 불구하고 학살자들은 자신이 살던 마을로 되돌아와 자기가 피해를 입힌 사람들 가까이에서 살 수 있었다. 이 때문에 때로 보복 행위가 벌어졌다. 아이러니하게도 대부분은 과거의 피해자들이 가해자들에게 보복하는 경우였다. 이러한 관점에서 전쟁에서 벗어나는 시기의 폭력 문제는 1945년 이후 분쟁의 역사에서 여전히 거의 연구되지 않은 현상이다.

오로지 서론의 가치만을 띤, 다소 간략히 살펴본 이 글에서 우리는 〈전쟁에서 벗어나기〉 개념이 상당히 비관적이라고 결론 내릴 수 있을 것이다. 왜냐하면 이 개념은 그 정의상 평화 시기에도 계속 남아 있는 전쟁의 요소를 강조하기 때문이다. 이 개념은 전쟁의 한가운데에서 미래의 평화 시기를 예견하는 양상도 볼 수 있게 해준다. 예를 하나

들자면, 1918년 이후 또는 1945년 이후에 유럽의 미술과 음악, 패션, 건축, 문학에서 폭발적으로 나타난 창조성은 전후에 단순히 생존하기 위한 반응이나 죽음과 파괴, 절망을 잊으려는 욕망으로 축소되지 않는다. 이러한 창조성은 엄청난 힘을 가지고 희망도 표현하고 있다. 이는 전쟁 중에 전쟁으로부터 탄생한 미적인 이상향(다다이즘) 또는 정치적 이상향(평화주의)의 형태로 나타난다. 대재앙에 사로잡힌 남녀가 어떻게 그 상황에서 벗어날 수 있을지, 벗어나야 할지를 절감하는 것은 대체로 대재앙의 가장 깊숙한 곳에서 이루어진다.

01

빈, 파리, 얄타: 화해하다

레너드 V. 스미스•

평화는 전쟁과 마찬가지로 새로운 국제 체제를 만들어 낸다. 세 건의 중요한 평화 협상이 근대 세계를 근본적으로 형성했다. 나폴레옹 전쟁 이후에 이루어진 빈 회의, 제1차 세계 대전 이후의 파리 평화 회의, 제2차 세계 대전 끝무렵에 이루어진 얄타 회담이다.

국민 국가들 사이의 전쟁과 평화의 황금기는 유럽에서 19세기와 20세기에 위치한다. 그런데 평화는 결코 전쟁을 치르다 지겨워지면 택하게 되는 자연스러운 현상이 아니다. 국가들이 평화 협상에 돌입해 그것을 완수하는 일은, 국가들이 전쟁에 이르는 것과 똑같이 정치적으로 이루어진다. 국가들은 평화를 이룸으로써 협력하며, 국제 체제 내에서 우위를 차지하고 그 체제의 성질을 결정하는 기본적인 권한을 누리기 위해 경쟁에 돌입한다. 그 대신, 이 국제 체제는 국가가 할 수 있는 일이 무엇인지, 그리고 심지어 어떤 면에서는 국가가 무엇인지를 정의 내린다. 전쟁처럼 평화는 국민 국가의 삶에서 내부적인 변화를 일으키고, 국민 국가들 간의 상호 관계를 변화시키며, 세계 지도를 새로 그린다. 여기에서 주권의 개념 자체 및 이 개념이 적용되는 지리적 한계가 다시 결정된다.

• Leonard V. Smith. 오벌린 대학교의 〈프레더릭 B. 아르츠 교수Frederick B. Artz Professor〉. 1914~1918년 프랑스 전문가로서 최근에 『1919년 파리 평화 회의에서 자주권Sovereignty at the Paris Peace Conference of 1919』을 출간했다.

세 차례의 〈대전〉이 근대 세계를 깊숙이 형성했다. 나폴레옹 전쟁과 제1·2차 세계 대전이다. 나폴레옹 전쟁은 유럽 국제 체제가 만들어지는 길을 열었다. 뒤이은 양차 세계 대전은 이 체제를 빠르게 파괴했고, 이념적으로 대치하는 두 초강대국이 지배하는 체제로 대체됐다. 이런 다양한 변화를 연결한 것은 1815년에 빈에서, 1919년에 파리에서, 1945년에 얄타에서 이루어진 평화 협상이다. 빈 회의는 군주제에 기초한 유럽 국가 체제를 재구축했다. 이 체제는 보수적이었으나 그렇다고 반동적이지는 않았다. 1815년에 체결된 평화는 장단점이 있었지만 어쨌거나 뒤이어 유럽인이 자신들이 이룬 국제 체제를 세계 대다수 지역으로 투사하도록 했다. 한편 파리 평화 회의는 유럽 강대국들 사이의 평화가 세계 평화의 중심이라는 원칙을 지속시켰다. 하지만 1914~1918년에 벌어진 민족들의 대규모 동원과 재동원은 전후에 영향을 미쳤다. 특히 민주주의는 배타적인 민족 정체성을 매개로 표현되면서 미래의 국가들을 평화뿐 아니라 전쟁에 대비시켰다. 이러한 정체성은 제2차 세계 대전 끝 무렵에 유럽을 중심으로 한 국제 체제를 파괴하는 원인이 되었다. 얄타 회담에서 초강대국인 미국과 소련은 세계를 분할했고, 냉전 중에 자유 민주주의와 자본주의가 공산주의에 맞서 전 세계를 동원하는 조건을 형성했다. 이러한 분할로 국제 체제의 구조가 양극화되어 극명하게 드러났다. 1989년에 냉전이 종결된 이후로 세계는 이 같은 선명한 구조를 되찾지 못하고 있다.

빈 회의로 〈유럽 협조 체제〉가 수립되다

일반인뿐 아니라 역사가들도 나폴레옹 전쟁을 프랑스 혁명전쟁의 연장으로 간주하는 경향이 있다. 모스크바에서 스페인에 이르기까지 프랑스 군인들은 진심 어린 열의로 프랑스 혁명의 구호를 전파했다. 자국의 정치 체제를 위해 싸운다는 것이 역설적으로 보일 수 있을지라도 말이다. 유럽 군주국들이 서로 단결한 뒤에야 나폴레옹의 프랑스에 맞서 승리할 수 있었다. 전쟁은 변덕이 심해서 나폴레옹 전쟁을 종식시키는 조약이 서명된 것은 빈 회의 때가 아니었다. 강대국들은 빈 회의가 열리기 전인 1814년 5월 30일에 제1차 파리 조약을 체결했다. 그리고 빈 회의 최종 의정서는 1815년 6월 9일, 즉 워털루 전투가 벌어지기 9일 전에 체결됐다. 나폴레옹 전쟁은 1815년 11월 20일에 제2차 파리 조약이 체결되면서 비로소 종결되었다.

제1차 파리 조약 제32조는 조문에서 명시하듯 〈본 조약의 조치를 보충해야 하는 조정들〉을 이행하기 위해 2개월 내에 전체 회의를 열어야 한다고 촉구했다. 이 조항으로 빈 회의는 새로운 국제 체계가 탄생한 거대한 무대로 바뀌었다. 그 장대함은 태양왕 루이 14세도 빠져들 만한 것이었다. 기념 예식과 연극 및 음악 공연, 접견 행사, 무도회와 더불어 군대 행진이 이루어졌다. 참석한 군인들은 대부분 행사를 위해 새로 제작한 군복을 입고 있었다 ─ 이 모든 행사 비용은 오늘날의 가치로 수천만 달러에 달했다. 여러 인물이 있지만 그중에서 합스부르크가의 외무 장관인 클레멘스 폰 메테르니히의 재능 덕분에 빈은 회의가 개최되는 기간에 유럽 문화의 명실상부한 수도가 되었다. 물론 태양왕의 궁정에서와 마찬가지로 이러한 움직임에는 매우 정치적인 목적이 있었다. 축하 행사는 빈 회의가 보여 주고자 한 사회 및 국제 질서, 즉 권력의 함정을 알고 있으며 서로를 이해하는 군주 국가들이 떠받치는 질서를 창출하는 데 기여했다. 결국 빈 회의는 새로 복구된 유럽 질서에 대한 신념을 구현했다.

그렇다고 참가국들이 1789년 이전의 상황으로 되돌아가려 하지는 않았다. 프랑스 혁명은 구제도 아래에 있던 유럽의 권력 균형을 바꾸었을 뿐 아니라, 그 균형을 사실상 파괴해 버렸다. 외교관들은 무엇보다 새로운 혁명을 방지하는 데 힘쓰면서 진행 중인 변화에 적응할 방법을 만들어 냈다. 〈절대주의〉는 오로지 왕권만 입법자로서 인정하는 것을 뜻했지만, 입헌주의와 절충점을 찾아내야 했다. 〈내셔널리즘〉이 프랑스 혁명을 이끌었지만, 그것은 민주적 이상과 결합되어 있었다. 그런데 1814년 유럽에서 〈내셔널리즘〉은 20세기의 배타적이고 민족적인 내셔널리즘과 똑같은 의미를 띠지 않았다. 당시 내셔널리즘을 지지하는 사람들 중에는 농민보다 귀족이 훨씬 더 많았다. 입헌주의와 민족주의는 올바른 방향으로 유도되면 국가 내부와 국가들의 상호 관계에 안정을 가져다줄 수 있었다.

빈 회의에 참석한 외교관들은 전후의 규범으로서 군주 정체를 채택했지만 여기에는 중대한 변화가 있었다. 가령 강대국들이 부르봉 왕정복고에 동의하고, 루이 18세가 프랑스 국민에게 자유를 보장하는 것과 거리가 먼 헌장을 공포하도록 허가한 것은 마지 못해서 였다. 스위스의 경우, 빈 회의는 군주제에 대한 생각을 언급하지도 않았고, 과두제 주(州)들이 이루는 중립 연방을 지지했다. 독일에서 빈 회의는 신성 로마 제국의 군주가 권력을 쥐게 만들려 하지 않고 독일 연방을 수립했는데, 이것이 제도상으로 유일하게 표현된 것은 상징적인 연방 의회였고, 오스트리아가 회원국들로 구성된 제한된 회의 의장직을 맡았다. 빈 회의는 오스트리아와 프로이센 사이에서 중유럽의 독일어권 영토를 둘러싸고 이미 오래전부터 벌어지던 세력 다툼을 늦추려 했다. 독일의 민족주의는 이제 오스트리아 권역과 프로이센 권역 사이에서 발달하게 되었다.

1815년 빈에서, 뒤이어 1919년에 파리 그리고 1945년에 얄타에서, 평화를 만들어 간 장인들에게 폴란드의 미래만큼 골치 아픈 문제는 없었다. 1772년과 1793년, 1795년에 오스트리아와 프로이센, 러시아가 나누어 차지한 〈폴란드〉는 강대국들의 정책과 한창 부상하는 민족주의의 교차 지점에 위치해 있었다. 빈 회의가 폴란드를 복원해야 할까? 만일 그렇다면 폴란드는 누가 통치하고, 그 국경은 어디가 되어야 할까? 러시아 황제 알렉산드르 1세는 친구인 폴란드의 아담 예지 차르토리스키 공(公)의 의견을 따라 〈독립된〉 폴란드, 하지만 러시아 황실에 예속된 폴란드를 세울 것을 주장했다. 이렇게 수립된 폴란드는 대의 기구를 갖추고, 그곳에서 농노 제도는 폐지될 것이었다. 즉 폴란드는 그때까지 러시아에서 존재하지 않던 완전히 새로운 자유를 누릴 것이었다. 한편 오스트리아와 프로이센은 여러 주권 세력이 분할하여 폴란드를 나눠 갖는 비(非)영토적인 〈폴란드 국가〉를 제안했다. 그렇게 하면 폴란드 사람들은 호엔촐레른 가문의 지배를 받든, 합스부르크나 로마노프 가문의 지배를 받든 일정한 정치적 정체성을 가진다는 것이다. 끝으로 영국과 프랑스의 자유주의자들은 영토적으로 독립된 폴란드를 지지했다. 비록 로버트 캐슬레이 자작과 탈레랑 공(公)은 독일의 제안을 지지했지만.

몇 달에 걸쳐 힘겨운 협상이 이어지면서 〈빈 회의는 춤은 많이 추지만 걷지는 않는다〉라는 리뉴 공의 기지 넘치는 말이 옳았음이 증명됐다. 결국 폴란드는 분할된 상태로 남았다. 폴란드 입헌 왕국이 러시아의 통치 아래 수립되었다. 프로이센은 그에 대한 보상으로 작센주의 일부를 받았다. 낭만주의로 달아오르고 대중화된 폴란드의 민족주의는 뒤이은 두 세기 대부분 동안 영토를 되찾는 길을 모색한다.

빈 회의는 또한 유럽을 넘어 국제적인 규범을 만들려고 노력했다. 가령 영국인들은 노예 무역을 폐지하는 일을 각별히 중요하게 여겼다. 노예 제도 자체는 1833년에야 영국에 의해 폐지되지만, 이미 영국에선 노예 무역 폐지가 1807년에 결정되었다. 노예 소유주들에게 옛 프랑스 식민지 생도맹그에서 일어난 반란만큼 두려운 기억은 없었다. 이 반란이 성공하여 1803년에 아이티가 수립되었다. 노예들이 카리브해의 가장 부유한 식민지에서 노예 제도를 타도할 능력이 있다면,

그들은 어디에서도 그럴 수 있었다. 영국과 다른 곳의 노예제 폐지론자들은 노예 무역 금지가 곧 노예 제도 폐지로 향해 가는 첫 단계라고 보았다. 반면에 다른 사람들은 스스로 재생산할 수 있는 노예 국민이 서구에서 노예제 경제가 영속되는 데 반드시 필요하다고 간주했다.

물론 러시아와 오스트리아, 프로이센은 노예 식민지를 하나도 소유하지 않았으므로 별 위협 없이 인신매매 폐지를 옹호했다. 프랑스는 보상이 이루어진다면 받아들일 준비가 되어 있었다. 스페인과 포르투갈은 더욱 끈질기게 저항했다. 노예제 경제에 훨씬 더 많이 의존하고 있었기 때문이다. 결국 빈 회의는 노예 무역이 인간과 종교의 법칙에 상반된다고 여겨 규탄했다. 스페인과 포르투갈은, 영국이 포르투갈에 30만 파운드를, 스페인에는 40만 파운드를 지급하는 조건으로 노예 무역을 8년에 걸쳐 금지하기로 약속했다. 하지만 두 나라는 약속을 지키지 않았다. 빈 체계는 불안정한 방식으로 각자의 방식으로 새로운 규범을 구축해 갔다.

빈 체제(〈유럽 협조 체제Concert of Europe〉라고도 부름)가 미친 영향은 유럽을 넘어섰다. 이 체제가 유럽인이 개입하는 지리적 한계를 정의 내리려고 했기 때문이다. 1815년 11월 20일에 영국과 오스트리아, 러시아, 프로이센은 사국 동맹을 확립하는 조약을 따로 체결했다. 네 나라의 절대 군주는 정기적으로 만나 〈국민의 평안과 번영을 위해서, 그리고 유럽의 평화 유지를 위해서 가장 유익하다고 판단될 (······) 조치를 검토〉(제6조)하는 데 합의했다. 프랑스는 1818년에 이 동맹에 합류했다. 그리하여 빈 체제는 강대국들에 평화를 유지할 수단을 공동으로 결정할 골격을 제공했다. 그 나라들은 가령 어떤 형태의 국내 소요가 유럽 대륙의 안정을 위협하는지를 비롯해 유럽의 이해관계가 걸린 다른 사안들을 평가했다. 이 체제 덕분에 동맹국들이 1820년에 스페인과 나폴리에서 일어난 반란 움직임에 맞서 제한적으로 개입하는 일이 가능했다. 반면에 영국의 영향 그리고 유럽이 미국의 사안에 어떤 식으로든 개입하는 것을 금지하는 먼로주의의 영향으로 빈 체제는 라틴아메리카 독립 전쟁들에 개입하기를 거부했다. 동시에 빈 체제는 1831년에 독립한 그리스 왕국의 건국을 지지함으로써 〈유럽〉의 팽창을 감독했다. 그때까지 그리스는 오스만 제국의 일부였는데, 빈 회의는 그리스를 〈유럽의〉 문제로 만들었다.

빈 회의는 그리스를 지지함으로써 〈동방문제〉, 즉 오스만 제국이 장기적으로 쇠퇴하면서 생기는 통치권의 결함을 어떻게 보충할 것인가 하는 문제를 다룰 수밖에 없었다. 19세기를 거치며, 예전에 오스만 제국에 통합되어 있던 발칸반도는 그리스가 그 이전에 그랬듯 전반적으로 유럽과 가까워졌다. 과거의 동맹국들은 〈동방문제〉 때문에 결국 1853~1856년 크림 전쟁 때 서로 충돌한다. 이 전쟁은 흔히 빈 체제의 종말로 간주된다. 하지만 크림 전쟁은 제한적인 분쟁이어서 결과적으로 현상 유지가 이루어진다. 1871년에 독일이 통일하고 경쟁 동맹국들이 출현하면서 1815년에 만들어진 체계가 비로소 와해되었다. 그때까지 유럽인들 사이에 정착된 평화 덕분에 유럽은 제국주의 팽창이 이루어지던 한 세기 내내 아시아와 아프리카 대부분을 서로 나누어 차지할 수 있었다.

파리에서, 세계 민주주의의 꿈

19세기에 유럽 제국들이 비약적으로 발달한 것은 강대국들 사이에서 벌어진 전략 지정학적인 경쟁의 원인이자 결과였다. 유럽 제국들은 식민지와 군비를 많이 소유할수록 불안감이 커졌다. 1914년 8월에 두 개의 커다란 동맹 — 삼국 협상(프랑스, 영국, 러시아 제국)과 중앙 동맹국(독일, 오스트리아-헝가리) — 이 안전을 확보하려고 전쟁에 돌입한다. 오스만 제국은 1914년 11월에 중앙 동맹국에 합류하고,

이탈리아는 1915년 5월에, 뒤이어 미국은 1917년 4월에 삼국 협상에 합류한다. 독일이 군사적 곤경에서 벗어나기 위한 절망적인 시도로 서부 전선에서 무제한 잠수함 작전을 실시하자, 미국은 전쟁에 개입하지 않을 수 없게 된다. 우드로 윌슨 대통령은 이 전쟁을 자유주의적인 민주 정체를 위한 세계 십자군 전쟁으로 변모시켰다. 그보다 조금 전인 1917년 2월에 일어난 러시아 혁명으로 이러한 십자군 전쟁이 더욱 쉬워졌다. 제정 러시아 황제 니콜라이 2세의 전제주의 체제에 이어 케렌스키의 임시 정부가 들어섰다. 후자는 안정적이지는 않았으나 민주적이었기 때문이다.

윌슨 대통령과 그를 미국과 다른 곳에서 지지한 수백만의 사람들이 보기에, 제1차 세계 대전 발발의 원인이 민족주의의 격화라면, 해결책은 새로운 국제 체계의 기초를 이루는 세계적인 민주 체제에 있을 수밖에 없었다. 독일의 민족주의는 독일 제국에 너무도 뿌리 깊은 특성이 되어 버려 이제는 그들만의 법만 따랐다. 원칙적으로, 민족에 대해 책임을 지는 민족주의는 서로 더 이상 전쟁을 벌이지 않는 안정적인 국민 국가들을 수립하게 해줄 거라고 생각되었다. 평화를 유지하려는 초국가적인 의지를 결집하는 강력한 국제기구로 국가 간 협력도 보장될 것으로 기대했다. 우방과 적들은 윌슨이 제시한 〈14개조 평화 원칙Fourteen Points〉이 평화를 위한 이념적인 기초가 될 거라는 데 의견이 일치했거나, 아니면 의견이 일치한다고 주장했다. 1919년에 열린 파리 평화 회의는 패전국들과 평화 조약을 맺고 새로운 국제 체계를 다시 만들어 낸다는 이중의 과업을 이루어야 했다. 하지만 이 회의는 세계 평화를 유지하기 위해 민주주의를 장려한다는 목적도 있었다는 점에서, 그 야심은 회담이 지닌 수단을 훨씬 넘어섰다.

아무도, 특히 우드로 윌슨은, 진정한 평화가 강대국이 아닌 다른 국가들에 의해 이루어질 거라고 기대하지 않았다. 파리에서 결의는 프랑스를 대표하는 조르주 클레망소, 영국의 데이비드 로이드 조지, 이탈리아의 비토리오 오를란도 그리고 미국을 대표하는 우드로 윌슨으로 이루어진 〈4자 위원회Council of Four〉에 의해 이루어졌다. 네 사람은 빈 회의에도 어울렸을 법한 정책과 미국 대통령의 자유주의적인 지침들을 조합하려고 고군분투했다. 게다가 끊임없이 민주주의를 거론하는 것은 전 세계 국민들이 윌슨주의 원칙을 자기 나름대로 해석할 권리가 있음을 뜻했으므로 상황은 더욱 복잡해졌다.

빈에서 평화를 만들어 냈던 귀족들은 문제의 원인이 프랑스와 프랑스 국민이 아니라 프랑스 혁명이라고 간주했다. 그래서 정치 체제를 바꾸도록 요구하고, 프랑스의 국경을 1792년 이전의 국경으로 제한하며, (워털루 전투가 끝난 후에야) 상당한 배상금을 징수하는 것으로 만족할 수 있었다. 제1차 세계 대전 이후에 국민들은 그렇게 쉽사리 만족할 수 없는 상황이었다. 독일인 대부분은 독일 신생 공화국의 주권으로 자신들이 전쟁에 대해 지닌 특수한 책임에서 벗어날 거라고 판단했다. 더욱이 윌슨주의 논리는 이러한 믿음에 얼마간 신빙성을 더했다. 하지만 프랑스와 영국, 벨기에 등의 국민들은 독일인과 독일을 다른 시선으로 바라보았다. 그리고 누군가는 반드시 전쟁에 쏟아부은 어마어마한 물적 비용을 지불해야 했다.

각 나라는 국토의 경계에 대해서도 상반된 생각을 가지고 있었다. 전쟁은 합스부르크와 로마노프 가문의 다국적 제국, 오스만 제국과 호엔촐레른 가문의 독일 제국을 완전히 파괴했다. 윌슨은 민족 자결권의 원칙을 만들어 낸 사람이 아니었다. 그 원칙보다는 민족적 차이를 제거할 수 있는 자유주의적인 내셔널리즘을 선호했다. 하지만 유럽과 다른 지역 대부분의 민족들은 다르게 생각했다. 한 세기에 걸친 낭만주의와 민족지학의 과학적인 또는 사이비 과학에 속하는 발견의 영향으로 〈국가nation〉는 차츰 더 배타적인 범주가 되어 갔다.

현실에서 민주주의는 민족주의를 억제하기보다는 부추길 위험이 더 컸다. 민족적인 근거로 정의된 국민들은 같은 영토를 두고 다투었다. 미국의 윌슨 대통령이 1918년 1월에 미국 의회에서 미국의 전쟁 목표에 관해 한 연설에서 밝힌 〈14개조 원칙〉을 각자 나름대로 해석했다. 이 연설은 금세 윌슨주의 국제 체계의 밑그림으로 간주되었지만, 그 안에는 많은 모호함과 내부적인 모순이 담겨 있었다. 하나만 예를 들자면, 제13조에서는 〈논란의 여지 없이 폴란드인인 민족에 의해 점유된 영토를 포함할〉 독립된 폴란드를 제안하며, 그들이 바다에 자유로이 접근하도록 보장해 주어야 한다고 명시했다. 이런 식으로 정의 내린 폴란드는 말 그대로 불가능하다. 바다로 접근한다는 것은 불가피하게 독일 소수 민족을 상당수 포함시킴을 뜻하기 때문이다. 폴란드인 스스로도 자국의 국경에 대해 합의를 이루지 못했다.

파리 평화 회의는 독일과 맺은 베르사유 조약(1919년 6월 28일)으로 요약되는 경우가 많았다. 이 회의로 중요한 조약 네 개가 탄생했다. 오스트리아와 맺은 생제르맹앙레 조약(1919년 9월 10일), 불가리아와 맺은 뇌이쉬르센 조약(1919년 11월 27일), 헝가리와 맺은 트리아농 조약(1920년 6월 4일), 터키와 맺은 세브르 조약(1920년 8월 10일)이었다. 하지만 전쟁의 책임 문제에서는 베르사유 조약이 기준이 되었다. 여러나라 국민의 이름으로 체결한 평화는 패전국들에 죄가 있다고 규정함을 뜻했다. 잘 알려진 〈전쟁에 대한 책임 조항〉인 제231조는 다른 조약들에서 거의 그대로 되풀이되었다. 〈연합국과 그 연맹 정부들은 다음과 같이 선포하고, 독일은 이를 인정한다. 독일과 그 동맹국들은 연합국들과 국민들이 독일과 그 동맹국들이 침략해 어쩔 수 없이 치른 전쟁의 결과로 입은 모든 손실과 모든 손해를 야기한 책임이 있다.〉 결국 제231조의 첫째 목표가 순전히 법률적이며, 배상에 대한 근거를 정립하려 했다는 사실은 별로 중요하지 않았다. 독일과 패전한 다른 강대국들은 범죄시된 이러한 정체성을 근거로 들어 평화 조약 전문이 합법적이지 않다고 주장했다.

일단 자결권의 원칙이 국가적 문제가 되자, 모든 사람 또는 대부분의 국가나 국가의 소수 민족이 만족하는 국경을 정하기란 불가능했다. 빈 회의에서 이미 통계 위원회가 만들어졌다. 그 역할은 각 영토 내의 인구를 헤아리는 데 국한되었고, 위원회가 주민의 범주를 구분해 헤아리는 일은 특별히 금지되어 있었다. 파리 평화 회의는 새로운 사회과학, 즉 정치 지리학 자료에 의존하기 시작했다. 지리학자와 자칭 민족지학자들은, 서로 다른 언어를 말하면서 수 세기 전부터 함께 살아온 사람들에게 단일한 민족성을 부여했다. 불가피하게도 파리 평화 회의가 선호한 나라들이 있었다. 체코슬로바키아는 역사적으로 보헤미아와 모라바, 슬로바키아 지방인 영토를 얻었다. 그 결과 양차 대전 사이에 인구의 3분의 1이 쓰는 언어는 체코어도, 슬로바키아어도 아니었다. 헝가리어가 모국어인 사람의 거의 3분의 1이 트리아농 조약으로 정해진 헝가리 국경 밖에서 살았다. 이 신생 국가들에는 깊은 원한을 느끼는 유대인과 독일계 소수 민족이 많이 있었다. 세브르 조약이 체결될 때, 강대국들은 아나톨리아 지역의 복잡한 민족 구성에 관한 문제를 소홀히 다루었다. 양차 대전 사이에 민족적인 반감은 어디에나 존재했다.

윌슨이 조약들에 남긴 가장 중요한 흔적은 아마도 국제 연맹 규약에 담겨 있을 것이다. 이 규약으로 전례 없는 새로운 국제기구가 창설되었다. 이 기구는 두 개의 조직, 즉 모든 회원국을 소집하는 총회와, 다섯 개의 강대국과 총회에서 3년 기한으로 선출된 네 개의 회원국으로 구성된 이사회로 이루어졌다. 이사회는 세계 평화 유지를 책임 진 가장 중요한 기구였지만 총회와 마찬가지로 만장일치 원칙으로 기능했다. 이는 곧 국가들이 공통의 가치 체계를 공유하는 세계의 시민들로 이루어진 초국가적인 공동체에 의해 인도됨을 뜻했다.

월슨주의 국제 체제에서 국가들은 안전에 대한 집착이 아니라, 국제적이고 진정으로 자유주의적인 평화에 대한 의지의 지배를 받아야 했다. 새로운 국제 체계에서 자유주의는 민족주의보다 우세해야 했다. 현실에서, 전 세계 민족들이 가진 하나의 주권이라는 월슨주의적인 개념은 실현될 수도 있고, 그렇지 못할 수도 있었다. 후자의 가정에서는, 국제 연맹이 결국 실제로 그렇게 된 것(즉 국가들이 서로 간의 갈등을 원하는 시기에 해결하도록 토론하는 장소) 말고는 다른 것이 되리라고 기대할 이유가 없었다. 국제 연맹은 국가들이 만든 대로 될 것이었다. 미국은 자국의 주권을 더없이 소중히 여기는 강대국이었으므로, 미 의회는 미국이 국제 연맹에 가담하는 것을 승인하지 않았다. 그래서 베르사유 조약을 비준하기를 거부했다.

국제 연맹의 위임 통치 제도는 월슨주의 주권 원칙을 전 세계로 확장하려는 목적을 지녔다. 옛 독일과 오스만 제국의 영토는 아프리카와 남태평양 지역, 아랍어를 쓰는 중동에 위치했다. 이 영토들에는 〈근대 세계의 각별히 어려운 조건에서 아직 스스로 통치할 능력을 갖추지 못한 민족이 살고 있다〉라고 국제 연맹 규약에 명시되어 있었다. 따라서 일시적으로 국제 연맹에 위임받은 국가들의 감독을 받아야 했다. 인종적인 위계 서열이 서로 다른 위임 통치의 특징을 결정했다. 파리 평화 회의에서 일본이 인종 평등을 명시한 수정안을 제시했으나 받아들여지지 않았다. 만일 이것이 받아들여졌다면 위임 통치 제도의 합법성에 분명 혼란이 생겼을 것이다. 물론 일본 제국은 다른 민족은 차치하고 아시아인들을 염려하기보다는 일본인이 평등하다고 인정받는 데 관심이 있었다. 하지만 자유 민주주의 국가들은 이 요구를 무시했다. 월슨식의 자유주의는 그럴 자격이 있는 이들을 포함하기를 주장했지, 모두를 포함하자는 것은 아니었다.

그러나 위임 통치는 이름만 바꾼 식민 지배여서도 안 되었다. 최종적인 주권은 엄연히 위임 통치를 받는 영토에 사는 민족들에게 있었다. 위임 통치를 하는 강대국은 국제 연맹에 해명을 해야 했다. 원래의 정의에 따르면, 위임 통치를 받는 영토는 독립이 예정되어 있었다. 비록 독립할 날짜는 명시되어 있지 않았지만 말이다. 두 가지 사례를 들자면, 시리아와 이라크 국민은 위임 통치와 식민 지배의 차이를 결코 잊지 않았다. 강력한 제국들이 그 국민들을 정의 내리고 통제하기 위해 그어 놓은 국경은 오늘날에도 계속 평화에 대한 장애물로 작용하고 있다. 한국이나 이집트, 인도처럼 제1차 세계 대전의 승전 강대국들에 예속된 국민들은 자신이 어째서 미래의 자결권을 약속받지 못하는지 이해할 수 없었다. 민족 자결권은 애초에 윌슨의 의도와는 상관없이 전 세계적인 현상이 되려는 참이었다.

얄타 이후, 초강대국과 세력권

제2차 세계 대전과 그 이후의 시기는 전 세계를 미국과 소련이라는 초강대국이 지배하는 하나의 국제 체제로 변모시켰다. 아시아 지역의 전쟁 하나와 유럽 지역의 전쟁 하나가 1941년 6월에 독일이 소련을 침공하고 그해 12월에 일본이 진주만을 공격하면서 하나로 합쳐졌다. 제2차 세계 대전이 우리가 알고 있는 결말에 이른 것은 바로 자유 민주주의와 공산주의가, 일본이나 다른 그 어떤 유럽의 강대국보다 더 강한 두 국가를 필두로 한 진영에서 만났기 때문이다. 뒤이어 전후에 미국과 소련은 국가로서 그들 사이의 고유한 균형을 찾는다. 그 균형 속에서 유럽은 가장 중요한 축 가운데 하나지만 유일한 축은 아니다. 냉전 중에 유럽의 전쟁과 평화 문제는 당사자인 유럽인들의 통제를 크게 벗어난다.

제2차 세계 대전 이후에는, 국제 체제 재건을 구상하면서 세계를 사로잡을 수 있는 인물이라는 점에서 윌슨에 견줄 사람이 없었다. 미국이 전쟁에 동원되던 시기에 프랭클린 D. 루스벨트가 윌슨주의의 이상향을 신중하게 회복시켰다. 그는 전쟁 중에 사라진 국제 연맹을 계승할 기구의 윤곽을 그리기 시작했다. 루스벨트는 외국과 미국 내에서 상당한 정치적 영향력을 가지고 있었다. 한편 윈스턴 처칠은 자국을 위해서는 민주주의를 신봉했지만, 국제 무대에서는 이전 세기의 제국주의를 연상시키는 강대국들의 제국주의를 옹호했다. 게다가 제국주의 영국이 1940년에 나치 독일과 화해하기를 거부하여 자국의 쇠퇴를 자초했다는 사실을 처칠만 깨닫지 못했던 것 같았다. 녹초가 된 대영 제국이 주변화하는 움직임은 전쟁이 종결된 직후였다. 끝으로 이오시프 스탈린은 공산주의 세계의 지도자로 부상했다. 하지만 1945년에 그는 세계 혁명에는 이론적으로만 관심을 보이면서 제국 러시아의 옛 국경에 집중하는 쪽을 택했다. 제2차 세계 대전 이후에는 강한 권력이 이념을 이끌어 갈 뿐, 이념이 강한 권력을 이끌지 않았다.

1945년 2월에 열린 얄타 회담은 빈 회의나 파리 평화 회의 같은 의미에서의 평화 회담은 아니었다. 루스벨트와 스탈린, 처칠은 더없이 은밀하게 만났다. 전쟁이 한창 진행 중인 때에 크림반도로 가는 일이 무척 위험했기 때문이다. 나중에 배포된 의전에 관한 몇몇 세부 사항을 제외하면 회담 원문은 존재하지 않는다. 그 회담에서는 어떤 조약도 체결되지 않았다. 게다가 무력 분쟁은 전혀 종결되는 상황이 아니었다. 끈질긴 독일의 저항에도 불구하고 소련의 붉은 군대는 폴란드와 동프로이센으로 더 깊숙이 전진했다. 한편 그 시기에 서방 연합국은 독일이 서부에서 벌인 마지막 공격인 아르덴 공세 이후 우위를 차지하기 시작했다. 일본에 맞선 전쟁이 언제 끝날지는 아무도 몰랐다. 만주국에 주둔한 일본 관동군은 여전히 70만이 넘는 병력을 보유했다. 놀랍게도 일본인은 자국 본토 섬에서 연합국의 침공에 대적할 견고한 수단을 갖추고 있었다. 게다가 그때는 핵폭탄이 제대로 작동할지 아닐지 여전히 모르는 상태였다. 따라서 얄타에서 합의된 평화는 빈이나 파리 회담의 경우보다 더 이론적일 수밖에 없었다.

3대 열강Big Three은 1943년 테헤란 회담에서 추축국에 맞선 전쟁의 분명한 주요 목표 중 하나가 추축국의 〈무조건적 항복〉이라는 사실에 합의했다. 실전에서 적국들과 그들이 통제하는 영토가 위탁될 것임을 뜻했다. 그 결과, 지구의 대부분이 일시적으로 군사력에 기반을 둔 세력권으로 나뉘게 될 것이었다. 이러한 세력권이 유럽뿐 아니라 세계 각지에서 생겨나며, 냉전 중에 자유주의/자본주의와 공산주의가 이념적으로 동원되는 조건이 만들어졌다.

나치 정권으로부터 해방된 독일에 대해 이루어진 조정은 다른 이름들로 불리면서 은폐된 이 세력권의 문제를 완벽하게 드러내어 보여 준다. 독일이 항복한 후 세 연합국은 독일에서 공동으로 〈통치권autorité suprême〉를 행사하기로 했다. 세 나라는 〈평화와 안전을 보장하기 위해 필요하다고 판단되면 독일의 완전한 분할을 포함한 모든 조치〉를 취해야 했다. 일단 스탈린이 프랑스 점령지 창설에 간신히 동의하면서 독일은 네 개의 점령지로 분할되고, 미국과 영국의 구역 내에서 갈려야 했다. 전쟁의 가장 명백한 세 승전국이 옛 독일국으로부터 2년 내에 현물 배상을 받고, 그중 절반은 소련에 가도록 결정되었다. 연합국 간 위원회들이 이러한 배상과 점령된 독일을 관리하는 일을 감독했다. 그리고 연합국들이 더 이상 협력하지 않기로 결정했을 때에는 이미 최소한의 각 세력권이 설정되어 있었다.

폴란드의 정치적 운명은 1815년과 1919년에 그랬듯이 1945년에도, 붉은 군대가 주둔해 있다는 사실 때문에 어찌 보면 상황이 분명했음에도 불구하고 역시 논란의 대상이 되었다. 이번에는 서로 적대적인 두 폴란드 정부가 동시에 주권을 주장했다. 〈런던의 폴란드인〉, 즉 폴란드 망명 정부에는 반동주의자와 사회주의자, 그리고 이 둘 사이에 위치한 온갖 견해를 지닌 사람들이 포함되어 있었다. 이들은 소련군에 의해 해방된 폴란드가 소련의 세력권 밖에 남아 있을 것이라는 말도 안 되는 희망을 공유했다. 〈루블린의 폴란드인〉에는 스탈린에게 충성하는 공산주의자들이 있었다. 이들은 폴란드에서 붉은 군대를 따랐고 진정한 영토를 관리하기 시작했다. 얄타 의정 사항에 따르면, 다른 곳에서 온 〈민주적인 지도자들〉이 루블린의 폴란드인에 합류해 〈국민 통합 폴란드 임시 정부〉라고 새로 이름을 바꾸어야 했다. 하지만 런던의 폴란드인과 루블린의 폴란드인은 하다못해 해방된 폴란드에서 〈민주주의〉라는 용어가 지닐 의미에 대해서도 결코 합의에 이르지 못했다.

폴란드의 영토 문제를 해결하기 위해 3대 열강은 애초에 1920년에 정해진 커즌선을 되살렸다. 이로써 폴란드의 동부 국경이 서쪽으로 이동했다. 상당한 영토가 소련의 두 공화국인 벨라루스와 우크라이나로 다시 넘어갔다. 스탈린의 관점에서 폴란드가 〈우방〉 국가로 남아 있다는 원칙에서 시작하여 얄타 회담은 제정 러시아의 국경을 회복하는 데 그쳤다. 3대 열강은 메테르니히와 캐슬레이, 러시아 황제 알렉산드르 1세가 내렸을 법한 결정을 내리면서, 이에 대한 보상으로 폴란드에 독일 영토, 즉 탄광이 풍부한 실레지아와 포메라니아, 동프로이센의 남부 지역을 주었다. 이로써 폴란드의 서부 국경은 오데르강과 그 지류인 나이세강을 따르게 되었다. 이러한 영토 변화로 폴란드는 서쪽으로 이동했다. 제1차 세계 대전이 끝난 뒤 외교관들은 국경이 민족에 일치되게 만드는 힘겹지만 결실 없는 작업을 실시한 바 있다. 제2차 세계 대전 후에 평화를 만들어 낸 새로운 장인들은 제1차 세계 대전 후의 불가리아와 터키, 그리스의 예를 따라 국민이 새로운 국경에 부합하도록 국민 전체를 강제 이주시키기로 결정했다.

진주만 공격 이후 한 달이 채 안 되어 루스벨트는 추축국에 대항한 세계 연합을 언급하면서 〈연합국United nations〉이라는 표현을 사용했다. 이에 앞서 윌슨이 그랬듯, 루스벨트는 권력과 정의의 연합을 공식화함으로써 전쟁에서 승리하고자 했다. 하지만 이 새로운 기구는 불행한 운명을 맞은 국제 연맹과는 여러모로 달라야 했다. 연합국의 고위 외교관들은 워싱턴 D. C.의 덤버턴 오크스 저택에서 1944년 8~10월에 은밀히 회담을 가졌다. 이 회담으로 국제 연합(UN)의 기초를 세웠다. 얄타에서 3대 열강 새로운 기구를 공식적으로 창설하기 위해 1945년 국제 회담을 소집한다. 국제 연맹과 마찬가지로 국제 연합은 하나의 이사회와 하나의 위원회로 구성된다. 하지만 유엔의 안전 보장 이사회는 국제 연맹의 이사회와 달리 집단적인 안전을 강화하는 원칙을 명시적으로 내세워 필요하면 군사력을 사용하도록 허가할 권한을 가지고 있었다. 세 강대국 소련, 미국, 영국, 그리고 전후 세계에서 위대함을 되찾고자 한 두 대국민 해방된 프랑스와 내전으로 폐허가 된 중국이 상임 이사국으로 결정되었다. 상임 이사국들은, 애초에 6개국이던 비상임 이사국과 달리 안전 보장 이사회의 모든 결정에 대하여 거부권을 행사할 수 있었다. 국제 연합 내에서 국가들의 행동을 강요할 전반적인 의도에 대한 언급은 어디에도 없었다. 따라서 냉전 중에 안전 보장 이사회는 미국과 소련의 결정에 따라 움직였다. 유엔 총회는 고유한 결의안과 선언을 표결할 수 있었으나, 여기에는 아무런 구속력도 없었다. 사실상, 그리고 어쩌면 상대적인 무능력 때문에 유엔 총회는 이 기간 동안에 대치하는 집단으로 명백하게 분할되지 않았다. 그보다는 세계에서 벌어지는 사안들에 대해 논쟁을 벌이는 장이 되었다. 1950년대와 1960년대에 탈식민화가 이루어진 후에는 국제 연합에 새로운 회원국들이 합류했다.

　스탈린은 어느 날 유고슬라비아 공산주의자 밀로반 질라스에게 이렇게 말했다. 〈이 전쟁은 과거의 전쟁들을 닮지 않아서, 영토를 점유한 자는 누구든 그 영토에 자신의 사회 체제를 강요하오. 모두가 자기 군대가 전진하도록 허락하는 한 멀리까지 자기 자신의 체제를 강요한다오. 그러지 않을 수 없소.〉 뒤이어 샤를 드골은, 러시아 제국의 표트르 대제라도 제2차 세계 대전을 그 후계자인 공산주의 정권과 다른 방식으로 처리하지 않았을 거라고 말했다. 얄타 회담 이후 몇 년도 채 안되어 전쟁 시기의 연합은 산산이 깨졌다. 그리고 자유 민주주의와 공산주의가 서로에 맞서 이념적으로 총동원되기 시작한다. 하지만 세계 전략적인 측면에서 보았을 때, 냉전기의 전선은 제1차 세계 대전 중 서부 전선의 참호보다 더 많이 움직이지 않았다. 1975년 헬싱키 협약에 이르러서야 과거의 연합국들이 1945년에 수립된 유럽의 국경을 침범할 수 없다는 사실을 인정한다. 뒤이어 냉전이 종결되면서 세력권이 사라졌다. 독일을 점령한 네 강대국은 독일 통일에 대해 공식적으로 합의를 본 1990년 9월 12일에야 제2차 세계 대전의 결과로 정해진 영토 공유를 포기했다.

영구적인 전쟁의 시대

냉전이 종식되면서 이마누엘 칸트의 꿈인 〈항구적인 평화〉는 드디어 가능해진 것처럼 보였다. 하나의 초강대국과 하나의 정치 경제 체제가 그 패권을 전 세계에 강요하게 되었다. 세계의 일부 지역에서 양차 대전 사이 기간에 진정한 평화가 정착되는 일을 방해했던 긴장이 가라앉는 것처럼 보였다. 공산주의 동유럽을 계승한 나라들은 전체적으로 민족 통일주의 움직임에 굴복하지 않았고 국내 소수 민족을 박해하지 않았다 — 부분적인 이유로는 이미 나치와 소련 점령하에서 폭력적인 〈민족 청소〉가 이루어졌기 때문이다. 그래서 억압할 소수 민족이 더 적었을 뿐이다. 1989년 이후 20년이 넘도록 국가 간 분쟁은 국제 체계의 주변부에 국한되어 벌어졌다. 오늘날 국가 간 〈대전〉이 벌어진다 해도, 핵무기가 존재한다는 이유만으로도 그 전쟁이 어떤 모습일지 상상하기조차 어렵다.

그럼에도 불구하고 냉전의 종결로 영구적인 평화는 이루어지지 않았다. 오히려 영구적인 저강도 전쟁이 시작되었다. 국제 체계 자체도 더 혼란스러워졌다. 한창 형성되는 국가들과 비국가 무장 집단들이 전쟁을 치르는 능력은, 국가들이 평화를 유지하는 능력을 넘어섰다. 1991년에 제2차 세계 대전 이후 〈민족적으로 정화되지〉 않은 유럽의 흔치 않은 지역인 구 유고슬라비아에서 민족 전쟁이 다시 시작되었다. 2010년에 들어서면서 강대국들 사이에 새로운 형태의 경쟁이 나타났는데, 이 경쟁에는 〈극초강대국〉인 미국, 러시아, 중국, 일본 그리고 경제적으로는 강력하지만 군사적으로는 약한 유럽이 가담한다. 유럽은 공동 통화와 유럽 연합이라는 초국가적인 강력한 관료 체제를 갖추어 엄습하는 만성적인 경제 위기와 민족주의의 재발에 맞서 싸우며, 서로 단결하는 동시에 분열하는 것처럼 보인다. 2016년 6월 23일에 영국의 유권자들은 국민 투표로 영국이 유럽 연합에 잔류하는 것에 대해 51.9퍼센트의 반대표를 던졌다.

유럽 바깥에서도 전쟁은 얼마간 국가의 통제를 벗어났다. 돌이켜 보면, 1979년 소련의 아프가니스탄 침공은 국가와 비국가 무장 집단 사이에서 최근에 벌어진 분쟁이 처음으로 가시화된 경우 중 하나였다. 이러한 분쟁은 지금도 여전히 지속되고 있다. 아프가니스탄은 오래된 격언에서 말하듯 〈제국들의 묘지〉, 즉 전략적이지만 통제가 불가능한 영토다. 알카에다가 2011년 9월 11일에 자행한 테러로 국가와 비국가 무장 집단 사이에서 벌어지는 전쟁의 새로운 장이 열렸다. 조지 W. 부시 대통령이 말한 〈테러와의 전쟁〉이라는 표현은 우연찮게 문제를 명시한 것처럼 보인다. 국가가 어떻게 비국가 무장 집단이 사용하는 전술에 맞서 전쟁을 할 수 있는가? 국가에 기반을 둔 국제 체계 내에서는 비국가 무장 집단과 평화롭게 지내는 방법이 단 두 가지 존재한다. 그 집단을 정식 국가로 인정하거나 아니면 파괴하는 것이다. 알카에다에 대해서든 이슬람국가(IS)에 대해서든 국가들은 언제나 첫 번째 선택을 거부해 왔다. 그러나 현지에서 상황이 계속 변화하고 있기는 하지만, 지금으로서는 두 번째 선택을 제대로 완수할 능력이 없음이 드러났다. 2006년 제임스 본드가 등장하는 영화 「007 카지노 로얄」에서 주디 덴치가 표현한 좌절감을 공유하는 외교관이 한두 명이 아닐 것이다. 〈세상에, 냉전이 너무도 그립군.〉

참조

1부 - 05 법이 말하는 것 | 16 테러의 시대 ‖ 3부 - 09 점령 ‖ 4부 - 10 재판하기, 진실을 말하기, 화해하기

02

병사의 귀향

브뤼노 카반[●]

재향 군인이 항상 명확히 정의된 사회적 범주를 이룬 것은 아니다. 그러기 위해서는 단체가 생기고, 그들에게 특수한 권리가 인정되고, 또 그들이 공동의 이념을 중심으로 결집해야 했다. 그래도 어떤 이들에게는 전쟁에서 귀향한 정황이 오랫동안 힘겨운 경험으로 남는다.

건축가 마야 린이 1980년대 초에 디자인한 베트남 전쟁 참전 군인비는 미국의 수도에서 가장 많은 사람이 찾는 추모 공간인 워싱턴 〈더 몰the Mall〉에 기다란 검은 흉터를 그렸다. 방문객의 얼굴이 비쳐 보이는 매끄러운 표면에는 사망자와 실종자들의 이름이 새겨져 있다. 방문객은 손에 종이를 들고 다가선다. 연필을 놀려 부모나 동료의 이름을 종이에 옮겨 적고 메시지나 작은 깃발, 꽃 몇 송이, 군인 메달이나 사진, 가끔은 맥주 캔 같은 상징적인 물건을 두고 간다. 나폴레옹 전쟁에 참전했던 어떤 군인이 이 장면을 지켜본다고 상상해 보자. 19세기 초의 사람에게는 오늘날 전쟁에서 귀환하는 모습처럼 놀라운 일이 없을 것이다. 밤낮을 가리지 않고 기념비 앞에서 이루어지는 의식, 그 몸짓들과 열정에 대해 그가 무엇을 이해하겠는가? 공간 내에 기념비가

● Bruno Cabanes. 오하이오 주립 대학교의 〈도널드 G. & 메리 A. 던 군사사 석좌 교수Donald G. & Mary A. Dunn Chair in Military History〉. 앞서 예일 대학교에서 9년간 가르쳤다. 제1차 세계 대전의 사회사, 문화사 및 전쟁에서 벗어나는 양상을 연구하는 전문가다.

놓인 방식과 짙은 검은색이라는 색깔 말고도 이름이 줄지어 적혀 있는 모습은 그의 눈에 신비롭게 보일 것이며, 남북 전쟁 시기인 1860년대에 출현하기 시작한 재향 군인 공동체 역시 마찬가지일 것이다.

군인의 귀향은 복합적인 역사적 연구 대상이다. 그에 대한 너무도 분명한 이유는 전쟁에서 벗어나는 방식이 다양하게 존재하기 때문이다. 병사의 동원 해제는 가령 문화적 동원 해제라고 부르는 것, 즉 과거의 적과 다시 관계를 맺고 전쟁으로부터 멀어지기 위해 필요한 시간과는 다르다. 전자는 상대적으로 짧은 시간이고, 후자는 끝없는 시간이다. 이렇게 분명히 구분되는 두 과정에 역사적 상황이 영향을 미친다. 전쟁은 승리로 끝날 수도 있고 패배로 끝날 수도 있다. 이에 따라 그 전쟁은 여론의 눈에 어느 정도 정당성을 인정받거나 정당화될 수 없다고 간주된다. 가끔 분쟁으로 한 나라의 주민들이 대치하고, 지역 공동체와 가족이 분열하기도 한다. 한편으로 병사의 동원 해제는 제1차 세계 대전 참전 군인처럼 짧은 시간에 집단적인 방식으로 이루어질 수 있다. 아니면 알제리 전쟁이나 베트남 전쟁 때 그랬듯 전쟁 중에 개인적으로 이루어질 수도 있다. 여기에서 다음과 같은 관찰을 할 수 있다. 일부 저자들이 호메로스의 영웅담에 나오는 오디세우스의 귀향에 비추어 최근 전쟁에서 이루어진 병사의 귀향을 연구하며 식별해 냈다고 믿었던 〈영원한 재향 군인〉은 존재하지 않는다. 서로 다른 전쟁에서 평화로 이행하는 과정을 비교하더라도 사회적 범주로서 재향 군인의 역사는 전쟁사 밖 역사와 교집합을 이룬다. 이 글은 재향 군인의 역사를 간추려 짚어 볼 것이다.

낙인이 찍히거나, 높이 평가받거나

나폴레옹 전쟁으로 19세기에 처음으로 전쟁에서 대규모 귀향이 이루어진다. 1804년과 1815년 사이에 166만 명의 프랑스인이 나폴레옹의 군대에서 복무했다. 그들 대부분은 가난한 계층 출신으로서 징병 뽑기에서 운이 없었거나 부유한 징집 대상자의 〈대리 복무자〉로 참전했다. 워털루 전투 이후에 110만 명이 고향으로 돌아갔을 것으로 추정된다. 그러나 중유럽에서 벌어진 상황을 자세히 살펴보면, 나폴레옹 황제에게 최종적으로 승리했을 때만이 아니라 1793~1815년 기간 내내 예산 삭감이나 국경의 변동, 평화 조약이 이루어지면서 지속적으로 동원 해제가 실시되었다. 예를 들어 1809년 10월에 체결된 쉰브룬 조약으로 오스트리아 군은 15만 명으로 제한되었다. 동원 해제 경험은 장교인지 사병인지에 따라서, 그들 중에서도 정규군인지 민병대원인지 자원병인지에 따라서, 또 병력 축소의 맥락이 군대 개혁인지 군사적 패배인지 등에 따라서 매우 다양하다.

프랑스에서는 늙은 군인 인물상이 왕정복고와 7월 왕정 시기에 쓰인 소설(발자크의 『시골 의사』에 나오는 고글라와 공드랭), 희곡, 베랑제와 에밀 드브로가 쓴 대중가요 등 예술 작품에서 자주 등장한다. 하지만 그렇다고 재향 군인이 그 시기에 이미 제대로 규정된 사회 범주를 이루고 있었을까? 전혀 확실치 않다. 당시에는 재향 군인 단체도, 그들의 특수한 권리도, 심지어 공통의 이념도 없었다. 휴직 상태로 월급의 절반만 받는 군인인 나폴레옹의 드미솔드demi-solde들이 모두 황제를 숭배한 것은 아니었다. 이 사실은 이미 폴 위에의 회화 작품 「근위병의 귀환」(1821)에서 드러난다. 이 그림에서 폭풍우 치는 하늘 아래 홀로 떠도는 기병의 모습은 어떤 환멸을 나타낸다. 이 병사들은 30년을 복무한 다음에야 퇴직금을 받았다. 그러니 전쟁 기간을 두 배로 쳐서 계산하긴 했지만 그래도 1804년에 지원한 병사들 거의 전부는 여기에서 배제되었다. 전투 중에 신체가 절단되거나 시력을 잃은 군인은 예외였다. 이들은 자력으로 생활할 수 없었기 때문이다. 하지만 모든 경우에 퇴직금의 액수는 적었다. 많아야 1년에 150프랑이었다. 일용직 노동자가 버는 돈의 절반에도 못 미쳤다.

따라서 19세기 대부분의 기간에 재향 군인은 가난했다. 때로는 두려움의 대상이었고 낙인이 찍혔다. 일본에서는 1873년에 징병제가 도입되고 옛 무사 계급 소속 인물들이 벌인 사가의 난(1874) 이후, 1875년 4월에 육군 장병들을 대상으로, 1875년 8월에는 해군 장병들에게도 군인 연금이 시행되었다. 이는 권리라기보다는 봉사한 데 대하여 특혜를 베푸는 것으로 인식되었다. 청일 전쟁(1894~1895)과 러일 전쟁(1904~1905)에서 부상자의 수가 엄청났으므로 보충이 더욱 시급히 이루어져야 했다. 많은 농촌 출신 징집병이 농사를 짓기에 너무 늙은 부모가 유일한 소득원인 사회에서 군인 연금은 부족했다. 이는 자선 활동으로 보충되었다. 이러한 자선은 예를 들어 1901년에 창설된 애국 부인회의 지부에 의해 이루어졌다. 1906년 4월에 일본 정부는 상이군인 부서를 창설해 도쿄와 오사카, 고쿠라에 사무실을 연다. 하지만 많은 재향 군인이 계속 구걸해서 먹고살았다. 이런 상황은 같은 시기에 유럽에서도 마찬가지였다. 마네는 자신의 그림 「깃발이 나부끼는 모스니에가(街)」(1878)에서 파리의 삼색기 장식을 상이군인의 어렴풋한 실루엣에 대비한다. 마치 재향 군인이 여전히 비참한 신세에 놓여 있는 사회의 불평등함을 강조하려는 듯.

적어도 나폴레옹 전쟁의 재향 군인은 거대한 역사적 사건의 기억과 결합되어 있었다. 이는 그로, 다비드, 제리코, 베르네의 회화 작품으로 찬미되고 거리의 행상들이 파는 목판화로 대중화되었다. 인쇄술의 발달 덕분에 저렴한 값으로 각 가정이 황제나 군복을 입은 장교, 대육군 병사의 그림을 소유할 수 있었다. 하지만 1870~1871년 전쟁의 프랑스 참전 군인의 경우는 전혀 그렇지 않았다. 스당에서 겪은 굴욕스러운 패배로 낙인찍힌 재향 군인들은 사실상 자기 마을이나 도시 수준에서만 인정받았다. 20년이 더 지난 뒤에야 프로이센·프랑스 전쟁의 재향 군인 전국 단체가 탄생했다. 1911년에 와서 특수한 메달이 수여된다. 프랑스 식민지 전쟁 직후에 통킹(1885)이나 마다가스카르 (1886, 1896), 모로코(1909) 메달 같은 훈장이 신설된 것과는 놀랍도록 대조적이다.

부상자 지원 측면에서는 제1차 세계 대전 직후에야 상이군인들이 살아남기 위해 의존해야 했던 자선이 점차 재향 군인 단체들의 압력으로 얻어 낸 특수한 권리 주장으로 대체된다. 실제로 〈전쟁 피해자〉(당시에는 상대적으로 새로운 개념)가 권리를 지닌다는 생각은 서구 세계에 국한된다. 일본에서는, 국가가 호의를 베푼다는 논리에 따라 1917년 7월 법으로 상이군인과 전사한 군인의 가족에 대한 원조는 생존에 필요한 최소한으로 제한한다고 명시한다. 반면에 1914~1918년에 2천만 명의 병사가 부상을 당하고 8백만 재향 군인이 온갖 장애로 고통받던 유럽에서는 진정한 〈전쟁 피해자〉(재향 군인, 전쟁 과부 및 고아)의 (연금, 노동 등에 대한) 권리에 대한 정의가 탄생한다. 이는 군인-시민이 집단적으로 정체성을 표명하고 공동체가 그들에게 진 빚을 인정한다는 표시였다. 제1차 세계 대전이라는 대참사 이전에 존재한 연금에 관한 법률은 현실에 전혀 맞지 않았다. 프랑스에서는 여전히 1831년 법이 기준이 되고 있었다. 그 법에 따르면, 부상자가 증인의 도움을 받아 자신의 부상이 확실히 전쟁터에서 입은 것임을 증명해야 했지만 그 사실을 지금 누가 기억하고 있는가? 1919년에 새로운 법을 제정하기 위해 부상을 분류하고 보상금을 계산하는 표를 정립했다. 현대인이 보기에 그 기준은 확실히 불합리하다. 다리 하나를 절단한 것이 팔 하나를 절단한 것보다 더 위중한가? 엄지손가락이나 손 하나를 잃은 것, 또는 왼손을 잃은 것에 비하여 오른손을 잃은 것에 대한 손실을 어떻게 평가한단 말인가?

20세기 초에 벌어진 양차 세계 대전의 종결로 동원 해제된 군인의 수는 엄청나게 늘어난다. 그들은 약 6천만 명의 병사로 그중 3분의 1이 제1차 세계 대전 이후에 상이군인이었다. 제2차 세계 대전 이후의 상이군인도 그만큼이었다. 거기에 집으로 돌려보내 평화 시기의 경제에 투입해야 하는 사람의 수도 어마어마했다. 1918년과 1945년에 모두, 전쟁터와 후방에서 수행된 무자비한 이념 싸움은 승전국에, 그리고 아마도 그보다 더 많이 패전국에 흔적을 남긴다. 승리에는 보복 의지가 따르며, 이는 점령 부대 내에서 느껴진다. 한편 패배는 공동체의 두려움을 바탕으로 한 모멸감을 동반한다.

로베르토 로셀리니는 영화 「독일 영년(零年)」(1948)에서 폐허가 된 베를린에서 숨어 살아야 하는 운명인 큰형으로 나오는 카를하인츠 쾰러를 통해 패전국의 좌절감을 형상화한다. 1945년에 약 3백만 명의 독일인 전쟁 포로가 북서 유럽에서 연합국들에 잡혀 있었다. 그중 280만 명이 소련군에게 붙들렸는데, 그중 3분의 1이 죽었다.(이 수치는 격렬한 논란의 대상이다). 그로부터 10년 후, 소련의 수용소에 계속 억류되어 있던 마지막 포로는 1955년 9월에 독일 총리 콘라트 아데나워가 모스크바를 방문한 이후 서독으로 돌아간다. 그 시대의 어느 사람은 〈마지막 전쟁 포로의 귀향만이 우리가 다른 국가와 똑같은 권리를 지닌 국가임을 인식하게 합니다〉라고 단언한다. 〈왜냐하면 그 어떤 국가도 자국민 중 누군가가 외국에 억류되어 있는 상황을 받아들일 수밖에 없다면 실제로 주권을 가졌다고 할 수 없기 때문입니다.〉 소련 수용소라는 지옥으로부터 본국 송환이 이루어진 것은 또 다른 집단적인 효과를 발휘한다. 독일 국민에게 고통을 감내한다는 이미지를 부여하고, 제2차 세계 대전 중에 자행된 전쟁 범죄를 상대화할 수 있도록 한 것이다. 한편 동독 지도자들은 과거 독일 국방군 소속 군인들이 소련에 포로로 있으면서 이념적으로 재교육받았다고 간주하며, 그것이 독일 민주 공화국의 공산주의 사회에서 제자리를 찾기 위해 반드시 필요한 단계라고 보았다.

역사학자들은 〈패배 문화〉(볼프강 시벨부시)와 그것이 야기하는 정신적 트라우마는 자주 연구했지만, 〈승리 문화〉와 그 양면성은 훨씬 소홀히 했다. 남북 전쟁 직후에 북부 연방군 군인들의 물적 상황은 취약했다. 전쟁이라는 과거를 하루라도 빨리 잊으려는 북부 시민들의 열망으로 군인들은 신체적·심리적 장애를 지닌 채 전후 사회에서 소외되었다. 전우들이 모두 전사한 기억에 압도된 1918~1919년의 프랑스 군인이나 1945년의 미국 군인도 상황은 비슷했다. 재향 군인 세 사람의 운명을 중심으로 한 윌리엄 와일러의 영화 「우리 생애 최고의 해」(1946)는 승리한 미국에서 이러한 귀향의 어려움들, 즉 가족의 몰이해, 고용 위기, 행동 장애, 상이군인의 소외 등을 잘 요약해서 보여 준다. 1947년에 재향 군인을 위한 병상의 절반은 심리적 장애를 겪는 이들이 차지했다. 언론인 톰 브로커가 1990년대 말에 제시한 〈가장 위대한 세대greatest generation〉의 신화와는 거리가 멀었다.

공식적인 담론과 전쟁에서 귀향한 군인이 맞닥뜨린 현실 사이의 괴리를 가장 잘 보여 주는 사례 중 하나는 소련에서 찾아볼 수 있다. 1945년 5월에 소련은 엄청난 대가를 치르고 독일에 승리했다. 소련 국민 일곱 명 중 한 명은 독일 점령하에서 전사하거나, 굶주려 죽거나, 전쟁 때문에 창궐한 전염병으로 목숨을 잃었다. 스탈린 정권은 나치즘에 맞서 거둔 승리에서 영예를 누렸으므로 재향 군인의 생활 조건을 빠르게 개선하겠다고 약속한다. 하지만 전쟁 포로들은 반역죄로 고발당해 포로 생활 중에 받은 정신 교육을 해체한다는 명목으로 즉시 강제 노동 수용소로 이송되었다. 1947년 가을부터 재향 군인이 처한 상황은 전반적으로 나빠진다. 노동이 가능한 사람은 붉은 군대에서 복무한 모든 심리적 부상자를 노동으로 재건하고 활력을 되찾도록 복원해 준다고 주장한 생산 제일주의 이념을 명분으로 공장으로 일하러 떠난다. 한편 전쟁 중 신체가 손상된 군인은 비참한 처지를 겪을 수밖에 없었다. 1990년대에 발표된 수치에 따르면, 소련의 전체 부상자 2천2백만 명 가운데 270만 명만 공산주의 정권이 몰락한 후에 연금이나 보철구, 적절한 직업을 제공받을 권리가 주어져 선망의 대상인 상이군인 지위를 얻는다. 역사학자 마르크 에들레는 당국에 보낸 편지와 청원을 연구했다. 거기에서는 가족과 친구 조직망의 도움만으로는 살아갈 수 없는 수백만 재향 군인의 절망이 드러난다. 마침내 1956년에 소련 재향 군인 위원회가 탄생하지만, 아직은 냉전 중 공식적인 선전을 위해 만들어진 이름뿐인 기관에 불과했다. 1970년대 말에 지역 위원회들이 설치된다. 그럼에도 불구하고 1988년에 80만 명의 러시아 재향 군인은 여전히 정부가 약속한 전화선을 설치해 주기를 기다리고 있었다.

미국 남북 전쟁이 종결된 이후 대부분의 나라에서 재향 군인의 삶이 개선된 가장 중요한 계기는 재향 군인 단체들이 창설되고, 그 단체들이 지역 및 국가의 정치 활동에 크게 영향을 미친 점이다. 가령 미국에서는 〈공화국의 위대한 군대Grand Army of the Republic〉, 〈미국 군인회American Legion〉, 〈해외 참전 군인회Veterans of Foreign Wars〉, 〈베트남 재향 군인회Vietnam Veterans Association〉, 〈이라크·아프가니스탄 재향 군인회Iraq and Afghanistan Veterans Association〉, 오스트레일리아에서는 〈귀환 및 편익 연맹〈Returned and Services League(RSL)〉, 영국에서는 〈영국 군인회British Legion〉 같은 단체들이 창설되었다. 프랑스에서는 제1차 세계 대전 중에 창설된 상이군인 단체들이 국제 노동 기구(ILO) 내에서 초국가적인 재향 군인 원조 정책을 마련하는 데 결정적인 역할을 했다. 반대로 중국은 전쟁에 수백만 명을 동원했지만 재향 군인을 위해 마련된 특수한 공간이 발달하지 않은 몇 안 되는 국가 중 하나로, 그 어떤 단체도, 미국의 재향 군인의 날Veterans Day이나 전몰장병 추모일Memorial Day

에 비견할 만한 기념일도 존재하지 않는다.

1940년대 말부터 군인들이 전쟁에서 귀환하던 때에 전반적인 이념적 틀이었던 냉전은 군인이 치른 희생을 전보다 더 잘 보살펴도록 보장하지 않았다. 한국 전쟁에 참전한 미국 재향 군인들의 사례가 이를 잘 보여 준다. 미국이 결코 공식적으로 종전을 선포하지 않았고 휴전 협정으로 간신히 중단된 그 〈잊힌 전쟁〉을 제2차 세계 대전의 〈가장 위대한 세대〉가 처한 상황과 비교하고, 1952년에 제정된 사회 적응 지원 법안Readjustment Assistance Act을 교육에 대한 접근성 및 취업 원조 면에서 그보다 훨씬 관대한 1944년 제대 군인의 사회 적응 법안 Servicemen's Readjustment Act, 일명 지아이 빌GI Bill에 비교하면 이 사실은 더욱 분명히 드러난다. 한국 전쟁에 참전한 군인들은 오랫동안 이러한 집단적 망각으로 고통받았다. 1953년 휴전으로부터 38년이 지난 1991년 6월 25일에야 비로소 브로드웨이에서 그들을 기리는 행진이 이루어졌다. 며칠 전에는 막 종결된 〈사막의 폭풍Desert Storm〉 작전을 치르고 돌아온 군인을 기리는 행진(1991년 6월 10일)이 있었다.

반면에 1960년대 이후로 반제국주의 투쟁을 벌인 여러 나라에서는 전후 정치에서 재향 군인이 사회 집단으로서 핵심적인 역할을 했다. 알제리의 경우가 그랬다. 1962년 이후 알제리의 주요 지도자들은 프랑스와 벌인 독립전쟁에서 싸웠다. 알제리 공화국의 대통령으로 선출되려면 알제리 헌법에 따라 알제리가 〈독립했을 때 20세 이상인〉 모든 후보자는 〈1954년 11월 1일 혁명에 가담했음을 증명〉해야 한다. 이란·이라크 전쟁(1980~1988) 이후로 이란 정부는 전쟁 초기부터 매년 9월에 열리는 기념 행사에서 독가스로 부상을 입은 병사를 비롯한 전쟁 부상자 50만 명을 선두에 내세운다. 그들은 희생자 이미지와 정반대되는 전쟁 순교자로 간주되고 잔바잔janbazan, 즉 〈자기 생명을 내줄 준비가 된 사람들〉이라고 불린다. 이슬람 정권이 부분적으로 정권 정당성의 동력으로 삼은 이란·이라크 전쟁 참전 군인 인물상을 이렇게 높이 평가하는 모습은, 영화감독 에브라힘 하타미키아가 「유리 에이전시The Glass Agency」(1998)에서 이란 사회의 재향 군인 문제를 다루며 제시하는 더 어두운 이미지로 퇴색된다.

〈그는 전쟁을 다시 그리워하기 시작했다〉

전쟁에서 귀환하는 일의 쟁점을 이해하기 위해서는 군인들이 민간인 생활로 되돌아간 과정을 따라가 보고, (전쟁에서 전쟁 후로) 시간적인 이행뿐 아니라 (전방에서 후방으로) 공간적인 이동, 그리고 군인에서 재향 군인 신분으로 정체성이 변화한 상황도 되짚어 보아야 한다.

전우와 이별하는 순간은 이러한 해체의 첫 단계를 이룬다. 동원 해제는 베트남 전쟁 중의 〈복무 기간tour of duty〉 규정에서 보듯 개인적으로 이루어졌든, 아니면 제1차 세계 대전의 프랑스 군인처럼 연령대별로 집단적인 방식으로 이루어졌든, 병사 집단의 해체를 불러오고, 그와 더불어 각별히 끈끈했던 인간관계도 해체된다. 아르놀드 방주네프가 고전이 된 자신의 저작 『통과 의례』(1909)에서 사용한 용어를 빌리자면 이 〈분리 단계phase de séparation〉 중에 군인은 먼저 전쟁터라는 환경과의 신체적인 접촉에서 떨어져 나온다. 에리히 마리아 레마르크는 소설 『귀로Der Weg zurück』(1931)의 도입부에서 이러한 떨어짐을 강렬한 방식으로 표현한다.

우리 편의 많은 이가 저기에 누워 있다. 하지만 우리는 이제껏 그 사실을 지금처럼 분명하게 깨닫지 못했다. 우리는 모두 가까이에 있었다. 우리는 참호 속에, 그들은 구덩이 속에, 단지 몇 뼘의 땅을 사이에 둔 채로. 그들은 우리보다 조금, 아주 조금 앞서갔을 뿐이었다. 매일 우리의 수는 줄었고, 그들의 수는 늘었으니까. 자주, 우리가 아직 살아 있는 건지 아니면 이미 그들 곁에 있는 건지 알 수 없었다. 포탄이 그들을 우리 앞에 다시 솟아나게 하는 일도 있었다. 그러면 심하게 상한 뼈가 하늘로 치솟고, 포격으로 무너진 그들의 은신처에서 군복 조각이나 이미 흙빛이 되어 버린 축축하고 부패한 머리들이 끌려 나와 다시 한번 전투로 복귀했다. 우리에게는 그게 하나도 끔찍하지 않았다. 그러기에는 우리가 그들과 너무도 가까이 있었다. (……) 하지만 이제 우리는 삶으로 되돌아가고, 그들은 여기에 남을 것이다.

그다음에는 〈임계 단계phase liminale〉가 온다. 이 단계에서 군인은 차츰 새로운 정체성을 형성해 간다. 떠날 시기가 오면 전우들이 동원 해제될 군인이 민간 생활을 되찾도록 준비하는 일을 책임진다. 그들의 임무는 통과 과정을 쉽게 만드는 것이다. 이는 기자 스베틀라나 알렉시예비치가 아프가니스탄 전쟁(1979~1989)에 참전한 소련 군인으로부터 수집한 다음의 놀라운 증언에서 드러난다.

제대할 군인이 떠나는 것은 그야말로 한 편의 소설이다. 모두가 돈을 모아 그에게 작은 서류 가방과 목욕 수건 한 장, 어머니께 드릴 스카프와 여자 친구에게 줄 선물을 사 줘야 한다. 그다음에는 그에게 그럴듯한 복장을 갖추어 주어야 한다. 하얀 혁대를 구해 주는데, 그것이 없다면 낙하산 부대원이라고 할 수 없을 것이다. 그런 다음에는 견장을 만들어 준다. (……) 그리고 인식표를 윤이 나게 닦아야 한다. 그러고 나면 그야말로 예술 작품이 된다. 먼저 보통 거친 2호 사포로 닦은 뒤에 고운 1호 사포로 닦고 나서, 펠트 천과 연마제 페이스트로 인식표를 문지른다. 일주일 동안 제대할 군인의 군복을 윤활유에 담가 두어 원래 색깔인 진녹색을 되살린다. 그다음에 할 일은 군복을 휘발유로 빠는 것이다. 그리고 군복을 한 달 동안 환기가 잘되는 곳에 둔다. 그러면 준비가 끝난다! 제대할 군인은 떠나고, 고참은 제대할 군인이 된다.

전쟁에서 벗어나는 것은 일종의 야만 상태에서 벗어나는 일이다. 그것은 몸을 가꾸는 일을 거쳐 이루어진다. 전쟁으로 빛이 바랜 군복을 세탁하는 일은 공동으로 이루어지기 때문에 더욱 중요하다. 물론 일종의 정화 의례이기도 하지만, 또한 퇴역 군인을 민간인의 눈에 내보일 만하게 만들어 주는 하나의 방식이기도 하며, 〈대조국 전쟁〉(1941~1945)의 기억이 여전히 기준이 되는 시점에서 아프가니스탄 전쟁처럼 불확실한 지위를 띤 전쟁 맥락에서는 더욱 그렇다.

이렇게 하나의 정체성이 해체되면서, 동시에 또 다른 정체성이 재구축된다. 민족학자들이 〈통합 단계phase d'agrégation〉라고 부르는 세 번째 단계에서 재향 군인은 민간 생활에 복귀하려고 노력한다. 이 재통합은 다양한 리듬과 쟁점에 따라 이루어진다. 가령 식민지 군인은 일단 귀향을 하면, 전쟁 전 사회를 구현하는 지역 엘리트 및 식민지 권력과 복잡한 협상을 하게 된다. 재향 군인은 본국에서 일자리와 사회적 지위, 일종의 명예를 되찾기 위해 자신이 전장에서 싸워 피로 낸 세금으로써 이룬 공헌을 그들에게 인정받으려 한다. 인도 작가 물크 라지 아난드의 소설 『검은 물을 건너Across the Black Waters』(1939)에 등장하는 젊은이 랄루는 전선에서 어머니에게 보낸 편지에 〈제가 돌아가면, 이 전쟁에 가담한 보상으로 은행가한테 우리에게 걸린 저당권을 해제하고 주인이 우리한테서 가져간 땅을 되돌려 주라고 명령하도록 할게요〉라고 적는다. 하지만 그가 고향으로 돌아왔을 때, 부모는 이미 죽었고, 집은 경매에서 팔려 가족은 완전히 파탄 나 있었다. 제국 파견 부대가 동원 해제될 때에는 일반적으로 충성심이 재정비되고 전쟁 경험과 얼마간의 환멸에서 나온 새로운 사상이 유통되었다. 이것은 단지 식민지 부대만의 특수성은 아니었다. 토마 그리요가 연구한 제1차 세계 대전에 참전한 북미 인디언 재향 군인의 경우는 이를 보여 주는 흥미로운 사례다. 1919년에 애국심 그리고 원주민과 백인 간 화해의 모범으로 찬양받은 그들은 가족에 대한 충성심이나 그들로 하여금 인디언 보호 구역으로 되돌아가도록 압박하는 경제적 필요와, 〈인디언 사무국〉이 그들에게 강요하는 모범 시민의 역할을 거부하는 것 사이에서 갈등한다. 그들은 백인이 보기에, 그리고 인디언 공동체 내에서는 더더욱, 재향 군인이라는 지위와 명성 덕분에 제1차 세계 대전 이후 미국에서 인디언의 자율성에 대한 논쟁이 벌어졌을 때 강한 영향력을 미칠 수 있었다.

자기 성찰 기법과 자기 자신에 대한 글쓰기가 부재하는 사회에서는 연구하기 더욱 어려운 다른 쟁점들이 친밀한 삶으로의 귀환이라 부를 수 있는 것을 특징짓는다. 가족과의 재회, 미래를 바라보고 계획을 세워 추진하는 능력, 전쟁 시기에 지녔던 방어 기제와 지속적인 불안감에서 벗어나는 능력과 같은 것들이다. 1960년대에 이루어진 연구에서 정신 의학자들은 많은 재향 군인이 전쟁에서 귀환하여 꾸는 똑같은 악몽을 묘사한다. 그들은 꿈속에서 자기 집으로 돌아와 가족과 재회하지만 가족은 그를 알아보지 못하고 그의 말을 듣지 못한다. 생존자의 죄책감 증후군은 이렇게 드러난다. 이는 미국의 정신 의학자 윌리엄 니더랜드가 연구했다. 물론 〈생존자〉라는 개념에 대한 정의는 문화에 따라서, 또 외상을 일으키는 사건에 따라서 각기 다르므로 서구 정신 의학이 만들어 낸 이 범주가 반드시 보편적으로 적용되는 것은 아닐지라도 말이다. 많은 재향 군인이 다른 누군가의 희생으로 자기가 살아남았다는 느낌을 받는다. 죽었어야 하는데 살아 있다는 느낌을 말이다. 악몽이 말하는 게 그것, 즉 우리는 죽었어야 마땅하며, 우

리는 혼령이라는 느낌이다. 그것은 죄책감을 넘어 정체성의 문제이기
도 하다. 병사들은 전쟁으로 변했다. 그들이 자신의 체험에서 간직하
는 기억, 혐오와 매력이 뒤섞인 감정은 양면성(제1차 세계 대전의 참
전 군인인 신학자 피에르 테야르 드 샤르댕이 〈전선에 대한 향수〉라고
부른 것)을 띤다. 일상의 평범함으로 되돌아가는 일은 그들에게 견딜
수 없는 것처럼 보일 수 있다. 이것은 루이 아라공이 전쟁에서의 귀환
을 다룬 『오렐리앙Aurélien』(1944)에서 이미 강조했다. 〈그는 다시 전
쟁을 그리워하기 시작했다. 아니, 전쟁이 아니다. 전쟁의 시간이다. 그
는 전쟁의 시간에서 결코 회복되지 못했다. 그는 삶의 리듬을 결코 되
찾지 못했다. 당시에 그는 하루하루 간신히 살아갔다. 자기 뜻에 반
해서.〉
　그로부터 25년 후에 미국의 소설가 팀 오브라이언이 베트남에서
돌아오자마자 경험한 것도 이러한 민간인 생활과의 괴리다.

　비행기 안에는 무미건조하고 인위적인 분위기가 짙게 내려 앉았
다. 여자 승무원은 천진하고 무료하게 미소를 지으며, 이해하지 못
한다. 짜증 나는 일이다. 그녀가 이해하려고 하지 않는다는 사실이
몸으로 느껴지기 때문이다. (……) 일본에 착륙했고, 연료를 채웠다.
그런 다음에 경유하는 일 없이 시애틀까지 곧장 비행했다. 이런 식
으로 예쁜 여자랑 푹신한 좌석, 잡지로 시작하고 끝나다니, 대체 무
슨 전쟁이 이렇단 말인가. (……) 시애틀 외곽에 있는 군사 기지에
도착한다. 군대가 저녁 식사를 제공한다. 군인 식당에 항상 게시되
어 있는 팻말에 〈귀환병을 환영합니다Welcome Home, Returnees〉라고 쓰
여 있다. Returnees는 군인이 쓰는 말로 다른 사람은 아무도 사용
하지 않을 것이다. 여러분은 차례로 저녁 식사자 명단에 등록한다.
(……) 〈충성의 맹세Pledge of Allegiance〉를 읊은 후에 여러분은 택시를

타고 군대를 떠난다. (……) 미네소타 상공을 비행하며 고요하고 텅 비고 무심하고 정화된 공간을 가로질러 간다. 여러분 아래에는 눈이 두껍게 쌓여 있고, 예전에 옥수수밭이나 도로였던 곳이 드러나 있다. 여러분이 겪은 온갖 끔찍한 일들로부터 수만 리 떨어진 곳에 초원은 변함없이 고고하게 펼쳐져 있다.

이러한 맥락에서 남들이 자신을 알아볼지는, 수개월 동안 가족들과 단절되어 외모까지 변하거나 또는 살아가는 방식에서 변화를 겪은 재향 군인에게 가장 염려스러운 일 중 하나가 된다. 한 아프가니스탄 참전 군인은 〈나는 전쟁 전에 입던 청바지와 셔츠를 입을 수 없었습니다〉라고 고백한다. 〈왜냐하면 다른 누군가의 옷이었기 때문이죠. 어머니가 내게 확인해 주었듯 그 옷들에 나의 체취가 남아 있었음에도 불구하고 내가 더 이상 알지 못하는 사람의 옷이었죠.〉 다른 증언들에서 아프간치afghantsy*들은 자신이 이제 〈구릿빛 피부〉 때문에 스스로 알아보기 힘들어졌다고 토로한다. 그중 어느 한 사람은 〈우리는 똑바로 서 있는 법을 잊어서 모두 등이 구부러져 있었죠〉라고 덧붙인다. 〈6개월 동안 등을 똑바로 펴려고 매일 밤 침대에 내 몸을 묶어 놓았습니다.〉

연금, 행진, 메달

자신으로서 알아보게 되는 것, 그것은 전쟁 이전의 자기 정체성을 되찾으려는 시도만은 아니다. 재향 군인으로서 인정받는 것, 기꺼이 감내한 희생을 〈인정〉받고, 전쟁으로 입은 물질적·심리적 손해에 대해 불가피하게 상징적인 〈보상〉을 받는 일이기도 하다. 이는 카를 아브라함이 「전쟁 신경증 정신 분석학 논고」(1918)에서 이미 강조했다.

---

* 1979~1989년 동안의 소련의 아프간 침공에 참여한 군인들을 뜻하는 말.

그러므로 군인의 귀향에 공통적인 또 다른 요소는 민간인에 의해 표현되는(혹은 거부되는) 인정이다. 서구 사회에서는 전쟁의 현실이 점점 더 낯설어지면서 〈인정의 도덕 경제l'économie morale de la reconnaissance〉라고 부를 만한 것의 중요성을 이해하기를 멈추었다. 즉 재향 군인이 자신의 전쟁 경험을 — 최소한 일부라도 — 인정받는다고 느끼도록 만드는 섬세하게 위계화된 의례와 기호(메달, 축제, 기념물)가 이루는 복합적인 어떤 일체의 중요성을 말이다. 프랑스의 정신 의학자 클로드 바루아는 다음처럼 명시한다.

연금과 훈장을 받고, 역사적인 문서에 이름이 오르는 일 등은 가치 있는 학생에게 주어지는 보상 같은 퇴행적인 만족이 아니다. 이런 일들은 재향 군인에게 공동체가 그들에게 빚지고 있음을 인정하며, 군인들의 살과 영혼에 새겨진 고통의 세월이 어떤 의미를 지닌다는 사실을 확인해 준다. 인정한다는 이러한 증표들은 보통 주목을 거의 끌지 않게 내보이거나, 때로는 완전히 감추어져 있다. 이는 결코 어떤 사회적인 우월감을 뜻하지 않으며, 반대로 국민과 국가가 연결되어 있음이 명백하게 긍정되었다고 재확인하는 일이다. 이러한 인정은 군인이 평화 시기의 삶에 재통합하기 위해 매우 근본적인 조건이다. 이렇게 인정받음으로써 전쟁에서 겪은 잊을 수 없는 경험으로 흔들린 그의 존재론적 응집성, 즉 사회 심리적인 응집성이 강화된다.

개선 행진은 이러한 〈인정의 도덕 경제〉를 가장 극명하게 드러내는 표현 중 하나다. 행진은 한 공간과 시간에 군인과 민간인을 결집하기 때문이다. 정복된 도시에 들어설 때 행진은 승리한 군인들에게 일종의 상징적인 전리품처럼 제공된다. 병사가 귀향했을 때에도 행진은 승리자의 권위를 과시한다. 이 때문에 부대가 공공의 공간을 통과하는 경로, 군대의 배열 방식, 건물 장식과 담화문 등 세부 사항 하나하나가 중요성을 띤다. 일본군이 러일 전쟁에서 승리하고 돌아왔을 때, 당국은 유럽의 고전주의 건축 양식을 본떠 개선문을 건립하기로 했다. 이는 중대한 군사적 승리를 축하하는 일을 넘어 일본이 서구 강대국과 동등한 서열에 들어섰음을 보여 주기 위한 목적도 있었다. 그러나 정부의 결정에 모두가 동의하지는 않았다. 언론 매체에서 일부 사람들은 기념물에 월계수관을 새겨 넣은 선택에 분노했다. 〈우리는 승리를 자축하는 독립적인 강대국인데, 우리의 국가적 특성에 부합하지 않는 서양 식물을 사용하면 그들에게 굴복한다는 인상이 강하게 든다.〉 행진에 참여하는 부대의 선택 역시 중요하다. 예를 들어 제1차 세계 대전 직후의 미국처럼 인종 분리가 심하게 나타난 국가에서 할렘 헬파이터스Harlem Hellfighters 연대의 아프리카계 미국인 군인들이 1919년 2월 21일에 뉴욕 5번가에서 벌어진 승전 행진에 참여한 것은 그들에게 중요한 심적인 승리로 인식되었다. 1917년, 아프리카계 미국인 군인들은 〈검은색은 무지개 색깔이 아니다〉라는 이유로 〈뉴욕 국가 방위군〉(〈무지개 사단division Rainbow〉)의 고별 행진에 참여하지 못했다.

메달은 용감한 군인이 전후에 무명으로 남지 않기 위해 존재한다. 메달은 특히 전투원에게 수여되고 지원 부대에는 거의 수여되지 않았다. 이 때문에 적에게 빼앗은 노획물(특히 철모)이나 기념품이 전장에 있었다는 구체적인 증거를 제공하는 중요한 역할을 한다. 메달은 또한 기억의 중개물이다. 브라운 대학교의 기록 보관소에 보관되어 있는 유명한 초상화들에서는 나폴레옹 군대의 퇴역 군인 열다섯 명이 대육군 군복을 입고 포즈를 취하고 있다. 1959년 5월 5일 나폴레옹 황제 서거 기념일 장면으로, 나이 든 군인들은 매년 그 날짜에 모여 방돔 기념탑 아래에 화환을 놓았다. 그들은 나이 들고 살쪄 있었으며, 군복은 몸에 맞춰 수선되어 있었다. 그들은 모두 혁명과 제국 전쟁에 참전한 군인을 위해 1857년 8월에 제정된 생텔렌Sainte-Hélène 메달을 달고 있다.

전후 사회들은 영웅적이거나 용감한 행위의 모범을 내세웠다. 또 재향 군인 전체에게 기념의 뜻을 지닌 상징적인 물건을 수여할 수도 있다. 러일 전쟁 직후 일본에서 연대의 상징 문양으로 장식된 술잔, 1919~1920년 프랑스에서 수여된 〈제1차 대전의 군인Soldat de la Grande Guerre〉이라고 새겨진 명판이 달린 아드리안 철모가 그 예다. 전쟁에서 귀환한 군인들은 이러한 인정의 표식이 중요하다고 여겼다. 또한 귀향한 후에 대체로 민간인 생활의 사회적 규범과 자신들이 어긋난다고 느꼈기에 이러한 인정을 받는 일은 더욱 중요했다.

〈정상 상태를 되찾기〉

전투에서 사회생활의 틀, 밤낮의 구분, 〈밖〉과 〈안〉의 차이, 외모의 중요성, 복장 규정 대부분은 산산조각 났다. 생체 리듬 자체가 와해되어, 병사는 수면이 부족해 대낮에 쓰러지기도 하고, 불규칙한 시간에 음식을 먹는다. 민간인 생활로 되돌아오는 것은 신체 관리의 어떤 형태를 다시 학습하고, 자기 이미지를 되찾고, 평화 시기의 관례와 감수성에 익숙해지는 일을 거쳐 이루어진다. 이때 전투를 경험한 사람들이 고유하게 지닌 감각의 허용 한계를 재조정하는 작업도 고려해야 한다. 이러한 재적응의 신체적 측면을 고려하지 않으면, 재향 군인들의 경제적 복귀를 연구할 수 없다. 고려해야 할 신체적 측면으로는 노동 시간과 규칙을 되찾기, 직업 노하우, 육체노동자의 경우에는 전쟁 이전에 익힌 기술과 손놀림을 재학습하기, 그리고 가끔은 거기에 더하여 심한 신체적 또는 심리적 장애를 극복하기 등이 있다.

전쟁에서 평화로 이행하는 과정에는 다양한 영역에서 규범을 재구성하는 일도 포함된다. 그것은 개인 간 관계일 수도 있고, 가족 관계(부부간 또는 세대 간), 소비 습관, 도덕규범일 수도 있다. 문학이나 영화에서는 자주 소외되거나 폭력적인 군인의 귀향 장면이 펼쳐진다. 로제 베르셀의 소설(1934)의 주인공 코낭 대위부터 마틴 스코세이지의 영화 「택시 드라이버」(1976)에서 로버트 드니로가 분한 베트남 퇴역 군인 트래비스 비클에 이르기까지. 제1차 세계 대전 직후를 연구한 미국의 역사학자 조지 모스는 전후의 폭력 현상을 〈과격화brutalisation〉라는 개념으로 해석하도록 제안했다. 이 개념은 1990년대 말 이후로 엄청난 성공을 거두었다. 그 성공이 너무도 큰 나머지 사람들은 모스가 맨 처음 이 개념에 부여한 의미를 잊는 경향이 있다. 〈과격화〉는 재향 군인이 전방에서 겪은 외상적인 경험 때문에 폭력에 〈점점 더 초연〉해지고, 〈전쟁에서 취했던 공격적인 태도를 평화 시기에 계속 이어가는 것〉이다.

〈과격화〉라는 용어는 너무 모호해서 완전히 찬동하기 어려운 부분이 있는 듯하다. 과격화는 전후 사회들에서 전반적으로 관찰 가능한 집단적인 현상으로서 대부분의 분쟁에 적용할 수 있는가? 아니면 단지 일부 재향 군인에게서만 보이는 행동적인 특성인가? 조지 모스가 한결같이 단언한 야심은 1914~1918년 유럽의 〈비교 문화사〉를 쓰는 것이었지만, 그가 든 사례는 대부분 독일 정치사에서 끌어온 것이다. 〈과격화〉 개념은 사실 영국이나 프랑스에는 제대로 적용되지 않고, 볼셰비키 정권하의 러시아나 중앙 동맹국들에 더 잘 적용된다. 그렇다면 어떤 국가는 자국 군인의 귀환을 조직하여 〈과격화〉 되는 반면에 어떤 국가들은 좌절감과 모멸감을 느끼는 여론을 동원하는 국가가 붕괴하여 〈패배 문화〉에 빠지는 것일까?

어쨌거나 전후에 대한 이 모든 해석은 전투가 어쩔 수 없는 집단적 또는 개인적인 폭력 충동을 만들어 내며, 이 충동이 전쟁 이후에도 오 랫동안 지속될 거라는 전제에서 출발한다. 물론 이 전제는 이론의 여지가 있다. 그보다 더 쉽게 식별할 수 있는 것은 병사의 귀향이 여러 맥락에서 불러일으키는 두려움이다. 그 흔적은 동원 해제에 관한 공식 지침과 법정 기록물, 재향 군인과 그 가족이 귀환을 준비하도록 배포하는 팸플릿, 여론 조사, 신문에 실린 독자 투고 글, 전쟁 문학 등 매우 다양한 출처에서 찾아볼 수 있다. 영국에서 무기 소유 통제에 관한 최초의 법인 1920년 총기법Firearms Act으로 전쟁 직후에 범죄율 증가를 방지하려 했을 때처럼, 입법자가 두려움을 법 제정의 근거로 삼는 일은 드물지 않다. 루스벨트 대통령이 1932년 여름에 벌어진 보너스 군대 사건Bonus March과 비슷한 폭력이 벌어지는 것을 피하고자 1944년에 미국 재향 군인을 위한 사회 프로그램, 즉 지아이 빌GI Bill을 제정했을 때, 재향 군인 단체인 미국 군인회는 이렇게 말한다. 〈훈련받은 살인자들이 집으로 돌아와서 자신이 잃은 삶을 되찾게 해줄 아무런 방도가 마련되어 있지 않다는 사실을 깨달았을 때 무슨 일이 벌어질지는 아무도 모른다.〉 미국의 역사학자 딕슨 웩터는 1944년에 이렇게 상황을 요약한다. 〈군사 매뉴얼과 교관 한 명으로 민간인을 군인으로 바꿀 수는 있지만, 그를 다시 민간인으로 만들려면 어떻게 해야 하는지를 설명한 책은 쓰인 적이 없다.〉

　재향 군인이 불러일으키는 두려움은 단순히 그들이 야만적이 될 거라는 두려움만은 아니다. 이는 그들의 부정(不淨)함에 대한 두려움이기도 하다. 로마인이 호로르 상귀니스horror sanguinis(라틴어로 〈피의 공포〉)라고 부른 것을 고대 사회가 얼마나 많이 염려했는지는 잘 알려져 있다. 병사가 민간 사회로 되돌아올 때 이루어져야 하는 일시적인 고립, 단식 및 성적인 금욕, 증기 목욕 등의 의례들이 만들어졌다. 성서의 「민수기」에는 이렇게 명시되어 있다. 〈그리고 너희는 칠 일간 진지 밖에 머물러 있어야 한다. 사람을 죽였거나 전사자에게 닿은 사람은 모두 사흗날과 이렛날에 부정을 벗는 예식을 올려야 한다. 또 옷가지들, 가죽과 염소 털로 짠 것, 나무로 만든 온갖 것도 부정을 벗겨야 한다〉(31장 19~20절). 기독교 전통에서 4세기에 카이사레아의 바실리오스가 쓴 법령에 관한 편지들은 살인에 해당하는 것과 전쟁터에서 당한 죽음을 명확히 구분한 최초의 글로, 여기에선 전쟁터에서 피를 흘리게 한 군인들이 〈3년 동안 영성체를 삼가〉도록 규정한다. 부족 사회들에서는 다른 여러 정화 의례에 대한 사례를 찾아볼 수 있는데, 일부는 군인의 더럽혀진 의복을 불태우고 집단의 다른 사람들과 분리한다. 라코타족과 일부 아메리카 인디언 부족에서는 최근의 분쟁에서 돌아온 군인들, 특히 우울증이나 알코올 중독, 외상 후 스트레스 장애를 겪는 이들을 정화하기 위해 여전히 발한 오두막집sweat lodges*을 사용한다. 하지만 예외적인 사례. 오늘날 전쟁에서 가한 죽음은 금기시되는 주제. 재향 군인의 죄책감과 그들의 윤리적인 고통은 제대로 인정받지 못한다. 전쟁의 시간과 평화의 시간 사이의 경계가 점점 더 명확히 구분되지 않는 세계에서, 전투에 대한 윤리적 체험은 우리에게 이해하기 어려운 것이 되었다.

침묵해야 할 처지

군대가 최근에 겪은 변화로 재향 군인의 사회적 정체성, 그리고 나머지 국민이 그들과 맺는 관계가 변했다. 1973년에 미국은 베트남 전쟁에서 벗어나며 의무 징병제를 포기했다. 냉전이 끝난 이후 다른 자유 민주주의 국가들도 이스라엘을 제외하곤 징병제를 폐지했다. 현재 유럽 국가 중에서 일곱 국가만 징병제를 유지하고 있다. 18세기 프로

---

* 북미 원주민들이 정화 의식을 위해 세운 오두막이다. 사우나와 같은 구조로 땀을 흘리면서 지도자가 주관하는 정화 의식을 함께 수행하는 공간이다.

이센에서 이어져 온 모델, 병역의 의무로 구성한 대규모 군대는 서서히 사라지고, 직업 군대와 자원병 예비군을 결합한 영국식 시스템이 우세해졌다. 이러한 상황에서 이제 동원 해제되는 대상은, 미국의 주 방위군처럼 필요하면 다시 투입되기 전에 본국으로 되돌아가는 예비군 부대를 제외하면, 징집병이 아니라 무엇보다 직업 군인과 장교다. 전쟁 구역에서 돌아온 군인들은 보통 〈총체적 기관total institution〉(어빙 고프먼)인 병영으로 간다. 그곳에서 그들은 민간인 생활을 되찾는 대신 외부 세계로부터 단절된다.

전방에서 귀환한 군인은 다시 돌아온 나라에서 더없이 고립되어 있다. 역사학자이자 재향 군인인 쥘 이자크는 제1차 세계 대전 직후에 프랑스인을 향해 이렇게 선포했다. 〈선량하신 분들, 여러분은 우리를 알고 있다고 믿습니까? 착각에서 깨어나십시오. 여러분은 우리를 더 이상 알지 못하고, 우리를 영원히 알지 못할 것입니다. 죽은 자와 산 자를 가르는 심연이 깊은 만큼이나 우리를 여러분과 가르는 심연은 깊습니다.〉 그는 전쟁을 후방에서 체험한 민간인과, 죽은 자와 산 자의 형언할 수 없는 공존 관계를 유지하며 참호 속에서 전쟁을 치른 사람들 사이의 몰이해를 강조하고자 했다. 오늘날 재향 군인과 민간인 사이의 골은 더욱 깊어졌다. 최근 미국이 벌인 이라크 전쟁, 그리고 미국 전쟁사를 통틀어 가장 긴 전쟁이었던 아프가니스탄 전쟁은 미국 국민의 1퍼센트도 안 되는 사람들로 수행되었다. 1970년에 재향 군인은 미국인의 14퍼센트에 가까웠다. 이제는 그 비율이 7퍼센트밖에 되지 않는다. 1968년에 재향 군인은 상원과 하원 의석의 75퍼센트를 차지했지만, 지금은 그 비율이 20퍼센트로 줄었다. 그러니 사회 서비스가 제공하는 지원 수준이 현실적으로 떨어진 것을 넘어, 재향 군인들이 미국 정치계에서 영원히 잊힌 존재라는 느낌을 받는 것도 전혀 놀랍지 않다.

〈외부 작전opérations extérieures(OPEX)〉 — 외국에서 수행되는 개입 또는 지휘 임무를 일컫는 데 사용되는 용어 — 에 가담한 프랑스 군인들에게도 현실은 마찬가지다. 더 이상 공식적으로 〈전쟁〉이라고 불리지 않는 군사 작전에서 돌아온 남성들, 그리고 점점 비중이 늘어나는 여성들 역시 〈탈문화화déculturation〉의 한 형태, 즉 그들을 주변 사회로부터 분리하는 동시대인들이 영위하는 생활 방식과의 거리감을 경험한다. 2015~2016년에 이라크의 라마디에 있는 한 군사 기지에 적힌 문구는 미군 내에 널리 퍼져 있는 정서를 요약해서 보여주고 있었다. 〈The Marine Corps is at War. America is at the mall(해병대는 전쟁 중이다. 미국은 쇼핑 중이다).〉 미국에서는 재향 군인에게 경의를 표하기 위해 사용되는 문구인 〈Thank You for Your Service(귀하의 노고에 감사드립니다)〉 자체도 가끔은 모욕적이라고 여겨진다. 모호한 감사 인사 한마디로 재향 군인들을 침묵하게 만들고, 그들이 할 말이 있다 해도 듣지 않으려는 편리한 수단이라고 생각해서다. 재향 군인들은 자신들이 영웅으로 간주되는 것도, 대중문화와 언론에서 계속 전파하는 피해자의 입장에 갇혀 있는 것도 원치 않는다. 근본적으로, 전투 활동의 핵심에 있는 희생이라는 개념 자체가 서구 세계의 민간인에게는 점점 더 이해하기 어려워지는 것 같다.

하지만 현재 광대한 지역에서 수십 년 전부터 주로 내전의 형태로 끊임없는 충돌이 벌어지고 있다. 갓 동원 해제된 용병은 다른 군대를 위해 일한다. 경제적 필요 때문에, 무리 지휘자의 영향력에 어쩔 수 없이 따르느라, 또는 단순히 전쟁 이외의 생활을 영위할 능력이 없어서다. 체첸 전쟁에 가담했던 러시아 재향 군인 같은 이들은 폭력단이나 준군사 조직에 고용된다. 오늘날 세계를 지배하는 것은 이러한 현실이다. 어느 날 민간인 생활로 되돌아온 재향 군인의 현실이 아니라, 재향 군인이라는 인물상 자체가 전통적인 의미에서 전쟁이 끝없이 사라지면서도 되살아나는 것과 같은 현실이다.

참조

1부 - 03 시민-군인의 시대 | 04 용병, 도급 계약 병사들 | 11 애국 전선 | 12 전쟁 반대! ‖ 2부 - 03 식민지의 병사 | 10 수백만 명의 포로 ‖ 3부 - 01 시련을 겪는 몸 | 03 부상과 부상자 | 05 〈온갖 엄청난 감정〉 ‖ 4부 - 05 남북 전쟁에서 이긴 자는 누구일까? | 08 신경과 신경증

03

폐허 위에

다니엘 볼드만•

패배를 인정하지 않기, 미래를 준비하기……. 모든 현대 전쟁에서 도시 재건 계획은 일찍이, 심지어 파괴가 이루어지는 그때부터 이루어졌다. 또한 주거지나 생산 수단을 잃은 사람들, 즉 이재민에게도 새로운 관심을 갖게 된다.

2015년 여름, 2011년부터 시리아를 분열시키던 내전 중에 다에시 조직에 의해 팔미라의 고대 도시 유적이 파괴되고, 책임 고고학자인 칼레드 알아사드가 살해당한다. 분쟁이 끝나고 평화를 되찾는다고 해서 정치적·경제적·사회적 문제에 직면할 정부가 이 유적지를 복구하는 일을 최우선으로 삼겠는가? 22세기 전에 제3차 포에니 전쟁에서 승리한 로마는 카르타고를 완전히 파괴하고 그 위에 로마인들의 도시를 건설했다. 파괴와 폐허는 전쟁 후 재건 문제와 마찬가지로 전쟁 현상과 뗄 수 없는 사안이다.

그러나 20세기를 거치며 무언가가 변했다. 전쟁터가 영토 전체 수준으로 확대되고, 공습과 장거리포가 보편화되면서 군대의 파괴력이 엄청나게 증가했다. 그와 동시에, 민간인이 표적이 되면서 파괴의 위

• Danièle Voldman. 프랑스 국립 과학 연구원의 명예 디렉터. 재건의 역사, 특히 제2차 세계 대전 직후 프랑스 재건의 역사를 연구했다. 주요 저서로 뤼크 캅데빌라, 등과 함께 쓴 『전쟁 중인 프랑스의 남녀 1914~1945*Hommes et femmes dans la France en guerre 1914-1945*』)가 있다.

상 자체가 변했다. 국가가 점점 더 많이 개입하면서 군인 및 민간인 피해자에 대한 전쟁 배상과 연대 개념이 등장했다. 이로써 일단 분쟁이 끝나면 공권력의 원조를 기대할 권리가 있는 사람을 일컫는 〈이재민〉이라는 새로운 범주가 탄생했다. 이는 파괴의 규모와 비례하여 상당한 정치적·상징적인 쟁점이 되었다.

도쿄와 고베, 잿더미가 되다

크림 전쟁(1853~1856)과 남북 전쟁(1861~1865)에서 신기술이 사용되면서 파괴력과 사망자 수가 급격히 증가했다. 이러한 변화는 1870~1871년 프로이센·프랑스 전쟁과 1904~1905년 러일 전쟁에서 뚜렷해졌다. 하지만 결정적인 전환점은 양차 세계 대전이었다. 1914~1918년에, 특히 1915년에 서부 전선이 안정화된 이후 군사 작전 현장이 상대적으로 제한되자 전투로 인해 농촌 지역이 더 크게 파괴되고 촌락과 마을들이 타격을 입었다. 일부 대도시에서 도심지 전체가 파괴되는 일 또한 없지 않았다. 주로 벨기에와 프랑스 북부와 동부에 위치한 리에주, 나무르, 아미앵, 릴, 루베, 바이욀, 베튄, 아라스, 랑스, 베르됭, 랭스와 랭스 대성당, 수아송, 생캉탱, 누아용 같은 도시였다. 루르 지방과 영국 남부 도시도 산발적으로 타격을 입었다. 동부 전선에서는 테살로니키 지방이 큰 피해를 입었다. 이는 무엇보다 보병 전투 때문이었다. 전쟁이 끝날 무렵에야 장거리포가 사용되기 시작했기 때문에 도심 지역의 파괴 규모는 제한적이었다. 비록 1918년 3월 29일에 파리 생제르베 교회에 이루어진 포격처럼 일부 공격이 가한 상징적이고 정서적인 타격은 상당했지만 말이다.

그러나 1939~1945년에는 공군과 공습이 일반화하고 전차가 더 집중적으로 사용되면서 산업화된 전쟁이 벌어져 도심 조직이 큰 타격을 입었다. 프랑스에서는 1945년에 1천8백 곳이 넘는 시읍commune 이 공습을 당해, 약 75퍼센트 이상이 파괴되었다고 보고되었다. 이 중 많은 곳이 그저 규모가 조금 큰 마을이었지만, 주민이 5만 명 이상인 도시 절반도 재난을 당한 도시 목록에 올라 있었다. 1914~1918년에 상대적으로 피해를 적게 입은 독일과 영국은 제2차 세계 대전에서 큰 피해를 입었다. 영국에서는 1940년 6월에 독일 공군이 런던과 산업 도시들을 체계적으로 집중 폭격하여 벨파스트, 셰필드, 코번트리, 플리머스, 브리스톨 등을 파괴했다. 독일에서는 대도시 권역에서 시가지의 80퍼센트가 파괴되거나 피해를 입었다(베를린, 뤼베크, 드레스덴, 함부르크, 루르 지방의 도시들, 뒤스부르크, 도르트문트, 에센, 보훔, 쾰른……). 이탈리아는 돌로미티산맥과 베네치아 근교 알프스산맥의 여러 마을이 1915년부터 북부 전선에서 벌어진 전투들로 타격을 입었다. 1939~1945년에도 북부에서는 피렌체와 토리노가, 남부에서는 나폴리와 타란토, 팔레르모가 폭격을 당했다. 1940년 6월에 군사적인 이유만큼 심리적인 이유로 폭격을 당한 로테르담뿐 아니라, 1939년에 파괴가 시작되어 1945년에 끝난 바르샤바, 부다페스트, 노르웨이와 네덜란드의 도시들도 표적이었다. 소련의 수만 개에 달하는 도시와 촌락에 대한 파괴는 전투 자체(스탈린그라드, 레닌그라드)뿐 아니라 독일의 초토화 정책(스몰렌스크, 키이우, 민스크) 때문에 벌어졌다.

유럽 전역에서 쑥대밭이 된 광대한 들판과 구부러진 철근 더미, 허물어진 다리들, 전기와 수도가 끊어지거나 사용할 수 없게 된 무너진 건물과 폐허가 된 동네들, 대인 지뢰와 대전차 지뢰가 잔뜩 깔려 있어 출입이 금지된 구역 등 한결같이 똑같은 모습이 펼쳐졌다. 아시아에서는 난징, 상하이, 광저우, 충칭 같은 중국 도시들이 파괴되었을 뿐 아니라 나무로 지은 집이 많은 도쿄와 고베가 소이탄 때문에 잿더미가 되었고, 핵폭탄 두 개로 히로시마와 나가사키가 초토화됐다. 이 단계에 이르면 집중 포격, 시가전, 융단 폭격으로 입은 피해를 구분하는 일이 무의미해 보인다. 그저 포탄의 충격으로 파괴된 이곳의 건조물들, 저 멀리 있는 담벼락이 무너진 교회, 또 다른 곳에서 한 구역 전체가 파헤쳐져 구멍이 뚫려 있는 잔해나 불에 탄 집들의 시커먼 잔해들을 구분할 수 있을 뿐이었다.

파괴된 도시들의 이름을 줄줄이 열거하는 일과, 책임을 가려내고 파괴의 영향을 가늠하는 일은 별개다. 1930년대에 이미, 특히 국제기구에서 군사적인 필요가 전혀 확실하지 않은 파괴 행위를 규탄하는 목소리가 없었던 것은 아니다. 1937년 게르니카 폭격이 불러일으킨 동요나 1942년부터 독일의 도시들을 폭격할 가능성에 대해 연합국 사령부를 분열시킨 논쟁이 그 사실을 증명한다. 하지만 〈정당한 전쟁〉이라는 생각이 결국 망설이던 이들을 폭격에 찬동하게 만들었다.

수 세기에 걸쳐 형성된 도심 구역을 초토화하는 일, 수백 년 된 가옥을 무너뜨리는 일, 시대를 거치며 서서히 축조된 기념물과 예술 작품들을 파괴하는 일은 과거에 대한 증언을 지우는 일이자, 민족의 유산과 기억을 공격하고 그들의 역사와 문명을 부정하는 일이다. 더 최근에 벌어진 아프가니스탄의 바미안 석불이나 시리아의 팔미라 유적 파괴는 총력전 개념을 극단적으로 적용한 사례다. 전략가들은 대체로 군사적 목표를 계속해서 내세우고 표적 외 손상을 피하는 게 불가능하다는 사실 뒤에 숨으며 이런 유형의 공격을 정당화한다. 공습을 처음으로 이론화한 이들은 폭격을 당한 민간인이 반항하여 봉기할 것을 기대했으나, 국민들은 체념과 극기심, 용기와 순발력이 혼합된 태도를 보이며 언제나 지도자들과 합심한다. 이는 런던 시민들이 대공습 중에 보인 원초적 생존 반응이자 죽음의 세력에 맞선 생존을 위한 반격이라고 볼 수 있는 태도에서 찾아볼 수 있다.

독일의 바우하우스, 러시아의 구성주의……

양차 세계 대전 중에, 그리고 뒤이어 유고슬라비아와 아프리카, 중동에서 보다 국지적으로 벌어진 전쟁에서 재건은 대개는 전쟁이 끝나기 전부터 구상되었다. 구호 조직과 폐허 재건 계획이 일찍부터 시작된 것은 현대의 모든 참전국에서 공통적으로 보이는 현상이다. 통치자들에게 이는 자신들이 패배했음을 인정하지 않고 미래를 준비할 능력이 있음을 증명해 보이는 일이다. 죽은 자들을 위해 묘지를 만들고, 건물 잔해를 빠르게 치워 내고, 수도관을 수리하는 동시에 이재민을 위한 임시 거처를 건설함으로써 공권력은 사회적 분노가 폭발할 위험을 제한하면서 주민의 사기를 유지하려는 의지를 보인다.

제1차 세계 대전 중에 프랑스와 벨기에에서 재건 계획을 주도한 주체는 정부들뿐 아니라 도시 공학 및 건축계였다. 1914년에 이미 런던과 파리에 도피해 있던 벨기에인들은 자국의 파괴된 도시들을 재건할 계획을 세우기 시작했다. 루이스 판 데르 스바엘멘은 최신의 이론을 다룬 문서를 취합하고 계획을 세우기 위해 연합국의 도시 공학자들과 연계하여 헤이그에서 네덜란드·벨기에 공공 미술 위원회를 창설했다. 이러한 노력의 결과, 파괴된 모든 도시를 위한 전반적인 재건 계획을 수립할 것을 의무화하는 1915년 8월 25일 법이 제정되었다. 뒤이어 1917년에는 파괴 지역 사무소Office des régions dévastées에 부속된 건설부Service des constructions가 창설된다. 프랑스에서는 『파괴된 우리 도시들을 어떻게 재건하나: 도시와 부락, 마을에 적용되는 도시 공학 개념들Comment reconstruire nos cités détruites: notions d'urbanisme s'eappliquant aux villes, bourgs et villages』을 함께 쓴 알프레드 아가시와 자크 오뷔르탱, 에두아르 르동이 1915년에 이미 훗날 도시를 정비할 해결책을 제시했다. 이 책은 1916년 11월에 봉쇄 및 해방된 지역부ministère du Blocus et des Régions libérées가 신설되는 데 부분적으로 영향을 미쳤다.

그러나 재건을 생각하는 일은 단순히 전쟁으로 야기된 손해의 규모가 컸기 때문에 생긴 결과는 아니었다. 1890년대부터 유럽에서 도시화가 이루어지면서 새로운 학문인 도시 공학이 대두해 유럽 전역의 개혁파들 사이에서 도시와 조직에 대한 고찰이 이루어지도록 자극했다. 전쟁으로 인해 도시 개발을 더 잘 제어해야 한다는 급박감이 더욱 강해졌을 뿐이다. 이런 관점에서 보았을 때, 1920년대는 개혁파들의 창조성이 각별히 발휘된 시기다. 영국은 전원도시를 주로 지었고, 시가지의 조성을 포기했다. 1919년에 창립된 바우하우스 소속의 독일과 오스트리아 건축가들은 대중 주거 계획을 수립했다. 러시아의 구성주의자들은 국민을 위한 도시 건설을 꿈꿨다. 프랑스인은 인구가 1만 명 이상인 도시에 대하여 정비를 계획할 의무를 지우는 코르뉘데 법(1919년 3월)을 통과시켰다. 모더니즘 건축 단체도 근대 건축 국제회의Congrès internationaux d'architecture moderne(CIAM)에서 정기적인 모임을 가지며 미래의 도시에 대한 규범을 만들어 갔다. 전략 폭격 이론가들, 그중에서도 특히 르코르뷔지에를 칭송하는 프랑스인 폴 보티에는 미래에 이루어질 파괴로부터 도시를 안전하게 보호하는 해결책을 제시했다.

제2차 세계 대전이 발발했을 때, 국가들은 과거의 경험에서 교훈을 얻어 빠르게 복구에 나서기 시작했다. 재건 활동을 조직하는 일은 민주 국가와 권위주의 국가에서 모두 주된 염려거리가 된다. 각지에서 거의 같은 시기인 1940년 여름부터 건설 전문가들에게 지침을 제시하고, 건축 기준을 의무화하고, 재건 계획을 조율할 목적을 띤 비슷한 기관들이 만들어졌다. 독일에서는 알베르트 슈페어의 총괄 아래에서, 영국에서, 이탈리아에서, 또 프랑스나 벨기에, 노르웨이, 네덜란드처럼 나치 군대에 점령된 나라들에서 그랬다. 파괴의 엄청난 규모에 직면하여, 1914~1918년에 벨기에와 프랑스에서 힘겨웠던 일이 제

2차 세계 대전을 거치는 유럽에서는 상대적으로 쉽게 받아들여졌다. 독일과 이탈리아처럼 자치 도시 전통이 강한 나라들에서조차 중앙 정부에서 내린 지침이 지방 자치 단체의 특권보다 우선시되었다. 벨기에에서는 1941년 9월에 왕국 대도시권 위원회Commissariat du royaume aux grandes agglomérations가 설립되었고, 1943년 12월에는 러시아 건설 업무 위원회가 탄생하였으며, 프랑스의 재건설 및 도시 계획부ministère de la Reconstruction et de l'Urbanisme 그리고 패트릭 애버크롬비가 주도한 영국의 도시와 농촌 계획부Ministry of Town and Country Planning 모두 1944년에 탄생했는데, 이들 모두 2~3년 앞서 창설된 기구들의 직계 후손이었다. 이 새로운 행정 기구들이 갖춘 자금력은 탄탄하지 않았으나, 모든 자원이 전쟁에 투입된 것을 감안하면 결코 적은 것은 아니었다. 이 기구들은 영국에서는 1941년에, 이탈리아에서는 1942년에, 프랑스에서는 1943년에 대규모 도시 계획법이 제정되는 기원이 된다.

이 기구들은 국가의 틀 안에서 활동했다. 하지만 1920년대와 1930년대에 도시를 새로운 시대에 적응시키는 방법을 고심한 외국의 건축가와 도시 공학자들은 전쟁이 발발했음에도 불구하고 유지했다. 그래서 영국과 독일의 도시 공학자들은 함부르크의 건축가 콘스탄티 구초프의 인맥 덕분에 전쟁 기간 내내 서로 교류했다. 1939년부터 1945년까지는 1914~1918년과 마찬가지로, 도시 공학자들이 신탁 통치 정권의 지원을 받거나 감시를 당하면서 전후 도시의 설계도를 그렸다. 1920년대에 이루어진 프랑스의 리에주와 아미앵 재건, 폴란드의 바르샤바 재건, 1940년대에 영국 런던이나 네덜란드의 미델뷔르흐 재건은 도시가 파괴됨과 동시에 구상되었다.

1940년대 후반의 유럽 도시 계획자들은 한 가지 점에서 의견이 일치했다. 전쟁 시기에 이루어진 파괴가 토지 구획을 합리화하고, 비위생적인 활동과 공장들을 교외로 이전하고, 빈민굴을 없앨 기회, 즉 좁고 구불구불한 길에 지나치게 밀집해 있는 과거 도시에서 기념비적이지 않은 유산을 없앨 기회로 보았다. 그들은 높은 공동 주거지 쪽으로 채광을 유도하는 넓은 대로들, 더 규칙적인 형태, 기능적인 공간 분배를 계획했다. 이 점에서 그들은 1920년대의 선배들 대부분을 본받았다. 후자의 일부 업적은 매우 대담했다. 간략히 말하면, 파괴된 것에 가장 근접한 형태로 복원함으로써 파괴된 유산에 대한 애도를 극복할 수 있도록 동일한 재건을 주장하는 사람과, 근대성을 찬양하고 거추장스러운 과거를 백지상태로 만듦으로써 파괴를 도시 개조의 기회로 삼자고 주장하는 사람들이 대립하여 논쟁을 벌였다. 모든 나라가 이 두 모델을 동시에 따랐다. 전자의 입장을 오랫동안 대표한 사례로서 바르샤바 구시가지 시장 광장처럼 돌까지 하나하나 복원하거나, 후자의 경우 르아브르처럼 옛 축조물과 완전히 단절하여 재건함으로써 말이다. 이탈리아의 재건 계획자들은 새로운 건물들을 역사적인 중심지에 통합시키는 데 매우 능숙했다. 대표적인 예가 토스카나다.

프랑스에서 1920년대에 이루어진 랭스 대성당 재건, 유고슬라비아 전쟁 중 1993년에 파괴된 보스니아의 모스타르 구 시가지 다리 복원, 또는 1945년에 파괴된 이후로 방치된 드레스덴 성모 교회 Frauenkirche가 1994년부터 2005년까지 재건된 것은 이러한 논쟁의 좋은 사례다. 이 건조물들을 전쟁 이전의 모습 그대로 재건축하고, 그 기회를 활용해 그 건조물들이 최초에 축조된 이후에 덧붙여진 것들을 없애고 최초의 상태대로 복원해야 할까? 아니면 폐허가 된 형태로 보존하여 전쟁의 참혹함을 증언하도록 해야 할까? 서로 매우 다른 역사적·정치적 맥락에 위치한 이 세 기념물은 이전의 상태와 동일하게 재건되었다. 단, 랭스에서는 옛날의 목재 골조를 콘크리트 골조로 대체함으로써 사용된 재료가 근대화한 반면, 모스타르에서는 16세기의 기법이, 드레스덴에서는 18세기 옛 기법이 사용되었는데, 보스니아에서는 국민 정체성의 요소로서, 독일에서는 통일의 맥락에서 이러한 선택이 이루어졌다.

그렇다면 20세기 후반의 모든 유럽 도시 계획이 양차 세계 대전의 영향을 받았다고 할 수 있을까? 중립국들, 특히 스위스의 사례에서 이 질문에 답하기 위해 필요한 요소를 찾아볼 수 있다. 도시 계획 측면에서 이 나라들 역시 1920년대, 뒤이어 1950년대에 도시 계획 관리 방식을 쇄신한 공간에 대한 사상과 실천 움직임에 가담했다. 이 나라들의 도시도 분쟁의 영향에서 벗어나지 못했다. 더불어 20세기 후반에 도시의 생활과 외형이 규격화되고 단일화한 경향도 이해해야 한다. 이 역시 전쟁에서 비롯된 세계화의 또 다른 형태일 것이다.

끝으로 도시 재건에서 공공 부문과 민간 부문이 맡은 역할에 대한 논쟁이 더해진다. 1945년 프랑스에서는 재건이 국가에 의해 확고하게 진행되었다. 반대로 레바논 전쟁 직후에 레바논에서는 토건 회사인 솔리데레Solidere가 창립되면서 민간 부문의 이해가 중시되었다. 폐허가 된 베이루트 중심가의 재건을 맡은 이 회사는 사업가이자 전 국무총리인 라피크 하리리가 1994년에 세웠는데, 건설 회사들과 금융계의 이해관계를 대표했다. 레바논 국가의 취약함, 파괴의 엄청난 규모, 레바논에서 자유주의 이념이 지닌 위력, 정치인과 기업가의 모호한 경계, 그리고 눈속임으로 복원한 옛 건물 내부에 개점한 쇼핑몰의 미국식 모델에 대한 감탄 등의 요인으로, 베이루트 중심가는 보전될 수도 있었을 나머지 유산들과 아무런 연관성 없이 재건되었다. 훼손되었지만 복구가 가능한 건물에서 쫓겨난 이재민 대표들도, 국가 유산 보호나 거주민을 위한 건축을 주장하는 사람들도 솔리데레의 위력에 맞설 수 없었다.

보상받을 권리

20세기에 분쟁이 격화하면서 근대 전쟁에 희생된 사람의 수는 크게 증가했다. 전쟁터에서 사망하거나 부상당한 병사 수백만 명과 더불어, 파괴 전략의 표적이 된 민간인들로 인해 〈이재민sinistré〉 개념이 출현했다. 이 용어는 프랑스에서 전쟁 때문에 〈동산이나 부동산의 물적 손해를 입은 모든 사람〉으로 정의된다. 국가들은 자국민에 대하여 연대의 의무를 진다고 판단했으므로, 주거지나 생산 수단을 잃은 사람들은 다른 전쟁 피해자들만큼 보상받을 권리가 있었다. 그러나 이러한 일반적인 원칙은 개인의 이해보다 공동체의 이해를 우선시함으로써 서서히 상쇄되었다. 재건에 관련된 문제들이 너무도 막대해 개인은 비위생적인 집이나 경제적 미래가 없는 회사를 보수하는 일이 폐허를 재건하는 전반적인 틀에서 굳이 필요하지 않을 경우, 간혹 배상받는 것을 포기해야 했다. 게다가 자금을 구해야 했다. 이른 시기에 마련되어 있던 보험 체계를 주로 활용한 영국을 제외하면, 나머지 국가들은 대부분 공채와 세금을 활용했다.

전쟁 배상금에 대한 권리를 누가 갖는지, 또 금액은 어느 수준일지 결정하기 위해 참전국들은 양차 세계 대전 도중과 그 이후에 분명하고 정교해진 복잡한 사법적인 방침을 채택했다. 참전국들 모두 물질적 손해가 전쟁에서 기인하거나 전쟁의 직접적인 결과여야 한다는 사실을 인정했다. 1918년에 프랑스, 1945년에 네덜란드를 제외하면, 사치품으로 간주되는 재화와 벌 수 있었으나 벌지 못한 이윤을 야기하는 손해는 제외됐다. 그래서 사용하지 못하게 된 피아노는 음악가의 작업 도구일 때에만 손해로 간주했고, 취미용이라면 손해라고 보지 않았다. 마찬가지로 산업가와 기업가는 파괴된 공장이나 기계에 대해서는 보상받을 권리가 있었지만, 훼손되지 않은 장소에 공장이나 기계를 멈춰 세워 놓았거나 활동을 중단했으면 그 어떤 손해 배상도 받지 못했다.

게다가 국가의 군대에서 쌍방이 합의했거나 약속한 경우가 아니면 외국인은 배상을 요구하도록 허용되지 않았다. 끝으로, 주거지나 상업용 장소의 소유주는 임차인에 비해 우선권을 가졌다. 하지만 거처가 파괴된 세입자도 이재민이었다. 따라서 이 범주에는 산업가와 임대인 소유주뿐 아니라 복구될 수 있는 손해를 입은 거주민과 임시 막사에 거처가 마련된 노숙자, 친구나 이웃의 집에서 머무는 가족들, 또는 공권력이 징발한 아파트를 점유한 사람이 모두 포함되었다. 여기에 덧붙여, 재건 구역에서 살기 때문에 그 재화가 헐려야 했던 피수용자들도 있었다.

〈이재민〉이라는 일반적인 명칭으로 불리는 이 이질적인 집단은 서로 다른 다양한 열망과 이해관계를 지녔다. 프랑스의 중소 도시 로리앙의 중심가에 세 들어 살다가 외곽 지역으로 가서 살 수밖에 없게 된 가난한 사람과 영국의 코번트리에 공장을 소유한 사람 사이에, 또 히로시마에서 방사능에 노출된 여성과 화재로 불탄 농장을 가진 폴란드 농부 사이에 대체 무슨 공통점이 있었는가? 프랑스에서처럼 의무적으로 형성된 단체 이외에도, 이재민들은 벨기에처럼 조합 형식으로, 또는 영토나 정치적 친화력에 따라 단체를 구성했다. 대표들은 뒤이어 압력 단체를 구성했다. 이 압력 단체들은 여러 정치 집단에 이용되었다. 어떤 단체는 사회적인 요구 사항을 강조했고 다른 단체에서는 경제적인 배려를 강조했다. 전반적으로 단체들은 자신들이 잃은 것에 비해 보상이 부족하며 당국이 폐허를 재건하기 위한 해결책을 찾는 데 지지부진하다고, 또는 재건이 이재민의 희망 사항을 존중하지 않으며 과거를 충분히 감안하지 않는다고 생각했다. 자신들의 파괴된 건물에 대한 향수에 젖어 있는 이들에게 모더니즘 건축물은 그들의 취향과 너무나 거리감이 있어 보였다. 뒤이어 재건의 장점은 전반적으로 부인되었고, 근대 건축물을 집요하게 거부했으며, 그 책임을 정치인은 건축가에게, 건축가는 재건축 기술자들에게, 이재민은 그들 중 한쪽에 떠넘겼다. 21세기 초에 벌어진 전쟁과 파괴로 인해 국민들이 애도의 슬픔에 잠기고 피란길에 나서도록 압박을 받는 와중에, 이재민과 난민들은 평화로 되돌아가는 힘겨운 시간을 상이군인과 함께한다. 그렇다면 분쟁이 발발하는 그 순간에 재건을 수행할 방법을 미리 찾아야 할까?

참조

1부 - 06 환경 파괴 | 07 전략 없이는 기술은 소용없다 | 09 전쟁 국가의 출현 ‖ 3부 - 07 밑에서 본 폭격 | 08 히로시마에 대한 침묵

04
스탈린그라드의 불꽃이 꺼졌다

요헨 헬벡●

스탈린그라드 전투는 계속 사람들을 홀리게 한다. 하지만 1942~1943년에 포위 공격을 당한 그 도시는 나치즘에 맞선 자유의 승리를 상징하기를 이미 오래전에 멈추었다.

세계사에서 스탈린그라드 전투만큼 사람들의 마음을 사로잡은 전투도 없을 것이다. 그곳, 유럽의 변두리에서 거의 7개월에 걸쳐 벌어진 영웅적인 전투(1942년 7월 17일~1943년 2월 2일) 중에 히틀러 군대에 의한 소련 정복은 끝이 난다. 양쪽 진영 모두 엄청난 손실을 입었다. 스탈린그라드에서는 1백만 명 가까이 사망하여, 제1차 세계 대전 중 가장 참혹한 전투 중 하나로 꼽히는 베르됭 전투보다 더 많은 사람이 희생되었다. 포위와 뒤이은 독일 제6군의 섬멸은 붉은 군대가 거둔 가장 빛나는 승리 중 하나이자, 나치 독일이 그때까지 겪은 가장 심한 굴욕처럼 보인다. 패배 이후로 통찰력 있는 독일 관찰자들은 상황이 돌이킬 수 없게 되었음을 깨달았다. 전쟁의 흐름은 그 전투로 인해 바뀌었다. 스탈린그라드 이후 붉은 군대의 부대들이 베를린을 목표로 서쪽을 향해 거침없이 전진하기 시작했다.

● Jochen Hellbeck. 러트거스 대학교의 석좌 교수. 전쟁 중 소련의 새로운 초국가적 역사를 연구하고 있다. 최근 저작으로 『스탈린그라드: 독일 제3제국을 배패시킨 도시Stalingrad: The City that Defeated the Third Reich』가 있다.

스탈린그라드 전투를 묘사하는 대부분의 이야기는 무엇보다 독일의 관점을 전한다. 그 이야기는 보통 스탈린그라드에 대한 공격으로 시작하여, 함정에 빠진 독일군이 겪은 비극을 강조하고, 11만 명의 독일 군인이 포로로 잡힌 것으로 결론을 맺는다. 그중 오직 6천 명만 여러 해가 지난 뒤에 독일로 되돌아온다. 이러한 일방적인 관점은 스탈린그라드 전투가 소련 수비대에 무엇을 의미했는지 파악하려 하지 않는다는 점에서 자기만족적일 뿐 아니라, 전 세계가 그 전투의 결말에 대한 소식을 기다렸다는 점에서 스탈린그라드 전투가 세계적인 무대에서 벌어졌다는 사실을 간과하게 만든다.

소련 독재자를 기리는 뜻으로 이름이 다시 붙여진 스탈린그라드는 의미심장한 도시였다. 그 상징적인 힘은 아마도 스탈린그라드 전투가 그토록 격렬했다는 사실과 무관하지 않을 것이다. 그로부터 24년 전에 차리친이라고 불리던 그 도시는 이오시프 스탈린이 적백 내전 중에 반혁명 세력의 공격을 격파하는 데 가담한 유명한 전투의 현장이었다. 그 전투를 기념하기 위해 1925년에 도시에 새로운 이름이 붙여졌다. 스탈린그라드를 독일군의 손에 넘어가게 놔두는 일은 같은 이름을 지닌 영웅의 명성을 더럽히는 일이었다. 얼마나 큰 대가를 치르든 그런 상황을 막아야 했다. 1942년 여름에 독일 국방군이 다가오던 때 소련 신문들은 스탈린이 이미 1918년에 차리친을 구해 냈으며 이번에도 다시 그럴 거라고 독자들에게 상기시켰다. 히틀러도 스탈린그라드가 띠는 상징에 신경이 쓰였다. 소련군이 패배했을 때 스탈린이 엄청난 심리적 충격을 받을 거라는 사실을 근거로 삼아 히틀러는 스탈린그라드 전투를 완전히 상반되는 두 세계관이 벌이는 전투로 연출했다. 드레스덴의 한 신문은 스탈린그라드를 〈전쟁의 가장 결정적인 전투〉로 묘사했다. 그때는 1942년 8월 초로 독일 공군이 스탈린그라드를 공습하기 몇 주 전이었다. 1942년 8월 20일, 요제프 괴벨스는 자신의 일기에 총통이 〈그 도시를 가장 중요한 과제로 삼았다. (……) 벽 하나도 온전히 남아 있어서는 안 되었다〉라고 적었다. 히틀러는 스탈린그라드를 1백만 명의 공산주의자가 사는 볼셰비키의 수도로 상상했다. 그래서 모든 남자를 몰살하고 나머지는 전부 강제 이주시키라는 명령을 내렸다(1942년 여름에 스탈린그라드엔 많은 난민이 와 있었지만, 전쟁 초에는 인구가 50만 명이 되지 않았다).

가가호호 벌이는 전투

8월 23일에 루프트바페는 스탈린그라드에 무시무시한 공습을 시작했다. 14일 동안 지속되어 최소한 4만 명이 죽었다. 현지 공무원들은 스탈린의 엄한 명령에 복종하여 무력을 동원해 주민이 도시를 떠나지 못하게 막으면서 각 주민이 〈스탈린그라드 요새〉의 수호자가 될 것을 강요했다. 8월 25일이 되어서야 민간인을 도시에서 대피시키기 시작한다. 스탈린그라드를 공략하는 임무는 독일군 정예 부대인 제6군에 맡겨졌다. 아돌프 히틀러의 말을 빌리자면 이 부대는 〈하늘도 공략할〉 능력이 있었다. 하지만 독일군은 그에 앞서 치른 전투 때문에 지쳐서 스탈린그라드를 공략하지 못했다. 9월 13일에 시작된 독일군의 중심가 진격은 집요한 저항에 부딪혀 전진이 늦어졌고 결국 중단되었다. 독일군은 소련 수비대가 집집마다 벌이는 전투를 싫어했다. 어떤 사람들은 독일군이 〈제2의 베르됭〉이라 할 덫에 걸렸다고 보았다. 히틀러는 전방에서 전해져 오는 예기치 않은 소식을 인정하기를 거부하며 9월 말에 스탈린그라드 전투가 〈엄청난 승리〉로 끝났고, 〈이제 어떤 인간도 우리를 그곳에서 쫓아낼 수 없을 것〉이라고 공포했다.

독일 언론은 적이 예기치 않게 격렬히 저항하고 있다는 말로 설명하려 했다. 나치 친위대(SS)의 기관지 『검은 군단*Das Schwarze Korps*』은 그 신문이 지닌 인종주의적인 신념에 충실하게 스탈린그라드 전투가 인간 세력과 인간 이하의 세력 사이에서 벌어진 충돌이라고 보았다. 볼셰비키들은 대체로 〈인간적으로 상상할 수 있다고 간주되는 수준을 넘어서〉 싸웠다. 그 이유는 단순히 볼셰비키들이 본질적으로 아시아 인이었고 〈기초적이고 미발달된 인간성〉을 가지고 있어 〈생명의 의미와 가치를 알아볼〉 능력이 없었기 때문이었다. 독일군이 유럽에서 인종적으로 자신들과 유사한 적에 맞서 싸울 때 겪은 상황은 〈동부에서 벌어진 원시적인 전황에 비하면 어린애 장난〉에 불과했다. 〈그 열등한 인종의 힘이 분출〉하는 것은 유럽의 문명과 문화에 심각한 위협이었다. 어떻게 보면 스탈린그라드에서는 세계의 운명이 걸린 전투가 벌어지는 셈이었다. 〈우리가 인간으로 남을지 여부는 이제 우리가 결정해야 한다.〉

반면에 붉은 군대의 기관지 『붉은 별*Krasnaya Zvezda*』에서 스탈린그라드에 파견된 작가이자 종군 기자인 바실리 그로스만은 그 전투를 전체주의 ─ 〈인류와 정반대되는 것〉 ─ 에 맞서 소련의 가치를 수호하는 일로 묘사했다. 그로스만은 군인들과 오랜 시간 대화한 끝에 전선 부대의 삶에 대한 정확한 증언을 들려준다. 그는 소련 군인들을 평범한 생각을 지녔고 소박하지만, 역사적인 도전에 직면하여 자기 자신보다 더 높이 고양되어 가장 순수한 인간성을 표현하기에 이른 사람들로 묘사한다. 〈칼바람이 그들의 얼굴을 후려치지만 그들은 계속 전진한다. 적은 아마도 미신적인 두려움에 사로잡혀 이렇게 생각할 것이다. 저 사람들이 과연 진정으로 우리를 공격하고 있는 것인가? 저들은 과연 죽는 존재인가?〉 그랬다, 그들은 죽게 마련인 인간이었고, 〈그들 중 극소수만 살아남았다〉. 하지만 그들은 〈모두 자기 의무를 다했다〉. 그로스만은 스탈린그라드에서 〈영웅적 태도는 일반적인 것이 있었다〉라고 결론 내린다. 〈영웅적 태도는 그 부대와 병사들의 스타일, 결국 일상적이고 평범한 어떤 습관에 불과했다.〉 작가는 병사들의 윤리적 인도자 역할을 담당했고, 그들을 전투로 이끈 정치 지도원들에게 특히 깊은 인상을 받았다. 그는 자신의 일기장에 이렇게 적는다. 전쟁은, 실망스러울 뿐 아니라 끔찍한 영향을 미친 스탈린의 숙청 이후 공산당과 소련 사회가 윤리적으로 거듭날 것을 보장해 줄 거라고.

〈스탈린그라드는 여전히 건재하다〉

전 세계 사람이 스탈린그라드 전투의 중요성을 완벽히 인식하고 진행 상황을 초조하게 주시했다. 영국의 선술집 펍pub에서 사람들은 저녁 뉴스 시간에 라디오를 틀어 놓고 스탈린그라드 소식이 나오기 전에는 라디오를 끄지 않았다. 〈아무도 다른 이야기는 들으려 하지 않는다〉라고 어느 기자는 지적한다. 〈사람들은 스탈린그라드, 오로지 스탈린그라드 얘기뿐이다.〉 반파시즘 연합군이 대중에게 그에 비견할 만한 승리를 안겨 주지 못하던 시기에 사람들의 마음 상태가 이랬다. 1942년 9월과 10월에 프랑스의 경제학자 샤를 리스트는 자신의 일기에서 새 글을 시작할 때마다 단 하나의 똑같은 문장을 반복한다. 〈스탈린그라드는 여전히 건재하다.〉 이 말에서는 스탈린그라드에 앞서 서유럽에서 수많은 다른 도시가 독일군에 무너진 상황에서 독일의 손에 넘어가기를 고집스레 거부하는 그 도시의 모습을 바라보는 놀라움이 드러난다.

빌나(빌뉴스) 게토 작가 이츠코크 루다셰브스키는 그보다 더 멀리 나아갔다. 그는 〈독일의 최종적인 패배〉를 예견하며 이 〈기진맥진한 세계가 (……) 당당히 고개를 들〉 거라고 기대했다. 1942년 가을, 소련의 신문들은 스탈린그라드 군인들의 믿을 수 없는 영웅적 태도를 한결같이 찬사하는 이집트부터 캐나다, 인도에 이르는 전 세계의 보도를 인용했다. 어느 프랑스 신문은 〈스탈린그라드 전투가 유럽의 다른 지역에서 불러일으킨 반응은 아무리 과장해도 지나치지 않을 것이다〉라고 어느 프랑스 신문은 보도한 후, 찰리 채플린의 반응을 전했다. 〈불가능한 일에 위험을 무릅쓰고 도전합시다. 인류가 이룬 가장 위대한 성공은 항상 달성할 수 없다고 믿은 성공이었으니까요.〉

1942년 11월에 소련이 반격을 시작해 제6군을 포위하고 패배시키면서, 스탈린그라드는 모든 인류의 해방과 승리를 상징하게 되었다. 영국의 공영 방송 기관 BBC의 프랑스어 뉴스 서비스 프로그램에서는 청취자들에게 벽에 〈1918〉이라는 단순한 그래피티를 적으라고 호소했다. 점령당한 국민들에게 희망을 불어넣는 한편 점령군에게는 그들이 조만간 패배할 것임을 상기시키기 위해서였다. 11월 말에 프랑스 디종의 어느 주민은 이 그래피티가 유럽 각지에서 등장했다고 전한다. 멕시코에서 화가 레오폴도 멘데스는 목판화 「스탈린그라드 진군Corrido de Stalingrado」(1942)으로 소련의 공세를 기념했다. 그 판화에서는 붉은 군대의 한 지도원이 말을 타고 파시스트 보병들이 만든 벽을 뚫고 돌격한다. 말과 군인들은 해골 상태로 표현해 조만간 1백만 명의 사망자를 낼 전투의 격렬함을 보여 준다. 비록 휘날리는 소련 깃발로 예술가의 정치적 성향이 확연히 드러나지만.

1944년 여름에 그로스만은 폴란드 동부에 있는 트레블링카 죽음의 수용소로 진입한 붉은 군대와 함께 있었다. 그가 쓴 처절한 이야기 『트레블링카의 지옥』(1944)에서는 스탈린그라드에 대한 언급이 여러 번 나온다. 그로스만은 나치 친위대장 하인리히 힘러가 스탈린그라드의 패주 이후 단 몇 주 만에 트레블링카로 가서 수용소 지휘부에 희생자 수천 명의 시신을 파내어 소각할 것을 명령했다고 설명한다. 붉은 군대는 볼가강에서 독일군에 맞서 승리를 거둠으로써 나치 죽음의 기계를 저지했다고 시사한다. 그는 또한 해방된 수용소에서 살인자들의 진술서를 하나하나 기록하는 소련 장교의 가슴에 달린 〈스탈린그라드 수호〉라고 적힌 초록색 리본에도 주목한다. 스탈린그라드를 경험한 군인들은 — 그로스만을 포함하여 — 그의 이야기 속에서 인류 역사에서 전례 없던 범죄를 목도한 관찰자들로 그려진다. 그로스만의 이야기는 1945~1946년 뉘른베르크 법정에서 소련 검찰 측이 제출한 문건에 첨부되었다.

그러나 그로스만이 품었던 해방된 세상에 대한 희망은 전쟁이 종결되면서 무참히 깨진다. 이오시프 스탈린은 1945년에 소련 대원수로 임명되어 나치 독일에 맞선 유일한 승자로 군림하면서 권력의 고삐를 바짝 조였다. 동시에 전쟁 중에 널리 전파된 정신을 억누른다. 그로스만은 이러한 급격한 전환을 『삶과 운명Life and Fate』(1980)에서 뛰어나게 기술했다. 이 책은 아마도 1945년대와 1950년대에 쓰인 전쟁에 관한 소설 중 가장 훌륭한 소설일 것이다. 이 격렬한 전투 중에 스탈린그라드가 상징했던 자유를 향한 불꽃은 붉은 군대가 독일에 승리를 거두는 바로 그 순간에 꺼졌다.

러시아의 관점 대 서구의 관점

전후 소련 정부는 스탈린그라드 전투의 영광을 기념하여 소련 영토에서 가장 큰 기념비를 세웠다. 1940년대 말에 개막될 예정이던 이 기념 공간은 1967년에야 개막되었다. 그 중심을 차지하는, 창을 휘두르는 조국의 조각상은 그 크기에서 뉴욕의 자유의 여신상에 맞먹는다. 기념비의 웅장한 연출은 그로스만이 비판하고자 한 전체주의 국가의 권위를 나타내는 것처럼 보일 수 있다. 그 연출에서는 영웅들보다는 그로스만이 찬양한 평범한 군인들, 그리고 전쟁이라는 혼란에 사로잡힌 소련 국민에게서 인간 정신이 고양되었다는 사실이 여러 차례 강조된다. 기념관 벽에는 작가 그로스만의 말이 새겨져 있다. 〈저들이 진정으로 인간이란 말인가? 저들은 과연 죽는 존재인가?〉 이 질문에 대한 답은 지붕이 열린 원형의 능에서 찾아볼 수 있다. 거대한 인간의 팔

하나가 땅에서 솟아나 켜진 횃불을 휘두른다. 벽들은 전투에서 전사한 붉은 군대 군인 수천 명의 이름으로 뒤덮여 있다. 열린 지붕 아래로 공간을 빙 둘러 이렇게 적혀 있다. 〈그렇다. 우리는 죽게 마련인 인간이었으며, 우리 중 극소수만 살아남았다. 하지만 우리는 모두 신성한 조국에 대한 애국의 의무를 완수했다〉(우리가 앞에서 이미 보았듯이 그로스만은 이보다 더 간결하고 덜 애국적으로 표현했다).

소련의 옛 동맹국들에 스탈린그라드가 지니고 있던 상징적인 지위는 1945년이 지나자 즉시 사라졌다. 그 상징적인 지위가 아돌프 히틀러와 〈파시즘〉을 악의 유일한 형태로 규정했다는 사실, 그리고 붉은 군대가 치른 엄청난 희생에 대한 고마움에서 나왔기 때문이다. 점점 반공화되었던 서유럽은 전후 소련을 나치 독일의 〈전체주의〉 쌍둥이로 간주했고, 전쟁에서 소련이 치른 손실을 기념할 마지막 기회조차 사라졌다. 붉은 군대는 스탈린그라드에 대한 기억 대신, 1945년에 베를린에서 자행한 대규모 강간의 기억을 남겼다. 책과 영화에서는 독일 군인들을 더 관대하게 조명했다. 그 예로 「지상 최대의 작전 The Longest Day」(1962)에서 독일군 장교들은 문명화된 인물로 그려진다. 이 영화, 그리고 뒤이어 〈가장 위대한 세대greatest generation〉를 다룬 모든 영화는 블록버스터 「라이언 일병 구하기」(1998)에 이르기까지 제2차 세계 대전 승리의 무대가 서부전선에 국한되었다는 인상을 준다. 1945년 5월에 프랑스 사람들에게 어느 나라가 독일의 패배에 가장 크게 기여했는지를 물었을 때, 조사 대상의 57퍼센트가 소련이라고 답했고 20퍼센트가 미국이라고 답했다. 2004년에 프랑스에서 비슷한 여론 조사를 진행했을 때는 정확히 반대 결과가 나왔다. 조사 대상의 58퍼센트가 미국이 연합국의 승리에서 결정적인 역할을 했다고 대답했다. 오직 20퍼센트만 소련이 그런 역할을 했다고 본 것이다.

그럼에도 불구하고 전반적으로 보았을 때 스탈린그라드는 비록 그 이유는 서로 다르지만 사람들을 계속 매료하고 있다. 전후 서독에서 출간된 허구 작품과 전쟁 회고록들은 독일군 병사들을 히틀러에게 버림받고 소련 폭도들의 손에 넘어간 가여운 희생자로 표현하는 경향이 있었다. 여기에서 소련군은 두 유형의 인물상, 즉 야만적이지만 성격 좋은 러시아인과 교활한 지도원 사이를 오갔다. 스탈린그라드 전투에 참전했고 동독에서 살면서 책을 출간한 독일 참전 군인들의 목소리는 서유럽에서 전혀 들을 수 없었다. 포로였을 때 받은 반파시즘 재교육으로 물든 그들의 이야기는 기억을 정리하는 많은 작업Vergangenheitsbewältigung이 이루어져야 함을 예견했다. 이 작업은 훗날 서독에서 시작되었다. 이 두 유형의 문제 되는 과거를 지닌 사회가 선택할 수 있는 두 가지 서로 다른 입장에 해당한다.

독일 국방군이 동부 전선에서 저지른 범죄 활동들이 1990년대부터 점점 더 비판적인 관점으로 검토되었지만, 스탈린그라드를 바라보는 독일의 관점은 계속해서 자국 군인들의 고통에만 집중했다. 요제프 필스마이어가 1993년에 제작하고 감독한 영화 「스탈린그라드」에서는 단순하고 무지한 젊은이들이 우연히 전쟁에 내던져진다. 그들은 나치를 파괴한다는 거대한 야망과는 아무런 관계도 없는 것처럼 보인다. 2001년에 개봉된 영화 「에너미 앳 더 게이트」는 소련 수비대에 특별히 관심을 보인 최초의 서구 영화다. 전체주의 사고를 완벽하게 표현하는 붉은 군대의 군인들은 그들의 적인 독일군뿐 아니라 자국 정권에 의해서도 가혹하게 다루어지는 것처럼 보인다. 독일군이 퍼붓는 총알을 향해 전속력으로 달리지 않는 병사는 누구든 사살할 준비가 된 독전대의 모습을 보여 줌으로써, 이 영화는 소련 군인들이 싸우도록 만들 이유나 그들이 동일시할 수 있을 대의의 가치를 모조리 떨어뜨린다. 스탈린의 제227번 명령(〈한 발짝도 물러설 수 없다!〉)이 재발견된 지 몇 년 후에 출시된 이 영화는 그 명령이 지닌 실제 파급력을 과장했다. 기밀에서 풀려난 기록들에 담긴 수치로는 소련 정부가 자국 군인들을 그런 식의 대규모 사형을 집행해 죽였을 거라는 생각이 사실인지 확인할 수 없다.

부분적으로는 스탈린그라드에 대한 서구의 관점에 대응하기 위해 2013년에 제작된 러시아의 블록버스터 「스탈린그라드」는 타락한 독일군에 맞서 싸우는 러시아의 슈퍼 영웅들을 그려 보인다. 영화의 원래 의도는 불행히도 풍자화에 가까우며 전쟁 중 소련이 한 선전이 현실이라고 믿게 만드는 이원론적인 연출 때문에 허물어진다. 이 영화는 최근 몇 년간 러시아의 텔레비전에서 방영된 다른 무수한 영화들과 마찬가지로 가식적인 힘performative power을 지녔음이 틀림없다. 많은 러시아인이 제2차 세계 대전 때의 전선이 여전히 존재한다고 생각한다. 러시아의 지원을 받아 우크라이나로부터의 독립을 주장하는 도네츠크 분리주의자들은 자신들을 파시즘에 맞서 싸운 소련 영웅들의 후손으로 여긴다. 키이우에 있는 그들의 적도 마찬가지로 러시아가 동부 우크라이나에 개입한 것을 1944년에 소련이 우크라이나를 〈점령〉한 일이 반복된 것으로 소개하면서 과거를 끌어다 활용한다. 우크라이나와 다른 구소련 국가들의 정부는 소련 시대에 붉은 군대 〈해방군〉의 영광을 기리기 위해 지은 기념물을 철거하라고 지시했다. 예를 들어 2016년에 드니프로페트로우스크, 오데사, 수미, 자포로제(자포리자)에는 〈스탈린그라드의 영웅 거리〉가 더 이상 존재하지 않는다. 하지만 제2차 세계 대전 중에는 러시아인 다음으로 많은 우크라이나인이 스탈린그라드 방어에 가담했다. 이 거리들에는 새로운 국가 영웅들의 이름이 붙여졌다. 그중 일부는 독일에 협력한 이들이었다. 이에 따라 공식적인 기념식들에서는 붉은 군대 소속으로 싸운 9백만 명의 우크라이나 사람들이 소외되었다. 그런데 2015년에 러시아의 지원을 받은 반란 세력에 맞서 도네츠크 공항을 지킨 우크라이나 군인들은 패배하지 않은 스탈린그라드의 수호자에 비유되었다. 그들은 결국 공항을 포기할 수밖에 없었지만, 이 사례는 소련이 스탈린그라드에 대하여 만들어 낸 신화가, 오늘날 우크라이나에서 정부가 제시한 목표에도 불구하고 얼마나 크게 작용하는지를 보여 준다.

현재 스탈린그라드에 대한 해석은 장소에 따라 상당히 다양하며, 이러한 해석들은 전쟁 중에 연합국들이 포위당한 스탈린그라드를 인류 자체의 상징으로 여긴 합의와는 전혀 다르다. 일부 전문가들은, 히틀러가 스탈린그라드를 정복하여 캅카스의 석유 산출 지역들을 차지했다면, 연합군은 제2차 세계 대전에서 승리하기 위해 아마 훨씬 더 큰 대가를 치렀어야 할 것으로 본다. 연합군이 유럽에서 승리하기 위해서는 어쩌면 핵폭탄을 사용하고 그에 따라 우리가 상상할 수 있는 영향을 유럽 대륙이 감당해야 했을지도 모른다. 그런데 나토의 지도자나 유럽 연합의 대표 및 총리들은 대체 몇 명이나 그 전쟁터를 방문하고, 목숨을 바쳐 그들의 문명을 구해 낸 이들을 위해 화환을 놓았는가?

20세기에 벌어진 비슷한 일 하나를 보면 이런 일이 언젠가는 가능하리라고 짐작할 수 있다. 그건 제1차 세계 대전에서 가장 살인적인 전투 중 하나인 베르됭 전투다. 1984년 9월 22일에 프랑수아 미테랑과 헬무트 콜이 두오몽 봉안당 앞에서 서로의 손을 잡았을 때, 그 행동은 전쟁의 국가적 기억이 상호 공동의 추도를 향해 다시 나아가고, 한창 구축되는 중인 유럽 연합의 발판으로 활용될 수 있음을 뜻했다. 당시에 프랑스와 독일의 지도자들은 무엇보다 하나의 서유럽을 상상했다. 오늘날처럼 분열된 세계에서 더없이 멀리 떨어져 있는 것처럼 보이는 하나의 확대된 유럽에 대한 계획은, 러시아와 우크라이나, 독일 — 스탈린그라드 전투에서 가장 큰 손실을 입은 세 나라 — 의 정치 지도자들이 볼고그라드의 공동묘지에서 만나 이 〈제2의 베르됭〉에 대한 기억을 화해와 세계 평화의 상징으로 진화시키기 위해 서로에게 손을 내밀 때 다시금 현실이 될 것이다.

참조

1부 - 02 전투의 종말: 전략가와 전략들 | 11 애국 전선 ‖ 3부 - 11 1914년~1915년, 온 사회가 동원되다

05

남북 전쟁에서 이긴 자는 누구일까?

브라이언 조던[•]

1865년 4월 9일 애퍼매턱스 전투에서 북부 연방군에 패한 남부 연합군은 무기를 내려놓는다. 이렇게 거둔 승리는 내전이 발발한 계기가 된 갈등을 끝내지 못한다. 그리고 국가적 상상력에서 승리한 것은 남부의 이야기다.

1865년 6월 11일, 아이오와주 태생의 테일러 퍼스는 디모인에 사는 아내 캐서린과 세 자녀에게 편지를 썼다. 42세인 그는 군인으로서 더 이상 젊지 않았다. 그는 미시시피주의 진흙투성이 참호부터 버지니아주에 있는 셰넌도어 계곡까지 이동하며 거의 3년간 싸우고 보초를 서면서 매우 값비싼 대가를 치렀다. 1863년 5월 1일 포트 깁슨에서 벌어진 포병전에서 청각을 잃었다. 1864년 9월 19일 제3차 윈체스터 전투에서는 척추에 부상을 입었다. 그로부터 한 달이 채 못 되어 그는 시더 크리크에서 남부군의 일제 사격을 받으며 싸웠다. 경련이나 통증, 장 출혈 같은 더 흔한 질병은 말할 것도 없이 그를 비롯한 수천 명의 참전 군인들이 이러한 증상들로 고통받았다.

이런 다양한 범주의 신체적 고통 말고도, 그는 민간인 생활로 되돌아간다는 생각만 해도 두려웠다. 사우스캐롤라이나주 햄버그 시에 있

• Brian Jordan. 샘 휴스턴 대학교의 조교수. 저서 『고향으로 행군하다: 북부 연방 재향 군인과 그들의 끝나지 않는 내전Marching Home: Union Veterans and Their Unending Civil War』은 퓰리처상 최종 후보에 올랐다.

는 병영에서 동원 해제 명령을 기다리면서 불안감은 커지기만 했다. 며칠 동안 아무런 활동도 하지 않았기에 그는 어쩔 수 없이 믿을 수 밖에 없는 다음과 같은 현실에 직면해야 했다. 1백만 명이 넘는 상이군인을 만들어 내고 75만 명이 넘는 군인, 또 10만 명의 민간인을 죽인 파괴적인 분쟁에서 자신이 살아 남았다는 현실 말이다.

퍼스는 기쁨과 불안 사이를 오갔으며, 미래에 대한 까다로운 질문들 때문에 마음이 편치 않았다. 그는 〈어떻게 돈벌이를 하며 살지 생각하면 무척 걱정이 되오〉라고 쓰면서, 자신의 군 복무 경험이 〈온화하고 조용한 삶과는 공존할 수 없는 감정들을 (그) 내면에 일깨웠다〉라고 고백한다. 그는 무료한 시간을 달래기 위해 자기가 소속된 연대의 〈역사〉를 기록하기 시작했다. 전쟁에 어떤 의미를 부여해야 할 절박한 필요를 느꼈기 때문이다. 그와 국가 전체가 그 전쟁의 원인과 결과, 그리고 전쟁으로 펼쳐진 폭력을 인정할 때까지. 퍼스는 자기 집으로 진정으로 되돌아가는 일은 불가능하리라는 느낌을 받았다. 군대가 동원 해제를 할 수는 있었지만, 수많은 질문은 여전히 대답 없이 남아 있었다.

내전, 특히 더없이 폭력적인 내전은 유감스럽게도 간단히 해소되지 않는다. 남북 전쟁이 좋은 사례다. 전쟁은 각 진영이 상대편이 자신의 미래를 해치려고 적극적으로 공모한다고 믿었기에 미국의 정치 생활을 파괴한 논쟁을 수십 년간 벌인 끝에 발발했다. 서로 양립이 불가능한 신념과 명예 문화에 매우 충실한 양 진영은 필사적으로 상대를 공격했다. 훗날 노예제 폐지론자 프레더릭 더글러스는 〈그건 이념들이 맞부딪친 전쟁이었다〉라고 지적했다. 역사학자 제임스 맥퍼슨은 남북 전쟁에서 병사들의 교육 수준이 상당히 높았음을 잘 보여 주었다. 병사들이 쓴 편지에서는 그들이 전쟁의 쟁점을 매우 정교하게 이해하고 있었음이 드러났다. 맥퍼슨에 따르면, 이념은 빌리 양크Billy Yank나 조니 레브Johnny Reb*가 입대하게 만들었을 뿐 아니라, 종군 기간 내내 군 복무 상태를 유지하게 했다. 실제로 북부 연방군 군인들이 노예 해방 의 필요성을 점점 더 크게 인식함에 따라 그들의 신념은 강해졌으며, 마찬가지로 남부 연합군은 아프리카계 미국인이 북부 연방군의 푸 른 군복을 입은 끔찍한 모습을 보고 더욱 과격하게 저항했다. 양쪽 진 영 군인들의 이념적 열정은 그들의 적에 대한 내밀한 지식과 결합하 여 남북 전쟁에서 엄청난 속도로 대량 학살이 벌어지는 데 기여했다. 이 전쟁이 띤 본질적으로 이념적인 성질 때문에 군인뿐 아니라, 노예 해방을 강압적으로 실시한 이후에 남부의 민간인 대부분이 그 전쟁을 쉽게 잊지 못할 것은 확실했다.

한편 북부의 민간인 대부분은 전쟁을 과거의 일로 치부해 버리자 는 생각을 반겼다. 연방을 유지하기 위한 전쟁이 노예 제도를 끝내려 는 십자군 전쟁이 되기도 전에 그 규모와 전례 없는 폭력성이 불러일 으킨 혐오감으로 인해 북부의 국내 전선은 극심하게 분열되었다. 북 부 사람들은 전쟁 수행 방식과 노예 해방 정책을 두고 대립하느라 전 쟁의 쟁점과 결과에 대해 합의를 보지 못했다. 이러한 현실이 인종적 인 보수주의, 그리고 〈과거를 백지화하려는〉 승자의 얼마간 위선적인 욕망과 결합하여, 적어도 다른 내전들에 비해 상당히 빠른 국가적 화 해를 이끌어 냈다. 화해는 분쟁에 대한 낭만적인 서사를 생산했고, 이 서사에 따라 북부는, 여전히 노예제가 시행되던 행복한 시절의 향수 에 젖어 있는 남부에 대하여 강제력을 발휘하기를 거부했다. 역사학 자 데이비드 블라이트가 설명하듯, 내전의 상처가 아무는 일은 인종 적 정의를 대가로 치르며 이루어진다. 역사학자 존 혼이 쓴 것처럼 만 일 〈평화가 패자로 하여금 승자의 이념과 역사에 대한 승자의 관점을

---

* 연방군의 상상 속에서 빌리 양크(양키 빌리)는 북부 연방을 의인화한 것이고, 조니 레 브(반항아 조니)는 남부 연합을 경멸적으로 나타낸 인물상이다.

받아들이도록 강요하는 것)이라면, 남북 전쟁은 평화로 끝났다고 볼 수 없다.

놀라울 것 없이, 많은 북부 연방군 군인은 집단적인 기억으로 전해지는 이미지에서 자신들이 치른 전쟁을 알아보기 어려워했다. 전쟁의 원인을 연구하고 잘못을 저지른 사람들을 가리키기를 거부한 전쟁에 대한 감미로운 서사가 결국 1865년 4월에 애퍼매턱스에서 남부군의 로버트 에드워드 리 장군이 항복한 이후 수년 만에 승승장구하긴 하였으나, 그 과정은 매우 험난했다. 남부 각지에서 끔찍한 인종 소요와 테러 행위가 대체로 남부군의 회색 군복을 입은 재향 군인에 의해 벌어졌을 때, 북군의 재향 군인들은 자신들이 전쟁에서 진정으로 승리한 것인지 의문을 갖기 시작했다. 과거의 적들에게 〈서로 살육하긴 했지만 그래도 악수를 하라〉고 강요하는 사람들에게 공공연히 적대적이었으며, 분쟁으로 인종 관계와 주 정부에 관하여 더 어려운 새로운 문제가 제기되었을 뿐이라고 믿는 테일러 퍼스 같은 사람들은 전쟁이 자국민들에게 남긴 엄청난 영향을 상기시키려고 애썼다. 역설적으로 화해에 대한 열망 때문에 아프리카계 미국인이 분쟁의 기억에서 지워지고, 남부의 백인들에게 열렬히 숭배받은 조니 레브가 패배 안에서 〈승리〉를 거두었으며, 이로써 북부의 민간인과 북군 재향 군인이 분열했다. 전쟁이 종결되면서 벌어진 이 모든 부인된 것 때문에 내전으로 제기된 더없이 까다로운 문제들이 오늘날까지도 해결되지 않고 그대로 남아 있고, 이 사실은 2015년 6월 17일, 사우스캐롤라이나주 찰스턴에 있는 이매뉴얼 아프리칸 감리교회에서 벌어진 총기 난사 사건에서 비극적으로 드러난다.

해방된 노예에 대한 보복 욕구

1865년 봄, 승리에 대한 의구심이 든 것은 테일러 퍼스만이 아니었다. 미국 전체였다. 남부 연합의 옛 반란자들이 연방의 새로운 요구들을 받아들일까? 아니면 새로운 유혈 사태를 겪게 될 것인가? 과거의 반란자들을 처벌해야 한다면 어떤 식으로 해야 할까? 패배한 군대의 옛 책임자들의 시민권을 박탈해야 할까? 아니면 일시적으로 그들이 국가 또는 연방의 공직을 맡지 못하도록 해야 할까? 그리고 그렇게 하지 않는다면 그들의 충성심을 어떻게 확신한단 말인가? 누가 시민의 자격을 지닐 권리가 있는가? 어떻게 노예는 진정으로 시민이 될 것인가? 그리고 이러한 전환, 과거의 노예와 과거의 주인이 겪을 변화는 어떤 모습일 것이며, 변화를 돕기 위해 정부는 어떤 역할을 해야 할까? 연방 정부는 전쟁으로 인한 부상자와 과부, 고아들에 대하여 어떤 의무를 지는가? 또 폐허가 된 남부의 도시들을 어떻게 재건할 것인가? 수년 후에 프레더릭 더글러스는 이미 몹시 걱정스러운 이러한 질문 목록에 다음과 같은 또 다른 첨예한 질문 하나를 더한다. 〈백인들 간의 전쟁이 흑인에게 평화와 자유를 가져다주었다면, 과연 무엇이 백인들 사이에 평화를 가져다줄 것인가?〉

이 질문들 중 어떤 것도 전례 없던 분쟁이 끝난 후에 쉽사리 대답을 얻지 못한다. 반란자들에게 후회하라고 요구하는 일은 곧 화해 과정을 방해하는 일처럼 생각된 것도 그 이유 중 하나다. 19세기 중반에 미국인의 고전적인 공화주의적 에토스는 군사적인 점령과 계엄법에 반대하는 경향이 있었다. 이러한 조치는 남부의 인종 폭력이 급증하는 것을 제압하기 위해 빠르게 필요해졌다. 북부 연방군이 남부를 점령하는 상황은 전쟁이 끝난 후 수년간 이어졌다. 애퍼매턱스 항복 이후 두 달 만에 남부군 70만 명이 소총을 압수당했다. 연방 점령군은 1877년에 남부에서 완전히 물러났다.

전쟁이 남긴 문제를 해결하는 것은 1865년 4월 15일에 에이브러햄 링컨이 사망하면서 더욱더 어려워진다. 애퍼매턱스에서 남부 연합군이 항복한 지 5일 뒤에 남부 연합 지지자인 26세 청년 존 월크스 부스가 워싱턴의 포드 극장에서 링컨 대통령을 살해했다. 보수파 민주주의자에 천박한 인종주의를 신봉하던 남부파 앤드루 존슨이 그 뒤를 이어 대통령이 되었다. 희생당한 대통령이 4월 11일에 한 마지막 연설에서 교육받은 아프리카계 미국인과 흑인 참전 군인을 해방하는 일은 충성심과 〈연방주의unionism〉를 보장하는 주요 보루 중 하나가 될 거라는 말을 무시한 채, 존슨 대통령은 북부가 거둔 승리의 결실을 수확해야 할 〈재건Reconstruction〉에 전혀 관심을 기울이지 않았다.

존슨은 전쟁 중에 자신이 〈배신을 추악한 것으로 만들〉고 해방된 사람들을 〈약속의 땅〉까지 인도하겠다고 약속했음에도 불구하고, 대통령으로서 패배한 반란자들에게 매우 관대했다. 그는 남부의 군 지휘관이나 정치인 수천 명을 사면했을 뿐 아니라, 남부 연합에서 지방 민사 권력의 지배권을 되살린 임시 정부들을 지원했다. 이 임시 정부들은 해방된 아프리카계 미국인 노예들이 그토록 힘겹게 갓 획득한 시민으로서의 이동권과 자율성, 자유를 제한하는 흑인 단속법Black Codes을 도입했다. 이 주들은 과거와 똑같은 백인 지역 유지들을 다시 선출하고 의회로 보내 전쟁 이전과 똑같은 의석을 차지하게 만들었다. 더 나쁜 것은, 북부 연방군이 몰수한 대서양 연안의 땅 수천만 제곱미터를 옛 노예들에게 나누어 주기로 한 윌리엄 테쿰세 셔먼 장군의 특별 야전 명령 제15호Special Field Order n°15를 존슨이 폐기한 것이다. 그는 흑인이 해방되었음에도 불구하고 대농장 주인들에게 그들의 땅을 되돌려 주었다.

내전 때 함께 싸운 부대끼리 가끔 모이던 많은 남부 재향 군인들은 자신들에게 찾아온 행운에 놀라며 직접 나서서 아프리카계 미국인과 그들을 지지하는 공화주의자들을 냉혹하고 의도적인 폭력을 사용해 공격하기 시작했다. 남부 백인들은 이제 내전 시기의 격렬한 전투 대신, 간헐적이지만 전쟁 때만큼이나 음산한 반혁명 활동을 벌였다. 남부 각지에서 이제 막 해방된 노예들이 총에 맞아 죽고 강간당하고 목매달려 죽임을 당했으며 다양한 방식으로 고문당했다. 1866년 봄과 여름에 일어난 인종 폭동으로 온 국가의 관심이 테네시주의 멤피스와 루이지애나주의 뉴올리언스 두 도시로 쏠렸다. 남부 주민들은 전쟁에서 패배하여 충격을 받았지만 노예 해방에 분개해 보복의 열망을 점점 더 해소하기 힘들어 했다. 1867년 봄부터 공화당 급진파가 앤드루 존슨에게서 재건 사업의 통제권을 빼앗아 남부에 대한 군사적 통제를 되살리고 아프리카계 미국인과 카펫배거carpet-baggers(남부 재건 사업에서 정치적 이득을 얻으려고 북부에서 이주해 온 사람들을 일컫는 경멸어), 스캘러왜그scalawags(이득을 보려고 재건 시기 동안 북부의 공화파가 강요한 규정을 따른 남부 사람들)들이 관리하는 정부를 남부에 수립하면서 이런 상황은 더 악화되었다. 남부의 백인 민주당파는 〈속죄redemption〉라는 이름으로 알려진 시기에 유권자들을 위협하고 두건을 쓰고 테러 행위를 자행함으로써 공화파 정권을 매우 빠르게 몰아냈다.

북부 연방군의 재향 군인들은 자신들이 거둔 〈승리〉가 위험에 처했다는 사실을 완벽하게 인식하고 남부에서 벌어지는 폭력을 면밀히 주시했다. 1866년에 육해군 회의가 개최되었을 때 벤저민 버틀러는 〈마지막 반란군이 항복했을 때 우리는 바랐지요. (……) 우리 군대가 어디에서나 승리했을 때, 평화와 화합, 단결이 지배할 거라고요〉라고 말했다. 〈배신과 반항의 정신은 1861년과 전쟁 때만큼이나 복수심에 차 있고 살인적입니다〉라고 T. S. 애틀리는 씁쓸하게 통탄했다. 연방군의 많은 군인이 다시 한번 전쟁터에서 적과 맞붙는다면 그들을 〈살려두지〉 않을 거라고 단언했다. 이런 식의 감정은 북군 전쟁 포로들이 수척해진 모습으로 고향에 돌아와, 1만 3천 명 이상이 굶주리거나 학대를 받아 죽은 조지아주 남서부의 유명한 포로 수용소 앤더슨빌에서 자신들이 겪은 음울한 일들을 증언했을 때 더욱 강해졌을 것이다.

북부의 조급함: 잊어버리기

애도, 죄책감, 고통은 북부 연방군의 재향 군인들이 보내는 주의 하라는 호소에 더없이 다급하다는 느낌을 부여했다. 테일러 퍼스 같은 재향 군인들은 그 결말이 여전히 의문스러운 전쟁을 끊임없이 곱씹었다. 그들은 전쟁에서 죽은 전우들을 생각하며 울었다. 그들은 대체로 어린 시절 친구이거나 전쟁 전에 알던 사람들이었다. 자원병 부대가 지역 단위로 모집되었기 때문이다. 뉴욕에 사는 한 재향 군인은 1866년에 재향 군인 신문사의 편집장에게 보낸 편지에서 자기 연대 소속의 전우 여덟 명이 죽었다고 통탄했다. 그는 친구들과 동시에 자신의 순진함도 땅에 묻었다. 〈친애하는 잭, 4년이 지났고, 이제는 너와 나밖에 남지 않았어.〉 만일 그들이 승리의 결실을 거두지 못한다면, 전우들의 죽음은 헛되게 될 것이었다. 어떤 사람은 〈과거 반란자들과 그들의 법이 다시 지배하도록 놔둔다면, 이 공화국에 충성한 사람들이 흘린 모든 피, 그들이 희생한 모든 보물은 대체 무슨 값어치가 있단 말인가?〉라고 자문했다.

일부 남부 사람들이 직접 보복에 나서면서 많은 북군 재향 군인이 가진 두려움, 즉 전쟁이 아직 끝나지 않았다는 두려움이 현실로 확인되는 가운데, 끔찍한 환멸을 일으킨 것은 무엇보다 북부의 민간인들이 국민적 화해를 이룬다는 생각에 믿을 수 없을 만큼 열의를 보였다는 사실이다. 남부 백인들의 인종주의를 상당히 공유한 그들은 전쟁으로 황폐화된 영토의 현실을 몰랐고, 승리를 거두었으니 연민을 보여야 한다고 판단했다(링컨이 두 번째로 후보에 지명되었을 때 한 연설의 결말부에서 말한 것처럼 〈그 누구에 대한 악의도 없이, 모두에게 베푸는 마음으로〉). 많은 북부 사람들은 조급함밖에 없었다. 바로 용서하고 잊어버리는 것이다. 심지어 『뉴욕 데일리 트리뷴New York Daily Tribune』의 편집장인 게릿 스미스와 호레이스 그릴리 같은 일부 급진적인 노예제 폐지론자들조차 화해의 찬가를 부르기 시작했다. 1867년에 스미스와 그릴리는 남부 연합의 전 대통령인 제퍼슨 데이비스의 보석금 10만 달러를 모금하는 데 가담했다. 재향 군인들은 이런 일들을 지켜보며 순전한 배신감만 느꼈다. 〈제퍼슨 데이비스는 지금 영웅 대접을 받고 있고, 사람들은 북부 연방을 보전하기 위해 싸운 군인보다 그 사람을 더 잘 챙긴다〉라고.

북부의 민간인들은 〈똑같이 영웅적인〉 북부와 남부 군인들을 동시에 찬양했다. 화해를 강조하는 일은 전쟁의 원인(노예 제도)과 쟁점(인종 평등)을 고찰하기를 거부하게 만들어 점점 더 소외되어 가던 옛 노예들의 자유를 위험에 빠뜨렸다. 화해는 또한 신체적·심리적으로 부상당한 재향 군인들에게 사회의 다른 구성원과 더불어 전쟁 체험을 공유할 가능성도 빼앗았다. 일부 사람들은 적에게 포로로 붙들린 경험과 남부 사람들의 악행에 대한 잔혹한 이야기를 하는 것이 쓸데없이 불에 기름을 붓는 일이라고 보았다. 출판사들은 적군과 화해하는 이야기나 양쪽 진영 군사 지휘관들의 명예와 올곧음을 찬양하는 이야기를 전하는 쪽을 선호했다. 앤더슨빌 수용소 생존자들의 여러 증언에도 불구하고 논평가들은 그 이야기의 진실성을 의문시했다. 캔자스주의 한 주민은 존 매켈로이의 포로 생활 회고록 낭독을 마치면서 옛 전쟁 포로에게 그 이야기의 세부 내용이 완전히 허구임을 진술해 달라고 요구하기도 했다. 심각한 정신적 후유증으로 고통받던 재향 군인들은 옛 전쟁 포로 단체 바깥에서는 자기 이야기를 호의를 갖고 들어줄 사람을 찾을 수 없었다.

남부의 재향 군인들이 전쟁으로 초토화되었지만 노예 없는 사회를 살아가야 한다는 음울한 전망 때문에 한마음이 된 공동체로 되돌아간 것과 반대로, 북군의 백인 군인들은 내전 때문에 어떤 면에서 북부 사회에 대하여 정서적·정치적으로 이방인이 되었다. 애초에 이 모든 군인들이 노예 해방 계획을 똑같은 열정으로 신봉한 것은 아니었다. 하지만 전쟁으로 인해, 아프리카계 미국인이 전방이나 후방에서 싸우는 모습을 보며, 그들은 노예제를 폐지해야 할 필요를 확신하게 되었다. 그들은 남부 사람들이 얼마나 집요하게 자신들의 〈특별한 제도peculiar institution〉에 집착하는지를 보았다. 고향에 돌아오니 그곳에서도 노예 해방을 거부하는 경향이 이어지고 있었다. 그리고 1863년 여름에 북부의 몇몇 대도시에서 〈징병 거부 폭동〉이 벌어졌을 때 특히 극적인 방식으로 드러났다. 테일러 퍼스가 자기 부대의 역사에 적었듯, 그가 보았을 때 투쟁에 충분히 개입하지 않았던 사회로 되돌아온다는 생각에 걱정한 것도 전혀 놀랍지 않다. 그는 아내 캐서린에게 보낸 다른 편지에서 북부 연방이 기울인 전쟁 활동의 가장 냉혹한 적들이 어떻게 되었는지 묻는다. 〈그 코퍼헤드*(전쟁에 완강히 반대했고 남부 연합과 즉각 화해하는 일에 우호적인 북부의 민주당 그룹들로, 공화당의 정적들에게 이런 별칭으로 불렸다) 들은 여전히 물어뜯을 기세인가요? 아니면 드디어 돌 밑에 몸을 숨겼나요?〉

애퍼매턱스에서 이루어진 항복 이후 몇 주 동안 숙영지의 모닥불 가에 쪼그려 앉아 자신이 귀향하면 어떤 대접을 받을지 스스로 물은 것은 패자가 아니라 승자들이었다. 반면에 아프리카계 미국인 군인들은 전쟁의 최고 목표가 노예 해방이던 공동체에 합류할 준비를 하면서 이러한 염려를 공유하지는 않은 것처럼 보인다. 일부 병사들은 신중을 기하느라 전쟁이 자신들을 얼마나 바꾸어 놓았는지 가족과 지인

* copperhead. 구릿빛 독사의 한 종류.

에게 미리 설명하려 했다. 펜실베이니아주 출신인 기병 연대 소속의 어느 군인은 약혼자 레이첼에게 그녀의 인내와 이해심을 구한다고 몇 줄 적어 보냈다. 한편 새뮤얼 코마니는 이제 자신이 쉽게 화를 내고, 예전과 달리 위스키를 즐겨 마시며, 아내의 기대에 다시 부응할 희망을 버렸다고 주의를 주었다. 1865년 7월 4일, 제15군단의 어느 군인은 켄터키주 루이빌에서 걱정에 잠긴 채 가족에게 예고한다. 그들이 자신을 알아보지 못할 게 틀림없다고. 그는 〈이름만 참전 용사가 아니었다. 외모도 참전 용사였다〉. 그 군인에게, 그리고 팔 하나를 잃었고 대부분 의수에 해당하는 것을 착용하기를 거부한 2만 5천 명이 넘는 군인들에게 〈참전 용사veteran〉라는 이름은 동원 해제 문서로 부여받은 단순한 지위를 훨씬 뛰어넘는 것이었다.

1865년 여름에 빌리 양크를 맞이한 재회 파티와 깃발로 장식된 거리, 훈훈함이 넘치는 연설에도 불구하고, 그들이 북부의 민간인에게 품었던 회의적인 생각은 슬프게도 옳았다는 사실이 이내 확인된다. 기자들은 〈목발을 사방으로 흔들어 대며〉, 〈전쟁이 아직 끝나지 않았다〉고 끊임없이 설명하는 〈외다리 군인들〉을 비난했다. 수많은 민간인이 〈공화국의 위대한 군대Grand Army of the Republic〉 같은 재향 군인 단체들이 자비와 충성, 〈전쟁 중에 맺은 우정〉에 열광하는 것을 암울한 반(反)남부 정책 계획을 뒤에 감춘 수사 기법으로 여기며 그 단체들을 의심스러운 눈으로 바라보았다. 심지어 매년 5월 30일마다 참전 용사들이 전우들의 묘에 화환을 바치는 전몰장병 추모일Decoration Day 행사조차 그 엄숙함에도 불구하고 비판을 가라앉히지 못했다. 1875년부터 언론 사설에서는 아직도 완전히 꺼지지 않은 분쟁의 불씨를 다시 키우기만 하는 기념행사를 멈추어야 한다고 요구하기 시작했다.

부상자 연금에 들이는 〈과도한〉 비용

승리가 북부 사람들을 미래로 향하게 했다면, 패배는 남부인들을 과거에 다시 몰입하게 만들었다. 남부 참전 군인들에게 주어지는 공식적인 정부 지원이 없었기 때문에(비록 20세기 초에 남부의 일부 주는 과거의 반란군에게 연금을 지급하고 인공 보철구를 제공했지만), 남부의 백인들은 〈잃어버린 대의〉의 영광을 상징하는 〈살아 있는 기념물〉로 숭배받은 조니 레브에게 물질적·영적·정서적 지원을 제공하기 위해 결집했다. 조니 레브는 적의 무력 동맹에 맞서 숭고한 전투를 벌였고, 땅과 가정을 수호하기 위해 싸웠다. 따라서 고통과 희생으로 탄생한 국가가 이제 그에게 감사를 표현하는 일은 당연했다. 역사학자 캐럴라인 E. 제니가 보여 주었듯 여성 추모회Ladies Memorial Associations는 미국 남부 전역에서 모금했고, 남부 연합의 전몰장병 추모일Memorial Day에 묘지를 꽃으로 장식했으며, 자기 고향에서 먼 곳에서 사망한 군인의 시신을 송환하는 일을 계획했다. 노예가 해방된 사회에서 전쟁 이전의 삶을 재건하는 일은 간단하지 않았으나, 참전 군인들은 남부 민간인들이 고마운 마음을 지녔다는 사실을 확신하며 이 엄청난 일에 착수할 수 있었다.

반대로 북부의 주들에서는 감사 표현이 훨씬 더 모호했다. 연방 정부가 전투가 종결되기도 전에 전쟁 부상자에게 연금을 지급했지만, 그 일에는 논란이 따랐다. 전쟁 중에도 부상자들은 평균 월급의 4분의 1에 해당하는 금액만 받아야 했다. 민간인들은 그것이 연방 예산에서 차지하는 〈과도한 또는 견딜 수 없는〉 비중을 염려했다. 참전 군인들 입장에서 안타깝게도, 군인 연금은 국가가 보여 주는 감사의 표시라기보다는 자선 행위로 인식되었다. 시간이 흐르면서 〈공화국의 위대한 군대〉 단체의 로비 덕분에 시력이나 양팔, 양다리를 잃은 사람에 대한 보상의 기준을 정립하기에 이르렀다. 이 법을 전체적으로 살펴보면 전쟁 부상의 음울한 목록이 드러난다. 미국 의회는 장애에 〈등급〉을 매겨 가령 〈육체노동을 수행할 능력이 없는〉 재향 군인이나 더 이상 자율적으로 살아갈 수 없는 이들을 배려했다. 정신적 부상의 경우에는 아무런 보상도 주어지지 않았다. 의사들이 정신적인 외상을 전쟁터에서 생긴 특정 사건에 확실한 방식으로 연결시킬 수 없다고 판단했기 때문이다.

당시에 시행되던 법을 이해하기란 매우 까다로웠다. 재향 군인이 행정 절차를 진행하는 데 도움을 받으려고 변호사를 선임하는 경우도 있었다. 연금을 받으려면 신청자는 자신의 요구가 정당함을 확인하고, 군 복무와 부상의 관계를 확증하고, 자신의 도덕성을 증명하기 위해 전우들로부터 무수한 증언을 받은 뒤 공증을 받아 행정 기관에 제출해야 했다. 그리고 나면 연금 부처는 신청자가 지나치게 까다로운 의료 검사와 가끔은 모멸감을 주는 면담을 받도록 했다. 보스턴의 어느 검사관은 전투에서 부상당한 뉴햄프셔주의 한 참전 군인의 왼쪽 팔을 잡아당긴 다음에 〈당신은 아프다고 하는데, 거짓말하는 거잖소!〉라고 고함쳤다. 1890년 6월 27일에 벤저민 해리슨 대통령에 의해 부양 연금법Dependent Pension Act이 공포되고 나서야 다달이 지급되는 이 연금이 규정에 맞게 복무를 완수한 연방군의 모든 군인에게 주어진다.

하지만 그때는 이미 중상을 입은 재향 군인은 대부분 사망한 상태였다. 일부 추정에 따르면, 약 20만 명이 리 장군이 항복한 후 5년 내에 부상으로 사망했다. 1885년에 뉴햄프셔주의 어느 재향 군인은 〈나의 전우들은 한 명씩 사라져 갑니다〉라고 탄식했다. 생존자들의 투지도 부분적으로 무뎌졌다. 일부 빌리 양크(북군 병사)들은 죽음이 다가오자 〈화해 문화〉를 받아들였다. 어떤 이들은 〈결코 잊지 않으리라〉라고 말했지만, 다른 이들은 남북 전쟁 중 가장 격렬한 전투 중 하나의 50주년을 기리는 만남에서 게티즈버그 묘지 위에 세운 낮은 돌담 위로 적과 악수하기를 더 이상 주저하지 않았다. 남부 출신 민주당원 우드로 윌슨 대통령은 전쟁이 이제는 〈잊힌 대립〉이라고 연설했다. 이 장대한 만남은 국가적 상상력에서 전쟁에 대한 남부의 서사가 최종적으로 승리했음을 보여 주는 표시였다. 집단 폭행과 인종 분리, 선거권 박탈이 자행되는 새로운 시대를 예고하는 승리 말이다.

이리하여 테일러 퍼스가 동원 해제되기 전날에 예견했듯, 북부 연방군의 결정적인 군사적 승리는 남북 전쟁을 〈종식〉시키지 않았다. 분쟁은 재건 시대를 특징지은 인종 폭동과 정치적 대결의 형태로, 더 넓게 보면 전쟁의 기억을 둘러싼 충돌의 형태로 계속 이어졌다. 또한 그 상처가 대부분 아직 아물지도 않은 상이군인들, 그리고 정신적 부상자들이 연금과 일종의 감사 표시를 얻기 위해 벌이는 끝없는 투쟁을 통해서도 분쟁은 계속 이어졌다. 이러한 신체적·심리적·정신적 후유증은 국가적 상상력에서 남북 전쟁의 〈끝나지 않은 작업〉을 자명하게 보여 준다.

근대 전쟁을 연구하는 정신 의학자들에 따르면, 동원 해제가 실제로 〈끝나는〉 것은 오직 민간인이 어떤 분쟁에 들어간 대가와 그 영향을 완전히 깨달았다고 군인들이 판단하는 순간부터다. 내전에서는 전쟁이 끝난 후 패자와 승자가 가까이 지내기 때문에, 이러한 절대적인 필요는 더욱 절박하다. 북부 연방의 참전 군인은 1872년에 이렇게 언급했다.

나는 모든 군인이 느끼는 감정, 그리고 그들 모두 마음속으로 하는 기도를 충실히 전한다고 믿으며 말하건대, 그들이 (……) 가장 단순하게, 가장 정직하게, 그리고 아무런 사심 없이 원하는 것은 바로 (……) 그들이 국가의 안녕과 단결 유지, 연방 정부의 정당하고 입헌적인 권위를 유지하기 위해 치른 수고와 고통, 희생 덕분에 얻은 결과가 돌이킬 수 없이 사라지지 않는 것이다.

하지만 양쪽 진영의 미국인들이 국가적 화해라는 입장을 지나치게 빠르게 채택하면서 한 세기가 지나도록 이러한 결과에 이를 수 없었다.

테일러 퍼스는 작열하는 태양과 쏟아지는 빗줄기를 번갈아 맞으면서 7주 동안 쉬지 않고 힘겹게 걸은 끝에 1865년에 대번포트에 도착했다. 그는 임시로 디모인의 한 정육점을 위해 가축을 구매하는 일을 구했으나 포기했다. 1866년부터 1870년까지는 공장에 취직했지만 전쟁으로 입은 부상 때문에 너무 고통스러워 일을 그만두어야 했다. 그는 1881년에 정부 연금을 받기 위한 요청서에서 〈나는 더 이상 간단한 대화조차 계속 이어 갈 수 없다. 그래서 직장을 구하지 못한다〉라고 불평한다. 퍼스는 20년을 더 살다가 20세기가 시작되는 때 기진맥진하여 죽는다. 새로운 자녀가 태어나 기쁨을 느끼기는 하였으나, 애퍼매턱스 전투 이후로 그가 느낀 최악의 두려움은 대부분 실현되었다. 국가적 화해가 무엇보다 중시되었고, 그의 건강은 서서히 악화되었다. 퍼스의 딸은 부친의 말년에 〈아버지가 고통을 느끼지 않은 날은 단 하루도 없었다고 생각한다〉라고 적었다.

참조

3부 - 15 이웃 사람을 죽이기 ‖ 4부 - 02 병사의 귀향 | 10 재판하기, 진실을 말하기, 화해하기

06

애도를 위한 시간

아네트 베케르*

전사자 이름을 하나하나 부르기. 이 관행은 남북 전쟁부터 시작되어 그 이후로 멈추지 않고 계속 이어졌다. 총력전으로 대규모 사망이 모든 이의 삶에 들어서면서 애도하는 사회적 관행 일체가 바뀌었다.

나는 집 여기저기에 사진을 걸어 놓았다. 그러면 마음이 좀 진정된다. (……) 우리는 아이에게 기념물을 만들어 주었다. (……) 나는 마땅히 해야 할 일은 전부 다 했다. 우리 아들이 만족해할 것이다. (……) 나는 자주 이렇게 생각한다. 그래, 그들은 영웅이야! 라고. (……) 영웅들이 엄청나게 줄지어 늘어서 있다……. 하지만 다른 때면 나는 정부를, 정치인들을 저주한다……. 그 애를 가르친 것은 나 자신이었다. 〈의무는 의무란다, 아들아. 의무는 신성한 것이야〉라고. (……) 나는 그 아이의 무덤에 난 꽃과 뿌리, 잡풀을 하나하나 맞이한다. 〈너는 그곳에서 왔니? 그 애랑 함께 있었니? ……너는 내 아들이 보낸 거니……?〉

• Annette Becker. 파리 낭테르 대학교의 현대사 교수. 20세기 전쟁 폭력을 연구한다. 『재앙을 예고하는 전언자들: 라파엘 렘킨, 얀 카르스키, 그리고 제노사이드 *Messagers du désastre. Raphael Lemkin, Jan Karski et les génocides*』를 출간했다.

벨라루스의 작가이자 기자인 스베틀라나 알렉시예비치는 면담과 증언으로 이루어진 자신의 책 『아연 소년들』(1989)에서 아프가니스탄 전쟁으로 애도의 슬픔에 잠긴 소련 사람들의 고통을 드러내 보여 준다. 저자는 그들을 통해 모든 근대 전쟁을 이야기한다. 근대 전쟁에서 사람들은 남북 전쟁에서 그랬듯 질병으로 죽는 게 아니라, 근대 무기로 몸이 갈가리 찢기고 또 정신적 외상으로 고통을 당해 영혼이 갈가리 찢겨 죽는다. 애도와 슬픔의 인물상, 집단적 인물상, 개별적인 인물상들. 울고, 기도하고, 속삭이고, 무덤에 가고, 고함을 지르고, 기념물을 건립하고, 전우들을 다시 만나고, 그들을 피하고, 온갖 미신과 주술을 시도하고, 검은색/하얀색 옷을 입고, 완전히 홀로되고, 적을 비난하고, 적을 찾아 나서고, 자신의 불행을 집단적인 기념행사에서 공유하고, 마찬가지로 상을 당해 애도하는 이들이라 할지라도 다른 사람들을 멀리하기.

그런데 시신이, 무덤이 없을 때에는 어떻게 할까? 더욱이 명분이 없고, 신성한 것도, 영웅도 없다면? 대규모 학살과 제노사이드로 죽은 이들이 군복을 입은 군인이나 전투원, 간호 인력, 어른이 아니라 민간인, 분쟁의 〈무고한 희생자〉이고 아르메니아인, 유대인, 보스니아인, 투치족이라는 이유로 몰살당한 어린이, 노인이라면?

근대의 애도는 근대의 죽음, 전면적이 된 전쟁의 죽음과 함께 이루어진다. 전면적인 애도라고 해야 할까? 이 죽음과 슬픔, 기억의 〈실험실〉을 탐색하고, 사회적 관행이 개인적인 힘보다 우위를 차지하는 상황에서 이러한 것들을 인식하고 개념화하는 어려움을 탐색해 보자. 내밀한 애도부터 집단적인 애도까지, 사적인 애도에서 사회적인 애도까지를 일컫는 애도, 슬픔, 비탄, mourning, bereavement, sorrow 등 번역이 불가능한 그토록 수많은 단어로 표현되는 것을 말이다. 르완다의 투치족 집단 학살에서 살아남은 어느 여성이 말하듯, 〈다른 사람들의 집에서 울 수는 없는 노릇이다). 그렇다면 대체 어디에서 어떻게 운단 말인가?

산업화한 죽음

그 일을 직접 겪지 않은 사람들은 이해할 수 없다. (……) 통계는 피를 흘리지 않는다. 중요한 게 무엇인지 아는가? 세부 사항이다. 오로지 세부 사항만이 중요하다.(아서 쾨슬러, 1943)

쾨슬러처럼 피를 흘리지 않고 울지도 않는 통계는 제쳐 두고, 망각, 억압, 극복해 가는 과정까지 애도의 세부 사항을 살펴보며 그 피와 눈물을 이해하려 해보자. 해나 아렌트가 『인간의 조건』(1958)에서 행동 개념을 다룬 장의 첫머리에 덴마크 사람으로 필명이 아이작 디네센인 카렌 블릭센의 글을 인용한 것은 우연이 아니다. 〈All sorrows can be borne if you put them into a story or tell a story about them(어떤 슬픔이든 그 슬픔을 이야기 안에 넣거나 그것으로부터 이야기를 만들어 내면 그것은 참을 만한 것이 된다).〉 겉보기에 이야기로 만들 수 없어 보이는 것, 고통과 아픔, 상실의 내밀함을 이야기로 다루기, 아연 관들과 시신을 파낸 구덩이를 넘어서서 의미와 감정, 소리와 냄새, 소중한 물건들, 사진들 곁에 머물러 있기. 왜냐하면 애도의 이야기를 만드는 것은 곧 발굴해 내는 일, 글이나 표현에 드러난 부조리의 끝까지 가보는 일, 신체나 영혼이 부상 입기 직전, 죽음 직전, 공포와 슬픔, 피와 눈물의 와중으로 가보는 일이기 때문이다. 혼돈과 우연만 있는 그곳에 주관적인 질서, 사회 과학의 기준에 의존하여 단어와 서술의 질서가 인정받도록 시도하는 일이다. 한 가지는 확실하다. 이러한 느낌들을 이야기로 만드는 게 가능하다는 사실이다. 극단적인 고통에 대한 체험은 전달할 수 없거나 들을 수 없다는 게으른 진부함topos에도 불구하고 말이다.

전쟁으로 인한 애도를 연구하는 것은 인간을 개인으로서 인식하는 일과 그들이 전쟁터에서 집단적으로 소멸한 사실에 대한 인식을 혼합하는 것이다. 19세기 말에 대규모 죽음은 인구의 폭발적 증가와 결합한다. 역사상 처음으로 부모와 조부모는 이후 세대들과 오랫동안 삶을 공유하게 되었다. 이제 더 이상 아주 젊은 나이에 죽지 않는다. 하지만 제1차 세계 대전으로 1천만 명의 사망자와 그만큼 애도하는 많은 인물상이 생겨났다. 그들은 오늘날까지도 전쟁에 참전한 사회를 대표하는 인물상이다. 나폴레옹 시대에 벌어진 대규모 죽음 역시 장군들을 제외하면 시신과 이름이 없는 상태에서 비밀스러운 행동 양식을 만들어 냈다. 사망자 개개인의 이름을 부르기 시작한 것은 남북 전쟁 이후부터이고, 이러한 관행은 그 이후로 멈추지 않았다. 그렇다면 사적인 애도 관행은 세기를 거치면서 진정으로 변화했나? 가령 제1차 세계 대전 이후에 프랑스의 가장 작은 마을에도 있는 전사자 기념 축조물을 보면 거기에는 〈도시의 아들들〉이 높이 매달려 있다. 어린 소년 소녀들은 그들을 바라본다. 전쟁으로 세대의 질서가 전복되어, 자녀는 영원히 젊은 그들의 아버지들보다 훨씬 늙어서 죽는다.

연령 피라미드와 남성 쪽에 길게 파인 홈을 보는 것은 애도가 온 사회에 교묘하게 스며드는 모습을 보는 일이다. 지크문트 프로이트는 몇 년간 숙고한 끝에 1915년에 『전쟁과 죽음에 대한 고찰』에서 1914년 이전의 인간은 〈삶에서 죽음을 제거하려〉 했지만, 이제 전쟁이 죽음을 산업화한 수준으로 가져왔다고 썼다. 프로이트는 죽음을 삶에 다시 편입하자고 제안했다. 〈삶을 견뎌 내는 일은 엄연히 모든 생명체의 첫 번째 의무다. (……) 오래된 격언을 기억하자. Si vis pacem, para bellum, 즉 평화를 유지하고 싶다면 전쟁을 위해 무장하라. 이 격언을 다음과 같이 바꾸는 것이 시기적절할 것이다. Si vis vitam, para mortem, 즉 삶을 견뎌 내고 싶다면 죽음을 위해 준비하라.〉〈준비한다〉는 것이 과연 죽음을 애도하는 것인가? 아니면 죽음을 애도하기가 불가능함을 발견하는 것인가? 프로이트는 〈죽음이 우리 가까운 이들 중 한 사람, 부모나 배우자, 형제나 자매에게 닥쳤을 때 경험하는 완벽한 붕괴〉를 묘사한다. 〈우리는 그와 더불어 우리의 희망과 요구 사항과 즐거움도 땅에 묻으며, 슬픔을 달래려 하지 않고 우리가 잃은 사람을 대체하기를 거부한다.〉

재향 군인들은 후방에 남아 있던 남녀와 어린이들과 마찬가지로 이제 영웅주의와 평화주의 사이에 놓인 죽은 자들의 가치 안에서 살아가야 한다. 그 죽음은 길들일 수 있는가? 〈예전에 죽음은 삶의 일부가 아니었다. 죽음에 대해서는 돌려서 넌지시 말했다. (……) 고심해서 생각해 낸 조심스러움이 배어 있는 완곡한 말로 죽음을 알렸다. 오늘날 죽음은 삶의 사안들과 긴밀하게 연결되어 있다〉(조르주 뒤아멜). 하지만 가까운 사람을 여럿 잃은 어떤 이들은 애도할 힘도 더 이상 없다고 증언한다. 부재의 슬픔을 느끼려면 살아 있어야 한다. 가까운 사람의 사망을 알리는 참담한 전보를 전해야 한다는 생각에 두려워하는 시장들부터 자기 아들이 레바논 전쟁에서 죽은 슬픔을 〈회피하는〉 이스라엘 작가 다비드 그로스만에 이르기까지, 여러 이야기와 표현은 애도가 불가능하고 무한하다는 사실을 동시에 드러낸다. 〈As tired bullocks and bull buffaloes lie down at the end of monsoon, so lies the weary world. Our hearts are breaking(지친 송아지와 버팔로들이 장마 끝에 쓰러지듯 세상은 지쳐 있다. 우리들의 마음은 부서지고 있다)〉(제1차 대전에 참전한 어느 인도 병사).

병사에 대한 숭배

나는 그림을 하나 그렸다. 죽은 아들을 두 팔로 안고 있는 어머니 그림이다. 내가 그림을 수백 점 그린다 해도 그 아이에게 다가갈 수는 없을 것이다. 나는 그 애를 찾아 헤맨다. (……) 나는 만신창이가 되었고 우느라 지쳤다, 텅 비어 버렸다.〉

어머니인 케테 콜비츠는 자신의 애도를 묘사한다. 그것은 전쟁으로 입은 상처이고, 그녀는 그로부터 30년 후에 죽을 때까지 그 상처를 지니고 산다. 화가인 그녀는 플랑드르 지방에서 1914년 10월 23일에 죽은 아들에게 기념비를 만들어 주고자 했다. 전쟁은 병사들과 헛된 기대만 죽이는 게 아니다. 전쟁은 사회 전체를 정신적 불구로 만든다. 전사했다는 소식이 국내 전선에 있는 부모와 아내, 자녀에게 도착하면 공포가 엄습한다. 화가는 개인이자 가족으로 자화상을 그리면서, 애도에 대한 종교적 도상과 평화주의적인 전투적 태도 사이에 위치한 보편적인 것을 건드린다. 그녀는 아들 페터를 자원병으로 떠나게 놔두었다는 죄책감을 느끼며 무엇보다 어머니들이 사로잡히는 처절함을 상기한다. 어머니는 모두 예수를 안은 성모, 칠고(七苦)의 성모, 피에타가 된다. 신체적·정신적으로 쇠락한다는 인상, 자기 자신이 스스로에게서 사라진다는 느낌, 남아 있는 이들을 사랑하는 일이 불가능하다는 느낌. 자신의 개인적인 재앙에 보편적인 형태를 부여하려고 안간힘을 쓰는 일. 부모, 과부, 형제자매, 친구들은 서로 얼싸안고, 함께 울고, 약해지고, 견뎌 낸다. 애도의 범위는 전쟁으로 인한 고통의 범위를 연장한다. 사람들은 가족부터 직장, 종교 단체를 거쳐 국가로까지 이어지는 공동체 속에서 함께 버티며, 함께 운다.

하지만 상을 당해 슬픔에 잠긴 사람들이 주로 보이는 태도는 고립이다. 모든 사람은 혼자다. 신앙을 지닌 사람조차도. 미레유 뒤푸에는 비밀스러운 기록과 1915년 4월 3일에 죽은 남편에게 계속해서 쓰는 편지를 뒤섞는다. 그는 해군 장교로서 용맹하게 〈아름다운 죽음〉을 맞았다. 그녀는 그 편지에서 전쟁이 겉으로만 그녀와 떨어뜨려 놓은 남자와 애정과 신앙이 담긴 대화를 이어 간다. 〈오, 신에게 그런 희생을 하려면 우리는 신을 끔찍하게 사랑해야 하지요. (……) 당신은 죽지 않았고, 나는 과부가 아니에요……. 변함없고 깊은 암흑은 진지하고 집요한 충절의 이미지이기에 무한히 소중한 이 애도가 있지요.〉

전쟁 문화, 애도 문화. 사람들은 희생자의 세대에서 상실된 세대로 옮겨 간다. 전쟁 중에 희생과 고통을 겪은 공동체(쥘 이자크)에서 애도의 공동체로, 무수한 가정의 방들 전체가 가족 제단으로 바뀐 내밀한 범주의 공동체로, 마을부터 수도, 본당의 교구, 학습의 장소, 체류와 노동, 여가 활동의 장소 등 공동체 모두로 옮겨 간다.

기념하기, 함께 기억하기. 승자와 패자는 똑같은 기념에 대한 열정에 사로잡히고, 전 세계에서 전사자에게 바친 공공장소가 동질화된다. 공공 건조물에 표현된 인물상 대부분이 남북 전쟁, 뒤이어 제1차 세계 대전에서 유래하기 때문이다. 전사자에게 바친 기념물은 무엇보다 영웅들과 동일시하는 장소이자 그들의 희생을 정당화하는 장소이지만, 또한 조각가가 주문받은 작품을 어떻게 만들어 내느냐, 또 예식에 참가하는 사람들이 작품을 어떻게 대하느냐에 따라서도 만들어진다.

뇌 수술을 받은 시인 아폴리네르는 근대 기념물을 예견했다.

〈그에게 조각상을 하나 세워줘야 합니다. (……)
— 무엇으로 만든 조각상? (……) 대리석? 청동?
— 아니, 그건 너무 낡았죠. (……) 그에게 무(無)로 된 깊은 조각상을 만들어 주어야죠. 시 같은, 영광 같은.

— (……) 무로 된 텅 빈 조각상이라니, 멋지군요. 언제 그걸 조각할 셈인가요?〉

(……) 그다음 날 조각가가 다시 왔다, (……) 비어 있음은 크로니아망탈의 형태를 띠었다, (……) 구멍은 그의 혼령으로 가득 차 있었다.

병사는 모두 살해당한 〈시인들〉이 아닌가? 혼령이 되어 〈생존자들〉의 애도라는 무한에서 영원히 떠돌아다니는. 전쟁 기념비War Memorial: 전쟁에서 싸웠다는 사실은 예찬받는다. 전사자를 기리는 기념물, 전쟁 기념비monumento ai caduti: 전쟁에서 죽었다는 사실은 찬미받는다. 무한한 죽음: 이 때문에 콘스탄틴 브랑쿠시는 1930년대에 자신의 고향인 루마니아 트르구지우 시(市)를 위해 〈끝없는 기둥〉의 추상적인 형태를 선택했다.

징병제가 아닌 지원병 전통을 지닌 나라에서는 기념물에 전사자의 이름과 참전한 사람들의 이름을 함께 기록한다. 전사한 전우들을 애도하는 참전 군인은 자기 이름 앞을 지나간다. 이름을 새겨 넣고, 그 이름을 읽고, 어떤 사진에서 보듯 가끔은 새겨진 이름을 만지는 행위는 손실과 공허함의 익명성에서 벗어나 전쟁터에서 죽어 무(無)로 돌아갈 운명인 개인들에게 존재감을 되돌려 주는 일이다. 또는 사망자의 이름을 신생아에게 붙이거나, 거리 이름 또는 파리의 생티브 거리에 있는 시테 뒤 수브니르cité du Souvenir처럼 건물들의 이름으로 붙인다. 〈이름 속에 머무는 혼령들.〉

이름들, 그리고 시신. 본당의 묘지로 가져왔거나 군인 묘지에 매장한 실제 시신들을 묻고 또 파묻기. 고국을 연상시키면서 동시에 병사에게 익숙한 환경을 다시 조성하기 위해 가져다 놓은 깃발, 공동 제단, 오스트레일리아나 이탈리아에서 온 식물들. 하지만 너무도 많은 군인이 세계 대전 중에 자기 고향에서 멀리 떨어진 곳에서 죽었다. 그래서 사람들은 파리에서 런던, 브뤼셀, 프라하, 부쿠레슈티, 워싱턴에 이르기까지, 그리고 더 훗날 이제 제국은 사라졌으나 애도의 관계는 변함없이 남아 있는 세계에서, 캔버라 또는 오타와에서 무명용사 숭배를 만들어 낸다. 비토리아노는 단 하나의 상징적인 무덤일 뿐이지만, 묘지가 되면서 개선문과 마찬가지로 웅장함을 영원히 잃었다. 〈개선문 아래로 행진하는 군인들은 죽음을 피해 달아난 군인들이다. (……) 죽임을 당한 자들은 땅속에서 평온하지 않다.〉(장 지로두)

사람들은 아주 먼 곳에서 사망자의 전우들에게 편지를 쓴다. 그는 뭐라고 말했나? 그는 어디에서 죽었나? 그는 어떻게 매장되었나? 또는 증인을 찾아 헤맨다. 그들에게 말하고, 그들의 목소리를 통해 전사자의 목소리를 다시 들으려고.

프로멜에서 1916년 전투 후 한 세기가 지나 오스트레일리아 군인들은 DNA 검색으로 식별되었다. 가족들은 〈오래전에 잃었지만 이제야 되찾은〉 이들을 다시 매장하려고 지구를 한 바퀴나 돌아 왔다. 으레 어두운 빛깔의 옷을 입은 애도하는 가족들은 머나먼 땅에서 개신교, 유대교, 가톨릭 종군 성직자에 둘러싸여 자신들이 태어나기 훨씬 전에 죽은 이들을 기리며 운다. 애도가 이동한 것인가, 아니면 마침내 완성된 것인가?

애도의 다의성, 전쟁마다 반복되는 움직임, 평화주의 그리고/또는 찬미되는 희생. 하지만 애도는 어디까지란 말인가? 비극의 안에서, 아니면 죽은 자들의 숨결을 통해서, 자신이 정당한 전투라고 믿은 ─ 또는 믿지 않은 ─ 것에 대한 대가를 자기 생명으로 치른 자들의 기억을 통해서 어떻게 계속 살아간단 말인가? 이치카와 곤의 뛰어난 전쟁 애도 영화 「버마의 하프」(1956)에서 승려가 된 병사는 1945년 이후 일본으로 돌아가지 못한 죽은 자들을 계속 매장한다.

전체주의 정권에서는 집단적인 정치적 애도가 강요된다. 그래서 남베트남 병사들에게는 무덤도 기념비도 없고, 승리한 북베트남 병사들은 찬미받는다. 하지만 죽은 이와 가까웠던 사람들은 떠도는 영혼을 모조리 붙든다. 그 대규모 죽음에서 파괴된 베트남 군대 병사들의 혼령은 영매이자 영적인 힘과 생명의 공급자로서 어디에나 존재한다. 국가의 명령, 공적인 기념식을 하라는 명령을 넘어 영혼이 된 죽은 자들은 항상 존재한다. 삶의 가장 내밀한 몸짓 속에서.

애도와 집단 학살

〈그러더니 갑자기 잘려 나간 머리 (……) 그리고 새로운 흐느낌의 맑은 물이 이어진다…….〉

1944년에 나치에 총살당한 로제 베르나르. 이 활동가의 묘석에 봉헌물 하나가 기대어 놓여 있다. 〈그를 기억하며, 어느 독일인의 고통.〉과부, 친구들, 자녀, 울음, 심지어 적의 편에서도 이루어지는 애도.

폴란드의 유대인 라파엘 렘킨은 자신이 〈제노사이드genocide〉— 그리스어 〈민족〉과 라틴어 〈죽이다〉를 결합해 만든 용어 — 라고 이름 붙인 것을 도구로 사용해 표적을 명확히 한 살인을 야만성에 대한 자신의 연구 영역으로 삼았고, 그러한 죽음을 이런 식으로 개념화했다.

나는 나의 개인적인 재앙을 도덕적인 힘으로 전환시켰다. (……) 그것이 〈제노사이드 계약pacte de génocide〉을 내 어머니의 상징적인 무덤 위에 묘비명으로 삼고, 어머니와 수백만 명이 헛되이 죽은 것이 아님을 확인하기 위한 가장 좋은 감사의 형태가 아니던가? (……) 제노사이드 개념이 인정받도록 투쟁하는 것은 나의 슬픔에서 위안이 되는 일일 테다.

이 법학자는 1920년대부터 온 인류의 이름으로 〈야만 범죄〉를 고찰했다. 그리고 유럽의 유대인들은 몰살당했다. 그는 제노사이드 개념을 만들어 냄으로써 자신의 개인적인 애도에서 보편적인 것으로 옮겨 갔다. 하지만 그는 이렇게 경고했다. 몰살, (사회적·문화적·종교적) 대참사는 복원이 불가능하다고. 그리고 한 르완다 청년이 말하듯, 그것을 애도하는 것도 불가능하다.

제노사이드는 모든 것을 황폐하게 만든다. 가족의 관습까지도. (……) 부재한 사람들과 어떻게 교감하겠는가? 시련을 겪는 가족들은 그들을 흩어지게 만든 결핍으로 고통받는다. 죽은 자들에 대한 기억이 그들 사이를 떨어뜨려 놓는다. 모두 제각각 더욱 외롭다고 느낀다. 학교에서 친구들이 조부모 집에서 방학을 보낸 이야기를 하는 것을 들을 때면, 내 마음은 죄어들었다.(장 하츠펠드, 『피의 아빠Un papa de sang』, 2015)

제노사이드는 모든 세대를 거친다. 생존자들은 가족이 와해된다. 부모 뿐 아니라, 삼촌, 숙모, 사촌 등 친척까지 잃은 고아들로, 주변에 사람들이 없어 가족의 애도 공동체에 속할 가능성이 없다. 제노사이드는 그 정의상 모든 것을 파괴하려 했기 때문이다. 아르메니아인, 중유럽과 동유럽의 유대인들은 나라와 언어를 잃고 연속된 망명으로, 또는 임시 수용소에서 살아남았다. 자신의 언어가 아닌 언어로, 또는 공동의 기억을 공유하지 않는 언어로, 〈그 누구의 언어도 아니게〉 된 이디시어 또는 아르메니아어를 쓰지 않고 어떻게 자신의 고통을 표현한단 말인가? 강제 수용소에서 살아남은 유대인들, 숨어 지내던 어린이들은 고향에 돌아왔지만 자신들의 고통을 받아 주는 정서적인 공간도, 묵념할 공간도 찾지 못했다. 죽은 이들은 비스와강에 던져진 잿더미로, 처형된 집단 구덩이 또는 게토 길거리에서 부패해 사라져 묘지도 없었다. 그러면 사람들은 새로운 가족, 새로운 관계를 만들어 내어 그로써 되찾은 삶을 죽은 자들의 기억에 짜넣는다.

집단적인 애도 의식

〈어째서? 어째서 우리인가? 어째서 별인가?〉(유대인 어린이 세 명의 노래, 앙리 뒤티외, 「시간의 그림자The Shadows of Time」, 1997년 작곡)

가능한 대답이 없는 이 〈어째서〉의 생존자들은 훗날 대체로 의식적으로 침묵하고 대참사(쇼아Shoah, 아게트Aghet, 포라이모스Porajmos, 제노사이드)를 억압하기를 선택하며, 사회의 정상 상태를 찾느라 공부하고, 일하고, 결혼하고, 자녀를 갖는다. 또 다른 이들은 이해하지 못하고 애도할 수도 없이 자신의 트라우마를 움켜쥐고 지낸다. 파괴와 생존이 맺는 역설적인 관계다. 많은 생존자가 똑같은 경험, 즉 대화 상대방의 가족들의 사망 이야기를 하는 순간에 상대방이 기절하는 경험을 전한다. 이 의식 상실은 죽음 이야기를 접하는 견딜 수 없는 경험을 하지 않으려고 무의식 속으로 도피하는 일이다.

르완다, 〈애도 주간〉, 트라우마로 인한 울부짖음, 기절이 20년 동안 이후 세대들에 전해져 내려왔다. 〈사람들은 소리를 질렀고, 목적 없이 질주했고, 눈물을 글썽이며 무릎을 꿇었습니다. 그들의 몸짓에 나는 겁을 먹었습니다.〉

키푸르, 이스코르Yiskor 기도문을 읊을 때, 어느 유대인이 자기 집에서 내지르는 괴성: 고통의 가장 깊은 곳에서 나오는 〈오이!〉라고 애도를 외치는 날이 있다. 파묻어 둔 것은 항상 다시 밖으로 나오게 마련이다.

범죄자들의 재판에서 대중 앞에서 말을 하면서 제2의 애도기가 시작되었다. 예루살렘부터 프랑크푸르트, 리옹, 보르도, 르완다의 가차차 법정까지 생존자들은 죽음과 상실, 배신과 고문을 말하고, 자신이 받았던 아물 수 없는 상처와 여전히 생생한 흉터를 당당하고 용기 있게 대중 앞에서 드러낸다.

일부 유대인 생존자들은 1980년대 동부 국가들에서 공산주의가 몰락한 시기부터 학살 장소로 되돌아갔다. 아우슈비츠 비르케나우 수용소부터 마이다네크 수용소, 갈리치아 지방이나 리투아니아의 마을들에 이르기까지 대규모 처형이 집행된 집단 매장지를 찾아 나섰다. 그리고 유대인들은 양초와 돌놓기, 살해당한 이들을 위한 빛의 흔적 카디시 낭송과 같은 애도 의식을 거행했다.* 하지만 자신의 생명과도 같은 생명을 그들로부터 앗아 간 범죄가 벌어진 장소로 가는 일은 너무도 힘겹다. 에마뉘엘 팽키엘은 영화 「여행Voyages」(1999)에서 생존자들과 그 가족들이 임대했다가 고장 난 어느 고속버스에 비유해 이러한 애도의 불가능함을 보여 준다. 승객들은 결코 아우슈비츠에 도착하지 못한다. 게다가 그들이 아우슈비츠에서 벗어난 적이 있는가? 어떤 이들은 그들의 불행에 아무런 도움이 되지 않는데도 그 장소로 되돌아가고 모든 책과 영화, 텔레비전 프로그램에 달려들게 만드는 애도가 띠는 피학성의 어떤 형태를 거론한다. 집단적 애도 의식은 단체들이 주관했다. 대량 검거되어 죽음의 수용소로 이송된 날, 이런저런 마을에서 학살이 벌어진 날이 오면 진정한 기억의 카타르시스가 이루어진다. 이름들이 입 밖으로 나오고, 생존자나 그 자녀들은 죽임을 당한 가족들을 이야기한다. 어느 이름 하나, 이름들, 하지만 살해당한 남녀들의 얼굴과 목소리, 냄새는 어떻게 기억해 낸단 말인가? 불가능한 애도는 이러한 시각적·청각적·감각적·시간적 단절, 살아 있다고 상상할 가능성마저 빼앗겼다는 사실에 근거한다. 그러면 애도

---

* Kaddish. 애도자의 기도문.

는 생존자들이 하는 말의 형태, 절멸을 경험한 사람들의 개인적인 이야기들의 형태를 취한다. 그들 세상의 죽음, 그들의 부모와 그들 문화의 죽음. 다음과 같은 하시디즘의 말은 존중된다. 〈우리는 더 이상 불 켜는 법을 모른다. 우리는 더 이상 기도하는 법을 모르고, 숲에 있는 장소도 알지 못한다. 하지만 우리는 여전히 이야기하는 법을 알고 있다.〉

애도 작업. 왜냐하면 집단 학살의 생존자 각각은 모두 전해야 할 고유한 이야기를 갖고 있으며, 그 이야기가 구체화되어 존재하면 심리적이고 인지적인 충격을 야기하기 때문이다. 미국에서 정신 의학자 도리 라우브가 최초로 녹음한 증인들의 말은 발언하는 것이 필요하다는 사실을 보여 주었다. 더 나아가 자기 말이 경청될 뿐 아니라, 녹음되고 녹화된다는 사실은 기억이 떠오르게 만들고 애도의 촉매 작용을 일으킨다. 〈알지 못하는 것은 파괴 과정에 속한다. 그 때문에 증언이 그토록 중요한 것이다. 기억은 기억을 불러일으키고, 가끔은 기억의 폭발을 일으킨다.〉 그리고 고뇌의 폭발도 야기한다. 아비샤이 마르갈리트가 고통을 직접 체험하고 악의 끔찍함을 인식한 사람들을 일컫기 위해 만들어 낸 용어인 〈도덕적 증인들〉은 그 잔인한 과거와 다른 이들, 자기 가족을 상실했다는 사실로부터 분리되는 것이 불가능함을, 가족의 내밀함과 보편성을 증언하기 때문이다.

재해석된 애도, 말의 연금술, 문헌 기록과 물질적 증거의 구체화: 생존자들은 슬픔에 잠긴 채 이해 과정의 한가운데에 놓이며, 그토록 다양한 자신의 애도를 지닌 채 파괴 경험의 유일성과 다양성을 동시에 증언한다. 캄보디아 예술가 킴 학은 사진 연작 「얼라이브Alive」로 크메르 루주 학살 정권 시기에 금지된 물건들에 다시 생명을 부여하면서 그 물건들을 소유했던 사람들도 되살린다. 부처상들, 넥타이가 찍힌 사진, 책, 잘린 머리카락, 살아남기 위해 애도해야 했던 모든 것들, 숨기고 잊어버리고 버려야 했던 모든 것들이 오늘날 소멸을 말하기 위해 재발견된다. 마르셀 코엔이 『실내 장면에 관하여Sur la scène intérieure』(2013)에서 하듯, 킴 학은 물질적인 기억들을 발굴해 내어 상실의 끔찍함과 애도의 과정을 보여 준다. 어떤 향수의 냄새…… 살해당한 사람의 갑작스러운 귀환, 단 이 귀환은 그의 죽음의 향기를 동반한다. 모든 기억처럼 모든 죽음이 그러한데, 이는 프루스트의 마들렌과 같은 경우가 아니다. 여기에는 어째서인지가 없다.

귄터 뎀니히의 비어 있는 묘비들

〈죽은 이에게 다시 이름을 붙이는 일, 그것은 그에게 어떤 정체성을 만들어 주는 일이다〉(크리스티앙 볼탕스키).

20세기 말과 21세기에 들어 새겨진 이름들은 과학 기술적인 목록이 되었다. 그것들은 텔레비전이나 인터넷 화면에서 펼쳐진다. 아니면 뉴욕, 봄베이, 부에노스아이레스, 파리, 마드리드, 니스, 모스크바의 거리에 놓인 종이, 사진, 은밀한 물건들로 이루어진 기념비들이 사망한 이들의 초상을 그린다. 가장 근대적인 전쟁들과 가장 예스러운 전쟁들의 희생자, 테러의 희생자들을 애도한다. 가상으로 정교하게 거리를 두되, 고통에는 내밀하게 근접해서.

1990년 10월, 크리스티앙 볼탕스키는 베를린에 폭격당한 집이 있던 공간에 〈상실된 집la maison manquante, The Missing House〉을 설치했다. 이 빈 공간은 도시의 유대인 5만 명의 부재를 말하며, 벽에 붙어 있는 이름들은 이름을 명시함으로써 강제 수용되었던 사람들에게 다시금 생명과 인간성을 부여한다. 하얀 바탕에 검은 문자와 숫자로 인쇄되어 기록된 글은 부고(訃告)를 닮았고, 텅 빈 배치에 어두운 느낌을 더한다. 사람들은 높이 나 있는 다른 집들이 그리는 선을 시선으로 따라가다가 말 그대로 폐허-구멍에 빠진다. 시선은 휘청거리고, 부딪치고, 비틀거린다. 유럽 전역에 설치된 귄터 뎀니히의 스톨퍼슈타인 Stolpersteine(걸림돌)에 부딪혔을 때에도 그렇다. 뎀니히는 이름, 그리고 살해 장소를 아는 경우에는 살해 장소를 황동으로 된 포석에 새겨 넣는다. 이 포석들은 겉보기에 평범하지만, 금속의 광채를 내며 평범한 길거리의 거무스름한 회색과 대조를 이루어 눈에 띈다. 예술가는 죽음에 대한 개인적인 기념물, 사람들이 발로 애도하는 유해 없는 포석-묘비들, 액자 구조를 만들어 낸다. 그 〈비어 있는 묘비들〉을 사망한 거주자들이 살던 집 앞에 설치함으로써 그는 그 사람들의 발이 저 옛날에 일상의 삶을 살아가면서, 체포당하는 끔찍한 순간에, 살해당하러 떠나는 길에 같은 바닥을 스쳐 지나갔고, 그곳에서 멈추었다는 사실을 상기시킨다. 행인들은 그곳에서 비틀거리고, 그들의 몸은 무의식적인 기억에 동참하며, 그들은 상실의 고통이 되살아나 발을 헛디딘다. 대규모 사망과 애도 장면을 연출함으로써 신체적이고 정신적인, 내밀하고 집단적인 과정이 만들어진다. 예술가들은 요헨 게르츠가 자르브뤼켄에서 비롱(도르도뉴)에 이르기까지 그랬던 것처럼 고요한 늪에 포석을 던지고 폭로하고 물의를 일으키며, 또 반대로 배 위나 혀 위에 얹어 놓은 포석처럼 그들의 작품을 움직이지 않도록 묵직하게 얹어 놓아 상반되는 것들이 동시에 존재하는 상태로 마비시키고자 한다.

아르메니아의 수도 예레반, 집단 학살이 벌어진 지 1백 년이 지난 2015년 4월 24일. 장엄한 종교 행사가 열리고 그곳에서 몰살당한 기독교인들이 집단으로 성자로 추대된다. 향과 찬가, 꽃, 커다란 화면에 비치는 영상들, 역사적인 회상, 고위 공직자들의 연설. 그런 다음에 참석자들은 대규모 죽음을 기리는 모든 행사의 참가자들과 마찬가지로 자기 집으로, 자기 내면으로, 시간이 결코 채워 주지 못하는 텅 빈 은밀함으로 돌아간다.

참조

1부 - 03 시민-군인의 시대 | 12 전쟁 반대! ‖ 3부 - 02 죽은 자는 어떻게 하나? ‖ 4부 - 07 미라이의 혼령들 | 09 살아남은 증인 | 10 재판하기, 진실을 말하기, 화해하기 | 11 집단 학살 이후: 가차차 재판

07

미라이의 혼령들

메러디스 H. 레어 •

수십 년이 지났지만 베트남의 미라이 마을 주민들은 여전히 1968년 3월 16일에 학살당한 어머니와 아이들의 혼령을 본다고 단언했다. 반대로 미국에서는 그 처참한 군사 작전의 흔적을 지우려고 안간힘을 썼다.

베트남의 마을들에서 혼령은 산 자와 공존한다. 조상을 숭배하는 아주 오래된 전통은 무덤에서 이루어지는 조용한 기념 의식과 가족 제단 형태로 과거와 현재를 연결한다. 음식물과 꽃으로 이루어진 봉헌물이 죽은 자를 살찌우고 영예롭게 하며, 죽은 자는 산 자들을 보살핀다. 이런 상호적인 조정으로 양쪽 모두 혜택을 본다. 물론 고인이 차분하고 평화로운 죽음을 맞이했고, 자기 집에서 가족과 지인들에게 둘러싸여 죽었다는 조건에서 말이다. 하지만 미군이 주민 5백 명 이상을 사살한 미라이 학살로 알려진 손미 마을에서 죽은 자의 영혼은 배회한다. 그 민간인들은 폭력적인 죽음을 맞았다. 가족들도 그들과 함께 죽어서 의식을 치러 줄 사람이 아무도 없었다. 학살의 장소로 되돌아온 생존자들은 공동묘지에 시신들을 매장했다. 장례 의식도 치르지 않았고, 시신을 식별하기 위한 이름도 없었으며, 그들의 죽음을 애도

• Meredith H. Lair. 조지 메이슨 대학교의 부교수. 저서로 『풍족하게 무장한: 베트남 전쟁에서 소비 지상주의와 군인 생활 *Armed with Abundance: Consumerism and Soldiering in the Vietnam War*』이 있다.

하며 울어 줄 사람도 없었다. 마을이 정신적 트라우마에 대응한 방식을 오랫동안 연구한 이들은 주민들이 〈보이지 않는 이웃들〉 곁에서 살아가는 데 익숙해졌다는 사실을 관찰했다. 수십 년이 지났지만 마을 주민들은 아직도, 특히 봄에 학살 날짜가 다가오면 슬픔에 잠긴 어머니나 노인, 어린아이들의 혼령을 본다고 단언했다.

1968년 3월 16일, 아메리칼 사단* 군인들은 베트콩의 거점이라고 추정되는 미라이 마을에 난입했다. 이때 만나는 모든 인간이나 가축을 〈무력화neutralize〉하라는 명령을 받았다. 미국의 〈색출과 파괴Search and destroy〉 전략은 정치적인 성향이 의심스럽다고 여겨지는 민간인에 대해 끝없는 폭력을 가하도록 부추겼다. 하지만 미라이에서만큼 현장의 미군 지휘관들이 군사적인 목적으로 자국 군인들의 인종주의와 피로감, 좌절을 이용해 처참한 결과를 야기한 적은 없었다. 모두의 말에 따르면, 그날 처음으로 사살당한 사람은 다가오는 미군 헬리콥터를 향해 인사한 노인이었다. 그는 위험 경보를 울리지 않았고 도망치려고도 하지 않은 것을 보아 군인이 무슨 일을 벌이려 했는지 전혀 몰랐던 것으로 보인다. 그는 무기가 없었고, 그 어떤 즉각적인 위협도 아니었다. 어느 평화로운 봄날 아침에 단지 손을 흔들어 낮은 고도로 날아가던 헬리콥터를 향해 인사했을 뿐이었다. 사격이 이루어졌고 노인은 쓰러졌다가 조금 뒤에 논 한가운데에서 죽었다. 네 시간 후에는 그의 가족과 친구, 이웃 대부분도 죽는다.

그사이 C 중대의 군인들은 질서 정연하게 마을을 가로질러 이동하며 사람들이 집 밖으로 나오는 족족 발포했고, 겁에 질린 다른 사람들을 집결시켰다. 일부 군인들은 명령을 잘못 이해해 주민을 포로로 여긴 반면, 다른 군인들은 군사 작전의 잔인한 목표를 완벽하게 이해하

---

* Americal Division. 누벨칼레도니에서 훈련받은 군인들로 이루어진 제23 보병 사단이다. 이 이름은 American New Caledonian Division을 축약한 것이다.

고 있었다. 그 목표는 바로 절멸이었다. 군인들은 한결같은 경멸감을 드러내며 가벼운 태도로 돼지와 닭, 아기들을 향해 총을 쏘면서 가옥에 불을 지르고, 쌀을 흩뜨리고, 시신을 마을 우물에 던져 넣었다. 구덩이 안에 웅크리고 있던 70~80명의 마을 사람들이 총살당했다. 총알이 떨어지면 미군은 주저하지 않고 무기를 다시 장전했다. 부상자들은 비명을 지르거나 신음했지만 미군들은 더 이상 아무 소리도 들리지 않을 때까지 총을 쏘았다. 그런 다음에 아무도 도망치지 않았는지 확인했다. 몇몇 생존자는 시신 더미 아래에서 몇 시간 동안 몸을 숨기는 데 성공했다.

일방적인 폭력

학살 직후에 이를 위조하려는 시도가 시작되었다. 미라이의 〈헬리콥터 공습〉에 대해 미국은 128명의 적군 병사들이 사살되었다고 공식 발표하면서도 전혀 논리에 맞지 않게 무기 세 자루와 수류탄 18개만 있었다고 단언했다. 병사로 추정된 사람들 대부분은 무장하지 않았을 뿐 아니라, 그날 심각하게 부상당한 미군은 후방으로 후송되려고 스스로를 쏜 군인 한 명뿐이었다. 폭력은 일방적이었다. 작전과 관련하여 접수된 단 한 건의 불만 사항, 헬리콥터에서 학살을 목격하고 공포에 질린 마을 사람들을 구조하기 위해 두 차례 개입한 조종사와 그 팀이 제기한 불만에 대해서는 그 어떤 조사도 이루어지지 않았다. 뒤이어 미라이 주변 지역은 폭격을 당했고, 미군의 불도저로 갈아엎어졌다. 1968년 여름에 미라이 마을은 아예 존재하지 않은 것이나 다름없었다.

하지만 미라이의 혼령들은 안식을 거부했다. 미군들은 일부는 걱정이 되어, 다른 이들은 허세를 부리느라 자신이 보았거나 한 일을 이야기했다. 누구도 정확히 자신이 저지른 범죄를 인식하지 못했다. 미라이 학살을 이야기하는 것을 들은 군인 로널드 라이든아워는 학살이 벌어지고 나서 1년 후에 정치 및 군사 책임자들에게 편지를 썼다. 1968년 가을에 막연한 기사들이 미국 언론에 발표되어 남베트남에서 무언가 불행한 일이 벌어졌음을 암시하기 시작했다. 하지만 출처가 모호했으므로 그다지 심각한 일은 아니었다고 생각됐다. 그때 사진이 발표되었다. 미군 사진사 로널드 해벌은 군사 작전의 공식 이미지는 군대의 사진기를 사용해 흑백으로 찍었지만, 자기 사진기를 가지고 컬러 사진들도 찍어 두었다. 그는 자신이 개인적으로 찍은 사진들을 클리블랜드의 신문사, 그리고 뒤이어 『라이프』에 팔기로 결심했다. 뒤이어 해벌은 살상에 적극적으로 가담한 미군들이 찍힌 사진을 파기했다고 인정했다. 그럼에도 불구하고 사진들은 상식의 범위를 넘었다. 평화주의 운동으로 그 이미지들은 빠르게 선전 이미지로 변모했다. 특히 그 중 한 장의 사진은 상징으로서의 지위를 획득했다. 그 사진에는 도망치려는 시도가 실패한 모습이 묘사되어 있었다. 마을 변두리의 한 도로가 18명의 여성과 최소한 6명의 어린이의 시신으로 뒤덮여 있다. 팔다리가 뒤얽혀 있는 한가운데에 신생아의 벌거벗은 엉덩이가 보인다. 〈그럼 아기들은?〉이라고 이름 붙인 평화주의 포스터는 공격 전날 밤에 C 중대가 받은 지침들을 상기시켰다.

하나하나 헤아려지고 이름 붙은 죽음

학살이 발표되자 미국 여론은 분열되었다. 〈피어스 조사단〉이라는 이름으로 알려진 군대의 공식 조사에서 밝혀진 내용, 그리고 군사 법원에서 14명의 장교를 재판에 회부한 일이 언론에 보도되면서 이 사안은 1970년대 초까지 계속 주목을 받았다. 피어스 조사단의 조사 위원들은 책임자 10여 명을 취조했다. 그중 일부는 전쟁 범죄를 자백했지만 더 이상 군인 신분이 아니었으므로 군대도 민사 법원도 그들을 고발할 권한이 없었다. 일부 장교들은 무죄 판결을 받았다. 다른 이들은 계급이나 훈장을 잃었다. 단 한 명, 윌리엄 캘리만 유죄 판결을 받았다. C 중대 소대장 캘리는 자기 휘하의 병사들에게 무장하지 않은 민간인 포로들을 죽이라고 명령했고 자신도 〈최소한 22명을 살해〉한 죄가 있다고 인정되었다. 그는 정확히 하루를 교도소에서 보냈다가, 닉슨 대통령이 비난이 빗발치는 데 대한 대응으로 항소 판결을 기다리는 동안 자택에 감금시켰다. 3년 반이 지난 뒤에 군대는 캘리가 형을 다 치렀다고 간주하여, 캘리는 자유로운 몸으로 자택에서 다시 나왔다.

　캘리에 대한 판결은 미라이 학살 이야기와 전반적인 전쟁 자체와 마찬가지로 미국 여론을 분열시켰다. 전쟁에 반대하는 사람들은 전쟁 범죄뿐 아니라 분쟁 자체의 범죄적 측면에 대한 증거로서 학살을 규탄했다. 남베트남에서 공산주의를 억제할 필요가 있다고 믿는 사람들은 마을 주민들이 공산주의에 대해 지닌 호감을 강조하며 캘리와 다른 군인들은 명령에 따랐을 뿐이라는 생각을 지지했다. 그러나 전술적 필요와 전장의 안개* 때문에 무장하지 않은 민간인 수백 명을 살상하는 것이 필요하다는 그들의 주장은 학살 중에 자행된 성폭력을 감안하면 여지없이 무너진다. 미라이에서 미군들은 여성 또는 소녀 20명을 강간했다. 가장 어린 피해자는 겨우 열 살이었다. 당시에 언론 보도는 이 충격적인 세부 사항을 빠뜨렸다. 이 사실이 발표되었다면 미국인의 상상력에서 보다 덜 제국주의적인 서사가 전파되었을 것이었다.

　베트남에서도 북베트남과, 남베트남 정부에 맞서 반란을 부추기던 남베트남 민족 해방 전선에 의해 미라이 학살 소식은 빠르게 전파되

* 군사 작전의 불확실성.

었다. 남베트남 공무원들은 미라이에서 벌어진 일이 어머니와 노인, 어린이에 대한 학살이 아니라 제대로 무장한 병사들 사이에서 벌어진 전투라고 주장하며 미국인이 사실을 조작하는 일을 도왔다. 하지만 그 민간인들은 여전히 혼령으로 그 장소를 떠돌고 있다. 게다가 기억의 장소를 국가가 관리함으로써 일반적으로 가족이 수행하는 조상 숭배 의식이 보다 손쉽게 이루어진다. 기념 공원에는 미국 전쟁에 바친 베트남의 역사 유적지를 연상시키는 인공물과 문서들, 즉 조각상, 디오라마, 사진, 목격자의 증언들, 희생자의 소유였던 낡은 개인 소지품들, 심지어 미라이 마을을 실제 크기로 복원해 놓은 곳도 있다. 기념관을 이루는 요소 중 하나는 범죄자들을 보기 드물게 우아한 방식으로 규탄한다. 어느 벽 하나에 희생자들의 이름과 나이, 성별이 간단히 적혀 있다. 사망자의 수를 축소해 평가한 미국과 남베트남의 〈공식〉 보고서, 그리고 재판 중에 제시된 희생자 수를 결코 알 수 없을 거라는 피고 측의 주장과는 반대로, 미라이 기념관의 벽은 사망자들에게 이름을 부여할 뿐 아니라 그 수도 헤아린다. 1부터 504까지. 그건 마치 이렇게 말하는 것 같다. 〈우리는 이 사람들을 알고 있었고, 그들을 잊지 않았다. 그들은 우리의 친구이고 가족, 이웃이었다.〉

참조

1부 - 12 전쟁 반대! ‖ 3부 - 14 극단적 폭력 ‖ 4부 - 06 애도를 위한 시간

08

신경과 신경증

토머스 도드먼●

　제2차 세계 대전이 종결될 무렵에야 군대 정신과 의사들은 군인이 겪는 정신적 외상이 비정상적인 상황에 대한 정상적인 반응이라는 생각을 하게 되었다. 전투로 인해 야기되는 정신적 외상은 항상 존재했다. 하지만 그 장애들을 인정하고 책임지는 일은 한참 늦게 이루어진다.

　전쟁으로 인한 정신적 외상의 역사는 얼핏 보면 전쟁 자체만큼이나 오랜 역사를 이룬다. 고대 메소포타미아 시대에 이미 『길가메시 서사시』에서 친구의 죽음에 맞닥뜨린 전쟁 영웅의 절망이 그려진다. 그로부터 1천 년 뒤에는 아킬레우스가 친구 파트로클로스를 잃고 눈물을 흘리며, 맹목적인 분노에 휩싸여 그 죽음을 복수해 헥토르가 희생된다. 어떤 이들은 헤로도토스가 『역사』에서 전하는 공황 상태에 빠진 군인들의 이야기가 히스테리 전환을 처음으로 기술한 것이라고 인정했다. 다른 이들은 셰익스피어의 희곡 작품에 나오는 헨리 4세가 밤에 악몽을 꾸고, 끊임없이 전투 장면을 다시 보고, 고립되고, 침울함에 빠져드는 모습에서 외상 후 스트레스 장애(PTSD) 증상을 알아볼 수 있다고 믿었다.

● Thomas Dodman. 컬럼비아 대학교 프랑스학과의 조교수. 19세기 프랑스와 감정의 역사, 전쟁사를 연구하는 역사학자로서, 『향수는 무엇이었나: 전쟁, 제국, 치명적인 감정의 시대What Nostalgia Was: War, Empire, and the Time of a Deadly Emotion』를 썼다.

하지만 군인들이 입은 보이지 않는 부상의 역사는 또한 의학 지식의 단절로 점철되고 혁신적인 신조어로 특징지어지는 짧은 역사이기도 하다. 두 개념이 특히 그렇다. 제1차 세계 대전 참전 군인이 겪은 신경증들을 설명하기 위해 1915년에 제시된 용어 전쟁 신경증shell shock, 그리고 베트남 전쟁이 미국 참전 군인들에게 남긴 후유증이라는 분명한 맥락에서 1980년대에야 탄생한 질병 분류인 〈PTSD〉다. 이 짧은 신경증의 역사는 의사들과 국가가 기능성 장애(특정한 기질성 병변을 보이지 않는 장애)를 책임지면서부터 시작되었다. 기능성 장애는 19세기 말 이전에는 단순히 그 자체로는 존재하지 않았다. 이런 관점에서 보았을 때, 우리 정신 의학의 틀을 가지고 사후에 고대 로마 병사에 대해 진단을 내리려 시도하는 일은 마치 그가 전투기를 조종할 줄 알았을지 묻는 것과 같다고 할 수 있다.

그런데 트라우마와 정신 의학의 근대 역사가 시간적으로 제한되어 있는 데 반해, 서구의 의학 지식이 보급됨에 따라 모두에게 유효하고 공간적으로 보편적인 역사로 인식되었다. 이러한 의학 지식은, 명시적으로 주장되든 아니든, 승승장구하는 제국주의와 관습에 뿌리내린 사회 계층화에 더해진 〈과학적인〉 인종 이론이라는 맥락에서 탄생했다. 20세기를 거치며 서구의 의학 지식은 서구 세계가 민주화하고 사회 문화적으로 변모하는 맥락에서 발달하지만, 의학적 지식과 의료 행위 및 시장이 세계화함에 따라 오히려 재등장한 신제국주의로부터 결코 완전히 벗어나지 못한다. 오늘날 우리는 모두가 〈트라우마의 제국〉(디디에 파생과 리샤르 레스만이 사용한 표현)에서 살아가고 있다. 이는 한 손으로는 의혹을 제기하고 이제껏 침묵하던 희생자들(우선적으로 군인들)에게 발언권을 주지만, 다른 한 손으로는 희생자들이 모두 똑같은 언어를 말하도록 강요한다. 우리가 다루는 이 경우에는 PTSD의 언어를 말하도록 말이다……. 따라서 전쟁으로 인한 정신적 트라우마의 세계사를 개괄하는 — 여기에서는 단지 개괄하는 데 그칠 것이다 — 일은 이 역사적인 대상을 서구 중심적 관점에서 벗어나 다루는 일 — 그렇다고 우리가 다루는 출처가 북대서양 지역에 치우쳐 있다는 명백한 사실을 부정하지는 않을 것이다 — 그리고 이 대상을 연대기적 단절 속에서뿐 아니라 공간 속에서 이루어진 전이와 불연속성을 감안하여 파악할 필요가 있다.

전쟁 신경증 또는 〈포탄 충격〉

제1차 세계 대전 중에 포탄 충격(전쟁신경증)만큼 한 시대를 쉽게 정의 내린 용어는 거의 없다. 나라마다 그에 해당하는 용어가 있어서 프랑스어로는 〈obusite〉, 독일어로는 〈Nervenshock〉, 러시아어로는 〈kontuziia〉라고 부른다. 이 모든 용어는 말 그대로 병사들을 땅에 매장시킨 끔찍한 탄막 포격이 이루어질 때 포탄 파편으로 야기되는 충격과 마비 상태를 일컫는다. 1915년에 영국의 군의관 찰스 마이어스가 저명한 학술지 『랜싯*The Lancet*』에 게재한 글에 이 신조어를 처음 사용한 이유는, 증상의 병적인 원인을 이해하고 무엇보다 효율적인 치료법을 알아내기 어려운 심리적이고 신경학적인 부상 — 기억 상실, 공황 발작, 실명, 난청, 함구증, 떨림, 근육 마비 등 — 에 긴급히 대처하기 위해서였다. 전쟁 중인 모든 나라에서 기존 의료 체계는 이 용어를 외면하지만(마이어스 자신도 그 용어를 부인한다), 그 사이 전쟁 신경증은 일상어가 되어 참호 생존자들이 일상의 삶을 되찾는 데에서 겪는 어려움뿐 아니라 전쟁과 그 여파로 인해 사회 전체가 겪은 막연한 정신적 외상을 기술하게 되었다.

물론 군의관들이 1914년 8월에 와서야 전투 경험이 군인의 정신을 망가뜨릴 수 있다는 사실을 깨달은 것은 아니다. 17세기에 이미 스페인 군대에서는 그러한 병사들의 상태를 estar roto(〈부서졌다〉)라고 일컬었다. 나폴레옹 전쟁부터 남북 전쟁에 이르기까지 의료 장교들은 또 다른 근대 신조어로서 가족과 멀리 떨어져 지내며 군대의 혹독함에 순응하는 젊은 징집병이 겪는 잠재적으로 치명적인 불안 상태를 일컫는 〈노스탤지어〉라는 진단명을 사용했다. 그러다 1904~1905년 러일 전쟁 중에, 뒤이어 1911~1912년 이탈리아의 리비아 침공 중에 정신 외상자를 선별해 후방에서 돌보는 체계가 처음 등장한다. 그사이에 신체적 외상이 아닌 정신적 외상 개념이 생겨난 것이다. 이러한 변화는 철도 척수railway spine(철도 사고 생존자가 보이는 설명할 수 없는 신경학적 장애), 그리고 독일의 신경학자 헤르만 오펜하임이 주장한 육안으로 볼 수 없는 신경의 미세한 손상에 근거한 유기적인 손상에서 비롯되었다는 견해를 옹호하는 사람들과, 장마르탱 샤르코를 필두로 생각과 감정이 신체를 지배하는 것 이외의 다른 원인이 없이 히스테리 전환이 일어난다고 보는 사람들 사이에서 벌어진 논쟁을 거치며 생겨났다.

충격 접근법과 감정 접근법의 대립이 전쟁 신경증을 둘러싼, 그중에서도 특히 그 타당성과 치료법에 대한 의학 논쟁의 기초가 된다. 손상되었으나 겉으로 보이는 부상이 없는 군인들의 진실성을 의심하는 사람이 많았다. 그 군인들은 어떤 상황이 닥쳐도 자기감정을 남성적으로 통제하고 stiff upper lip(이를 〈이를 악물다〉라고 옮길 수 있겠다)하는 빅토리아 시대의 규범과 상반되는 모습을 보였다. 프랑스 신경학자 조제프 바빈스키는 이러한 증상을 〈피티아티슴pithiatisme〉의 한 형태, 겁쟁이들이나 허약한 사람들이 겪는 히스테리라고 보았고, 이들을 〈거친 치료법〉과 〈감응 통전법faradisation〉(〈어뢰 공격torpillage〉 또는 〈카우프만 치료법〉이라고도 불렀다), 즉 전류를 사용해서(말을 안 듣는 군인들을 전선으로 다시 보내는 데 가장 효율적이라고 여긴 방법) 해방시켜야 한다고 생각했다. 왜냐하면 대다수 사람들이 전쟁 신경증이 비정상적이고 졸렬한 반응이자 군사 법원에 회부될 수 있는 악덕이며, 사회 진화론과 인종의 퇴화로 설명할 수 있다고 확신했기 때문이다. 백인의 신경, 특히 규범을 주도하는 중산층 이성애자의 신경은, 어린애처럼 쉽게 감정이 동요하고 불성실한 성질을 타고난다고 여긴 식민지 〈원주민〉 저격병과 니그로 두보이negro doughboy(인종 분리 정책이 시행되는 군대의 흑인 병사)의 신경보다 더 잘 견뎌 낼 게 확실하다고 보았다. 반대로 영국 군대의 세포이 부대 소속 네팔의 구르카족이나 시크족, 펀자브 지역의 도그라족처럼 전투 소질을 타고났다고 여긴 〈호전적인 인종〉의 병사들에 대해 전쟁 신경증 진단을 내리는 것은 어림없는 일이었다. 따라서 그들의 정신적 외상은 묵살되었다. 그들의 정신적 외상은 물크 라지 아난드의 전쟁 소설에서 그랬듯 훗날 재발견된다.

이러한 위계는 인본적인 정신 치료 접근법을 옹호하는 일부 사람들에게서도 나타난다. W. H. R. 리버스는 스코틀랜드에 있는 자신의 유명한 크레이그록 하트 정신과 병동에서 작가인 로버트 그레이브스, 리버스가 동성애적인 우정을 맺은 시그프리드 서순 같은 특별한 환자들을 대상으로 최면과 정신 분석 이론을 실험한다. 하지만 대부분이 부유한 젠트리gentry 출신인 이 장교들이 병사들보다 더 자주 신경 쇠약으로 고통받은 사실을 어떻게 설명할까? 정신 신경증으로 계급 질서가 의문시되지 않도록, 장교에 대해서는 고상한 신경 쇠약이라는 말을 썼고 보병에 대해서는 (여성적이므로) 불명예스러운 히스테리라는 말을 썼다. 이는 팻 바커의 3부작 소설 『갱생Regeneration』(1991)에서 그려진다. 1916년부터 시급한 것은 어쨌거나 정신적 부상자를 즉시 전선의 후방에서 돌보고 그들에게 휴식과 따뜻한 식사와 기초적인 치료를 제공하는 일이었다. 미국의 정신과 의사 토머스 새먼이 전방 정신 의학을 위한 다섯 가지 원칙을 제시한 것은 1917년에 이런 시설을 방문하면서다. 이 다섯 가지 원칙은 치료의 즉각성, 환자가 전투 분위기를 유지하도록(그리고 환자가 전선에서 빠져나갈 수 없을 거라는 사실을 납득하도록) 전선과의 근접성, 치유에 대한 기대, 치료 과정의 단순함(주로 휴식과 설득, 경우에 따라서는 최면), 그리고 끝으로 후방의 병원들과 본국 후송으로 이어지는 중앙 집권화한 의료 서비스다.

역설적이게도 전쟁 신경증으로 고통받는 군인들에 대한 낙인찍기가 당국으로 하여금 결국 이러한 장애를 감정적인 문제로 해석하는 쪽을 택하도록 만들었다. 그럼으로써 재향 군인들이 전쟁 중에 입은 부상에 가시적인 흔적이 보이지 않는 한 당국은 그들에 대한 치료를 책임질 의무를 모면한다. 이른바 〈연금 신경증〉이라 불린 만성 전염병에 대한 두려움 때문에 1919년부터 프랑스와 소련 정부는 기능적 장애만을 겪는 재향 군인들에게는 장애 연금을 일체 거부했다. 뒤이어 독일 정부도 바이마르 공화국에 타격을 입힌 인플레이션 위기를 겪은 후 1926년에 그렇게 한다. 영국처럼 전쟁 신경증 피해자를 부분적으로 책임지는 나라들에서조차 통계적으로 그 질병을 대충 얼버무려 과소평가한다. 1922년에 이루어진 영국 정부의 조사에 따르면, 공식적인 사례는 (군인이 5백만 명이 넘는 상비군에서) 8만~12만 명 사이였다. 조사에서는 이 문제를 단순히 군인의 사기 문제로 설명한다. 미국에서는 군대 정신과 의사를 양성하려는 노력을 상당히 기울였음에도 불구하고 신경 정신 의학적 피해자가 (2백만 명으로 이루어진 원정대에 대하여) 3만~6만 명을 헤아렸다. 치료비는 갓 신설된 재향 군인회 Veterans' Bureau의 회계사들이 걱정할 정도였다.

그런데 제1차 세계 대전의 정신적 부상자들은 비록 통계에서는 존재하지 않지만, 아벨 강스의 영화 「나는 고발한다 J'accuse」(1919)에 등장하는 자기 무덤에서 다시 나오는 베르됭 전사자들의 혼령처럼 전후 사회를 떠돈다. 그러면서 각지에서 진정한 전쟁 신경증 문화가 탄생한다. 1919년에 한 미국 잡지에서는 프랑스가 베르사유에서 보인 〈히스테릭한〉 보복주의를 프랑스가 경험하던 셸 쇼크 상태로 설명했다. 또 영국의 총리 로이드 조지는 〈전 세계가 (당시에) 전쟁 신경증을 앓고 있다〉고 보았다. 패배한 오스트리아에서는 정신과 의사 율리우스 바그너야우레크를 군인들에게 감응 통전법 치료를 할 때 고문을 가했다는 혐의로 기소했다. 이 재판에 전문가로서 법정에 소환된 지크문트 프로이트는 전쟁으로 인한 정신 신경증을 자기도취적인 퇴행으로 간주하는 카를 아브라함과 페렌치 샨도르의 영향을 받아 자신의 생각을 바꾸어 정신 분석학을 그 유명한 〈쾌락 원칙〉을 넘어 애도와 외상적인 기억, 죽음에 대한 충동에 대한 이해로 보려고 사고의 전환을 이루는 중이었다. 이러한 내용은 전쟁으로 강조되기 시작했다. 훗날 멜라니 클라인은 어린이가 아주 어린 나이에 이미 느끼는 정신적 갈등에서 집요하게 추적한다. 독일에서 로베르트 비네의 공포 영화 「칼리가리 박사의 밀실」(1920)과 오토 딕스와 막스 베크만(둘 다 참호 생존자이다)의 그로테스크한 회화 작품들은 패배와 1918년 11월 혁명에 이어 생긴 집단적 히스테리 감정을 즉시 포착한다. 각지에서 전쟁 후유증은 가정과 부부라는 익명성 안에서 지속된다. 리베카 웨스트의 『군인의 귀향 The Return of the Soldier』(1918)과 버지니아 울프의 『댈러웨이 부인』(1925)에서 나타나듯 그 안에서 성별 관계는 완전히 변했다. 또 자신이 조국에서 누리지 못하는 자유를 수호하기 위해 유럽으로 떠난 아프리카계 미국인 군인 약 20만 명이 귀향한 미국에서는 여전히 인종 분리 정책이 실시되면서 폭력이 변함없이 벌어지는 가운데 이러한 후유증이 계속되었다. 이는 조지 워싱턴 리의 잘 알려지지 않은 소설 『조지강 River George』(1937)에서 〈할렘 르네상스〉 부흥을 둘러싸고 잘 드러난다.

베트남 참전 군인들의 〈외상 후 스트레스 장애〉

1937년에 일본 정신 의학자 가네코 준지는 가까운 미래에 전쟁에서는 가장 훌륭한 〈신경〉을 갖춘 국민이 승리할 거라고 단언했다. 세계 대전 직전에 이러한 예측을 한 경우는 처음이 아니었다. 그가 옳았다면 일본은 아마 승리했을 것이다. 1938년부터 1945년까지 일본의 유일한 정신 의료 기관인 고노다이 군인 병원에 정신 질환으로 입원한 군인의 수는 (병사 5백만 명 이상에 대하여) 1만 454명으로 매우 적었기 때문이다. 비교를 하자면, 미국 군대는 (1천6백만 지원병 중에서) 50만 명 이상의 군인을 〈전투 피로combat fatigue〉라고 부른 이유로 제대시켰다. 이런 유형의 여러 국가적인 특수성에도 불구하고 제2차 세계 대전부터 냉전 종결에 이르기까지 수렴 기간이 생기고 그 기간의 끝에 피해 갈 수 없는 새로운 진단명이 인정받게 된다. 〈외상 후 스트레스 장애(PTSD)〉다.

19세기 말 이후 일본에서는 유럽에서 유래한 생물 정신 의학 이론에 열광하고, 제국 정권은 과거 부시도(武士道)의 규범을 야마토 다마시(大和魂), 즉 〈일본의 정신〉이라는 국가주의적이고 확장주의적인 요구에 맞추어 적용한다. 그래서 중국, 뒤이어 연합국에 맞선 전쟁은 일본군에서는 남성성에 대한 시험이, 국민 전체에게는 인내력에 대한 시험이 되었다. 이러한 국민 중에는 1944년 살인적인 공습이 벌어졌을 때 대도시에서 피란을 떠난 150만 명의 어린이도 포함된다. 1873년에 징병제가 도입된 이후로 군대 내 자살 건수가 급격히 늘지만 그렇다고 딱히 동요가 생기지는 않는다. 이러한 자살은 국가가 〈특별 공격〉[토고(特攻), 가미카제 공격으로 알려짐] 때 국가가 명령하는 사무라이의 할복자살 의식의 영향을 받은 영예로운 자살[지케쓰(自決)]에 비해 수치스럽다고 여겨진다. 군대는 전쟁 중인 국가의 사기가 저하될 것이 두려워 정신 장애를 인정하지 않는다. 부적격하다고 판단된 모든 군인은 연금 없이 퇴역을 당하고 자신의 운명에 내맡겨진다. 이러한 내용은 처참한 소설 『들불』(1959년에 영화화됨)에서 등장한다. 분쟁이 종결되었을 때, 패전의 충격, 그리고 히로시마와 나가사키에 투하된 핵폭탄의 충격에 대해 침묵하는 가운데, 미국 정신 의학자들은 노이로제(〈신경증〉) 개념을 점령된 일본에 조심스레 도입한다. 반세기 가까이 피폭자(〈폭발 생존자〉)라는 사실은, 일시적인 우울함조차 금기시되는 나라에서 낙인찍기와 당혹감을 불러일으키는 원천이 된다.

전쟁 중 일본의 경험은 극단적이긴 하지만 이례적인 것은 아니다. 나치 독일에서도 신경증에 걸린 군인은, 모든 전선에서 승승장구하는 동안, 즉 스탈린그라드 전투라는 전환점에 이르기까지 거의 찾아볼 수 없다. 그러다 분쟁이 끝날 즈음 몇 달 동안, 독일군 수천 명이 탈영했다는 이유로 총살당한다. 하지만 그 보이지 않는 질병에 면역이 되어 있다고 사람들이 오랫동안 믿은 것은 무엇보다 소련의 붉은 군대다. 그래서 미국인들은 1970년대에 소련의 〈화학 군인〉을 냉전의 무시무시한 존재로 여기며 두려워했다. 그때도 역시 〈대조국 전쟁〉 중에는 공식적으로 신경증 환자가 없다고 간주했으며, 재향 군인은 〈진정한〉 전쟁 부상을 증명하지 않으면 국가로부터의 연금을 기대할 수 없었다. 기후와 전쟁(아니면 기아와 스탈린의 생산 수단 공유화의 폐해)으로 강인해지고, 서구인은 보여주지 못하는 집단적인 극기를 발휘할 수 있는 국민의 이미지를 정권은 기꺼이 선전했다. 그러나 현실은 전혀 달랐다. 정신 장애의 사례는 거의 없었지만 국가 정신 의료 시설의 절반이 바르바로사 작전 중에 파괴되어 정신 장애를 겪는 군인들이 영양실조와 다양한 질병 명목으로 입원해 있었기 때문이다. 지속적인 응급 상황에 처한 소련 정신 의학자들은 시각 장애인이나 언어 장애인이 된 군인들을 구호하기 위해 인지 심리 요법과 인슐린 마취를 실험했다. 분쟁이 끝나자 물자 부족에도 불구하고 신경 정신 의학 진료소 17곳이 모스크바에 신설되어 가난한 재향 군인 약 60만 명을 구호한다. 1940년대 말이 되어서야 스탈린 정권은 소련의 정신 의학에 재갈을 물리고 파블로프 행동주의 생리학을 유일한 교리로서 강요한다.

1940년에 미군의 정신 의학자들은 또 다른 신조에 사로잡힌다. 검진에 대한 신조다. 최소한 160만 명의 징집병이 심리 적성 검사에서 거부 판정을 받았다. 이들이 자신의 남성 정체성에 대해 받은 충격은 엄청났다. 1943년 북아프리카 전역 때 군대 내에 반복적인 신경 쇠약 breakdown(〈정신적인 붕괴〉, 치명적이지 않은 손실의 3분의 1)이 존재한다는 사실을 알았을 때 참모부가 받은 충격은 엄청났다. 검진은 실패했고, 20년 전에 시험된 그 이전의 정신 의학으로 되돌아가야 했다. 〈탈진exhaustion〉에 걸린 군인은 모두 전선에서 철수시켜 필요한 경우에는 진통제를 맞으며 휴식 기간을 갖게 했다. 심각한 환자는 후방으로 이송되어 정신과 의사가 최면을 걸거나 바르비투르산 유도체를 투여해 마취하여 얻는 해제 반응(외상을 유발하는 기억이 떠오르게 함으로써 정서적 긴장을 줄이는 것)에 기초한 신속한 심리 요법을 실시했다. 이러한 방법의 효율성은 매우 다양했지만, 평균적으로 환자 네 명 중 한 명 이하가 전방이나 기지에서 현역 직무를 다시 지속적으로 수행할 수 있었다.

두 가지 중요한 변화가 전쟁 신경증에서 〈전투 피로combat fatigue〉로 옮아간 점진적인 변화를 특징짓는다. 용어의 변화가 보여 주듯 이제는 한스 셀리에가 1946년에 이론화한 스트레스 개념에서 제시하는 만성 탈진이라는 진단의 실마리를 우선시하게 된다. 1950년에 한 생리학자 팀이 한국으로 떠나 내분비선 체계의 비밀을 알아내기 위해 공산주의의 위협에 맞서 싸우는 미군 병사들의 침과 오줌, 혈액을 검사한다. 하지만 결과는 실망스러웠다. 전쟁터가 좋은 실험실은 아니었기 때문이다. 한국 전쟁을 통해 〈신프로이트 학파〉 정신 의학자들은 더욱 힘을 얻었고, 한국에 (현지의 전통 의학과 불교 또는 도교와 접촉하며 매우 〈한국화한〉) 역동 정신 의학을 도입한다. 역설적으로 스트레스와 피로에 관한 연구를 통해 결국 〈스트레스를 일으키는〉 요인 자체에 다시 중요성이 부여되었다. 이로써 정신 구조와 감정이 중시되어 1차 집단 ── 유명한 밴드 오브 브라더스bands of brothers ── 내에서 형성되는 전우애의 예방적인 역할에 관한 일련의 연구가 이루어진다. 여기서 또 다른 중요한 변화가 생긴다. 군인의 정신 장애는 비정상적인 상황에 대한 정상적인 반응이며, 모든 사람에게는 한계 지점이 있다.(〈every man has his breaking point〉 모든 사람에게는 한계가 있다)는 원칙이 인정된 것이다. 패튼 장군이 시칠리아섬에 입원해 있던 〈신경 쇠약에 지친〉 군인 두 명을 때리고 모멸했다는 이유로 상부의 질책을 받은 유명한 사건이 이를 증언한다. 1946년에 이미 할리우드에서는 전쟁으로 망가진 재향 군인들을 영화에 등장시키는 일을 더 이상 부끄럽게 여기지 않게 되었다. 낙관적이고 심지어 메시아적이라 할 영화인 존 휴스턴 감독의 「빛이 있으라Let there be light」(1946)에서는 정신 병원에서 치유된다는 사실에 더 이상 의심을 품지 않는다. 알코올 중독과 부부간 폭력의 경우, 또는 일부 환자가 피해를 입은 〈실패한〉 뇌엽 절제술의 사례는 그다지 중요치 않았다. 그들은 〈좋은 전쟁〉의 영웅으로서 지아이 빌GI Bill 법이 보장하는 관대한 원조의 혜택을 받았으며 미국의 경제 및 정신의 승리를 이끌어 낸 이들이었던 것이다. 그랬기에 고작 20년 후에 베트남 전쟁에서 오는 환멸은 끔찍했다.

그럼에도 불구하고 1960년대에 군인들이 잘 견뎌 낸 사실은 미국의 개입이 단계적으로 확대되는 가운데 인도차이나반도에서 들려온 흔치 않은 좋은 소식 중 하나였다. 이번에 군대는 준비 없이 당하지 않았다. 미군 병사들은 검진 테스트를 거친 뒤 단 1년만(신경 쇠약 위험을 최소화하기 위해 최적이라고 판단된 기간) 복무하러 떠났다. 그 기간 동안에 알코올과 마약을 포함한 메이드 인 유에스에이 소비재가 갖추어진 안락한 환경에서 긴 R & R(Rest and Recreation, 휴식과 오락) 기간을 가질 수 있었다. 그들은 임무 수행 중에 민간인 사이에 숨어 있는 보이지 않는 적에 맞서 싸우는 비대칭 전쟁이 야기하는 불안을 극복하기 위해 항정신병 약물(조현병 치료에 쓰이는 클로르프로마진)을 투여받았다. 게다가 그들 대부분은 1960년대에 소수 민족과 서민 계층에게 차별적인 〈징병제draft〉를 재도입하게 만든 〈더러운〉 게릴라전을 원치 않았다. 이 모든 요인으로 고국으로 돌아왔지만 더 이상 〈자기 집에〉 있다고 여기지 못하는 재향 군인들에게 정신 의학자들이 〈베트남 전쟁 휴유증post-Vietnam syndrome〉이라고 부르기 시작한 것이 뒤늦게 끼친 영향을 설명할 수 있을 것이다. 1976년에 출간되고, 베트남 전쟁에 직접 참전했던 올리버 스톤이 뒤이어 영화로 만든 론 코빅의 자서전 『7월 4일생』이 이를 증언했다. 제2차 세계 대전 세대가 주도하는 미국 보훈부Department of Veterans Affairs의 무능에 직면해 베트남 참전 군인들은 적극적인 단체(베트남 반전 재향 군인회Vietnam Veterans against the War)를 이루어 결집하고 언론을 통한 캠페인에 나선다. 이러한 움직임은 1970년대 말에 「택시 드라이버」(1978), 「디어 헌터」(1978) 또는 「지옥의 묵시록」(1979) 등 신기원을 이룬 영화들 덕분에 증폭되었다. 1979년에 미국인은 재향 군인 3만 명이 교도소에서 썩고 있으며, 약 35만 명이 영화 「람보」(1982)에 등장하는 〈crazy Vietnam vet(미친 베트남전 참전 용사)〉처럼 수사를 받고 있거나, 가석방 상태이거나, 도주 중이라는 사실을 알게 되었다.

그런데 그 시기에 미국 정신 의학 협회의 공식적인 질병 분류를 개정하는 작업을 실시하던 정신 의학자 집단은 전쟁의 정신적 후유증에 중점을 둔 새로운 진단명을 검토했다. 서로 다른 분야에서 온 그들은 스트레스 생리학을 신프로이트 학파에서 유래한 트라우마와 〈사후성après-coup, afterwardsness〉 개념을 결합하려 했다. 그들은 무엇보다 정신 의학자인 윌리엄 니더랜드와 로버트 제이 리프턴이 각각 쇼아와 히로시마 생존자들을 대상으로 이론화한 〈생존자 증후군〉에 관한 선구적인 연구들의 영향을 받았다. 특히 리프턴은 폭력에 대한 도덕적 판단을 완전히 버리고 관점을 급진적으로 뒤집기를 권한다. 베트남에서 민간인을 학살한 군인도 그러한 폭력이 폭력을 행하는 사람에게 남기는 외상을 일으키는 기억으로 인한 전쟁의 피해자, 앨런 영의 표현에 따르면, 스스로 외상화된 가해자self-traumatized perpetrator라는 것이다.

이러한 집단적인 노력으로 1980년에 『정신 질환 진단 및 통계 편람 Diagnostic and Statistical Manual of Mental Disorders-III』에서 PTSD(외상 후 스트레스 장애)를 채택한다. 이는 환자가 원치 않는데도 끊임없이 갑작스러운 방식으로 다시 체험하는 외상을 일으키는(〈일상에서 벗어나는〉) 사건에 직면한다는 개념을 둘러싼 명확한 진단 기준들로 정의 내려지는 새로운 질병이다. 군인 정신과 의사들은 처음으로 국가가 책임지는 〈직업병〉을 인정하는 법적으로 유효한 진단명과 상세한 증후학적 소견을 가지게 된 것이다. 베트남 전쟁이 끝난 지 15년 후에 베트남 참전 군인 (1961년과 1975년 사이에 동원된 310만 명 중에서) 48만 명이 여전히 PTSD로 고통받고 있으며, 1백만 명에 가까운 이들이 어느 시점에 PTSD로 고통받았다고 추정된다.

트라우마의 보편화

PTSD가 만들어진 이후로 거둔 성공은 이 병명이 전 세계적으로 정신 의학계와 일상에서 사용된다는 사실로 가늠할 수 있다. 서방 국가들에서 이 진단명은 걸프 전쟁(이 전쟁에서는 걸프 전쟁 증후군Gulf War syndrome과 독성 살충제의 폭발로 인한 신경 장애가 거론된다) 이후, 그리고 〈테러와의 전쟁〉 군사 개입과 함께 2000년대에 주목을 받는다. 미국에서 10년 동안 스스로 목숨을 끊는 재향 군인의 수는 두 배로 증가했다. 재향 군인의 자살은 현재 자살 다섯 건 중 한 건을 차지한다. 연구에 따르면, 이라크와 아프가니스탄에서 귀환하는 남녀 가운데 PTSD에 걸리는 사람의 비율은 20~30퍼센트로 평가된다. 2000년 이후, PTSD 명목으로 지급한 연금 건수는 폭발적으로 증가해 10만 건이던 것이 2013년에 65만 건이 되었다. 연간 환자당 8천 달러에서 1만 3천 달러의 비용(연간 총비용은 수십억 달러)이 든다고 추정된다. 그 규모는 더 작으면서 저항이 약간 있기는 하지만, 알카에 다와 이슬람국가 그리고 아프리카와 중동에 있는 가맹 단체들에 맞선 군사 작전에 활발히 가담한 영국군과 프랑스군에서도 같은 현상을 보인다. 러시아에서는 1980년대 말부터 아프간치와 베트남전 참전 용사Vietnam vets들 간의 만남에 이어 PTSD를 러시아어로 옮긴 포스트트라브마티체스키 스트레스post-travmaticheskii stress가 거론되었다. 뒤이어 1990년대에 두 차례 벌어진 체첸 전쟁에 참전한 군인들이 겪는 〈체첸 증후군〉이 등장했다. 이스라엘에서는 이른바 〈정당〉하고 무적이라는 명성을 얻은 군대에 끊임없이 국민이 동원되었기에 오랫동안 이러한 정신의 〈나약함〉이 무시되었다. 욤 키푸르 전쟁(1973)이 안긴 충격과 이스라엘 방위군 차할이 처벌을 목적으로 레바논 그리고 팔레스타인의 인티파다에 맞서 가자 지구에 개입한 것이 불러일으킨 의혹 때문에 2000년에 정신 장애를 겪는 재향 군인들을 원조하기 시작한다. 이러한 집단적 각성은 애니메이션 「바시르와 왈츠를」(2008)에서 잘 나타난다. 연구에 따르면 중국의 인민 해방군 그리고 소말리아나 르완다, 보스니아 헤르체고비나, 동티모르에 파견되는 유엔군에 병력을 제공한 인도, 파키스탄, 에티오피아, 네팔, 캐나다 등 다른 모든 군대에서도 PTSD 증후군은 존재한다. 스트레스 지표와 죄책감은 자신의 무력함과 취약함에 직면하는 평화 유지군에 특히 널리 퍼져 있다. 왜냐하면 전투에 직접 가담하는 것이 이제는 더 이상 군인에게 외상을 일으키는 필요 불가결한 조건이 아니기 때문이다. 지금은 점점 더 남녀 혼성이 되어 가는 군대 내에서 벌어지는 성적 괴롭힘의 피해자나, 전쟁터에서 수천 킬로미터 떨어진 벙커에서 스크린을 통해 가상 전쟁을 벌이지만 불안감과 회한은 엄연히 존재하는 드론 조종사에 대해서도 PTSD를 말하는 게 가능하다.

그러나 PTSD의 영향은 군인에게만 미치지 않는다. 트라우마에 관한 용어가 전파됨에 따라 PTSD는 무장 충돌의 영향을 받았는지 아닌지에 상관없이 민간인의 정신 건강을 평가하는 데 있어 간과할 수 없는 변수가 되었다. 그래서 캄보디아나 르완다, 과테말라, 아프가니스탄, 시리아에서 학살 목격자와 전쟁 포로(성인과 어린이)가 PTSD에 걸리는 비율 — 일반적으로 이것은 진단의 여러 기준 중 하나일 뿐이고, 개별적으로 감안되며 그 진단은 전체적인 증후학적 소견 내에서만 일관성을 띤다는 사실은 잊힌다 — 을 측정한다. 그리고 그 비율을 엘살바도르와 시카고의 폭력단 사이에서 벌어지는 폭력의 희생자 비율이나 1995년 고베 지진 또는 2011년 쓰나미(그리고 후쿠시마 재앙)로 충격을 받은 일본인들의 비율과 비교한다. 미국에서는 PTSD 피해자 수를 전 국민의 8퍼센트, 즉 2천5백만 명으로 추정한다. 여기에는 군인뿐 아니라, 폭행이나 강간, 산업 재해 피해자들도 포함되며, 또 가끔은 외상성 뇌 손상을 입은 축구 선수나 망친 시험 때문에 성공하지 못할 것을 두려워하는 학생도 포함된다. 심지어 유전학자들도 이 문제에 관심을 갖고 생존자 증후군 가설을 근거로 트라우마가 몇 세대에 걸쳐 이루어지는 후성 유전 양상(⟨세대 간 유전 트라우마⟩)을 식별해 내려 한다.

PTSD 개념이 확산됨으로써 그 피해자 지위가 가난하고 소외된 모든 종류의 사회 집단에도 퍼지게 되었다. 이렇게 트라우마가 보편화하면서 PTSD의 원인을 모든 장소와 모든 시대에서 (우리 감정을 조절하는) 편도체가 (우리 기억을 관장하는) 해마에 부담을 주면서 과도하게 활동하는 것으로 설명하는 신경 과학 이론들로써 (간접적으로) 현대화되는 여러 질문이 제기된다. 그런데 인본주의 정신 의학 활동가들은 정신적 외상을 일으키는 상황을 직접 목격한 사람들로서 PTSD 치료를 위한 공식 매뉴얼이 문화에 따라 얼마나 부적절한지 잘 알고 있다. 타이완에서 지진 피해자에게 반응을 활용한 심리 요법은 미군 병사에게 실시하는 것과 똑같은 결과를 낳을 수 없다. 낯선 사람과 감정을 공유하는 일이 한 문화에서는 장려되는 반면, 다른 문화에서는 그렇지 않기 때문이다. 예를 들어 르완다 집단 학살의 보이지 않는 상처를 이해하려면, 학살 생존자들이 만들어 낸 용어지만 에너지 흐름의 조화에 근거한(이런 의미에서 중국 의학과 가까운) 르완다 전통 의학에서 유래한 이하하무카(직역하면 〈숨이 막히는 것〉)의 특수성에 주의를 기울여야 한다. 전쟁 트라우마를 〈발견〉한 것이나 1990년대 일본에서 직장 내 우울증과 스트레스, 자살도 이와 마찬가지로, 개별화하는 경향이 있는 서구 정신 의학과 항우울제 제조사의 경제적 이해관계는 우츠뵤(〈우울증〉)에 사회적인 관점을 결합하는 훨씬 더 오래된 의학 전통과 충돌한다. 끝으로, 인류학자 권헌익이 제시하듯, PTSD를 탄생시킨 〈베트남 전쟁〉은 양 진영에서, 그리고 길 하나를 사이에 두고 양쪽에 살면서 그 전쟁에 직접 가담한 수백만 명의 베트남 사람들에게는 〈미국 전쟁〉이었다는 사실을 상기하는 게 중요하다. 부부간 폭력과 마찬가지로 그들이 겪는 외상은 〈관계적 트라우마〉로서, 내밀한 비극이 베트남 독립의 〈순교자들〉에 대한 공식적인 기억에서는 드러나지 않지만, 장례 의식을 치르지 못해 혼령으로서 산 자들 사이를 떠돌 운명에 처한 표적 외 희생자가 맞이한 〈나쁜 죽음chet duong〉을 통해 끊임없이 수면 위로 드러난다. 그 때문에 (미라이라는 이름으로 더 많이 알려진) 손미 마을 같은 학살 장소 가까이에서 조상을 기리는 사원, 그리고 향과 음식물, 돈으로 이루어진 엉뚱해 보이는 봉헌물들을 찾아볼 수 있는 것이다. 이것들은 두 세계 사이에 붙들려 공동체 내에서 계속해서 역할을 수행하는 영혼들의 고통을 위로할 목적을 지닌다. 〈미친 사람〉처럼 외치거나 항불안제에 매달리는 일 없이 말이다. 그러니 PTSD가 〈산 자들〉의 트라우마인 것처럼, 이는 〈죽은 자들〉의 트라우마라 하겠다. 전쟁 신경증을 노래한 젊은 영국 시인 월프레드 오언이 말한 바 있는 〈정신병 환자들Mental Cases〉과 〈죽은 자들에게 넋을 빼앗긴 마음 상태〉가 반복해서 울려 퍼지는 듯하다.

참조

3부 - 01 시련을 겪는 몸 | 03 부상과 부상자 | 05 〈온갖 엄청난 감정〉 ‖ 4부 - 02 병사의 귀향 | 07 미라이의 혼령들

09

살아남은 증인

아네트 비비오르카[*]

현 세계를 구축하기 위해 이야기하기. 이것은 유대인 집단 학살 희생자들이 발언하기 시작한 이후 오늘날 사람들이 전투나 학살의 목격자에게 부여하는 역할이다. 하지만 나치의 박해에 살아남은 사람들의 경험이 들리기 시작한 것은 1970년대에 들어서다.

2005년 5월에 스페인에서 충격적인 사실이 폭로되었다. 플로센부르크 나치 집단 수용소의 생존자라고 주장하며, 수용소 체험을 특히 학생들 앞에서 수백 번 증언하고, 회고록을 쓰고 마우타우젠 친목회[*]의 회장이 된 엔릭 마르코가 신분을 사칭했다고 밝혀진 것이다. 그는 집단 수용소에 수용된 적이 한 번도 없었다. 『사기꾼El Impostor』(2014)은 스페인 작가 하비에르 세르카스가 그 인물을 다룬 논픽션 소설의 제목이다. 엔릭 마르코는 전쟁 중인 나치 독일에 체류하긴 했으나, 나치가 스페인 내전 중에 극우주의자들에게 도움을 제공한 대가로 진 빚을 갚기 위해 히틀러와 프랑코가 체결한 조약에 따라 노동자로 자원하여 떠나 체류한 것이었다. 엔릭 마르코는 독일에서 교도소에 수감된 적은 있었다.

• Annette Wieviorka. 프랑스 국립 과학 연구원의 명예 연구 디렉터. 기억과 쇼아 전문가로서 고전이 된 『증인의 시대L'Ère du témoin』를 비롯한 여러 저서를 썼다.

* Amicale de Mauthausen. 마우타우젠-구센 강제 수용소를 기념해 만들어진 프랑스의 단체.

엔릭 마르코는 또 다른 유명한 사기꾼인 빈야민 빌코미르스키와 미샤 데폰세카와 비슷한 운명을 맞는다. 물론 신분을 사칭한 크고 작은 사기꾼은 언제나 있었다. 역사는 마르탱 게르 사건*의 흔적을 간직하고 있다. 하지만 어떤 사람들이 집단 수용소 생존자나 쇼아의 피해자인 유대인으로 사칭하려 한다는 사실을 어떻게 설명해야 할까? 이러한 사기 행각이 대중에게 폭넓은 성공을 거둔 것은 또 어떻게 설명할까? 이러한 사기 행각은 현대에 고려하지 않을 수 없는 인물상인 생존자 증인에 대해 무엇을 알려 주는가?

1995년에 짧은 이야기 『편린들: 어린 시절의 기억(1939~1948) *Fragment: Memories of a wartime-Childhood*』이 독일어로 출간되었고, 이내 이 책은 아홉 개 언어로 최고의 출판사들에서 출간되었다. 비평계는 그 작품이 문학적으로 빼어나다고 인정했다. 드디어 쇼아가 남긴 지울 수 없는 흔적을 가벼운 필치로 묘사하는 생존자 어린이의 목소리를 듣게 된 것이다. 트라우마의 기제와 넘어설 수 없는 특징을 완전무결하게 보여 준 작품이다. 빈야민 빌코미르스키의 짧은 이야기는 권위 있는 여러 상을 받았다. 그중에는 시몬 베유가 파리에서 수여한 〈쇼아의 기억Mémoire de la Shoah〉상도 있었는데, 청소년 때 아우슈비츠에서 살아남은 시몬 베유는 수상식에서 자신의 경험에 비추어 이렇게 말했다. 〈우리는 항상 어린이들이 무슨 일을 겪었는지 스스로 묻곤 했지요. 당신 덕분에 이제 그것을 알게 됐습니다.〉 빈야민 빌코미르스키는 전 세계를 순회하며 자신의 충격적인 이야기를 전했다.

1997년에 미샤 데폰세카는 미국에서 『미샤: 홀로코스트 시절 회고록Misha: A Memoire of the Holocaust Years』을 출간했다. 이 책은 곧 18개 언어로 번역되었다. 프랑스어로 〈늑대들과 함께 살아남기Survivre avec les

---

* 1560년 프랑스에서 벌어진 유명한 신분 사칭 사건.

loups〉라는 제목으로 출간되었으며, 2007년에 베라 벨몽이 그 내용을 영화화했다.

미국인이 〈홀로코스트〉 장르라고 부르는 이야기나 문학 작품을 잘 아는 이들은 의심하기 시작했다. 하지만 처음에 그들의 목소리는 잘 들리지 않았다. 남들보다 더 분노했거나 투지에 찬 어떤 사람이 조사하고, 반박할 수 없는 방식으로 사기 행각을 낱낱이 밝혀낼 때까지는 말이다. 빌코미르스키에 대해서는 기자 다니엘 간츠프리트가 그런 사람이었다. 아버지가 아우슈비츠 생존자인 그는 처음으로 의구심을 분명히 드러냈다. 그 모든 이야기는 스위스 역사학자 스테판 매흘러의 철저하고 명백한 조사 덕분에 알려졌다. 그는 자기가 조사한 결과를 2000년에 출간했다. 그의 책『빌코미르스키 사건: 전기적 진실에 대한 연구*The Wilkomirski Affair: A Study in Biographical Truth*』는 이듬해에 영문으로 번역 출간되었다. 2005년 5월, 엔릭 마르코가 연설하기로 예정되어 있던 미군의 마우타우젠 수용소 진입 60주년을 축하하는 성대한 기념식 직전에, 스페인 사람들을 대상으로 자행된 수용소 강제 이주사 전문가인 베니토 베르메호가 마르코의 사기 행각을 세상에 알렸다. 미샤 데폰세카의 경우, 데버라 드워크나 로런스 랭어 같은 생존자들의 이야기를 연구하는 미국의 전문가들이 보여 준 즉각적인 의심에도 불구하고, 베라 벨몽의 영화가 개봉되고 항의, 그러니까 늑대 전문가들의 항의가 이루어지고 나서야 진실이 밝혀진다. 그들은 이야기가 사실일 수 없다고 판단했다. 암컷 늑대는 기껏해야 갓난아이가 상상임신 때문에 부어오른 젖을 빨게 놔둘 수는 있지만, 어린 소녀 따위는 단숨에 먹어 치웠을 것이다. 레무스와 로물루스 또는 모글리면 몰라도, 미샤는 빨간 두건을 쓴 소녀일 수밖에 없었다. 사기 행각을 낱낱이 밝혀낸 것은 역사학자들, 특히 작고한 막심 스타인베르의 공로였다.

이 인물들 모두 작가들의 관심을 끌었다. 그들 자신이 이미 순전한 허구를 제시하지 않았던가? 빌코미르스키에 대해서는 엘레나 래핀 (『두 머리를 가진 남자*The Man with Two Heads*』, 2000), 엔릭 마르코에 대해서는 하비에르 세르카스(『사기꾼』, 2014), 그리고 리오넬 뒤루아 (『늑대들과 함께 살아남기: 미샤 데폰세카에 대한 진정한 이야기*Survivre avec les loups: La véritable histoire de Misha Defonseca*』, 2011)가 그들이 이 세 작가는 그들 작품에서 주인공들이 엉망으로 훼손한 유년기를 이야기 한다. 빌코미르스키의 경우는 이렇다. 청교도적인 스위스에서 아들 브뤼노(빈야민 빌코미르스키의 본명)를 수태시킨 남자에게 버림받아 미혼모가 된 이본 그로장은 자신도 아들을 저버린다. 아들은 도세커 부부에게 입양되었다. 미샤 데폰세카는 모니크 데 바엘이라는 이름으 로 벨기에의 가톨릭 신도 부모사이에 태어났다. 프랑스 저항군 활동 가인 아버지는 자기 조직망의 구성원들을 고발하고 자신도 쾰른과 다 른 여러 감옥에 투옥되었다. 부모가 체포되었을 때 그녀는 네 살이었 다. 아버지는 전쟁이 끝난 뒤에 죽었다. 라벤스브뤼크에 강제 수용되 었던 어머니도 마찬가지로 전후에 죽었다. 〈배신자의 딸〉은 할아버지 와 삼촌의 손에 양육되었다. 엔릭 마르코는 정신이 불안정한 어머니 가 오랜 기간 입원해 있다 죽은 정신 병원에서 태어났다. 유년기에 돌 이킬 수 없는 상처를 입은 세 사람은 자신의 불행이 아닌 다른 불행을 상상으로 만들어 낸 것이다.

하지만 이러한 사기 행각은 개개인이 만들어 낼 수 있는 사적인 이 야기나 가족 소설을 넘어선다. 그러한 사칭이 사람들에게 열광적으로 받아들여졌다는 사실도 의문을 불러일으키기 때문이다. 이러한 사기 행각은 1970년대부터 우리 사회에서 나치 수용소 생존자 증인이 차 지한 위치를 가늠하게 해준다. 그 시기를 1998년에 출간된 필자의 단 편집 제목이기도 한 〈증인의 시대〉로 만드는 비교할 수 없는 위치를 말이다.

〈이야기하라! 글로 쓰라!〉

자신이 보거나 체험한 것을 이야기하는 사람이라는 의미에서 역사적 증인의 출현 시기를 규정하는 일이 가능할까? 자기 자신에 대한 모든 종류의 글쓰기를 연구하는 전문가인 필리프 르죈은 18세기 말 연대기 작가chroniqueur의 역할에서 증인의 역할로 넘어가는 지점을 지적한다. 연대기 작가는 보통 이류 명사로서, 국가 또는 지방 수준에서 공동생활을 기록하는 서기로 자임한 사람이다. 그는 자기 주변에서 얻은 정보를 취합하고 거기에 항상 그런 것은 아니고 간혹 자신의 증언을 덧붙였다. 〈즉각적인 기억〉은 연대기chronique에 담겨 있었다. 이것은 훗날 역사를 기록하는 데 사용될 목적으로 기록되었다. 18세기에 근대 언론 매체가 연대기와 경쟁을 벌인 끝에 결국 후자가 사라진다. 르죈은 프랑스 혁명에 이르러 연대기 작가가 종말을 맞이한다고 지적한다. 혁명기에는 〈새로운 인물상인 증인, 그중에서도 혁명과 제국 전쟁에 가담한 군인〉이 등장한다. 〈그들은 원칙적으로 자기가 직접 본 것과 집단적 서사에서 자신이 개인적으로 가담한 일만 전한다〉. 증인의 공식적인 출생증명서는 1805년 12월 3일에 나폴레옹이 〈생존자〉 군인들에게 다음과 같이 선포한 일일 것이다. 〈여러분이 《내가 아우스터리츠 전투에 있었다》라고 말하기만 하면 사람들은 여러분을 바라보며 《참으로 용감한 사람이 여기 있군》이라고 말할 것이다.〉 그때부터 증인은 언론 매체가 말할 수 없는 것, 일인칭인 〈나〉만이 표현할 수 있는 것, 전투 중 용맹함이나 대참사 와중에 느낀 비탄을 말하도록 격려받는다.

실제로 나폴레옹 전쟁에 가담한 병사 일부는 자신의 증언을 기록했다. 그 기록들은 집계되고 분석되고, 일부는 출간되었다. 나폴레옹의 서신 편집을 담당한 역사학자 프랑수아 우드세크가 지적하듯, 20세기 분쟁 연구로부터 더 오래된 분쟁에 대한 증언 연구가 탄생했다. 하지만 나폴레옹 군대의 병사 중 10퍼센트만 글을 쓸 줄 알았다. 그 때문에 증언의 수가 제한될 수 밖에 없다. 러시아 원정에만 국한하여 살펴보면 총 262편의 회고록이 쓰였을 거라고 한다. 〈글쓰기 관행과 생존자의 수(참전한 병력 수의 10~15퍼센트)에 따라 수치화해도 1812년에 러시아를 침공한 65만~70만 명이라는 병력에 비하면 매우 낮은 비율이다.〉

제1차 세계 대전은 대부분 제대로 문자를 교육받은 국민에 의해 대규모 증언이 시작되는 시기이다. 장 노르통 크뤼의 위대한 저작(『증인들: 1915년부터 1928년까지 출간된 병사의 수기 분석과 비평 논문 *Témoins*』, (1929)과 더불어 연구자들이 이런 유형의 글에 관심을 기울이기 시작한다. 필자의 저서인 『강제 수용과 집단 학살: 기억과 망각 사이에서』(1992)에서 노르통 크뤼의 책을 읽고 영감을 받아 강제 수용소와 학살 수용소 생존자들의 초기 증언들을 집계하고 분석했다. 이러한 증언 문학의 수는 많았다. 이는 제1차 세계 대전에 뒤이은 증언 문학이 다수 있었던 상황과 유사했다. 노르통 크뤼는 1915년과 1928년 사이에 출간된 전쟁을 다룬 저작물 304권의 목록을 작성했다. 그의 집계가 모든 자료를 망라하지는 않았다. 그는 지방에서 출간된 저작물은 연구에서 제외했다고 밝혔다. 필자는 노르통 크뤼처럼 하고, 이디시어로 기록된 저작물이 아니면 프랑스어로 출간된 책만 검토하면서 당시에 50여 권의 책을 찾아냈다. 필자의 자료는 전쟁 직후 몇 년간만(1948년까지) 다루었다. 강제 수용된 사람의 수(당시 총 14만 명으로 추정되고 그중에서 유대인은 7만 6천 명)와 생존자의 수(약 4만 명이고 그중에서 유대인은 3천 명)는 수백만 명에 이르는 제1차 세계 대전 참전 군인의 수와 전혀 비교가 되지 않았다. 게다가 장 캐롤이나 루이 마르탱쇼피에를 제외하면 강제 수용된 프랑스 사람들 중에 작가는 거의 없는 데 반해, 제1차 세계 대전에는 저명한 문인들이 참전했다. 끝으로 증언 문학을 이루는 상당 부분, 일기, 서신 등 몇 몇 예외를 제외하면 집단 수용소의 생활 조건의 성질 자체 때문에 아예 배제되었다. 그래도 양적인 비교는 강제 수용된 사람들의 증언에 불리하지 않았다.

두 유형의 글 사이의 중요한 차이점은 그 글이 수용된 방식에 있다. 모리스 리외노는 1974년에 출간된 자신의 논문에서 제1차 세계 대전을 다룬 작가들은 호의적인 독자, 즉 재향 군인 수백만 명을 독자로 확보하고 있었다고 지적한다. 하지만 제2차 세계 대전이 종결된 후 몇년간 강제 수용되었다가 생존한 사람들에게는 상황이 전혀 같지 않았다. 그들의 수가 진정한 시장을 형성하기엔 충분치 않았던 것이다. 그런데 출판사들은 자선가가 아니어서 자사가 출간한 책이 많이 팔리기를 바란다. 어느 한 저서가 성공하면 같은 주제의 책들이 뒤이어 출간된다. 이러한 시장이, 즉 구매자와 독자가 없다는 사실이 이야기의 흐름이 끊긴 데 대한 부분적인 이유다.

두 가지 글쓰기의 움직임이 모두 대규모로 이루어졌다는 점에서 서로 견줄 만하지만, 이러한 비교는 잘못되었다. 증인이 현재의 위치로, 즉 현재 세계를 구축하기 위해 이야기를 전하는 사람의 위치로 올라서게 해준 것은 유대인 집단 학살이기 때문이다. 그들은 너무도 의미심장한 인물상이라서 훗날 다른 분쟁이나 대참사들의 증언을 재발견하도록 만들고, 증언 분석의 틀을 제공하며, 1994년 르완다에서 후투족이 투치족에게 자행한 집단 학살을 비롯하여 그 이후에 벌어진 집단 학살에 대한 증언들을 창출해 낸다. 그런데 오늘날 모든 종류의 기자와 정신 분석가, 심지어 연구자들조차 대참사가 벌어지자마자 증인의 말을 수집하려고 서두르지만, 쇼아가 벌어지는 와중에는 상황이 전혀 그렇지 않았다. 이러한 움직임은 피해자 자신들의 의지에서 탄생했다. 그들은 자신이 일반적이지 않은 시대를 살아가고 있으며, 어쩌면 그 시대에서 살아남을 수 없을 거라는 사실을 인식했다.

〈이야기하라! 글로 쓰라!〉 이것은 역사학자 시몬 두브노프가 1941년 12월에 리가 게토에서 살해당하기 얼마 전에 한 말이라고 전해진다. 에마누엘 린겔블룸은 바르샤바 게토에 대하여 〈모든 사람이 글을 썼다〉고 지적했다. 다른 게토들에서도 마찬가지였다. 나치의 지배를 받아 유대인이 죽을 운명에 처한 나라들 역시 정도는 덜했지만 상황은 마찬가지였다. 물론 독일의 문헌학자 빅터 클렘퍼러처럼 완고한 일기 작성자들도 있었다. 그는 평생 일기를 썼다. 그중 나치 시대에 관련된 부분을 발췌하여 단 두 권으로만 출간되었다(『나의 종이 군인들: 1933~1941년 일기』와 『나는 끝까지 증언하고 싶다: 1942~1945년 일기』, 2000). 그는 매일 작성한 기록을 바탕으로 LTI, 즉 나치의 언어인 제3제국의 언어lingua tertii imperii에 관한 단편집을 썼다. 에마누엘 린겔블룸은 전쟁이 시작되자 논평을 작성한다. 폴란드의 유대인 역사에서 전례 없는 장이 시작된다는 사실을 직감했기 때문이다. 이러한 직감은 다른 이들도 공유했다. 역사학자인 에마누엘 린겔블룸은 바르샤바 게토에서 내밀한 글까지 포함한 문서를 모두 수집하는 일을 담당하는 조직 오네그 샤바트Oneg Shabbat(직역하면 〈안식일의 기쁨〉)를 만들었다. 점령기부터 문서 수집과 일기 작성이 시작되지만, 일반화된 글쓰기 열풍, 두브노프가 말한, 증언해야 한다는 절대적인 요구는 파괴의 엄청난 규모 내지는 그 극단적인 성격을 인식하면서 생겨난다. 두브노프가 글을 쓰라고 독려한 것은 1941년 12월이었다. 그때는 아인자츠그루펜이 발트해 연안국 등지에서 이미 수십만 명의 유대인을 총살한 상태였다. 글을 써야 한다는 명령은 이러한 명령이 공식적으로 발언되었다는 사실을 모르는 피해자들에 의해 폭넓게 실천되었다. 그리고 많은 글이 유실되었다. 1942년 7월 22일부터 9월 21일까지 바르샤바 게토의 유대인 30만 명이 트레블링카 수용소로 보내져 즉시 사살된 〈대활동Grande Aktion〉 중 벌어진 폭력도 그 이유 가운데 하나다.

미셸 보르위츠는 자신의 논문 『독일 점령하에서 사형을 언도받은 사람들의 글, 1939~1945년』(1953)을 쓰기 위해 이러한 유서 성격을 띤 글들에 관심을 가진 최초의 인물로, 매번 강제 수용을 위한 이동이 이루어진 다음의 게토 풍경을 다음과 같이 적었다.

게토의 길거리가 피의 침묵으로 가득 차고 집들이 이제 막 끌려나간 수천 명의 사람들이 부재하여 생긴 공허함에 젖어 들 때, 독일의 존더코만도들은 사람들이 두고 간 가구와 재화들을 〈압수했다〉. 그러면 길거리에는 약탈된 재산에서 나온 잔해들이 굴러다녔다. 그 중에는 노트의 겉표지가 심심치 않게 보였다. 병사들이 다양한 구멍과 서랍에서 약탈할 가치가 없다고 판단하여 바깥에 내던져 소멸될 운명에 처한 글들이었다. 아마도 우리가 존재했다고 알고 있으며 가끔은 제목과 주제도 알고 있지만 더 이상 그 어떤 보존된 수집물에서도 찾아볼 수 없는 많은 글이 그런 방식으로 사라졌을 것이다.

보르위츠는 게토에서 글쓰기 대물결이 일기 시작하고, 그 내용이 변모한 것이 1942년부터라고 본다. 1942년까지 사람들은 〈독일이 조만간 패배할 거라고 끈질기게〉 믿는다. 〈그러므로 일정 수의 피해자는 여전히 구원받을 수 있었다.〉 게토에서 학살 수용소로 대규모 강제 이주가 시작된 이후 나치가 패배할 거라는 믿음은 약해지지 않지만, 이 믿음에는 또 다른 확신, 〈최후의 유대인 생존자들이 완전히 사라질 것〉이라는 확신이 동반된다.

증언하기, 그것은 이제 사라지고 말 어느 민족이 존재했다는 흔적을 남기는 일, 그 민족이 〈세계의 기억〉에서 지워지는 것을 막는 일이 된다. 마이다네크에서 살해당한 역사학자 이그나치 시퍼는 이렇게 선언했다고 한다. 〈우리는 살해당한 동생 아벨이라는 사실을 듣기를 거부하는 세상에 그 사실을 증명해야 하는 힘겨운 임무를 떠안을 것이다.〉

무너져 가는 이들은 증언을 전하기 위해 일기부터 소설, 시에 이르는 모든 문학 형태를 활용했다. 이런 글 중 일부는 발견되어 이제는 대부분이 프랑스어로 번역되어 있다. 솔 프리드랜더가 보여 주듯, 일기가 어느 문장이나 단어 중간에서 끊기는 경우도 있다. 저자가 그 순간에 강제 수용되거나 사살되기 위해 체포된 것이다.

다른 글들은 숨겨져 있었다. 비르케나우의 대형 화장 가마와 가스실 구역에서 여러 다른 시기에 발견된 글들처럼 대부분 땅에 묻혀 있었다. 그 글들은 성서에 관련된 내용이 가득 담긴 언어로 쓰인 기나긴 시들, 외침이었다. 이것은 〈아우슈비츠 두루마리〉라고 불렸다. 토라 두루마리를 본떠 지은 이 이름은 그 문건들에 신성한 성격을 부여했다. 미국의 연구자 데이비드 로스키스는 그 글들에 대하여 〈셰임스의 법칙〉을 거론하는데, 셰임스는 히브리어 어근인 셈Shem, 〈이름〉으로 만든 이디시어 용어로 신의 이름을 포함하는 글들을 일컫는다. 이에 따라 그 글들을 파괴하는 일은 금지되고, 유대교를 믿는 이들은 그 글들에 대해 실제로 매장 의례를 실시했다. 이 법칙은 세속의 영역으로 옮겨졌다. 보존해야 하는 것은 이제 신의 이름이 아니라, 파괴된 어느 민족과 문화의 흔적 하나하나다. 이런 식으로 일부 육필 원고들은 감추어졌다. 기록 보관소에 보존되었다가, 수년이 지나 마침내 출간되었다. 칼렐 페레초드니크의 육필 원고처럼. 바르샤바에서 그리 멀지 않은 작은 휴양 마을 오트보츠크의 게토에 살던 이 유대인 경찰관은 자기 직업 덕분에 아내와 두 살짜리 딸이 트레블링카로 이송되지 않을 거라 생각하며 그들을 직접 움슐라그플라츠로 데려갔다. 하지만 기대는 완전히 어긋났다. 홀로 살아남은 그는 〈아리아족〉 바르샤바에서 숨어 지내며 책을 한 권 썼다. 그 책은 〈나는 살인자인가?〉라는 제목으로 출간되었다. 그는 이 책을 씀으로써 죽은 자신의 아이에게 생명을 되돌려 주기를 바랐다. 그는 1944년 8월 바르샤바 봉기 때 사망했다. 그의 육필 원고는 원고를 전하는 데 성공한 폴란드인 친구가 바르샤바 유대인 역사 연구소에 제출했다. 나치즘에서 살아남은 유대인 생존자 각각이 모두 증언을 전해야 한다는 생각, 일부는 실천에 옮겨진 그 생각에서 앞서 말한 〈셰임스의 법칙〉의 울림을 다시 찾아볼 수 있다.

그러므로 이디시어로 〈후르반 문학Hurban litteratur〉이라고 부르는 그 문학은 쇼아와 동시대에 생겨났다. 집단 학살의 한가운데에서 전하는 증언은 일반적으로 그중 일부가 매우 큰 문학적 가치를 지녔음에도 불구하고 독자를 거의 찾지 못했다. 어떤 책들 — 가령 수용소 개관 60주년을 맞아 〈잿더미 아래 목소리들Des voix sous la cendre〉이라는 제목으로 재출간된 〈아우슈비츠 두루마리〉 — 은 서점가에서 일시적인 성공을 거두긴 했지만 말이다. 무엇보다 그 책들은 집단 학살의 와중이 아닌 수용소 생활을 증언하는 프리모 레비의 『이것이 인간인가』(1947)가 그랬듯 〈정전canon〉에 포함되지 못했다. 사람들은 그런 책보다는 모든 언어로 번역되고 영화와 애니메이션, 만화책, 희곡 작품으로 각색된 『안네 프랑크의 일기』(1947) 또는 엘렌 베르의 일기를 선호한다. 이 책들이 성공을 거둔 이유는 아름다운 문체 때문이다.

『안네 프랑크의 일기』, 아니 그보다는 그 일기의 다양한 조합에 얽힌 이야기는 어떤 증언이 다양한 기대, 저자 및 그 책의 독자가 될 대중의 기대에 부응하기 위해 어떻게 다시 손질되는지도 보여 준다. 안네는 모두가 알듯이 1942년 6월 12일, 열여섯 살 생일에 그 유명한 흰색과 빨간색 체크무늬 공책을 선물로 받는다. 그때부터 안네는 일기를 쓰기 시작하고, 첫 번째 일기장이 다 차자 또 다른 공책들에 계속 일기를 쓴다. 모든 일기장이 보존되지는 않았다. 1944년 봄에 안네는 라디오에서 네덜란드 망명 정부의 한 인물이 네덜란드 국민에게 자신의 글을 보존하라고 촉구하며 가장 좋은 글은 출간될 거라는 말을 듣는다. 기자이자 작가가 되고 싶었던 안네는 자신의 일기를 책으로 펴내려고 다시 쓰기 시작한다. 1944년 8월 4일에 가족이 체포되었을 때, 안네는 1944년 3월까지 쓴 모든 일기를 옮겨 써놓은 상태였다. 아우슈비츠에서 살아남은 오토 프랑크는 암스테르담으로 돌아와 딸이 써놓은 글 가운데 남아 있는 것을 수습하여 자신이 갖고 있던 두 가지 버전의 일기를 바탕으로 글을 작성한다. 그 글은 1947년에 네덜란드어로 출간되고 뒤이어 여러 언어로 번역된다. 오토 프랑크가 한 선택을 살펴보면 그가 출간된 일기에서 자신의 감수성에 어긋나는 부분을 어떻게 삭제했는지 알 수 있다. 그 당시 50세를 넘긴 오토 프랑크는 전형적인 독일의 유대인 부르주아 애국자 가족 출신이었고(그는 제1차 세계 대전에 장교로 참전했다), 사회에 잘 동화되어 있었다. 그가 지닌 가치관들, 전통적인 가족에 대한 절대적인 존중, 신체와 성에 대한 금기, 〈보편주의〉를 위하여 〈유대인의 특수성〉을 소멸시키기 같은 것이 딸이 지닌 가치와 반드시 일치하는 것은 아니었다. 그런 이유로 그는 글에서 그가 보기에 충격적인 부분을 삭제했다. 오늘날 우리는 다비트 바르누와 게롤트 반 데르 스트롬이 정리한 『안네 프랑크의 일기』가 출간(프랑스어 번역본은 1989년에 출간)되는 중요한 작업이 이루어짐으로써 두 버전의 〈일기〉를 모두 읽을 수 있다.

이 증언이 거둔 성공은 오토 프랑크가 바란 것에는 극히 일부만 기인할 뿐이다. 왜냐하면 그의 의도가 안네 이야기의 성질을 근본적으로 바꾸지 않기 때문이다. 이는 다른 이야기들에 대해서도 마찬가지다. 안네의 일기는 죽음을 배경으로 한 절망적인 이야기가 아니라 그 언저리에서 쓰인 이야기다. 삶에 눈을 떴지만 그 깨어남이 학대 때문에 방해받는 청소년 또는 젊은 여성의 이야기이다. 독자는 비극적인 지평으로 더욱 강렬하게 부각되는 삶에 열광한다. 〈정전canon〉의 지위를 획득하는 증언은 아우슈비츠-모노비츠에 수용되었던 프리모 레비의 이야기나 로베르 앙텔므의 『인류』(1947) 같은 라거Lager 이야기, 즉 집단 수용소와 그곳에서 이루어지는 끔찍한 비인간화 과정에 대한 이야기다. 잿더미 풍경에서 나온 그 어떤 글도 그러한 지위를 획득하지 못한다.

아이히만 재판이 전환점이 되다

쇼아 와중에, 그리고 뒤이어 수년간 출간된 증언의 수가 막대했지만, 증인의 지위가 주목받은 계기가 된 것은 1961년 예루살렘에서 열린 아이히만 재판이다. 이러한 주목은 먼저 유대인의 기억이었다가 나중에는 미국과 유럽의 것이 된 집단 학살의 기억이 조명받은 것과 불가분의 관계를 맺는다. 〈유대 민족의 뉘른베르크〉(이스라엘의 총리 벤구리온이 말한 표현)라 할 이 재판은 집단 학살을 제2차 세계 대전을 특징짓는 사건으로 만든다.

이스라엘의 검사 기드온 하우스너는 히틀러가 정권을 잡은 후 전개된 학대와 파괴의 역사를 전부 아우르는 서사, 법정에 출석할 수 있는 모든 증인이 만들어 가는 역사를 제시하는 재판을 열기로 했다. 오네그 샤바트의 생존자 세 명 중 한 사람인 라헬 아우어바흐가 재판의 연출과 증인 선택에서 결정적인 역할을 했다. 그녀는 이스라엘에 정착해 야드바솀Yad Vashem의 증언 부서로 1953년 법에 의해 창설된 국립 추모 연구소를 조직했다. 이로써 그녀는 바르샤바 게토의 지하 조직과 아이히만 재판 사이에 다리를 놓았다.

이 재판은 살아남은 이들에게 처음으로 존엄을 되찾아 주었다. 또한 그들의 경험을 역사에 들어서게 했다. 이 재판으로 생존자들은 이스라엘 사회에 통합됐다. 이 재판은 이스라엘에서 신문이나 잡지뿐 아니라 라디오에서도 대대적으로 보도되었다. 미국의 영화감독 레오 허위츠가 텔레비전 방영을 위해 재판 장면을 자유롭게 동영상으로 촬영하여, 어떤 증언들은 텔레비전 시청자, 특히 미국과 독일인 시청자에게 더없이 강렬한 인상을 남겼는데, 그 증언들이 여러 다큐멘터리 영화에서 다시 활용되었기에 더욱 그랬다. 실비 린드페르그와 필자가 그 재판의 언론 전파 및 파급력을 다룬 공동 저작물에 붙인 제목이기도 한 『아이히만 모먼트*Le moment Eichmann*』(2016)가 엄연히 존재한 것이다.

1970년대 말에 미국과 거의 대부분의 유럽 국가에서 TV 미니시리즈 「홀로코스트Holocaust」가 방영된 것은 서구 사회에 유대인 집단 학살의 기억이 단단히 뿌리박는 계기였다. 이 방영으로 동영상 증언을 대대적으로 수집하는 최초의 움직임이 생겨난다. 그것은 1978~1979년에 미국 뉴헤이븐에 있는 예일 대학교에서 시작되었다. 미니시리즈를 본 뉴헤이븐의 유대인 생존자들과 파밴드Farband 단체 회원들은 미니시리즈가 자신들의 이야기를 반영하지 않는다고 판단했다. 그들은 예케, 즉 미니시리즈의 중심에 있는 바이스 가족처럼 사회에 동화된 중산층 독일계 유대인이 아니라, 사라진 이디시 세계의 생존자들로서 체코슬로바키아나 폴란드, 루마니아의 〈작은 유대인들〉이었다. 그들은 자신의 이야기를 할 필요가 있었다. 그중에는 농아인 자매와 함께 브라티슬라바에서 베르겐-벨젠까지 강제로 이주당해 수용된 르네도 있었다. 두 소녀는 살아남았다. 르네는 미국으로 이민을 간 뒤 독일계 유대인 제프리 하르트만과 결혼했다. 하르트만은 전쟁이 발발하기 전 1939년에 어린이들을 독일에서 탈출시켜 영국으로 보내는 킨더트란스포르트Kindertransport, 즉 〈어린이 이송〉에 포함되는 행운을 누렸다. 그 역시 전쟁이 끝난 뒤 미국으로 이민을 가서 국제적으로 명망 있는 영국 낭만주의 시 전문가가 되어 예일 대학교에서 비교 문학을 가르치고 있었다. 제프리 하르트만은 아이히만 재판 때 〈개인적인 증언의 가치〉를 깨달았다고 설명한다. 그는 재빨리 뉴헤이븐에 사는 생존자들의 증언을 수집했다. 또한 수집한 증언에 학술적인 성격을 부여해 후원을 얻어 그 동영상들을 예일 대학교의 도서관에 소장했다. 이리하여 포턴오프 영상 기록 보관소Fortunoff Video Archives가 만들어졌다. 이 계획의 핵심에는 생존자가 있었다. 이 작업에서 주도적인 역할을 한 제프리 하르트만과 정신 의학자이자 정신 분석가이며 어렸을 때 루마니아에서 살아남은 도리 라우브는 생존자들이 기억을 재구성하려면 그들이 반드시 자신의 이야기를 할 필요가 있다고 전제한다. 도리 라우브가 썼듯, 그들은 〈자기 삶의 흐름을 되찾기 위해 유령들로부터 해방될 필요, 매장된 자신의 진실을 알 필요〉가 있었다. 도리 라우브는 〈침묵이 평화를 돕는다〉고 믿는 것은 실수라고 말한다. 〈그러한 침묵은 과거에 벌어진 사건들이 지닌 독재적인 지배력을 영속화하고, 그 사건들을 왜곡하게 만들고, 그것들이 일상생활을 오염시키도록 놔둘 뿐이다.〉

따라서 증언 수집은 치료적 목적을 띠며, 증언 수집 장치는 심리 분석의 영향을 받았다. 면담은 면담자의 집이 아닌 스튜디오에서 이루어졌고, 이로써 그 사람은 자신의 환경으로부터 고립되어 요청받은 대로 자기 내면으로 빠져드는 일에 전혀 방해를 받아서는 안 되었다. 면담 진행자는 가능한 한 침묵을 지켜야 했으며, 증인이 말하도록 독려하거나 내용을 정확히 확인하고자 요구할 때만 개입했다. 여전히 새로운 면담을 수집하도록 열려 있는 예일 대학교의 기록물은 최초이긴 하지만 유일한 수집 작업은 아니었다. 여러 박물관, 기념관, 추모 단체들이 나름대로 고유한 프로그램을 실시했다. 수적으로 가장 규모가 큰 작업은 단연 쇼아 생존자 영상 역사 재단Survivors of the Shoah Visual History Foundation의 수집 작업일 것이다. 스티븐 스필버그가 「쉰들러 리스트」(1993) 이후에 시작한 이 계획은 모든 생존자의 증언을 수집하겠다는 야심 찬 목적 아래 유럽과 미국, 이스라엘, 남아프리카 등지에서 5만 2천 건에 가까운 증언이 수집되었다. 이제 수집 작업은 거의 끝났다. 시간은 흐르고, 쇼아 생존자들은 사라져 간다. 이제는 그 증언들을 교육자와 연구자들이 자유로이 사용할 수 있도록 만들 시기가 됐고, 이 일은 신기술로 용이하게 이룰 수 있다.

불신에서 열광으로

역사학자들은 구술이 당대에 글로 쓴 출처보다 신뢰성이 덜하다고 여겨 오랫동안 그 증언들을 매우 불신했다. 이러한 불신은 2000년대 이후 진정한 열광으로 바뀌었다. 이 점에서 역사학자 크리스토퍼 브라우닝의 가장 최근 저작은 좋은 사례다. 그는 『나치 강제 노동 수용소에서Remembering Survival』(2010)에서 증언에만 기초해 폴란드 스타라호비체 강제 노동 수용소의 역사를 쓰는 일에 도전한다. 유대인이 수용된 그런 강제 노동 수용소들에 대해서는 어떤 연구도 이루어지지 않은 상태였다. 물론 브라우닝은 증언이 항상 신뢰할 만한 것은 아니며, 전쟁 이후로 증인이 듣고 본 모든 것에 영향을 받는다는 사실을 알고 있다. 하지만 그는 기록 문헌에 친숙한 사람이라면 〈매우 주관적인 어떤 형태의 직관〉을 갖게 되며, 그로써 증언의 진정성과 신빙성을 감별할 수 있게 된다고 설명한다. 이에 덧붙여 그는 언론에 의해 대대적으로 다루어진 장소들 특히 아우슈비츠 같은 증언으로, 다큐멘터리로, 소설로 다루어진 장소들과 대중을 대상으로 전혀 다루어지지 않은 장소들을 분명하게 구분한다. 전자의 장소에서는 〈상투적인 표현들〉, 〈도상적인 이미지들〉이 증언에 스며들어 유통된다. 이 이미지들은 특히 「홀로코스트」나 「쉰들러 리스트」 같은 영화에서 유래한다. 아우슈비츠에 대해 사람들은 똑같은 모티브를 반복해 언급한다. 오늘날 많은 사람이 비르케나우 수용소(아우슈비츠2 수용소)로 들어가면서 〈Arbeit marcht frei(노동이 너희를 자유롭게 하리라)〉라는 문구가 적힌 문을 지나갔다고 이야기한다. 하지만 그 문은 그곳에서 3킬로미터 떨어진 아우슈비츠1 수용소에 있다. 그러나 영화에서 하도 많이 봤기에……. 또 많은 사람이 수용소 입구나 블록 안에서 의사가 〈선별〉했다고 이야기한다. 그런데 그 의사는 어김없이 닥터 멩겔레다. 그가 마치 24시간 내내 수용소 입구 비탈에 서서 근무하고 있었다는 듯이 말이다.

한편 다른 이들은 온전히 드러난 적이 없고 언론에 발표되지도 않았으며 다른 증언이나 독서, 영화로 방해받지 않은 경험을 했다. 그들의 증언은 마치 〈캡슐에 넣은〉 것처럼 손상되지 않고 남아 있다. 크리스토퍼 브라우닝은 거의 알려지지 않은 학대의 측면들을 연구하면서 이러한 증언에 관심을 둔다. 그러므로 뒤늦게 알려진 증언에 대해 우리는 그 신빙성이 당사자가 증언하는 내용에 달려 있다고 말할 수 있을 것이다.

그런데 증인의 시대는 글이든 녹음 또는 녹화물이든 증언의 생산물만 가능함으로써 확인하게 되는 것은 아니다. 생존한 증인이 젊은 세대를 교화하기 위해 할 수 있는 만큼 자기 이야기를 하고 또 하도록 생존자 증인에게 맡겨진 역할로도 확인된다. 증인의 시대는 우리 사회, 그리고 역사학의 진화에 긴밀하게 연결되어 있다. 공산주의의 종말은 세계사를 설명하는 거대한 모델들의 종말이기도 했다. 공산주의가 종말을 맞으면서 어떤 이들이 〈아래로부터의 역사〉라고 부르는 것이 활짝 꽃피었다. 시간적인 견지에서 거대한 사건들을 분석하는 것이 아니라, 그 사건들이 사람들에게 미친 영향을 분석하는 것이다. 좁은 의미에서 본 증인의 시대가 최후의 쇼아 생존자들이 사라짐으로써 끝나 간다면, 넓은 의미에서 본 증인의 시대는 계속해서 더욱 꽃 핀다. 『입문: 르완다(1994~2016)Une initiation. Rwanda (1994-2016)』에서 1914~1918년 제1차 세계 대전, 그중에서도 특히 전쟁 폭력을 연구하는 역사학자 스테판 오두앵루조는 아이히만 재판이 드러낸 것을 발견하며 충격을 받는다. 그는 이렇게 쓴다. 〈르완다 사람들의 말을 통해 학살이 바로 저곳에 말하자면 여러분 앞에 가만히, 겉으로 드러나는 어떤 감정도 없이 놓여 있다. 아마도 그 때문에 학살이 우리 마음으로 곧장 파고든다고 할 수 있다.〉 하지만 필자가 나폴레옹 전쟁에 대해 지적했듯이 과거의 역사학자들도 역시 증언을 발견한다. 그 사례를 수백 가지 들 수 있다. 예를 하나만 든다면, 레미 카잘스는 노르통 크뤼를 계승하여 2013년에 『제1차 세계 대전의 증인 5백 명』을 출간한다.

피해자나 생존자의 이야기를 원하는 욕구, 말하는 사람을 자유롭게 만들고 그 말을 듣는 이에게는 교육적인 미덕을 지녔다고 생각되는 발언에 부여하는 가치는 사칭(詐稱) 행각을 이해하는 열쇠를 제공한다. 빈야민 빌코미르스키와 미샤 데폰세카는 학대당하는 유대인 어린이가 되는 쪽을 택했다. 그들이 자신의 이야기를 만들어 낸 시기에 유대인, 특히 유대인 어린이는 더 할 수 없는 피해자 인물상이었기 때문이다. 그런데 그들 역시 자신이 피해자라고 느꼈다. 빌코미르스키가 자신의 〈짧은 이야기들〉을 썼을 때, 세상은 책의 부제가 말하듯 〈피해자의 조건에 관한 조사〉인 디디에 파생과 리샤르 레스만이 쓴 책(2007)의 제목이기도 한 〈트라우마의 제국〉에서 살고 있었다. 엔릭 마르코의 경우는 조금 다르다. 15세기 말 이후로 유대인이 추방된 스페인에서 그것을 사칭하는 일은 어렵거나 아예 불가능했다. 하지만 집단 수용소의 수용자를 사칭하여 가시성과 명예를 안겨 주는 새로운 경력을 쌓는 일은 가능했다.

증인에게 부여된 이러한 지위는 우리가 사는 시대에 대하여 많은 것을 말해 준다. 이 시대는 주관적인 말과 견해에 높은 가치를 부여하고, 프랑수아 아르토그가 〈현재주의présentisme〉라고 불렀으며 올리비에 롤랭이 소설 『종이호랑이Tigre en papier』(2002)에서 묘사하는 것으로 특징지어진다. 단 몇 년 차이로 나의 유년기이기도 한 롤랭의 유년기에는 〈여러분의 눈앞에 있는 여러분이 살아가는 세상이 더욱 깊어지고 완전히 변모한 것 같았다. 각 사건과 각 개인을 더욱 위대하고 비극적인 사건과 사람들로 이루어진 오래된 사슬에 연결하는 힘에 의해서〉. 그런데 〈오늘날에는 현재만이, 심지어 순간만 있는 것처럼 보이고, 현재는 거대한 우글거림, 엄청난 신경 분포, 영원한 빅뱅이 되어 버렸다〉. 하지만 이와 같은 사칭 행위를 가능하게 만드는 것은 또한 〈집단적인 나약함〉이기도 하다. 엔릭 마르코에게 유효하고 하비에르 세르카스가 드러내 밝힌 점은 사실 모든 사람에게도 유효하다. 엔릭 마르코는 〈평행하며 넘어설 수 없는 두 가지 영예, 즉 피해자의 영예와 증인의 영예가 낳은 결과물이었다. 아무도 피해자의 권위를 감히 의심하지 못하고, 아무도 증인의 권위를 감히 의심하지 못한다〉라고 하비에르 세르카스는 설명하며, 〈이러한 이중적인 유혹 앞에서 소심하게 후퇴하는 태도, 첫 번째 경우는 도덕적인 차원의 후퇴이고, 두 번째는 지적인 차원의 후퇴가 마르코의 사기 행각의 밑받침이 되었다〉.

그렇지만 증인이 다양한 매체로 진술하는 증언은 역사 서술을 위한 중요한 출처이자 과거를 지각할 수 있게 만드는 목소리를 이룬다. 증언이 폭발적으로 증가하는 현상과 오늘날 그것을 사용하는 방식 때문에 역사를 잊게 될 위험이 생긴다. 지금은 증언을 수집하는 시간이다.

혼히 쓰이는 표현에 따르면, 역사를 〈아래로부터〉 말하는 것이다. 이런 맥락에서 프랑스에서 1968년 5월 항쟁 50주년은 학생 운동 지도자들이 아닌 단순한 증인-주체들에게 발언권을 주는 저작물이 출간됨으로써 이전 시기와 다른 양상이 나타난다. 그리고 쇼아 증언 수집 그리고 미국에서 2001년 9·11 테러 생존자의 말을 수집한 것을 모델로 삼아, 파리에서 2015년 11월 13일에 벌어진 테러 공격의 증인과 희생자들의 말을 수집하는 일은 언론 보도를 동원하고 공공 자금을 활용해 이루어진다. 왜냐하면 〈증인 개개인이 중요하다〉고 사람들이 확신하기 때문이다. 하지만 사건에 대한 이야기는 무엇보다 그 사건이 개인들에게 미치는 정신적이고 외상적인 영향들에 대한 이야기라고 생각될 위험이 있다. 이것이 과연 우리가 우선시하기를 바라는 역사 해석일까?

참조

3부 - 04 증언하다 | 08 히로시마에 대한 침묵 | 14 극단적 폭력

10
재판하기, 진실을 말하기, 화해하기

엘리자베트 클라브리*

1990년대부터 전쟁 범죄, 반인도적 범죄, 집단 학살을 저지른 사람을 심판할 목적을 띤 국제 재판소들이 창설된다. 사람들은 그 국제 재판소들이 국가적 화해 과정에도 기여할 것을 기대한다.

국제 공공 무대에서 새로 등장한 기구로서 전례 없는 의제를 지닌 국제 형사 재판소들이 1990년대 그리고 2000년대에 탄생했다. 제 2차 세계 대전이 종결되며 설치된 뉘른베르크와 도쿄 국제 군사 법정 이후 그러한 유형의 기구가 마련된 것은 처음이었다. 냉전이 종결되면서 가능해진 제도상의 발전은 인권에 대한 국제법, 특히 국제 인도법이나 무력 충돌에 관한 법이 발달하고 전파된 데 발생했다.

오래전부터 〈전쟁의 여파를 한정〉하고 〈분쟁 행태〉를 규제하기 위해 여러 협약과 조약이 마련되었다. 현대에 들어 가장 잘 알려진 것은 헤이그 협약(1899, 1907)과 제네바 협약(1864, 1906, 1929, 1949), 그리고 이 두 협약의 추가 의정서(1977, 2005)다. 이 협약들은, 제 2차 세계 대전 직후에 마련된 집단 학살 예방과 억제를 위한 협약과 마찬가지로 만민법 ─ 유스 인 벨로jus in bello와 유스 아드 벨룸jus ad

• Élisabeth Claverie. 프랑스 국립 과학 연구원의 연구 디렉터. 인류학자로서 저서 『성모 전쟁들: 출현의 인류학Les Guerres de la Vierge. Une anthropologie des apparitions』이 있다. 민족 청소 정책의 형사적 처리가 실시된 양상을 연구하고 있다.

bellum — 의 길고 복잡한 궤적의 일환으로 만들어졌다. 여기에 더해 학설과 법 해석, 학술계의 연구와 국제 적십자 위원회 소속 법률가들의 작업도 이러한 고찰을 계승한다. 그러므로 이 분야에 법이 개입하는 일은 새로운 것이 아니다.

이러한 생각의 흐름은 20세기 초 이후로 자유직 법학자든, 비정부 기구든, 국제 적십자 위원회 같은 조직이든 다양한 학술 및 직업 단체를 통해 불연속적인 방식으로 조용히 영향을 미쳤다. 예를 들어 뉘른베르크 재판에 이어 1946년 12월에 〈국제법과 그 법전화의 점진적 발전을 위한 위원회〉가 뉘른베르크 재판소 검사 중 한 명인 돈디외 드 바브르에 의해 만들어졌다. 하지만 국제 사법 기구를 창설하자는 그의 제안은 채택되지 않았다.

결국 주요 활동은 유엔 기구들에서 이루어진다. 유엔 헌장 제7장 〈평화에 대한 위협, 평화의 파괴 및 침략 행위에 관한 조치〉에 법적으로 근거를 둔 안전 보장 이사회의 두 결의안으로서 구 유고슬라비아[1993년에 구 유고슬라비아 국제 형사 재판소International Criminal Tribunal for the former Yugoslavia(ICTY)]와 르완다[1994년에 르완다 국제 형사 재판소International Criminal Tribunal for Rwanda(ICTR)]를 위한 이른바 〈특별ad hoc〉 국제 형사 재판소가 창설되었다.

1990년대에 유고슬라비아 분쟁 중에 정치 외교적 절차 진행이 지지부진하고 민간인이 계속해서 인종 청소 군사 작전의 표적이 되던 때에 실시된 폭력의 형태를 검토한 결과, 형사적인 해결책을 동원할 가능성이 주목을 받았다. 그 해결책은 여전히 분쟁이 진행 중인 시기에 유엔 안전 보장 이사회가 조사 위원회를 현장에 파견한 후 검토하여 적용했다. 그리하여 구 유고슬라비아에서 자행된 국제 범죄의 주모자들을 공판에서 재판하고 처벌하기 위한 개입이 이루어졌다. 그러한 범죄자들이 저항하는 것을 막기 위해, 법적인 고소가 이루어질 것이며 교차 부정이 이루어지는 지역적 맥락하에서 당사자 심문을 실시한 끝에 사실 관계를 세울 것임을 알렸다. 이렇게 함으로써 법적으로 명확히 규정된 행위의 피해자를 인정하고, 더 일반적으로는, 이미 자행되었거나 스레브레니차 학살(1995)처럼 재판소가 설치된 시기(1993)에 아직 일어나지 않았거나 아니면 진행중인 사건에 명확한 이름을 붙이도록 할 장치가 마련될 것이었다. 심판의 장치는 정치적 또는 도덕적 무대에서 범죄 현장 조사로 위치를 옮겼다. 이와 똑같은 장치가 몇 달 후에 르완다 국제 형사 재판소가 창설(1994)되면서 다시 마련되었다. 세 가지 범죄가 〈국제 범죄〉로 식별되었는데, 이는 (전쟁에 관한 법 및 전쟁 관습 위반 명목으로 규정된) 전쟁 범죄, 반인도적 범죄, 집단 학살이고, 국제 재판소들은 이 범죄 범주들에 대해서만 관할권이 있었다.

그 결과 평소에 분리되어 있던 전망들이 제도적으로 결합되고 연계되었다. 이러한 전망은 무력 충돌에 직접 연관된 행위들을 재판하고 처벌하기, 전쟁법을 위반한 책임자들을 소환하기, 무력 충돌을 중지하도록 만드는 데 기여하기, 그리고 이렇게 함으로써 평화와 화해를 유리하게 만들기다.

하지만 추가 의정서를 제외한 조약과 협약들이 국제적인 무력 충돌에 대비하여 이미 만들어져 있었다. 그런데 현대의 무력 충돌은 주로 내전에 해당한다. 사법적 해결책과 이를 시행하기 위해 요구되는 증거들, 또 재판의 당사자주의(보통법 체계common law)로 인해 재판소들은 탐색 작업을 하고 분쟁의 다양한 형태, 즉 비국제적 무력 충돌, 국제화한 무력 충돌, 국제적 무력 충돌을 명백하게 정의 내리는 작업을 수행할 수밖에 없었다. 법으로 보호받는 사람인 〈민간인〉과 다양한 유형의 〈전투원〉이 지니는 책임의 방식 등을 평가하기 위해 그들을 정의하는 방식을 재검토해야 했다. 결론적으로 이러한 조사가 이루어진 끝에 서로 다른 여러 종류의 상황에서 벌어지는 비대칭 전쟁에 대한 기술이 도출된다. 재판소는 그 전쟁들의 메커니즘을 기술하고 파악하는 이러한 작업을 통해, 개인적인 재-결합은 아닐지라도 사회적 결합-해제 시도에 대한 설명에 바탕을 둔 정치적 재-결합을 가능하게 함으로써 〈화해〉에 간접적으로 기여했다.

무처벌과 자기 사면에 맞서기

국제 형사 재판소들은 국가적 범죄 그리고 일반적으로 대량 살상 범죄를 저지른 정치적·군사적 최고 책임자들이 누리는 면죄와 특권 원칙에 대항해 싸우겠다는 야망을 공유하면서 이를 공익성을 띤 대의로 간주했다. ICTY, 뒤이어 ICTR는 정치 책임자들을 책임성 accountability 규정에 대면시킬 것을 약속했다. 즉 그들의 책임 여부는 당사자주의적 소송 절차가 끝나면서 정립되거나 부정될 것이다. 민주주의적인 견지에서 기소된 자들 역시 자기 행동에 대해 해명 — 이는 〈책임responsability〉이라는 용어로는 완전히 표현되지 않는다 — 을 해야 한다. 이는 재판소 법정의 정해진 배치 내에서 이루어진다. ICTY의 초기 발표문에 담긴 한 원칙이 이러한 계획을 잘 요약한다 — 〈우리는 면죄/책임 전환을 국제 인도법의 기본적인 윤리적 규칙으로 제도화하고자 한다.〉

이런 국제 재판소의 존재를 인정하는 것은 또한 그 재판소들이 비록 〈국가 사회의〉 틀 안에서 작용할지라도, 국가들이 내전, 비국제적 무력 충돌의 경우에 더 이상 자국 주권의 불가침성을 내세워 범죄에 대하여 외부 조사가 접근할 수 없는 일종의 굳게 닫힌 보루로 남아 있을 수 없다는 사실도 인정하는 것이다. 이 재판소들은 국제 인도법이 심각하게 침해된 경우에는 더 높은 공동선인 〈인류〉, 그리고 국제 인도법의 이름으로 국가 외부의 제도적 원조가 이루어질 수 있다고 단언했다.

2002년부터 국제 형사 재판소International Criminal Court(ICC), 그리고 국가 법원에 대한 보충적 위계 개념이 생김에 따라 국가들(로마 규정 서명국)은 가능한 한 직접 그 〈심각한 침해들〉을 소추해야 하고, 직접 소추하는 것이 가능하지 않은 경우에만 국제 형사 재판소에 상소해야 한다. 이리하여 국제 형사 법원은 무엇보다 국가 내부의 무력 충돌을 해결하는 데 있어 주권 불가침성에 맞선 투쟁을 담당한다. 애초에 이러한 법적 장치들이 분쟁 이후 화해 과정에 가담한다고 간주된 것은 아마도 이러한 〈무처벌에 맞선 투쟁〉 계획을 중심으로였을 것이다. 현실에 대한 검증인 재판 이행 절차(체포에서 판결까지)로 무게 중심이 이동했다. 하지만 일단 국제 형사 재판의 서로 다른 장치들을 간략히 살펴보는 것으로 시작하자.

상설 법원과 특별 재판소

국제 형사 법원들은 세 그룹, 즉 특별ad hoc 법원, 상설 법원(ICC), 혼합hybrid 법원으로 나뉜다.

이미 보았듯이 특별 재판소는 유엔 안전 보장 이사회의 결의안에 따라 창설되었다. 1993년에 ICTY가 네덜란드 헤이그에, 1994년에 ICTR가 탄자니아 아루샤에 설치되었다. 이 재판소들은 정확하고 엄격하게 경계가 설정된 분쟁 지역, 즉 구 유고슬라비아와 르완다만을 다룬다. 이 법원들의 시간성 역시 제한되어 있어 그 영토에서 특정 두 날짜 사이에 벌어진 범죄만 소추되었다. 현재 이 두 재판소의 임기는 다해서 이들은 마지막 남은 항소 건들을 처리하고 잔여 사안들을 판결하는 장치인 〈처리 기구Mechanism〉로 대체되었다.

국제 형사 재판소(ICC)가 창설된 것은 2002년이다. 이 상설 재판소는 오랜 기간에 걸쳐 이루어진 작업의 결실이다. 국제법 위원회의 후원하에 인권 수호 국제 비정부 기구들의 지지를 받은 준비 작업 이후에 국가들과의 협상이 이루어졌다. 뒤이어 1998년 6월 15일과 7월 17일 사이에 로마에서 국제 회담이 개최되었다. 참가국들은 로마 규정을 채택했고 이로써 ICC가 창설되었다. ICC는 조약 당사국들에서 벌어졌거나 범죄자가 그 나라들의 국민인 국제 범죄만 소추할 수 있다. 주목할 사실은, 현재 1백 개 이상의 국가가 로마 규정을 서명하고 비준했으나, 미국과 중국, 러시아, 이스라엘 같은 몇몇 국가는 아직 비준하지 않았다는 점이다. ICC에서 제소하는 방식은 다양하다. 재판소의 관할 지역에서 심각한 침해 행위가 벌어졌다고 추정된다는 비정부 기구나 정보기관의 제보를 받은 검사가 직접 제소하는 방법, 국가가 〈어떤 상황〉을 ICC 검사에게 되돌려 보내 제소하는 방법, 또는 유엔의 안전 보장 이사회가 제소하는 방법이 있다. 이 경우 유엔 안전 보장 이사회는 상임 이사국의 다수 표결을 얻어야 한다. 죄형 법정주의(법률은 소급 적용될 수 없다)에 따라 ICC에서는 2002년 7월 1일 이후에 벌어진 범죄만 판결된다.

ICTY와 ICTR, ICC는 모두 범죄가 벌어진 곳에 대한 치외 법권 상황에서 창설되었다. 그런데 ICTY와 ICTR가 국가의 사법 기관, 가령 해당 지역 주들의 사법 기관에 대해 우선적인 권한을 지닌 데 반해, ICC는 부차적인 권한만을 지니며 국가의 사법 기관이 범죄를 소추할 수 없다고 공포할 때에만 대신한다. 또 특별 재판소에서는 증인/피해자가 핵심적인 역할을 담당하는 반면, ICC는 새로운 배치를 편성한다. 피해자는 그들의 변호사를 중개자로 사적 기소단partie civile을 구성할 수 있다. 피고가 유죄 판결을 받을 경우에는 단체 배상을 받을 수 있다.

끝으로 혼합 재판소는 소송 법규에 국내 및 국제적 요소와 인력을 결합하고, 범죄가 일어난 그 영토에 설치된다. 민주 캄푸치아(폴 포트 정권) 시기에 자행된 범죄를 기소하기 위해 2003년에 창설된 캄보디아 특별 법원The Extraordinary Chambers in the Courts of Cambodia(ECCC)이 그렇다. ECCC에는 국제 판사(9명)보다 캄보디아 판사(12명)가 더 많다. 2002년에 창설된 시에라리온 특별 재판소(SCSL)는 혼합 재판소 중에서 가장 국제화된 사례. 국내 사법 기관 내에 국제화한 법원들도 창설되었다. 한 예로 세네갈 다카르에서, 차드에서 자행된 범죄에 대해 차드의 전 국가 원수인 이센 아브레를 심판한 아프리카 특별 법원의 경우가 있다. 국제 사법 재판소International Court of Justice(국가 간 분쟁에 대하여 결정과 판결을 내리는 헤이그에 위치한 유엔의 중재 법원)가 세네갈에 망명해 있던 이센 아브레를 인도하거나 재판에 넘길 것을 세네갈 정부에 요구하자, 세네갈은 아프리카 연합의 한 위원회의 지원을 받아 자국 사법 체계 내에 특별 법원을 창설하고 2013년 2월에 개소했다.

여기에 더하여 로마 규정은 보조 기구인 ICC가 일부 사건을 국내 사법 기구로 되돌려 보낼 수 있도록 했다. 로마 규정 서명국들은 이제 국제 범죄(전쟁 범죄, 반인도적 범죄, 집단 학살)를 자국의 법규에 통합하고, 자국 영토에 거주하고 있을 국제 범죄 혐의자들을 자율적인 방식으로 기소하는 일에 착수해야 한다. 파리 지방 법원의 〈전쟁 범죄부〉가 그 예다.

분쟁 이후 과도기에 ICC 설치는 1980~1990년대에 대단히 남용된 사면 조치와 정면으로 충돌했다. 라틴아메리카와 레바논에서 독재 또는 권위주의 정권의 이양 과정에서 특히 그랬다. 이러한 망각 정책은 각 당사자의 사회적 〈화해〉를 보장하는 가장 확실한 방법이라는 이유로 정당화되었다. 반면에 국제 형사 법원은 그와 상반되는 입장, 즉 〈정의 없이는 평화가 없다〉 그리고 〈진실 추구 없이는 정의가 없다〉 같은 구호의 입장을 취했다.

어떤 조건에서 이루는 화해인가?

국제 형사 법원들이 맡은 〈(지위상의 면책 특권을 고려하지 않는) 면죄부에 맞선 투쟁〉이라는 특수한 임무를 중심으로 한 기관으로서의 담론을 넘어, 결국 이 기관들이 화해 과정에서 담당한 역할은 무엇이었을까? 재판 덕분에 근대에 벌어진 분쟁 상당수에 대해 엄청난 양의 문서를 보유하게 되었음은 틀림없다. 이러한 문서는 검찰 측과 변호인 측이 주장을 펼치고 서로 반대된 기술을 하는 양측의 증언 수백 건, 당사자주의적 절차 과정을 통해 하나의 〈소송 자료dossier〉를 구성하고 소송 절차 끝에 판사가 판결을 내릴 대규모 범죄 조직의 정치적·이념적·경제적 측면에 관한 조사 결재 문건들이다. 소송을 통하여 해석에 대한 어떤 유형, 어떤 축이 생산되었다. 여기에서 전쟁 현장은 각 주체가 어떤 위계적 지위를 차지하든 그 사람의 수준에서 범죄 현장처럼 기술되고 분석된다. 이렇게 생산된 지식들은 상당수의 (재)해석이 수반된다는 조건에서, 중기적으로 보았을 때 화해를 이루는 메커니즘과 무관하지 않다.

그렇다 해도 화해 과정에서 소송 절차가 차지하는 비중은 가늠하기 어렵다. 재판의 방청객은 사건에 직접 연관되어 위법 행위의 피해자나 가해자와 동일시하는 가까운 사람들로 이루어질 수 있다. 유죄 또는 무죄 판결 선포는 각 진영의 논리를 재생산하는 집단적인 반응을 불러일으킨다. 여전히 진행 중인 분쟁에 관련된 소송에선 보복 위협을 받는 경우가 많은 증인들은 보호받거나 재배치되어야 한다. 서로 대치하는 진영의 민병대 지휘관 여럿이 몇 년 전부터 ICC에서 재판을 받고 있는 콩고민주공화국 동부에서 벌어진 전쟁처럼 방청객이 현지인인 경우에, 사법 당국은 마을과 도시의 구역들에서 당국의 작업을 설명하는 미세한 지역 수준의 프로그램을 실시하고, 공판을 중계방송하고, 언론 매체와 관계를 맺는다. 공판은 스와힐리어로 번역되

어 기록되고 신문에서 해설된다. 또 아웃리치 프로그램outreach programs
을 통해 지방 당국 및 마을 수장들과 연락을 취한다.

그 결과 20년 전부터 두 가지 접근법이 형성되었다. 첫 번째 입장은
공평한 소송 절차를 통하여 미래의 화해 가능성을 범죄를 저지른 사
람들의 거부와 부정에 맞서 싸우는 일에 연동시킨다. 이 경우에 그것
은 거부 작업에 반박하는 증거를 제시하고, 범죄 행위의 조직화 체계
를 밝혀내고, 법 위반 행위의 피해자 개념을 정교화하고, 피해자의 법
적인 임파워먼트empowerment를 촉진하는 일이다. 이런 식으로 ICC에
서 피해자 단체들은 법적 대리인들에 의해 법정에서 변호되고, 피고
가 유죄 판결을 받으면 피해자들은 배상을 받는다. 반대로 두 번째 접
근법은 미래의 화해 가능성을 피고가 지닌, 언제나 최대한 보장되는
권리의 신장과 형벌에 관한 고찰, 〈상황〉의 진실을 상대화하는 일, 지
역 범죄 현장과 피고 및 그가 속한 집단의 유죄 여부를 넘어선 폭넓은
관점에 연동시킨다. 즉 진정한 책임은 다른 데 있거나, 그 책임이 검찰
측이 지적하는 그곳에 있지 않다는 것이다.

하지만 〈화해〉라는 용어 자체는, 〈평화와 안전〉이라는 용어 쌍이나
억제와 방지 개념과는 달리 국제 형사 법원의 토대가 되는 글에 직접
등장하지 않는다. ICTY를 창설한 안전 보장 이사회의 결의안은 이렇
게 강조한다. 〈안전 보장 이사회는 평화와 안전 보장이라는 자신의 고
유한 주요 기능을 수행하는 도구로서, 즉 구 유고슬라비아에서 평화
를 다시 확립하고 유지하는 데 기여하는 조치로서 ICC의 형태로 사
법 기관을 창설하는 방법을 동원했다.〉

따라서 〈화해〉라는 용어는 이 사법 기관들에 의해 생산된 서로 다
른 글들에 흩어져 존재한다. 재판 중에 양측 당사자의 첫머리 발표, 그
들의 처음 또는 마지막 구두 변론, 또 글로 쓰인 판결문뿐 아니라, 법
원을 소개하고 정당화하는 문구, 외부 및 내부 언론 매체에서 되풀이

되는 공식 담화문, 유엔이나 당사국들에 소개되는 연간 보고서 등에서 찾아볼 수 있다. 어떤 면에서 〈화해〉라는 용어는 서브텍스트, 즉 정치·윤리적 보충어이자 사법적 제스처에 대한 최후의 보증인 정치적·사회적·도덕적 지평을 가져오는 이념적 환기로서 작동한다.

하지만 〈화해〉라는 용어는 기초가 되는 텍스트인 ICTR을 창설한 유엔 안보리의 결의문에 등장한다.

르완다에서 지배적인 특수한 맥락에서 집단 학살이나 다른 국제 인도법의 심각한 침해 행위들에 책임이 있다고 추정되는 사람들을 기소함으로써 목표를 달성하고, 국가 화해 과정 및 평화 재확립과 유지에 기여할 수 있을 것이다. 그러한 행위나 위반에 대하여 책임이 있다고 추정되는 사람들을 재판하기 위한 국제 재판소를 창설하는 것이 그런 행위가 중단되고 그 여파를 정식으로 배상하게 하리라고 판단해서……[유엔 안전 보장 이사회 결의문, GÉNÉRALES/RES/955(1994), 1994년 11월 8일].

피해자와 피고 모두를 위한 정의

간접적인 영향을 미침으로써 화해를 추구하는, 분산되어 존재하는 중도적인 구조가 가장 잘 드러나는 것은 소송 단계일 것이다. 그 예로 〈피해자〉 범주에 대한 작업을 들 수 있다.

ICC에서 발표되는 최종 구두 변론의 초기 단계에 이미 검사는 판사를 향해, 그리고 뒤이어 규범적인 권위자인 제3자인 〈국제 사회〉를 향해 소송이 진행된 여러 해 동안 검찰 측이 기울인 노력의 동력을 상기시킨다. 즉 검찰은 〈그 사건의 피해자들에게 정의가 구현되도록〉 조사를 수행했다는 사실을 상기시킨다. ICC들에 의해 수행된 재판들의 모든 최종 변론의 이러한 동기는 2014년 11월에 콩고민주공화국의 민병대 지휘관이자 정치인인 장피에르 벰바 소송의 공판 마지막에 되풀이되었다. 이러한 동력을 상기시킴으로써 ICC의 검사장(파투 벤수다)을 대표하는 그 사건의 검사는 현지(현장에서 실시하는 조사)와 법정(증거와 증인 소개)에서 이루어지는 온갖 힘겨운 일상적인 업무의 근본적인 의미를 재확인한다. 그것은 피해자를 감안하는 데에서 적극적으로 파생되는 〈면죄부에 맞선 투쟁〉을 실천하는 것이다. 이런 일은 노력 없이 이루어지지 않았다. 증거를 수집하고, 분쟁 또는 〈분쟁 후기〉 상황에서 증언하는 일에 동의하는 증인을 찾아내야 했다. 검사는 서두 발언에 자신의 팀과 중개인들의 경험을 은연중에 담아 전했다. 그들은 자체 경찰력을 지니지 못했기에 온갖 장애물, 즉 알력 관계, 부정하는 기법들, 또는 (대규모) 범죄 현장에 접근하는 것을 금지하거나 방해하려는 시도에 부딪혔다. 검사는 끝으로 그러한 상황이 잠재적인 증인들의 말에, 그 말을 할 가능성 자체에 미치는 영향을 청중으로 하여금 짐작하게 했다.

그러면 그 순간, 재판의 단계에서 변화가 이루어진다. 즉 〈피해자〉라는 단어는 감정적인 향기에서 멀어지고 국제 재판 회부라는 틀 내에서 범주 이동을 겪는다. 검사는 이런 식으로 법률적인 성격을 창출해 냈다. 이로써 〈피해자〉라는 용어가 새로운 논리적 추론의 연쇄 과정, 국제 인도법과 그 적용 가능한 조건들의 연쇄 과정에 들어가게 만든다. 또한 지시어인 〈그〉(〈그 사건〉)라는 말을 반복 사용함으로써 검사가 그 특수한 소송에서뿐 아니라 〈국제 형사 법원〉이라는 전반적인 계획 내에서 실질적인 방식으로 행동한 것이라고 단언했다. 그 특수한 사건에서 어떤 자율적인 장치(좁은 의미에서 본 소송)의 틀 내에서 수행된 현실에 대한 검증 끝에 어느 기관에 부여한 임무가 다시 실현된 것이다. 그 기관은 위기에서 벗어나는 과정에 방대한 그물망을 이루는 서로 다른 정치 기구들과 똑같은 자격으로 개입하게 된 기구인 국제 형사 법원이다.

하지만 검찰 측은 국제 인도법의 침해를 당한 피해자들에게 정의가 실현되기를 바라는 한편, 변호인 측은 자신의 최종 변론에서 〈정의〉라는 용어가 〈피해자〉에 대한 염려로 독차지되는 전유물이 아니라 그 용어가 무엇보다 피고인의 권리도 가리키기를 요구했다. 그것이야말로 자신에게 주어진 이중의 목적(판결을 내리고 평화에 기여하기)으로 연결된 국제 형사 사법 기관들이 피고의 권리 측면에서 표준적 규범을 존중한다는 중요한 혁신의 신호일 거라고 보았다. 재판에 주어진 공고에는 분쟁에 가담한 진영들의 화해를 이루는 데 핵심적인 한 요소만 있었던 것이다. 변호인 측이 보기에, 정의와 집단 폭행은 은유적인 의미에서조차 구분되어야 했다. 또 증인/피해자의 진술이 액면 그대로 모두 똑같이 받아들여지는 일을 피해야 했다. 이 두 가지 요구로써 법정 수준에서 얼마간 혼란스러운 방식으로나마 화해를 만드는 공식의 재료들이 주어졌다. 즉 그 재료는, 소송에서 양측을 대하는 한 방식이자 양측이 암묵적으로 대표하는 사람들에게로 확대된다.

참조

1부 - 05 법이 말하는 것 ‖ 3부 - 14 극단적 폭력 | 15 이웃 사람을 죽이기 ‖ 4부 - 01 빈, 파리, 얄타: 화해하다 | 11 집단 학살 이후: 가차차 재판

11

집단 학살 이후: 가차차 재판

엘렌 뒤마*

르완다에서 집단 학살의 희생자와 살인자들은 다시 언덕 위에서 함께 살아야 했다. 이러한 공존을 위해 전례 없는 사법 절차가 실시되었다. 바로 가차차 재판이다.

2001년 1월 26일의 정부 조직법으로 창설되어 1년 후에 시행에 들어갔다가 10년 후에 르완다의 언덕에서 활동을 마친 가차차 재판에서는 투치족 집단 학살에 가담한 여러 방식에 관련된 2백만 건에 가까운 소송 자료가 검토되었다. 약탈, 재화 파괴, 살해, 잔혹 행위, 강간, 시신 훼손 등 투치족과 그들을 도우려고 한 모든 사람을 말살한 과정 일체가 전례 없는 사법 절차를 통해 면밀하게 밝혀졌다. 이 절차가 남긴 유산은 오늘날 수백만 건의 기록 문건으로 남아 국가 경찰의 보호 아래 키갈리에 보관되어 있다. 연대순 및 통계 자료들을 보면, 언덕과 동네의 지역 사회에 뿌리를 내린 이 재판소가 1994년 봄에 벌어진 학살이 남긴 엄청난 소송을 처리하려고 이루어 낸 작업의 방대함을 상상할 수 있다.

무조건 찬미하거나 적대적인 담론을 넘어서서, 1994년 7월에 1백

* Hélène Dumas. 프랑스 국립 과학 연구원 현대사 연구소의 역사학자. 사회 과학 고등 연구원의 연구원이다. 저서로 『마을에서 벌어진 집단 학살: 르완다 투치족 학살 *Le génocide au village. Le massacre des Tutsi au Rwanda*』이 있다.

만 명에 가까운 자국민의 죽음을 애도하고 기간 시설이 완전히 파괴된 상황에 직면한 나라에서 사회 주체들이 어떠한 방식으로 생각했고, 이 사법 경험을 어떻게 자기 것으로 만들었는지 이해할 필요가 있다. 실제로 르완다 애국 전선(RPF)이 집단 학살을 대대적으로 조직한 세력에 맞서 승리한 후에 〈집단 학살에서 벗어난〉 과정을 특징짓는 정치적, 사회적, 공공의 안전에 연관된 딜레마를 고려하지 않고는 가차차 재판의 형성 과정을 재구성하는 게 불가능하다. 복잡한 과정 끝에 최종적으로 채택된 가차차 법원은 구체적인 일상의 재판 수행 방식에서 보았을 때 화해시키는 〈촌락 모임〉의 이상화된 이미지보다는 지방으로 매우 분산된 수준에서 전개된 가치 실추 및 살해 메커니즘을 노골적으로 드러내는 작업에 부합한다. 공판의 형식적인 틀과 그 내용을 주의 깊게 관찰하면, 범죄와 그 범죄를 심판하는 임무를 맡은 사법 기관이 매우 내밀하게 연관되어 있음이 드러난다. 가차차 재판은 어떤 〈전통〉이나 그 이전에 존재한 그 어떤 법적인 자료에도 근거하지 않는다.

1994년, 영년(零年)

1994년 7월 4일에 키갈리 함락으로 상징되는 르완다 애국 전선의 정권 획득으로 집단 학살 책임자들의 패배가 확정되지만, 그 뒤에는 피로 처참해진 나라가 남는다. 1994년 7월 19일에 수립된 르완다 정부는 정치 및 공공 안전 측면에서 커다란 도전에 직면한다. 영토 전체를 회복한 이후에도 정부와 패배한 군대의 추종자들이 자이르강 동부의 난민 캠프로 단순한 〈전략적 후퇴〉를 함으로써 전쟁은 완전히 종결되지 않는다. 1백만 명이 넘는 난민이 국경 지역으로 떠나 르완다는 자국민의 일부를 잃는다.

집단 학살이 국경 바깥에 미친 이러한 영향에 더해, 국경 내부에서는 사회 정치적 혼돈이 생긴다. 특히 사법 체계의 인적·물적 수단이 매우 부족한 한편, 체포 건수는 계속 늘어나 죄수가 교도소로 몰려든다. 1996년 9월, 한 유엔 사무소의 기록에 따르면 죄수는 5만 4,790명이었다. 같은 해 말에 자이르강 난민 캠프가 갑자기 정리되어 본국으로의 송환 물결이 일어나면서, 위의 수치는 두 배로 증가해 1999년에 비정부 단체인 국경 없는 변호사회Avocats sans frontières(ASF)에 따르면, 1999년에 12만 명이 된다.

이와 동시에 르완다의 사법 부서에는 모든 것이 부족했다. 1994년 12월에 르완다에는 법무부와 검찰 소속 공무원이 4백 명 미만이었고, 1995년 6월에 키갈리의 검사와 그 휘하의 검사 대리 네 명은 9천3백 건에 가까운 사안을 담당했다. 물적 결핍으로 어려움은 더욱 가중되었다. 1995년에 대부분의 검사국에는 전기와 전화, 차량과 종이가 부족했다. 상상하기조차 어려운 이러한 불적 상황에 더해, 많은 용의자를 기소하고 재판하는 일을 조직하기 위해 필요한 법률 자료집도 부재했다. 나라가 이제 막 겪은 사건을 일컫는 키냐르완다어 단어가 존재하지 않는 상황에서 어떤 특수한 법조문에 어떻게 의거한단 말인가? 그래서 르완다 정부는 1996년 8월 30일에 그와 관련된 법을 마련한 뒤 그 법에 근거해 여전히 극한 긴장 상태에서 재판들을 진행한다. 하지만 르완다의 몇 안 되는 변호사들은 피고인들을 변호하기를 거부하고 사형 선고는 늘어난다.

자신의 옛 이웃과 친구, 동료들을 심판하기

정치적 측면에서 가차차 법원은 모든 민족적 구분을 없애고 르완다 국민이 지닌 본래의 일체성을 내세우는 국가 신화를 재정립하는 광범위한 움직임의 일환으로 생겨난다. 국민적 화합을 다시 이루는 데 핵심이 되는 도구로서 그 지위가 승격된 가차차 법원은 새로운 버전의 민족주의를 수립하는 〈문화적 전통〉을 구현한다. 가차차 법원은 이상화된 과거에서 영감을 받았으나, 무엇보다 정치 주체들이 집단 학살의 폭력성을 인식한 데에서 기인한다. 집단 학살은 사회적으로 매우 가까운 거리에서 이웃 사람들이 이웃 사람들에게 저지른 범죄로서 그와 동시대를 사는 사람들에 의해 판결되어야 했다. 피해자와 살인자들이 언덕 위에서 함께 살며 똑같은 국민적 계획에 참여해야 하는 사후 상황의 유례없는 어려움을 강조하지 않고는, 평화로운 황금시대라는 출처에서 유래했다는 사법 체계를 정치적으로 장려하는 일을 이해하기란 불가능하다. 아르메니아인 집단 학살의 경우에도, 유럽의 유대인 집단 학살의 경우에도 공존의 문제가 이 정도로 제기되지는 않았다.

가차차 재판은 점진적으로 주저하며 시행되었다. 2005년에 전국적인 수준에서 시행되었을 때, 1만 2,103개소의 재판 관할 구역이 형성되었다. 그 구역 중에서 소규모 리 단위cell의 가차차 법원이 〈심리(審理)〉에 해당하는 작업, 즉 피해자들의 신분, 살해가 저질러진 장소, 피해자를 구조한 사람들, 약탈당한 재화와 피고인들에 관한 증언을 공적으로 수집하는 일을 담당한다. 〈정보 수집〉 중에 취합된 진술들로 기소 건수가 엄청나게 증가했다. 그래서 1백만 명이 넘는 사람이 학살에 가담했다는 혐의로 기소되면서 1999년에 기록된 수감자 12만 명이라는 수치를 훌쩍 뛰어넘는다. 정보 수집과 판결에 가담한 사람들은 평범한 시민으로 자신의 거주 공동체 내에서 이냔가무가요inyangamugayo(청렴한 사람들)들로 선출되었다. 대다수가 피고인이나 피해자의 이웃인 15만 명에 가까운 남녀가 무보수로 재판 수행을 담당했다. 판사/생존자, 판사/증인, 또 가끔은 판사/살인자가 자신의 옛 이웃이나 친구, 동료, 학급 동기들을 심판해야 했다. 2006년에는 이냔가무가요 4만 5,396명이 집단 학살에 가담했다고 기소당해 이들을 교체해야 했다. 따라서 가차차 재판은 〈전통〉 유산보다는 1994년 봄에 벌어진 학살의 특수성에서 유래한다고 보아야 한다. 가차차 재판은 집단 학살을 심판한 정의다.

참조

3부 - 14 극단적 폭력 | 15 이웃 사람을 죽이기 ‖ 4부 - 01 빈, 파리, 얄타: 화해하다 | 10 재판하기, 진실을 말하기, 화해하기

참고 문헌

1부 근대 전쟁의 탄생

01 전쟁을 생각하다

클라우제비츠의 대작 『전쟁론*Vom Kriege*』은 베르너 할벡Werner Hahlweg의 책임 편집 아래 개론서로 출간되었다(Bonn: Dümmier, 1980). 영문판으로 는 마이클 하워드Michael Howard와 피터 파렛Peter Paret의 책(『On War』, Princeton: Princeton University Press, 2008)을 추천한다. 참고할 만한 프 랑스어 번역서로는 조금 오래된 판본인 『전쟁에 관하여*De la guerre*』(드니즈 나빌이 번역하고, 카미유 루주롱이 서문을, 피에르 나빌이 서론을 씀. Paris: Minuit, 2015)가 있다. 베아트리체 호이저Beatrice Heuser의 *Reading Clausewitz*(London: Pimilco, 2002, 『클라우제비츠의 〈전쟁론〉 읽기』, 윤시 원 옮김, 일조각, 2016)는 브뤼노 콜송Bruno Colson이 쓴 그의 전기 『클라우제 비츠*Clausewitz*』(Paris: Perrin, 2016)와 더불어 클라우제비츠의 사상에 대한 좋은 개론서다.

배질 리들 하트의 명저 『전략, 간접 접근*Strategy, the Indirect Approach*』은 양 차 세계 대전 사이에 초판이 출간되었다. 하지만 저자가 1970년에 사망할 때 까지 여러 차례 수정되었다. 이 책은 프랑스어로 번역 출간되었다(『전략

Stratégie』, Paris: Perrin, 2015). 존 F. C. 풀러의 저작 가운데 명저『전쟁 수행 *The Conduct of War*』(1961) 역시 요약본 형태로 프랑스어로 번역되어 있다 (『전쟁 수행*La Conduite de la guerre*』, Paris: Payot, 2007). 찰스 콜웰의 저서는 출간된 지 시간이 지났지만 읽기 편한 프랑스어 번역본이 있다(『작은 전쟁들 *Petites guerres*』, 프랑수아 제레가 서문 씀, Paris: Economica, 1998). 여러 자료, 특히 비서구 국가에 대한 자료는 제라르 샬리앙Gérard Chaliand이 쓴『전략의 세계 걸작선*Anthologie mondiale de la stratégie*』(Paris: Laffont, coll. Bouquins, 2009)에서 쉽게 찾아볼 수 있다.

전쟁 사상사에 관한 총론과 주요 저자는 영어권에 많다. 그중에서 아자 가트Azar Gat, 『군사사상의 역사: 계몽 시대부터 냉전까지*A History of Military Thought: From the Enlightenment to the Cold War*』(Oxford: Oxford University Press, 2001) 또는 마이클 핸들Michael Handel, 『전쟁의 대가들: 고전 전략 사상*Masters of War: Classical Strategic Thought*』(제3판, London: Routledge, 2005)을 소개한다. 최근에 출간된 전략의 역사를 다룬 책 두 권으로 로런스 프리드먼Lawrence Freedman의 *Strategy: A History*(Oxford University Press, 2013, 『전략의 역사』, 이경식 옮김, 비즈니스북스, 2014)와 베아트리체 호이 저, 『전략의 진화: 고대부터 현재까지 전쟁을 생각하다*The Evolution of Strategy: Thinking War from Antiquity to the Present*』(Cambridge: Cambridge University Press, 2010)가 있다. 필자가 쓴 책 장뱅상 올랭드르, 『술책과 힘: 전략의 또 다른 역사*La Ruse et la force. Une autre histoire de la stratégie*』(Paris: Perrin, 2017)도 참조하기를 권한다. 작은 전쟁 이론에 대해서는 상드린 피코모느라 Sandrine Picaud-Monnerat의 연구를 참조하고, 특히 그의 저서『18세기의 작은 전쟁*La Petite Guerre au XVIIIe siècle*』(Paris: Economica, 2010)을 권한다. 니콜라 카데Nicolas Cadet, 『나폴레옹 시대 전쟁의 명예와 폭력: 칼라브르 원정 *Honneur et violences de guerre au temps de Napoléon. La campagne de Calabre*』(Paris: Vendémiaire, 2015)도 참조. 마오리 전쟁에 대해서는 제임스 벨리치James Belich, 『뉴질랜드 전쟁과 인종 충돌에 대한 빅토리아 시대의 해석*The New Zealand Wars and the Victorian Interpretation of Racial Conflict*』(Auckland: Auckland University Press, 1986)을 참조.

혁명전쟁에 대해서는 마오쩌둥, 『전쟁에 관한 글*Écrits militaires*』(베이징, 외국어판, 1964)과 트로츠키의 『전쟁에 관한 글*Écrits militaires*』(Paris: L, Herne, 1967), 에르네스토 게바라의 『게릴라전*La Guerre de guérilla*』(Paris: Maspero, 1967)을 참조. 핵 억제 전략에 대해서는 토머스 셸링, 『충돌의 전략*Stratégie du conflit*』(Paris: PUF, 1986)과 버나드 브로디(책임 편집), 『절대적인 무기: 원자력과 세계 질서*The Absolute Weapon: Atomic Power and World Order*』(New York: Harcourt, 1946), 기 브로솔레, 『비전투에 관한 에세이 Essai sur la non-bataille』(Paris: Belin, 1985)를 참조.

전쟁의 변화에 관해서는, 메리 캘도어Mary Kaldor, *New and Old Wars. Organized Violence in a Global Era*(Stanford: Stanford University Press, 1999, 『새로운 전쟁과 낡은 전쟁: 세계화 시대의 조직화된 폭력』, 유강은 옮김, 그린비, 2010)와 마르틴 반 크레펠트Martin Van Creveld, 『전쟁의 변모*The Transformation of War*』(New York: Free Press, 1991)를 참조. 끝으로 피에르 아스네르Pierre Hassner, 『열정의 보복*La Revanche des passions*』(Paris: Fayard, 2015)은 전쟁 현장이 재구성된 양상을 조명하는 소중한 자료다.

02 전투의 종말: 전략가와 전략들

존 키건은 『전쟁의 얼굴』(정병선 옮김, 지호, 2005), 특히 가장 중요한 제 1장에서 전투 경험에 대한 질문을 제기한다. 그는 자신보다 앞선 다음 두 미국 저자의 뒤를 잇는다. S. L. A. 마셜S. L. A. Marshall, 『총 쏘기를 거부하는 군인들: 미래의 전쟁에서 전투 지휘의 문제점*Men against Fire: The Problem of Battle Command in Future War*』(New York: William Morrow, 1947)은 저자가 선택한 회고적 방법론 때문에 비판을 받았음에도 불구하고 중요성이 인정되며, 제시 글렌 그레이, 『전사들: 전투 중인 군인들에 대한 고찰*The Warriors: Reflections on Men in Battle*』(New York: Harcourt, 1959)은 제2차 세계 대전 중 보병 전투의 경험을 다룬다. 샤를 아르당 뒤 피크Charles Ardant du Picq의 『전투에 관한 연구*Études sur le combat*』(Paris: Chapelot, 1903)는 이 주제를 다룬 선구적인 책이며, 미셸 고야Michel Goya의 『포화 아래에서: 작업가설로서의 죽음*Sous le feu. La mort comme hypothèse de travail*』(Paris: Tallandier, 2014)은 가장 최신 정보를 제공한다.

고대 전투의 기원에 대해서는, 빅터 데이비스 핸슨이 *Carnage and Culture: Landmark Battles in the Rise of Western Power*(New York: Doubleday, 2001, 『살육과 문명』, 남경태 옮김, 푸른숲, 2002)에서 자신의 전작인 『서구식 전쟁: 고대 그리스의 보병전*The Western Way of War: Infantry Battle in Classical Greece*』(New York: Alfred A. Knopf, 1989)을 근거로 삼았다. 그의 입장은 존 린에게 *Battle: A History of Combat and Culture* (Westview Press, 2003, 『배틀, 전쟁의 문화사』, 이내주·박일송 옮김, 청어람미디어, 2006)에서 직접적으로 반박당했다. 『전투의 시대: 브라이텐펠트부터 워털루까지 결정전 추구*The Age of Battles: The Quest for Decisive Warfare from Breitenfeld to Waterloo*』 (Bloomington: Indiana University Press, 1991)에서 러셀 위글리Russell Weigley는 근대 초기에 결정적인 전투라는 생각이 얼마나 파악하기 힘든지 설명하는 반면, 제임스 휘트먼James Whitman은 『전투의 평결: 승리의 법칙과 근대 전쟁 만들기*The Verdict of Battle: The Law of Victory and the Making of Modern War*』(Cambridge: MA, Havard University Press, 2012)에서 반대로 전투라는 생각이 어느 정도로 유효한지 보여 준다. 나폴레옹이 전투를 어떻게 활용했는지에 대해서는, 브뤼노 콜송Bruno Colson이 나폴레옹의 말과 글을 모아 2011년에 출간한 『전쟁에 관하여*De la guerre*』(Paris: Perrin)와 안톨리오 에체베리아, 『클라우제비츠 이후: 제1차 대전 이전의 독일 군사 사상가들*After Clausewitz: German Military Thinkers before the Great War*』(Lawrence: University Press of Kansas, 2000), 그리고 클라우제비츠가 독일 군사사상에 남긴 유산을 검토한 스벤 랑게Sven Lange의 『한스 델브뤼크와 〈전략 논쟁〉: 논쟁으로 본 전쟁과 전쟁사(1879~1914)*Hans Delbrück und der 'Strategiestreit'. Kriegführung und Kriegsgeschichte in der Kontroverse (1879-1914)*』(Freiburg im Breisgau: Rombach, 1995)를 참조. 19세기에 전투가 차지한 위치를 이해하는 가장 좋은 방법은 조미니와 클라우제비츠, 몰트케, 슐리펜, 보날Bonnal, 콜랭의 글을 읽는 것이다. 프랑스에서 이루어지는 논쟁에 대해서는 브누아 뒤리외Benoît Durieux, 『프랑스에서 클라우제비츠: 전쟁에 관한 두 세기 동안 이루어진 고찰 (1807~2007)*Clausewitz en France. Deux siècles de réflexion sur la guerre (1807-2007)*』 (Paris: Economica, 2008)이 훌륭하다.

베르됭 전투는 최근 출간된 책들인 폴 얀코프스키Paul Jankowski, 『베르됭,

1916년 2월 21일*Verdun, 21 février 1916*』(Paris: Gallimard, 2013), 앙투안 프로스트Antoine Prost와 게르트 크루마이히Gerd Krumeich, 『베르됭, 1916 *Verdun, 1916*』(Paris: Éd. de Noyelles, 2015), 올라프 예센Olaf Jessen, 『베르됭 1916: 세기의 기원적 전투*Verdun 1916. Urschlacht des jahrhunderts*』(München: Beck, 2014)의 주제다. 솜 전투에 관하여 최근에 출간된 가장 좋은 책으로는 윌리엄 필폿William Philpott, 『피로 물든 승리: 솜 전투의 희생과 20세기 형성*Bloody Victory: The Sacrifice on the Somme and the Making of the Twentieth Century*』(London: Little Brown, 2009), 로빈 프라이어Robin Prior와 트레버 윌슨Trevor Wilson, 『솜*The Somme*』(New Haven: Yale University Press, 2005), 마티아스 슈트론Matthias Strohn(책임 편집), 『솜 전투*The Battle of the Somme*』(New York: Osprey, 2016)가 있다.

존 F. C. 풀러의 책 『서구 세계의 결정적인 전투들*The Decisive Battles of the Western World*』은 1952~1955년 이후로 여러 판본이 연이어 출간되었다. 보다 최근에 출간된 같은 종류의 책으로는 에르베 드레비용의 『전투: 원탁회의부터 참호까지 전쟁의 장면들*Batailles. Scènes de guerre de la Table ronde aux tranchées*』(Paris: Seuil, 2007)과 스티크 푀르스터Stig Förster, 마르쿠스 폴만Markus Pohlmann, 디르크 발터Dierk Walter(책임 편집)의 『세계사 속 전투: 살라미에서 시나이까지*Schlachten der Weltgeschichte. Von Salamis bis Sinai*』(München: Beck, 2001)가 있다.

03 시민-군인의 시대

시민-군인이 전쟁과 국가 수립에서 담당한 역할은 앞서 폭넓게 연구되었다. 그중에서 매우 훌륭한 공동 저작물 두 권을 들자면 모리스 바이스Maurice Vaïsse(책임 편집)의 『시민이여, 무기를 들라! 징병과 직업 군대, 그리스에서 오늘날까지*Aux armes, citoyens! Conscription et armée de métier, des Grecs à nos jours*』와 라르스 미에세트Lars Mjøset와 스티븐 반 홀드Stephen Van Holde(책임 편집)의 『병력 징집의 비교 연구*The Comparative Study of Conscription in the Armed Forces*』(Amsterdam: JAI Press, 2002)가 있다. 어떤 연구자들은 시민-군인을 근대성, 그리고 대의 제도를 폭넓게 실시하는 더 민주적인 사회의 한 산물로 본다. 이 주제에 대해서는 마거릿 리바이Magaret Levi의『동의, 반대 그리고 애국심Consent, Dissent and Patriotism』(Cambridge: Cambridge University Press, 1997)을 참조. 혁명전쟁과 나폴레옹 전쟁 시기는 시민으로 이루어진 대규모 군대의 발달과 연관된다. 대서양의 양쪽에서 전쟁의 성격이 어떻게 변화했는지에 대해서는, 로저 치커링Roger Chickering과 스티크 푀르스터Stig Förster(책임 편집),『혁명기의 전쟁(1775~1815)War in an Age of Revolution (1775-1815)』(Cambridge: Cambridge University Press, 2010)을 참조. 징병제와 혁명의 관계를 분석한 책으로는 토마 이플레르Thomas Hippler, 『군인과 시민: 프랑스와 프로이센에서 병역의 탄생Soldats et citoyens. Naissance du service militaire en France et en Prusse』(Paris: PUF, 2006)과 도널드 스토커 Donald Stoker, 프레더릭 슈나이드Frederick Schneid, 해럴드 블랜튼Harold Blanton(책임 편집),『나폴레옹 시대의 징병Conscription in the Napoleonic Era』 (London: Routledge, 2009)이 있다. 프랑스 군대가 겪은 가장 중요한 변화는 프랑스 혁명기에 생겼다. 이 주제를 다룬 고전으로 장폴 베르토Jean-Paul Bertaud,『무장 혁명: 군인-시민과 프랑스 혁명La Révolution armée. Les soldats-citoyens et la Révolution française』(Paris: Robert Laffont, 1979), 그리고 군사 작전을 다룬 존 린,『공화국의 총검: 혁명기 프랑스 군대에서 동기와 전술The Bayonets of the Republic: Motivation and Tactics in the Army of Revolutionary France』 (Urbana: University of Illinois Press, 1984)이 있다. 프랑스 시민-군인 전통에 관해서는 아니 크레팽Annie Crépin이 쓴『징병제 논의 또는 국가, 시민, 공화국에 대한 3중 학습La conscription en débat, ou le Triple Apprentissage de la Nation, de la Citoyenneté, de la République』(Arras: Artois Presses Université, 1998)이 있고, 징집병이 프랑스 군대를 어떻게 체험했는지에 관해서는 앨런 포러스트,『나폴레옹의 병사들: 혁명과 제국의 군인Napoleon's Men: The Soldiers of the Revolution and Empire』(London: Hambledon and London, 2002)을 참조. 독일에 관해서는 우테 프레베르트Ute Frevert,『병영 속의 국가: 근대 독일과 징병, 민간 사회A Nation in Barracks: Modern Germany, Military Conscription and Civil Society』(Oxford: Breg, 2004)와 카렌 하게만Karen Hagemann,『나폴레옹에 맞선 프로이센 전쟁을 재탐색하다: 역사와 문화, 기억 Revisiting Prussia's Wars against Napoleon: History, Culture and Memory』

(Cambridge: Cambridge University Press, 2015)을 참조. 미국에 관해서는 리카르도 헤레라Ricardo Herrera, 『자유와 공화국을 위하여: 군인으로서 미국 시민For Liberty and the Republic: The American Citizen as Soldier (1775-1861)』 (New York University Press, 2015)과 로런스 크레스, 『무장한 시민: 1812년 전쟁에서 미국 사회의 군대와 민병대Citizen in Arms: The Army and the Militia in American Society to the War of 1812』(Chapel Hill: University of North Carolina Press, 1992)를 참조. 소련에 관해서는 안나 크릴로바Anna Krylova, 『전투에서 소련 여성들: 동부 전선 폭력의 역사Soviet Women in Combat: A History of Violence on the Eastern Front』(Cambridge: Cambridge University Press, 2010)를 참조. 대영 제국의 상황은 이언 베킷Ian Beckett(책임 편집)이 쓴 『시민 군인과 대영 제국(1837~1902)Citizen Soldiers and the British Empire (1837-1902)』(London: Pickering & Chatto, 2012)에서 검토되었다. 중국의 군대 전통은 찰스 허커Charles Hucker, 『중국의 제국주의 과거: 중국 역사 및 문화 입문China's Imperial Past: An Introduction to Chinese History and Culture』(Stanford: Stanford University Press, 1975)에서 검토된다. 병역과 연관된 남성다움의 문제는 최근에 새롭게 주목받고 있다. 이 주제에 대해서는 조지 모스George Mosse, 『남성의 이미지: 근대 남성다움의 발명L'Image de l'homme. L'invention de la virilité moderne』(Paris: Abbeville, 1997), 폴 하이게이트Paul Higate, 『군대 남성성: 정체성과 국가Military Masculinities: Identity and the State』(Westport: Praeger, 2003), 끝으로 R. 클레어 스나이더R. Claire Snyder, 『시민-군인과 남성적인 전사들: 시민 공화국 전통에서 병역과 사회적 성별Citizen-Soldiers and Manly Warriors: Military Service and Gender in the Civic Republican Tradition』 (Lanham: Rowman & Littlefield, 1999)을 참조.

04 용병, 도급 계약 병사들

크리스토퍼 킨제이, 『기업 소속 군인과 국제 안보: 민간 군사 기업의 발흥 Corporate Soldiers and International Security: The Rise of Private military Companies』(London: Routledge, 2006).

앤드레이어스 크리그, 「전사 에토스의 삼위일체 제도화를 넘어서: 탈근대 분쟁에서 군인의 규범적 개념화와 도급자 책무Beyond the Trinitarian Institutionalization of the Warrior Ethos: A Normative Conceptualization of Soldier and Contractor Commitment in Post-Modern Conflict」, 『국방 연구Defence Studies』, vol. 14, n° 1, 2014, pp. 56~75.

숀 맥페이트Sean McFate, 『근대 용병: 사기업 군대와 그 군대가 세계 질서에서 지니는 의미 The Modern Mercenary: Private Armies and What they Mean for World Order』(Oxford: Oxford University Press, 2014).

앤서니 모클러Anthony Mockler, 『새로운 용병들The New Mercenaries』(London: Sidgwick & Jackson, 1985).

모이즈 엔리케 로드리게즈Moises Enrique Rodriguez, 『자유의 깃발 아래에서 Under the Flags of Freedom』(Plymouth: Himilton Books, 2009).

데이비드 스마일리David Smiley, 피터 켐프Peter Kemp, 『아라비아 임무 수행 Arabian Assignment』(London: Leo Cooper, 1975).

05 법이 말하는 것

전쟁법의 역사를 개괄하여 보여 주는 가장 훌륭한 책은, 출간된 지 곧 40년이 되지만 그래도 여전히 제프리 베스트Geoffrey Best의 『전쟁 중 인도적임: 무력 충돌 국제법의 근대사Humanity in Warfare: A Modern History of the International Law of Armed Conflicts』(London: Weidenfeld & Nicolson, 1980)다. 유용하고 적용 범위가 더 넓은 유용한 연구로는 마이클 하워드Michael Howard, 조지 안드레오풀로스George Andreopoulos, 마크 슐만Mark Shulman(책임 편집), 『전쟁의 법들: 서구 세계에서 전쟁 통제The Laws of War: Constraints on Warfare in the Western World』(New Haven: Yale University Press, 1994)를 참조.

타키투스주의의 강세에 대해서는 리처드 턱Richard Tuck의 명저『전쟁과 평화의 권리: 그로티우스부터 칸트까지 정치사상과 국제 질서The Rights of War and Peace: Political Thought and the International Order from Grotius to Kant』(Oxford: Oxford University Press, 1999)를 참조. 인도주의가 부상하기 전 18세기 전쟁법에 관한 명석하고 탁월한 연구로 제임스 휘트먼James Whitman,

『전투가 내리는 평결: 승리의 법칙과 근대 전쟁 만들기*The Verdict of Battle: The Law of Victory and the Making of Modern War*』(Cambridge: MA, Havard University Press, 2012)를 참조.

프랜시스 리버와 당시 미국에 관해서는, 명저 존 윗John Witt, 『링컨의 법규: 미국사에서 전쟁법*Lincoln's Code: The Laws of War in American History*』(New York: Free Press, 2012)을 참조. 앙리 뒤낭과 국제 적십자 위원회는 캐럴라인 무어헤드Caroline Moorehead, 『뒤낭의 꿈: 전쟁과 스위스, 적십자회의 역사*Dunant's Dream: War, Switzerland and the History of the Red Cross*』(London: HarperCollins, 1998)부터 제럴드 슈타이나허Gerald Steinacher, 『전쟁 중 인도주의자들: 홀로코스트의 그림자 속 적십자회*Humanitarians at War: The Red Cross in the Shadow of the Holocaust*』(Oxford: Oxford University Press, 2017)까지 많은 연구서에서 다루어졌다.

두 차례의 세계 대전을 비롯한 여러 분쟁에서 전쟁법을 다룬 문서는 이 전쟁들을 각각 다룬 여러 책에 흩어져 소개된다. 제1차 세계 대전 전쟁법을 다룬 가장 중요한 연구는 이저벌 헐Isabel Hull, 『종잇조각: 제1차 세계 대전 중 국제법의 파기와 제정*A Scrap of Paper: Breaking and Making International Law during the Great War*』(Ithaca: Cornell University Press, 2014)이고, 아네트 베케르Annette Becker, 스테판 오두앵루조의 『14~18, 전쟁을 되찾기*14-18, retrouver la guerre*』(Paris: Gallimard, 2000)의 제2장도 참조하도록 인용한다. 공습에 특별히 관심을 둔 역사서가 있는데, 이런 책으로는 스벤 린드크비스트Sven Lindqvist, 폭격의 역사*A History of Bombing*(Granta Books, 2012, 『폭격의 역사』, 김만섭 옮김, 한겨레신문사, 2003)와 유키 다나카(田中利幸), 메릴린 영Marilyn Young(책임 편집), 『민간인 폭격: 20세기 역사*Bombing civilians: A Twentieth-Century History*』(New York: New Press, 2009)가 있다.

뉘른베르크 재판과 관련하여 전쟁법을 다룬 문헌은 많다. 그 가운데 이 재판에서 다루어진 지점과 그늘에 남은 지점을 다룬 가장 세밀한 연구서는 도널드 블록섬Donald Bloxham, 『법정에 선 집단 학살: 전쟁 범죄 재판과 홀로코스트 역사와 기억 형성*Genocide on Trial: War Crimes Trials and the Formation of Holocaust History and Memory*』(Oxford: Oxford University Press, 2001)이다. 1949년 제네바 협약 개정을 가장 완벽하게 다룬 책은 제프리 베스트,

『1945년 이후 전쟁과 법*War and Law since 1945*』(Oxford: Clarendon Press, 1994)이지만, 피터 라그루Pieter Lagrou, 「1945~1955년: 총력전의 시대1945-1955: The Age of Total War」, 프랑크 비스Frank Biess, 로버트 묄러Robert Moeller(책임 편집), 『후유증의 역사: 제2차 세계대전이 유럽에 남긴 유산*Histories of the Aftermath: The Legacies of the Second World War in Europe*』(New Ha, Berghahn Books, 2010)도 참조할 것. 1천여 년간 지속된 내전 문제에 대해서는 데이비드 아미티지, 『내전: 사상의 역사*Civil Wars: A History in Ideas*』(New Haven: Yale University Press, 2017)를 참조. 탈식민화와 베트남 전쟁 시기의 전쟁법에 관한 연구서는 많지 않지만, 이 분야의 연구가 점점 더 늘어나고 있다. 가령 파비안 클로제Fabian Klose, 『식민 폭력의 그늘에서의 인권: 케냐와 알제리의 탈식민화 전쟁(1945~1962)*Menschenrechte im Schatten kolonialer Gewalt: Die Dekolonisierungskriege in Kenia und Algerien (1945-1962)*』(München: Oldenbourg, 2009)을 참조. 베트남 전쟁과 테러리즘에 맞선 전쟁기의 전쟁법 비교를 보려면 필자의 글 「반전 정책부터 반(反)고문 정책까지From Antiwar Politics to Antitorture Politics」, 오스틴 새럿Austin Sarat, 로런스 더글러스Lawrence Douglas, 마사 엄프리Martha Umphrey(책임 편집), 『법과 전쟁*Law and War*』 (Standford: Standford University Press, 2014)을 참조.

06 환경 파괴

역사상 전쟁과 환경이라는 주제를 훌륭하게 홀괄한 책 두 권: 찰스 클로스만Charles Closmann(책임 편집), 『전쟁과 환경: 근대의 군사적 파괴*War and the Environment: Military Destruction in the Moderne Age*』(College Station: Texas A & M University Press, 2009), 그리고 리처드 터커Richard Tucker와 에드먼드 러셀Edmund Russell(책임 편집), 『적과 동맹으로서의 자연*Natural Enemy, Natural Ally*』(Corvallis: Oregon State University Press, 2004).

남북 전쟁에 관해서는 훌륭한 개별 연구서들이 나와 있다. 그중 몇 권을 소개하면 리사 브래디Lisa Brady, 『토지 전쟁: 남북 전쟁 중 군사 전략과 남부 풍광의 변모*War upon the Land: Military Strategy and the Transformation of Southern Landscapes during the American Civil War*』(Athens: University of Georgia

Press, 2012)와 캐스린 마이어Kathryn Meier, 『자연의 내전Nature's civil War』 (Chapel Hill: University of North Carolina Press, 2014)이 있다. 다른 연구 작업들도 진행 중이다.

제1차 세계 대전에 관해 이 주제를 개괄적으로 다룬 유일한 책은 윌리엄 스토리William Storey, 『제1차 세계 대전: 간략한 세계사The First World War: A concise Global History』(Lanham: Rowman & Littlefield, 2009)로서 이 책은 환경적인 제약과 전쟁이 환경에 미친 영향에 드물게 주의를 기울였으며, 이 주제를 서로 다른 여러 충돌의 현장에서 다룬다. 테이트 켈러Tait Keller는 현재 이 주제에 대한 새 책을 쓰고 있다. 더 전문화된 연구서로 악셀 바데르Axel Bader, 『산림과 전쟁: 전쟁과 위기의 시기에 산림 관리는 어떻게 바뀌었나? 제1차 세계 대전 당시의 독일 임업Wald und Krieg: Wie sich in Kiregs-und Krisenzeiten die Waldbewirtschaftung veränderte. Die deutsche Forstwirtschaft im Ersten Weltkrieg』(Göttingen: Universitätsverlag Göttingen, 2011)은 제1차 세계 대전 중 독일이 다급하게 삼림을 관리한 방식을 다룬다. 1916년에 삼림 관리는 진정한 위기관리 사안이었다. 크리스토프 뉘벨Christoph Nübel은 『서부 전선에서의 보전과 생존: 제1차 세계 대전에서의 공간과 몸Durchhalten und Überleben an der Westfront: Raum und Körper im Ersten Weltkrieg』(Paderborn: Ferdinand Schöningh, 2014)에서 제1차 세계 대전 중 서부 전선에서 벌어진 환경 문제를 다루기 위해 문화적 접근법을 취하며 1916년에 어느 바바리아 연대가 실시한 공격을 구체적으로 다룬다. 테이트 켈러는 『알프스 산맥의 사도들Apostles of the Alps』(Chapel Hill: University of North Carolina Press, 2016)에서 제1차 세계 대전에 대한 풍부한 정보를 제공한다. 〈적색 지대(존 루주zone rouge)〉에 대한 상세한 환경 연구서로는 조르주 파랑Georges Parent, 『완전히 파괴된 구역인 〈존 루주〉에 관한 세 가지 연구, I. 양서파충류. - II. 식물군의 다양성. - III. 우선적으로 보호해야 할 식물학·동물학적 관심 지역 Trois études sur la 'zone rouge' de Verdun, une zone totalement sinistrée: I. L'herpétofaune. - II. La diversité floristique. - III. Les sites d'intérêt botanique et zoologique à protéger priorairement』(Luxembourg: Musée national d'histoire naturelle, coll. 'Ferrantia', n° 38, 2004)이 있다.

제2차 세계 대전에 관해서는 아직 일반적인 연구서가 없다. 하지만 다음 저서들로 이 문제의 중요도를 가늠할 수 있다. 프란츠요제프 브루게마이어 Franz-Josef Brüggemeier, 마크 사이악Mark Cioc, 토마스 젤러Thomas Zeller(책임 편집), 『나치는 얼마나 녹색이었나? 제3제국의 자연과 환경, 국가*How Green Were the Nazis? Nature, Environment and Nation in the Third Reich*』(Athens: Ohio University Press, 2005)는 나치가 지닌 환경에 대한 낭만주의와 이들이 전쟁 을 수행한 방식 사이의 모순을 탐색한다. 마이커 무스콜리노Micah Muscolino, 『중국의 전쟁 생태학*The Ecology of War in China*』(Cambridge: Cambridge University Press, 2015)은 전쟁 전과 후 허난성에 대한 상세한 연구서로서, 흥미로운 혁신적 방법론도 제시한다. 태평양에서 벌어진 전쟁을 다룬 다른 중요한 책으로 주디스 베넷Judith Bennett, 『토착종과 외래종: 남태평양에서 제 2차 세계 대전과 환경*Natives and Exotics: World War II and Environment in the Southern Pacific*』(Honolulu: University of Hawaii Press, 2009)이 있다. 다음 에 소개하는 책 두 권은 제2차 세계 대전 이외에도 다른 여러 주제들을 다루 지만, 제2차 세계 대전을 서로 매우 다른 방식으로 다룬다. 크리스 피어슨 Chris Pearson, 『자연을 동원하다: 전쟁의 환경사와 근대 프랑스의 군사화 *Mobilizing Nature: The Environmental History of War and Militarization in Modern France*』(Manchester: Manchester University Press, 2012)와 에드먼드 러셀, 『전쟁과 자연: 제1차 세계 대전부터 침묵의 봄에 이르기까지 화학 물질로 인 간과 곤충에 맞선 싸움*War and Nature: Fighting Humans and Insects with Chemicals from World War I to Silent Spring* 』(Cambridge: Cambridge University Press, 2001). 끝으로 역사 서술적인 관점에서 전체를 조망하려 면, 마르틴 구트만Martin Gutmann, 「총력전의 자연: 제2차 세계 대전의 총체적 인 환경적 측면을 이해하기The Nature of Total War: Grasping the Global Envrionmental Dimensions of World War II」, 『역사 컴퍼스*History Compass*』, n° 13, 2015, pp. 251~261(DOI: 10.1111/hic3.12236).

베트남 전쟁에 관하여 처음 알아보기 좋은 책으로는 데이비드 빅스David Biggs, 『수렁: 메콩강 삼각주에서 국가 건설과 자연*Quagmire: Nation-Building and Nature in the Mekong Delta*』(Seattle: University of Washington Press, 2010)이 있다.

07 전략 없이는 기술은 소용없다

이 주제 전반에 대한 연구 중에서 특히 윌리엄 어스토어, 「전쟁에서 과학과 기술Science and Technology in War」, Oxford Bibliographies Series, http://oxfordbibliographies.com/view/document/obo9780199791279/obo-9780199791279-0054.xml, 2017년 5월 10일에 열람; 마르틴 반 크레펠트, 『기술과 전쟁: 기원전 2000년부터 현재까지Technology and War: From 2000 B.C. to the Present』(New York: Free Press, 1989); 엘팅 모리슨Elting Morison, 『인간, 기계, 근대Men, Machine, and Modern Times』(Cambridge: MA, MIT Press, 1966); 데이비드 에저턴, The Shock of the Old: Technology and Global History since 1900(Oxford University Press, 2011, 『낡고 오래된 것들의 세계사』, 정동욱·박민아 옮김, 휴먼사이언스, 2015); 폴 케네디, The rise and Fall of the Great Powers(Random House, 1987, 『강대국의 흥망』, 이왈수·전남석·황건 옮김, 한국경제신문사, 1990).

더 특수화된 연구 중에서 카를로 치폴라Carlo Cipolla, 『총, 항해, 제국: 기술 혁신과 유럽 확장 초기(1400~1700)Guns, Sails and Empires: Technological Innovation and the Early Phases of European Expansion (1400-1700)』(Manhattan: KS, Sunflower University Press, 1988); I. B. 홀리 주니어I. B. Holley Jr., 『사상과 무기, 제1차 세계 대전 중 미국의 공중 무기 활용: 기술 발달과 군사 학설, 무기 발달의 관계 연구Ideas and Weapons, Exploitation of the Aerial Weapon by the United States during World War I: A Study in the Relationship of Technological Advance, Military Doctrine and the Development of Weapons』(New Haven: Yale University Press, 1953); 메릿 스미스Merritt Smith, 『하퍼스 페리 병기 공장과 신기술: 변화라는 도전Harpers Ferry Armory and the New Technology: The Challenge of Change』(Ithaca: Cornell University Press, 1977); 데니스 쇼월터, 『철로와 소총: 군인과 기술, 독일 통일 Railroads and Rifles: Soldiers, Technology and the Unification of Germany』(Hamden: Archon Books, 1975).

특정 기술을 연구한 책들 중에서 특히 제러드 디그룻Gerard DeGroot, 『폭탄: 한 생애The Bomb: A Life』(Cambridge: MA, Havard University Press, 2006); 로버트 매시Robert Massie, 『드레드노트: 영국, 독일, 그리고 제1차 세계 대전의 도래Dreadnought: Braitain, Germany and the Coming of the Great War』(New York:

Random House, 1991); 존 엘리스John Ellis, 『기관총의 사회사*The Social History of the Machine Gun*』(Baltimore: Johns Hopkins University Press, 1986); 에드워드 콘스턴트 2세Edward Constant II, 『터보제트 엔진 혁명의 기원*The Origins of The Turbojet Revolution*』(Baltimore: Johns Hopkins University Press, 1980).

08 드론의 시대

드론 공격에 관한 자료는 제시카 퍼키스Jessica Purkiss와 잭 설Jack Serle, 「수치로 살펴본 오바마의 은밀한 드론 전쟁: 부시보다 10배 이상Obama's Covert Drone War in Numbers: Ten Times more Strikes than Bush」, 『탐사 보도국*The Bureau of Investigative Journalism*』(2017년 1월 17일 자)을 참조. http://www.thebureauinvestigates.com/stories/2017-01-17/obamas-covert-drone-war-in-numbers-ten-times-more-strikes-than-bush에서 열람할 수 있음.

드론 기술의 역사에 관한 자료는 캐서린 킨더베이터Katherine Kindervater, 「치명적인 감시의 발흥: 드론 기술 역사에서 감시와 살상The Emergence of Lethal Surveillance: Watching and Killing in the History of Drone Technology」, 『안보 대화*Security Dialogue*』(vol. 47, n° 3, 2016, pp. 223~238)를 참조.

베트남 전쟁에 관한 이 분야의 정보는 이언 쇼Ian Shaw, 『약탈자 제국: 드론 전쟁과 전방위 우세*Predator Empire: Drone Warfare and Full Spectrum Dominance*』(Minneapolis: University of Minnesota Press, 2016)를 참조.

자동화된 드론에 관한 논쟁의 예는 로널드 아킨Ronald Arkin, 「무인 시스템에서 윤리적 자율성을 위한 사례The Case for Ethical Autonomy in Unmanned Systems」, 『군사 윤리 저널*Journal of Military Ethics*』(vol. 9, n° 4, 2010)과 피터 아사로Peter Asaro, 「자율적 무기 체계 금지에 대하여: 인권, 자동화 그리고 치명적인 의사 결정의 비인간화On Banning Autonomous Weapon Systems: Human Rights, Automation, and the Dehumanization of Lethal Decision-Making」, 『적십자회 국제 리뷰*International Review of the Red Cross*』(vol. 94, n° 886, 2012, pp. 687~709)를 참조.

그레구아르 샤마유,『드론 이론*Théorie du drone*』(Paris: La Fabrique, 2013)도 참조.

09 전쟁 국가의 출현

총력전 시대에 국가의 역할에 대해서는 케임브리지 대학교 출판사가 반드시 참조해야 할 다음과 같은 일련의 책을 출간했다. 스티크 푀르스터와 외르크 나글러Jörg Nagler(책임 편집),『총력전으로 향하는 길에서: 남북 전쟁과 독일 통일 전쟁(1861~1871)*On the Road to Total War: The American Civil War and the German Wars of Unification (1861-1871)*』(Cambridge: Cambridge University Press, 1997), 로저 치커링Roger Chickering과 스티크 푀르스터(책임 편집),『제1차 대전, 총력전: 서부 전선에서 전투와 동원(1914~1918)*Great War, Total War: Combat and Mobilization on the Western Front (1914-1918)*』(Cambridge: Cambridge University Press, 2000), 로저 치커링과 스티크 푀르스터(책임 편집),『총력전의 그림자: 유럽, 동아시아, 미국(1919~1939)*The Shadows of Total War: Europe, East Asia and the United States (1919-1939)*』(Cambridge: Cambridge University Press, 2003), 로저 치커링, 스티크 푀르스터, 베른트 그라이너Bernd Greiner(책임 편집),『총력전을 벌이는 세계: 세계 충돌과 파괴 정책(1937~1945)*A World at Total War: Global Conflict and the Politics of Destruction (1937-1945)*』(Cambridge: Cambridge University Press, 2005). 국가 형성과 전쟁의 관계에 대해 더 이론적으로 접근한 연구는 브루스 포터Bruce Porter,『전쟁과 국가의 발흥: 근대 정치의 군사적 토대*War and the Rise of the State: The Military Foundations of Modern Politics*』(New York: Free Press, 1994), 해리슨 와그너Harrison Wagner,『전쟁과 국가: 국제 정치 이론*War and the State: The Theory of International Politics*』(Ann Arbor: University of Michigan Press, 2007), 더글러스 렘케Douglas Lemke와 제프 카터Jeff Carter,「출생 상속 재산, 국가 형성과 전쟁Birth Legacies, State making and War」,『정치 저널*The Journal of Politics*』(vol. 78, n°2, 2016, pp. 497~511)을 참조.

남북 전쟁 이후로 전쟁을 위한 동원과 조직에서 국가의 역할에 대해서는 조지프 도슨Joseph Dawson,「근대 전쟁에서 최초?The First of the Modern Wars?」,

수전메리 그랜트Susan-mary Grant와 브라이언 레이드Brian Reid(책임 편집),
『남북 전쟁The American Civil War』(Harlow: Longman, 2000, pp. 121~141),
마크 닐리Mark Neely, 「남북 전쟁은 총력전이었나?Was the Civil War a Total
War?」, 스티크 푀르스터와 외르크 나글러(책임 편집), 『총력전으로 향하는 길
에서On the Road to Total War』(앞의 책, pp. 29~52), 존 혼(책임 편집), 외르크
나글러(책임 편집), 『제1차 세계 대전 중 유럽에서 국가와 사회, 동원State,
Society, and Mobilization in Europe during the First World War』(Cambridge
University Press, 1997), 데이비드 에저턴, 『전쟁 국가: 영국(1920~1970)
Warfare State: Britain (1920-1970)』(Cambridge: Cambridge University Press,
2006), 마크 해리슨Mark Harrison과 존 바버John Barber, 『소련의 국내 전선
(1941~1945)The Soviet Home Front (1941-1945)』(Harlow: Longman, 1991),
리처드 베셀Richard Bessel, 『나치즘과 전쟁Nazism and War』(London: Phoenix,
2005), 제임스 스패로James Sparrow, 『전쟁 국가: 제2차 세계 대전 미국인과 큰
정부 시대Warfare State: World War II Americans and the Age of Big Government』
(Oxford: Oxford University Press, 2011), 모리 클라인Maury Klein, 『무기를
들 소명: 제2차 세계 대전을 위해 미국을 동원하다A Call to Arms: Mobilizing
America for World War II』(New York: Bloomsbury, 2013), 마이클 바넷Michael
Barnett, 『전쟁 비용을 감당하기: 이집트와 이스라엘의 군사력과 국가, 사
회Confronting the Costs of War: Military Power, State, and Society in Egypt and
Israel』(Princeton: Princeton University Press, 1992)를 참조.

　전시에 국가의 주요 역할로서 경제적·사회적 동원에 관해서는, 스티븐 브
로드베리Stephen Broadberry와 마크 해리슨(책임 편집), 『제1차 세계 대전의 경
제The Economics of World War I』(Cambridge: Cambridge University Press,
2005), 마크 해리슨(책임 편집), 『제2차 세계 대전의 경제: 6개 강대국 국제
비교The Economics of World War II: Six Great Powers in International Comparison』
(Cambridge: Cambridge University Press, 1998), 휴 락코프Hugh Rockoff,
『미국의 경제적 전쟁 방식: 스페인·미국 전쟁부터 페르시아만 걸프전까지 전
쟁과 미국 경제America's Economic Way of War: War and the US Economy from the
Spanish-American War to the Persian Gulf War』(Cambridge: Cambridge
University Press, 2012), 리처드 오버리, 『제3제국의 전쟁과 경제War and

Economy in the Third Reich』(Oxford: Clarendon Press, 1996), 마크 해리슨, 『전쟁 회계: 소련의 생산과 고용, 방위비 부담*Accounting for War: Soviet Production, Employment and the Defence Burden (1940-1945)*』(Cambridge: Cambridge University Press, 1996), 헤르베르트 오빙거Herbert Obinger와 카리나 슈미트Carina Schmitt, 「총과 버터? 냉전 중 정치 체제 경쟁과 전쟁 국가Guns and Butter? Regime Competition and the Welfare State during the Cold War」, 『세계 정치*World Politics*』(vol. 63, n°2, 2011, pp. 246~270), 지트 클라우젠Jytte Klausen, 『전쟁과 복지: 유럽과 미국(1945년부터 현재까지)*War and Welfare: Europe and the United States (1945 to the Present)*』(New York: St. Martin's Press, 1998)을 참조. 정치 선전과 동원에 대해서는, 레일라 루프Leila Rupp, 『전쟁에 여성을 동원하기: 독일과 미국의 선전(1939~1945)*Mobilizing Women for War: German and American Propaganda (1939-1945)*』(Princeton: Princeton University Press, 1978)을 참조. 데이비드 웰치David Welch, 『제1차 세계 대전 중 독일인과 선전*German and Propaganda in World War I*』(London: I. B. Tauris, 2014), 데이비드 웰치(책임 편집), *Propaganda, Power and Persuasion: From World War I to Wikileaks*(London: I. B. Tauris, 2014, 『프로파간다 파워』, 이종현 옮김, 공존, 2015)도 참조.

10 전쟁의 가격

전쟁 자금 조달에 관한 연구서는 상대적으로 적다. 『제1차 세계 대전 자금 조달하기*Financing the First World War*』(Oxford: Oxford University Press, 2004)에서 휴 스트레이천Hew Strachan은 제1차 세계 대전으로 제기된 재정적인 어려움과 이에 대하여 마련된 해결책은 〈자원 극대화가 돈 관리보다 훨씬 더 중요하다고 생각되었기〉 때문에 역사학자들에게 상대적으로 소외되었다고 통탄한다. 전쟁 기간에는 생산과 물자 보급 문제가 재무보다 더 급박한 사안이었다는 생각 때문에 전시 자금 조달에 대한 연구는 어느 정도 등한시되긴 했으나, 각국이 활용한 자금 조달 방법은 사례별로 연구된 바 있다. 게다가 제1차 세계 대전은 자금 조달 문제가 이와 같은 이유로 무시된 유일한 전쟁은 아니다.

그럼에도 불구하고 몇몇 연구는 이 주제를 다룬다. 래리 닐Larry Neal이 책임 편집한 세 권짜리 책 『전쟁 자금War Finance』(Aldershot: Edward Elgar, 1994)은 이 주제를 가장 종합적으로 다룬 개론서로서 고대부터 1991년 걸프 전쟁에 이르기까지 전시 재정에 대한 역사적이고 현대적인 논쟁을 개괄한다. 특히 래리 닐이 쓴 서론은 전시 자금 조달의 역사를 꿰뚫는 연속성과 변화를 훌륭하게 요약한다. 제임스 레이시James Lacey도 『금, 피, 권력: 시대별 자금과 전쟁Gold, Blood and Power: Finance and War through the Ages』(Carlisle: Strategic Studies Institute and US Army War College Press, 2015)에서 이 문제에 관한 총체적인 관점을 더 서술적인 형태로 제시한다. 경제와 재정, 전쟁이라는 주제를 동시에 다룬 책은 여럿 있다. 가장 잘 알려진 책 가운데에서 폴 케네디, 『강대국의 흥망』(이왈수·전남석·황건 옮김, 한국경제신문사, 1990)과 니얼 퍼거슨Niall Ferguson의 *The Cash Nexus: Money and Power in the Modern Wolrd (1700-2000)*(London: Penguin, 2001, 『현금의 지배』, 류후규 옮김, 김영사, 2002)를 소개한다. 그리고 제목에서 짐작할 수 있는 것보다 전쟁을 적게 다루긴 하지만, 콰시 콰르텡Kwasi Kwarteng의 『전쟁과 금: 제국과 모험, 빚의 5백 년 역사War and Gold: A Five-Hundred-Year History of Empires, Adventures and Debt』(London: Bloomsbury, 2014) 역시 권력과 재정을 결합하는 관계를 탐색한다. 휴 락코프Hugh Rockoff는 『미국의 경제적 전쟁 방식: 스페인·미국 전쟁부터 페르시아만 걸프전까지 전쟁과 미국 경제 *America's Economic Way of War: War and the US Economy from the Spanish-American War to the Persian Gulf War*』(Cambridge: Cambridge University Press, 2012)에서 미국의 예를 들어 비슷한 방식의 접근법을 제시한다. 끝으로 『국가가 어떻게 전쟁 비용을 대는가How States Pay for Wars』(Ithaca: Cornell University Press, 2016)에서 로젤라 지엘린스키Rosella Zielinski는 전쟁 자금 조달의 필요와 국내 정책의 필요 사이에 균형을 이루는 방식을 설명하는 이론을 제시했다.

11 애국 전선

애국 전선을 장기적으로 개론한 역사서는 없다. 다양한 전쟁을 다루면서 군대와 전쟁, 사회의 관계를 고찰하고 여러 가지 주제를 다룬 개별 연구만 존재할 뿐이다. 이러한 연구 중 단지 일부만 사회적 성별의 관점을 통합하고 있으며, 비교 연구는 매우 드물다. 예외적인 연구로는 〈1600년 이후 사회적 성별과 전쟁, 서구 세계를 다룬 디지털 인류 전기, 영화 작품 및 웹사이트 목록 Digital Humanities Bibliography, Filmography and Webography on Gender, War and Western World since 1600〉 프로젝트(http://gwc.unc.edu/welcome)와 연관된 카렌 하게만 외(책임 편집), 『1600년 이후 사회적 성별과 전쟁, 서구 세계에 관한 옥스퍼드 핸드북 *Oxford Handbook on Gender, War and the Western World since 1600*』(Oxford University Press, 2018); 에리카 차터스 Erica Charters 외 (책임 편집), 『유럽 민간인과 전쟁(1618~1815) *Civilians and War in Europe (1618-1815)*』(Liverpool University Press, 2012); 로저 치커링과 스티크 푀르스터(책임 편집), 『혁명 시대의 전쟁(1775~1815) *War in an Age of Revolution (1775-1815)*』(Cambridge University Press, 2010); 카렌 하게만 외(책임 편집), 『젠더, 전쟁, 정치: 대서양 양편의 관점(1775~1830) *Gender, War and Politics: Transatlantic Perspectives (1775-1830)*』(Basingstoke: Palgrave Macmillan, 2010). 19세기에 유럽에서 벌어진 국가 간 전쟁에 관해서는 알렉산더 세이페르트 Alexander Seyferth, 『본국(1870~1871): 독일 · 프랑스 전쟁 중의 경제와 사회 *Die Heimatfront (1870-1871). Wirtschaft und Gesellschaft im deutsch-französischen Krieg*』(Paderborn: Ferdinand Schöningh, 2007); 스테판 오두앵루조, 『1870: 전쟁 중의 프랑스 *1870: la France dans la guerre*』(Paris: Armand Colin, 1989); 진 쿼터트 Jean Quataert, 『자선 활동: 역동적인 독일에서 애국적인 여성들과 국가적 상상력(1813~1916) *Staging Philanthropy: Patriotic Women and the National Imagination in Dynastic Germany (1813-1916)*』(Ann Arbor: University of Michigan Press, 2001).

〈총력전〉에 관한 논쟁에 대해서는 데이비드 벨, 『최초의 총력전: 나폴레옹의 유럽과 근대 전쟁의 탄생 *La Première Guerre totale. L'Europe de Napoléon et la naissance de la guerre moderne*』(Seyssel: Champ Vallon, 2010); 스티크 푀르스터와 외르크 나글러(책임 편집), 『총력전으로 향하는 길에서: 남북 전쟁과 독일 통일 전쟁(1861~1871) *On the Road to Total War: The American Civil War and the German Wars of Unification (1861-1871)*』(Cambridge University Press,

1999); 만프레드 보에메케Manfred Boemeke 외, 『총력전을 예견하기: 독일과 미국의 경험(1871~1914)*Anticipating Total War: The German and American Experiences (1871-1914)*』(Cambridge: Cambridge University Press, 1999); 로저 치커링과 스티크 퍼르스터(책임 편집), 『제1차 대전, 총력전: 서부 전선에서 전투와 동원(1914~1918)*Great War, Total War: Combat and Mobilization on the Western Front (1914-1918)*』(Cambridge: Cambridge University Press, 2000); 로저 치커링, 스티크 퍼르스터, 베른트 그라이너(책임 편집), 『총력전을 벌이는 세계: 세계 충돌과 파괴 정책(1937~1945)*A World at Total War: Global Conflict and the Politics of Destruction (1937-1945)*』(Cambridge: Cambridge University Press, 2005).

제1·2차 세계 대전 중 애국 전선에 관한 연구, 특히 남성의 역할보다 훨씬 더 많이 연구된 여성의 역할에 관한 연구서는 너무도 많아서 중요한 저서만 열거하기도 힘들다. 하게만 외(책임 편집), 『사회적 성별에 관한 옥스퍼드 핸드북*Oxford Handbook on Gender*』(앞의 책, 제3부)에서 이에 대한 대강을 찾아볼 수 있을 것이다. 제1차 세계 대전 중에 민간인의 전쟁 체험과 그 의미에 대한 비교적인 관점은 태미 프록터Tammy Proctor, 『전쟁 중인 세계에서 민간인(1914~1918)*Civilians in a World at War (1914-1918)*』(New York: New York University Press, 2010)에서 찾아볼 수 있다. 애국 전선에서 남성의 역할에 관한 최초의 연구서로는 로라 우골리니Laura Ugolini, 『민간인 복장: 영국 국내 전선에서 중산층 남성*Civvies: Middle-Class Men on the English Home Front (1914-1918)*』(Manchester: Manchester University Press, 2013); 린지 롭Linsey Robb, 『노동하는 남자들: 영국 문화에서 노동자*Men at Work: The Working Man in British Culture (1939-1945)*』(Basingstoke: Palgrave Macmillan, 2015).

사회적 성별 연구의 관점에서 본 제1·2차 세계 대전에 관해서는 마거릿 히가넷Margaret Higonnet 외(책임 편집), 『전선 뒤에서: 사회적 성별과 양차 세계 대전*Behind the Lines: Gender and the Two World Wars*』(New Haven: Yale University Press, 1987); 빌리 멀먼Billie Melman(책임 편집), 『경계선: 전쟁과 평화 중 젠더와 정체성*Borderlines: Genders and Identities in War and Peace (1870-1930)*』(London: Routledge, 1998); 카렌 하게만과 스테파니 설러스프링고 룸(책임 편집), 『국내/전선: 20세기 독일의 군대, 전쟁, 사회적 성별*Home/*

Front: The Military, War and Gender in Twentieth-Century Germany』(Oxford: Berg, 2002); 니콜 앤 돔브로우스키Nicole Ann Dombrowski(책임 편집), 『20세기 여성과 전쟁: 동의를 받거나 받지 않고 징병되다Women and War in the Twentieth Century: Enlisted with or without Consent』(London: Routledge, 2004); 낸시 윙필드Nancy Wingfield와 마리아 부쿠르Maria Bucur(책임 편집), 『20세기 동유럽의 사회적 성별과 전쟁Gender and War in Twentieth-Century Eastern Europe』(Bloomington: Indiana University Press, 2006); 마렌 로저Maren Röger와 루트 레이세로위츠Ruth Leiserowitz(책임 편집), 『전쟁 중 여성과 남성: 제2차 세계 대전에 대한 사회적 성별 관점 및 그 전쟁이 중유럽과 동유럽에 미친 여파 Women and Men at War: A Gender Perspective on World War II and Its Aftermath in Central and Eastern Europe』(Osnabrück: Fibre Verlag, 2012); 크리스타 헤메를레Christa Hämmerle 외(책임 편집), 『사회적 성별과 제1차 세계 대전Gender and the First World War』(Basingstoke: Palgrave Macmillan, 2014).

12 전쟁 반대!

평화와 평화주의에 대한 역사서는 주로 영미권에서 저술되었고 그 일부는 평화주의자임을 자처하는 남녀들이 썼다. 모든 사회 운동의 역사와 마찬가지로, 평화와 평화주의의 역사 서술은 때로는 옹호론이고 목적론적이며, 보수와 군국주의로 표현되는 세력에 맞서 평화라는 대의를 떠안은 개인과 집단의 운명을 주로 다룬다.

국제 관계의 역사에서는 오래전부터 평화라는 쟁점이 전쟁과 국가 간 긴장관계의 부주제로서 기본적으로 다루어졌다. 평화의 역사가 독립된 연구 분야로 다루어진 것은 1960년대에 들어서다. 피터 브록Peter Brock은 이제는 고전이 된 3부작(『미국 평화주의: 식민 시대부터 제1차 세계 대전까지Pacifism in the United States: From the Colonial Era to the First World War』, Princeton: Princeton University Press, 1968; 『20세기 평화주의Twentieth-Century Pacifism』, New York: Van Nostrand Reinhold, 1970; 『1914년까지 유럽의 평화주의Pacifism in Europe to 1914』, Princeton: Princeton University Press, 1972)에서 절대적인 평화주의와 양심적 병역 거부자를 다루며 평화주의 사

상의 유형을 정립하고자 했다. 이러한 노력은 반복되는 연구 주제로 마르셀 메를Marcel Merle도 프랑스인으로서 흔치 않게 이 시대에 벌어진 이러한 유형의 평화주의 운동을 집중해 다루었다(『19~20세기의 평화주의와 국제주의 *Pacifisme et internationalisme, XVIIe-XXe siècle*』, Paris: ARmand Colin, 1966). 평화주의 운동의 초창기를 연구한 가장 중요한 업적은 노르웨이 연구자이자 사회 활동가 요한 갈퉁이 이루었다. 그는 과감한 학제 간 접근법의 정신으로 평화학*Peace Research*의 길을 열었다. 〈적극적 평화〉와 〈구조적 폭력〉 개념에 관한 그의 연구(「폭력, 평화, 그리고 평화 연구Violence, Peace, and Peace Research」, 『평화 연구 저널*Journal of Peace Research*』, vol. 6, n° 3, 1969)는 획기적이었다. 베트남 전쟁 반대 움직임과 1960년대 말과 1970년대에 벌어진 전반적인 저항 움직임에 커다란 반응을 불러일으켰다.

1980년대와 1990년대에 이루어진 연구는 평화주의 역사를 더 광범위한 사회적·정치적·이념적 지평에 편입함으로써 평화주의 역사를 둘러싼 장벽을 없앴다. 영국의 역사학자 마틴 시델Martin Ceadel은 영국의 평화주의에 관한 폭넓은 연구 계획(『영국의 평화주의, 1914~1945: 신념의 본질적인 의미 *Pacifism in Britain, 1914-1945: The Defining of a Faith*』, Oxford: Oxford University Press, 1980; 『전쟁 방지의 기원: 영국 평화 운동과 국제관계, 1730~1854*The Origins of War Prevention: The British Peace Movement and International Relations, 1730-1854*』, Oxford: Oxford University Press, 1996; 『반(半)분리주의적 이상주의자: 영국 평화 운동과 국제 관계*Semi-Detached Idealists: The British Peace Movement and International Relations, 1854-1945*』, Oxford: Oxford University Press, 2000)를 수립하여 실시했고, 서구 사회가 폭력 및 전쟁과 맺는 관계를 검토한 총체적이며 영향력 있는 유형론을 제시했다(『평화와 전쟁에 관한 생각*Thinking about Peace and War*』, Oxford: Oxford University Press, 1987). 한편 산디 쿠퍼Sandi Cooper는 19세기 유럽 평화주의 사상의 발전에 관심을 가져서(『애국적인 평화주의: 유럽에서 전쟁에 맞선 전쟁, 1815~1914*Patriotic Pacifism: Waging War on War in Europe, 1815-1914*』, Oxford: Oxford University Press, 1991) 당대의 이데올로기, 특히 민족주의가 평화주의 사상과 맺은 관계를 연구했다. 같은 해에 양차 대전 사이의 프랑스 평화주의에 관한 깊이 있는 최초의 연구가 출간되었다.(노먼 잉그

럼Norman Ingram, 『반대 정책: 프랑스의 평화주의, 1919~1939 *The Politics of Dissent: Pacifism in France, 1919-1939*』, Oxford: Clarendon Press, 1991), 이는 법률을 중시한 〈옛날 스타일의 평화주의〉가 통합적이고 무조건적인 1930년대의 〈새로운 스타일〉의 평화주의로 변화한 양상을 예리하게 분석한다. 여성의 참여 양상에 대한 연구 역시 1990년대부터 이루어져(해리엇 알론소Harriet Alonso, 『여성 쟁점으로서 평화: 세계 평화와 여성 인권을 위한 미국 운동의 역사 *Peace as a Women's Issue: A History of the US Movement for World Peace and Women's Rights*』, Syracuse: Syracuse University Press, 1993) 평화 운동의 초국가적인 연관 관계를 연구함으로써 다시금 평화주의 연구의 장벽을 부순다. 핵무기에 반대하는 세계적인 움직임을 다룬 로런스 위트너Lawrence Wittner의 무게 있는 3부작은 초국가적인 평화 운동 연구 정점을 이룬다(『폭탄에 맞선 투쟁 *The Struggle against the Bomb*』, Stanford: Stanford University Press, 1993~2003, 이 책은 다음처럼 종합서로 요약되어 나와 있다. 『폭탄에 맞서기: 세계 핵무기 군비 축소 움직임의 짧은 역사 *Confronting the Bomb: A Short History of the World Nuclear Disarmament Movement*』, Stanford: Stanford University Press, 2009). 2010년에 출간된 나이절 영이 책임 편집한 백과사전(『옥스퍼드 인터내셔널 평화 백과사전 *Oxford international Encyclopedia of Peace*』)에는 가장 최근의 연구들이 수록되어 있으며, 가장 넓은 의미에서 본 평화주의에 관해 아마도 가장 총망라된 국제적인 관점을 제시해 줄 것이다.

13 대영 제국주의의 신화

대영 제국 전쟁은 광대한 영토에서 19세기부터 20세기까지 오랜 기간에 걸쳐 벌어졌다. 수십 년 동안 대영 제국의 저명한 여러 역사학자들은 제국 전체에 진보와 자유의 이상을 전파하는 영국에 관하여 긍정적인 이야기를 생산했다. 이러한 제국에 관한 역사 서술에서는, 제국이 자행한 폭력이나 제국이 실시한 정책에서 일상적으로 자행되던 폭력, 식민 전쟁이나 영토 확장 전쟁 중에 이루어진 폭력, 20세기에 발발한 봉기와 반란에서 야기된 폭력이 전혀 언급되지 않는다. 더 정확히 말하자면, 최근에 와서야 영국 정부가 제국 말기에 문서를 체계적으로 파괴하는 정책을 실시했음이 밝혀졌다. 이로써 더 완벽하게 갖추어진 출처가 없는 상황에서 제국 전쟁을 연구할 때 교조주의적인 접근법이 효과가 없음이 드러났다.

물론 대안적인 서사와 비평도 있었다. 이는 무엇보다 에릭 윌리엄스Eric Williams와 다른 비슷한 저자들의 연구에서 찾아볼 수 있다. 이들은 노예 제도가 폐지된 것이 영국의 관대함이 낳은 결실이라고 보는 지배적인 역사 해석에 의문을 제기하면서, 노예 노동이 그 이전에 이미 사실상 경제적 현실성을 잃었다고 설명했다. 게다가 반란과 제국 전쟁 시기를 비롯하여 제국 내의 경험에 관한 새로운 질문들이 후기 식민주의 비평의 주변부, 특히 남아시아 전문가들의 연구나 지역 연구 — 그 연구 대상이 아프리카든 중동이든, 아시아, 남아시아 또는 라틴아메리카든 — 에서 제기되기 시작해 탈식민화 기간에 중요하게 다루어졌다.

이 글은 서로 소통하지 않는 경우가 많은 다른 연구들을 감안하면서 이 역사적 연구 내용을 종합하여 제시한다. 자유주의와 제국주의의 관계에 대해서는 특히 다음 책을 참조할 것. 우다이 싱 메흐타Uday Singh Mehta, 『자유주의와 제국: 19세기 영국의 자유주의 사상 연구 Liberalism and Empire: A Study in Nineteenth-Century British Liberal Thought』(Chicago: University of Chicago Press, 1999); 토머스 멧캐프Thomas Metcalf, 『뉴 케임브리지 인도 역사, 제4권: 영국의 인도 통치 이념 The New Cambridge History of India, t. III-4: Ideologies of the Raj』(Cambridge: Cambridge University Press, 1994); 그리고 카루나 만테나Karuna Mantena, 『제국의 알리바이: 헨리 메인과 자유주의적 제국주의의 종말 Alibis of Empire: Henry Maine and the Ends of Liberal Imperialism』(Princeton: Princeton University Press, 2010). 대영 제국 그리고 제국의 반란 억제 정책에 관한 연구도 참조했다. 그중에서 다음을 참조할 것. 앤 스톨러Ann Stoler와 프레더릭 쿠퍼Frederick Cooper, 『제국의 긴장: 부르주아 세계에서 식민지 문화 Tensions of Empire: Colonial Cultures in a Bourgeois World』(Berkeley: University of California Press, 1997); 에릭 스토크스Eric Stokes, 『소작농과 영국의 인도 통치: 식민지 인도의 농업 사회와 소작농 반란 연구 The Peasant and the Raj: Studies in Agrarian Society and Peasant Rebellion in Colonial India』(Cambridge: Cambridge University Press, 1978); 토머스 홀트Thomas Holt, 『자유의 문제: 자메이카와 영국의 인종, 노동, 정치(1832~1938) The Problem of Freedom:

Race, Labor and Politics in Jamaica and Britain (1832-1938)』(Baltimore: Johns Hopkins University Press, 1992); 찰스 E. 콜웰, 『작은 전쟁: 그 원칙과 실제 *Small Wars: Their Principles and Practice*』(Lincoln: University of Nebraska Press, 1996); 매슈 휴스Matthew Hughes(책임 편집), 『영국식 반란 억제: 역사적 조망*British Ways of Counter-Insurgency: A Historical Perspective*』(London: Routledge, 2013); 이언 베킷Ian Beckett, 『근대 반란과 반란 억제: 1750년 이후 게릴라와 그 대적자*Modern Insurgencies and Counter-Insurgencies: Guerrillas and Their Opponents since 1750*』(London: Routledge, 2001); 브라이언 심슨 Brian Simpson, 『인권과 제국의 종말: 영국과 유럽 협약들의 발생*Human Rights and the End of Empire: Britain and the Genesis of the European Conventions*』(Oxford: Oxford University Press, 2001); 찰스 그윈Charles Gwynn, 『제국의 치안 유지*Imperial Policing*』(Basingstoke: Macmillan, 1934); 존 뉴싱어John Newsinger, 『영국의 반란 억제: 팔레스타인부터 북아일랜드까지*British Counterinsurgency: From Palestine to Northern Ireland*』(Basingstoke: Palgrave Macmillan, 2015); 벤저민 그로브피츠기본Benjamin Grob-Fitzgibbon, 『제국 종반전: 영국의 더러운 전쟁들과 제국의 종말*Imperial Endgame: Britain's Dirty Wars and the End of Empire*』(Basingstoke: Palgrave Macmillan, 2011); 마틴 토머스Martin Thomas, 『폭력과 식민 질서: 유럽 식민 제국에서 경찰, 노동자, 항의(1918~1940)*Violence and Colonial Order: Police, Workers and Protest in the European Colonial Empires (1918-1940)*』(Cambridge: Cambridge University Press, 2012).

14 게릴라와 반란 억제

게릴라전과 반란 억제에 관한 연구서는 풍부하다. 다음 두 권의 선집에서는 전략 사상가들을 통해 봉기와 반(反)봉기를 살펴볼 수 있다. 월터 라쿼 Walter Laqueur, 『게릴라 독자*The Guerrilla Reader*』(Philadelphia: Temple University Press, 1977)와 제라르 샬리앙Gérard Chaliand, 『비정규전*Les Guerres irrégulières*』(Paris: Gallimard, 2008). 덧붙여 어떤 게릴라전 전략가들은 그 저서가 훌륭하고 역사적으로 결정적인 역할을 미쳤기 때문에 특별히 관심을 기울일 가치가 있다. 토머스 E. 로런스의 책 『지혜의 일곱 기둥』과 잡지 『계간 육군 *The Army Quarterly*』(1920)에 실린 그의 글, 프랑스어로 번역되지 않은 마오쩌둥의 『게릴라전에 관하여 *On Guerrilla Warfare*』(New York: Praeger, 1961), 에르네스토 게바라의 『게릴라전 *La Guerre de guérilla*』(Paris: Maspero, 1967). 아부 바크르 나지의 『야만의 경영 *The Management of Savagery*』(2004)을 읽으면 위 전략가들의 생각을 현대 이슬람주의 사상가들이 재해석한 양상을 살펴볼 수 있다.

반란 억제 전쟁에 대해서는 알제리 전쟁에 참전한 두 명의 프랑스 장교가 쓴 책이 매우 큰 영향을 미쳤다. 로제 트랭키에, 『근대 전쟁 *La Guerre moderne*』 (Paris: La Table ronde, 1961)과 다비드 갈륄라, 『반란 억제 *Contre-insurrection*』(Paris: Economica, 2008). 로버트 톰슨 — 말레이시아에서 영국의 반란 억제 작전의 주요 인물 — 의 『공산주의 반란의 패배 *Defeating Communist Insurgency*』(1966)는 그 가르침이 베트남 전쟁에 도입되어 활용된 고전이다. 미군 지침서 『FM 3-24 반란 억제 *FM 3-24 Counterinsurgency*』은 2000년대 중반에 대중서 버전과 함께 출간되었으며, 1960년대와 1970년대의 전략 사상이 아프가니스탄과 이라크에서 다시 사용되었음을 보여 준다. 인도차이나에서 전쟁을 취재하고 뒤이어 베트남에서 벌어진 상황을 취재했음에도 불구하고 대중에 잘 알려지지 않은, 기자인 버나드 폴 Bernard Fall이 쓴 『기쁨 없는 거리 *Street without Joy*』(1961)에서는 당시에 시행된 반란 억제 전략에 대한 비판이 담겨 있다. 닐 시핸 Neil Sheehan의 『찬란히 빛나는 거짓말 *A Bright Shining Lie*』(1988)은 미국 장교 존 폴 밴의 생애를 통해 미군이 베트남에서 갈피를 잡지 못한 모습을 조명한다. 끝으로 이얄 바이츠만 Eyal Weizman의 『벽을 통해서: 새로운 도시전의 건축학 *À travers les murs. L'architecture de la nouvelle guerre urbaine*』(Paris: La Fabrique, 2008)에서는 미국과 유럽에서 그 혁신의 추이를 예의 주시하는 이스라엘 군대의 사례를 통해 반란 억제 전략의 최근 변화를 살펴볼 수 있다. 게릴라전과 반란 억제는 문학 작품이나 영화로 다루어지기도 한다. 1951년부터 1954년까지 인도차이나 특파원이었던 그레이엄 그린 Graham Greene은 반란 억제 전문가인 미국 중앙 정보국(CIA) 요원 에드워드 랜스데일의 생애에서 영감을 받은 소설 *The Quiet American* (1955, 『조용한 미국인』, 전호춘 옮김, 학문사, 2006)에서 인도차이나 전쟁의 말기를 그린다. 비정규전은 이들 전쟁의 모순을 그려 내려 애쓴 여러 영화의 소재가 되기도 했다. 질로 폰테코르보Gillo Pontecorvo의 「알제리 전쟁」(1966)은 반란 억제 작전을 다룬 가장 유명한 영화다. 역설적이게도, 알제리 전쟁 중에 알제에서 제10 공수 사단이 벌인 작전을 세심하고 비판적으로 재구성한 이 작품은 이후 수십 년 동안, 특히 2011년 9·11 테러 이후 미국에서 반란 억제을 교육하기 위한 참고 자료로 활용된다. 끝으로 브루스 베리스퍼드Bruce Beresford의 「파괴자 모랜트」(1980)는 보어인에 대한 반란 억제 전략의 윤리적 딜레마를 그려 내고, 프랜시스 포드 코폴라Francis Ford Coppola의 「지옥의 묵시록」(1979)은 베트남 전쟁에서 자행된 폭력을 그린다.

15 중국: 전쟁으로 수행하는 혁명

현대 중국의 전쟁 현상과 대규모 폭력에 대한 연구는 오랫동안 1911년 전쟁 그리고 특히 1949년 전쟁에 집중되어 이루어졌다. 역사학자들은 농민 반란이 어느 정도로 사회를 군사 조직화했고 제국 질서를 뒤흔들었으며 공산주의가 승리하는 발판을 마련했는지를 밝히는 데 전념했다. 참조: 필립 쿤Philip Kuhn, 『중국 제국의 말기에서 반란군과 그 적Rebellion and Its Enemies in Late Imperial China』(Cambridge: MA, Harvard University Press, 1970) 또는 엘리자베스 페리Elizabeth Perry, 『북중국의 반란자와 혁명가들Rebels and Revolutionaries in North China』(Stanford: Stanford University Press, 1980). 그 이후로 사회사는 농촌에서 벌어진 폭력 가운데 근대적인 정치 운동으로만 축소될 수 없는 것으로 무게 중심이 바뀐다. 이런 맥락에서 뤼시앵 비앙코Lucien Bianco는 『중국 혁명의 기원Origines de la révolution chinoise』(Paris: Gallimard, 1967)에서 자신이 제기했던 문제와 거리를 두고, 〈당 없는 농민〉(『당 없는 농민Peasants without the Party』, Armonk: M. E. Sharpe, 2001)에 관심을 두었다.

반란에 중점을 두다 보니 군대와 전쟁의 역사는 주변으로 밀려나 그저 몇 차례의 패배로 얼룩진 일련의 실패한 개혁과 동일시되었다. 특히 1920년대의 혁명전쟁은 갓 탄생하는 공산주의 운동의 단순한 배경으로 간주되었다. 반면에 농촌에서 공산주의 운동이 군사 조직화한 것은 보다 심도 있는 연구의 주제로 다루어졌다(참조: 후츠시Hu Chi-hsi, 『홍군과 마오쩌둥의 부상 *L'Armée rouge et l'ascension de Mao*』(Paris: Éd. de l'EHESS, 1982). 마찬가지로 1937~1945년 전쟁도 오랫동안 1949년에 비추어 다루어졌다. 이런 연구로는 농민 동원에 관한 연구[차머스 존슨Chalmers Johnson, 『농민 민족주의와 공산주의 세력*Peasant Nationalism and Communist Power*』(Stanford: Stanford University Press, 1962)에 따르면 민족주의로 동원됨; 마크 셸던Mark Selden, 『옌안 길*The Yenan Way*』(Cambridge: MA, Harvard University Press, 1971)에 따르면 사회 프로그램으로 동원됨]부터 중국 공산당의 권력 기법에 관한 연구[천융파(陳永發), 『혁명 제조*Making Revolution*』(Berkeley: University of California Press, 1986)]까지 여러 연구가 존재한다. 전쟁 중인 국민당 정부 하의 중국은 와해되어 가는 과정을 중심으로 검토되었다. 참조: 로이드 이스트먼Lloyd Eastman, 『파괴의 씨앗*Seeds of Destruction*』(Stanford: Stanford University Press, 1984). 1945~1949년 내전은, 공산주의자들의 승리가 확실했고 이는 본질적으로 정치적인 승리로 간주되었기에 오랫동안 그 자체로는 거의 다루어지지 않았다.

공산주의 이전 시기를 바라보는 관점은, 중국이 혁명의 길에서 멀어져 감에 따라 바뀌었다. 뒤늦은 제국이 실시한 개혁이 실패할 수밖에 없었다는 생각은 사라졌고(앨런 풍Allen Fung, 「1894~1895년 청일 전쟁에서 중국군The Chinese Army in the Sino-Japanese War of 1894-1895」, 『근대 아시아 연구*Modern Asian Studies*』, vol. 30, 1996), 이 개혁이 군벌을 예견하는 단순한 분열 요인이라고도 더 이상 간주되지 않는다[에드워드 매코드Edward McCord, 『총의 힘 *The Power of the Gun*』(Berkeley: University of California Press, 1993)]. 군벌에 대해서는 더 신중한 재평가가 이루어진 한편, 다이애나 래리Diana Lary는 『군벌 병사들: 군인으로서 중국인*Warlord Soldiers: Chinese Common Soldiers*』(Cambridge: Cambridge University Press, 1985)에서 군벌 군대의 사회사를 논한다.

연구가 균형을 되찾는 과정에서 가장 중요하게 다루어진 대상은 제2차 세계 대전 중의 국민당 정권으로서, 그 위상이 중화인민공화국에서 부분적이나마 긍정적으로 재평가되었다. 한스 반 더 벤Hans van de Ven은 1925~1945년 전쟁의 폭력의 역사를 기술했고(『중국에서 전쟁과 민족주의*War and*

Nationalism in China』, London: Routledge, 2003), 라나 미터Rana Mitter는 〈잊힌 동맹국〉을 뚜렷하게 부각시켰다. (『잊힌 동맹*Forgotten Ally*』, London: Penguin, 2013), 이 시기에 대한 학술 연구는 지금까지도 계속 이루어지고 있다. 국공 합작 정권도 연구되었다(티머시 브룩Timothy Brook, 『협력 *Collaboration*』, Cambridge: MA, Harvard University Press, 2005). 하지만 자기 고백적인 글쓰기가 〈자율 규제〉의 도구로 쓰인 관례 때문에 병사들의 전투 경험을 제대로 파악하기는 여전히 힘들다(에런 윌리엄 무어Aaron William Moore, 『전쟁을 글로 쓰기: 군인들이 일본 제국을 기록하다*Writing War: Soldiers Record the Japanese Empire*』(Cambridge: MA, Harvard University Press, 2013). 문헌 자료의 상태가 나빠서 어렵긴 하지만 이제 뒤이은 시기와의 관련성을 밝히는 일이 남았다 ─ 현재 진행 중인 연구(리베카 네도스툽Rebecca Nedostup)에서는 1930년대부터 1950년대까지 〈장기전〉이 지속되었다는 생각이 제시된다. 전후의 사법적인 응징에 대한 연구도 이루어졌다(바라크 쿠슈너Barak Kushner, 『인간에서 악마로, 악마에서 인간으로*Men to Devils, Devils to Men*』, Cambridge: MA, Harvard University Press, 2015). 내전은 공산주의 진영의 승리로 결말이 지어졌기에 적어도 그 국제적이고 군사적인 측면에서는 이제 더 많이 밝혀졌다(가령 오드 아르네 웨스타드Odd Arne Westad, 『결정적인 만남*Decisive Encounters*』, Stanford: Stanford University Press, 2003). 1950년대에 대해서는 한국 전쟁의 영향이 연구되기 시작하고 있다. 마이클 스조니Michael Szonyi가 타이완 사회가 군사 조직화한 양상을 분석했다(『냉전 섬*Cold War Island*』, Cambridge: Cambridge University Press, 2008).

이 책은 또 다른 연구 분야도 다룬다. 군대-시민, 그리고 군대-남성적 정력에 대한 상상력의 변모 양상으로서, 이는 헨리에타 해리슨Henrietta Harrison, 『공화국 시민의 제조*The Making of the Republican Citizen*』(Oxford: Oxford University Press, 2000)에서도 다루어진다. 문화 대혁명의 군사적 상상력에 대한 연구(양궈빈Yang Guobin, 『홍위병 세대*The Red Guard Generation*』, New York: Columbia University Press, 2016)도 이루어졌으나, 마오쩌둥 시기를 더 장기적인 역사 속에 확고히 정착시키기 위해서는 더 많은 연구가 이루어져야 한다.

테러리즘에 대한 연구서는 풍부하게 출간되고, 여러 논박의 대상이 되며, 대체로 빠른 속도로 시대에 뒤처진다. 테러 위협의 양상 자체가 끊임없이 변화하고 있기에, 2014년 이전에 출간된 현대 테러리즘에 관한 정치학 연구서는 이라크 레반트 이슬람국가(ISIL)의 급속한 부상과 이슬람국가(IS) 수립으로 더 이상 유효하지 않게 되었다. 테러리즘의 역사에 관한 책들은 시간의 흐름에 더 잘 버텼지만, 결국 시대에 뒤떨어질 것이다. 프랑스어 도서로 제라르 샬리앙Gérard Chaliand과 아르노 블랭Arnaud Blin(책임 편집),『테러리즘의 역사, 고대로부터 다에시까지*Histoire du terrorisme. De l'Antiquité à Daech*』(Paris: Fayard, coll. 《Pluriel》, 2016)의 개정판은 상당히 좋은 책이다. 샬리앙은『테러리즘과 정치*Terrorisme et politique*』(Paris: CNRS Éditions, 2017)도 출간했다. 영문으로 쓰인 역사적 연구서 중에는 랜들 로Randall Law,『테러리즘: 하나의 역사*Terrorism: A History*』(Cambridge: Polity, 제2판, 2016)와 존 린의『또 다른 종류의 전쟁: 테러리즘의 성질과 역사*Another Kind of War: The Nature and History of Terrorism*』(New Haven: Yale University Press, 출간 예정)가 있다.

근대 테러리즘이 시작된 시기를 규정하는 문제는 격렬한 논쟁의 대상이다. 필자는 근대 테러리즘이 1848년 혁명이 실패하면서 생겼다고 보지만, 다른 저자들은 1880년대 러시아에서 나타났다고 본다. 마크 세이지먼,『정치적 폭력으로 돌아서기: 테러리즘의 발생*Turning to Political Violence: The Emergence of Terrorism*』(Philadelphia: University of Pennsylvania Press, 2017)에서 저자는 18세기 말까지 거슬러 올라간다. 근대 테러리즘의 성질에 관한 고전 중에서 참조할 만한 책으로는 브루스 호프만Bruce Hoffman,『테러리즘의 안으로 *Inside Terrorism*』(New York: Columbia University Press, 제3판, 2017)가 있는데, 이 책에서 저자는 테러리즘을 전쟁의 한 형태로 보기를 거부하고 그 정의를 국가 하위 집단으로 제한한다. 필자는 그가 제시하는 논거에 전부 설득되지는 않았지만, 그의 연구를 깊이 존중한다.

테러리스트들의 심리에 관한 최고의 연구서로는 존 호건John Horgan,『테러리즘의 심리학*The Psychology of Terrorism*』(London: Routledge, 제2판, 2014)이 있고, 마크 세이지먼,『지도자 없는 지하드 *Leaderless Jihad*』

(Philadelphia: University of Pennsylvania Press, 2008)가 제시하는 과격화 과정에 대한 논거는, 지하드가 새로운 지도자를 맞이했음에도 불구하고 무척 흥미롭다.

당연히 종교에 기반을 둔 테러리즘이 각별한 주의를 끈다. 이 주제에 대해서는, 마크 위르겐스마이어Mark Juergensmeyer, 『신의 마음으로 본 테러: 종교적 폭력의 전 세계적 발흥Terror in the Mind of God: The Global Rise of Religious violence』(Berkeley: University of California Press, 제3판, 2003), 그리고 제시카 스턴Jessica Stern, 『신의 이름으로 벌이는 테러: 왜 종교 과격분자는 죽이는가Terror in the Name of God: Why Religious Militants Kill』(New York: Ecco, 2004)가 좋게 평가되고 있으며 충분히 그럴 만하다. 하지만 종교적이라고 규정된 사고방식들 ─ 흑백 논리, 전체주의적이고 종말론적인 전망, 순교에 대한 집착─은 세속적인 집단들의 특징이기도 하며, 19세기 중반 이후 테러리스트들의 글에서 찾아볼 수 있다. 가령 2009년에 이탈리아어로 루베티노 에디토레Rubbettino Editore에서 출간된 알레산드로 오르시니Alexxandro Orsini, 『붉은 여단의 해부학: 근대 테러리스트들의 종교적 사고방식Anatomy of the Red Brigades: The Religious Mind-Set of Modern Terrorists』(Ithaca: Cornell University Press, 2011) 참조.

17 세계 정복에 나선 AK-47

래리 커해너, 『AK47: 매혹적이면서도 가장 잔혹한 도구의 세계사AK47: The Weapon Changed the Face of War』(New Jersey: Wiley, 2008, 한국어판, 이데아 2019).

2부 군대의 세계

01 군인 양성

19세기부터 21세기 초까지 전 세계 사회들이 군사 조직화된 양상에 관한 연구는 서로 확실히 구분되는 역사 연구 분야에서 제각기 이루어졌다.

우선 군사 조직화는 주로 정치적·제도적인 각도에서 연구되었다. 군대 소집 형태 — 의무, 자원 또는 혼합 형태 — 그리고 이들 소집 체계가 사회에 미친 영향과 다양한 맥락(평화기와 전시)에 적응하는 능력, 또 국제적인 수준에서 모델들이 전파된 양상을 이해하려는 연구가 이루어졌다. 유럽 대륙에 관해서는 제프리 파커가 쓴 중요한 저작 『군사 혁명: 군사적 혁신과 서구의 발흥, 1500~1800*The Military Revolution: Military Innovation and the Rise of the West, 1500-1800*』(Cambridge: Cambridge University Press, 1988)을 가장 먼저 참조하기를 권한다. 존 린, 『전쟁의 도구: 기구와 생각, 기관(1445~1871) *Tools of War: Instruments, Ideas and Institutions (1445-1871)*』(Urbana: University of Illinois Press, 1990)도 참조; 프랑스와 독일에 집중한 연구로는 아니 크레팽Annie Crépin, 『징병의 역사*Histoire de la conscription*』(Paris: Gallimard, 2009)와 토마 이플레르Thomas Hippler, 『군인과 시민: 프랑스와 프로이센에서 병역의 탄생*Soldats et citoyens. Naissance du service militaire en France et en Prusse*』(Paris: PUF, 2006).

유럽식 모델의 전파와 1914년 이전의 문화 이전(移轉)은 다음 저서들에서 귀중한 연구의 주제로 다루어진다. 만프레드 보에메케Manfred Boemeke, 로저 치커링Roger Chickering, 스티크 푀르스터Stig Förster(책임 편집), 『총력전 예측하기: 독일과 미국의 경험(1871~1914)*Anticipating Total War: The German and American Experiences (1871-1914)*』(Cambridge: Cambridge University Press, 1999); 뤼크 캅데빌라Luc Capdevila, 『총력전: 파라과이(1864~1870). 현대사 에세이*Une guerre totale: Paraguay (1864-1870). Essai d'histoire du temps présent*』(Rennes: Presses universitaires de Rennes, 2007); 올리비에 코송Olivier Cosson, 『대전을 준비하기: 프랑스 군대와 러일 전쟁(1899~1914) *Préparer la Grande Guerre. L'armée française et la guerre russo-japonaise (1899-1914)*』(Paris: Les Indes savantes, 2013).

두 차례의 세계 대전과 20세기 징집 체계의 변화에 관해서는 이언 베킷Ian Beckett과 키스 심슨Keith Simpson(책임 편집), 『무장한 국가: 제1차 세계 대전의 영국 군인에 대한 사회 연구*A Nation in Arms: A Social Study of the British Army in the First World War*』(Manchester: Manchester University Press, 1985); 존 혼(책임 편집), 『제1차 세계 대전 중 유럽에서 국가, 사회, 동원*State, Society and Mobilization in Europe during the First World War*』(Cambridge: Cambridge

University Press, 1997); 필리프 불랑제Philippe Boulanger, 『징병제를 대하는 프랑스: 어느 공화주의 기구의 역사적 지리학(1914~1922)*La France devant la conscription. Géographie historique d'une institution républicaine (1914-1922)*』(Paris: Economica, 2001); 조슈아 샌번Joshua Sanborn, 『러시아 국가 소집: 징병, 총력전, 대중 정치(1905~1925)*Drafting the Russian Nation: Military Conscription, Total War and Mass Politics (1905-1925)*』(DeKalb: Northern Illinois University Press, 2003); 크리스토퍼 카포졸라Christopher Capozzola, 『엉클 샘이 당신을 원한다: 제1차 세계 대전과 근대 미국 시민 만들기*Uncle Sam Wants You: World War I and the Making of the Modern American Citizen*』(Oxford: Oxford University Press, 2008); 피에르 퓌르세글Pierre Purseigle, 『동원, 희생, 그리고 시민권: 영국-프랑스(1900~1918)*Mobilisation, sacrifice et citoyenneté. Angleterre-France (1900-1918)*』(Paris: Les Belles Lettres, 2013); 도리트 예바Dorit Geva, 『징병, 가족, 근대 국가: 프랑스와 미국 비교 연구*Conscription, Family and the Modern State: A Comparative Study of France and the United States*』(Cambridge: Cambridge University Press, 2013)를 참조.

일본군에 관해서는 장루이 마르골랭Jean-Louis Margolin, 『덴노의 군대: 전쟁 중 일본의 폭력과 범죄(1937~1945)*L'Armée de l'Empreur. Violences et crimes du Japon en guerre (1937-1945)*』(Paris: Armand Colin, 2007); 하루코 다야 쿡Haruko Taya Cook과 시어도어 쿡Theodore Cook, 『전쟁 중인 일본: 구술된 역사*Japan at War: An Oral History*』(New York: New Press, 1992)를 참조. 이스라엘에 관해서는 피에르 라주Pierre Razoux, 『차할: 이스라엘 군대의 새로운 역사*Tsahal. Nouvelle histoire de l'armée israélienne*』(Paris: Perrin, 2008)를 참조.

병영 체험과 병역 기간에 관한 분석은 애초에 역사학 분야 바깥에서 사회학자와 인류학자, 철학자들에 의해 이루어졌다. 마르셀 모스, 「신체를 다루는 기법들Les techniques du corps」, 『사회학과 인류학*Sociologie et anthropologie*』(Paris: PUF, 1991, pp. 364~386); 미셸 푸코Michel Foucault, 『감시와 처벌: 감옥의 탄생*Surveiller et punir. Naissance de la prison*』(Paris: Gallimard, 1975, 한국어판, 오생근 옮김, 나남, 2016); 미셸 보종Michel Bozon, 『징집병*Les Conscrits*』(Paris: Berget-Levrault, 1981); 알랭 에렌베르그Alain Ehrenberg, 『군인의 신체: 민주주의에서 정치와 교수법 *Le Corps militaire. Politique et* *pédagogie en démocratie*』(Paris: Aubier Montaigne, 1983)을 참조.

여러 선구적인 연구서가 이 문제를 역사적 시각에서 다루었다. 장폴 아롱 Jean-Paul Aron, 폴 뒤몽Paul Dumont, 에마뉘엘 르 루아 라뒤리Emmanuel Le Roy Ladurie, 『군대 소집의 약식 수치 보고에 따른 프랑스 징집병의 인류학 (1819~1826)*Anthropologie du conscrit français d'après les comptes numériques et sommaires du recrutement de l'armée (1819-1826)*』(Hague: Mouton, 1972); 조 르주 비가렐로, 『바로잡힌 신체: 교육적인 권위의 역사*Le Corps redressé. Histoire d'un pouvoir pédagogique*』(Paris: Armand Colin, 1978, 2004); 쥘 모 랭Jules Maurin, 『군대, 전쟁, 사회: 랑그도크의 군인들(1889~1919)*Armée, guerre, société. Soldats languedociens (1889-1919)*』(Paris: Publications de la Sorbonne, 1982).

뒤이어 신체와 남성성의 역사에 관한 연구가 이루어진다: 조지 모스George Mosse, 『남자의 이미지*The Image of Man. The Creation of Modern Masculinity*』 (New York: Oxford University Press, 1996, 한국어판, 이광조 옮김, 문예출 판사, 2004); 오딜 루아네트, 『〈병역 적합〉: 19세기 말 프랑스 병영 체험*"Bons pour le service". L'expérience de la caserne en France à la fin du XIXe siècle*』(Paris: Belin, 2000, 다시 읽고 보충하여 제2판, 2017); 우테 프레베르트Ute Frevert, 『병영 속의 국가: 현대 독일, 징병제 그리고 시민 사회*A Nation in Barracks: Modern Germany, Military Conscription and Civil Society*』(Oxford: Berg, 2004); 데이비드 프렌치David French, 『군사적 정체성: 연대 체계와 영국 군대, 영국 국민(약 1870~2000)*Military Identities: The Regimental System, the British Army and the British People (c. 1870-2000)*』(Oxford: Oxford University Press, 2005); 제롬 그라시외Jérôme Gracieux, 「1960년대와 1970년대 프랑스 청소년과 병역 Jeunesse et service militaire en France dans les années 1960 et 1970」, 뤼디빈 방티니 Ludivine Bantigny와 이방 자블롱카Ivan Jablonka(책임 편집), 『젊음은 의무를 동 반한다: 프랑스 청소년의 역사(19~21세기)*Jeunesse oblige. Histoire des jeunes en France (XIXe-XXIe siècle)*』(Paris: PUF, 2009, pp. 213~224). 그리고 스테 판 오두앵루조의 총론 두 편, 「대량 학살: 신체와 전쟁Massacres. Le corps et la guerre」, 알랭 코르뱅, 장자크 쿠르틴Jean-Jacques Courtine, 조르주 비가렐로(책 임 편집), 『몸의 역사, 제3권: 시선의 변동(20세기)*Histoire du corps, t. 3: Les*

Mutations du regard (le XXe siècle)』(Paris: Seuil, 2006, pp. 281~320) 그리고 「군대와 전쟁: 남성적 모델의 중심에 난 틈?*Armées et guerres: une bèche au cœur du modèle viril?*」, 알랭 코르뱅, 장자크 쿠르틴, 조르주 비가렐로(책임 편집), 『남성다움의 역사, 제3권: 위기를 맞은 남성다움?(20~21세기)*Histoire de la virilité, t. 3: La Virilité en crise ? (XXe-XXIe siècle)*』(Paris: Seuil, 2011, pp. 201~225).

장조제프 바르비에Jean-Joseph Barbier 중사가 남긴 기록의 출간본『체조에 관한 노트*Notes sur la gymnastique*』[1843년;(티에리 아르날Thierry Arnal, 오딜 루아네트, 조르주 비가렐로(책임 편집), Valenciennes: Presses universitaires de Valenciennes, 2018]도 참조할 것.

미군과 해병대에 관해서는 에런 오코넬Aaron O'Connell, 『약자들: 근대 해병대 제조*Underdogs: The Making of the modern Marine Corps*』(Cambridge: MA, Havard University Press, 2012). 소련과 뒤이은 러시아의 군대에 관해서는 로저 리스Roger Reese, 『소련의 군대 체험: 소련군의 역사(1917~1991)*The Soviet Military Experience: A History of the Soviet Army (1917-1991)*』(London: Routledge, 2000) 참조.

02 군 복무 경력

1990년대 이후 군사사가 사회사와 문화사의 관점에서 더 많이 연구되고 군대를 연구하는 사회학자들이 역사학에 관심을 갖게 되었다. 장교에 대한 연구와 그보다는 더 적지만 부사관에 대한 연구가 여러 학문에 걸친 연구 분야로 변모했다. 이 연구들에서 다루어진 질문은 다음과 같다.

장교와 부사관의 사회적 특수성과 채용, 양성 과정에 대해서는 카를 데메테르Karl Demeter의 오래된 연구『사회와 국가에서의 독일 장교단*Das deutsche Offizierkorps in Gesellschaft und Staat (1650-1945)*』(제3판, Frankfurt: Bernard & Graefe, 1964), 그리고 더 최근 연구로 데틀레프 발트Detlef Bald, 『독일 장교: 20세기 독일 장교단의 사회사와 교육사*Der deutsche Offizier. Sozial-und Bildungsgeschichte des deutschen Offizierkorps im 20. Jahrhundert*』(München: Bernard & Graefe, 1982); 마르틴 쿠츠Martin Kutz, 『독일 연방군의 개혁, 훈

련, 회복: 정치적·군사적 이익의 침해 분쟁에서의 장교 훈련의 구조와 개념 *Reform und Restauration der Offizierausbildung der Bundeswehr. Strukturen und Konzeptionen der Offiziersausbildung im Wilderstreit militärischer und politischer Interessen』(Baden-Baden: Nomos, 1982); 베른하르트 크뢰너Bernhard Kroener, 「국가 사회주의 인민군이 되는 길: 제2차 세계 대전 중 육군 장교단의 사회적 개방*Auf dem Weg zu einer 'nationalsozialistischen Volksarmee'. Die soziale Öffnung des Heeresoffizierskorps im Zweiten Weltkrieg』, 마르틴 브로샤트Martin Broszat, 클라우스디트마어 헨케Klaus-Dietmar Henke, 한스 볼러Hans Woller(책임 편집), 『스탈린그라드에서 통화 개혁까지: 독일 격변의 사회사 *Von Stalingrad zur Währungsreform. Zur Sozialgeschichte des Umbrunchs in Deutschland』 (München: Oldenbourg, 1988, pp. 651~682).

장교와 부사관의 문화에 관해서는: 마르틴 엘베Martin Elbe, 「장교: 에토스, 습관, 직업적 이해Der Offizier. Ethos, Habitus, Berufsverständnis」, 스벤 가레이스Sven Gareis와 파울 클라인Paul Klein(책임 편집), 『군대와 사회 과학 핸드북 *Handbuch Militär und Sozialwissenschaft』(Wiesbaden: VS Verlag für Sozialwissenschaften, 2004, pp. 418~431); 미하엘 가이어Michael Geyer, 「미래로서의 과거: 직업으로서 독일 장교단The Past as Future: The German Officer Corps as Profession」, 제프리 콕스Geoffrey Cocks와 콘라트 야라우쉬Konrad Jarausch(책임 편집), 『독일의 직업들(1800~1950)*German Professions (1800-1950)』(Oxford University Press, 1990, pp. 183~212); 마크 스톤먼Mark Stoneman, 「일반 장교와 귀족 장교: 빌헬름 육군 장교단에서 사회적 기원과 직업적 문화의 관계에 관하여Bürgerliche und adlige Krieger. Zum Verhältnis zwischen sozialer Herkunft und Berufskultur im wilhelminischen Armee-Offizierkorps」, 하인츠 라이프Heinz Reif(책임 편집), 『독일의 귀족과 부르주아지: 20 세기의 발전과 전환점*Adel und Bürgertum in Deutschland, t. 2: Entwicklungslinien und Wendepunkte im 20. Jahrhundert』(Berlin: Akademie Verlag, 2001, pp. 25~64).

전통과 기술화 사이에 놓인 장교에 관해서는 크리스티안 케르트Christian Kehrt, 『현대의 전사: 독일군 조종사의 기술적 경험(1910~1945)*Moderne Krieger. Die Technikerfahrungen deutscher Militärpiloten (1910-1945)』(Paderborn: Ferdinand Schöningh, 2010).

사회적 성별의 역사가 장교의 세계를 연구하는 데 기여하는 바에 관해서는 카렌 하게만Karen Hagemann과 스테파니 쉴러슈프링고룸Stefanie Schüler-Springorum(책임 편집), 『본국: 세계 대전 시기의 군과 성의 관계Heimat-Front. Militär und Geschlechterverhältnisse im Zeitalter der Weltkriege』(Frankfurt: Campus, 2002).

유럽 및 비유럽 군대에서 민간인과 군인 사이의 관계에 관해서는 우테 프레베르트Ute Frevert(책임 편집), 『19세기와 20세기의 군대와 사회Militär und Gesellschaft im 19. und 20 Jahrhundert』(Stuttgart: Klett-Cotta, 1997).

독일과 미국의 장교 양성 과정 비교 연구는 외르크 무트Jörg Muth, 『지휘 문화: 미국 군대와 독일 군대에서 장교 교육Command Culture: Officer Education in the US Army and the German Armed Forces (1901-1940), and the Consequences for World War II』(Denton: University of North Texas Press, 2011).

일본군이 정치와 맺는 관계에 관해서는 스벤 살러Sven Saaler, 『민주주의와 군국주의 사이: 다이쇼 시대의 정치와 일본 제국군 (1912~1926) Zwischen Demokratie und Militarismus. Die Kaiserlich-Japanische Armee in der Politik der Taishô-Zeit (1912-1926)』(Bonn: Bier'sche Verlagsanstalt, 2000).

1945년 이후 군사화와 비무장화가 번갈아 나타난 양상에 관해서는 글렌 훅Glenn Hook, 『현대 일본의 군사화와 비무장화 Militarization and Demilitarization in Contemporary Japan』(London: Routledge, 1996).

정치 장교들이 사회주의 국가 군대에서 맡은 역할에 관해서는 동독의 경우, 뤼디거 벤즈케Rüdiger Wenzke, 『울브리히트의 군대: 국가 인민군(1956년 부터 1971년까지)Ulbrichts Soldaten. Die Nationale Volksarmee (1956 bis 1971)』(Berlin: Christoph Links, 2013).

03 식민지의 병사

17세기부터 19세기까지 식민지 부대를 활용한 양상은 다음의 흥미로운 연구와 글을 참조하라. 야프 데 모르Jaap de Moor, 「네덜란드 식민군을 위한 인도네시아 군인 모집The Recruitment of Indonesian Soldiers for the Dutch Colonial Army (c. 1700-1950)」, 데이비드 킬링그레이David Killingray와 데이비드 오미시

David Omissi(책임 편집), 『제국의 수호자: 식민국 정권의 군대(약 1700~1964)Guardians of Empire: The Armed Forces of the Colonial Powers (c. 1700-1964)』(Manchester: Manchester University Press, 1999); G. J. 브라이언트G. J. Bryant, 「유럽 제국주의자를 위해 일한 토착 용병들: 초기 영국 인도군 소속 세포이의 사례(1750~1800)Indigenous Mercenaries in the Service of European Imperialists: The Case of the Sepoys in the Early British Indian Army (1750-1800)」, 『역사 속 전쟁War in History』(vol. 7, n° 1, 2000).

〈호전적인 인종〉 이론이 만들어지고 적용된 양상이 여러 연구에서 탐색되었다. 그중에서 카우식 로이Kaushik Roy, 「인도군에서 인종과 징병(1880~1918)Race and Recruitment in the Indian Army (1880-1918)」, 『근대 아시아 연구Modern Asian Studies』(vol. 47, n° 4, 2013, pp. 1310~1347); 뱅상 졸리Vincent Joly, 「식민지 맥락에서 〈전사 인종〉과 남성성'Races guerrières' et masculinité en contexte colonial」, 『역사학Clio』(n° 33, 2011); 헤더 스트리츠Heather Streets, 『호전적인 인종: 대영 제국 문화에서 군대, 인종, 남성성(1857~1914)Martial Races: The Military, Race and Masculinity in British Imperial Cultures (1857-1914)』(Manchester: Manchester University Press, 2004).

이른바 〈세네갈〉 저격병에 관해서는, 마르크 미셸, 그레고리 만Gregory Mann, 마이런 에켄버그Myron Echenberg의 저작들을 주요 참고 자료로 권한다(『아프리카인과 제1차 대전Les Africans et la Grande Guerre』, Paris: Karthala, 2003; 『토박이: 20세기의 서아프리카 참전 용사와 프랑스Native Sons: West African Veterans and France in the 20th Century』(Durham: Duke University Press, 2006; 「〈세네갈 저격병〉Les 'Tirailleurs sénégalais'」, 『프랑스령 서아프리카에서, 1857~1960En Afrique occidentale française, 1857-1960』(Paris: Kanthala, 2009). 사라 치머만Sarah Zimmerman과 리처드 포가티Richard Fogarty의 연구도 후방과 참호 경험에 대하여 풍부한 정보와 관점을 제공하며, 우편물 검열과 승진의 걸림돌도 분석한다[『국경을 넘어서 살기: 프랑스 식민 전쟁에서 서아프리카 군인들, 1908~1962년Living Beyond Boundaries: West African Servicemen in French Colonial Conflicts, 1908-1962』(논문, Berkeley: University of California, 2011; 『프랑스에서 인종과 전쟁: 프랑스 군대 내 식민지 국민, 1914~1918년Race and War in France: Colonial Subjects in the French Army, 1914-

1918』(Baltimore: Johns Hopkins University Press, 2008)].

해외 제국 군대 분야에서는 비교 연구가 거의 시도되지 않았다. 하지만 이러한 예외적인 연구 중에서 다음을 추천한다. 제1차 세계 대전을 다룬 연구로 로버트 거워스Robert Gerwarth와 에레즈 마넬라Erez Manela(책임 편집), 『전쟁을 치르는 제국들(1911~9123)*Empires at War (1911-1923)*』(Oxford: Oxford University Press, 2014), 모든 시대를 포괄한 흑인 군대에 관한 학회 논문인 앙투안 샹포Antoine Champeaux, 에릭 드로Éric Deroo, 야노스 리에스János Riesz(책임 편집), 『유럽 식민 강국들의 검은 군대*Forces noires des puissances coloniales européennes*』(Panazol: Lavauzelle, 2009).

제1차 세계 대전에 관해서는 위에 소개된 책들 말고도 자크 프레모의 훌륭한 총론에서 프랑스 식민 제국 전체를 다룬다(『제1차 대전 중 식민지들*Les Colonies dans la Grande Guerre*』, Saint-Cloud: 14-18 Éditions, 2006). 그리고 산타누 다스Santanu Das가 조율한 공동 저작에서는 전 세계적인 양상을 아우른다[『인종, 제국, 제1차 세계 대전에 관한 글*Race, Empire and First World War Writing*』(Cambridge: Cambridge University Press, 2011)].

식민지가 제2차 세계 대전에 참여한 양상은 여러 연구에서 다루어졌다. 인도의 경우, 야스민 칸Yasmin Khan의 최근 저작 『전쟁 중인 인도: 인도 아대륙과 제2차 세계 대전 *India at War: The Subcontinent and the Second World War*』(Oxford: Oxford University Press, 2015)을 참조하길 권한다. 영어권 아프리카에 관해서는 데이비드 킬링그레이David Killingray의 연구를 참조하지 않을 수 없다(『영국을 위해 싸우다: 제2차 세계 대전 중 아프리카 군인들*Fighting for Britain: African Soldiers in the Second World War*』, Woodbridge: James Currey, 2010). 아프리카 전체에 대해서는 이런 참여의 다양한 양상을 다루는 공동 저작 한 권을 소개한다. 이 책은 자원 전쟁, 차별, 국민들의 경험, 분쟁으로 야기된 해체, 징병 캠페인을 모두 다룬다[주디스 바이필드Judith Byfield, 캐럴린 브라운Carolyn Brown, 티머시 파슨스Timothy Parsons, 아흐마드 알라와드 사이켄가Ahmad Alawad Sikainga(책임 편집), 『아프리카와 제2차 세계 대전*Africa and World War II*』, Cambridge: Cambridge University Press, 2015). 〈자유 프랑스〉군에 가담한 아프리카 부대에 관해서는 에릭 제닝스, 『자유 프랑스는 아프리카였다*La France libre fut africaine*』(Paris: Perrin,

2014)를 참조. 1940년 프랑스 공방전 중 원주민 병사들에 관해서는 쥘리앵 파르게타스Julien Fargettas의 저서와 라파엘 셰크Raffael Scheck의 저서를 참조하길 바란다. 끝으로, 태평양 전쟁에 대한 기념적 측면은 다카시 후지타니 Takashi Fujitani, 제프리 화이트Geoffrey White, 리사 요네야마Lisa Yoneyama(책임 편집),『위험한 기억들: 아시아 태평양 전쟁(들)Perilous Memories: The Asia-Pacific War(s)』(Durham: Duke University Press, 2001)에서 분석된다.

루스 지니오의 최근 저서에서는 탈식민 시대에 프랑스군에서 아프리카인 들의 역할을 분석한다(『프랑스 군대와 그 아프리카 군인들The French Army and its African Soldiers』, Lincoln: University of Nebraska Press, 2017).

04 자원병

1990년에 조지 모스는 자원병 입대의 전반적인 역사 서술이 19세기와 20세기의 서구 전쟁사를 이해하는 데 있어 매우 중요함에도 불구하고 이 분야의 연구가 없다는 사실을 통탄했다. 그는『전사한 군인들: 양차 세계 대전의 기억을 재형성하기Fallen Soldiers: Reshaping the Memory of the World Wars』 (Oxford: Oxford University Press, 1990)에서 기초를 놓았다. 하지만 이렇게 시작된 열정에도 불구하고 진정으로 종합적인 연구는 여전히 부족하다. 그래서 비록 응집성은 떨어지지만 공동 저작물이 매우 소중하다. 이러한 공동 저작물로 크리스틴 크루거Christine Krüger와 소냐 레브슨Sonja Levesen(책임 편집),『근대의 전쟁 자원병: 프랑스 혁명부터 제2차 세계 대전까지War Volunteering in modern Times: From the French Revolution to the Second World War』 (Basingstoke: Palgrave Macmillan, 2011)가 있다. 또 이와 함께 참조할 책으로 왈테르 브뤼에르오스텔Walter Bruyère-Ostells의『용병의 역사L'Histoire des mercenaires』(Paris: Tallandier, 2011)가 있다. 1792~1815년의 기나긴 전쟁 시퀀스에 깊이 뿌리박고 있는 자원입대 문화를 일단〈이념 전쟁〉또는〈총력 전〉이 부상한 상황과 연결 짓는 게 중요하다(장이브 기요마르Jean-Yves Guiomar,『총력전의 발명, 18~20세기L'Invention de la guerre totale, XVIIIe-XXe siècle』, Paris: Éd. du Félin, 2004; 데이비드 벨David Bell,『최초의 총력전: 나폴레옹의 유럽과 우리가 아는 그대로의 전쟁의 탄생The First Total War:

Napoleon's Europe and the Birth of Warfare as We Know It』, Boston & New York: Houghton Miflin Company, 2007). 그리고 그 역사를 전쟁에서 국가 정체성 창출에 연결시키는 것도 중요하다(린다 콜리Linda Colley, 『영국인들: 국가를 구축하기, 1707~1837*Britons: Forging the Nation, 1707-1837*』, New Haven: Yale University Press, 1992, 그리고 카렌 하게만Karen Hagemann, 『나폴레옹에 맞선 프로이센 전쟁을 재탐색하다*Revisiting Prussia's Wars against Napoleon*』, Cambridge: Cambridge University Press, 2015 참조). 자원입대와 징병 제도, 시민권을 엮는 관계에 대해서는 앨런 포러스트Alan Forrest와 카렌 하게만, 제인 렌달Jane Rendall이 책임 편집한 저작 『군인, 시민, 민간인: 혁명 및 나폴레옹 전쟁의 체험과 인식*Soldiers, Citizens and Civilians: Experiences and Perceptions of the Revolutionary and Napoleonic Wars, 1790-1820*』(Basingstoke: Palgrave Macmillan, 2009), 그리고 토마 이플레르Thomas Hippler의 연구, 『군인과 시민: 프랑스에서 병역의 탄생*Soldats et citoyens. Naissance du service militaire en France*』(Paris: PUF, 2006)을 참조하면 될 것이다. 루이지 마실리 미글리오리니Luigi Mascilli Migliorini가 연구한 나폴레옹 이후 유럽에서 영웅주의에 대한 욕망이 살아남은 양상도 흥미롭다(『영웅 신화: 나폴레옹의 실각 이후 프랑스와 이탈리아*Le Mythe du héros. France et Italie après la chute de Napoléon*』, Paris: Nouveau Monde, 2002).

엄격한 의미에서 국민 자원병의 역사에 집중하고 싶다면, 외젠 데프레Eugène Deprez, 『국민 자원병, 1791~1793*Les Volontaires nationaux, 1791-1793*』과 장폴 베르토Jean-Paul Bertaud가 프랑스 혁명에 관해 한 고전적인 연구『무장 혁명: 시민 군인과 프랑스 혁명*La Révolution armée. Les soldats citoyens et la Révolution française*』(Paris: Laffont, 1979)과 오스틴 지Austin Gee가 그 시기의 영국 자원병에 대하여 한 연구(『영국 자원병 지원 움직임, 1794~1814*The British Volunteer Movement, 1794-1814*』, Oxford: Oxford University Press, 2003)를 참조할 수 있다. 알렉산더 왓슨Alexander Watson은 흥미로운 비교 역사 연구 논문「제1차 세계 대전 중 자원입대: 유럽의 현상?*Vonluntary Enlistment in the Great War: A European Phenomenon?*」[크리스틴 크루거와 소냐 레브슨(책임 편집), 『근대의 전쟁 자원입대*War Volunteering in modern Times*』(Basingstoke: Palgrave Macmillan, 2011)]을 썼으며, 에이드리언 그레고리

Adrian Gregory는 『최후의 대전*The Last Great War*』(Cambridge: Cambridge University Press, 2008)에서 그 유명한 영국의 〈pals battalions〉에게 쏟아진 열광에 뉘앙스를 부여한다. 국제 자원병에 관한 가장 두드러진 사건들은 잘 알려진 편이다. 남아메리카 식민지 해방을 위해 볼리바르와 산마르틴에 합류하여 싸운 자유주의적인 자원병과 국제 용병은 모이제스 엔리케 로드리게스Moises Enrique Rodriguez(『자유의 용병: 라틴아메리카 독립 전쟁에서 영국의 자원병*Freedom's Mercenaries: British Volunteers in the Wars of Independence of Latin America*』,(Lanham: Hamilton, 2006)와 왈테르 브뤼에르오스텔(『자유의 대육군*La Grande armée de la liberté*』, Paris: Tallandier, 2009)이 연구했다. 그리스 독립 전쟁에서 그리스를 지원한 사람들 역시 역사 편찬에서 다시 연구되었는데, 그에 대한 연구자로는 드니 바로(Denys Barau, 『그리스를 위한 대의*La Cause des Grecs*』, Paris: Les Belles Lettres, 2013)와 에르베 마쥐렐(『전쟁의 도취: 바이런, 그리스 독립 지원자, 그리스의 신기루*Vertiges de la guerre, Byron, les philhellènes et le mirage grec*』, Paris: Les Belles Lettres, 2013)이 있다. 질 페쿠Gilles Pécout는 오래 지속된 그리스 독립 지원 움직임과 이 움직임이 가리발디주의와 맺는 관계에 관심을 갖고 이를 분석하는 글을 썼다. (「국제 자원병: 초국가적 리소리멘토의 필그림들The International Armed Volunteers: Pilgrims of a Transnational Risorgimento」, 『근대 이탈리아 연구 저널*Journal of Modern Italian Studies*』, vol 14, n° 4, 2009). 가리발디와 영웅주의 문화에 관하여 루시 리알Lucy Riall이 쓴 풍부한 자료가 수록된 전기(傳記)도 소개한다(『가리발디: 영웅의 발명*Garibaldi: Invention of a Hero*』, New Haven: Yale University Press, 2007). 하지만 가장 많은 연구가 이루어진 주제는 단연 스페인 내전 중에 활동한 〈국제 여단〉과 〈나치 무장 친위대Waffen SS〉에 대한 외국인 참전일 것이다. 스페인에 관해서는 여러 연구가 있지만 그중에서 레미 스쿠텔스키Rémi Skoutelsky, 『희망이 그들을 인도했다*L'espoir guidait leur pas*』(Paris: Grasset, 1998)와 피터 캐럴Peter Carroll, 『에이브러햄 링컨 여단의 오디세이*The Odyssey of the Abraham Lincoln Brigade*』(Stanford: Stanford University Press, 1994), 그리고 스테파니 프레치오조Stéfanie Prezioso가 책임 편집한 공동 저작 『투쟁이 잔혹해도 어쩔 수 없지: 프랑코에 맞선 국제 자원병들*Tant pis si la lutte est cruelle. Volontaires internationaux contre Franco*』(Paris:

Syllepse, 2008)을 소개한다. 제2차 세계 대전 중 나치에 합류한 자원병에 관해서는 케네스 에스테스Kenneth Estes의 『유럽의 원정: 독일 군대와 SS에 가담한 서유럽 자원병들, 1940~1945A European Anabasis: Western European Volunteers in the German Army and SS, 1940-1945』(New York: Columbia University Press, 2001)에서 여러 민족주의적인 관점을 넘어선 비교 분석 논문을 찾아볼 수 있다.

05 전쟁은 남자만의 일인가

이 주제에 관한 좋은 개론서로 데이비드 존스David Jones의 『여성 전사들: 역사Women Warriors: A History』(Washington, D.C.: Brassey's, 1997)가 있다. 죽음의 여성 대대에 관해서는 멜리사 스톡데일Melissa Stockdale이 『미국 역사학 리뷰American Historical Review』 2004년 2월 호에 게재한 글을 참조할 것. 유고슬라비아의 여성 파르티잔 의용병에 관한 가장 좋은 참고 자료는 단연 바버라 잰카웹스터Barbara Jancar-Webster, 『유고슬라비아의 여성과 혁명 (1941~1945)Women and Revolution in Yugoslavia (1941-1945)』(Denver: Arden Press, 1990)이다. 레이나 페닝턴Reina Pennington은 『항공기와 여성, 전쟁: 제2차 세계 대전 전투에 가담한 소련 여성 조종사들Wings, Women and War: Soviet Airwomen in World War II Combat』(Lawrence: University Press of Kansas, 2001)에서 제588 야간 폭격 비행 연대를 비롯해 여성으로만 이루어진 다른 공군 부대들의 역사를 이야기한다. 스베틀라나 알렉시예비치Svetlana Alexievitch가 쓴 『전쟁은 여자의 얼굴을 하지 않았다』(문학동네, 2015)는 소련 여성 병사들에 대한 훌륭한 구술 역사서다. 소련 여성 병사를 다룬 가장 좋은 책은 단연 안나 크릴로바Anna Krylova, 『전투에 가담한 소련 여성들: 동부 전선 폭력의 역사Soviet Women in Combat: A History of Violence on the Eastern Front』(Cambridge: Cambridge University Press, 2010)다. 크릴로바는 이 책을 1930년대 스탈린 학교에 대한 설명으로 시작하며, 〈위대한 애국 전쟁〉 때 보병대에 참전한 소련 여성들이 겪은 회상과 체험, 훈련을 상세히 탐색한다. 이 책은 아마도 여성 군인과 그들이 사회적 성별의 관례적인 규범과 맺는 관계를 가장 완벽하게 다룬 이론서일 것이다. 〈재(再)사회적 성별화regendering〉 개념에 관해서는 오르나 세이손레비Orna Sasson-Levy와 사리트 암람 카츠Sarit Amram Katz가 2007년에 학술지 『기호Signs』에 게재한 이스라엘의 군대 차할을 다룬 예리한 글을 참조할 것. 프랑스 저항군 여성 활동가들에 관해서는 클레르 앙드리외Claire Andrieu가 『프랑스 정치, 문화, 사회French Politics, Culture and Society』(2000년 봄 호)에 게재한 글을 참조할 것. 앙드리외는 특히 프랑스 저항군 여성 요원들이 성 역할을 문제시한 양상과 그들이 집단적 기억에서 지워진 사실에 관하여 매우 타당한 관점을 제시한다. 마거릿 콜린스 바이츠Margaret Collins Weitz의 『그늘 속의 여성 병사들Les Combattantes de l'ombre』(Paris: Albin Michel, 1996) 역시 풍부한 자료로 뒷받침된 깊이 있는 책이다. 끝으로 여성 저항군 요원이 쓴 훌륭한 자서전을 두 권 추천하고자 한다. 뤼시 오브라크의 『그들은 도취되어 떠나리라 Ils partiront dans l'ivresse』(Paris: Seuil, 1986)와 리즈 르세브르의 『바르비를 마주하여: 기억-악몽들, 몽뤼크에서 라벤스브뤼크까지Face à Barbie. Souvenirs-cauchemars, de Montluc à Ravensbrück』(Paris: Nouvelles Éditions du Pavillon, 1987).

06 파르티잔의 세계

파르티잔에 관한 연구를 파르티잔이 포함된 국가적 소설과 분리하기는 힘들다. 파르티잔 움직임은 언제나 강력한 기념의 대상으로서, 파르티잔 병사들이 스스로 주장하는 상징적 또는 신화적 측면과 직접 연관되어 있다. 냉정한 학술적 담론이 결국 가능해진 때에도 이러한 담론은 보통 그 이전의 기념 담론을 조직한 국가 내지 지역의 틀을 계속 그대로 채택한다. 따라서 이 주제에 관한 비교적 또는 종합적 연구는 거의 없다.

크리스토퍼 베일리Christopher Bayly와 팀 하퍼Tim Harper, 『잊힌 전쟁들: 영국의 아시아 제국의 종말Forgotten Wars: The End of Britain's Asian Empire』(London: Penguin, 2008).

마샤 세로빅, 『스탈린의 아이들: 소련 파르티잔 전쟁(1941~1944)Les Enfants de Staline. La guerre des partisans soviétiqes (1941-1944)』(Paris: Seuil, 2018).

찰스 에스데일Charles Esdaile, 『나폴레옹에 맞서 싸우기: 스페인의 게릴라, 도적, 모험가들*Fighting Napoleon: Guerrillas, Bandits, and Adventurers in Spain (1808-1814)*』(New Haven: Yale University Press, 2004).

마이클 펠맨Michael Fellman, 『내부의 전쟁: 남북 전쟁 중 미주리주의 게릴라 분쟁*Inside War: The Guerrilla Conflict in Missouri during the American Civil War*』(Oxford: Oxford University Press, 1990).

존 혼과 앨런 크레이머Alan Kramer, 『독일의 잔혹함, 1914년: 부정의 역사 *German Atrocities, 1914. A History of Denial*』(New Haven: Yale University Press, 2001)

스타시스 칼리바스Stathis Kalyvas, 『내전에서 폭력의 논리*The Logic of Violence in Civil War*』(Cambridge: Cambridge University Press, 2006).

해리 케드워드Harry Kedward, 『항독 지하 단체를 찾아서*À la recherche du maquis*』(Paris: Éd. du Cerf, 1999).

클라우디오 바포네Claudio Pavone, 『어떤 내전: 이탈리아 저항 운동의 윤리에 관한 역사적 에세이*Une guerre civile. Essai historique sur l'éthique de la Résistance italienne*』(Paris: Seuil, 2005).

마이클 로Michael Rowe, 『나폴레옹 유럽에서 협력과 저항: 격동의 시대에 국가 형성*Collaboration and Resistance in Napoleonic Europe: State Formation in an Age of Upheaval (c. 1800-1815)*』(Basingstoke: Palgrave Macmillan, 2003).

07 소년병

〈소년병〉 현상은 애초에 사실에 근거했거나 상상적인 증언이 풍부하게 생산되면서 전면에 드러났다. 사람들에게 강한 인상을 준 최초의 저작은 콩고 소설가 에마뉘엘 동갈라Emmanuel Dongala의 『맹견 조니*Johnny Chien méchant*』(Paris: Le Serpent à Plumes, 2002)이고, 이 책은 뒤이어 장스테판 소베르Jean-Stéphane Sauvaire에 의해 〈Johnny Mad Dog〉(2007)이라는 영어 제목 작품으로 영화화되었다.

문학적으로 성공을 거둔 다른 책들은 미디어로 널리 알려진 소년병 인물상을 구축하는 데 크게 기여했는데, 이러한 책으로는, 저자가 열세 살의 나이로시에라리온 내전에 가담한 이야기를 전하는 이스마엘 베아의 『집으로 가는 길A Long Way Gone: Memoirs of a Boy Soldier』(Sarah Crichton Books, 2007, 한국어판, 송은주 옮김, 북스코프, 2014) 또는 에리트레아에서 어린 소녀의 경험을 다룬 세나이트 메하리Senait Mehari의 『불의 심장: 나는 소년병였다Cœur de feu: j'étais une enfant soldat』(Paris: L'Archipel, 2007)가 있다.

어린 병사들의 이런 증언이나 대체로 교화적인 어조를 띤 보도 스타일의 단편집들이 출간되는 가운데, 프랑스어권의 사회 과학자, 특히 역사학자들의 상대적인 침묵은 놀랍다. 하지만 예외적인 두 자료가 있다. 하나는 잡지 『문화와 분쟁Cultures & Conflits』의 특별 호로 루이장 뒤클로Louis-Jean Duclos의 책임 편집 아래 〈아동의 정치적 폭력〉을 다루었고(n°18, 1995년 여름), 다른 하나는 『20세기: 역사 잡지Vingtième siècle. Revue d'histoire』(n°89, 2006/1, pp. 99~108)에 수록된 장에르베 제제켈Jean-Hervé Jézéquel의 「아프리카의 소년병들, 특수한 현상인가? 역사학적 시선의 필요성에 대하여Les enfants soldats d'Afrique, un phénomène singulier? Sur la nécéssité du regard historique」다. 장마르크 제제켈이 개시한 연구 방향을 이어 간 연구 가운데 참고할 만한 자료로는 마농 피뇨, 『소년병(19~21세기): 비평적 접근L'Enfant soldat (XIXe-XXIe siècle). Une approche critique』(Paris: Armand Colin, 2012)이 있다.

프랑스어로 된 저작물 중에는 소년병의 지위에 관한 법률적 내용을 다룬 책이 많다. 이런 책으로 마갈리 메스트르Magali Maystre의 논문 『국제법에서 소년병: 인도주의적 국제법과 국제 형법의 시각에서 본 현대적인 문제점들Les Enfants soldats en droit international. Problématiques contemporaines au regard du droit international humanitaire et du droit international pénal』(Paris: Pedone, 2010) 또는 모하메드 압델살람 바비케르Mohamed Abdelsalam Babiker, 막상스 도블랭Maxence Daublain, 알렉시 발라Alexis Bahlas가 주최한 학회의 출간물 『소년병와 분쟁 및 분쟁 이후 상황에 놓인 아동의 권리: 현실과 쟁점들Enfants soldats et droits des enfants en situation de conflit et de post-conflit. Réalités et enjeux』 (Paris: L'Harmattan, 2013)이 있다.

영어로 쓰인 참고 문헌은 훨씬 더 풍부하며 이 주제를 매우 인류학적으로 다룬다. 우선 일린 콘Ilene Cohn과 가이 굿윈질Guy Goodwin-Gill의 선구적인 저작 『소년병: 무력 충돌에서 어린이들의 역할Child Soldiers: The Role of

Children in Armed Conflict』(Oxford: Clarendon Press, 1994)을 권한다. 하지만 종합적인 분석서가 많이 출간된 것은 2000년대부터다. 데이비드 로즌David Rosen, 『어린 군대: 전쟁과 테러리즘에서 소년병들*Armies of the Young: Child Soldiers in War and Terrorism*』(New Brunswick: Rutgers University Press, 2005); 알신다 혼와나Alcinda Honwana, 『아프리카의 소년병 *Child Soldiers in Africa*』(Philadelphia: University of Pennsylvania Press, 2005); 크리스 콜터Chris Coulter, 마리암 페르손Mariam Persson, 매츠 유타스Mats Utas, 『아프리카의 전쟁들에서 어린 여성 전투원 *Young Female Fighters in African Wars*』(Uppsala: Nordiska Afrikainstitutet, 2008); 대니얼 토머스 쿡Daniel Thomas Cook, 존 월John Wall(책임 편집), 『소년병과의 무력 충돌 *Children and Armed Conflict*』(Basingstoke: Palgrave Macmillan, 2011).

이 주제를 전반적으로 다룬 연구 이외에도 사례 연구가 많이 이루어졌는데, 필자는 이 장을 쓰기 위해 이 사례 연구들에 의존했다. 논리적으로 프랑스 혁명에 관한 연구가 가장 오래전부터 이루어졌다. 바라라는 인물상에 역사가들의 관심이 매우 일찍 집중되었기 때문이다. 알베르 소불 외(책임 편집), 『조제프 바라(1779~1793): 그의 출생 2백 년을 맞으며*Joseph Bara (1779-1793). Pour le deuxième centenaire de sa naissance*』(Paris: Société des études robespierristes, 1981); 세르조 루자토Sergio Luzzatto, 「젊은 반역자들과 혁명가들(1789~1917)Jeunes révoltés et révolutionnaires (1789-1917)」, in 조반니 레비Giovanni Levi, 장클로드 슈미트Jean-Claude Schmitt(책임 편집), 『서구 젊은이의 역사, 제2권: 현대*Histoire des jeunes en Occident, t. 2: L'Époque contemporaine*』(Paris: Seuil, 1996); 니콜라 타숑Nicolas Tachon, 『부대에서 군대의 아이들(1788~1888)*Enfants de troupe dans les régiments (1788-1888)*』(Sceaux, L'Esprit du livre, 2005).

19세기 소년병에 대한 연구는 많이 이루어진 편이 아니다. 따라서 앞서 언급한 마농 피뇨의 책 이외에 짐 머피Jim Murphy, 『소년들의 전쟁: 연합군과 동맹군 병사들이 내전에 대해 말하다*The Boys' War: Confederate and Union Soldiers Talk about the Civil War*』(Boston: Houhgton Mifflin, 1993)를 소개한다. 마찬가지로 20세기 초반을 다룬 흥미로운 글로 에두아르 실, 「꼬마들의 십자군 전쟁: 내전 중 스페인에서 프랑스 미성년자의 가출, 실종, 자발적 군 지원La croisade des gosses. Fugues, disparitions et enrôlements volontaires de mineurs français en Espagne durant la guerre civile』, 『20세기*Vingtième siècle*』(n°110, 2011sus 4~6월, pp. 19~32), 그리고 니콜라스 스타가르트Nicholas Stargardt, 『전쟁의 증인들: 나치하에서 어린이들의 삶*Witnesses of War: Children's Lives under the Nazis*』(London: Jonathan Cape, 2005), 올가 쿠체렌코Olga Kucherenko, 『어린 군인들: 소련의 아이들이 어떻게 전쟁에 가담했나*Little Soldiers: How Soviet Children Went to War (1941-1945)*』(Oxford: Oxford University Press, 2011)가 있다. 언론이 소년병를 크게 조명하면서 연구자들의 관심이 쏠렸기에 최근에 벌어진 분쟁에 관한 자료는 매우 풍부하다. 이란·이라크 전쟁에 대해서는 알랭 샤우이의 책『이란 이슬람 공화국에서 어린 바시즈의 출현*L'Avènement des jeunes bassidji de la république islamique d'Iran*』(Paris: L'Harmattan, 2012)을 권한다. 상징적인 시에라리온 내전은 인류학자들에게 그 자체로 온전한 연구 대상이 되었다. 이 전쟁을 다룬 여러 저서 가운데 반드시 참조해야 할 두 권을 소개한다. 크리스 콜터Chris Coulter, 『덤불숲의 아내들과 소녀 병사들: 시에라리온에서 전쟁과 평화 시기 여성의 삶*Bush Wives and Girl Soldiers: Women's Lives through War and Peace in Sierra Leone*』(Ithaca: Cornell University Press, 2009); 미리암 디노브Myriam Denov, 『소년병들: 시에라리온의 혁명 연합 전선*Child Soldiers: Sierra Leone's Revolutionary United Front*』(Cambridge: Cambridge University Press, 2010).

08 영웅의 필요성

평등한 공동체 내에서 개인 영웅상이 출현한 양상은, 니콜 로로Nicole Loraux가 펠로폰네소스 전쟁 중 아테네의 사례를 연구했다. 그의 『아테네의 발명*L'Invention d'Athènes*』(Paris: Mouton, 1981)에서는 전투 중 사망한 아테네인을 기리며 한 장례 연설들을 자료로 삼는다. 아테네의 사례는 기초 원형을 이룬다. 19세기에 민주화가 이루어지는 과정에서 유럽 사회들이 이를 모범으로 삼았기 때문이다. 이 유럽 사회들의 영웅상에 관한 연구는, 프랑스의 경우는 피에르 노라Pierre Nora의 책임 편집 아래 출간된『추모 장소들*Les Lieux de mémoire*』(Paris: Gallimard, 1984~1992), 그리고 독일의 경우는 에티엔 프랑수아Étienne François와 하겐 슐체Hagen Schulze가 책임 편집한 『독일의 기억Mémoires allemandes』(Paris: Gallimard, 2007)에서 살펴볼 수 있다. 이 책들에서는 베르생제토릭스, 헤르만-아르미니우스, 또 알레고리 인물상인 마리안과 게르마니아가 풍부하게 다루어진다. 역사학자들은 19세기에 학교 교육 및 시민 교육에서 중세로부터 차용한 영웅상을 심도 있게 연구했다. 콜레트 본Colette Beaune, 『프랑스 국가의 탄생Naissance de la nation France』(Paris: Gallimard, 1985)은 반드시 참조해야 할 책이다. 일본에 관해서는 피에르프랑수아 수이리Pierre-François Souyri의 『신(新)일본사Nouvelle histoire du Japon』(Paris: Perrin, 2010)에서 영웅의 원형과 그 인물상이 중세와 현대에 나타난 양상을 조망하는 장기적인 역사가 소개된다. 끝으로 미국에 대해서는 1945년 이후 전쟁 영웅의 운명을 살펴보려면 역사 편찬의 고전들 이외에도 영화와 텔레비전 연속물을 참조하는 게 불가피하다.

09 반역자와 불복자

전쟁 거부(그리고 평화주의)의 역사의 특징 중 하나는, 그 역사 편찬에 활동가들이 적극적으로 개입한다는 점이다. 따라서 이 주제를 다룬 책이 많지만, 주로 옹호론의 관점에서 쓰였기 때문에 역사학자들이 이런 책에서 항상 적절한 도움을 얻지는 못한다. 한편 전통적인 군사(軍史)에서 거부는 자주 〈질병〉이나 교정해야 할 일탈 행동으로 간주되는데, 이는 거부 행동을 이해하는 데 별 도움이 되지 않고 무엇보다 이러한 연구를 한 저자가 지닌 정신 구조의 틀을 알 수 있을 뿐이다. 솔직히 말하자면, 이 주제와 시기 전체를 아우르는 훌륭한 기준이 될 만한 연구서는 없다. 반면에 상당수의 공동 저작물에 분석의 틀을 정의 내리고 전체를 조망할 수 있는 관점을 제시하는 견고한 개별 연구가 충분히 수록되어 있다. 연대순으로, 특히 독일어권을 중심으로 서로 큰 시간 차를 둔 연구서를 소개하면 울리히 브로클링Ulrich Bröckling과 미하엘 시코라Michael Sikora가 책임 편집한 『군대와 탈영병Armeen und ihre Deserteure』(Göttingen: Vandenhoeck & Ruprecht, 1998) 그리고 프랑스어 책으로는 2008년에 출간된 앙드레 로에즈와 니콜라 마리오Nicolas Mariot가 책임 편집한 『복종하기, 불복하기: 1917년의 반란 조망Obéir, désobéir. Les mutineries de

1917 en perspective』(Paris: La Découverte)이 있다. 같은 해에 마리아 프리체 Maria Fritsche와 크리스타 헤메를레Christa Hämmerle의 책임 편집으로 〈탈영병〉을 다룬 『빈 현대사 연구*Wiener Zeitschrift zur Geschichte der Neuzeit*』의 매우 유용한 호가 출간되었다. 여기에서도 역시 주제와 연대를 매우 넓게 잡았다(이 주제를 다룬 신간들의 서평 수록). 전부 소개하지는 못하지만 여러 개별 연구서가 있으며, 이들은 대체로 한 시기나 한 유형의 불복종으로 주제를 제한하여 다루었다. 연대순으로 소개하자면 앨런 포러스트Alan Forrest, 루이 베르제스Louis Bergès 또는 알렉산더 그래브Alexander Grab가 쓴 프랑스 제1제국에 관한 책들, 마크 바이츠가 남북 전쟁을 다룬 책 두 권, 제1차 세계 대전 때 독일인의 전쟁 거부에 관해서는 크리스토프 자르Christoph Jahr와 베냐민 치만Benjamin Ziemann의 책들, 1917년의 반란에 대해서는 앙드레 로에즈의 책을 권한다. 독일 국방군의 탈영병은 전후 독일에서 큰 쟁점으로 다루어진 주제이고, 따라서 그에 관한 참고 문헌은 만프레드 메세르슈미트Manfred Messerschmidt와 프리츠 뷜너Fritz Wüllner의 선구적인 연구 이후로 매우 많다. 독일어를 사용하지 않는 독자는 스티븐 웰치Steven Welch의 흥미로운 연구들을 참조할 수 있다. 알제리 전쟁에 대해서는 트라모르 크므뇌르Tramor Quemeneur의 논문에서 많은 정보를 얻을 수 있으며, 베트남 전쟁에 대해서는 양심적 병역 거부와 탈영의 문제가 거의 모든 개별 연구에서 다루어졌다.

양심적 병역 거부는 영미권에서 매우 중요한 주제로, 여러 개별 연구에서 특히 종교적 관점으로 다루어졌다. 피터 브록Peter Brock의 선구적인 연구 그리고 그의 책임 편집 아래 출간된 책들 그리고 마틴 키들Martin Ceadel의 (영미권의 평화주의 일반에 관한) 선구적인 연구 이후 출간된 개별 연구로, 영국에 대해서는 로이스 비빙스Lois Bibbings, 시릴 피어스Cyril Pearce의 저서를, 미국에 대해서는 레이철 구센Rachel Goossen의 책을 참조할 수 있다.

10 수백만 명의 포로

오랫동안 전쟁 포로와 포로 생활 경험은 전쟁사를 연구하는 역사학자들에게 등한시되었다. 예외적으로 선구적인 몇몇 연구서가 있으며 대체로 제2차 세계 대전을 다루었다. 아널드 크래머Arnold Krammer, 『미국의 나치 전쟁 포로

Nazi Prisoners of War in America』(1979), 이브 뒤랑Yves Durand, 『포로 됨: 프랑스 전쟁 포로의 역사(1939~1945)*La Captivité. Histoire des prisonniers de guerre français (1939-1945)*』(1980) 또는 마슈케Maschke 위원회가 1962년과 1974년 사이에 출간한 22권짜리『제2차 세계 대전 기간 중의 독일 전쟁 포로의 역사*Zur Geschichte der deutschen kriegsgefangenen des Zweiten Weltkrieges*』가 있다. 프랑스에 관해서는 특징적으로 저항군 운동가 수만 명이 그보다 훨씬 많은 전쟁 포로보다 역사가들에게 오랫동안 더 많은 관심을 받았다. 전쟁 포로는 공식 역사와 제2차 세계 대전 연구의 주변부에 머물러 있었다. 1990년대에 역사 편찬 연구에 변화가 일었다. 이러한 변화의 원인은 전통적인 해석 모델이 위기를 겪으면서 20세기의 커다란 분쟁의 비교적·총체적 역사 서술이 대두한 것이다. 이와 동시에 국제 적십자사 같은 일부 조직이 기록물을 새로 공개했다. 옛 포로 수용소와 구금 장소들은 박물관으로 바뀌었다. 그러면서 포로 생활에 관한 연구의 규모가 바뀌었다. 즉 예전에는 국가적인 틀에서만 탐색되었다. 이제는 포로 생활이 문화적·경제적·정치적 전이가 이루어졌으며, 법률의 영역뿐 아니라 전쟁의 폭력에 관해서도 규범과 한계가 이동한 초국가적인 사건으로 간주된다. 전쟁 포로는 수용소 안에 계속 고립되어 있지 않고, 밭과 공장에서 일하고 주민들과 일상을 공유했다. 따라서 적의 영토 내에 그들이 존재한 것은, 대규모로 대면이 이루어진 시기를 이룬다. 포로 상태는 포로와 그 출신 국가만 변화시키는 것이 아니라, 포로를 억류하는 사회의 전부 또는 일부도 변화시킨다. 끝으로 포로 귀환의 역사는 그 자체로 이중의 역사, 즉 옛 전쟁 포로의 역사이자 이들을 맞이하는 사회들의 역사이기도 하다. 전쟁 포로의 경험을 다룬 최근 저작물 가운데 특히 참조할 책으로는 폴 스프링어Paul Springer와 글렌 로빈스Glenn Robins, 『내전 수용소를 변모시키기: 링컨, 리버, 포로 관리 정책*Transforming Civil War Prisons: Lincoln, Lieber and the Politics of Captivity*』(New York: Routledge, 2015); 유키 다나카(田中利幸), 『숨겨진 참상: 제2차 세계 대전 중 일본의 전쟁 범죄*Hidden Horrors: Japanese War Crimes in World War II*』(Boulder: Westview Press, 1996); 수전 캐러더스Susan Carruthers, 『냉전의 포로들: 구금, 탈출, 세뇌*Cold War Captives: Imprisonment, Escape and Brainwashing*』(Berkeley: University of California Press, 2009); 라파엘 브랑슈Raphaëlle Branche, 『FLN의 포로들*Prisonniers du*

FLN』(Paris: Payot, 2014) 그리고 다음 공동 저작물도 참조할 것: 뤼디거 오버르만스Rüdiger Overmans(책임 편집), 『적의 손아귀에서 *In der Hand des Feindes*』(Wien: Böhlau, 1999); 시빌 사이퍼즈Sibylle Scheipers(책임 편집), 『전쟁 포로들*Prisoners in War*』(Oxford: Oxford University Press, 2010); 안 마리 파테Anne-Marie Pathé와 파비앵 테오필라키스(책임 편집), 『20세기의 전쟁 포로*La Captivité de guerre au XXe siècle*』(Paris: Armand Colin, 2012).

11 버틸 힘

이 문제가 제기하는 정치적·사회적·인류학적·문화적 사안 일체를 아우르는 제한된 참고 문헌 목록을 제시하기란 불가능하다. 하지만 제2차 세계 대전이 종결되면서 이루어진 북미 사회학자들의 선구적인 연구는 언급되어야 할 것이다. 이러한 연구 가운데 새뮤얼 스투퍼Samuel Stouffer 외, 『미군, 제1권: 군대 생활 중 적응, 제2권: 전투와 그 여파*The American Soldiers, t. 1: Adjustment during Army Life, t. 2: Combat and Its Aftermath*』(Princeton: Princeton University Press, 1949)와 에드워드 실스와 모리스 재너위츠, 「제2차 세계 대전 중 베어마흐트에서 결합과 해체Cohesion and Disintegration in the Wehrmacht in World War II」, 『계간지 여론*The Public Opinion Quarterly*』(vol. 12, n°2, 1948년 여름, pp. 280~315). 저자들은 전쟁 중인 병사들의 효율성과 집요함을 설명하기 위해 〈1차 집단〉 개념을 제시한다. 더 최근에 이루어진 연구들은 이 위대한 조사 연구의 결과를 완전히 반박하지 않으면서, 규율이나 이념 같은 다른 요인들을 과소평가해서는 안 된다는 것을 보여 줌으로써 앞의 연구들을 보완한다. 오메르 바르토프의 『히틀러의 군대: 독일 국방군과 나치, 전쟁*L'Armée de Hitler. La Wehrmacht, les nazis et la guerre*』은 1999년에 프랑스어로 출간(Paris: Hachette)되었고, 더 최근 저작으로는 앤서니 킹Anthony King의 『전투병: 20세기 및 21세기의 보병대 전술과 응집력*The Combat Soldier: Infantry Tactics and Cohesion in the Twentieth and Twenty-First Centuries*』(Oxford: Oxford University Press, 2013)이 있다.

참전 군인의 관점에서 폴 퍼셀의 저서는 독창적인 참고 도서로서 프랑스어로는 쇠이유 출판사Éditions du Seuil에서 1992년에 〈전쟁에서: 제2차 세계 대전 중의 심리 분석과 행동*À la guerre. Psychologie et comportements pendant la Seconde Guerre mondiale*〉이라는 제목으로 출간되었다(원작은 *Wartime, Understanding and Behaviour in the Second World War*, New York: Oxford University Press, 1989). 20세기에 걸친 전쟁과 전투원의 인류학에 대해서는 스테판 오두앵루조의 저서를 참조하지 않을 수 없다. 그중『전투하다: 근대 전쟁의 역사 인류학(19~21세기)*Combattre. Une anthropologie historique de la guerre moderne (XIXe-XXIe siècle)*』(Paris: Seuil, 2008)을 소개한다. 군대 사상가와 교관이 쓴 책으로는 샤를 아르당 뒤 피크가 쓴『전투에 관한 연구*Études sur le combat*』만 언급한다. 이 책은 초판이 1880년에 아셰트 출판사Éditions Hachette에서 출간되었다. 현대 군사 문학의 관점에서 보자면, 수천 권의 저서와 논문이 존재한다. 필자는 이 글을 쓰기 위해 베른트 혼Bernd Horn과 로버트 워커Robert Walker가 쓴『군대 리더십 개론*Le Précis de leadership militaire*』(Toronto: Dundurn Press, 2008)과 프랑스 육군 참모부가 펴낸『군대의 힘과 평온: 단위 부대의 심리 형태*Force et calme des troupes. La forme psychologique des unités*』(Paris: 국방부, 1989)를 참조했다.

제1차 세계 대전은 확실히 군인이 전쟁에서 버티는 힘의 문제에 있어 결정적인 전환점이었다. 수십 건의 연구서가 서로 다른 각도에서 이 주제를 다룬다. 최근 연구로 알렉산더 왓슨Alexander Watson, 「사기*Moral*」, 제이 윈터(책임 편집),『제1차 세계 대전, 제2권: 국가들*La Première Guerre mondiale, t. 2: États*』(Paris: Fayard, 2014, pp. 199~225) 그리고 에마뉘엘 생퓌시앵,『명령에 따르겠습니다? 제1차 세계 대전 중 프랑스 군대 내의 권위 관계*À vos ordres? La relation d'autorité dans l'armée française de la Grande Guerre*』(Paris: Éd. de l'EHESS, 2011)를 소개한다.

끝으로 수천 권의 증언과 소설이 있으나 필자는 이 글에서 인용한 저서만 소개하겠다. 제시 글렌 그레이,『전투에서: 전쟁 중인 사람들에 대한 고찰*Au combat. Réflexions sur les hommes à la guerre*』(Paris: Tallandier, 2012); 기 알레,『고통받는 이들과 함께 그곳에서*Là-bas avec ceux qui souffrent*』[Louviers: Ysec, 2002(1917)]; 장 로페즈Jean Lopez와 라샤 오트크메쥐리Lasha Otkhmezuri,『붉은 군대의 위대함과 비참함: 미간행 증언들(1941~1945)*Grandeur et misère de l'Armée rouge. Témoignages inédits (1941-1945)*』(Paris: Seuil, 2011) 그리고

레프 톨스토이, 『세바스토폴 이야기들 Les Récits de Sébastopol』(Paris: Payot & Rivages, 2005).

12 〈편지를 자주 보내 줘〉

장 비야르Jean Billard, 『알제리에서 보낸 편지: 어느 징집병의 일기(1957~1978)Lettres d'Algérie. Journal d'un appelé (1957-1978)』(Chamalières: Éd. Canope, 1998).

마뉘엘 샤르피Manuel Charpy와 클레르 프레주Claire Fredj 편, 『멕시코에서 보낸 편지: 알제리 보병 오귀스탱루이 프렐로의 여정(1862~1867)Lettres du Mexique. Itinéraires du zouave Augustin-Louis Frélaut (1862-1867)』(Paris: Éd. Nicolas Philippe, 2003).

베르나르 에델만Bernard Edelman 편, 『미국에: 베트남에서 고향으로 보낸 편지들 Dear America: Letters Home from Vietnam』(New York: Norton, 1985).

폴 퍼셀, 『전쟁에서: 제2차 세계 대전 중의 심리 분석과 행동À la guerre. Psychologie et comportements pendant la Seconde Guerre mondiale』(Paris: Seuil, 1992).

리엄 케네디Liam Kennedy, 「군인 사진: 이라크에서 전쟁을 시각화하기Soldier Photography: Visualising the War in Iraq」, 『국제 연구 리뷰Review of International Studies』, vol. 35, n°4, 2009, pp. 817~833.

장 마르탱Jean Martin, 『평정하기, 죽이기: 어느 군인이 가족에게 보낸 편지들 Pacifier, tuer. Lettres d'un soldat à sa famille』(Paris: Syllepse, 2001).

나탈리 프티토Natalie Petiteau, 『제1제국의 전사들: 체험과 기억Guerriers du Premier Empire. Expériences et mémoires』(Paris: Les Indes savantes, 2011).

클레망틴 비달나케, 『제1차 세계 대전 중의 커플: 부부 관계의 비극과 일상 Couples dans la Grande Guerre. Le tragique et l'ordinaire du lien conjugal』(Paris: Les Belles Lettres, 2014).

3부 전쟁 경험

01 시련을 겪는 몸

존 키건과 그의 유명한 저서『전쟁의 얼굴』(정병선 옮김, 지호, 2005)로 역사학자들이 병사의 신체적·정서적 체험에 관심을 갖기 시작했다. 모든 점에서 그를 따를 수는 없다 하더라도 그의 뒤를 이어서 빅터 데이비스 핸슨이 전사 모델들이 어떤 특정한 신체 문화에 의존한 방식을 고찰했다(『서구식 전쟁: 고대 그리스의 보병전*The Western Way of War: Infantry Battle in Classical Greece*』, New York: Alfred A. Knopf, 1989, 그리고 *Carnage and Culture: Landmark Battles in the Rise of Western Power*, New York: Doubleday, 2001, 『살육과 문명』, 남경태 옮김, 푸른숲, 2002). 죽이는 행위에 관해서는, 조애나 버크의 저서『살인의 내밀한 역사: 21세기 전쟁에서 얼굴을 맞대고 죽이기An Intimate History of Killing: Face to Face Killing in the Twentieth-Century Warfare』(New York: Basic Books, 1999), 그리고 미국·일본 분쟁을 주로 다룬 존 다우어John Dower의『무자비한 전쟁: 태평양 전쟁에서 인종과 권력*War without Mercy: Race and Power in the Pacific War*』(New York: Pantheon, 1986)이 여전히 반드시 참조할 자료다. 하지만 전쟁 중의 신체를 탐색하는 작업에서 스테판 오두앵 루조만큼 멀리 나아간 연구자는 없다. 특히『전투하다: 근대 전쟁의 역사 인류학(19~21세기)*Combattre. Une anthropologie historique de la guerre moderne (XIXe-XXIe siècle)*』(Paris: Seuil, 2008), 그리고『무기와 살: 세 가지 죽음의 물품*Les Armes et la chair. Trois objets de mort en 14-18*』(Paris: Armand Colin, 2009)에서 그렇다. 19세기 전쟁터의 신체적 체험에 관해서는, 나탈리 프티토Natalie Petiteau, 『제1제국의 전사들: 체험과 기억*Guerriers du Premier Empire. Expériences et mémoires*』(Paris: Les Indes savantes, 2011), 그리고 제럴드 린더먼Gerald Linderman, 『진용을 갖춘 용기: 남북 전쟁 중 전투 경험Embattled Courage: The Experience of Combat in the American Civil War』(New York: Free Press, 1989). 남성적 이상향의 기나긴 역사에서 군사적 정력이 차지한 무게에 관한 조지 모스와 조르주 비가렐로의 연구 이외에도 길들임과 규율, 군인이 감내한 신체에 대한 다른 가혹 행위들에 관해 참조하면 유용할 자료로 도미니크 칼리파Dominique Kalifa의 형벌 부대에 관하여 한 연구(『비리비: 프랑

스 군대의 식민지 도형장*Biribi. Les bagnes coloniaux de l'armée française*』, Paris: Perrin, 2009), 그리고 오딜 루아네트가 제3제국 프랑스에서 병영 생활의 가혹한 시련에 관하여 실시한 연구(『〈병역 적합〉: 19세기 말 프랑스 병영 체험*"Bons pour le service". L'expérience de la caserne en France à la fin du XIXe siècle*』, Paris: Belin, 2000; 제2판, 2017)가 있다. 전쟁 체험과 그 체험이 군인들의 감각 문화에 미친 영향에 관해서는 폴 퍼셀이 쓴 고전이 된 연구서 『전쟁기: 제2차 세계 대전에서 이해와 행동*Wartime: Understanding and Behaviour in the Second World War*』(New York: Oxford University Press, 1989) 이외에도 전쟁의 역사적 인류학과 감각의 역사의 교차점에 위치한 두 편의 연구서를 참조하기를 권한다. 알제리 정복 중 프랑스 군인들의 〈향수〉를 다룬 토머스 도드먼Thomas Dodman의 연구(『향수가 무엇이었나: 전쟁, 제국, 치명적인 감정의 시대*What Nostalgia Was: War, Empire, and the Time of a Deadly Emotion*』, Chicago: University of Chicago Press, 2018)와 에르베 마쥐렐이 19세기 초 전쟁 욕구에 관하여 실시한 연구(『전쟁의 도취: 바이런, 그리스 독립 지원자, 그리스의 신기루*Vertiges de la guerre, Byron, les philhellènes et le mirage grec*』, Paris: Les Belles Lettres, 2013). 끝으로, 케빈 맥솔리Kevin McSorley가 총괄 지휘한 사회 과학 분야들의 교차점에 위치한 공동 저작물 『전쟁과 신체: 군사화와 훈련, 체험*War and the Body: Militarisation, Practice and Experience*』(London: Routledge, 2013)과 인류학자 잔 트뷸이 프랑스의 병영에서 실시한 현장 연구『병사의 몸: 군인 생산*Corps combattant. La production du soldat*』(Paris: Éd. de la Maison des sciences de l'homme, 2017)을 소개한다.

02 죽은 자는 어떻게 하나?

전투원의 시신 처리 문제는 여러 총론에서 다루어졌는데, 그중에서 뤼크 캅데빌라Luc Capdevila와 다니엘 볼드만(책임 편집), 『우리의 죽은 자들: 전쟁에서 죽은 이들에 직면한 서구 사회들*Nos morts. Les sociétés occidentales face aux tués de la guerre*』(Paris: Payot, 2002), 그리고 마이클 슬레지Michael Sledge, 『군인이 전사하다: 우리는 전사한 우리 군인을 어떻게 되찾고, 식별하고, 매장하는가*Soldier Dead: How We Recover, Identify, Bury and Honor our Military Fallen*』

(New York: Columbia University Press, 2005)를 권한다. 하지만 이 두 저작은 주로 유럽과 북아메리카의 전쟁사에 집중한다. 장마르크 드레퓌스Jean-Marc Dreyfus와 엘리자베트 안스테트Élisabeth Anstett가 책임 편집하여 맨체스터 대학교 출판부에서 출간된 여러 공동 저작물에서 20세기의 대규모 학살과 폭력의 맥락에서 죽은 자의 시신을 사회·문화적으로 다룬 양상이 연구된다 — 이 주제는 전투원을 다룬 이 장에서는 다루지 않았다.

인류학자들도 서구의 방식과 세계의 다른 지역의 방식 또는 근대 군대와 국가를 이루기 이전의 사회들의 군대를 비교하는 작업을 시도했다. 그 예로 사이먼 해리슨Simon Harrison, 『암흑의 트로피: 근대 전쟁에서 사냥과 적의 시신Dark Trophies: Hunting and the Enemy Body in Modern War』(New York: Berghahn Books, 2012)은 전쟁과 사냥을 흥미롭게 대비한다. 덧붙여 스테판 오두앵루조의 중요한 저서『전투하다: 근대 전쟁의 역사 인류학(19~21세기)Combattre. Une anthropologie historique de la guerre moderne (XIXe-XXIe siècle)』(Paris: Seuil, 2008)도 참조해야 할 것이다.

『일리아스』에서 전사의 신체가 처한 운명은 장피에르 베르낭Jean-Pierre Vernant의 고전주의 연구「아름다운 죽음과 모욕당한 시신La belle mort et le cadavre outragé」, in 게라르도 뇰리Gherardo Gnoli와 장피에르 베르낭(책임 편집), 『고대 그리스에서 죽음과 죽은 자들La Mort, les morts dans la Grèce ancienne』(Cambridge: Cambridge University Press 그리고 Paris: Éd. de la Maison des sciences de l'homme, 1982, pp. 45~76).

성서 전통에 대해서는 크리스토프 바치Christophe Batsch, 『제2성전기 유대교에서 전쟁과 전쟁 의례La Guerre et les rites de guerre dans le judaïsme du deuxième Temple』(Leiden: Brill, 2005).

일부 분쟁을 다룬 연구들이 우방 또는 적의 시신 처분에 대한 특수한 쟁점을 밝혔다. 남북 전쟁에 대해서는 드루 길핀 파우스트Drew Gilpin Faust, 『이 고통의 공화국: 죽음과 남북 전쟁This Republic of Suffering: Death and the American Civil War』(New York: Knopf, 2008). 제1차 세계 대전 중 위생학적 논쟁에 관해서는 안 라스무센, 「규칙과 동의: 제1차 대전 중 시체를 견뎌 낸 위생학자, 의사, 군인들La règle et le consentement. Hygiénistes, médecins et militaires à l'épreuve du cadavre dans la Grande Guerre」, 조르조 코스마치니Giorgio Cosmacini와 조르주

비가렐로(책임 편집), 『죽음에 직면한 의사*Il medico di fronte alla morte (secoli XVI-XXI)*』(Torino: Fondawione Ariodante Fabretti, 2008, pp. 215~260). 제1차 세계 대전 중에 찍은 사진에 나온 시신에 관해서는 제이 윈터, 「전쟁을 사진 찍기: 1914년 이후 폭력에서 군인들의 사진과 혁신Photographing War: Soldiers' Photographs and the Revolution in Violence since 1914」, 제이 윈터, 『말로 표현할 수 없는 전쟁*War beyond Words*』(Cambridge: Cambridge University Press, 2017, pp. 35~68)을 참조. 스페인 내전에 대해서는 마르틴 바우마이스터Martin Baumeister와 스테파니 쉴러슈프링고룸Stefanie Schüler-Springorum(책임 편집), 『〈만일 당신이 이걸 용인한다면……〉: 총력전의 시대에 스페인 내전*"If you tolerate this…": The Spanish Civil War in the Age of Total War*』(Frankfurt: Campus Verlag, 2008), 그리고 가브리엘레 란차토Gabriele Ranzato의 「정치적 폭력의 양면성: 스페인 내전 중 수녀들에 대한 박해 (1936~1939)Ambiguïté de la violence politique: la persécution religieuse durant la guerre civile espagnole (1936-1939)」, 『문화 & 전쟁*Cultures & conflits*』(Nos 9-10, 1993년 봄-여름, pp. 99~112). 전쟁과 사냥의 유사성과 제2차 세계 대전 중에 동부 전선에서 벌어진 폭력의 양상에 대한 연구는 특히 크리스티앙 잉그라오, 『검은 사냥꾼들: 디를레방어 여단*Les Chasseurs noirs. La brigade Direlewanger*』(Paris: Perrin, 2006)에서 이루어졌다. 태평양 전쟁 중에 이루어진 시신 훼손에 관한 최고의 증언은 단연 미 해병대원 유진 슬레지, *With the Old Breed: At Peleliu and Okinawa*(Novato: Presidio Press, 1981, 『태평양 전쟁: 펠렐리우·오키나와 전투 참전기』, 이경식 옮김, 열린책들, 2019)다. 미군의 시신을 이라크에서 본국으로 송환하며 이루어지는 의례에 관해서는 무엇보다 영화들을 추천한다. 마이클 엡스타인Michael Epstein의 「전투 일기: 리마 중대 해병들Combat Diary: The Marines of Lima Company」(2006), 존 앨퍼트Jon Alpert와 매슈 오닐Matthew O'Neill의 「60번 구역: 알링턴 국립묘지 Section 60: Arlington National Cemetery」(HBO, 2008), 로스 카츠Ross Katz의 「챈스 일병의 귀환Taking Chance」(2009). 끝으로 테러 행위를 저지른 당사자의 시신 매장에 관해서는 리바 카스토리아노, 『지하디스트들의 시신은 어떻게 하나? 영역과 정체성*Que faire des corps des djihadistes? Territoire et identité*』 (Paris: Fayard, 2015).

03 부상과 부상자

부상자에게 기울인 관심은 몇 가지 관점에서 유래한다. 그중 가장 오래된 것은 전쟁터에서 의료진의 체험의 혹독함을 증언한 의료진에서 나온다. 대육군의 외과 의사인 페르시 남작, 『전쟁 일기*Journal des campgnes*』(Paris: Tallandier, 2002)부터 뤼시앵 라비Lucien Laby, 『참호 속 의사, 지망생 라비의 노트*Les Carnets de l'aspirant Laby, médecin dans les tranchées*』(Paris: Bayard, 2001)처럼 제1차 세계 대전에 동원된 의사의 증언이 존재한다. 의사 작가들은 엄청난 고통을 짐작하게 하는 강력한 증언을 남겼다. 그 예로 조르주 뒤아멜Georges Duhamel의 강렬한 책 『순교자의 삶*Vie des martyrs*』(Paris: Mercure de France)이 있다. 신체 손상 전문가인 의사들은 장프랑수아 르메르, 『나폴레옹 군대에서 부상자*Les Blessés dans les armées napoléniennes*』(Paris: Lettrage, 1999)의 주장처럼 역사가의 역할을 맡아 국가의 군대 보건 위생 서비스의 역사에 기여했다. 보건 위생을 연구하는 역사학자들은 전쟁과 의학의 관계에 대한 비판적인 시각을 제시했다. 이러한 저서로는 로저 쿠터Roger Cooter, 마크 해리슨Mark Harrison, 스티브 스터디(Steve Sturdy)(책임 편집), 『의학과 근대 전쟁*Medicine and Modern Warfare*』(Amsterdam: Rodopi, 1999)이 있고, 각 분쟁에 대하여 이런 관점을 변화시켜 제시해 1870년 전쟁(버트런드 테이트 Bertrand Taithe, 『패배한 육체: 복지와 전쟁, 근대 프랑스 제조*Defeated Flesh: Welfare, Warfare and the Making of Modern France*』, Manchester: Manchester University Press, 1999)과 제2차 세계 대전(마크 해리슨, 『의학과 승리: 제2차 세계 대전에서의 영국 군사 의학*Medicine and Victory: British Military Medicine in the Second World War*』, Oxford: Oxford University Press, 2004)을 다루었고, 좀 더 긴 기간을 다룬 책으로는 장프랑수아 샤네Jean-François Chanet, 클레르 프레주Claire Fredj, 안 라스무센(책임 편집), 「전쟁과 평화 사이에서 군인의 건강(1830~1930)La santé des soldats entre guerre et paix (1830-1930)」, 『사회 운동*Le Mouvement social*』(2016, 제257호)이 있다.

자신이 입은 부상에 대한 환자의 시선은 20세기에 그 수가 늘어난 군인들의 단편적인 증언과 편지에도 불구하고 불행히도 여전히 파악하기가 매우 힘들다. 역사학자들은 개인이나 병사 공동체를 연구의 핵심으로 삼아 환자의 체험을 파악하려고 노력했다. 이러한 연구로 에르베 드레비용, 『개인과 전쟁:

바야르 기사부터 무명용사까지*L'individu et la guerre. Du chevalier Bayard au Soldat inconnu*』(Paris: Belin, 2013)가 있다. 나폴레옹 전쟁에 대해서는 앨런 포러스트Alan Forrest, 『나폴레옹의 병사들: 혁명과 제국의 군인*Napoleon's Men: The Soldiers of the Revolution and Empire*』(London: Hambledon and London, 2002)이 있다. 이러한 경험을 파악하기 위해 역사학적 인류학은 시선을 다양한 분쟁에서 나타나는 상해가 지니는 상징적 영향력[가령 크리스티앙 브누아Christian Benoit 외(책임 편집), 『군인의 희생: 학대당한 몸, 신화화된 몸*Le Sacrifice du soldat. Corps martyrisé, corps mythifié*』, Paris: CNRS Éditions-ECPAD, 2009; 베스 링커Beth Linker와 휘트니 램리Whitney Laemmli, 「반쪽 인간: 제2차 세계 대전 미국에서 상징주의와 하반신 마비 의학Half a Man: The Symbolism and Science of Paraplegic Impotence in World War II America」, 『오시리스*Osiris*』, vol. 30, n°1, 2015, pp. 228~249)과 그 체험이 전투원의 정체성 자체에 미치는 영향으로 돌렸다(조애나 버크, 『남성을 사지 절단 하다: 남성의 신체, 영국, 제1차 대전*Dismembering the Male: Men's Bodies, Britain, and the Great War*』, London: Reaktion Books, 1996 또는 스테판 오두앵루조, 「군대와 전쟁: 남성적 모델의 핵심에 난 틈?Armées et guerres: une brèche au cœur du modèle viril?」, 알랭 코르뱅, 장자크 쿠르틴Jean-Jacques Courtine, 조르주 비가렐로(책임 편집), 『남성다움의 역사, 제3권: 위기를 맞은 남성다움?(20~21세기)*Histoire de la virilité, t. 3: La Virilité en crise? (XXe-XXIe siècle)*』(Paris: Seuil, 2011, pp. 201~223].

부상자에 관한 역사학적 연구가 쇄신된 것은 전후에 그들이 겪은 의료적·심리적·사회적·정치적 변화와 사회 재통합의 어려움과 연관된다. 상이 군인과 신체 상해자 〈회복rehabilitation〉 문제는 장기간에 걸친 비교적 방법론으로 검토되었다. 데이비드 거버David Gerber(책임 편집), 『역사에서 불구가 된 참전 용사들*Disabled Veterans in History*』(Ann Arbor: University of Michigan Press, 2000), 그리고 소피 들라포르트Sophie Delaporte, 『전쟁의 얼굴: 남북 전쟁부터 아프가니스탄까지 안면 부상병들*Visages de guerre. Les gueules cassées, de la guerre de Sécession à l'Afghanistan*』(Paris: Belin, 2017). 특히 주목할 저서로는 남북 전쟁에 대해 리사 롱Lisa Long, 『신체를 복구하기: 건강과 역사, 남북 전쟁*Rehabilitating Bodies: Health, History, and the American Civil*

War』(Philadelphia: University of Pennsylvania Press, 2004); 러일 전쟁에 대해서는 나오코 시마즈, 『전쟁 중 일본 사회: 죽음, 기억, 러일 전쟁*Japanese Society at War: Death, Memory and the Russo-Japanese War*』(Cambridge: Cambridge University Press, 2009), 또는 최근에 벌어진 분쟁은 마거리트 구즈만 부버드marguerite Guzmán Bouvard, 『전쟁의 보이지 않는 상처: 이라크와 아프가니스탄에서 귀향*The Invisible Wounds of War: Coming Home from Iraq and Afghanistan*』(Amherst: Prometheus Books, 2012). 그러나 가장 많은 연구가 이루어진 것은 제1차 세계 대전과 그 전쟁이 참전국 사회에 남긴 지대한 영향이다. 영국에 대해서는 아나 카덴코인Ana Carden-Coyne, 『부상의 정치: 제1차 세계 대전에서 군인 환자와 의학의 힘*The Politics of Wounds: Military Patients and Medical Power in the First World War*』(Oxford: Oxford University Press, 2014), 프랑스에 대해서는 소피 들라포르트, 『부서진 얼굴: 제1차 대전의 안면 부상병들*Les Geueles cassées. Les blessés de la face de la Grande Guerre*』(Paris: Noêsis, 1996); 미국에 대해서는 베스 링커, 『전쟁의 낭비: 제1차 세계 대전에서 사회 복귀*War's Waste: Rehabilitation in World War 1 America*』(Chicago: University of Chicago Press, 2011), 독일에 대해서는 헤더 페리Heather Perry, 『상이군인을 재활용하기: 제1차 세계 대전 독일에서 군대, 의학, 근대성 *Recycling the Disabled: Army, Medicine, and Modernity in WWI Germany*』(Manchester: Manchester University Press, 2014), 그리고 비교 연구는 데버라 코언Deborah Cohen, 『전쟁 귀향: 영국과 독일의 퇴역 상이군인 (1914~1939)*The War Come Home: Disabled Veterans in Britain and Germany (1914-1939)*』(Berkeley: University of California Press, 2001)이 있다. 정신적 트라우마의 역사로부터 특수한 문학이 발생했으나 이는 여기에서 언급하지 않는다.

04 증언하다

필리프 아리에스, 「근대인의 역사 참여L'engagement de l'homme moderne dans l'histoire」(1948), 『역사의 시간*Le Temps de l'histoire*』[Paris: Seuil, 1984(1954)], pp. 69~86.

니콜라 보프레,『전쟁 기록(1914~1918)*Écrits de guerre (1914-1918)*』(Paris: CNRS Éditions, 2013).

르노 뒬롱Renaud Dulong, 『목격자: 개인의 증언이 처한 사회적 조건*Le Témoin oculaire. Les conditions sociales de l'attestation personnelle*』(Paris: Éd. de l'EHESS, 1998).

크리스티앙 주오Christian Jouhaud, 디나 리바르Dinah Ribard, 니콜라 샤피라 Nicolas Schapira, 『역사, 문학, 증언: 시대의 불행을 적기*Histoire, littérature, témoignage. Écrire les malheurs du temps*』(Paris: Gallimard, 2009).

아비샤이 마르갈리트, 『기억의 윤리*L'Éthique du souvenir*』[Paris: Climats, 2006(초판, 2002)].

레너드 V. 스미스Leonard V. Smith, 「증인의 이야기: 제1차 대전에 관한 증언 에서 글쓰기 형태와 실천Le récit du témoin. Formes et pratiques d'écriture dans les témoignages sur la Grande Guerre」, 크리스토프 프로샤송Christophe Prochasson, 안 라스무센(책임 편집), 『제1차 대전의 진실과 거짓*Vrai et faux dans la Grande Guerre*』(Paris: La Découverte, 2004), pp. 277~301.

제이 윈터, 「도덕적 증인과 양차 세계 대전Le témoin moral et les deux guerres mondiales」, 『역사와 사회: 사회적 역사에 관한 유럽 잡지*Histoire et sociétés. Revue européenne d'histoire sociale*』, n°8, 2003년 10월, pp. 99~115.

05 〈온갖 엄청난 감정〉

병사의 세계에서 감정적 측면의 역사는 한창 연구되는 분야다. 이 주제를 선구적인 관점에서 조망한 책으로는 조애나 버크,『살인의 내밀한 역사: 21세기 전쟁에서 얼굴을 맞대고 죽이기*An Intimate History of Killing: Face to Face Killing in Twentieth-Century Warfare*』(New York: Basic Books, 1999)를 참 조하면 된다. 군인의 글과 감정을 다룬 연구로는 새뮤얼 하인즈Samuel Hynes 의 필독해야 할 문학적 연구서,『병사들의 이야기: 근대 전쟁의 증언자*The Soldiers' Tale: Bearing Witness to Modern War*』(New York: Allen Lane/Penguin, 1997), 그리고 폴 퍼셀,『제1차 세계 대전과 근대의 기억*The Great War and Modern Memory*』(Oxford: Oxford University Press, 1975)과 『전쟁기: 제2차

세계 대전에서 이해와 행동Wartime: Understanding and Behavior in the Second World War』(Oxford: Oxford University Press, 1989)을 소개한다.

자료의 풍부함 때문에 제1차 세계 대전은 이러한 접근법의 훌륭한 실험실이다: 스테판 오두앵루조(특히『무기와 살: 세 가지 죽음의 물품Les Armes et la chair. Trois objets de mort en 14-18』, Paris: Armand Colin, 2009)를 참조하고, 정신 분석적으로 접근한 연구로는 마이클 로퍼,『은밀한 전투: 제1차 세계 대전에서 정서적으로 살아남기The Secret Battle: Emotional Survival in the Great War』(Manchester: Manchester University Press, 2009)를 참조할 것. 제1차 세계 대전 참전 용사들의 내밀한 편지를 검토한 연구로는 마사 해나Martha Hanna,『당신의 죽음이 나의 죽음이 되리라: 제1차 세계 대전 중 폴과 마리 피로Your Death Would Be Mine: Paul and Marie Pireaud in the Great War』(Cambridge: MA, Havard University Press, 2006), 그리고 클레망틴 비달나케Clémentine Vidal-Naquet,『제1차 세계 대전 중의 커플: 부부 관계의 비극과 일상Couples dans la Grande Guerre. Le tragique et l'ordinaire du lien conjugal』(Paris: Les Belles Lettres, 2014). 군인의 정서적 삶에 관하여 사회학적으로 접근해 풍부한 내용을 알려주는 연구로 니콜라 마리오Nicolas Mariot,『참호 속에서 모두 하나 되다? 1914~1918, 지식인이 민중을 만나다Tous unis dans la tranchée? 1914-1918, les intellectuels rencontrent le peuple』(Paris: Seuil, 2013).

19세기에 대해서는 에르베 마쥐렐의 훌륭한 개론「군사적 열정과 전쟁의 절정기Enthousiasmes militaires et paroxysmes guerriers」, 알랭 코르뱅, 장자크 쿠르틴Jean-Jacques Courtine, 조르주 비가렐로(책임 편집),『감정의 역사, 제2권: 계몽주의 시대부터 19세기 말까지Histoire des émotions, t. 2: Des Lumières à la fin du XIXe siècle』(Paris: Seuil, 2016), 그리고 다음 개별 연구서들도 참조할 것: 병영의 세계에 관하여 오딜 루아네트,『〈병역 적합〉: 19세기 말 프랑스 병영 체험"Bons pour le service". L'expérience de la caserne en France à la fin du XIXe siècle』(Paris: Belin, 2000, 2017); 남북 전쟁에 관하여 제럴드 린더먼Gerald Linderman,『진용을 갖춘 용기: 남북 전쟁 중 전투 경험Embattled Courage: The Experience of Combat in the American Civil War』(New York & London: Collier, Macmilan, New Press, 1989); 형벌 부대에 관해서는 도미니크 칼리파Dominique Kalifa,『비리비: 프랑스 군대의 식민지 도형장Biribi. Les bagnes *coloniaux de l'armée française*』(Paris: Perrin, 2009); 그리스에 독립 지원 운동을 떠난 이들에 관해서는 에르베 마쥐렐, 『전쟁의 도취: 바이런, 그리스 독립 지원자, 그리스의 신기루*Vertiges de la guerre. Byron, les philhellènes et le mirage grec*』(Paris: Les Belles Lettres, 2013); 그리고 의료적인 관점에서 본 노스탤지어(향수)에 관해서는 토머스 도드먼Thomas Dodman, 『향수가 무엇이었나: 전쟁, 제국, 치명적인 감정의 시대*What Nostalgia Was: War, Empire, and the Time of a Deadly Emotion*』(Chicago: University of Chicago Press, 2018). 성폭력과 사회적 성별 관계를 다룬 책으로는 메리 루이즈 로버츠, 『지아이와 여성들*Des GI's et des femmes*』(Paris: Seuil, 2014), 그리고 안나 크릴로바Anna Krylova, 『전투에서 소련 여성들: 동부 전선 폭력의 역사*Soviet Women in Combat: A History of Violence on the Eastern Front*』(Cambridge: Cambridge University Press, 2010).

권태에 관하여 조금 더 깊이 알아보려면 브뤼노 카반Bruno Cabanes, 「권태와 전쟁 경험: 과학적 담론의 출현Ennui et expérience de guerre: l'émergence d'un discours scientifique」, 파스칼 괴첼Pascale Goetschel, 크리스토프 그랑제Christophe Granger, 나탈리 리샤르nathalie Richard, 실뱅 브네르Sylvain Venayre(책임 편집), 『권태, 어떤 마음 상태의 역사(19~20세기)*L'Ennui, Histoire d'un état d'âme (XIXe-XXe siècle)*』(Paris: Publications de la Sorbonne, 2012); 그리고 두려움에 관해서는 얀 플람퍼Jan Plamper, 「두려움: 21세기 초기 러시아 군사 심리학에서 군인과 감정Fear: Soldiers and Emotion in Early Twentieth-Century Russian Military Psychology」, 『슬라빈 리뷰*Slavin Review*』(vol. 68, n°2, 2009).

마찬가지로, 중국 군인을 다룬 다이내나 래리Diana Lary의 책(『군벌 병사들: 군인으로서 중국인*Warlord Soldiers: Chinese Common Soldiers, 1911-1937*』, Cambridge University Press, 1985), 그리고 일본 가미카제의 내밀한 글에 대해서는 에런 윌리엄 무어Aaron William Moore의 책(『전쟁을 글로 쓰기: 군인들이 일본 제국을 기록하다*Writing War: Soldiers Record the Japanese Empire*』, Cambridge: MA, Havard University Press, 2013)을 참조할 것. 관심 있는 독자는 제1차 세계 대전 참전 용사들의 증언집을 비롯하여 출간된 많은 군인의 글을 직접 읽어 보기를 권한다. 필자는 특히 제시 글렌 그레이(『전투에서: 전쟁 중인 사람들에 대한 고찰*Au combat. Réflexions sur les hommes à la guerre*』,

Paris: Tallandier, 2012)의 (일기장에서 나온) 고찰, 그리고 데이비드 오미시,
(『제1차 세계 대전에 대한 인도인의 목소리: 군인의 편지, 1914~1918*Indian Voices of the Great War: Soldiers' Letters, 1914-1918*』, London: Macmillan, 1999)
가 모은 제1차 세계 대전 중 인도 군인들이 쓴 훌륭한 편지 모음을 참조했다.

06 식민지에서: 야만이 된 전쟁

애초에 식민지에서 벌어진 전쟁은 두 가지 문제에 주로 집중한 역사가들에
의하여 연구되었다. 유럽 군대가 배치한 식민지 부대의 문제,예를 들어 세네
갈 저격병에 관하여 마르크 미셸과 마이런 에켄버그Myron Echenberg가 각각
『아프리카인과 제1차 대전: 아프리카로의 부름, 1914~1918*Les Africains et la Grande Guerre. L'appel à l'Afrique, 1914-1918*』, (Paris: Karthala, 2003), 그리고
『프랑스령 서아프리카에서 세네갈 저격병들, 1857~1960*Les Tirailleurs sénégalais en Afrique occidentale française, 1857-1960*』, (Paris: Kanthala, 2009),
그리고 식민지에서 질서를 유지하기 위해 활용된 기구나 군사 주체들의 문제
는 다음의 책을 참고하라. 자크 프레모, 『정복된 알제리에서 아랍국*Les Bureaux arabes dans l'Algérie de la conquête*』, Paris: (Denoel, 1993); 데이비드 킬링그레
이와 데이비드 오미시, 『제국의 수호자: 식민국 정권의 군대(1700~1964)
Guardians of Empire: The Armed Forces of the Colonial Powers, c. 1700-1964』,
(Manchester: Manchester University Press, 1999); 또는 앤서니 클레이턴
과 데이비드 킬링그레이, 『카키색과 푸른색: 영국 식민지 아프리카에서 군대
와 경찰*Khaki and Blue: Military and Police in British Colonial Africa*』, (Athens:
University of Ohio Press, 1989). 더 종합적인 연구가 있는데, 최초의 비교
연구 중 하나는 1989년에 야프 데 모르Jaap De Moor와 H. L. 베셀링H. L. Wesseling이 발표했다. (『제국주의와 전쟁: 아시아와 아프리카에서 벌어진 식
민 전쟁에 대한 에세이*Imperialism and War: Essays on Colonial Wars in Asia and Africa, 1870-1914*』, (Leiden: Brill, 1989). 최근에 프랑스어로 된 연구서인 자
크 프레모, 『제국은 무엇으로 만들어졌나*De quoi fut fait l'empire*』, Paris:
CNRS Éditions, 2009)와 뱅상 졸리Vincent Joly(『아프리카의 전쟁들: 식민
전쟁 130년: 프랑스의 경험 *Guerres d'Afrique. 130 ans de guerres coloniales:*

l'expérience française』, (Rennes: Presses universitaires de Rennes, 2009)는 제국이 구축되는 데 군대가 담당한 역할이라는 문제를 다시 다루었다. 헤더 스트리츠Heather Streets는 대영 제국에서 〈호전적인 인종〉에 관한 매우 훌륭한 연구를 발표했다.(『호전적인 인종: 대영 제국 문화에서 군대, 인종, 남성성 (1857~1914)*Martial Races: The Military, Race and Masculinity in British Imperial Culture, 1857-1914*』, Manchester: Manchester University Press, 2004). 전쟁 행태에 관해 이 저작들은 더 신중한 반면, 식민지 질서 유지에 관한 연구는 진정한 하나의 연구 분야로 발달했다. 이러한 몇몇 연구를 소개하자면 데이비드 앤더슨David Anderson과 데이비드 킬링그레이가 책임 편집한 저서(『제국을 다스리기: 정부, 권력 기관, 통제, 1830~1940*Policing the Empire: Government, Authority and Control, 1830-1940*』, Manchester: Manchester University Press, 1991)부터 조르지나 싱클레어Georgina Sinclair나 마틴 토머스Martin Thomas, 니콜라 쿠르탱Nicolas Courtin, 조엘 글라스만Joël Glasman의 최근 연구들이 있다.

몇몇 분쟁은 폭력에 집중하여 심층적인 연구의 대상이 되었다. 오래 지속된 알제리 정복은 벤저민 브라우어Benjamin Brower(『평화라 불리는 사막: 알제리 사하라 지역에서 벌어진 프랑스 제국의 폭력*A Desert Named Peace: The Violence of France's Empire in the Algerian Sahara, 1844-1902*』, New York: Columbian University Press, 2009) 그리고 윌리엄 갈루아William Gallois(『초기 알제리 식민지 폭력의 역사*A History of Violence in the Early Algerian Colony*』, Basingstoke: Palgrave Macmillan, 2013)의 저작에서 조명되었고, 알제리 독립 전쟁 중에 프랑스 군대가 행한 폭력을 다룬 연구로는 라파엘 브랑슈의 저작이 있다(『알제리 전쟁 중 고문과 군대, 1954~1962*La Torture et l'armée pendant la guerre d'Algérie, 1954-1962*』, Paris: Gallimard, 2001). 두 권의 저작이 케냐에서 벌어진 마우마우단 운동에 대한 억압 양상을 새로이 다루었다. 캐럴라인 엘킨스Caroline Elkins는 『제국의 응보: 영국이 케냐에 세운 강제 수용소에 말 못 한 이야기*Imperial Reckoning: The Untold Story of Britain's Gulag in Kenya*』(New York: Henry Holt, 2005)에서 케냐 반란자들을 재교육할 목적으로 수용소를 조직화한 양상을 강조했으며, 데이비드 앤더슨은 봉기한 주민들에게 몰아친 군사-사법적 억압의 작용을 매우 훌륭하게 해체해 밝혔다

(『목매달려 죽은 이들의 이야기*Histories of the Hanged*』, London: Weidenfeld & Nicolson, 2005). 이 두 저자는 억압의 역동을 이해하고 억압을 양적으로 측정하기 위해 희생자의 증언을 얼마만큼 신뢰할 수 있는지에 관하여 서로 반대되는 입장을 보인다. 영국인에 의해 선동된 〈충성파〉가 억압이 성공하는 데 있어 본질적으로 담당한 역할에 관한 대니얼 브랜치Daniel Branch의 연구는 이 두 접근법에 대한 완벽한 보충 연구다(『마우마우단을 패배시키다, 케냐를 창설하다*Defeating Mau Mau, Creating Kenya*』, Cambridge: Cambridge University Press, 2009). 끝으로 헤레로족과 나마족에 대한 억압은 논란의 대상이 된 연구 주제다. 2000년대 초부터 위르겐 치머러가 독일의 경우에 식민주의와 나치즘 사이에 밀접한 관계가 있다는 제안의 기초가 된 것이 바로 이 폭력 분석이기 때문이다. 이 분석은 폭넓게 논의되고 반박되었다. 이에 대한 소개글은 폴커 랑벤Volker Langbehn(책임 편집), 『독일 식민주의*German Colonialism*』(New York: Columbia University Press, 2011)에서 찾아볼 수 있다.

이 짧은 단편집에서 확인할 수 있듯, 어떤 영토와 제국은 다른 영토와 제국들보다 덜 다루어졌다. 영국과 프랑스 제국에 관한 역사 연구는 20여 년 전부터 이루어진 데 반해, 네덜란드와 포르투갈 제국에 관한 연구는 훨씬 더 최근에야 이루어지기 시작했으며, 식민지에서 벌어진 전쟁 폭력의 특수한 측면들에 대한 비교 연구는 앞으로 이루어질 연구에서 더욱 정교해질 것이다.

07 밑에서 본 폭격

민간인에 대한 폭력을 다룬 연구서는 풍부하다. 윤리·사회적인 여러 문제에 관해서는 유키 다나카(田中利幸)와 메릴린 영Marilyn Young(책임 편집), 『민간인 폭력: 20세기 역사*Bombing civilians: A Twentieth-Century History*』(New York: New Press, 2009)를 참조할 것. 전쟁이 〈민간으로 전파〉하는 현상에 대해서는 토마 이플레르Thomas Hippler, 『하늘을 지배하기: 공습의 전반적인 역사*Le Gouvernement du ciel. Histoire globale des bombardements aériens*』(Paris: Les Prairies ordinaires, 2014)를 참조. 국내 전선의 도시를 공격하는 전쟁의 새로운 측면을 개념적인 차원에서 다룬 연구서로는 조셉 콘비츠Josef Konvitz,

「도시의 표상과 전략 폭격 1914~1945 Représentations urbaines et bombardements stratégiques 1914-1945」, 『연보Annales』(vol. 44, n°4, 1989, pp. 823~847), 그리고 다니엘 볼드만, 「민간인, 도시 폭격의 쟁점(1914~1945)Les populations civiles, enjeux du bombardement des villes (1914-1945)」, 스테판 오두앵루조, 아네트 베케르, 크리스티앙 잉그라오, 앙리 루소Henry Rousso(책임 편집), 『전쟁의 폭력(1914~1945): 양차 세계 대전에 대한 비교적 접근La Violence de guerre (1914-1945). Approches comparées des deux conflits mondiaux』(Brussel: Complexe, 2002, pp. 151~174). 양차 세계 대전 중에 민간인의 체험에 관해서는 제리 화이트Jerry White, 『체펠린의 밤: 제1차 세계 대전 중 런던Zeppelin Nights: London in the First World War』(London: Bodley Head, 2014); 수전 그레이젤Susan Grayzel, 『고향과 포화 아래에서: 제1차 세계 대전부터 영국 대공습까지 영국의 공습과 문화At Home and under Fire: Air Raids and Culture in Britain from the Great War to the Blitz』(Cambridge: Cambridge University Press, 2012); 데이비드 오미시David Omissi, 『공군력과 식민 통제: 영국 왕립 공군(1919~1939)Air Power and Colonial Control: The Royal Air Force (1919-1939)』(Manchester: Manchester University Press, 1990); 프리야 사티아Priya Satia, 「비인도성에 대한 변명: 공중 통제와 아라비아에 대한 영국의 생각The Defense of Inhumanity: Air Control and the British Idea of Arabia」, 『미국 역사학 리뷰The American Historical Review』(vol. 111, n°1, 2006, pp. 16~51); 리처드 오버리, 『폭격 전쟁: 1939~1945년 유럽The Bombing War: Europe 1939-1945』(London: Allen Lane, 2009); 디트마어 주스Dietmar Süss, 『하늘에서 가해진 죽음: 영국과 독일이 제2차 세계 대전 중 폭격에서 어떻게 살아남았나 Death from the Skies: How the British and Germans Survived Bombing in World War II』(Oxford: Oxford University Press, 2014); 줄리엣 가디너Juliet Garidner, 『대공습: 공격받는 영국The Blitz: The British under Attack』(London: HarperPress, 2010); 클로디아 발돌리Claudia Baldoli와 앤드루 냅Andrew Knapp, 『잊힌 공습들: 연합군의 공습을 받는 프랑스와 이탈리아Forgotten Blitzes: France and Italy under Allied Air Attack (1940-1945)』(London: Continuum, 2012); 존 다우어, 「폭격당한 이들: 일본의 기억에서 히로시마와 나가사키 사람들The Bombed: Hiroshimas and Nagasakis in Japanese Memory」, 『외

교사*Diplomatic History*』(vol. 19, n°2, 1995, pp. 275~295); 마이클 호건 Michael Hogan(책임 편집), 『역사와 기억 속의 히로시마*Hiroshima in History and Memory*』(Cambridge: Cambridge University Press, 1996); 앤드루 로터 Andrew Rotter, 『히로시마: 세계의 폭탄*Hiroshima: The World's Bomb*』(Oxford: Oxford University Press, 2008).

제2차 세계 대전 이후에 이루어진 폭격에 관한 주요 정보가 수록된 저서로 마르틴 반 크레펠트Martin Van Creveld, 『공군력의 시대*The Age of Airpower*』 (New York: PublicAffairs, 2011); 더불어 참조할 저서로는 제임스 코럼James Corum과 레이 존슨Wray Johnson, 『작은 전쟁에서의 공군력: 싸우는 반란자와 테러리스트들*Airpower in Small Wars: Fighting Insurgents and Terrorists*』 (Lawrence: University Press of Kansas, 2003). 폭격과 그 영향에 대해서는 앨런 스티븐스Alan Stephens, 「한국에서 벌어진 공중전Air War in Korea」, 존 올센John Olsen(책임 편집), 『공중전의 역사*A History of Air Warfare*』(워싱턴 D. C.: Potomac Books, 2010, pp. 85~106); 베른트 그라이너Bernd Greiner, 『전선 없는 전쟁: 베트남에서 USA *War without Fronts: The USA in Vietnam*』 (London: Bodley Head, 2009); 마크 클로드펠터Mark Clodfelter, 『공군력의 한계: 미국이 북베트남에 가한 폭격*The Limits of Air Power: The American Bombing of North Vietnam*』(New York: macmillan, 1989); 톰 레너드Tom Leonard, 『이라크와 쿠웨이트에 대한 대량 폭격에 관하여*On the Mass Bombings of Iraq and Kuwait*』(Chico: AK Press, 1991); 리처드 데이비스Richard Davis, 『결정적인 힘: 걸프전의 전략 폭격*Decisive Force: Strategic Bombing in the Gulf War*』(워싱턴 D. C.: Department of the Air Force, 1996).

08 히로시마에 대한 침묵

존 다우어, 『잊는 방법, 기억하는 방법: 근대 세계에서 일본*Ways of Forgetting, Ways of Remembering: Japan in the Modern World*』(New York: New Press, 2012).

미카엘 뤼켕Michael Lucken, 『일본인과 전쟁(1937~1952)*Les Japonais et la guerre (1937-1952)*』(Paris: Fayard, 2013).

린지로 소데이Rinjiro Sodei, 『우리가 적이었나? 히로시마의 미국 생존자들 *Were We the Enemy? American Survivors of Hiroshima*』(Boulder: Westview Press, 1998).

존 휘티어 트리트John Whittier Treat, 『그라운드 제로를 글로 적기: 일본 문학과 원자 폭탄*Writing Ground Zero: Japanese Literature and the Atomic Bomb*』(Chicago: University of Chicago Press, 1995).

리사 요네야마, 『히로시마의 흔적들: 시간, 공간, 기억의 변증법*Hiroshima Traces: Time, Space, and the Dialectics of Memory*』(Berkeley: University of California Press, 1999).

랜 즈위겐버그Ran Zwigenberg, 『히로시마: 전 세계적인 기억 문화의 기원 *Hiroshima: The Origins of Global Memory Culture*』(Cambridge: Cambridge University Press, 2014).

09 점령

〈점령〉이라는 용어는 너무나 제2차 세계 대전을 연상시켜 그 시대 전체를 가리키게 되었다. 대륙과 지역, 국가 차원에서 서로 다른 층위의 접근을 하려면, 알리아 아글랑과 로베르 프랑크Robert Frank가 책임 편집한 『1937~1947, 전쟁-세계*1937-1947, la guerre-monde*』(Paris: Gallimard, coll. 'Folio', 2015, 제2권)를 참조하면 유용하다. 나치의 영토 확장주의와 정신세계의 근간을 더 잘 이해하려면 요안 샤푸토, 『피의 법*La Loi du sang*』(Paris: Gallimard, 2014)을 참조할 것. 나치의 점령 방법은 마크 마조워Mark Mazower의 『히틀러의 제국*Hitler's Empire*』(New York: Penguin, 2008)에 잘 설명되어 있고, 그리스의 경우는 같은 저자의 『히틀러 치하의 그리스 내부로*Inside Hitler's Greece*』(New Haven: Yale University Press, 1993)를 권한다. 동유럽의 경우는 고츠 알리 Götz Aly가 『최종 해결: 유럽 유대인의 학살과 민족 이동*'Endlösung'. Völkerverschiebung und der Mord an den europäischen Juden*』(Frankfurt: Fischer, 1998)에서 각별히 잘 연구했다.

독재자와 점령 정권의 관계는 프랑수아 마르코François Marcot와 디디에 뮈지들라크Didier Musiedlak(책임 편집), 『저항 활동, 억압 정권의 거울: 독일, 프랑스, 이탈리아*Les Résistances, miroir des régimes d'oppression. Allemagne, France, Italie*』(Besançon: Presses universitaires de Franche-Comté, 2006)에서 중점적으로 다루어진다. 점령당한 프랑스의 특수한 경우를 알아보려면 다음 도서들을 참조할 것. 줄리언 잭슨Julian Jackson, 『프랑스, 암흑의 시기, 1940~1944*France, The Dark Years, 1940-1944*』(Oxford: Oxford University Press, 2001); 알리아 아글랑, 『전쟁 중의 프랑스 또는 공화국의 소멸*La France dans la guerre ou l'Éclipse de la République*』(Paris: Seuil, 출간 예정); 알리아 아글랑, 요안 샤푸토, 장미셸 기외Jean-Michel Guieu, 『선택의 시간(1933~1945) *L'Heure des choix (1933-1945)*』(〈프랑스-독일 역사〉 컬렉션 제9권, Paris: Institut historique allemand/Villeneuve-d'Ascq, Presses universitaires du Septentrion, 2018).

점령당한 국민들의 태도에 관한 논쟁은 특히 프랑스의 경우에 풍부하게 이루어졌다. 로버트 팩스턴Robert Paxton의 『비시 프랑스: 옛 수호자와 새 질서(1940~1944)*Vichy France: Old Guard and New Order (1940-1944)*』(1972, 2001년에 재판, New York: Columbia University Press), 그리고 피에르 라보리Pierre Laborie의 저작들, 특히 『비시 정권하의 프랑스 여론*L'Opinion française sous Vichy*』(Paris: Seuil, 1990), 『혼란의 시대의 프랑스인*Les Français des années troubles*』(Paris: Desclée de Brouwer, 2001), 『슬픔과 독*Le Chagrin et le venin*』(Montrouge: Bayard, 2011)을 참조하면 좋다. 장기간에 걸친 점령의 군사적 특성에 대한 개관은 피터 M. R. 스터크Peter M. R. Stirk의 『1792년부터 1914년까지 군사 점령의 역사*A History of Military Occupation from 1792 to 1914*』(Edinburgh: Edinburgh University Press, 2016)와 『군사 점령 정책*The Politics of Military Occupation*』(Edinburgh: Edinburgh University Press, 2009)에서 제시된다. 피에르 생가라벨루Pierre Singaravélou의 책임 편집 아래 집필된 공동 저작물 『식민 제국들(19~20세기)*Les Empires coloniaux (XIXe-XXe siècle)*』(Paris: Éd. Points, 2013)은 제국 점령에 맞선 저항을 시공간적 역동 속에서 그 모든 차원을 살펴본다. 대영 제국의 상황은 로버트 비커스Robert Bickers(책임 편집), 『정착민과 이주민: 해외의 영국인*Settlers and Expatriates: Britons over the Seas*』(Oxford: Oxford University Press, 2010)을 읽으면 이해할 수 있을 것이다. 점령과 경제에 관한 문제 제기는 디르크 뤼이

탕Dirk Luyten, 마르크 스푀러Mark Spoerer, 장프랑수아 에크Jean-François Eck의 글 「현대 유럽에서 군사적 점령과 경제: 무슨 관계인가?Occupations militaires et économie en Europe à l'époque contemporaine: quelles relations?」, 『기업과 역사Entreprises et histoire』(vol. 62, n°1, 2011, pp. 118~127, 특집 호『서유럽에서 군사적 점령과 기업Occupations militaires et entreprises en Europe occidentale』 그리고 2012년 9월에 간행된 같은 잡지 vol. 68, n°3에 실린 두 번째 부분)에 분명하게 종합되어 있다.

점령국과 피점령국의 관계에 대해서는 장프랑수아 샤네Jean-François Chanet, 아니 크레팽Annie Crépin, 크리스티안 윈들러Christian Windler(책임 편집)의 공동 저작물 『이중적인 인간의 시대: 점령에 마주하여 이루어진 타협, 프랑스 혁명에서 1870년 전쟁까지 Le Temps des hommes doubles. Les arrangements face à l'occupation, de la Révolution française à la guerre de 1870』 (Rennes: Presses universitaires de Rennes, 2013)가 점령자/피점령자 관계의 미묘한 차이를 살피고 비교하도록 해준다. 까다로운 팔레스타인 문제는 앙리 로랑스Henry Laurens가 1999년부터 2015년까지 파야르Fayard 출판사에서 출간된 『팔레스타인 문제La Question de Palestine』 다섯 권에서 심도 있게 다루었다: 제1권 『신성한 땅의 발명(1799~1922)L'invention de la Terre sainte (1799-1922)』; 제2권 『문명의 신성한 임무(1922~1947)Une mission sacrée de civilisation (1922-1947)』; 제3권 『예언의 실현(1947~1967)L'Accomplissement des prophéties (1947-1967)』; 제4권 『올리브나무 가지와 병사의 소총 (1967~1982)Le Rameau d'olivier et le fusil du combattant(1967-1982)』; 제5권 『불가능한 평화(1982~2001)La Paix impossible (1982-2001)』. 끝으로 가장 최근에 이루어진 점령으로 제기된 법적인 문제들을 다룬 글로 엘렌 티그루자 Hélène Tigroudja, 「이라크 점령 정권Le régime d'occupation en Iraq」, 『국제법 프랑스 연보Annuaire français de droit international』(vol. 50, 2004, pp. 77~101).

10 고야: 대학살의 해부학

고야가 전쟁을 다룬 판화 작품들은 특히 19세기 후반부터 그 진가를 인정받아 그에 대한 여러 전시가 열리고 비평문이 발표되었다. 그중 중요한 초기 글로는 테오필 고티에Théophile Gautier가 『트라 로스 몬테스*Tra los montes*』 (1843)에 수록한 글; 로랑 마테롱Laurent Matheron의 『고야*Goya*』(1858); 그리고 샤를 이리아르트Charles Yriarte의 『고야: 타바르와 보쿠르, Ch. 이리아르트의 사본을 본뜬 창작 판화 작품 50점이 수록된 그의 전기 그리고 프레스코화, 회화, 태피스트리, 에칭, 작품 카탈로그*Goya. Sa biographie, les fresques, les toiles, les tapisseries, les eaux-fortes et le catalogue de l'œuvre avec cinquante planches inédites d'après les copies de Tabar, Bocourt et Ch. Yriarte*』(1867)는 고야의 회화 작품을 강조하며, 이 책에 필적할 만한 저작은 1910년에야 출간된 폴 라퐁Paul Lafond, 『고야 이 루시엔테스: 고야의 가장 유명한 작품을 본뜬 50점의 판화 작품 *Goya y Lucientes. Cinquante planches d'après ses œuvres les plus célèbres*』으로, 1900년 5월에 마드리드에서 대형 회고전이 열린 지 10년 후에 출간되었다.

최근 저작으로는 1999년에 투르쿠앵 미술관에서 열린 전시의 카탈로그 『무형의 고야: 고야의 근대 후손*Goya informe. Descendances modernes de Goya*』에서 에블린도로테 알망Évelyne-Dorothée Allemand, 카티아 보댕Katia Baudin, 장르네 르페브르Jean-René Lefebvre, 트리스탕 트레모Tristan Trémeau가 엔소르나 스필리에르트, 딕스, 피카소 같은 예술가들의 작품을 통해 고야의 근대 및 현대의 후손을 소개했다. 반카하 재단Fundación Bancaja에서 2001년에 열린 전시 카탈로그 샐리 라딕Sally Radic(책임 편집), 『전쟁을 보는 세 가지 관점: 자크 칼로, 프란시스코 드 고야, 오토 딕스*3 visiones de la guerra: Jacques Callot, Francisco de Goya, Otto Dix*』에서는 고야의 선구적 작품들이 프랑스의 판화가 자크 칼로와 독일 표현주의 화가 오토 딕스의 작품들과 연관 지어 소개된다. 2007년에 파스칼 토레스Pascal Torres는 『볼 수 없다*No se puede mirar*』에서 화가인 조란 무지치Zoran Mušič와 영화감독 알랭 레네Alain Resnais가 강제 수용소를 표현한 것에 대응시켜 고야에 대한 비판적인 평가를 했다. 2008년에 질 샤잘Gilles Chazal은 프티 팔레Petit Palais에서 열린 전시회 〈판화가 고야Goya graveur〉와 연계된 저작물 집필을 감독하며 연작 「부조리Disparates」에 집중했다. 루브르-랑스 미술관에서 2014년에 열린 전시회의 카탈로그 『전쟁의 참사(1800~2014)*Les Désastres de la guerre (1800-2014)*』에서 로랑스 베르트랑 도를레아크는 나폴레옹 전쟁 중에 민간인이 겪은 수난을 선구적으로 표현한

데 대하여 고야를 주요 예술가로 자리매김한다. 파스칼 토레스는 「전쟁의 참사」 판화 연작을 정리하는 글을 한 편 썼다.

11 1914~1915년, 온 사회가 동원되다

1914년에 이루어진 동원을 다룬 공동 저작물과 책은 여럿 있다. 그 가운데 존 혼(책임 편집), 『제1차 세계 대전 중 유럽에서 국가와 사회, 동원 *State, Society, and Mobilization in Europe during the First World War*』(Cambridge: Cambridge University Press, 1997), 그리고 스테판 오두앵루조와 아네트 베케르, 『대전(1914~1918)*La Grande Guerre (1914-1918)*』(Paris: Gallimard, 1998)을 권한다. 특히 프랑스에 관해서는 브뤼노 카반Bruno Cabanes, 『1914년 8월: 프랑스가 전쟁에 돌입하다*Août 14. La France entre en guerre*』(Paris: Gallimard, 2014), 그리고 독일에 관해서는 제프리 버헤이Jeaffrey Verhey, 『1914년의 정신: 독일의 군사주의, 신화, 동원*The Spirit of 1914: Militarism, Myth and Mobilization in Germany*』(Cambridge: Cambridge University Press, 2000)도 참조할 것. 선전으로 동원한 양상은 안토니오 지벨리Antonio Gibelli, 『이탈리아의 대전쟁*La grande guerra degli Italiani*』(Milano: Sansoni, 1998); 마크 콘월Mark Cornwall, 『오스트리아-헝가리를 약화시키기: 마음과 정신을 위한 전투*The Undermining of Austria-Hungary: The Battle for Hearts and Minds*』(Basingstoke: Macmillan, 2000); 데이비드 몽거David Monger, 『제1차 세계 대전 영국에서 애국심과 선전: 국민 전쟁 목표 위원회와 민간인의 사기*Patriotism and Propaganda in First World War Britain: The National War Aims Committee and Civilian Morale*』(Liverpool: Liverpool University Press, 2012); 앨런 액설로드Alan Axelrod, 『제1차 대전을 판매하기: 미국의 선전 제작*Selling the Great War: The Making of American Propaganda*』(New York: Palgrave macmillan, 2009)을 참조할 것.

제1차 대전과 양차 대전 사이에 여성이 동원된 양상은 우테 다니엘Ute Daniel, 『내부에서 본 전쟁: 제1차 세계 대전 중 독일 노동 계급 여성*The War from Within: German Working-Class Women in the First World War*』(Oxford: Berg, 1997); 마거릿 대로Margaret Darrow, 『제1차 세계 대전 중 프랑스 여성*French*

Women and the First World War: War Stories of the Home Front』(Oxford: Berg, 2000); 킴벌리 젠슨Kimberly Jensen, 『미네르바를 동원하기: 제1차 세계대전 중 미국 여성*Mobilizing Minerva: American Women in the First World War*』(Urbana: University of Illinois Press, 2008); 수전 그레이젤Susan Grayzel, 「전쟁을 위한 여성 동원Women's Mobilization for War」(『1914~1918년 온라인: 제1차 세계 대전 국제 백과사전*1914-1918-online: International Encyclopedia of the First World War*』홈페이지에서 참조 가능)을 참조할 것.

제1차 세계 대전의 종결과 문화적 동원 해제의 한계에 관한 논의는 존 혼(책임 편집), 「제1차 대전 이후에 문화적 동원 해제Démobilisations culturelles après la Grande Guerre」, 『1914~1918년, 오늘, 오늘, 오늘*14-18 Aujourd'hui, Today, Heute*』,* n°5, 2002, 그리고 볼프강 시벨부시Wolfgang Schivelbusch, 『패배의 문화: 국가적 트라우마와 애도, 회복에 대하여*The Culture of Defeat: On National Trauma, Mourning and Recovery*』(New York: Picador, 2003)를 참조.

1918년 이후 반(反)볼셰비즘에 의한 〈재동원〉에 관해서는 로버트 거위스와 존 혼, 「환상으로서의 볼셰비즘: 혁명에 대한 두려움과 반혁명 폭력(1917~1923)Bolshevism as Fantasy: Fear of Revolution and Counter-Revolutionary Violence (1917-1923)」, 로버트 거위스와 존 혼(책임 편집), 『평화기의 전쟁: 제1차 대전 이후 유럽에서 준군사 조직이 자행한 폭력*War in Peace: Paramilitary Violence in Europe after the Great War*』(Oxford: Oxford University Press, 2012, pp. 40~51). 이탈리아에 관해서는 에밀리오 젠틸레Emilio Gentile, 「이탈리아에서 준군사 조직의 폭력Paramilitary Violence in Italy: The Rationale of Fascism and the Origins of Totalitarianism」, 앞의 책(pp. 85~106).

제2차 세계 대전에 관한 연구서는 매우 많다. 동원을 다룬 무수한 저서 중에서 하나를 들자면 루이즈 영Louise Young, 『일본의 완전한 제국: 만주와 전시 제국주의 문화*Japan's Total Empire: Manchuria and the Culture of Wartime Imperialism*』(Berkeley: University of California Press, 1998). 독일과 이탈리아에서 제2차 세계 대전이 종결될 무렵에 국가의 선전과 국민의 사기에 관해

---

* 책명에서 14-18은 1차 세계 대전 기간인 1914~1918년을 일컫고, 다음 세 단어는 각각 프랑스어, 영어, 독일어로 〈오늘〉을 뜻한다.

서는 이언 커쇼Ian Kershaw, 『종말: 히틀러의 독일, 1944~1945 The End: Hitler's Germany, 1944-1945』(London: Allen Lane, 2011), 그리고 루이사 쿼터메인Luisa Quartermaine, 『무솔리니의 마지막 공화국: 이탈리아 사회 공화국의 선전과 정치(1943~1945) Mussolini's Last Republic: Propaganda and Politics in the Italian Social Republic (1943-1945)』(Exeter: Elm Bank Publications, 2000)를 참조. 레니 리펜슈탈과 프랭크 캐프라에 관해서는 이언 스콧Ian Scott, 「프랭크 캐프라와 레니 리펜슈탈: 정치, 선전, 개인적인 것Frank Capra and Leni Riefenstahl: Politics, Propaganda and the Personal」, 『미국 비교 연구 Comparative American Studies』(vol. 7, n°4, 2009, pp. 285~297)를 참조. 끝으로, 일본의 선전과 그 물질적인 문화에 관해서는 재클린 앳킨스Jacqueline Atkins(책임 편집), 『선전을 입다: 일본과 영국, 미국 국내 전선의 직물(1931~1945) Wearing Propaganda: Textiles on the Home Front in Japan, Britain and the United States (1931-1945)』(New Haven: Yale University Press, 2005)을 참조.

12 일본: 남의 전쟁?

제2차 세계 대전 중 일본 민간인의 삶을 기술하는 이야기를 찾아볼 수 있는 자료는 토머스 헤이븐스Thomas Havens, 『암흑의 계곡: 일본 국민과 제2차 세계 대전 Valley of Darkness: The Japanese People and World War II』(New York: Norton, 1978); 새뮤얼 히데오 야마시타Samuel Hideo Yamashita의 『전시 일본의 일상생활(1940~1945) Daily Life in Wartime Japan (1940-1945)』(Lawrence: University Press of Kansas, 2015)과 『비상사태의 가을로부터 온 잎사귀들: 보통 일본 사람의 전시 일기 선집 Leaves from an Autumn of Emergencies: Selections from the Wartime Diaries of Ordinary Japanese』(Honolulu: University of Hawaii Press, 2005); 요시미 요시아키(吉見義明), 『풀뿌리 파시즘: 일본 국민의 전쟁 체험 Grassroots Fascism: The War Experience of the Japanese People』(이선 마크Ethan Mark가 영어로 번역, New York: Columbia University Press, 2015); 하루코 다야 쿡Haruko Taya Cook과 시어도어 쿡Theodore Cook, 『전쟁하는 일본: 구술사 Japan at War: An Oral History』(New York: New Press,

1992). 1930년대에 일본이 수행한 전쟁에 대한 국민의 태도가 분석된 책은 샌드라 윌슨Sandra Wilson, 『만주 위기와 일본 사회(1931~1933)*The Manchurian Crisis and Japanese Society (1931-1933)*』(London: Routledge, 2002); 루이즈 영Louise Young, 『일본의 완전한 제국: 만주와 전시 제국주의 문화*Japan's Total Empire: Mancuria and the Culture of Wartime Imperialism*』(Berkeley: University of California Press, 1998).

일본 정부가 반정부 조직과 여성 단체들의 협조로 사회를 관리한 양상이 논의된 책은 셸던 개런, 『일본인의 마음을 주조하기: 일상생활에 담긴 국가*Molding Japanese Minds: The State in Everyday Life*』(Princeton: Princeton University Press, 1997); 그레고리 카스자Gregory Kasza, 『징병 사회: 관리된 대중 조직들*The Conscription Society: Administered Mass Organizations*』(New Haven: Yale University Press, 1995).

국내 전선의 일상생활과 특수한 정책에 관하여, 식량 정책을 가장 상세히 다룬 연구서로 브루스 존스턴Bruce Johnston, 『제2차 세계 대전 중 일본의 식량 관리*Japanese Food Management in World War II*』(Stanford: Stanford University Press, 1953); 셸던 개런, 「전시 일본의 국내 전선과 식량 불안정The Home Front and Food Insecurity in Wartime Japan: A Transnational Perspective」, 하르트무트 베르크호프Hartmut Berghoff, 얀 로게만Jan Logemann, 펠릭스 뢰머Felix Römer(책임 편집), 『국내 전선의 소비자: 비교적 관점에서 본 제2차 세계 대전 중 민간인 소비*The Consumer on the Home Front: Second World War Civilian Consumption in Comparative Perspective*』(Oxford: Oxford University Press, 2017, pp. 29~53). 일본 및 다른 나라에서 벌어진 저축 캠페인에 관한 연구는 셸던 개런, 『우리 형편 이상으로: 세계가 저축할 때 미국은 왜 소비하는가*Beyond Our Means: Why America Spends while the World Saves*』(Princeotn: Princeotn University Press, 2012)를 참조. 소극 방어와 대피에 관한 분석은 셸던 개런, 「공습에 맞서 민간인을 방어하기: 일본과 독일, 영국 국내 전선의 비교/초국가적 역사Defending Civilians against Aerial Bombardment: A Comparative/Transnational History of Japanese, German and British Home Fronts (1918-1945)」를 참조. 이 글은 2016년 12월 1일 자 『아시아 태평양 저널: 일본 포커스*Asia-Pacific Journal: Japan Focus*』(vol. 14, n°23-2)와 『대중 폭력과 저항*Mass Violence and*

Resistance』에 온라인으로 동시에 발표되었으며, 프랑스어 번역본으로는 〈공습에 맞서 민간인을 보호하기: 일본과 독일, 영국 내부 전선의 비교적이고 초국가적인 역사(1918~1945)Défendre les civils contre les bombardements aériens: histoire comparative et transnationale des fronts intérieurs au Japon, en Allemagne et en Grande-Bretagne (1918-1945)〉라는 제목으로 파리 정치 대학Sciences-Po의 사이트(http://www.sciencespo.fr)에서 참조할 수 있다. 그레고리 스콧 존슨Gregory Scott Jonson, 『〈어린 국민〉을 동원하기: 전시 일본의 학교 아동 집단 대피*Mobilizing the 'Junior Nation': The Mass Evacuation of School Children in Wartime Japan*』(인디애나 대학교 박사 학위 논문, 2009)도 참조할 것. 〈총력전〉에 관련된 군사사상이 논의된 저서는 마이클 반하트Michael Barnhart, *Japan Prepares for Total War: The Search for Economic Security (1919-1941)* (Ithaca: Cornell University Press, 1987, 『일본의 총력전: 경제 안전 보장 추구(1919~1941)』, 박성진·이완범 옮김, 한국학중앙연구원 출판부, 2016); 에드워드 드레아Edward Drea, 『일본의 제국 군대: 그 발흥과 몰락*Japan's Imperial Army: Its Rise and Fall (1853-1945)*』(Lawrence: University Press of Kansas, 2009).

13 굶주림, 또 다른 무기

다음 두 권의 책이 봉쇄 문제를 잘 개괄한다. 랜스 데이비스Lance Davis와 스탠리 앵거만Stanley Engerman, 『평화기와 전쟁기의 해상 봉쇄: 1750년 이후 경제사*Naval Blockades in Peace and War: An Economic History since 1750*』(Cambridge: Cambridge University Press, 2006); 브루스 엘먼Bruce Elleman과 사라 페인Sarah Paine(책임 편집), 『해상 봉쇄와 해군력: 전략과 대응 전략(1805~2005)*Naval Blockades and Seapower: Strategies and Counter-Strategies (1805-2005)*』(London: Routledge, 2006). 나폴레옹의 〈대륙 체제Continental System〉를 다룬 최근의 소중한 연구로는 캐서린 에이슬레스타드Katherine Aaslestad와 요한 요르Johan Joor(책임 편집), 『나폴레옹의 대륙 체제를 재탐색하다: 지역 및 지방, 유럽의 체험*Revisiting Napoleon's Continental System: Local, Regional and European Experiences*』(Basingstoke: Palgrave Macmillan, 2015).

남북 전쟁에서 봉쇄가 활용된 양상은 풍부한 역사 서술 주제로, 여기에서 인용하기에는 연구서가 너무 많지만, 하나를 들자면 최근에 쓰인 일반적이고 흥미로운 글로 M. 브렘 보너M. Brem Bonner와 피터 매코드Peter McCord, 「내전 중 연방 봉쇄의 효율성 재평가Reassessment of the Union Blockade's Effectiveness in the Civil War」, 『노스캐롤라이나 역사학 리뷰*The north Carolina Historical Review*』(vol. 88, n°4, 2011, pp. 375~398)가 있다. 반면에 제1차 세계 대전 중에 이루어진 봉쇄는 역사 서술 측면에서 주목을 덜 받았다. 봉쇄 준비 과정에 대해서는 스티븐 코브Stephen Cobb, 『봉쇄에 대비하기(1885~1914): 경제 전쟁을 위한 해군 비상 태세*Preparing for Blockade (1885-1914): Naval Contingency for Economic Warfare*』(Farnham: Ashgate, 2013). 1914~1918년 독일이 실시한 봉쇄에 대한 훌륭한 분석서 두 편으로 애브너 오퍼Avner Offer, 『제1차 세계 대전: 농업적인 해석*The First World War: An Agrarian Interpretation*』(Oxford: Clarendon Press, 1989), 그리고 앨런 크레이머Alan Kramer, 「봉쇄와 경제 전쟁Blockade and Economic Warfare」, in 제이 윈터(책임 편집), 『케임브리지 제1차 세계 대전의 역사, 제2권: 국가*The Cambridge History of the First World War, t. 2: The State*』(Cambridge University Press, 2014, pp. 460~490; 『제1차 세계 대전, 제2권: 국가*La Première Guerre mondiale, t. 2: États*』, Paris: Fayard, 2014).

봉쇄에 대한 태도 변화와 민간인에 대한 식량 보급에 관해서는, 브뤼노 카반Bruno Cabanes, 『제1차 대전과 인도주의의 기원(1918~1924)*The Great War and the Origins of Humanitarianisme (1918-1924)*』(Cambridge: Cambridge University Press, 2014), 그리고 엘리자베트 필레Elisabeth Piller, 「독일의 아동이 처한 곤경과 미국 인도주의적 원조, 수정주의 정책(1918~1924)German Child Distress, American Humanitarian Aid and Revisionist Politics (1918-1924)」, 『현대사 저널*Journal of Contemporary History*』(vol. 51, n°3, 2016, pp. 453~486).

제2차 세계 대전에 대해서는 마이클 스투르마Michael Sturma, 「잔혹 행위, 양심, 무제한 전쟁: 제2차 세계 대전 중 미 해군 잠수함Atrocities, Conscience and Unrestricted Warfare: US Submarines during the Second World War」, 『역사 속의 전쟁*War in History*』(vol. 16, n°4, 2009, pp. 447~468). 이 분쟁에서 굶주림을 활용한 방식을 훌륭하게 개괄한 책으로 리지 콜링엄, 『전쟁의 맛: 제2차 세계 대

전과 식량을 위한 전투*The Taste of War: World War II and the Battle for Food*』(London: Allen Lane, 2011). 제2차 세계 대전과 그 봉쇄에 대한 입문서로 윌리엄슨 머리Williamson Murray와 앨런 밀릿Allan Millett, 『이겨야 할 전쟁: 제 2차 세계 대전을 벌이기*A War to Be Won: Fighting the Second World War*』(Cambridge: MA, Belknapp Press of Harvard University Press, 2000), 그리고 필립스 오브라이언, 『전쟁은 어떻게 승리했는가: 제2차 세계 대전에서 공·해군력과 연합군의 승리*How the War Was Won: Air-Sea Power and Allied Victory in World War II*』(Cambridge: Cambridge University Press, 2015). 냉전 위기 중에 봉쇄를 활용한 양상에 관해서는 오드 아르네 웨스타드Odd Arne Westad와 멜빈 레플러Melvyn Leffler(책임 편집), 『케임브리지 냉전사 *The Cambridge History of the Cold War*』(Cambridge: Cambridge University Press, 2010, 총 3권)의 해당 챕터를 참조할 것. 엘모 줌월트 주니어Elmo Zumwalt Jr., 「봉쇄와 지리 정치학Blockade and Geopolitics」, 『비교 전략*Comparative Strategy*』(vol. 4, n°2, 1983, pp. 169~184), 그리고 로저 바넷Roger Barnett, 「기술과 해상 봉쇄: 과거의 여파와 미래의 전망Technology and Naval Blockade: Past Impact and Future Prospects」, 『해군 대학 리뷰*Naval War College Review*』(vol. 58, n°3, 2005, 87~98면)도 참조할 것.

14 극단적 폭력

극단적 폭력을 이해하기 위해서는 먼저 전쟁을 문화적 행위로 정의 내려야 하는데, 그 시초는 존 키건, *The Face of Battle*(New York: Viking, 1976, 『전쟁의 얼굴』, 정병선 옮김, 지호, 2005)이다. 이 문화적 관점은 빅터 데이비스 핸슨이 『서구식 전쟁: 고대 그리스의 보병전*The Western Way of War: Infantry Battle in Classical Greece*』(New York: Alfred A. Knopf, 1989), 그리고 그보다는 더 논란의 여지가 있지만 그래도 활력을 불어넣는 저서 *Carnage and Culture: Landmark Battles in the Rise of Western Power*(New York: Doubleday, 2001, 『살육과 문명』, 남경태 옮김, 푸른숲, 2002)에서 다시 채택했으며, 드니 크루제는 클리퍼드 기어츠Clifford Geertz의 뒤를 이어 『신의 전사들: 종교적 혼란의 시대에서 벌어지는 폭력*Les Guerriers de Dieu. La violence* *au temps des troubles de religion*』(Seyssel: Champ Vallon, 1990)에서 폭력의 몸짓을 다룬 최초의 분석적 기술 인류학을 표명함으로써 이 분야의 연구에 결정적인 진보를 가져왔다. 알랭 코르뱅의 연구『식인종들의 마을*Le Village des cannibales*』(Paris: Aubier, 1990)과 「파리의 피*Le sang de Paris*」, in 『시간, 욕망, 그리고 공포. 19세기에 관한 에세이*Le Temps, le désir et l'horreur. Essais sur le XIXe siècle*』(Paris: Aubier, 1991)는 그 틀을 유용하게 완성시킨다.

더글러스 포치Doublas Porch, 『제국의 전쟁들*Wars of Empire*』(New York: HarperCollins, 2006)과 데이비드 벨, 『최초의 총력전: 나폴레옹의 유럽과 근대 전쟁의 탄생*La Première Guerre totale. L'Europe de Napoléon et la naissance de la guerre moderne*』(Seyssel: Champ Vallon, 2010)의 연장선상에서, 에르베 마쥐렐은 「군사적 열광과 전쟁의 절정기Enthousiasme militaire et paroxysmes guerriers」, in 알랭 코르뱅, 장자크 쿠르틴Jean-Jacques Courtine, 조르주 비가렐로(책임 편집), 『감정의 역사, 제2권: 계몽주의 시대부터 19세기 말까지 *Histoire des émotions, t. 2: Des Lumières à la fin du XIXe siècle*』(Paris: Seuil, 2016)에서 19세기의 분쟁들을 수량화하고, 그리스 독립 전쟁부터 전사 모델이 유통되고 극도의 폭력이 충돌한 양상을 연구했다. 끝으로 아브람 더 스반Abram de Swaan은 『죽이기 위해서 분할하기*Diviser pour tuer*』(Paris: Seuil, 2016)에서 〈구획화〉 이론을 제시했다.

1860년대부터 시작된 분쟁의 총력화 과정에 대해서 참조할 수 있는 서적으로는 대표적으로 스티크 푀르스터와 외르크 나글러Jörg Nagler(책임 편집), 『총력전으로 향하는 길에서: 남북 전쟁과 독일 통일 전쟁(1861~1871)*On the Road to Total War: The American Civil War and the German Wars of Unification (1861-1871)*』(Cambridge: Cambridge University Press, 1997), 찰스 로이스터 Charles Royster, 『파괴적인 전쟁: 윌리엄 테쿰세 셔먼, 스톤월 잭슨, 그리고 미국인*The Destructive War: William Tecumseh Sherman, Stonewall Jackson, and the Americans*』(New York: Vintage, 2011), 그리고 스테판 오두앵루조, 아네트 베케르, 크리스티앙 잉그라오, 앙리 루소Henry Rousso(책임 편집), 『전쟁의 폭력(1914~1945): 양차 세계 대전에 대한 비교적 접근*La Violence de guerre (1914-1945). Approches comparées des deux conflits mondiaux*』(Brussel: Complexe, 2002)이 있다. 1914년과 1945년 사이의 전투 폭력에 관해서는

스테판 오두앵루조, 『전투하다: 근대 전쟁의 역사 인류학(19~21세기) *Combattre. Une anthropologie historique de la guerre moderne (XIXe-XXIe siècle)*』(Paris: Seuil, 2008); 조애나 버크, 『살인의 내밀한 역사: 21세기 전쟁에서 얼굴을 맞대고 죽이기*An Intimate History of Killing: Face to Face Killing in the Twentieth-Century Warfare*』(New York: Basic Books, 1999)를 참조하는 한편, 제1차 세계 대전의 최초 몇 달 동안 벌어진 민간인에 대한 공격은 앨런 크레이머Alan Kramer와 존 혼, 『독일의 잔혹함, 1914년: 부정의 역사*German Atrocities, 1914. A History of Denial*』(New Haven: Yale University Press, 2001)에서 연구되었고, 아르메니아인 집단 학살은 타네르 아크참Taner Akçam, 『청년 튀르크당의 반인도적 범죄: 오스만 제국의 아르메니아인 집단 학살과 민족 청소*The Young Turks' Crime against Humanity: The Armenian Genocide and Ethnic Cleansing in the Ottoman Empire*』(Princeton: Princeton University Press, 2012), 그리고 레몽 케보르키앙Raymond Kévorkian, 『아르메니아인 집단 학살: 완전한 이야기*The Armenian Genocide: A Complete History*』(New York: I. B. Tauris, 2011)에서 연구되었다. 공습에 대해서는 참고 문헌이 많지만 그 중에서 토마 이플레르Thomas Hippler, 『하늘을 지배하기: 공습의 전반적인 역사*Le Gouvernement du ciel. Histoire globale des bombardements aériens*』(Paris: Les Prairies ordinaires, 2014)를 먼저 읽을 것을 권한다. 총살에 의한 집단 학살과 온갖 방법으로 이루어진 민간인 학살을 포함하여 동부 전선을 다룬 참고 문헌 모두를 살펴보기란 불가능하다. 그러므로 두 저서만 인용하겠다. 디터 폴Dieter Pohl의 매우 정확하고 성공적인 총론으로서 수치와 메커니즘에서 매우 신뢰할 만한 『나치 시대의 처형과 대량 학살 1933~1945*Verfolgung und Massenmord in der NS-Zeit 1933-1945*』(Darmstadt: Wissenschaftliche Buchgesellschaft, 2003), 그리고 벨라루스에서 이루어진 민간인에 대한 침해를 알아보려면 크리스티안 게를라흐Christian Gerlach, 『계산된 살인: 1941년부터 1944년까지 벨라루스에서 독일의 경제 정책과 말살 정책*Kalkulierte Morde. Die deutsche Wirtschafts-und Vernichtungspolitik in Weissrussland 1941 bis 1944*』(Hamburg: Hamburger Edition, 2000). 제2차 세계 대전이 종결될 무렵에 이루어진 민족 청소가 절정에 이른 상황은 키스 로Keith Lowe, 『야만적인 대륙: 제2차 세계 대전의 여파 속 유럽*Savage Continent: Europe in the Aftermath* *of World War II*』(New York: St. Martin's Press, 2012)을 참조할 것. 태평양 전쟁에 관해서는 존 다우어, 『무자비한 전쟁: 태평양 전쟁에서 인종과 권력*War without Mercy: Race and Power in the Pacific War*』(New York: Pantheon, 1986)이 반드시 참조해야 할 연구다. 중일 전쟁에 대해서는 조슈아 포겔Joshua Fogel, 『역사와 역사 서술에서 난징 학살 *The Nanjing Massacre in History and Historiography*』(Berkeley: University of California Press, 2000). 내전과 혁명전쟁에 관해서는 자크 기예르마즈Jacques Guillermaz, 『중국 공산당의 역사: 시초부터 권력 쟁취까지(1921~1949)*Histoire du Parti communiste chinois. Des origines à la conquête du pouvoir (1921-1949)*』(Paris: Payot & Rivages, 2004), 그리고 마크 피티Mark Peattie, 에드워드 드레아Edward Drea, 한스 반 데 벤Hans van de Ven(책임 편집), 『중국을 위한 전투: 1937~1945년 중일 전쟁의 군사사에 관한 에세이*The Battle for China: Essays on the Military History of the Sino-Japanese War of 1937-1945*』(Stanford: Stanford University Press, 2013)를 권한다. 탈식민 전쟁을 살펴보려면 라파엘 브랑슈Raphaëlle Branche, 『알제리 전쟁 중 고문과 군대(1954~1962)*La Torture et l'armée pendant la guerre d'Algérie (1954-1962)*』(Paris: Gallimard, 2001)가 민간인에 대하여 이루어진 공격과 고문, 극도의 폭력 메커니즘 문제를 다룬 매우 중요한 자료다. 체첸 전쟁에 대해서는 안나 폴리트코브스카야, 『지옥의 작은 한구석: 체첸 파견 부대*A Small Corner of Hell: Dispatches from Chechnya*』(Chicago: University of Chicago Press, 2003), 그리고 제임스 휴스James Hughes, 『체첸 공화국: 민족주의에서 지하드로*Chechnya: From Nationalism to Jihad*』(Philadelphia: University of Pennsylvania Press, 2013). 르완다에 관해서는 엘렌 뒤마Hélène Dumas, 『마을에서 벌어진 제노사이드: 르완다의 투치족 학살 *Le Génocide au village. Le massacre des Tutsi au Rwanda*』(Paris: Seuil, 2014). 시리아에 관해서는 질 도롱소로Gilles Dorronsoro, 아담 바츠코Adam Baczko, 아르튀르 케네Arthur Quesnay, 『시리아, 내전의 해부학*Syrie, Anatomie d'une guerre civile*』(Paris: CNRS Éditions, 2016). 하지만 이 주제에 관해서는, 말리부터 〈아프리카의 뿔〉인 소말리아반도, 중동, 캅카스를 거쳐 아프가니스탄에 이르는 위기의 초승달 전역이 그렇듯, 참고 문헌은 지속적으로 재구성되고 있으며 몇 달만 지나면 시대에 뒤처진다. 필자는 참고 문헌을 구성하는 데 소중한 도움을 준 카트린

아스Catherine Hass, 빅토르 루종Victor Louzon, 에르베 마쥐렐에게 특별히 감사의 뜻을 전한다.

15 이웃 사람을 죽이기

과거의 내전은 언제나 여러 연구의 주제였지만, 냉전이 종식되면서 국가 내부에서 벌어지는 전쟁은 더 가시화되었고 정치학 및 국제 관계 전문가, 사회학자, 인류학자 또는 경제학자들의 관심을 끌었다. 하지만 종합적인 연구와 학제 간 대화가 드물게 이루어지므로 이 방대한 참고 문헌 자료집 안에서 방향을 잡기란 쉽지만은 않다.

정치학과 사회학 분야에서는 내전을 다룬 개론서와 공동 저작물을 찾아볼 수 있는데, 이들 저서에서는 폭력에 대한 분석이 중요한 위치를 차지한다. 특히 참조할 저서로 폴 콜리어Paul Colliers와 니컬러스 삼바니스Nicholas Sambanis(책임 편집), 『내전을 이해하기: 증거와 분석Understanding Civil Wars: Evidence and Analysis』(Washington D. C.: World Bank Publications, 2003~2005, 제2권); 에드워드 뉴먼Edward Newman과 칼 드루엔Karl DeRouen(책임 편집), 『루트리지 내전 핸드북Routledge Handbook of Civil Wars』(London: Routledge, 2014); 퍼트리샤 저스티노Patricia Justino 외(책임 편집), 『분쟁과 폭력, 발전 역동에 관한 미시적 전망A Micro-Level Perspective on the Dynamics of Conflict, Violence and Development』(Oxford University Press 2013); 페터 발트만Peter Waldmann과 페르난도 레이나레스Fernando Reinares(책임 편집), 『내전 사회: 유럽과 아프리카에서의 폭력 분쟁Sociedades en guerra civil. Conflictos violentos de Europa y América Latina』(Barcelona: Paidós, 1999); 프랑스어 저서로는 장 아누아예Jean Hannoyer(감수), 『내전: 폭력의 구조, 공동체로 살아가는 예의 측면Guerres civiles. Économies de la violence, dimensions de la civilité』(Paris: Karthala, 1999), 그리고 장피에르 데리에니크Jean-Pierre Derriennic, 『내전Les Guerres civiles』(Paris: Presses de Sciences Po, 2001).

더 특수한 연구로 중요한 저서는 스타시스 칼리바스, 『내전에서 폭력의 논리The Logic of Violence in Civil War』(Cambridge: Cambridge University Press, 2006)다. 폭력 집단의 조직적 특성을 강조하는 또 다른 해석의 틀로는 제러미 와인스타인Jeremy Weinstein, 『반란군의 내부로: 반란군의 폭력 정치Inside Rebellion: The Politics of Insurgent Violence』(Cambridge: Cambridge University Press, 2007), 그리고 로스 하르Roos Haer, 『내전 중 무장 집단 구조와 폭력Armed Group Structure and Violence in Civil Wars: The Organizational Dynamics of Civilian Killing』(London: Routledge, 2015)이 있으며, 정치 논리를 강조한 연구로는 라이아 발셀스Laia Balcells, 『경쟁과 복수: 내전 중 폭력 정치Rivalry and Revenge: The Politics of Violence during Civil War』(Cambridge: Cambridge University Press, 2017)가 있다. 중요한 사례를 분석한 연구 중에는 엘리자베스 우드Elisabeth Wood, 『엘살바도르에서 집단 반란 활동과 내전 Insurgent Collective Action and Civil War in El Salvador』(Cambridge: Cambridge University Press, 2003)을 찾아볼 수 있다. 끝으로 냉전 이후에 등장한 〈새로운〉 내전에 대한 생각을 옹호하는 연구로 메리 캘도어Mary Kaldor, New and Old Wars. Organized Violence in a Global Era(Stanford: Stanford University Press, 1999, 『새로운 전쟁과 낡은 전쟁: 세계화 시대의 조직화된 폭력』, 유강은 옮김, 그린비, 2010); 헤르프리드 뮌클러Herfried Münkler, 『새로운 전쟁Les Guerres nouvelles』(Paris: Alvik, 2003); 그리고 캐럴린 노드스트롬Carolyn Nordstrom, 『전쟁의 그림자: 21세기 폭력과 권력, 국제적 착취Shadows of War: Violence, Power and International Profiteering in the Twenty-First Century』 (Los Angeles: University of California Press, 2004). 역사적 연구는 더 많다. 일반적 그리고/또는 비교적인 연구서로는 가브리엘레 란차토Gabriele Ranzato(책임 편집), 『동족 학살: 지금 시대의 내전들Guerre fratricide. Le guerre civili in età contemporanea』(Torino: Bollati Boringhieri, 1994); 에두아르도 곤살레스카예하Eduardo González-Calleja, 『내전: 사회 과학의 분석적 관점에서 Las guerras civiles. Perspectiva de análisis desde las ciencias sociales』(Madrid: Catarata, 2013), 그리고 하비에르 로드리고Javier Rodrigo, 「마르스의 영향력 아래에서: 유럽 내전 폭력(1917~1949)Under the Sign of Mars: Violence in European Civil Wars(1917-1949)」, 『현대 유럽사Contemporary European History』(vol. 26, n°3, 2017). 장클레망 마르탱Jean-Clément Martin의 분석도 흥미롭게 읽을 만하다. 프랑스 혁명과 방데에 관한 연구 이외에도 참조할 그의 글로는 「내전: 역사에서 설명적인 개념인가?La guerre civile: une notion explicative en histoire?」, 『공

간 시간*Espaces Temps*』(nos 71-72-73, 1999, pp. 84~99)이 있다.

이러한 접근들에 더하여 국가와 지역, 현지 수준의 여러 사례 연구도 이루어졌다. 몇몇 저서를 인용하자면 데이비스 안드레스David Andress, 『공포: 프랑스 혁명 중 내전*The Terror: Civil War in the French Revolution*』(London: Little, Brown & Co., 2005); 블라디미르 브로브킨Vladimir Brovkin, 『내전의 전선 뒤에서: 러시아의 정당과 사회 운동(1918~1922)*Behind the Front Lines of the Civil War: Political Parties and Social Movements in Russia (1918-1922)*』(Princeton: Princeton University Press, 1994); 올랜도 파이지스Orlando Figes, 『한 국민의 비극: 러시아 혁명 1891~1924 *A People's Tragedy: The Russian Revolution 1891~1924*』(London: Jonathan Cape, 1996); 폴 프레스턴Paul Preston, 『스페인의 홀로코스트: 21세기 스페인에서 심문과 몰살*The Spanish Holocaust: Inquisition and Extermination in Twentieth-Century Spain*』(London: Harper Press, 2012); 클라우디오 파보네Claudio Pavone, 『내전: 이탈리아 저항 운동의 윤리에 관한 역사학적 에세이*Une guerre civile. Essai historique sur l'éthique de la Résistance italienne*』(Paris: Seuil, 2005) 그리고 부분적인 방식으로 아노 메이어Arno Mayer, 『복수의 여신들: 프랑스와 러시아 혁명에서 폭력과 공포*The Furies: Violence and Terror in the French and Russian Revolutions*』(Princeton: Princeton University Press, 2000) 그리고 크리스티안 게를라흐Christian Gerlach, 『극도로 폭력적인 사회: 21세기 세계의 대중 폭력*Extremely Violent Societies: Mass Violence in the Twentieth-Century World*』(Cambridge: Cambridge University Press, 2010). 끝으로 20세기 초반에 총력전과 내전이 결합한 양상은 스테판 오두앵루조, 아네트 베케르, 크리스티앙 잉그라오, 앙리 루소Henry Rousso(책임 편집), 『전쟁의 폭력(1914~1945): 양차 세계 대전에 대한 비교적 접근*La Violence de guerre (1914-1945). Approches comparées des deux conflits mondiaux*』(Brussel: Complexe, 2002), 그리고 엔조 트라베르소Enzo Traverso, 『초토화되다: 유럽 내전에 관하여(1914~1945)*À feu et à sang. De la guerre civile européenne (1914-1945)*』(Paris: Stock, 2007); 그리고 내전 개념의 기원과 변화, 전파, 파장에 관해서는 데이비드 아미티지, 『내전: 사상의 역사*Civil Wars: A History in Ideas*』(New Haven: Yale University Press, 2017).

16 방데 내전

데이비드 벨, 『최초의 총력전: 나폴레옹의 유럽과 우리가 아는 그대로의 전쟁의 탄생The First Total War: Napoleon's Europe and the Birth of Warfare as We Know It』(Boston: Houghton Mifflin, 2007).

알랭 제라르Alain Gérard, 『방데, 학살의 기록Vendée, les archives de l'extermination』(La Roche-sur-Yon: Éd. du CVRH, 2013).

장클레망 마르탱Jean-Clément Martin, 『방데와 프랑스La Vendée et la France』(Paris: Seuil, 1987).

안 롤랑불레스트로, 『지옥 부대: 전쟁 중인 방데의 폭력과 내전(1794~1795) Les Colonnes infernales. Violences et guerre civile en Vendée militaire (1794-1795)』(Paris: Fayard, 2015)

도널드 서덜랜드Donald Sutherland, 『프랑스 1789~1815년: 혁명과 반혁명 France 1789-1815: Revolution and counterrevolution』(Oxford: Oxford University Press, 1986).

17 강간, 전쟁의 무기?

역사학자들이 쓴 두 권의 공동 저작물이 20세기 전쟁에서 벌어진 성폭력을 다룬다. 다그마 허조그Dagmar Herzog(책임 편집), 『야만성과 욕망: 유럽에서 전쟁과 섹슈얼리티Brutality and Desire: War and Sexuality in Europe's Twentieth Century』(Basingstoke: Palgrave Macmillan, 2008); 라파엘 브랑슈와 파브리스 비르질리(책임 편집), 『전쟁기의 강간Viols en temps de guerre』(Paris: Payot, 2013).

20세기 말과 21세기 초에 벌어진 분쟁에서 이루어진 성폭력은 특히 정치학 전문가들에 의해 국제법 저서 또는 페미니즘을 연구하는 저자들에 의해 특히 구 유고슬라비아 전쟁이나 콩고민주공화국에서 벌어진 분쟁이 연구되었다. 정치학에서 가장 중요한 저자들 가운데 두 사람을 들자면, 신시아 인로Cynthia Enloe는 사회적 성별과 군사 기구에 대하여 여성학feminist studies의 영향을 강하게 받은 여러 고찰을 제시했으며, 엘리자베스 진 우드Elisabeth Jean Wood는 전시에 이루어진 강간 연구에 크게 헌신했다.

역사학자들은 1937년 난징에서 일본군에 의해, 그리고 1945년에 붉은 군대에 의해 자행된 성폭력 같은 일부 사건에 더 많은 관심을 기울였다. 후자가 자행한 성폭력에 대해서는 특히 노먼 네이마크Norman Naimark, 『독일 내 러시아인The Russians in Germany』(Cambridge: MA, Belknap, 1995), 또는 아티나 그로스만, 『유대인, 독일인, 동맹국들: 점령된 독일 내 근접Jews, Germans, and Allies: Close Encounters in Occupied Germany』(Princeton: Princeton University Press, 2007)을 참조할 수 있다. 난징에 관해서는 기자 아이리스 장Iris Chang의 베스트셀러 The Rape of Nanking: The Forgotten Holocaust of World War II(New York: Penguin, 1997, 『난징 대학살』, 김은령 옮김, 끌리오, 1999), 그리고 최근에 쓰인 여러 학술 연구서를 참조할 수 있는데, 프랑스어로 된 저서를 소개하면 장루이 마르골랭Jean-Louis Margolin, 『황제의 군대: 전쟁 중 일본의 폭력과 범죄(1937~1945)L'Armée de l'Empreur. Violences et crimes du Japon en guerre (1937-1945)』(Paris: Armand Colin, 2007)가 있다. 영문 도서로는 라나 미터Rana Mitter 또는 다칭 양Daqing Yang의 연구서가 기념 및 역사 편찬의 쟁점을 파악하는 데 도움이 된다.

제1차 세계 대전에서 독일인이 저지른 성폭력은 독일의 잔혹성에 관한 소문과 연관 지어 앨런 크레이머Alan Kramer와 존 혼, 『독일의 잔혹함, 1914년: 부정의 역사German Atrocities, 1914. A History of Denial』(New Haven: Yale University Press, 2001)에서 연구되었다. 스테판 오두앵루조도 프랑스 사람들이 강간당하고 임신한 아이를 없애기를 원한 프랑스 여성들을 바라본 방식을 다룬 책을 한 권 썼다(『적의 아이, 1914~1918L'Enfant de l'ennemie, 1914-1918』, Paris: Aubier, 1995).

1943~1944년에 이탈리아에서 연합군의 사례는 두 책에서 다루어진다. 톰마소 바리스Tommaso Baris는 이탈리아의 관점에 집중했고(『두 화염 사이: 겨울 방어선을 따라 전쟁의 경험과 기억Tra due fuochi. Esperienza e memoria della guerra lungo la linea Gustav』, Bari: Laterza, 2003), 쥘리 르 가크Julie Le Gac는 성폭력이 프랑스-이탈리아 관계에 미친 영향에 이르기까지 프랑스 식민군의 활동을 면밀히 검토했다(『영광 없이 승리하다Vaincre sans gloire』, Paris: Les Belles Lettres, 2014).

1944~1945년에 프랑스에서 연합군이 자행한 성폭력을 다룬 저서는 여

럿 있다. 이 주제를 처음으로 다룬 연구를 제시한 사람은 범죄학자(J. 로버트 릴리J. Robert Lilly,『미군의 숨겨진 얼굴La Face cachée des GI's』, Paris: Payot, 2003)인데, 단 이 책에서 역사학적 방법론은 엄정하게 적용되지 않았다. 반면에 한 개별 연구에서는 미군을 위한 통역사였던 소설가 루이 기유Louis Guilloux의 흔적을 따라가며 프랑스 브르타뉴 지방에 대한 매우 촘촘한 조사가 이루어졌다(앨리스 캐플런Alice Kaplan,『통역사The Interpreter』, Chicago: University of Chicago Press, 2005). 더 최근에 미군과 프랑스 여성의 관계를 폭넓게 다룬 연구가 제시되었는데, 여기에서는 미국에서 전파된 프랑스 여성에 대한 성애화된 상상력, 그리고 연합군 상륙에 이어 점령 상황에서 파생된 강요된 관계(매춘과 강간)를 부각해서 다룬다(메리 루이즈 로버츠,『지아이와 여성들: 해방기의 사랑과 강간, 매춘Des GI's et des femmes. Amours, viols et prostitution à la Libération』, Paris: Seuil, 2014).

성폭력의 사회적 영향은 비록 그 요소들이 여러 저작물에 존재하긴 해도 덜 연구된 편이다. 구체적으로 보면, 인류학자 나야니카 무케르지Nayanika Mookherjee가 방글라데시 독립 전쟁을 다룬 책이 있다(『유령 상흔: 성폭력, 대중적 기억과 1971년 방글라데시 전쟁The Spectral Wound: Sexual Violence, Public Memories and the Bangladesh War of 1971』, Durham: Duke University Press, 2015). 어떤 폭력 행위는 더 엄밀하게 분석되었다. 프랑스 해방기에 여성에게 이루어진 삭발에 대해서는 파브리스 비르질리가 연구했고(『〈남자다운〉 프랑스: 해방기에 삭발당한 여자들La France 'virile'. Des femmes tondues à la Libération』), 〈위안부〉는 유키 다나카(田中利幸)가 연구했으며(『일본의 위안부 여성: 제2차 세계 대전과 미군 점령 중 성 노예와 매춘Japan's Comfort Women: Sexual Slavery and Prostitution during World War II and the US Occupation』, London: Routledge, 2002), 알제리 독립 전쟁 중에 프랑스 군인들이 행한 성폭력에 대한 연구도 이루어졌다(라파엘 브랑슈,『알제리 전쟁 중 고문과 군대, 1954~1962La Torture et l'armée pendant la guerre d'Algérie, 1954-1962』, Paris: Gallimard, 2001).

18 탈주: 난민과 실향민

마이클 매러스Michael Marrus의 『반갑지 않은 사람들: 20세기 유럽의 난민들The Unwanted: European Refugees in the Twentieth Century』(Oxford: Oxford University Press, 1985)은 유럽 대륙의 난민 문제를 개괄하여 보여 준다. 더 최근에 출간된 피터 개트럴Peter Gatrell의 『근대 난민의 형성The Making of the Modern Refugee』(Oxford: Oxford University Press, 2013)은 방대한 역사 편찬 지식에 근거하여 19세기 말 이후로 전 세계의 난민 역사와 인도적 활동의 파노라마를 제시한다. 올리비에 포르카드Olivier Forcade와 필리프 니베Philippe Nivet의 책임 편집 아래 출간된 『16세기부터 20세기까지 유럽 난민Les Réfugiés européens du XVIe au XXe siècle』(Paris: Nouveau Monde, 2008)은 전쟁 난민만을 특수하게 다룬 드문 책 가운데 한 권이다. 국제 인도법에서 〈실향민〉이 차지하는 위치는 존 허친슨John Hutchinson, 『자선의 챔피언들: 전쟁과 적십자회의 발흥Champions of Charity: War and the Rise of the Red Cross』(Boulder: Westview Press, 1996), 그리고 필 오처드Phil Orchard, 『도망칠 권리: 국가, 국제 협력 구축A Right to Flee: Refugees, States and the Construction of International Cooperation』(Cambridge: Cambridge University Press, 2014)에서 분석된다.

지난 두 세기에 걸쳐 전쟁 난민의 여러 범주를 다룬 많은 역사학적 연구가 이루어졌다. 야엘 스턴헬Yael Sternhell은 남북 전쟁 실향민의 역사에 새바람을 불어넣었다(『전쟁의 길: 남부 연합 내 움직이는 세계Routes of War: The World of Movement in the Confederate South』, Cambridge: MA, Harvard University Press, 2012). 레이철 크래스틸Rachel Chrastil, 『전쟁을 위해 조직하기: 프랑스(1870~1914)Organizing for War: France (1870-1914)』(Baton Rouge: Louisiana State University Press, 2010)는 프로이센·프랑스 전쟁 중 민간인과 〈보복〉에 대한 상상력에서 민간인이 맡은 역할에 관심을 갖는다. 저스틴 매카시Justin McCarthy는 자신의 이야기에서 〈민족 청소〉라는 용어를 시대에 맞지 않는 방식으로 사용한다. 그럼에도 불구하고 발칸반도에서 오스만 제국의 난민을 다룬 선구적인 이야기다(『죽음과 망명: 오스만 제국 이슬람교도의 인종 청소Death and Exile: The Ethnic Cleansing of Ottoman Muslims (1821-1922)』, Princeton: Darwin Press, 1995). 피터 개트럴의 『제국 전체가 걷다: 제1차 세계 대전 중 러시아의 난민들*A Whole Empire Walking: Refugees in Russia during World War I*』(Bloomington: Indiana University Press, 2005)은 동부 전선에서 난민의 거대한 이동에 대한 총체적인 그림을 그려 보인다. 필리프 니베, 『제1차 대전의 프랑스 난민: 〈북부 독일 놈들〉(1914~1920)*Les Réfugiés français de la Grande Guerre (1914-1920). Les 'Boches du Nord'*』(Paris: Economica, 2004)은 프랑스와 벨기에 〈이재민들〉의 사례를 연구한다.

중요한 두 저서는 양차 대전 사이 기간에 근대 인도적 활동의 탄생을 다룬다. 키스 데이비드 웨이튼퍼Keith David Watenpaugh, 『돌에서 빵을: 중동과 근대 인도주의 형성*Bread from Stones: The Middle East and the Making of Modern Humanitarianism*』(Oakland: University of California Press, 2015), 그리고 브뤼노 카반Bruno Cabanes, 『제1차 대전과 인도주의의 기원(1918~1924)*The Great War and the Origins of Humanitarianism (1918-1924)*』(Cambridge: Cambridge University Press, 2014).

제2차 세계 대전 중 주민 강제 이동에 대한 전반적인 개괄은 조비나르 케보니앙Dzovinar Kévonian, 「망명자와 실향민, 강제 이주자: 전쟁-세계의 난민 Exilés, déplacés et migrants forcés: les réfugiés de la guerre-monde」, 알리아 아글랑과 로베르 프랑크Robert Frank(책임 편집), 『1937~1947, 전쟁-세계*1937-1947, la guerre-monde*』(Paris: Gallimard, coll. 'Folio', 2015, 제2권, pp. 2253~2294)에서 참조할 수 있다. 유럽 전후의 〈폭력적인 평화〉는 제시카 라이니시Jessica Reinisch와 엘리자베스 화이트Elizabeth White가 쓴 『국민들이 풀려나다: 전후 유럽에서 이주, 추방, 이동*The Disentanglement of Populations: Migration, expulsion and Displacement in Post-War Europe*』(Basingstoke: Palgrave Macmillan, 2011), 그리고 제러드 대니얼 코언Gerard Daniel Cohen, 『전쟁의 흔적: 전후 질서에서 유럽의 실향민*In War's Wake: Europe's Displaced Persons in the Postwar Order*』(Oxford: Oxford University Press, 2011)이 다루는 주제다. 파니코스 파나이Panikos Panayi와 피파 비르드Pippa Virdee가 책임 편집한 공동 저작물『난민과 제국의 종말: 20세기의 제국 붕괴와 강제 이주*Refugees and the End of Empire: Imperial Collapse and Forced Migration in the Twentieth Century*』(Basingstoke: Palgrave Macmillan, 2011)는 탈식민화에 뒤이어 제3세계에서 벌어진 강제 이주의 다양한 사례를 소개한다. 냉전 이후 세계에서 전쟁 난

민의 관리 방침은 중요한 인류학적 조사 연구의 주제다. 미셸 아지에, 『불청객들을 관리하기: 난민 수용소부터 인도주의적 통치까지*Gérer les indésirables. Des camps de réfugiés au gouvernement humanitaire*』(Paris: Flammarion, 2008).

4부 전쟁에서 벗어나기

01 빈, 파리, 얄타: 화해하다

국제 관계의 역사와 이론적 연구는 계속해서 공통의 언어를 모색해 가고 있다. 가장 설득력 있는 시도 중 하나로 폴 슈뢰더Paul Schroeder, 『유럽 정치의 변모(1763~1848)*The Transformation of European Politics (1763-1848)*』(Oxford: Clarendon Press, 1994)를 참조. 2015년에 빈 회의 2백 주년은 역사학자들이 헨리 키신저가 『복원된 세계: 메테르니히, 캐슬레이, 평화의 문제(1812~1822)*A World Restored: Metternich, Castlereagh and the Problems of Peace (1812-1822)*』(Boston: Houghton Mifflin, 1973)에서 제시한 현실주의를 뛰어넘어 사고하는 계기가 되었다. 마크 재럿Mark Jarret의 『빈 회의와 그 유산: 전쟁과 나폴레옹 이후 열강 외교*The Congress of Vienna and Its Legacy: War and Great Power Diplomacy after Napoleon*』(New York: I. B. Tauris, 2013)는 접근하기 쉽고 주제를 철저히 다루면서도 이론적으로 신중함을 보인다. 국제 관계 전문가인 제니퍼 미첸Jennifer Mitzen은 『협력하는 열강: 글로벌 거버넌스의 19세기 기원Power in Concert: The Nineteenth-Century Origins of Global Governance』(Chicago: University of Chicago Press, 2013)에서 집단적 지향성collective intentionality 이론을 옹호하는 데 매우 설득력이 있다. 끝으로 『빈 회의: 나폴레옹 이후의 세력과 정치The Congress of Vienna: Power and Politics after Napoleon』(Cambridge: MA, Harvard University Press, 2014)에서 브라이언 빅Brian Vick은 국제 정치 문화에 관한 매우 흥미로운 연구를 제시한다.

파리 평화 회의에 대한 역사적 논의는 항상 국제 관계의 자유주의와 현실주의를 벗어나지 못했다. 상당히 신랄한 회의 참가자의 회고록 두 편으로 파리 평화 회의가 비극이었다는 해석이 계속 유지되고 있다. 존 메이너드 케인스, *The Economic Consequences of the Peace*(London: Macmillan, 1919, 『평화의 경제적 결과』, 정명진 옮김, 부글북스, 2016), 그리고 해럴드 니컬 슨Harold Nicolson, 『1919년 평화 만들기Peacemaking 1919』(Boston & New York, Houghton Mifflin Company, 1933). 파리 평화 회의를 〈재평가〉하기 위해 최근에 이루어진 시도 중에서 자라 스타이너Zara Steiner, 『실패한 빛: 유럽의 국제사(1919~1933)The Lights that Failed: European International History (1919-1933)』(Oxford: Oxford University Press, 2005)를 참조. 역사학자들은 가끔 파리 평화 회의를 베르사유 조약과 혼동하는 경향이 있었는데, 이 문제를 마거릿 맥밀런Margaret MacMillan은 자신의 베스트셀러 『평화를 만드는 사람들: 1919년 파리 평화 회의와 그 전쟁 종결 시도Peacemakers: The Paris Peace Conference of 1919 and Its Attempt to End War』(London: John Murray, 2001)에서 완전히 극복하지 못했다. 윌슨주의 열망은 존 밀턴 쿠퍼John Milton Cooper, 『세계의 심금을 울리다: 우드로 윌슨과 국제 연맹을 위한 투쟁 Breaking the Heart of the World: Woodrow Wilson and the Fight for the League of Nations』(Cambridge: Cambridge University Press, 2001)에서 계속 활활 타오른다. 에레즈 마넬라Erez Manela는 『윌슨의 시기: 민족 자결권과 반식민 민족주의의 국제적 기원The Wilsonian Moment: Self-Determination and the International Origins of Anticolonial Nationalism』(Oxford: Oxford University Press, 2007)에서 윌슨이 말한 것과 전 세계가 들은 것에 모두 별 관심을 두지 않는다. 또한 졸저 『1919년 파리 평화 회의에서 자주권Sovereignty at the Paris Peace Conference of 1919』(Oxford: Oxford University Press, 2018)도 참고 문헌으로 소개한다.

얄타 회담에 대한 역사 서술은 법률적인 측면을 강하게 띠며 특히 현실주의와 연관된다. 역사학자들은 연합국의 협력이 단절된 것에 대한 책임, 그리고 얄타 회담의 결과를 어떤 방식으로든 피할 수 있었는지 여부를 두고 계속 논쟁을 벌이고 있다. 프레이저 하버트Fraser Harbutt는 『얄타 1945년: 기로에 놓인 유럽과 미국Yalta 1945: Europe and America at the Crossroads』(Cambridge: Cambridge University Press, 2010)에서 역사 서술적인 훌륭한 개괄을 제시한다. 영국 역사학자들이 벌이는 논쟁에서는 기준이 되는 문헌으로 항상 윈스턴 처칠의 자기 고양적 편향이 가득한 회고록 『승리와 비극Triumph and Tragedy』(Boston: Houghton Mifflin Company, 1953)이 활용된다. 한편 미국인들은 루스벨트가 얄타에서 보여준 협상가로서의 재능을 논의하고, 더 일반적으로 루스벨트의 유산에 대해 질문을 제기한다. 불가피하게도 이러한 질문들은 정치적인 불화를 야기했는데, 이 불화는 사실상 개개인이 뉴딜New Deal과 냉전의 기원에 대하여 내리는 평가에 관한 많은 것을 알려 준다. 소련의 문헌 자료가 공개된 것은 얄타 회담의 역사 서술에 예상만큼 큰 영향을 미치지는 않았지만, 이 자료로 앨저 히스Alger Hiss가 소련의 간첩이었다는 사실만큼은 밝혀졌다. 냉전에 관한 일반적인 결론과 단절되지 않으면서 소련의 자료를 잘 활용한 책 중에서 제프리 로버츠Geoffrey Roberts의 『스탈린의 전쟁: 세계 전쟁부터 냉전까지, 1939~1953Stalin's Wars: From World War to Cold War, 1939-1953』(New Haven: Yale University Press, 2006)과 세르히 플로히Serhii Plokhy, 『얄타: 평화의 대가Yalta: The Price of Peace』(New York: Penguin Books, 2010)를 소개한다.

02 병사의 귀향

역사학자들이 전쟁에서 평화로 이행하는 과정에 관심을 가짐에 따라 재향 군인을 다룬 연구는 점점 더 활발하게 이루어졌다. 선구적인 저작 중에서 세 권으로 된 앙투안 프로스트Antoine Prost의 논문 『재향 군인과 프랑스 사회 (1914~1939)Les Anciens Combattants et la société française (1914-1939)』(Paris: Presses de la Fondation nationale des sciences politiques, 1977)와 이저 월로치Isser Woloch, 『프랑스 참전 용사: 혁명에서 복고까지The French Veteran: From the Revolution to the Restoration』(Chapel Hill: University of North Carolina Press, 1979)를 권한다.

데이비드 거버David Gerber가 책임 편집한 공동 저작물 『역사 속 상이군인들Disabled Veterans in History』(Ann Arbor: University of Michigan Press, 2000)은 상이군인의 사회사 및 문화사를 연구하는 문호를 열었다. 몇몇 연구는 항상 설득력이 있는 것은 아니지만 현대 군인의 귀환을 해석하는 틀로서 『오디세이아』를 사용했는데, 그런 대표적인 저작으로 조너선 셰이, 『미국 오디세이아: 전투 트라우마와 귀향이라는 시험Odysseus in America: Combat Trauma and the Trials of Homecoming』(New York: Scribner, 2003)이 있다. 프랑스 혁명과 제1제국 시기의 재향 군인에 대해서는 나탈리 프티토Natalie Petiteau, 『제국 직후: 19세기 프랑스에서 나폴레옹의 군인들*Lendemains d'Empire. Les soldats de Napoléon dans la France du XIXe siècle*』(Paris: La Boutique de l'histoire, 2003); 앨런 포러스트Alan Forrest, 『나폴레옹의 병사들: 혁명과 제국의 군인*Napoleon's Men: The Soldiers of the Revolution and Empire*』(London: Hambledon and London, 2002); 앨런 포러스트, 카렌 하게만Karen Hagemann, 마이클 로Michael Rowe(책임 편집), 『전쟁, 동원 해제, 기억: 대서양 혁명 시대에 전쟁의 유산*War, Demobilization and Memory: The Legacy of War in the Era of Atlantic Revolutions*』(Basingstoke: Palgrave Macmillan, 2016). 남북 전쟁에 관해서는 제임스 마텐James Marten, 『전쟁이 아니라 노래하다: 대호황 시대 미국에서 북부 연방과 남부 연합 재향 군인의 삶*Sing not War: The Lives of Union and Confederate Veterans in Gilded Age America*』(Chapel Hill: University of North Carolina Press, 2011), 그리고 브라이언 조던Brian Jordan, 『고향으로 행군하다: 북부 연방 재향 군인과 그들의 끝나지 않는 내전*Marching Home: Union Veterans and Their Unending Civil War*』(New York: Liveright, 2014). 제1차 세계 대전에서의 귀환은 데버라 코언Deborah Cohen, 『전쟁 귀향: 영국과 독일의 상이군인(1914~1939)*The War Come Home: Disabled Veterans in Britain and Germany (1914-1939)*』(Berkeley: University of California Press, 2001); 브뤼노 카반, 『애도에 찬 승리: 전쟁에서 벗어나는 프랑스 병사들(1918~1920)*La Victoire endeuillée. La sortie de guerre des soldats français (1918-1920)*』(Paris: Seuil, 2004, 재판. Points Histoire, 2014); 마리나 라슨Marina Larsson, 『산산이 부서진 앤잭 군단의 병사들: 전쟁의 상흔을 지니고 살아가기*Shattered Anzacs: Living with the Scars of War*』(Sydney: University of New South Wales Press, 2009); 베스 링커Beth Linker, 『전쟁의 쓰레기: 제1차 세계 대전 미국의 재활*War's Waste: Rehabilitation in World War I America*』(Chicago: University of Chicago Press, 2011); 그리고 토마 그리요, 『제1차 세계 대전 이후: 미국의 인디언들은 어떻게 애국자가 되었나(1917~1947)*Après la Grande Guerre. Comment les Amérindiens des États-Unis sont devenus patriotes (1917-1947)*』(Paris: Éd. de l'École des hautes études en sciences sociales, 2014). 식민지 군인들의 귀환에 대해서는 리처드 포가티Richard Fogarty, 데이비드 킬링그레이, 「제1차 세

계 대전 종결 후 영국령 및 프랑스령 아프리카의 동원 해제Demobilization in British and French Africa at the End of the First World War」,『현대사 저널Journal of Contemporary History』(vol. 50, n°1, 2015, pp. 100~123).

제2차 세계 대전에 대해서는 마이클 갬본Michael Gambone, 『위대한 세대가 귀향하다: 미국 사회의 재향 군인The Greatest Generation Comes Home: The Veteran in American Society』(College Station: Texas A & M University Press, 2005); 프랑크 비스Frank Biess, 『귀향: 전후 독일에서 귀환한 전쟁 포로들과 패전의 유산Homecomings: Returning POWs and the Legacies of Defeat in Postwar Germany』 (Princeton: Princeton University Press, 2006); 마르크 에들레, 『제2차 세계 대전의 소련 재향 군인: 독재 사회에서 벌어진 대중 운동(1941~1991)Soviet Veterans of World War II: A Popular Movement in an Authoritarian Society (1941-1991)』 (Oxford: Oxford University Press, 2009).

일본에 대해서는 존 다우어, 『패전을 받아들이기: 제2차 세계 대전 이후의 일본Embracing Defeat: Japan in the Wake of World War II』(New York: Norton, 1999); 로리 와트Lori Watt, 『제국이 귀향할 때: 전후 일본에서 본국 송환과 통합When Empire Comes Home: Repatriation and Reintegration in Postwar Japan』 (Cambridge: MA, Harvard University Press, 2009), 그리고 나오코 시마즈, 『전쟁 중인 일본 사회: 죽음, 기억, 러일 전쟁Japanese Society at War: Death, Memory and the Russo-Japanese War』(Cambridge: Cambridge University Press, 2009).

베트남에서의 귀환에 대해서는, 로버트 제이 리프턴의 『전쟁에서 집으로: 베트남 재향 군인으로부터 배우다Home from the War: Learning from Vietnam Veterans』(New York: Simon & Schuster, 1973)가 재향 군인들과의 면담을 바탕으로 쓰인 최초의 저작 중 하나다.

스베틀라나 알렉시예비치가 쓴 책 『아연 소년들』(박은정 옮김, 문학동네, 2017)은 아프가니스탄 전쟁에 참전했다 귀환한 러시아 군인 아프간치들에 대한 훌륭한 증언이다.

전쟁에서 벗어나는 시기에 이루어지는 〈정화 의례〉 쟁점에 관해서는 베르나르트 베르캄프Bernard Verkamp, 『중세 초기와 근대에 귀환하는 전사에 대한 도덕적인 치료The Moral Treatment of Returning Warriors in Early Medieval and

Modern Times』(University of Scranton Press, 1993), 그리고 브래드 켈리Brad
Kelle, 「귀환과 통합의 전후 의례Post-War Rituals of Return and Reintegration」, 브
래드 켈리, 프랭크 에임스Frank Ames, 제이컵 라이트Jacob Wright, 『성서 및 근
대 맥락에서 전쟁과 의례, 상징*Warfare, Rituals and Symbol in Biblical and Modern
Contexts*』(Atlanta: Society of Biblical Literature, 2014, pp. 205~242).

나탈리 뒤클로Nathalie Duclos가 책임 편집한 공동 저작 『무기여 안녕? 재향
군인들의 여정*L'Adieu aux armes? Parcours d'anciens combattants*』(Paris:
Karthala, 2010)은 병사의 동원 해제 문제에 관하여 정치학자와 역사학자들
간에 대화가 이루어져야 한다고 주장한다.

03 폐허 위에

폐허와 재건 문제는 오랫동안 역사가들에게 관심을 받지 못했다. 역사가들
은 특히 분쟁이 정치 영역에 미친 전반적인 영향에 더 관심을 두었다. 그래서
부동산 재건은 재정적인 측면에서 접근하지 않는 한 덜 중요한 것처럼 보였
다. 파괴된 축조물의 개수를 신뢰할 만한 방식으로 가늠하기 어려워 출처가
어디냐에 따라 축소 또는 과대평가되었다는 사실도, 앞서 폐허를 제거하는
일을 담당한 기관의 복잡성에 직면한 바 있는 연구자들이 이 주제를 기피한
이유였다. 한편, 건축사는 모더니즘 건축의 움직임을 거부하는 전반적인 맥
락에서 오랫동안 유서 깊은 역사적 기념물의 복원에 대한 논쟁으로만 제한되
었다. 1980년대부터 제2차 세계 대전의 상처가 일단 아물자, 재건은 서서히
그 자체로서 연구되기 시작했다[다니엘 볼드만, 「전후 도시 재건: 하나의 연
구 대상이 형성된 역사La reconstruction des villes après les guerres. Histoire de la
constitution d'un objet d'étude」, 필리프 푸아리에Philippe Poirier, 로이크 바들로르
주Loïc Vadelorge(책임 편집), 『자산 정책의 역사를 위하여*Pour une histoire des
politiques du patrimoine*』, Paris: Comité d'histoire du ministère de la
Culture/Fondation Maison des sciences de l'homme, 2003, pp.
351~359]. 기관 및 정책적인 접근이 이루어진 이후에(클라우스 폰 바이메
Klaus von Beyme, 『재건: 두 독일 국가에서의 건축과 도시 개발 정책*Der
Wiederaufbau. Architektur und Städtebaupolitik in beiden deutschen Staaten*』,

München: Piper, 1987; 제프리 디펜도르프Jeffry Diefendorf,『전쟁이 지나간 후: 제2차 세계 대전 이후 독일 도시 재건*In the Wake of War: The Reconstruction of German Cities after World War II*』, Oxford: Oxford University Press, 1993; 다니엘 볼드만,『1940년부터 1954년까지 프랑스 도시 재건설: 정책의 역사 *La Reconstruction des villes françaises de 1940 à 1954. Histoire d'une politique*』, Paris: L'Harmattan, 1997), 근대성의 문제가 주로 다루어졌다[질 라고Gilles Ragot(책임 편집),『도시의 발명: 1950년대 루아양*L'Invention d'une ville. Royan années 50*』, Paris: Monum-Éd. du Patrimoine, 2003]. 기록 보관소들이 공공 및 민간 부문 집행자들이 양차 세계 대전 도중과 이후에 사안을 바라본 관점을 분류하고 정리하여 목록으로 작성하기 시작했다.

재건된 도시 국제 협회Association internationale des villes reconstruites가 창설되고 1983년에 브레스트에서 학회가 개최된 것은 연구에 있어 최초의 중요한 시기였다. 그로부터 10년 후, 두 번째 학회가 다시 한번 프랑스에서 개최되어 그사이 이루어진 연구를 가늠해 보는 기회가 되었다. 새로운 사실은, 손실이 끼친 정신적 충격의 개인적이고 집단적인 심리적 측면이 고려되었다는 점이다. 끝으로 연구의 다양함에서 지리적 공간과 문화적 공간들을 비교 연구하는 의의와 도시의 역사에서 장기적인 연구가 얼마나 중요한지 알 수 있다. 일본에서는 도시 발달 과정에서 파괴/재건이 끊임없이 이루어지고 당당하게 인정되었는데, 제2차 세계 대전 중 이루어진 폭격의 영향이 옛 유산이 국가 정체성의 핵심 요소인 유럽에서와 같은 방식으로 연구되지 않는다[파트리크 디외도네Patrick Dieudonné(책임 편집),『그림에서 운명으로, 제1권: 재건설된 도시들*Du dessin au destin, t. 1: Villes reconstruites*』, Paris: L'Harmattan, 1994; 도미니크 바르조Dominique Barjot, 레미 보두이Rémi Baudouï, 다니엘 볼드만(책임 편집),『유럽에서의 재건설, 1945~1949*Les Reconstructions en Europe, 1945-1949*』, Brussel: Complexe, 1997].

그 이후로 출간된, 주로 전공 논문인 연구서는 매우 많다[휴 클라우트Hugh Clout,『폐허 이후: 제1차 세계 대전 후 프랑스 북부 시골 지역 복원*After the Ruins: Restoring the Countryside of Northern France after the Great War*』, Exeter: University of Exeter Press, 1996; 코린 부이요Corinne Bouillot(책임 편집),『제2차 세계 대전 후 노르망디와 니더작센 지방의 재건 두 유럽 지방의 역사, 기

억, 유산*La Reconstruction en Normandie et en Basse-Saxe après la Seconde Guerre mondiale. Histoire, mémoires et patrimoines de deux régions européennes*」, Mont-Saint-Aignan: Presses universitaires de Rouen et du Havre, 2013]. 아마도 유고슬라비아나 캄보디아, 중동을 파괴한 전쟁들이 야기한 충격 때문에 역사학자들은 고대의 건조물 구제 문제를 점점 더 많이 다루는 것 같다[『폐허를 복원해야 하나?*Faut-il restaurer les ruines?*』, Paris: Direction du patrimoine, 1991; 니컬러스 불럭Nicholas Bullock, 루크 버포이스트Luc Verpoest(책임 편집), 『역사와 더불어 살기, 1914~1945: 제1, 2차 세계 대전 이후 유럽 재건 및 유산 보존의 역할*Living with History, 1914-1945: Rebuilding Europe after the First and Second World Wars and the Role of Heritage Preservation*』, Leuven University Press, 2011; 에마뉘엘 당생Emmanuelle Danchin, 『폐허의 시대, 1914~1921*Le Temps des ruines, 1914-1921*』, Rennes: Presses universitaires de Rennes, 2015]. 폐허와 재건은 새로운 관심을 불러일으키고 있다 — 가령 폴 벤Paul Veyne, 『팔미라, 대체 불가능한 보물*Palmyre, l'irremplaçable trésor*』(Paris: Albin Michel, 2015).

04 스탈린그라드의 불꽃이 꺼졌다

빅토리아 데 그라치아Victoria de Grazia, 「스탈린그라드, 너는 혼자가 아니야You Are not Alone, Stalingrad」, 『래리턴*Raritan*』, vol. 37, n°3」(2018년 겨울), pp. 1~27.

바실리 그로스만, 『삶과 운명*Vie et destin*』(알렉시 베렐로비치가 러시아어를 프랑스어로 번역, Paris: Le Livre de poche, 2005).

요헨 헬벡, 『스탈린그라드: 독일 제3제국을 패배시킨 도시*Stalingrad: The City that Defeated the Third Reich*』(New York: PublicAffairs, 2015).

요헨 헬벡, 「스탈린그라드에서 이루어진 돌파: 서독의 베스트셀러 전쟁담의 감추어진 소련 기원Breakthrough at Stalingrad: The Repressed Soviet Origins of a Bestselling West German War Tale」, 『유럽 현대사 *Contemporary European History*』, vol. 22, n°1(2013년 2월), pp. 1~32.

05 남북 전쟁에서 이긴 자는 누구일까?

몇 년 전부터 역사학자들은 남북 전쟁 직후의 상황에 두드러진 관심을 보였다. 이는 그때까지 상당히 간과되던 주제였다. 그들은 전쟁에 대해 비판적이면서 전쟁의 영향을 더 크게 의식하는 연구들이 많이 배출되는 데 기여했다. 마사 호즈Martha Hodes, 『링컨을 애도하다Mourning Lincoln』(New Haven: Yale University Press, 2015), 엘리자베스 배런Elizabeth Varon, 『애퍼매턱스Appomattox』(Oxford: Oxford University Press, 2014), 그레고리 다운스Gregory Downs, 『애퍼매턱스 이후: 군사 점령과 전쟁 종결After Appomattox: Military Occupation and the Ends of War』(Cambridge: MA, Havard University Press, 2015)은 모두 전쟁 직후 시기가 어느 정도로 불확실하고 불안정했는지 강조했다. 내가 보기에 재건 시대를 가장 종합적으로 다룬 책은 에릭 포너Eric Foner, 『재건: 미국의 끝나지 않은 혁명Reconstruction: America's Unfinished Revolution』(New York: Harper & Row, 1988)이다. 남부파의 〈반혁명〉이 야기한 공포에 관해서는 조지 레이블George Rable, 『하지만 평화는 없었다: 재건 정책에서 폭력의 역할But There Was no Peace: The Role of Violence in the Politics of Reconstruction』(Athens: University of Georgia Press, 1984).

남북 전쟁의 참전 군인에 관해서는 제임스 마텐James Marten, 『전쟁이 아니라 노래하다: 대호황 시대 미국에서 북부 연방과 남부 연합 재향 군인의 삶Sing not War: The Lives of Union and Confederate Veterans in Gilded Age America』(Chapel Hill: University of North Carolina Press, 2011). 내전 직후에 연방군 참전 군인을 다룬 특수한 연구로는 브라이언 조던, 『고향으로 행군하다: 북부 연방 재향 군인과 그들의 끝나지 않는 내전Marching Home: Union Veterans and Their Unending Civil War』(New York: Liveright, 2014), 그리고 그가 쓴 글 두 편 「〈우리 일은 아직 끝나지 않았다〉: 북부 연방 재향 군인과 그들의 끝나지 않은 내전(1865~1872)"Our Work Is not Yet Finished": Union Veterans and Their Unending Civil War (1865-1872)」, 『내전 시대 저널Journal of the Civil War Era』(vol. 5, n°4, 2015년 12월, pp. 484~503)과 「군인들이 귀향했을 때When the Soldiers Went Home」, 『뉴욕 타임스New York Times』(2015년 4월 24일)를 참조. 전후 사회에서 연방군 참전 군인들이 고립된 상황을 다룬 훌륭한 연구로는 수전 그랜트Susan Grant, 「남은 공동체들: 북부 연방 재향 군인과 미국 민족주

의 구축Remained Communities: Union Veterans and the Reconstruction of American Nationalism」, 『국가와 민족주의Nations and Nationalism』(vol. 14, n°3, 2008년 7월, pp. 498~519). 북부에서 가장 큰 재향 군인 조직인 〈공화국의 위대한 군대Grand Army of the Republic〉에 관하여 반드시 참조할 자료는 스튜어트 매코널Stuart McConnell의 『영예로운 만족Glorious Contentment』(Chapel Hill: University of North Carolina Press, 1992)이며, 여기에 참조하면 유익할 자료로 바버라 개넌Barbara Gannon의 『승리한 대의: 공화국의 위대한 군대에서 흑인과 백인의 동지애The Won Cause: Black and White Comradeship in the Grand Army of the Republic』(Chapel Hill: University of North Carolina Press, 2011)를 덧붙인다. 바버라 개넌의 책 ── 그리고 두 연구서 M. 키스 해리스M. Keith Harris, 『피투성이가 골을 가로질러: 내전 재향 군인들의 기념 문화Across the Bloody Chasm: The Culture of Commemoration among Civil War Veterans』(Baton Rouge: Louisiana State University Press, 2014)와 존 네프John Neff, 『내전 전사자들을 기리기: 기념 및 화해의 문제Honoring the Civil War Dead: Commemoration and the Problem of Reconciliation』(Lawrence: University Press of Kansas, 2005) ── 은 백인과 아프리카계 미국인 참전 군인들이 국가적 화해에 제기한 어려움을 강조한다. 아프리카계 북부 연방 군인들의 귀향은 도널드 셰퍼Donald Shaffer가 『영광 이후: 흑인 내전 참전 용사들의 투쟁After the Glory: The Struggles of Black Civil War Veterans』(Lawrence: University Press of Kansas, 2004)에서 되짚었다.

역사학자들은 전후에 이루어진 조정과 트라우마, 장애와 연관된 어려움을 강조하는 경향이 있다. 폴 심발라Paul Cimbala의 신선한 총론 『북부와 남부 참전 군인들: 남북 전쟁 이후에 군인에서 민간인으로 이행Veterans North and South: The Transition from Soldier to Civilian after the American Civil War』(Santa Barbara: Praeger, 2015)은 반대로 전쟁에서 얻은 잊을 수 없는 교훈으로 강화된 재향 군인 대부분이 보여 준 인고의 태도를 강조한다. 연구자들이 애퍼매턱스 이후 연방 군인들의 삶을 계속해서 탐구하는 가운데, 이 책은 흥미로운 논쟁을 불러일으킨다.

남북 전쟁 기억에 관한 문학 작품은 매우 많다. 초심자가 처음 읽을 책으로 데이비드 블라이트, 『인종과 재결합: 미국의 기억에서 내전Race and Reunion:

The Civil War in American Memory』(Cambridge: MA, Harvard University Press, 2001)을 권한다. 이 책은 2002년에 밴크로프트Bancroft상을 받았다. 북부에서 나타난 〈화해 문화〉에 관해서는 니나 실버Nina Silber, 『재결합의 로맨스: 북부 지역 출신자와 남부 지역(1865~1900)*The Romance of Reunion: Northerners and the South (1865-1900)*』(Chapel Hill: University of North Carolina Press, 1992)을 참조. 전쟁 직후 50년간 주도한 것이 화해하려는 의지였다는 생각에 의문을 제기해 보고자 한다면 캐럴라인 E. 제니, 『내전을 기억하기: 재결합과 화해의 한계*Remembering the Civil War: Reunion and the Limits of Reconciliation*』(Chapel Hill: University of North Carolina Press, 2013)를 참조.

끝으로 이 글에 나오는 인물인 아이오와주 출신 테일러 퍼스에 관해서는 리처드 키퍼Richard Kiper(책임 편집), 『캐서린에게, 테일러에게: 북부 연방 병사들과 그 아내의 내전 중 편지*Dear Catherine, Dear Taylor: The Civil War Letters of a Union Soldier and His Wife*』(Lawrence: University Press of Kansas, 2002)를 참조.

06 애도를 위한 시간

전쟁 애도의 역사를 형성해 간 이들은 모두 제1차 세계 대전을 경험한 20세기의 인류학이나 심리학, 사회학 연구자들 — 〈애도 작업〉이라는 표현을 만들어 낸 인물로 전장에서 사망한 로베르 에르츠Robert Hertz, 마르셀 모스, 에밀 뒤르켐, 모리스 알박스Maurice Halbwachs 또는 지크문트 프로이트 — 로서, 전쟁 애도 연구는 오늘날까지 철학자, 정신 분석학자들이 이어 가고 있는데, 그중에서 최근 저작 두 권을 소개한다. 미카엘 푀셀Michaël Fœssel, 『위로의 시간*Le Temps de la consolation*』(Paris, Seuil, 2015), 그리고 뱅시안 데스프레Vinciane Despret, 『죽은 이들의 행복에*Au bonheur des morts*』(Paris: La Découverte, 2015). 『죽은 자들의 일: 유해의 문화사*The Work of the Dead: A Cultural History of Mortal Remains*』(Princeton: Princeton University Press, 2015)에서 토머스 라커Thomas Laqueur는 역사학자로 장기적인 관점에서 죽은 이들과 맺는 관계를 연구했다.

오랫동안 생존자의 정서, 특히 애도의 형태에 관심을 쏟기보다는 사망자의 수를 세는 데 더 익숙해 있던 역사 편찬 방식을 쇄신한 것 역시 제1차 세계 대전을 연구한 전문가들이다. 제이 윈터, 『기억의 현장, 애도의 현장: 유럽 문화사에서 제1차 세계 대전*Sites of Memory, Sites of Mourning: The Great War in European Cultural History*』(Cambridge: Cambridge University Press, 1995); 스테판 오두앵루조와 아네트 베케르Annette Becker, 『14~18, 전쟁을 되찾기 *14-18, retrouver la guerre*』(Paris: Gallimard, 2000); 조이 다무시Joy Damousi, 「애도Le deuil」를 비롯한 다른 몇몇 챕터들, 제이 윈터(책임 편집), 『제1차 세계 대전 *La Première Guerre mondiale*』(Paris: Fayard, 2014)의 제3권 『사회들 *Sociétés*』; 더 전문적인 다른 저작들에서는 종교적이거나 비종교적인 내밀하고 집단적인 애도의 형태를 설명한다. 스테판 오두앵루조, 『다섯 가지 전쟁 애도(1914~1918)*Cinq deuils de guerre (1914-1918)*』(Paris: Noesis, 2001); 아네트 베케르, 『전쟁과 신앙: 죽음에서 기억까지(1914~1930년대)*La Guerre et la foi. De la mort à la mémoire (1914-années 1930)*』(Paris: Armand Colin, 1994, 2015년 재판). 문학적·예술적·음악적 애도 형태에 대한 연구는 모든 나라에서 점점 더 많이 이루어졌다. 아네트 베케르, 『제1차 대전을 보기: 또 다른 서사*Voir la Grande Guerre: Un autre récit*』(Paris: Armand Colin, 2014); 카린 트레비장Carine Trevisan, 『애도의 우화: 제1차 세계 대전과 죽음, 글쓰기 *Les Fables du deuil. La Grande Guerre, mort et écriture*』(Paris: PUF, 2001); 또는 죽은 자들에 대한 기념물에 대해서는 켄 잉글리스Ken Inglis, 『성스러운 장소들: 오스트레일리아 풍경에서 전쟁 기념비*Sacred Places: War Memorials in the Australian Landscape*』(Melbourne University Press, 2005). 가족, 과부, 어머니 같은 여성들은 여러 주요 연구 작업의 대상이 되었다. 수잰 에번스Suzanne Evans, 『영웅들의 어머니, 순교자들의 어머니: 제1차 세계 대전과 슬픔의 정치*Mother of Heroes, Mothers of Martyrs: World War I and the Politics of Grief*』(McGill-Queen's University Press, 2007); 도미니크 푸샤르Dominique Fouchard, 『전쟁의 무게: 1918년 이후 제1차 세계 대전 참전 군인과 그 가족*Le Poids de la guerre. Les poilus et leur famille après 1918*』(Rennes: Presses universitaires de Rennes, 2013). 결과적으로 제1차 세계 대전의 애도는 모든 사회에서 이루어졌기에 이제 그 주제는 어떤 식으로든 모든 연구, 특히 내

밀한 분야를 다루는 연구에서 찾아볼 수 있는데 그 예로 브뤼노 카반Bruno Cabanes과 기욤 피케티Guillaume Piketty(책임 편집), 『전쟁에서 벗어나며 내밀한 관계로 되돌아가기Retour à l'intime au sortir de la guerre』(Paris: Tallandier, 2009)가 있으며, 20세기에 벌어진 다른 분쟁들과 쇼아를 비롯한 집단 학살의 경우에 대해서도 마찬가지다. 전쟁과 집단 학살을 다룬 모든 공동 저작물과 백과사전들에는 이제 〈애도〉, 〈상실〉, 〈슬픔〉에 대한 글이 수록되어 있다……. 하지만 가장 훌륭한 것은 작가들이 쓴 책인데, 이에 대한 필자의 선택은 조금 더 주관적으로, 이미 인용한 작품들에 더해 바오 닌Bao Ninh의 『전쟁의 슬픔Le Chagrin de la guerre』(Arles: Picquier, 1994)과 즈엉 투 흐엉Duong Thu Huong의 모든 소설을 권한다. 서로 다른 두 세대의 이 두 베트남 작가는 권헌익이 역사학과 인류학 사이에 위치한 저작 『베트남의 전쟁 유령들Ghosts of War in Vietnam』(Cambridge: Cambridge University Press, 2008)에서 너무도 훌륭하게 기술한 전쟁 애도를 지닌 채 살아왔다. 영화는 탐색해야 할 이 애도가 다루어진 또 다른 방대한 분야다.

07 미라이의 혼령들

마이클 빌턴Michael Bilton과 케빈 심Kevin Sim, 『미라이에서 네 시간Four Hours in My Lai』(New York: Viking, 1992).

하워드 존스Howard Jones, 『미라이: 베트남, 1968년, 그리고 암흑으로의 하강My Lai: Vietnam, 1968, and the Descent into Darkness』(Oxford: Oxford University Press, 2017).

권헌익, 『학살 이후: 하미 마을과 미라이 마을에서 기념과 위로After the Massacre: Commemoration and Consolation in Ha My and My Lai』(Berkeley: University of California Press, 2006).

켄드릭 올리버Kendrick Oliver, 『미국 역사와 기억에서 미라이 학살The My Lai Massacre in American History and Memory』(Manchester: Manchester University Press, 2006).

08 신경과 신경증

전쟁으로 인한 정신 장애에 관한 최고의 역사적 종합서는 벤 셰파드Ben Shephard, 『신경전: 21세기 군인과 정신 의학자A War of Nerves: Soldiers and Psychiatrists in the Twentieth Century』(Cambridge: MA, Havard University Press, 2001)의 연구이고, 이를 보충하는 저서로 한스 비네펠트Hans Binneveld, 『전쟁 신경증부터 전투 스트레스까지: 군진 정신 의학의 비교사 From Shell Shock to Combat Stress: A Comparative History of Military Psychiatry』(Amsterdam: Amsterdam University Press, 1997)를 소개한다. 정신 분석학적이고 비교 학적 접근법으로 PTSD를 부분적으로 문제 삼는 임상 진단 관점을 알아보려 면 루이 크로크Louis Crocq, 『전쟁의 정신적 트라우마 Les Traumatismes psychiques de guerre』(Paris: Odile Jacob, 1999); 클로드 바루아, 『외상적인 신 경증Les Névroses traumatiques』(Paris: Dunod, 1988); 그리고 조너선 셰이, 『베 트남의 아킬레우스: 전투 트라우마와 성격 이상의 원인Achilles in Vietnam: Combat Trauma and the Undoing of character』(New York: Scribner, 1994). 셸 쇼크에 대한 연구서는 방대하다. 선구적인 비교 연구 두 가지를 살펴보려면, 에릭 리드Eric Leed, 『무인 지대: 제1차 세계 대전에서 전투와 정체성No Man's Land: Combat and Identity in World War I』(Cambridge: Cambridge University Press, 1979), 그리고 마크 미컬리Mark Micale와 폴 러너Paul Lerner(책임 편집), 『정신적 외상을 초래하는 과거: 근대의 역사, 정신 의학, 트라우마Traumatic Pasts: History, Psychiatry, and Trauma in the Modern Age』(Cambridge: Cambridge University Press, 2001)를 참조. 지크문트 프로이트와 페렌치 샨도르, 카를 아브라함이 다룬 주제에 대한 기초적인 텍스트의 최근 프랑스 어 번역본은 『전쟁 신경증에 관하여Sur les névroses de guerre』(Paris: Payot & Rivages, 2010)에서 찾아볼 수 있다. 셸 쇼크 문화를 알아보려면 안톤 케 스Anton Kaes의 『전쟁 신경증 영화: 바이마르의 문화와 전쟁 부상Shell Shock Cinema: Weimar Culture and the Wounds of War』(Princeton: Princeton University Press, 2009)이 도움이 될 것이다. 최근에 발표된 두 논문이 소련 과 한국에 군대 정신 의학이 도입된 양상을 다룬다. 벤저민 재지첵Benjamin Zajicek, 『스탈린 치하 소련에서 과학적 정신 의학: 근대 의학 정책과 〈조건 반 사적인〉 정신 의학을 정의 내리려는 노력, 1939~1953 Scientific Psychiatry in

Stalin's Soviet Union: The Politics of Modern Medicine and the Struggle to Define 'Pavlovian' Psychiatry, 1939-1953』(시카고 대학교 박사 학위 논문, 2009), 그리고 제니퍼 염Jennifer Yum, 『아플 때와 건강할 때: 한국에서 미국인과 정신 의학(1950~1962)In Sickness and in Health: Americans and Psychiatry in Korea (1950-1962)』(하버드 대학교 박사 학위 논문, Cambridge, MA, 2014). PTSD에 관해 반드시 참조해야 할 의료 인류학 저작 두 권은 앨런 영, 『환상들의 조화: 외상 후 스트레스 장애의 형성The Harmony of Illusions: Inventing Post-Traumatic Stress Disorder』(Princeton: Princeton University Press, 1995), 그리고 권헌익, 『베트남의 전쟁 유령Ghosts of War in Vietnam』(Cambridge: Cambridge University Press, 2013). (2013년에 개정된 DSM-5에서 이제 트라우마 및 스트레스와 연관된 장애의 새로운 범주로 분류되는) PTSD에 관한 최근의 의료적 연구는 『PTSD 핸드북: 과학과 실천Handbook of PTSD: Science and Practice』(제2판, New York: Guilford, 2014)에 상세히 설명되어 있다. 생존자 증후군을 둘러싼 논쟁은 루스 레이스Ruth Leys, 『죄책감에서 수치심으로: 아우슈비츠와 그 이후From Guilt to Shame: Auschwitz and After』(Princeton: Princeton University Press, 2007)에서 검토된다. 일반적인 트라우마 문화에 관한 기본적인 참고서는 디디에 파생과 리샤르 레스만, L'Empire du traumatisme. Enquête sur la condition de victime(Paris: Flammarion, 2011, 2017년 재판, 『트라우마의 제국』, 최보문 옮김, 바다출판사, 2016)이다.

09 살아남은 증인

증인과 증언의 문제에 관한 참고 문헌은 매우 많아졌다. 필리프 르죈의 모든 연구는 깊은 내면의 글쓰기를 다룬다. 필자는 여기서 『사적인 일기의 기원: 프랑스(1750~1815)Aux origines du journal personnel. France (1750-1815)』(Paris: Honoré Champion, 2016)만 언급하겠다. 쇼아에 관한 증언으로 제기된 문제들은 그 이전에 벌어진 분쟁들의 증언을 분석하는 데 활용되었다. 그러한 글로 『나폴레오니카: 잡지Napoleonica. La revue』(n°17, 2013/2)에 발표된 프랑수아 우드세크의 글 「제1제국 병사의 정신적 부상: 연구 자료 출처와 초기 접근법들Blessures psychiques des combattants de l'Empire. Sources d'étude et premières approches」이 있다(2017년 4월 25일에 인터넷에서 참조함. https:// www.cairn.info/revue-napoleonica-la-revue-2013-2-page-55.htm). 장 튈라르Jean Tulard, 『나폴레옹 시대에 쓰인 회고록에 대한 비판적인 새로운 참고 문헌Nouvelle bibliographie critique des mémoires sur l'époque napoléonienne』 (Paris: Droz, 1991), 그리고 샹탈 프레보Chantal Prévost가 프랑수아 우드세크와 미셸 루코Michel Rocaud(책임 편집), 『네멘강에서 베레지나강까지: 러시아 원정에 관한 프랑스 군인들의 편지와 증언들Du Niémen à la Bérézina. Lettres et témoignages de soldats français sur la campagne de Russie』(Vincennes, SHD, 2012)에서 정리한 참고 문헌도 참조할 수 있을 것이다.

제1차 세계 대전 증인들에 관해서는 현재 진정한 증언(서신, 일기, 저작물……) 참조 목록 일체가 존재한다. 현상을 최초로 포착하고 분석한 것은 장 노르통 크뤼의 『증인들: 1915년부터 1928년까지 출간된 병사의 수기 분석과 비평 에세이Témoins. Essai d'analyse et de critique des souvenirs de combattants édités en français de 1915 à 1928』(Paris: Les Étincelles, 1929)에서다. 이듬해에 그 책의 요약본인 『증언에 대하여Du témoignage』(Paris: NRF, 1930)가 출간되었다. 노르통 크뤼가 실시한 연구는 1980년대 말에 증언의 문제와 제1차 세계 대전 연구가 쇄신하면서 재발견되었고, 당시에 유대인 집단 학살에 관한 연구에 의해 제기된 문제들의 관점에서 매우 폭넓게 재해석되었다. 『증언에 대하여』는 1989년에 알리아Allia 출판사에서, 『증인들Témoins』은 1993년에 낭시 대학교 출판부에서 재출간되었다. 모리스 리외노의 『프랑스 소설에서 전쟁과 혁명(1919~1939)Guerre et révolution dans le roman français (1919-1939)』은 1974년에 클랭크시에크Klincksieck 출판사에서 출간되었다. (거의) 모든 자료를 〈제1차 세계 대전 1백 주년 사절단Mission du centenaire de la guerre de 14-18〉의 사이트(http://centenaire.org/fr) 또는 〈1914~1918년 증언들〉 사이트(http://www.crid1418.org/temoins/)에서 찾아볼 수 있다. 필자의 『강제 수용과 집단 학살: 기억과 망각 사이에서Déportation et génocide. Entre la mémoire et l'oubli』(Paris: Plon, 1992)는 집단 수용소와 쇼아의 증언을 분석한 최초의 책이다. 필자는 그 책의 연장선상에서 증인 인물상의 역사에 관한 에세이 『증인의 시대L'Ère du témoin』(Paris: Plon, 1998)를 썼다. 그 이후 출간된 참고 문헌은 제1차 세계 대전에 대해서와 마찬가지로 매우 많다. 그중에서 클로드 무샤르Claude Mouchard, 『내가 소리를 지른다면 누가? 20세기의 혼란 중에 작품-증언들*Qui si je criais? Œuvres-témoignages dans les tourmentes du XXe siècle*』(Paris: Laurence Teper, 2007), 그리고 카트린 코키오Catherine Coquio, 『보류 중인 문학: 쇼아의 글, 증언과 작품들*La Littérature en suspens. Écritures de la Shoah: le témoignage et les œuvres*』(Paris: L'Arachnéen, 2015)만 소개한다. 대규모 증언 수집 자료를 수록한 인터넷 사이트를 참조할 수 있는데, 포턴오 프 영상 기록 보관소Fortunoff Video Archives(http://web.library.yale.edu/testimonies/)나 스필버그가 창설한 재단의 수집 자료(http://sfi.usc.edu)가 대표적이다.

10 재판하기, 진실을 말하기, 화해하기

존 헤이건John Hagan, 『발칸반도에 정의를: 헤이그 법정에서 전쟁 범죄를 기소하다*Justice in the Balkans: Prosecuting War Crimes In the Hague Tribunal*』(Chicago: University of Chicago Press, 2003).

마르티 코스켄니에미Martti Koskenniemi, 『국제법 정책*La Politique du droit international*』(Paris: Pedone, 2004).

상드린 르프랑Sandrine Lefranc, 『용서의 정책들*Politiques du pardon*』(Paris: PUF, 2002).

니콜 로로Nicole Loraux, 『분할된 도시: 아테네의 기억 속의 망각*La Cité divisée. L'oubli dans la mémoire d'Athènes*』(Paris: 'Petite bibliothèque Payot', 1997).

마르타 미노Martha Minow, 『복수와 용서 사이: 집단 학살과 대중 폭력 이후에 역사를 직시하기*Between Vengeance and Forgiveness: Facing History after Genocide and Mass Violence*』(Boston: Beacon Press, 1998).

11 집단 학살 이후: 가차차 재판

장피에르 크레티앵Jean-Pierre Chrétien과 마르셀 카반다Marcel Kabanda, 『르완다: 인종주의와 집단 학살: 함족의 이념*Rwanda. Racisme et génocide:*

l'idéologie hamitique』(Paris: Belin, 2013).

필 클라크Phil Clark,『가차차 재판, 르완다 집단 학살 이후 정의와 화해: 변호사 없는 정의*The Gacaca Courts, Post-Genocide Justice and Reconciliation in Rwanda. Justice without Lawyers*』(Cambridge: Cambridge University Press, 2010).

엘렌 뒤마,『마을에서 벌어진 집단 학살: 르완다 투치족 학살*Le génocide au village. Le massacre des Tutsi au Rwanda*』(Paris: Seuil, 2014).

장폴 키모뇨Jean-Paul Kimonyo,『르완다: 민중 집단 학살*Rwanda. Un génocide populaire*』(Paris: Karthala, 2008).

장폴 키모뇨,『르완다, 내일! 변모를 향한 기나긴 행진*Rwanda, demain! Une longue marche vers la tranformation*』(Paris: Karthala, 2017).

연표

1775~1783년   북아메리카의 13개 식민지가 영국에 맞서 반란을 일으키고 독립을 쟁취한다.

1792~1802년   프랑스 혁명전쟁으로 프랑스는 서로 빈번히 동맹을 맺은 유럽 강대국들(오스트리아, 프로이센, 영국)과 대립한다.

1792년   미국에서 민병법Militia Act이 실시되어 국민은 〈공화국의 시민권을 구성하는 군사 및 시민 행위에 가담할〉 권리가 있음을 인정한다. 민병대를 구성할 이러한 권리는 수정 헌법 제2조로 보장된다.

1792년 9월 20일   발미 전투에서 프랑스 시민군은 〈프랑스 만세!〉를 외치며 프로이센군에 맞서 승리한다. 이로써 국민들이 맞서는 전쟁의 시대가 열린다.

1793년 3월   프랑스 국민 공회는 영국과 스페인에 전쟁을 선포한 후 30만 명으로 이루어진 군대를 소집한다. 이로써 방데 전쟁이 시작되어 1796년 3월까지 이어지며 14만~22만 명의 사망자를 낸다. 공화군 총사령관 튀로의 〈지옥 부대〉가 개입해 1794년에 폭력은 정점을 이룬다.

1793년 5월 25일   프랑스에서 국민 공회는 포로를 국가의 보호하에 둔다. 포로가 자신을 체포한 군대에서 강제로 복무하게 하는 일을 금지하고 몸값도 폐지한다.

1793년 8월 23일   프랑스에서 국민 공회는 25세부터 30세까지의 남성을 대상으로 대규모 징병을 선포한다. 그리하여 75만 명으로 이루어진 군대가 구성된다.

1798년 9월 5일   프랑스에서 주르당-델브렐 법으로 20세부터 25세까지의 모든 프랑스인에 대한 〈의무적인 국민개병제〉가 실시된다.

1802년   프랑스에서 생시르 육군 사관 학교 창설. 미국 뉴욕주에서 웨스트포인트 군사 학교 창설.

1802년   보나파르트는 군사적 용맹함과 시민의 공덕을 치하하는 국가 훈장인 레지옹 도뇌르를 신설한다.

1804~1815년   나폴레옹 전쟁으로 프랑스는 서로 빈번히 동맹을 맺은 유럽의 강대국들(영국, 오스트리아, 프로이센, 러시아)과 대치한다. 나폴레옹 전쟁의 주요 전투는 아우스터리츠 전투(1805년 12월 2일), 예나·아우어슈테트 전투(1806년 10월 14일), 바그람 전투(1809년 7월 5~6일), 모스크바 전투(러시아인에게는 보로디노 전투, 1812년 9월 7일, 러시아인이 사용한 율리우스력으로 8월 26일)다.

1806년   리오데라플라타의 스페인 식민지들에 맞선 영국의 원정으로 반란 군사 정권이 수립되어 1801년에 훗날 아르헨티나가 될 나라의 독립을 선포한다.

1806년   영국은 유럽 해안의 대부분에 대해 두 차례 봉쇄를 실시한다. 나폴레옹은 그에 대한 보복으로 대륙 봉쇄를 선포한다.

1806~1807년	나폴레옹 군대가 수행한 칼라브리아 원정은 대(對)반란 전쟁의 실험실이다.
1807년 2월 7~8일	아일라우 전투는 나폴레옹이 러시아와 프로이센에 맞선 가장 참혹한 전투였다. 4만 명의 희생자를 냈다. 뮈라가 이끄는 약 1만 2천 명으로 이루어진 기병대가 8일에 실시한 공격은 전쟁사에서 가장 유명한 전투 중 하나로 남는다.
1808년	프랑스군이 스페인에 개입하자 나폴레옹 군대에 맞서 마드리드 봉기(5월 2일, 도스 데 마요 봉기)가 일고, 뒤이어 스페인 전역에서 봉기가 일어난다. 독립 전쟁은 1814년에 프랑스 군대가 퇴각할 때까지 지속된다. 프란시스코 고야는 민간인이 당한 참사에서 영감을 받아 판화 82점으로 이루어진 「전쟁의 참상」(1810~1815) 연작을 제작한다.
1809~1825년	라틴아메리카 해방 전쟁들: 볼리바르와 산마르틴은 남아메리카 대륙을 스페인과 포르투갈의 신탁 통치로부터 해방시킨다. 유럽의 많은 자원병과 용병이 참전한다. 멕시코와 칠레는 1810년에, 베네수엘라는 1811년에, 아르헨티나는 1816년, 브라질은 1822년, 볼리비아는 1825년에 독립한다.
1812년	스웨덴이 징병제를 채택하고, 1814년에 노르웨이도 그 뒤를 따른다.
1813년 2~3월	프로이센의 프리드리히 빌헬름 3세는 국민개병을 명하고 징병제를 선포한다. 그는 같은 해에 계급이나 사회 범주의 구분 없이 모든 사람이 수여받을 수 있는 군사 훈장인 철십자 훈장을 창설한다.
1813년 10월 16~19일	나폴레옹이 오스트리아, 프로이센, 러시아, 스웨덴에 맞선 〈제 국민 전투〉인 라이프치히 전투에서 약 47만 명이 싸운

다. 이 전투로 사망자 및 부상자가 10만 명 이상 생기고 프랑스가 패배한다.

1815년 6월 9일 나폴레옹의 실각 이후에 유럽을 재편성하기 위해 동맹국들(영국, 프로이센, 오스트리아, 러시아)이 한자리에 모여 1814년 9월 22일에 개회한 빈 회의의 최종 의정서. 유럽의 균형 개념이 중시된다. 11월 20일에 동맹국의 네 군주는 사국 동맹을 수립하는 별도의 조약에 서명한다. 이로써 그들은 정기적으로 만나〈유럽 국민들의 안정과 번영을 위해, 그리고 유럽의 평화를 유지하기 위해 가장 유익하다고 판단되는 (……) 조치들을 검토〉하기로 합의한다(제6조). 프랑스는 1818년에 이 동맹에 합류한다.

1815년 6월 18일 워털루에서 나폴레옹 군대는 영국과 프로이센 군대에 패한다. 프랑스군은 50퍼센트에 가까운 인명 손실을 겪는다.

1819년 프랑스 해군성은 서아프리카에〈유색인 부대〉를 창설하라는 명령을 내렸다. 이 부대는 훗날〈세네갈 저격병〉부대가 된다. 하지만 이 부대에 징집된 군인은 아프리카의 여러 지역 출신이다.

1821~1829년 오스만 제국에 맞선 그리스 독립 전쟁. 1822년에 슈투트가르트에서 1백여 명의 자원병이 그리스를 지원하러 참전한다. 바이런 경은 1823년에 참전해 1824년에 메솔롱기에서 죽는다.

1824년 외젠 들라크루아는 그리스 국민의 고통을 나타내는「키오스섬의 학살」을 그린다.

1830년 네덜란드의 데 코크 장군은 현지 부대를 징집한 덕분에 디포느고로 왕자에 맞선 자바 전쟁에서 승리한다.

1830년 7월 프랑스가 알제를 점령한다. 1832년에 압델카데르는 알제리 부족들을 결집해 1847년까지 프랑스 군대, 특히 포로와 민간인에게 극심한 폭력을 자행한 뷔조 장군의 부대에 맞서 전쟁을 펼친다. 1871년에는 셰이크 엘모크라니가 프랑스에 맞서 〈성스러운 전쟁〉을 선포한다. 봉기는 프티트 카빌리와 그랑드 카빌리 지역, 콩스탕티누아, 오랑 지역으로 퍼졌고 1872년 초에 종식된다.

1832년

카를 폰 클라우제비츠의 『전쟁론』이 출간된다. 프로이센의 장교이자 사상가인 저자는 국민이 중요한 위치를 차지하게 된 프랑스 혁명전쟁과 제국 전쟁 시대의 전쟁 현상을 분석한다.

1834년

애국 혁명가 주세페 마치니에게 동조했다는 이유로 이탈리아에서 추방된 주세페 가리발디는 남아메리카로 떠나 브라질에서 반란(1838~1839)에 가담했다가, 우루과이를 위해 싸운다(1842~1848). 뒤이어 그는 이탈리아 독립 전쟁에 참전해 1860년에 시칠리아에서 천인대 원정을 지휘했다. 뒤이어 1870년 전쟁 중에 프랑스 편에서 싸운다.

1835년

알프레드 드 비니는 단편집 『군대의 복종과 위대함』을 출간한다. 이 책에서는 군인이라는 직업에 대한 자서전적인 성찰과 의무감이 강조된다.

1839~1842년
1878~1881년

영국이 아프가니스탄에서 식민 전쟁을 벌여 준(準)보호령 정권을 수립한다.

1839~1860년

중국에서 아편 전쟁이 벌어진다. 영국은 처음에는 혼자서(제1차 아편 전쟁, 1839~1842), 뒤이어 프랑스와 연합하여(제2차 아편 전쟁, 1858~1860) 강제로 중국이 국제 상업에 문호를 개방하게 만든다.

1845~1872년

뉴질랜드에서 영국은 마오리족에 맞서 싸운다. 마오리족은 〈작은 전쟁〉을 활용해 영국군에 여러 주요한 패배를 안긴다. 그러나 결국 영국이 승리한다.

1847년   미국의 켄터키주에 대규모 군인 묘지(역사상 최초의 이러한 묘지 중 하나)가 마련되어 멕시코·미국 전쟁(1846~1848)의 전사자가 안장된다.

1848~1849년   제1차 이탈리아 독립 전쟁이 벌어져 오스트리아가 승리한다.

1848~1851년   슐레스비히 전쟁 중에 덴마크는 북해와 발트해를 경유하는 독일 상선에 맞서 해상 봉쇄를 실시한다.

1849년   독일 민족주의자 카를 하인첸은 근대 테러리즘 학설을 담은 『살해』를 쓴다.

1848년 8월 21일   빅토르 위고는 파리에서 열린 세계 평화 친우 회의의 연설에서 자유와 우애를 향한 인류 발전에 대한 자신의 신념을 선포하고 〈유럽 합중국〉을 주창한다.

1850~1864년   중국에서 청나라에 맞서 태평천국 운동이 벌어진다. 이를 진압하면서 엄청난 인명 피해가 발생하고(사망자 2천만~3천만 명) 오래전부터 사용되던 관개 시설과 수상 운송 체계가 파괴된다.

1851년   영국의 변호사 에드워드 크리시는 『역사적인 열다섯 결전』을 출간한다.

1853~1856년   〈동방문제〉를 두고 크림 전쟁이 벌어져 러시아가 터키와 영국, 프랑스, 사르데냐 왕국으로 이루어진 연합군에 맞서 싸운다.

1854년 10월~   대규모 폭격과 전례 없는 폭력이 수반된 세바스토폴 포위
1855년 9월   전은 근대 전쟁으로 나아가는 중요한 전환점 중 하나다. 영국의 간호사 플로렌스 나이팅게일은 야전 군인 병원을

조직해 전쟁 간호의 선구자 중 한 사람이 된다.

로저 펜튼은 신문사가 취재를 위해 전쟁터로 파견한 최초의 종군 사진사다.

1856년 4월 16일	상선 공격을 근절하고 전쟁 중 유럽의 해상법을 정하기 위한 파리 선언으로, 중립국이 교전국과 교역할 권리가 보호받는다.
1857년	프랑스 혁명전쟁과 제국 전쟁 참전 용사들을 위해 생텔렌 메달이 제정된다.
1857년 6월 9일	프랑스에서 군 형법이 채택된다(1875년 5월 18일 법으로 수정). 이 법으로 범죄 행위와 형벌이 규정되고, 군사 법원의 기능이 규제된다.
1857~1858년	세포이(영국 동인도 회사가 채용한 힌두교도 및 이슬람교도 군인)의 항쟁은 최초의 인도 독립 항쟁으로, 영국 군대에 의해 가차 없이 진압되었다.
1859년 6월 24일	제2차 이탈리아 독립 전쟁 중 벌어진 솔페리노 전투에서 화기, 특히 강선식 소총이 중요한 역할을 했다. 그 덕분에 나폴레옹 3세의 군대가 오스트리아에 승리를 거둔다. 살육 현장을 목격하고 충격을 받은 스위스 제네바 출신 박애주의자 앙리 뒤낭은 1862년에 『솔페리노의 회상』을 출간하고, 1863년에 적십자회의 기원인 국제 전시 부상자 구호 위원회를 창립한다. 이탈리아 전쟁에서 쥘 쿠피에는 시체 더미를 최초로 사진으로 찍는다.
1860년대	화승총 1백 미터가 아닌 6백 미터 거리에서 살상 가능한 연발 라이플로 대체된다. 속도가 그다지 빠르지 않고 파괴력이 약한 구형 탄알은 회전하며 빠르고 살상력이 큰 원추형 탄알에 자리를 내준다. 목재 군함은 장갑함으로 대체된다.

1861년 4월 12일	사우스캐롤라이나주 섬터 요새에서 남부 연합이 연방군에 공격을 개시하면서 미국 남북 전쟁이 시작된다.
1861~1867년	프랑스의 멕시코 출병은 참패로 끝난다.
1863년	미국에서 남부 연합, 뒤이어 북부 연방이 징병제를 채택한다.
1863년 4월 24일	미국 대통령 에이브러햄 링컨은 연방군이 취해야 할 태도를 법전화한 리버 규칙에 서명한다. 이 규칙은 특히 민간인 또는 전쟁 포로에 대한 처우를 다룬다(전쟁 맥락에서 벌어진 강간은 사형으로 처벌).
1863년 7월 1~3일	게티즈버그 전투에서 수많은 희생자가 생긴다.(인명 피해 5만 1천 명), 특히 남부군이 큰 피해를 입는다. 이 전투는 남북 전쟁의 전환점이다.
1864년 8월 22일	앙리 뒤낭의 주도로 제1차 제네바 협약이 16개 국가에 의해 서명되어 각국에 전시 부상자 구호 위원회가 창설되고, 하얀색 바탕에 붉은 십자가를 그 상징물로 삼는다. 적에게 붙잡혀 있으며 전투에 가담하지 않는 사람들의 운명을 규정하는 국제 규정도 인가한다.
1875년	국제 적십자 위원회(CICR)가 창설된다.
1864~1870년	브라질, 아르헨티나, 우루과이에 맞선 삼국 동맹 전쟁에서 파라과이는 자국민 남성을 총동원하는데, 그중 80퍼센트가 사망한다.
1865년	영국령 자메이카에서 모란트베이의 옛 노예들이 삶의 조건에 반발하여 봉기했다가 무참히 탄압된다.
1865년 4월 9일	애퍼매턱스에서 리 장군은 남부 연합군의 항복에 서명한다. 이로써 남북 전쟁이 종결된다. 4월 14일에 링컨이 살해당한다.

전쟁이 끝났을 때에는 미국 국민의 2퍼센트에 해당하는 군인 75만 명이 사망했다. 남부의 경제는 북부가 실시한 전략적 해상 봉쇄와 초토화 전술로 파괴되었다.

1866년   오스트리아에 맞선 제3차 이탈리아 독립 전쟁. 10월에 빈 조약으로 이탈리아는 베네토주를 되찾지만, 아디제강 상류 지역과 트렌토, 이스트라반도를 포기한다.

1866년 7월 3일   프로이센의 왕 빌헬름 1세가 자도바에서 오스트리아에 맞서 승리함으로써 북독일 연방이 창설된다. 프로이센이 1870년에 프랑스에 맞서 승리를 거둠으로써 독일의 통일은 확고해진다.

1867년   알프레드 노벨이 다이너마이트에 대하여 특허를 취득한다.

1868년 12월 11일   폭발탄을 금지할 목적으로 상트페테르부르크 선언이 이루어진다.

1868~1869년   일본에서 보신(戊辰) 전쟁이 벌어져 황제에게 충성하는 부대와 쇼군의 부대가 대립한다.

1869년   러시아 혁명가 세르게이 네차예프는 『혁명 교리 문답』에서 혁명가는 일상적인 삶의 즐거움을 포기하고 희생에 헌신해야 한다고 단언한다.

1870년 9월 1일   프로이센이 스당 전투에서 프랑스에 맞서 승리를 거두는데, 이는 무엇보다 기술적인 우월함 덕분이었다. 이러한 기술은 군대를 빠르게 동원하고 물자를 보급하게 한 철도와 명중률 높고 발사 속도가 빠른 무기인 드라이제 소총이었다.

1871년 5월 10일   프랑크푸르트 조약으로 프로이센·프랑스 전쟁이 종결된다. 프랑스는 브리에 분지 유역을 제외하고 (벨포르를 뺀)

알자스 지방과 (티옹빌과 메스를 포함하여) 로렌 지방 북동부를 양도해야 한다. 프랑스는 승전국에 배상금을 지불하는데, 이 지불금을 확보하려고 독일군은 프랑스의 21개 지방(데파르트망)을 점령한다.

이 조약은 〈프랑스와 독일 정부가 각각의 영토에 매장된 군인들의 무덤을 보존할 것을 약조한다〉고 명시한다.

1872년	프랑스에서 제3공화국은 대체 복무가 없으나 여러 가지 면제가 가능한 병역 제도 — 1818년에 제정됨 — 를 실시한다. 복무 기간은 1년에서 5년까지 제비뽑기로 정해진다.
1872년	일본 정부는 국가 징병제를 제정한다. 1875년에 육군과 해군에 대하여 군인 연금이 신설된다.
1873~1904년	네덜란드와 자바 사이에서 벌어진 아체 전쟁으로 네덜란드가 인도네시아 열도 전체를 지배한다. 네덜란드 군대가 자행한 잔혹 행위로 네덜란드 여론에 파문이 인다.
1874년	〈전쟁 포로의 처우 개선을 위한 국제 협회〉는 포로에게 1864년 제네바 협정이 전쟁 부상자에게 보장하는 것과 똑같은 처우를 보장하라고 권고한다.
1876년	오스만 군대가 불가리아 봉기를 탄압하자 유럽과 미국에서 분노의 물결이 인다. 영국의 야당 당수인 윌리엄 글래드스턴은 이에 대해 〈불가리아의 참상〉이라는 팸플릿을 펴낸다.
1877~1878년	러시아·튀르크 전쟁으로 2백만 명 이상의 민간인이 이주한다.
1878년	누벨칼레도니섬에서 프랑스 군대는 반란 억제 기법을 사용해 카낙 민족의 반란을 진압한다.
1879년 1월 22일	남아프리카 이산들와나에서 영국군이 패배한다. 근대적

인 무기를 지닌 2천 명 미만의 영국군은 수적으로 열 배 많지만 창으로 무장한 줄루족에 맞서 굴복한다. 전쟁은 결국 그해 7월 4일에 줄루족의 패배로 끝난다.

1881년 3월 13일　러시아의 인민주의 집단 나로드나야 볼랴(인민의 의지)가 러시아 황제 알렉산드르 2세를 살해한다.

1883~1885년　프랑스와 청나라 사이에 벌어진 전쟁은 통킹에서 프랑스의 처참한 랑선 퇴각으로 끝난다. 하지만 결국 프랑스가 승리해 인도차이나반도 전체를 보호령으로 삼는다.

1884년　무연 화약이 발명되어 화기와 대포의 화력이 크게 증가한다.

1884년 11월 15일~　베를린 회담에서 유럽 강대국들은 아프리카 대륙을 나눠
1885년 2월 26일　가지는 규칙을 정한다.

1885년 1월 26일　수단에서 마디당의 군대가 하르툼에 침투해 10개월 동안 포위 공격하고 대영 제국에서 가장 명망 높은 찰스 고든이 지휘하는 영국 주둔군을 학살한다.
1889년부터 영국은 마디당 군대에 대한 지원을 방해하기 위해 수단 동부에 대한 해상 봉쇄를 실시해 곡물 보급로를 전부 차단하여 굶주림이 민간인에 대한 무기로 사용된다.

1887년　프랑스에서 분쟁 중에 중재와 화해를 장려할 목적으로 〈법을 통한 평화〉 단체가 창설된다.
프랑스 군대 내에서 가혹 행위가 공식적으로 금지된다.

1890년 6월 27일　미국에서 벤저민 해리슨 대통령은 부양 연금법을 공포한다. 이로써 남북 전쟁 중에 연방군에서 복무한 군인은 다달이 보조금을 받게 된다.

1892~1896년　갈리에니는 인도차이나반도에서 프랑스의 지배력을 강화하기 위해, 뒤이어 마다가스카르를 정복하기 위해 〈기름

자국〉 전술을 사용한다. 이는 각종 서비스(교육, 보건, 식량 등)가 갖추어진 근거지와 포병대, 요새를 설치하고 통제 구역 주위로 점차 확장해 가는 전술이다.

1893년 11월 7일 바르셀로나에서 스페인 무정부주의자들이 리세우 대극장에 폭탄을 설치해 관람객 20명이 사망한다.

1894~1895년 청일 전쟁. 일본은 적국의 주요 해군 기지들을 봉쇄하는 전술을 사용한다. 승리한 일본은 한국과 랴오둥반도, 타이완에 대한 영토권을 획득한다.

1895년 1868년과 1878년 사이에 벌어진 제1차 전쟁 이후로 스페인에 대항한 제2차 쿠바 독립 전쟁이 발발한다. 스페인은 민간인을 수용하기 위한 〈집단 수용소〉를 설치한다. 수용된 약 40만 명 가운데 10만 명이 죽는다. 전쟁은 미국과 스페인 사이에서 1898년까지 연장되고, 스페인은 결국 쿠바를 미국 군대에 넘기고 떠난다.

1896년 알프레드 노벨은 평화상을 창설한다. 이 상은 1901년에 처음으로 적십자사의 창립자 앙리 뒤낭과 평화 운동가 프레데리크 파시에게 수여된다.

1896년 찰스 E. 콜웰은 〈제국 군인〉이 사용할 대게릴라전 매뉴얼 『작은 전쟁: 그 원칙과 실제』를 출간한다.

1896년 3월 1일 아도와에서 40여 문의 대포를 갖춘 1만 5천 명의 이탈리아군이 메넬리크 2세의 군대에 패배한다. 이탈리아는 에티오피아를 점령하는 데 실패한다.

1898년 9월 2일 수단에서 벌어진 옴두르만 전투에서 키치너 장군이 이끄는 영국·이집트 군대는 기술적 우위, 특히 맥심 중기관총과 함포 덕분에 하루 만에 1만 명의 병사를 죽이고 1만 3천 명의 병사를 부상 입힌다.

1898년 9월 18일	수단의 파쇼다에서 일어난 프랑스 군대와 영국·이집트 군대의 충돌은 아프리카에서 벌어진 제국주의 경쟁의 정점을 이룬다.
1898년 9월 29일	서아프리카에서 사모리 투레가 실각한다. (현재의 세네갈과 말리, 코트디부아르 국민을 포함하는) 와술루 제국의 황제인 그는 프랑스에 대항해 유럽식 모델에 따라 조직화되고 장비를 갖춘 군대를 양성했다.
1898년 11월 24일~ 12월 21일	로마 회의는 테러와의 전쟁을 논의한 최초의 국제회의다.
1899년	제1차 헤이그 평화 회의로 〈문명화된 국가들 사이〉에서 벌어진 전쟁에 대한 법이 탄생한다. 이 회의에서는 세 가지 협약이 채택되는데, 이는 육전 법규 및 관습에 관한 협약, 1864년 제네바 협약을 해전에 적용하는 것에 관한 협약, 헤이그에 위치한 상설 중재 법원과 국제 사무소를 창설하여 국제 분쟁을 평화적으로 해결하는 것에 관한 협약이다. 몇몇 선언들이 채택되는데, 첫 번째는 공습 금지에 관한 선언, 두 번째는 독가스 금지에 관한 선언, 세 번째는 폭발탄(덤덤탄) 사용 금지에 관한 선언이다.
1899년	중국에서 서구의 영향에 반발한 의화단의 난, 그리고 1900년에 베이징에서 벌어진 외국인 선교사 학살로 국제 원정군이 개입한다.
1899~1902년	영국과 보어인이 세운 독립 공화국들의 거주민이 대립한 1880~1881년 제1차 보어 전쟁 후에 두 번째 충돌이 발발한다. 결국 이 공화국들은 대영 제국에 통합된다. 트란스발 지역에서 키치너 경의 군대는 처벌을 위한 초토화 정책을 실시한다. 가시철사가 발명(1874)된 덕분에 민간인을 대상으로 집단 수용소가 마련되어 주로 여성과 어

린이로 이루어진 보어인 15만 명이 수용된다.

1900년 7월 29일   무정부주의자 가에타노 브레시가 이탈리아의 국왕 움베르토 1세를 살해한다.

1902년   필리핀 사람들의 봉기가 미국에 의해 진압된다. 바탕가스주와 사마르주에서 미국 장교들은 민간인을 보호한다는 명분을 내세워 집단 수용소로 강제 이주를 실시하는 한편, 의심스러운 사람들에 대하여 고문이 대규모로 사용된다. 이런 방식에 미국 여론이 동요한다.

1904년   잘린 손 스캔들 이후, 벨기에 국왕 레오폴드 2세의 소유지인 콩고 자유국에서 벌어진 잔혹 행위를 조사하기 위한 위원회가 창설된다. 이 위원회의 활동으로 1908년에 콩고는 벨기에에 합병된다.

1904~1905년   러일 전쟁에서 일본이 이긴다. 1905년 2월 20일부터 3월 10일까지 만주에서 벌어진 묵덴 전투에서 대살육이 자행되어 러시아의 인명 손실은 사망자 및 부상자가 6만 명에 이르고 3만 명이 포로가 된다. 일본 측에서는 7만 명이 사망하거나 부상당한다. 5월 27~28일 쓰시마 전투는 (무선 전신을 갖춘) 장갑함 사이에서 벌어진 최초의 해상 충돌이다.
분쟁 중에 후방에서 정신적 부상자들을 선별해 돌보는 체계가 최초로 마련된다.

1904~1908년   남서 아프리카의 자국 식민지에서 독일군은 헤레로족의 70~80퍼센트(6만 5천 명)와 나마족 50퍼센트(1만 명)를 제거한다. 이는 20세기에 처음으로 벌어진 집단 학살이다.

1905~1907년   주로 식민지 부대로 이루어진 탄자니아의 독일군은 마지막 반란군과 충돌한다. 진압은 내전과 식민지 전쟁의 성격을 동시에 띤다.

1906년	영국은 신형 장갑 전함 드레드노트를 진수했다. 당시에 사용되던 다른 모든 전함은 구식이 된다.
1907년 10월 18일	헤이그 협약으로 1899년 헤이그 협약을 보충하고, 해전과 적함 나포, 기뢰 설치와 중립국의 역할에 관한 규제 일체를 제정한다.
1908년	영국의 베이든파월 장군은 보이 스카우트단을 창설한다.
1909년	영국 적십자회는 전쟁 피해자를 무상으로 돌보는 단체인 자원 응급 구호대Voluntary Aid Detachment를 창립한다.
1909년 2월 26일	전시 해상 봉쇄 사용에 관한 규제에 합의하기 위한 해전 법규에 관한 런던 선언. 하지만 1914년에 어떤 서명국도 이 선언을 비준하지 않았다.
1910년	망쟁 대령은 『검은 군대』에서 유럽 전투 현장에서 식민지 부대를 활용할 것을 권장한다.
1910년	영국의 수필가 노먼 에인절은 『거대한 환상』에서 미래에는 전쟁이 무가치해질 것이라고 예언한다.
1911년	이탈리아가 리비아에서 벌인 식민지 전쟁에서 군대 정신과 의사들은 병사들의 〈정신적 부상〉을 식별하기 시작한다.
1912년	프랑스 보호령인 모로코에 통감résident général으로 임명된 위베르 리요테는 민족주의 반란에 대항하여 1925년까지 집단적인 탄압과 지역 수장들과의 협상, 저항 움직임을 굴복시키기 위한 편의 제공을 결합한 식민지 전쟁을 벌인다.
1912~1913년	발칸 전쟁은 근대 전쟁의 전환점을 이룬다. 대포를 대량으로 사용함으로써 병사들의 인명 피해가 커지고, 전쟁터가 심하게 파괴된다. 처음으로 전쟁터에서 싸우다 죽은 사람

의 수가 질병으로 죽은 사람의 수보다 많아진다. 더불어 이
전쟁으로 오스만 제국과 발칸반도 국가들 사이에 대규모
민족 이동이 야기된다.

1912년에 최초의 폭탄이 불가리아 비행기에 의해 튀르크
족이 장악한 에디르네 시에 투하된다.

1914년 영국의 군법 매뉴얼 제6판에 〈국제법의 규정은 문명화된
국가 사이의 전쟁에만 적용된다. 국제법은 미개한 국가
나 부족들과 벌이는 전쟁에는 적용되지 않는다〉라고 명시
된다.

1914년 6월 28일 사라예보에서 프란츠 페르디난트 대공이 세르비아 민족
주의자에게 살해되자, 국가들 간에 동맹이 맺어지고 이는
제1차 세계 대전 발발로 이어진다.

1914년 7월 31일 장 조레스가 살해된다. 그는 평화주의의 기수로, 프랑스에
서 독일에 맞선 전쟁을 준비하기 위해 병역의 의무를 2년
에서 3년으로 늘리는 〈3년 법〉에 반대하는 견해를 표명
했다.

1914년 8월 2일 독일군이 벨기에로 진입해 제1차 세계 대전에 돌입한다.

1914년 8월 23~30일 타넨베르크에서 러시아는 힌덴부르크 총사령관에게 패배
한다.

1914년 여름 벨기에와 프랑스 북부를 침공한 독일군은 남녀와 어린이
를 6천 명 이상 사살하고, 적어도 프랑스 민간인 1만 1천
명과 벨기에 민간인 1만 3천 명이 독일로 강제 이주된다.
난민 1백만 명이 네덜란드와 북부 프랑스로 몰려든다.
10월 4일, 잔혹 행위에 대한 비난에 응수하기 위해 독일
의 지식인 93명이 이 분쟁을 쇠퇴하는 서구 〈문명〉에 맞선
〈문화Kultur〉 수호임을 설명하는 성명서를 발표한다.

1914년 9월 6~13일	프랑스 군대는 마른에서 반격을 벌여 승리함으로써 독일의 진군을 차단한다. 가을에 서부 전선에서 진지전이 시작된다.
1914년 10월	프랑스에서 최초의 수혈이 실시되어 군진 의학이 장기적으로 변모한다. 마리 퀴리는 〈작은 퀴리petites Curie〉라고 불린 방사선 치료 차량 18대를 전방으로 보낸다.
1915년	프랑스에서 〈애국 순열mort pour la France〉 개념을 법으로 제정해 전사자들을 인정하고 그들에게 개별적인 지위를 부여한다.
1915년 1월 19일	독일군이 체펠린 비행선으로 가한 무차별 공격 전역 중에 적국의 국내 전선에 대한 최초의 의도적인 폭격이 이루어진다.
1915년 2월	『랜싯』에서 영국의 의사 찰스 마이어스는 진행 중인 전투에 참전한 군인들이 겪는 신경증을 설명하기 위해 셸 쇼크라는 신조어를 사용한다.
1915년 3월 11일	1914년 8월부터 독일에 대한 연합군의 무조건적이고 전면적인 봉쇄가 선포된다. 봉쇄는 독일 제국 의회가 1919년에 베르사유 조약을 비준할 때까지 유지된다. 이 봉쇄로 인해 최소한 50만 명이 죽는다.
1915년 3~4월	오스만 제국에서 아르메니아인에 대한 강제 이주와 집단 학살이 시작되어 1백만 명 이상이 사망한다.
1915년 4월 22일	벨기에에서 벌어진 이프르 전투에서 독일군은 프랑스군에 맞서 독가스를 사용했다. 화학전의 시작이었다. 그해 말에 군인들은 방독면을 갖춘다.
1915년 4월 25일	터키 해안에서 갈리폴리 전역이 시작된다. 오스트레일리아와 뉴질랜드의 앤잭 군단 자원병들이 프랑스와 영국군

을 지원해 참전한다. 작전 실패로 연합군은 앤잭 군단의 군인 8천5백 명을 포함하여 4만 6천 명이 전사한 8개월간의 전투 끝에 1915년 12월에 퇴각한다. 이 전투는 제2차 세계 대전 중 가장 참담한 패배 중 하나로 남는다.

1915년 5월 15일	프랑스군이 아르투아에서 벌인 공세와 돌파는 별 영향을 못 미친다. 캐나다 군대는 비미에서 공세를 벌인다. 23일에 이탈리아는 연합군 편에서 전쟁에 돌입한다.
1915년 6월 30일	조프르 장군의 제안으로 프랑스에서 군인의 휴가 제도가 신설된다.
1915년 7월	프랑스에서 군대와 국내에 대한 우편 검열이 실시된다.
1915년 여름	독일은 조종사가 빠른 속도로 상당히 정확하게 발포할 수 있는 단엽 전투기 포커 1호 〈아인데커〉를 개발한다.
1915년 여름	미국에서 단체 평화 강화 연맹League to Enforce Peace이 창립된다.
1915년 12월	프랑스 군대는 전투 중 전사한 군인을 위한 개인 묘소 사용을 공식화한다.
1916년	영국에서 신념에 따른 병역 거부자 지위가 인정된다. 프랑스에서는 이 지위가 1963년에 인정된다.
1916년 1월 27일	영국은 병역법을 제정해 징병제를 도입한다. 대영 제국의 다른 지역인 뉴질랜드(1916), 캐나다(1917)가 그 뒤를 따르지만 오스트레일리아는 징병제를 도입하지 않는다.
1916년 2월 21일	베르됭 전투가 시작되어 12월까지 지속된다. 프랑스 군대가 치른 가장 큰 전투로, 모든 연대가 이 전투에 가담한다.
1916년 4월 24일	더블린에서 〈부활절 봉기〉가 벌어져 아일랜드 민족주의자들이 영국에 맞서 반란을 일으킨다. 무참한 진압이 이루어

진다.

1916년 5월 15~16일 사이크스-피코 협정으로 프랑스와 영국은 오스만 제국의 아라비아 영토를 나누어 차지한다.

1916년 5월 31일~ 6월 1일 제1차 세계 대전 중 가장 큰 해전인 유틀란트 전투.

1916년 7월 1일 프랑스·영국의 솜 공세. 이 공세에서는 영국군이 주력을 이룬다. 전투는 1916년 11월까지 계속되고 영국군 6만 명이 사망한다. 전투 중에 영국은 9월 15일에 플레르에서 최초로 전차를 사용한다.

1916년 12월 독일에서 〈16세부터 65세까지의 모든 독일인〉은 〈의무적인 보조 복무〉를 하도록 규정한 법이 발효된다.

1917년 미국의 정신 의학자 토머스 새먼은 전선에서 적용되는 정신 의학을 위한 다섯 가지 원칙을 제시한다. 이는 치료의 즉각성, 환자가 전투 분위기를 유지하도록 전선과의 근접성, 치유에 대한 기대, 치료 과정의 단순함, 후방의 병원과 본국 후송으로 이어지는 중앙 집권화한 의료 서비스다.

1917년 미국에서 영현 등록반Graves Registration Service이 창설된다.

1917년 3월 8~12일 (율리우스력에 따르면 2월 23~27일) 페트로그라드에서 혁명이 벌어진다. 3월 15일(3월 2일)에 러시아 황제 니콜라이 2세가 폐위된다. 임시 정부가 구성되고, 이 정부는 전쟁을 계속하기로 결정한다.

1917년 3월 러시아에서 전쟁성 장관 케렌스키는 여성으로만 이루어진 최초의 전투 부대인 〈죽음의 부대〉를 창설해 야시카 보치카레바가 지휘하도록 한다.

1917년 4월 6일 미국 의회는 미국의 삼국 협상(프랑스, 영국, 러시아)의 편에서 참전하도록 표결한다.

1917년 4월 16일	슈맹 데 담에서 니벨 공세가 시작되고, 이로써 프랑스 군대 내에 정신적인 위기가 야기된다. 4월 17일에 최초의 집단적인 복종 거부가 이루어진다. 5월 20일에 프랑스 군대 내에서 반란이 벌어진다.
1917년 5월	미국은 선발 병역법Selective Service Act으로서 징병제를 채택한다.
1917년 6월	영국군은 이프르 그리고 그 너머 바다를 향해 돌파를 시도한다. 이것이 파스샹달 전투로 11월 10일까지 이어진다. 독일군은 이 전투에서 〈머스터드 가스〉를 사용한다.
1917년 8월 1일	로마에서 교황 베네딕토 15세는 〈교전국의 수장들〉에게 보낸 편지에서 지속적인 평화와 군비 해제, 갈등 해결을 위한 국제 조직의 창설을 언급한다.
1917년 10월 24일	이탈리아는 카포레토 전투에서 무참히 패하자 부대를 지원하는 국민 재동원이 이루어진다.
1917년 11월 2일	〈밸푸어 선언〉에서 영국의 외무 장관은 팔레스타인에 〈유대 민족을 위한 국가〉를 수립하는 데 호의적이라고 선언한다.
1917년 12월 3일	러시아 〈10월 혁명〉(11월 6~7일, 율리우스력으로 10월 24일) 이후로 러시아와 중앙 동맹국 사이에 휴전이 체결된다. 1918년 3월 3일에 브레스트리토프스크 평화 조약이 체결된다. 이 조약으로 동부에서 독일 군대의 승리가 확실시되고, 그 결과로 러시아령 폴란드부터 캅카스 지역에 이르기까지 방대한 영토가 합병되고 벨라루스와 우크라이나가 보호령이 된다. 러시아에서 내전은 1921년까지 이어지며 3백만 명 이상의 사망자를 낸다. 러시아에는 사라진 제국 영토 출신의 난민이 6백만~7백만 명 있다.

1917~1918년	아라비아의 로런스는 프랑스·영국 군대의 지원을 받아 파이살과 함께 오스만 제국에 맞선 아랍 부족들의 반란을 조직한다. 1926년에 출간된 그의 자전적인 이야기『지혜의 일곱 기둥』은 게릴라 병사들의 애독서가 된다.
1918년	프랑스에서 레옹 도데는『총력전』을 출간한다. 이 용어는 독일의 장군 루덴도르프가 1935년에 출간한 책에서 다시 사용된다.
1918년 1월 8일	미국 대통령 우드로 윌슨은 의회에서 연설하며 제시한 〈14개조 평화 원칙〉에서 미국이 전쟁에 참전하는 목표를 밝힌다. 14번째 원칙에서는〈강대국과 약소국을 막론하고 정치적 독립과 영토 보전을 상호 보장하기 위해 특별한 규약을 바탕으로 한 국가들 전체의 연맹체가 구성되어야 한다〉라고 명시한다.
1918년 1~5월	1917년에 독립을 선언한 핀란드에서 내전 발발.
1918년 3월 23일	〈뚱뚱한 베르타〉포를 사용해 파리에 대한 폭격이 시작되어 3월 29일에 생제르베 교회에서 88명이 사망한다.
1918년 5~9월	독일군은 슈맹 데 담(5월 27일부터), 뒤이어 샹파뉴(7월 15일)에서 벌인 일련의 공세 이후, 전선 전체에서 퇴각한다. 8월 8일, 독일군은 아미앵 전투에서 크게 약화된다. 9월 26~28일에 연합군은 총공세를 벌인다.
1918년 가을	팔레스타인과 이탈리아, 메소포타미아 전선에서 벌어진 메기도 전투(9월 19~21일), 비토리오 베네토 전투(10월 24일~11월 3일), 모술 전투(10월 24일~11월 3일)는 각각의 무대에서 전쟁을 종식시킨다.
1918년 11월 11일	독일은 콩피에뉴 숲의 레통드 공터에서 휴전 협정에 서명한다.

1918년 11월 25일	독일령 동아프리카 독일군을 지휘하는 레토프포어베크 장군이 투항한다.
1919년 3월 31일	프랑스에서 〈전투원 헌장Charte du combattant〉으로 참전 용사와 전쟁 피해자들을 위한 보상권이 신설된다.
1919년 6월 28일	1월 18일부터 베르사유에서 열린 회의 결과, 베르사유 궁전의 거울의 방에서 평화 조약이 체결된다. 독일은 그 조약에서 전쟁에 책임을 지는 유일한 국가로 지명되어, 자국 영토의 13퍼센트(8천8백 제곱킬로미터)와 인구의 10퍼센트(주민 8백만 명)를 잃는다.

베르사유 조약으로 분쟁을 협상으로 해결할 목적을 띤 국제 연맹(SDN)도 창설된다. 이 기구는 1920년과 1946년 사이에 제네바에 위치한다.

9월 10일에 오스트리아와 생제르맹앙레 조약이 체결된다. 그리고 11월 27일에는 불가리아와 뇌이쉬르센 조약이 체결된다. 오스트리아는 제국 영토가 신생 국가들인 폴란드, 체코슬로바키아, 유고슬라비아에 분배되어 자투리 국가가 되는 한편, 1백만 명에 이르는 불가리아 민족은 다른 나라에서 살 수밖에 없게 된다.

1919~1921년	러시아·폴란드 전쟁 중에 우크라이나의 유대 민족에 대한 체계적인 탄압과 학살(포그롬)이 이루어진다.
1920년 6월 4일	헝가리와 트리아농 조약 체결. 이로써 헝가리는 자국 영토의 75퍼센트를 잃는다.
1920년 8월 10일	오스만 제국과 세브르 조약 체결. 무스타파 케말은 잃은 영토를 되찾기 위해 튀르크족을 전쟁에 가담하게 하고, 1923년 7월 24일에는 로잔 조약이 체결되어 세브르 조약을 대체한다. 세브르 조약은 특히 오스만 제국의 그리스인 120만 명을 그리스의 이슬람교도 40만 명과 교환하도록 한다.

1920년 9월 16일	월 스트리트에서 무정부주의 테러가 벌어져 38명이 사망한다. 미국이 건국된 후 9·11 테러 이전까지 미국 역사상 가장 살인적인 테러 공격이다.
1920년 11월 11일	무명용사가 프랑스에서는 개선문 아래에, 영국에서는 웨스트민스터 사원에 매장된다.
1922년	노르웨이 탐험가이자 외교관으로서 국제 연맹에 의해 러시아 난민 고등 판무관으로 임명된 프리드쇼프 난센은 혁명을 피해 달아났다가 러시아 국적을 잃은 러시아 사람들에게 신분을 보장하는 여권을 신설한다. 1917년부터 러시아 내전과 기아(1921~1924)로 80만 명이 러시아를 떠나 대다수가 폴란드와 독일, 프랑스에 정착한다. 망명을 떠나 터키에 의해 귀국이 금지된 아르메니아인들은 1924년에 난센 여권의 혜택을 받는다.
1922년	에른스트 윙어는 『내적 체험으로서의 전쟁』에서 참호 전쟁과 그것이 내포하는 전투의 새로운 형태를 기술한다.
1922년	모로코에서 아브드 엘크림은 리프 부족 연맹 공화국을 선포한다. 프랑스의 페탱 원수는 민간인을 폭격하며 대규모 반격에 나선다. 아브드 엘크림은 1926년에 투항한다.
1922년 12월~1923년 2월	헤이그에서 법학자들로 이루어진 위원회가 전시에 무선 전신 규제 및 공중전에 관한 규칙을 정한다.
1923~1925년	프랑스·벨기에 군대가 루르 지방을 점령하자 바이마르 공화국 독일은 베르사유 조약으로 정해진 배상금을 지불할 수밖에 없게 된다.
1925년	이라크에서 영국군은 폭탄을 투하하거나 스스로 폭탄으로 변해 표적을 향해 돌진하는 무인 비행기 라링스를 사용한다. 최초의 드론이다.

1925년	제네바 추가 의정서로 전투에서 화학 무기 사용이 금지된다.
1925년	소련에서 세르게이 예이젠시테인의 「전함 포템킨」이 상영되어 처음으로 영화가 선전 목적으로 사용된다. 1928년에 같은 감독의 「10월」이 그 뒤를 잇는다.
1925년 10월 16일	로카르노 조약으로 영국과 프랑스, 벨기에, 폴란드, 체코슬로바키아, 독일, 이탈리아는 베르사유 조약에 따라 정해진 국경을 유지하고 유럽에서 집단 안보를 보장하기로 상호 약조한다.
1926년	영국의 작가이자 시나리오 작가 보이드 케이블이 『영국의 운명적인 전투들』을 출간한다.
1926년	장제스는 민족주의적인 국민당의 당수로서 중국 통일에 나선다.
1928년 8월 27일	파리 협정: 프랑스인 아리스티드 브리앙과 미국인 프랭크 켈로그는 전쟁이 〈불법〉이라고 선언한다.
1929년	장 노르통 크뤼는 『증인들』을 출간하고, 1년 뒤에 제1차 세계 대전의 프랑스 병사들의 이야기인 『증언에 대하여』를 출간해 증인에 대한 규범적인 이해를 옹호한다.
1929년	에리히 마리아 레마르크는 『서부 전선 이상 없다』를 출간한다. 이 소설은 독일 평화주의의 상징으로서 베스트셀러가 된다.
1929년	마오쩌둥은 1927년에 홍군을 창설하고 〈중화 소비에트 공화국〉을 수립한다.
1929년 7월 27일	전쟁 포로에 관한 제네바 협약은 생포, 포로 퇴거, 수용소 조직, 강제 노동, 국제 적십자에 의한 감시 실시에 관한

97개 조항을 작성해 기존의 문구를 근대화한다. 포로가 된 여성은 〈그 성별에 부합하는 존엄으로〉 보호받아야 한다. 더욱이 이 협약은 〈교전국들이 거두었거나 발견한 부상자와 질병에 걸린 자, 사망자의 이름을 가능한 한 빠른 시일 내에 서로 알리도록〉 명시한다.

1931~1932년 일본은 중국의 만주 지방을 점령하고 〈독립국〉인 만주국을 선포한다.

1932년 프랑스군과 독일군 13만 명의 유해가 안치된 두오몽 봉안당이 공식 개관한다.

1932년 제네바에서 군비 축소와 제한을 위한 국제 연맹 회의가 개최된다. 협상은 1933년에 독일이 빠지면서 중단된다.

1932년 루이페르디낭 셀린은 참호 전쟁의 부조리와 참상을 고발하는 『밤 끝으로의 여행』을 출간한다.

1934년 로제 베르셀은 주인공이 제1차 세계 대전 중 동부 전선의 〈참호 청소부〉인 소설 『코낭 대위』를 출간한다. 이 책은 공쿠르상을 받고, 1996년에 베르트랑 타베르니에는 이 소설을 영화화한다.

1934~1935년 중국에서 장제스의 말살 전쟁에서 벗어나기 위해 공산주의자 10만 명이 1만 킬로미터를 행군했다. 그중 8천 명만 살아남는다. 이것이 〈대장정〉이다.

1935년 레니 리펜슈탈의 영화 「의지의 승리」가 독일에서 상영된다. 뉘른베르크에서 1934년에 열린 나치당 전당 대회를 다룬 이 영화는 선전 영화의 고전이 된다.

1935년 3월 16일 독일에서 히틀러는 베르사유 조약의 처분을 비난하고, 징병제를 재개한다.

1935년 10월 3일	무솔리니 지배하의 이탈리아가 하일레 셀라시에 1세가 지배하는 에티오피아를 침공한다. 7개월간 벌어진 전투 중에 이탈리아 군대는 화학 무기를 사용해 아르신 독가스를 대포로 쏘아 보내고 비행기로 겨자 가스를 살포한다. 이탈리아가 1896년에 아도와에서 당한 굴욕적인 패배에 대한 보복이다.
1936년 7월 18일	스페인에서 프랑코 장군이 이끌고 나치 독일과 파시스트 이탈리아의 지원을 받은 민족주의 군대가 공화국에 맞서 반란을 일으킴으로써 내전이 시작된다.
1936년 9월	모스크바의 주도로 스페인 공화군을 지원하기 위해 국제 여단이 창단된다. 50여 개 나라에서 온 3만 5천 명의 지원병이 전투에 가담한다. 조지 오웰, 앙드레 말로, 어니스트 헤밍웨이가 참전했다.
1936년 10월 25일	나치 독일과 파시스트 이탈리아는 친선 조약을 맺는다. 〈추축국〉은 반서구·반공산주의를 내세운다. 1940년 9월 27일에 일본과 삼국 동맹 조약이 체결되어 세 나라는 공식적으로 동맹국이 된다.
1936~1939년	대대적인 아랍인 봉기가 일어나 팔레스타인의 아라비아인이 영국의 위임 통치에 반발한다.
1937년 4월 26일	스페인에서 이탈리아와 독일 공군이 게르니카에 가한 폭격에서 영감을 받아 피카소는 민간인이 겪는 고통의 상징이 될 회화 작품을 제작한다.
1937년 7월	일본이 중국을 침공한다. 이로써 중일 전쟁이 시작되어 1945년까지 이어진다. 1937년 12월과 1938년 2월 사이에 일본군은 난징에서 학살과 대규모 강간을 자행해 최소한 15만 명이 희생된다.

1938년	미국에서 B-17 폭격기 〈플라잉 포트리스Flying Fortress〉가 출시된다. 미국은 제2차 세계 대전이 끝날 때까지 이 폭격기를 약 1만 2천7백 대 제조한다.
1938년	소련에서 러시아의 영웅이 튜턴 기사단의 침공에 맞서 저항하는 내용을 다룬 세르게이 예이젠시테인의 영화 「알렉산드르 넵스키」가 상영된다.
1938년 3월 12일	독일 군대가 오스트리아 국경 초소를 넘어선다. 나치 독일은 안슐루스, 즉 오스트리아 병합을 실시한다.
1938년 9월 29일	뮌헨 회담에서 프랑스와 영국은 독일 제3제국의 주데텐란트 지역 합병 요구를 받아들인다.
1939년 4월 1일	마드리드는 극우파 군대의 수중에 들어간다. 이로써 스페인 내전이 종결된다. 스페인 사람 50만 명이 프랑스로 떠난다. 남자는 수용소에, 여자와 어린이는 주거 시설에 수용된다.
1939년 8월 23일	독일·소련의 상호 불가침 조약 체결.
1939년 9월 1일	독일군이 폴란드를 침공하고, 붉은 군대는 폴란드 동부를 점령한다. 프랑스는 국민 총동원을 선포한다. 3일에 영국과 프랑스는 독일에 전쟁을 선언한다. 이로써 제2차 세계 대전이 시작된다.
1939년 9월 4일	독일에서 전시 경제에 관한 명령이 선포되어 국가 경제생활의 모든 측면에 대한 국가의 통제가 확대·강화된다.
1939년 11월	독일 국가 판무관부가 게르만족을 강화하려고 만들어 낸 게네랄플란 오스트로 동유럽에서 국가 사회주의 인종 계획이 실시된다.
1940년	디노 부차티는 이탈리아에서 벌어질 법하지 않은 전쟁을

기다리는 내용을 다룬 소설 『타타르 황야』를 출간한다.

<table>
<tr><td>1940년</td><td>시카고에 있는 모토로라사(社)의 기술자들이 최초의 워키토키를 개발한다.</td></tr>
</table>

1940년   시카고에 있는 모토로라사(社)의 기술자들이 최초의 워키토키를 개발한다.

1940년 5월 10일   독일 국방군은 4월에 덴마크와 노르웨이를 침공한 후, 네덜란드와 벨기에, 룩셈부르크를 침공한다. 13일에 전격전 전략으로 프랑스를 침공해 스당을 돌파한다. 5월 21일부터 독일 전차가 해안으로 돌진해 됭케르크 해안에서 프랑스 군대의 지원을 받은 영국군을 그들이 철수하는 6월 4일까지 포위한다.

1940년 5월 14일   루프트바페 공습으로 로테르담이 매우 광범위하게 파괴된다. 이로 인해 민간인 수천 명이 사망하고 네덜란드는 5월 15일에 항복한다.

1940년 6월 22일   레통드에서 페탱 원수의 프랑스 정부와 독일 제3제국 사이의 휴전 협정이 체결된다.
5월과 6월에 프랑스에서 8백만~1천만 명이 프랑스를 떠나 피란을 간다.

1940년 7~9월   마르크 블로크는 프랑스 공방전을 증언한 『이상한 패배』를 쓴다.

1940년 7월 10일~10월 31일   영국 전투. 8월 20일에 윈스턴 처칠은 독일과 동맹국들, 그리고 그들이 점령한 모든 영토에 대해 식량 자원을 포함한 전면 봉쇄를 선포한다.

1940년 9월~1941년 5월   런던에 대한 독일 공군의 폭격 전역: 런던 대공습으로 4만 3천 명이 목숨을 잃는다.

1941년   자크 도리오는 볼셰비즘에 맞선 프랑스 자원병 군단을 7월 8일에 창단하는 데 기여한다. 그는 러시아 전선에서 독일 편에 서서 싸운다.

1941년 6월 22일	독일 국방군이 소련을 침공한다. 이로써 바르바로사 작전이 개시된다.
1941년 8월	추축국 군대들이 레닌그라드 포위전을 개시한다. 1944년 1월까지 지속된 이 전투로 인해 주민 1백만 명이 영양실조로 사망한다.
1941년 9월 29~30일	소련의 바빈야르에서 유태인 특별 부대Sonderkommando 4a가 독일 국방군의 여러 부대를 활용해 유태인 3만 3,771명을 사살한다. 이 학살은 아인자츠그루펜이 동부 영토에서 자행한 〈총살 쇼아〉라고 불리는 것의 일환이다.
1941년 12월 7일	일본 항공대가 진주만 기지에 정박한 미국 함선 일부를 파괴하고, 동시에 영국령 말레이시아와 필리핀, 홍콩, 괌을 공격한다. 8일에 미국의 참전으로 태평양 전쟁이 시작된다. 미국은 즉시 그 지역 전체에 봉쇄를 실시한다.
1942년	영국인 알렉산더 플레밍이 1928년에 발견한 페니실린이 제약 산업에 의해 생산되기 시작한다.
1942년 1월 20일	반제 회담에서 독일 제3제국의 고위 책임자들은 〈유대인 문제에 대한 최종 해결책〉 체계를 마련한다.
1942년 4월	일본은 필리핀 바탄 지방을 점령한 후 필리핀과 미국인 포로들에게 죽음의 행군을 강요하고, 이로써 6천~2만 명이 죽는다.
1942년 6월 4~6일	미드웨이 해전, 그리고 뒤이은 과달카날 해전(1942년 8월~1943년 2월)으로 연합군은 태평양 지역에서 공세에 나선다.
1942년 7월 17일	독일군이 스탈린그라드 포위전을 개시한다. 이 전투는 1943년 2월 2일까지 지속되고, 1백만 명에 가까운 사망자를 낸다. 독일의 군인 9만 1천 명과 장교 2천5백 명이 소련

군대에 생포된다. 독일이 스탈린그라드를 점령하는 데 실패함으로써 소련 진격이 종결된다. 소련 영토에서 가장 큰 스탈린그라드 전쟁 기념비가 1967년에 제막된다.

1942년 10월 23일~ 11월 3일	이집트 엘알라메인에서 영국군은 알렉산드리아와 수에즈 운하를 위협하는 독일군을 격퇴한다.
1942년 11월 8일	미군과 영국군이 북아프리카에 상륙해 횃불 작전Operation Torch을 수행한다.
1942~1945년	독일이 점령한 볼린 지역에서 폴란드 민간인 8만 명이 우크라이나 반란군 요원들에게 학살당한다. 같은 기간에 폴란드 민병대는 우크라이나 농민 수천 명을 죽인다.
1943년	프리츠 랑의 영화 「사형 집행인도 죽는다」는 나치 지휘관 하이드리히가 살해되는 이야기를 다룬다. 베르톨트 브레히트가 각본을 쓴 반나치 선전 영화다.
1943년	영국에서 톰린슨 국회 보고서로 전쟁 후에 병사의 신체장애를 돌보는 데 우호적인 공공 정책이 결의된다.
1943년	『전투원의 심리학』에서 미국 군대 심리학자들은 두려움을 축으로 하는 전쟁의 〈심리적 전선〉을 정의 내린다. 이 책은 2년 만에 40만 권이 팔려 국제적인 베스트셀러가 된다.
1943년	폴란드의 법학자 라파엘 렘킨은 〈제노사이드〉라는 용어를 만든다.
1943년 7월 10일	연합군은 시칠리아섬과 나폴리만(灣)에 상륙한다. 무솔리니는 전복되고 이탈리아는 9월 8일에 항복한다.
1943년 7월 25일~ 8월 3일	함부르크에 연합군의 폭격이 이루어져 주민 1백만 명이 화염에 휩싸인 도시를 피해 떠난다.
1943년 10월 14일	독일 슈바인푸르트 상공에서 미국 공군은 대참사를 당해

공격 부대의 4분의 1이 파괴되고 군인 6백 명이 사망한다.

1943년 11월 28일~ **12월 1일**	테헤란 회담에서 루스벨트와 스탈린, 처칠은 추축국의 〈무조건 항복〉을 전쟁의 주요 목표 중 하나로 삼는 데 동의하고, 1944년 봄 노르망디 상륙을 결정한다.
1944년	프랑스에서 〈재건설 및 도시 계획부〉가, 영국에서는 〈도시와 농촌 계획부〉가 신설된다.
1944년 1월 17일	이탈리아에서 몬테카시노 전투가 시작된다. 이 전투에서 연합군은 독일 국방군에 의해 5월 19일까지 저지당한다. 주로 모로코 군인들로 이루어진 자유 프랑스 군대는 큰 손실을 입는다.
1944년 6월	미국에서 지아이 빌GI Bill이 제정되어 제2차 세계 대전 참전 군인들에게 재정적인 지원이 이루어진다.
1944년 6월 6일	연합군이 노르망디에 상륙한다. 이것이 오버로드 작전 Operation Overlord으로, 뒤이어 8월 15일에 프로방스 상륙이 이루어진다.
1944년 6월 10일	리무쟁 지방의 오라두르쉬르글란에서 다스 라이히 SS 사단이 남녀와 어린이 642명을 학살한다. 그리고 튈(1944년 6월 9일)과 도르탕, 쥐라(7월 12~22일)에서도 민간인 학살이 벌어진다.
1944년 8월 21일~ **10월 7일**	워싱턴에 있는 덤버턴 오크스 저택에서 미국과 영국, 소련, 중화민국이 모여 평화와 국제 안보 유지를 확보하는 것이 목적인 국제 연합의 기초를 정한다.
1944년 11월	독일은 미사일의 선조인 V1과 V2를 런던에 투하한다.
1945년	팔레스타인에서 영국에 반대해 시온주의 반란이 벌어진다.
1945년 1월 27일	소련 붉은 군대가 아우슈비츠 수용소에 진입한다. 이어

4월에 미국은 부헨발트와 다하우 수용소를, 영국은 베르겐-벨젠 수용소를 해방시킨다.

6월에 유대인 문제 연구소Institute of Jewish Affairs는 〈최종 해결책〉의 유대인 희생자가 566만 명이라는 수치를 제시한다.

1945년 2월 4~11일 크림반도 얄타에서 루스벨트와 스탈린, 처칠은 전후 유럽에 대해 논의한다. 독일은 분리되어 무장 해제되어야 하고, 나치당은 없애고, 전쟁 범죄자들은 재판을 받아야 한다고 결정된다. 3대 열강은 폴란드의 영토 문제를 해결하기 위해 폴란드의 동부 국경을 서쪽으로 이동시킨다. 그들은 또한 1945년 국제 회담 개최를 촉구한다.

1945년 2월 13~14일 영국·미국이 드레스덴에 폭격을 가해 2만 5천 명이 죽는다.

1945년 2월 23일 일본의 이오섬에서 벌어진 전투 중에 사진가 조 로즌솔은 미 해병대원 한 무리가 스리바치산 정상에 성조기를 게양하는 장면을 포착한다.

1945년 3월 9~10일 일본에서 연합군이 도쿄에, 뒤이어 8월까지 일본의 수십 개 도시에 대규모 폭격을 가한다.

1945년 4월 16일 붉은 군대가 베를린에 공세를 시작한다. 히틀러는 4월 30일에 자살한다. 전투는 5월 2일에 중지된다.

1945년 4월 25일 엘베강 연안 토르가우에서 미군과 소련군이 만나 두 전선을 연결한다.

이탈리아 파르티잔이 봉기를 일으킨다. 4월 29일에 그들은 무솔리니와 그 애인을 살해한다.

1945년 4월 26일 국제 연합 헌장을 확정하는 회담이 샌프란시스코에서 열리고, 헌장은 6월 26일에 채택된다. 유엔은 조정 군대인 일명 〈푸른 철모Bleu Helmet〉를 갖춘다.

1945년 5월 7~8일	독일의 항복은 랭스, 뒤이어 베를린에서 서명된다.
1945년 7월 17일~8월 2일	포츠담 회담에서 미국과 소련, 영국은 소련과 폴란드, 독일의 새로운 국경을 승인한다. 그들은 체코슬로바키아와 폴란드, 헝가리, 유고슬라비아, 루마니아에 여전히 존재하는 소수 독일 민족을 연합군이 점령하는 구역으로 강제 이송하는 데 합의한다. 이로써 약 5백만 명의 독일인이 추방되고, 여기에 더하여 붉은 군대를 피해 도망치거나 항복 이후에 이주를 당한 독일 난민이 7백만 명 있다.
	연합군은 또한 일본의 무조건 항복을 요구한다.
1945년 8월 6일	미국이 일본 히로시마에 핵폭탄을 투하해 12만 명이 사망한다. 8월 9일에 또 다른 핵폭탄이 나가사키에 투하되어 7만 명이 사망한다.
	일본은 8월 15일에 항복한다.
1945년 8월 8일	런던 조약으로 연합국들은 〈지리적으로 위치가 명확하게 정해지지 않은 범죄를 저지른 전쟁 범죄자들을 심판하기〉 위해 국제 군사 법정을 제정한다. 뉘른베르크에서 1945년 11월 20일과 1946년 10월 1일 사이에 전쟁 범죄자 24명(그중 21명이 출석)이 재판을 받는다. 수용소 직원에 대한 두 건의 〈아우슈비츠 재판〉이 1947년과 1963~1965년에 열린다.
1945년 9월 2일	일본이 항복 조약에 서명함으로써 제2차 세계 대전은 종결된다. 이 전쟁으로 6천만 명 가까이 죽는데, 절반 이상이 민간인이다.
	베트남에서 호찌민이 독립을 선포하고 프랑스는 이를 인정하기를 거부한다. 10월 5일에 르클레르 장군이 사이공에 상륙해 정복 작전을 개시한다. 인도차이나 전쟁이 시작된다.

1946년	일본 헌법은 제9조에 일본이 군대 유지와 모든 전쟁 활동을 포기한다고 규정한다.
1946년	중국에서 국민당과 중국 공산당 사이에 내전이 시작된다.
1946년	윌리엄 와일러의 영화「우리 생애 최고의 해」는 참전 군인 세 명을 등장시켜 승리한 미국으로 귀향하는 일의 어려움을 그린다.
1946년 5월 3일	일본 지도자들이 1928년과 1945년 사이에 저지른 평화에 반하는 범죄와 전쟁 범죄, 반인도적 범죄를 재판하기 위한 극동 국제 군사 법정 개정. 기소된 28명 중에서 7명이 1948년 11월 12일에 사형을 선고받는다.
1946년 7월 4일	폴란드 키엘체에서 포그롬이 벌어지자 유대인들은 미국이 통제하는 바이에른주의 수용소를 향해 대거 떠난다. 그들은 나중에 팔레스타인으로 이주한다.
1946~1949년	그리스 내전 발발. 냉전의 첫 번째 대리 전쟁이다.
1946~1964년	콜롬비아에서 내전(〈폭력〉시대)으로 20만 명 가까이 사망한다.
1947년	영국의 버크셔주 샌드허스트에 육군 사관 학교가 창설된다.
1947년	미하일 칼라시니코프가 AK-47 소총을 개발한다. 이 총은 1949년에 소련 군대에서 채택된다. 1974년에 AK-74 소총으로 대체된다.
1947년 3월 12일	스탈린이 폴란드에서 자유선거 실시를 거부하던 때에 미국 대통령 트루먼은 소련이 유럽으로 세력을 확장하는 것을 저지하겠다는 의도를 발표한다. 이로써 봉쇄 정책이 실시되고 냉전이 시작된다. 1989년 그리고 베를린 장벽 붕

괴에 이르기까지 미국과 소련은 지속적인 긴장 상태를 유지하되 직접적인 충돌은 없이 특히 국외(특히 1950년과 1953년 사이에 한국, 1962년에 쿠바)에서 대치한다.

1947년 3월 29일 프랑스에 맞서 마다가스카르 봉기가 시작되어 1948년 말까지 지속된다. 탄압으로 마다가스카르 주민 3만~4만 명이 죽는다.

1947년 8월 15일 인도 제국이 인도와 파키스탄으로 분할되면서 1948년까지 카슈미르 지역의 통치권을 두고 두 신생 국가 사이에 전쟁이 벌어져 1천4백만 명이 국제적인 원조를 받지 못하는 난민이 된다.

1948년 에드워드 실스와 모리스 재너위츠가 1944~1945년에 독일 국방군 포로들을 대상으로 실시한 조사가 출간된다. 두 사회학자는 군인이 견뎌 내는 힘을 설명하기 위해 〈1차 집단primary group〉 개념을 강조한다.

1948년 5월 14일 이스라엘 국가 선포. 뒤이은 이스라엘·아랍 전쟁이 종결되면서 팔레스타인인 70만 명이 이웃 나라들(레바논, 시리아, 요르단)로 떠나고, 그곳에서 그들은 수용 캠프에 정착한다.
1949년에 이스라엘은 남녀 모두를 대상으로 의무 병역제를 실시한다.

1948년 6월 모스크바는 베를린 서부 구역에 대해 육상 봉쇄를 실시한다. 그러나 항공로로 도시에 물자 보급이 이루어져 봉쇄는 실패하고 1949년 5월에 해제된다.

1949년 네덜란드령 인도네시아 영토는 4년간의 분쟁 끝에 독립이 인정된다.

1949년 영국은 공산주의 게릴라에 맞서 싸우기 위해 말레이시아에 비상사태를 선포한다. 1957년에 말레이시아가 독립할 때까지 영국은 수만 명을 강제 이주시킨다.

1949년 미국 사회학자 새뮤얼 스투퍼는 제2차 세계 대전 중 미군에 관한 기념비적 조사 연구인 『미군』을 출간한다.

1949년 1월 31일 중국 인민 해방군이 베이징에 진입한다. 국민당 군대 잔당은 타이완으로 후퇴한다.

1949년 4월 4일 북대서양 조약 기구(나토) 창설.

1949년 8월 12일 제네바 협약은 전시에 민간인을 더욱 잘 구호하도록 명시한다.

1950년 제2차 세계 대전의 난민을 구호하기 위해 유엔 난민 고등 판무관 사무소(HCR) 창설.

1950~1953년 북한이 남한을 침공하여 발발한 한국 전쟁은 미국과 그에 대치하는 소련, 중국 간의 냉전 충돌이고, 유엔이 역할을 담당한 최초의 전쟁이다.

1951년 7월 28일 제네바 협약은 난민을 자신의 인종이나 종교, 국적, 정치적 견해나 특정 사회 집단 소속이라는 이유로 박해받을 것이 두려워 자국으로 되돌아가지 못하고 자국 바깥에 있는 사람이라고 규정한다.

1952~1960년 케냐에서 키쿠유 민족의 이름으로 영국에 맞서 봉기하는 마우마우단에 대해 가혹한 탄압과 〈재교육〉이 이루어진다.

1953년 소장 존 F. C. 풀러는 『서구 세계의 결정적인 전투들』을 출간한다.

1954년 『베를린의 여인』이 미국에서 익명으로 출간된다. 어느 베를린 여성이 1944년 4월 20일부터 6월 22일까지 쓴 이 일기는 소련 군대가 민간인에게 자행한 대규모 강간과 폭력을 상세히 기술한다.

1954년 1월 15일 미국의 국무 장관 포스터 덜레스는 〈대량 보복〉 전략을 표명한다. 이로써 핵 억제 정책이 탄생한다.

1954년 5월 7일 디엔비엔푸 전투에서 패함으로써 인도차이나 전쟁이 종결된다. 제네바 합의가 7월 21일에 체결되어 북위 17도를 경계로 둘로 나뉜 독립 국가로 인정받은 베트남의 잠정적 분리를 확인한다. 북쪽에는 호찌민의 통치하에 소련과 중국과 동맹을 맺은 민주 공화국이, 남쪽에는 미국이 지원하는 베트남 공화국이 수립된다.

1954년 11월 10일 조 로즌솔이 1945년 이오섬에서 찍은 사진을 재현한 미 해병대 기념비가 버지니아주 알링턴에서 제막된다.

1954~1962년 알제리 전쟁 중 프랑스는 반란 억제 전쟁 기법, 특히 고문을 활용한다.
7년간의 분쟁 끝에 알제리는 독립을 인정받는다.
프랑스에서 징집병 1천2백만 명이 동원된다.

1955~1959년 키프로스에서 영국에 맞선 독립 전쟁 발발. 그 섬나라는 1960년에 독립한다.

1956년 10월 29일~11월 7일 수에즈 위기가 발발해 프랑스와 영국, 이스라엘이 이집트와 충돌하고, 그 결과 서구가 외교적으로 패배하고 식민 강국으로서 영국과 프랑스가 결정적으로 약화된다. 수에즈 위기를 종결하기 위해 신설된 국제 연합 긴급군(UNEF I)은 〈푸른 철모〉 군대가 최초로 투입된 경우다.

1956년 12월 쿠바에서 체 게바라는 피델 카스트로와 함께 바티스타에 맞서 쿠데타 계획에 가담하고, 뒤이어 1959년에 게릴라가 승리할 때까지 지하 단체에 합류한다.

1957년 일본은 히로시마와 나가사키 폭발 피해자인 〈피폭자〉를 인정한다.

1957년   영국은 보편적 병역 제도를 폐지한다.

1959년   바스크 지방의 독립을 주장하는 바스크 조국과 자유 (ETA)가 창단되어 2011년까지 스페인 정부에 대항한 테러 전쟁을 벌인다.

1959~1961년   르완다 내전. 르완다는 1962년에 독립한다.

1960년 7월 11일   모이스 촘베는 카탕가주의 독립을 선포하고, 국제 연합 군대의 지원을 받는 콩고 정부에 맞서 봅 드나르가 지휘하는 용병의 지원을 받는다.

1961년   아밀카르 카브랄은 기니비사우-카포베르데 아프리카 독립당을 이끌며 1973년에 살해될 때까지 학교와 병원, 법원을 갖춘 정교한 지하 단체 체계를 운영한다.

1961년 4월 11일   예루살렘에서 아돌프 아이히만에 대한 재판이 열린다. 아주 많은 생존자가 법정에 출두해 나치 공무원의 책임을 둘러싼 논쟁이 벌어져 증인 인물상이 크게 부각된다. 아이히만은 1962년 5월 31일 교수형에 처해진다.

1962년   미국의 소설가 제임스 존스는 과달카날 전역 참전 경험에서 영감을 받은 소설 『신 레드 라인』을 출간한다. 이 책은 1998년에 테런스 맬릭이 영화화한다.

1962년   소련과 미국 사이에서 쿠바 미사일 위기(10월 16~28일)가 발발해 〈상호 확증 파괴〉 또는 〈공포의 균형〉 전략을 낳는다. 이는 공격해서 얻는 이득이 발생하는 손실로 무효화되는 핵 억제의 극단적인 형태다.

1962~1970년   북예멘 내전 중에 유럽인 용병 집단이 왕당파 군대 편에서 개입한다.

1962~1979년	니카라과에서 소모사 가문의 독재에 맞서 산디니스타가 반란을 일으킨다.
1963~1964년	말리의 아드라르 데 지포라스 산악 지대에서 벌어진 투아레그족 분리주의자의 반란이 유혈 진압된다.
1964년	파타와 팔레스타인 해방 대중 전선 등 팔레스타인 해방을 추구하는 여러 단체가 통합되어 팔레스타인 해방 기구(PLO)가 탄생한다. 투쟁 수단은 테러다. 1967년에 야세르 아라파트가 그 수장이 된다.
1964년	콜롬비아에서 콜롬비아 무장 혁명군(FARC)이 창설되어 2000년대 초까지 공산주의 게릴라전을 벌인다.
1965년	우루과이에서 대중은 투파마로스 해방 운동을 발견한다. 이 세력은 1972년에 타도될 때까지 테러 활동을 활발히 벌인다.
1965년 3월	공산주의의 전진을 저지하려고 미군이 베트남에 온다. 북베트남에 대한 공습은 1968년까지 계속 증가한다.
1965~1979년	차드에서 내전이 벌어져 북부 반군Frolinat이 프랑수아 톰발바예 정권과 대치한다.
1967년	베트남에서 미국은 나무를 베는 용도의 2톤짜리 날을 갖춘 불도저 롬 플라우를 사용하기 시작한다. 이 때문에 남베트남 토지의 2퍼센트가 파괴된다. 미군은 또한 제초제, 특히 극도로 독성이 강한 〈에이전트 오렌지〉를 퍼붓는다. 그 물질로 오염된 사람의 수는 210만 명에서 480만 명 사이로 추정된다.
1967년	비아프라 독립 선언 이후, 나이지리아 연방 정부는 분리를 주장하는 지역 주민에 대한 전면적인 식량 봉쇄를 실시해, 비아프라 사람들이 1970년에 굴복할 때까지 1백만~2백

만 명이 죽는다.

1967년 6월 5~10일 6일 전쟁은 이스라엘이 수적으로 우세한 적에 맞서 결정적인 승리를 거두고, 동예루살렘과 요르단강 서안 지구, 골란고원, 가자 지구, 시나이반도에서 수에즈 운하까지 점령함으로써 중동 지역에서 전환점이 된다.

1967년 10월 9일 체 게바라가 볼리비아에서 게릴라 활동에 가담하던 중에 살해된다. 이후 이 쿠바 혁명가는 게릴라군 인물상을 상징한다.

1968년 1월 31일 북베트남은 남베트남의 도시에 맞서 구정 공세를 벌인다.

1968년 3월 16일 베트남의 미라이 마을에서 아메리칼 사단이 504명을 학살한다.

1969년 테러 단체 웨더 지하 기구가 시카고에서 창단된다. 회원들은 폭탄 테러를 20여 건 저지른다.

1969년 아프리카 통일 기구는 〈아프리카의 난민 문제의 고유한 측면들을 관장할〉 협약을 채택한다.

1969년 공산주의 활동가 카를로스 마리겔라는 『도시 게릴라 교본』을 펴낸다.

1970년 적군파(RAF), 일명 〈바더단(團)〉이 출현해 1977년까지 서독에서 테러와 납치를 통한 게릴라 활동을 벌인다.

1970년 9월 6일과 9일 팔레스타인 해방 대중 전선의 특공대가 비행기 네 대를 납치한다.

1971년 돌턴 트럼보가 자신의 소설(1939)을 각색한 영화 「조니, 총을 얻다」 개봉. 주인공은 제1차 세계 대전으로 팔다리가 절단된 인물이다.

1971년 12월 3~16일   동파키스탄과 서파키스탄이 대치한 전쟁 중에 최소한 20만 명의 여성이 동부 군인들에게 강간당한다.

1972년 1월 30일   북아일랜드의 데리에서 영국 군대가 시위자들을 향해 발포해 14명을 죽인 피의 일요일 발발. 이 사태로 아일랜드 공화국군 임시파(PIRA)의 테러 활동이 격화되어 1998년에 평화 조약을 맺을 때까지 지속된다.

1972년 2월 21~28일   리처드 닉슨이 베이징을 방문해 중국과 미국의 친선에 큰 획을 긋는다.

1972년 5월 26일   레오니트 브레즈네프와 리처드 닉슨이 양 진영의 무기 제한을 명시하는 SALT I 협상 체결. 새로운 협상인 SALT II는 1979년 6월 18일에 레오니트 브레즈네프와 지미 카터 간에 체결된다.

1972년 12월   베트남에서 미군은 하노이를 대규모 폭격한다. 미국인은 군사 작전으로 야기되는 민간 시설 파괴와 피해자를 일컫기 위해 베트남 전쟁 중에 〈콜래트럴collateral〉이라는 용어를 만든다.

1973년   미국이 징병제를 폐지한다.

1973년 1월 27일   파리 협정으로 베트남 전쟁이 종결된다. 이 전쟁으로 북베트남에서 3백만 명, 미군이 5만 8천 명 이상(부상자는 30만 명) 사망했다.

1973년 10월 6~25일   욤 키푸르 전쟁에서 이집트와 시리아를 필두로 한 아랍 동맹국들에 이스라엘이 또다시 승리를 거둔다.

1975년 8월 1일   미국과 소련, 캐나다, 동·서 유럽 국가들(알바니아 제외)은 헬싱키에서 1945년에 확정된 유럽 국경 불가침을 승인하는 협정에 서명한다.

1975~1979년	베트남이 1975년 4월 30일에 공산주의 북베트남의 지배 하에 통일한 후, 2백만 명 가까운 보트피플이 베트남에서 도피한다.
1975~1979년	크메르 루주는 캄보디아에서 공포 정치를 펼쳐 국민의 4분의 1을 죽음으로 이끈다.
1975~1990년	레바논에서 내전이 일어나 동맹들이 이루어져 팔레스타인 해방 기구 그리고 이스라엘과 시리아 같은 지역 강대국 등 국가 외부 군대가 개입한다. 1982년 9월 16일과 18일 사이에는 레바논의 사브라와 샤틸라 수용소에서 팔레스타인 사람 수백 명이 학살된다.
1975~1990년	나미비아 북부와 앙골라 남부 사이에 위치한 범람 위험이 있는 평원 오밤보랜드 남부에서 전투가 벌어져 동식물이 급격한 변화를 겪는다.
1975~2002년	갓 독립한 앙골라는 내전에 돌입한다. 1백만 명의 어린이가 전쟁으로 고통받았을 것이라고 추정된다.
1976년	마틴 스코세이지의 영화 「택시 드라이버」가 미국에서 개봉한다. 베트남 전쟁에 참전한 재향 군인이 사회에 통합되는 어려움이 그려진다.
1976년	스리랑카에서 타밀 일람 해방 호랑이 독립 운동 조직이 내전을 개시해 2009년까지 지속된다.
1977년 6월 8일	1949년 제네바 협약 추가 의정서에서 처음으로 무력 작전에 징집되고 가담하는 15세 미만의 어린이가 언급된다. 이에 덧붙여 추가 의정서는 비정규 병사와 비국제적 분쟁의 병사에 대한 보호 조치를 확대한다.
1977~1992년	1975년에 독립한 모잠비크가 내전에 돌입한다. 정부군 모잠비크 해방 전선(FRELIMO)은 반군인 모잠비크 국민

저항(RENAMO)과 대치한다.

1978년 쿠르디스탄 노동자당 창설. 이 당은 창설 이후 터키에서 민족주의 게릴라전을 수행한다.

1978년 미국, 뒤이어 거의 모든 유럽 국가에서 TV 미니시리즈 「홀로코스트」가 방영되어 서구 사회에 유대인 집단 학살의 기억이 깊이 자리 잡는다. 생존자 기록물 수집 계획 〈홀로코스트 생존자를 위한 포턴오프 비디오 아카이브Fortunoff Video Archive for Holocaust Testimonies〉가 1979년에 시작된다.

1978년 3월 11일 파타 멤버들이 텔아비브 북부에서 〈해안 도로 학살〉로 이스라엘 민간인 38명을 죽인다.

1978년 5월 9일 이탈리아에서 테러 집단 〈붉은 여단〉은 전 총리 알도 모로를 납치해 55일 후에 살해한다.

1979년 미국에서 정신적 장애를 겪는 베트남 참전 군인을 위한 상담 센터인 벳 센터Vet Centers가 개관한다.

1979년 프랜시스 포드 코폴라의 「지옥의 묵시록」개봉. 조지프 콘래드의 소설 「어둠의 심장」(1899)을 베트남 전쟁으로 배경을 바꾸어 자유롭게 각색한 작품이다.

1979년 2월 17일~ 3월 16일 중국과 베트남 사이에서 전쟁 발발. 중국 군대의 약한 전력은 중국 지도자들로 하여금 군대를 비정치화하고 근대화하게 만드는 계기가 된다.

1979~1989년 아프가니스탄에서 1978년 공산주의 쿠데타 이후 국민 봉기가 일어나 소련이 아프가니스탄을 침공해 전쟁이 시작된다.

1980년 미국에서 『정신 질환 진단 및 통계 편람』은 외상 후 스트레스 장애(PTSD)를 인정한다.

1980~1988년	이란·이라크 전쟁은 20세기에 벌어진 가장 긴 분쟁 중 하나로, 참호와 독가스 사용을 특징으로 한다. 이 전쟁으로 약 1백만 명이 죽는다.
1982년	「람보」1편 개봉. 언제고 무기를 다시 들 준비가 된 베트남 참전 용사.
1982년	베트남 전쟁 참전 군인 기념비가 11월 13일에 워싱턴에서 제막된다.
1982년 4월 2일~6월 14일	아르헨티나와 영국 사이에서 벌어진 포클랜드 전쟁 중에 영국이 포클랜드 제도를 봉쇄한다.
1982~1988년	니카라과에서 소련의 지원을 받는 정권 산디니스타와 미국이 무기를 지원하는 콘트라(〈반혁명군〉) 사이에 내전 발발.
1983년 4월 18일과 10월 23일	레바논 전쟁 중에 탄생하여 이스라엘의 국가 점령에 맞서 싸우는 급진적 이슬람주의 테러 집단인 헤즈볼라가 베이루트에서 미국인과 프랑스인을 표적 삼아 처음으로 테러를 저지른다.
1984년 9월 22일	프랑수아 미테랑 프랑스 대통령과 헬무트 콜 독일 총리가 두오몽 봉안당 앞에서 악수한다.
1986년	올리버 스톤의 「플래툰」 개봉. 이 영화는 베트남 전쟁에 지원한 청년이 폭력에 직면해 환멸을 느끼는 모습을 그린다.
1987년 5월 11일~7월 3일	클라우스 바르비가 론 중죄 법원에서 반인도적 범죄로 재판을 받고 무기 징역을 선고받는다. 뒤이어 1994년에는 폴 투비에가, 1997~1998년에는 모리스 파퐁이 재판을 받는다.
1987~1993년	제1차 인티파다가 벌어져 팔레스타인 사람들이 이스라엘

의 탱크에 맞서 돌팔매질과 테러 행위로 반격한다. 급진적 이슬람주의 집단 하마스는 무력 투쟁을 벌인다.

1988년

아프가니스탄에서 압둘라 유수프 아잠과 오사마 빈 라덴이 세계적인 지하드 활동을 목표로 알카에다 테러 집단을 창단한다.

1988~1994년

아제르바이잔의 나고르노카라바흐 자치구를 아르메니아에 병합하라는 요구 때문에 두 공화국 사이에서 전쟁이 발발한다.

1989년 11월 9일

베를린 장벽이 무너지고, 뒤이어 1991년에 소련이 붕괴함으로써 냉전이 끝난다.

1989년 11월 20일

국제 아동 권리 협약은 회원국들이 〈15세에 이르지 않은 사람이 적대 행위에 직접 가담하지 않도록 보장하기 위하여 실행 가능한 모든 조치〉(제38조)를 취하라고 명한다.

1989년 12월 20일~ 1990년 1월 31일

미국은 노리에가 장군에 맞서 파나마에 개입한다.

1990년 9월 12일

모스크바 조약 또는 〈4+2 조약〉으로 독일을 점령한 과거 강대국 네 나라는 공식적으로 독일 통일을 인정한다.

1990년 8월 2일~ 1991년 2월 28일

이라크가 쿠웨이트를 합병하자 걸프 전쟁이 벌어져 이라크는 미국이 지휘하는 35개 다국적군에 대치한다.
전투 제1단계에 해당하는 사막의 폭풍 작전은 1991년 1월 17일과 2월 28일 사이에 전개된다.
1991년 2월에 이라크 군대는 유전 7백 곳에 불을 질러 환경 참사를 일으킨다.

1991년

소말리아는 내전에 돌입한다. 유엔의 위임을 받은 인도적 군사 작전은 1995년에 실패로 끝난다.

1991~1995년 구 유고슬라비아 전쟁: 슬로베니아(1991년 6월)와 크로아티아(1992년 7~12월)에 이어 인종 청소로 특징지어지는 충돌이 1992년에 보스니아 헤르체고비나에서 벌어져 사라예보 포위전(1992년 4월 5일~1996년 2월 14일)과 스레브레니차 학살(1995년 7월 11일~16일, 8천 명 사망)로 폭력이 정점에 이른다. 1995년 12월 14일에 데이턴 협정으로 전쟁이 종결된다.

1991~2002년 시에라리온에서 벌어진 내전에서는 특히 소년병이 대규모로 활용된다.
1999년 1월 6일, 프리타운에서 생물 절멸No Living Thing 작전으로 민간인 6천 명 이상이 죽는다.
시에라리온 특별 재판소가 2002년과 2013년 사이에 열린다.

1992년 일본 자위대가 유엔의 위임을 받아 캄보디아에서 자유선거를 감시하기 위해 제2차 세계 대전 이후에 최초로 외부에 개입한다.

1993년 에리트레아가 독립한다. 20세기 말에 반란이 독립으로 이어진 흔치 않은 사례다.

1993년 전쟁 범죄를 재판하기 위해 구 유고슬라비아 국제 형사 재판소 창설. 2015년과 2017년 사이에 헤이그에 소재하고, 161명이 기소된다.

1994년 멕시코의 치아파스주에서 혁명가 사파타를 내세우는 인디언들이 과격한 봉기를 벌인다.

1994년 4~7월 르완다에서 80만 명이 넘는 투치족과 후투족 반체제 인사가 살해된다. 집단 학살이 벌어지자 2백만 명이 피란을 떠난다. 르완다에서 벌어진 전쟁 범죄를 심판하기 위한 국제 형사 재판소가 1994년 11월 8일에 탄자니아 아루샤에 설치되어 2015년까지 93명을 기소한다.

1994~1996년   체첸 독립 선언(1991) 이후, 러시아 정부는 반란 지역을 평정하기 위해 군인 3만 명을 보낸다. 체첸의 수도 그로즈니에 대한 대규모 폭격이 이루어지고, 민간인이 과격한 전투 와중에 심한 피해를 입는다.

1996년 2월 22일   자크 시라크 대통령은 프랑스에서 징병제 종료를 선언한다.

1996~2006년   네팔에서 인민 전쟁이 벌어져 정부군과 마오쩌둥주의 혁명군(CPN-M)이 대치한다. 최소한 6천~1만 명의 미성년자가 참전하는데 대다수가 소녀다.

1997년   대인 지뢰 금지 협약(오타와 협약)에 122개국이 서명한다.

1998년   120개국이 로마 규정을 채택한다. 이로써 국제 범죄로 기소된 사람에 대한 재판을 담당하는 국제 형사 법원이 제정되어 2002년부터 헤이그에 소재한다.

1998년   스티븐 스필버그의 「라이언 일병 구하기」가 미국에서 개봉한다. 노르망디 상륙 작전을 다룬 이 영화는 군인의 무훈보다 그들의 인간성에 집중한다.

1998년 8월 7일   알카에다 테러범들이 케냐 나이로비와 탄자니아 다르에스살람에 있는 미국 대사관 앞에서 트럭을 폭파시켜 224명이 희생된다.

1998~1999년   코소보 전쟁으로 나토가 세르비아에 폭격을 가하고 대규모 주민 이주가 일어난다. 그 지역은 세르비아의 통제를 떠나 2008년 2월에 독립이 선포될 때까지 유엔의 잠정적인 관리를 받는다.

1999~2000년   제2차 체첸 전쟁: 수도 그로즈니는 폭격과 전투로 황폐해

진다. 수십만 명의 민간인이 잉구시 공화국으로 도피한다.

2000년 5월 25일   국제 연합에서 어린이가 무력 충돌에 개입하는 것에 관한 새로운 의정서가 채택되어 참전할 수 있는 법적인 연령을 18세로 높인다.

2000년 10월 12일   아덴에서 알카에다 자살 테러가 벌어져 USS콜 구축함이 큰 피해를 입고 미국 해병 17명이 사망한다.

2000~2005년   제2차 인티파다: 하마스는 이스라엘에 대한 자살 테러와 로켓탄 발사를 여러 차례 실시한다.

2001년   미국에서 TV 미니시리즈 「밴드 오브 브라더스」 방영. 역사학자 스티븐 앰브로즈의 책(1992)에서 영감을 받은, 1994년 6월에 노르망디에 낙하산을 이용해 착륙한 미국 군인들의 이야기로 톰 행크스와 스티븐 스필버그가 제작했다.

2001년 9월 11일   뉴욕의 세계 무역 센터를 표적으로 한 두 건의 자살 테러 그리고 국방부 건물 펜타곤을 표적으로 한 또 다른 자살 테러가 벌어진다. 3천 명 가까이 사망한다.

2001년 10월 7일   조지 W. 부시가 선포한 〈테러와의 전쟁〉의 일환으로 미국은 아프가니스탄에 개입한다.

2001~2012년   르완다에서 가차차 법원은 투치족 집단 학살과 연관된 2백만 건에 이르는 문건을 검토한다.

2002년 5월 20일   동티모르가 30년 가까운 저항 끝에 독립한다.

2003년 3월 20일   사담 후세인이 화학 무기를 가졌을 거라는 핑계로 다국적 군을 이끄는 미국이 이라크에 맞서 예방 전쟁을 개시한다. 2003년 이후 수단에서 다르푸르 전쟁이 벌어져 2003년과 2006년 사이에 주민 학살이 여러 차례 벌어지고 2백만 명의 난민이 수단을 떠나 도피한다.

2004년 5월 29일 미국 대통령 조지 W. 부시는 워싱턴에서 제2차 세계 대전 기념비를 제막한다.

2005년 9월 16일 유엔은 〈보호할 책임〉 원칙을 채택해 〈집단 학살과 전쟁 범죄, 인종 청소, 반인도적 범죄〉의 경우에 군사적 개입을 정당화한다.

2007년 2월 유니세프의 주도로 확정된 〈파리의 원칙과 약속들〉은 서 명국들에 어린이를 무력 충돌에 징집하기를 그만둘 책임 을 지운다. 95개 국가가 이 원칙을 비준한다.
11월 20일, 시에라리온의 이스마엘 베아는 유니세프에서 최초의 〈전쟁으로 고통받는 어린이의 수호자〉가 된다.

2007년 여름 드론과 지뢰 제거 로봇 사용에 이어, 〈스워즈 Swords〉는 이 라크에서 전개된 최초의 무장 로봇이다.

2007년 9월 16일 1997년에 창설된 미국의 경비업체 블랙워터가 바그다드 에서 이라크 민간인 17명을 죽인다. 이 학살은 강한 국제 적 비난을 불러일으키고 미국의 이라크 개입에서 용병이 맡은 역할이 세상에 알려지는 계기가 된다.

2008년 유엔은 강간을 전쟁 범죄로 인정한다.

2008년 11월 쿠웨이트와 이라크에 전개된 군인의 약 4분의 1이 겪는 〈걸프 전쟁 증후군〉이 실제로 존재한다는 사실이 독립 보 고서로 확인된다.

2008~2009년 이스라엘은 가자 지구에서 테러 행위가 의심되는 활동가 에 대해 공중 타격을 가했다. 이로써 양쪽 진영 간의 군사 력 불균형이 드러난다.

2010년 〈반란 억제〉에 관한 프랑스의 새로운 학설이 출간된다.

이 학설은 리비아와 말리에서 군사 작전을 벌인 이후인 2013년에 재해석된다.

2011년 3월

시리아 전쟁 시작. 이 분쟁으로 35만 명 이상이 죽고, 시리아인 약 6백만 명이 국내에서 피난했으며, 560만 명은 시리아를 떠났다. 이 분쟁은 터키와 이란, 이스라엘이 개입하면서 지역 전쟁이 된다.

2011년 3~10월

유엔의 보호할 책임의 일환으로 나토는 리비아에서 무아마르 카다피에 대항해 군사 작전을 수행한다.

2011년 7월 9일

남수단 독립으로 수단 북부와 남부 사이에서 벌어진 20년 간의 전쟁이 종결된다.

2013년

노르웨이는 징병제를 여성에게 확대한다.

2013년

아부 바크르 알바그다디는 지하드 단체 〈이라크 레반트 이슬람국가(ISIL)〉 창설을 선포한다. 이 단체는 2014년에 2만~3만 명의 전투원을 보유했다고 주장한다.

2013년 1월 15일

프랑스는 〈테러와의 전쟁〉을 선포하고 알카에다 이슬람 마그레브 지부의 이슬람주의자에 맞서 말리에서 무장 개입을 개시한다. 프랑스군은 사헬과 사하라 사막 지역에도 계속 개입한다.

2014년

ISIL은 이라크에서 예지드인 학살을 저지른다. 적어도 남성 5천 명이 살해되고 여성 7천 명이 생포된다.

2014년 이후

러시아가 크림반도를 합병(2014년 3월 18일)한 후, 친러시아파 군대와 우크라이나 군대 사이에서 돈바스 전쟁 발발.
예멘 내전: 극심한 기아 위기로 특히 민간인이 피해를 입는다. 국제 연합은 〈지구상 최악의 인도적 위기〉를 규탄한다.

2015년 11월 14일 생드니에 있는 스타드 드 프랑스 경기장과 파리 바타클 랑 극장 및 테라스와 카페에서 이슬람주의 테러가 벌어져 130명이 죽은 다음 날, 마뉘엘 발스 프랑스 총리는 〈우리 는 전쟁 중이다〉라고 단언한다.

2015년 12월 일본은 제2차 세계 대전 중에 20만 명의 한국과 중국, 인도 네시아 〈위안부〉를 성 노예로 삼은 일을 인정하고 대한민 국에 〈사죄와 반성〉을 표한다.

2016~2017년 이라크 군대는 미국이 지휘하는 다국적군의 지원을 받아 이슬람국가(IS)로부터 모술을 탈환한다. 9개월간 지속된 도심 전투는 그 파괴 규모 면에서 제2차 세계 대전 이후 최 악이다. 이슬람국가의 수도 락까는 2017년 10월에 탈환 된다.

2017년 9월 미얀마에서 아라칸주의 반란군 공격 이후 로힝야족에 대 한 군사적 억압이 벌어져 70만 명이 피란을 떠난다.

2017년 11월 22일 〈발칸반도의 도살자〉라 불리는 세르비아인 장군 라트코 믈라디치가 헤이그에 위치한 구유고슬로비아 국제 형사 재판소(ICTY)에서 집단 학살 범죄와 반인도적 범죄, 전 쟁 범죄로 종신형을 선고받는다. 그는 2018년 3월 22일에 상소한다.

2017년 12월 9일 이라크의 총리는 3년 전에 국가의 3분의 1을 점령했던 이 슬람국가의 지하드주의자들이 완전히 패배했다고 선포한 다. 전투는 시리아에서 계속 이어진다.

2018년 4월 14일 미국과 프랑스, 영국은 시리아의 바샤르 알아사드 정권에 맞서 합동 공중 포격을 개시한다. 세 국가는 알아사드가 4월 7일에 당시 시리아의 반군 도시 두마에 가했다고 추정 되는 화학 공격에 책임이 있다고 간주한다.

감사의 말

브뤼노 카반, 토머스 도드먼, 에르베 마쥐렐, 진 템페스트는 세브린 니켈, 카롤린 피숑, 세실 레, 장클로드 바이윌, 세브린 로스코, 그리고 쇠이유 출판사에 이 책이 그들에게 빚진 모든 것에 대하여 감사를 표합니다.

감수자의 말

　흔히 한반도를 〈세계의 화약고〉라고 부른다. 하지만 한국 전쟁 세대와 베트남 참전 군인들을 제외하고 전쟁을 경험해 본 사람은 별로 없다. 북한의 도발 때문에 때때로 긴장이 조성되지만, 하루가 멀다 하고 총알이 날아다니고 포탄이 터지는 이스라엘-팔레스타인에 비하면 훨씬 평온하다. 대한민국 대다수 남성은 군대에서 수년을 의무 복무하면서 다양한 훈련을 받지만, 제아무리 실전 같은 훈련도 진짜 전쟁과는 거리가 멀다. 사람들이 전쟁 시뮬레이션 게임에 열광하고 전쟁 영화가 인기를 누려도 그건 진짜가 아니다. 당연히 어느 누구도 정말로 전쟁이 터지기를 원하지 않는다. 나와 내 가족의 목숨은 물론, 모든 것을 잃을 수 있기 때문이다. 우리가 아는 전쟁이란 그저 영화와 TV, 책, 게임을 통한 간접 체험일 뿐이다. 바꾸어 말하면 우리는 가장 평화로운 시대에 살고 있다는 얘기다. 다행스러운 일이다.

　과연 싸움은 인간의 본능인가? 전쟁은 인간 문명의 도약을 위한 필요악일까? 우리가 편리하게 사용하는 전자레인지는 레이더에서 우연히 발명되었다. 원자력 발전은 우리에게 풍부한 전기를 제공하지만,

히로시마와 나가사키에 떨어진 두 발의 원자 폭탄은 수십만 명을 죽였다, 전쟁 무기로서가 아니었다면 이러한 발명품들은 등장하지 못했을까? 비록 전쟁은 파괴를 부르지만 그 덕분에 오늘날 우리가 문명의 이기를 누리는 것이라고 말할 수 있지 않을까? 어느 누구도 칼로 무를 자르듯 쉽게 얘기할 수는 없다. 전쟁에서 승리를 거둬 위대한 영웅이 탄생하는 것과 전쟁으로 무고한 사람들이 고통받는 것, 과연 어느 쪽이 전쟁의 참모습일까? 정답은 둘 다이다. 전쟁은 로마 신화에 나오는 두 얼굴의 야누스와 마찬가지이기 때문이다.

전쟁을 보는 시각은 한 가지가 될 수 없다. 일어나지 않는 것이 가장 좋지만, 현실적으로 이 세상에서 전쟁이 완전히 사라지는 것은 불가능하다. 전쟁은 없어질 수 없다는 사실을 인정해야 전쟁이 가져다주는 어두운 면, 그런데 어째서 인간들이 전쟁을 선택하게 되는지를 이해할 수 있다. 참전 군인들의 정신적 외상에 대한 관심, 그리고 전쟁 폭력을 〈범죄〉로 인정하고 단죄하게 된 것은 그리 오래된 일이 아니다. 우리 사회는 어떠한가. 우리는 전쟁을 얼마나 이해하고 있을까? 입버릇처럼 참전 용사들을 가리키며 〈그들이 이 나라를 어떻게 지켰는지를 기억하라〉라고 강조하면서도 막상 그들이 평생 겪어야 했던 정신적 외상과 고통에 대해서는 한없이 무관심하다. 남북 관계에 있어서도 한쪽에서는 무조건 승리를 외치면서 한없이 강경하고, 다른 한쪽에서는 전쟁만은 피해야 한다면서 굴욕을 감수하기를 요구한다. 머리를 맞대고 문제를 해결하기보다 현실을 회피하고 서로를 비난하기 바쁘다.

그런 점에서 『세상을 바꾼 전쟁의 모든 것』은 전쟁에 대한 새로운 시각을 제시한다. 이 책은 한 사람의 저자가 아닌 역사학자, 인류학자, 사회학자, 정치학자 등 여러 분야의 전문가 57명이 각자의 관점에서 전쟁의 야누스적인 측면을 파헤친다. 주제도 결론도 천차만별이다. 최근 전쟁 양상의 변화부터, 전근대와 근대 전쟁의 차이, 전략과 전술의 발전, 징병 제도의 종말과 현대에 부활한 용병들의 모습, 기술적 우위가 전쟁을 반드시 승리로 이끌지 못하는 이유, 드론으로 대표되는 무인 전쟁, 아프리카의 소년병, 학살과 강간, 종전 이후의 복구, 전쟁이 초래한 정신적 외상, 전쟁 범죄와 재판, 반전 운동에 이르기까지 제목 그대로 전쟁의 모든 것을 담고 있다.

책을 감수하면서 놀라웠던 것은 말미의 참고 문헌에서 잘 정리된 풍부한 사료들과 추천 도서들이다. 하지만 아쉽게도 그 많은 문헌의 대부분이 국내에서는 출간되지 않았다는 점, 무엇보다도 국내 저자가 쓴 책은 눈에 띄지 않는다는 점에서 인문학 불모지인 우리네 현실을 새삼스레 깨닫게 한다. 서구에서는 전쟁을 주제로 각 분야의 전문가들이 다양한 관점에서 토론을 벌이고 독자들의 관심을 끈다는 점이 나로서는 한없이 부럽다. 반면, 우리는 전쟁이나 안보와 관련된 논의는 직업 군인과 몇몇 군사 전문가의 전유물로만 여긴다. 다른 분야의 전문가나 일반인이 끼어들 여지는 거의 없을뿐더러 무관심하다. 정치인들도 마찬가지이다. 과거 군사 정권 시절에 비하면 그나마 나아졌다고는 하지만 여전히 군은 일반 사회와 격리된 성역이기 때문이다. 하지만 분단 국가로서 매년 막대한 세금을 국방비로 쓰고 있으며 언제라도 전쟁이 일상에 들어올 수 있다는 점에서 오히려 우리야말로 폭넓은 사회적 논의가 있어야 하지 않을까? 이 책이 우리 사회에서 전쟁이란 무엇인지 되짚어 볼 기회가 되기를 기대해 본다.

2023년 5월, 울산에서
권성욱

찾아보기

옮긴이 **이정은** 대학에서 사회복지학을 전공하고, 프랑스로 건너가 낭트 시립 대학교 대학원에서 공부했다. 현재 바른번역 소속 번역가로 활동하며 프랑스어 책을 한국어로 옮기고 있다. 옮긴 책으로 『세상의 모든 수학』(2020), 『우리는 모두 다른 세계에 산다』(2022), 『사라지지 않는다』(2022) 등이 있다.

감수 **권성욱** 전쟁사 마니아이자 연구가. 학창 시절부터 전쟁사에 관심을 가지고 다양한 책을 섭렵했으며, 현재도 한 달에 전쟁사 관련 책을 20여 권 독파할 정도다. 개인 블로그인 〈팬더 아빠의 전쟁사 이야기〉에 전쟁사 관련 글을 쓰고 있으며, 특히 중국 근현대사와 제2차 세계 대전이 전문 분야다. 첫 저술 『중일전쟁: 용, 사무라이를 꺾다 1928~1945』(2015)는 국내 최초로 중일 전쟁을 다룬 역사서로, 한국출판문화산업진흥원 우수출판콘텐츠로 선정되며 전문성을 인정받았다. 그 밖에 『중국 군벌 전쟁: 현대 중국을 연 군웅의 천하 쟁탈전』(2020)을 썼으며 『중일전쟁: 역사가 망각한 그들 1837~1945』(2015)를 공동 번역했다. 감수한 책으로는 『덩케르크: 세계사 최대 규모의 철수 작전』(2017), 『일본 제국 패망사: 태평양 전쟁 1936~1945』(2019), 『미드웨이: 어느 조종사가 겪은 태평양 함대항공전』(2019), 『아르덴 대공세 1944: 히틀러의 마지막 도박과 제2차 세계 대전의 종막』(2021)이 있다.

세상을 바꾼 전쟁의 모든 것 2

발행일 2023년 6월 15일 초판 1쇄

지은이 브뤼노 카반 외
옮긴이 이정은
발행인 홍예빈·홍유진
발행처 주식회사 열린책들

경기도 파주시 문발로 253 파주출판도시
전화 031-955-4000 팩스 031-955-4004
이메일 humanity@openbooks.co.kr
www.openbooks.co.kr

ISBN 978-89-329-2313-0 04900
ISBN 978-89-329-2311-6 (세트)